大学语文

王宏民 主编

科学出版社
北京

内 容 简 介

本书以拓宽学生人文视野、提高学生整体文化素质为宗旨,全书共分为十个单元。前六个单元以文学作为打开学生人文视界的一扇窗户,利用文学与社会科学、自然科学各学科之间的关联,分别从"认识人生"、"参悟哲理"、"借鉴历史"、"思辨科学"、"亲近自然"、"鉴赏艺术"六个方面培养学生的人文精神;后四个单元突出语文学习的实用性,分别从"口语表达"、"写作训练"、"文学概论"和"佳作选评"四个方面有针对性地提高学生的语言沟通和读写能力。本书具有结构新、题材广、文体多、材料新的特色。

本书可作为全日制本、专科高校以拓展学生人文素质为教学目标的大学语文等课程的教学用书,也可作为文学爱好者的参考读物。

图书在版编目(CIP)数据

大学语文/王宏民主编. —北京:科学出版社,2013
ISBN 978-7-03-038516-1

Ⅰ.①大··· Ⅱ.①王··· Ⅲ.①大学语文课-高等学校-教材 Ⅳ.①H19

中国版本图书馆 CIP 数据核字(2013)第 206885 号

责任编辑:胡云志 任俊红 王昌凤/责任校对:郭瑞芝
责任印制:张 伟/封面设计:华路天然工作室

科学出版社 出版
北京东黄城根北街16号
邮政编码:100717
http://www.sciencep.com

北京建宏印刷有限公司 印刷
科学出版社发行 各地新华书店经销
*
2013年8月第 一 版   开本:787×1092 1/16
2022年8月第八次印刷   印张:22 3/4
字数:597 000
定价:59.00元
(如有印装质量问题,我社负责调换)

《大学语文》编写组

主　编：王宏民
参　编：（以姓氏汉语拼音排序）
　　　　陈　璐　　蓝士英　　王文荣　　杨红英
　　　　张春歌　　张丽芬　　赵贤德

前　言

大学语文课程在高校人才培养体系中占有重要的地位，要取得良好的教学效果，有一本适用的教材是很关键的。我们编写这本《大学语文》，希望它既能够体现时代风貌、具有人文厚重感，又能够深入浅出、适合学生阅读和教师指导。

我们凭着多年的大学语文教学实践经验，从学生的调查问卷做起，在借鉴大学语文教学方面的科研成果、参照国内多种通行教材后，确立了"既具有实用性又有宽阔的人文视野"的编写原则。而后，编写组成员根据自己的专业特长，通过大量的阅读和反复斟酌，编成教材初稿，再经多次讨论、修改框架、调整篇目、选择版本、撰写导读……耗费了大量精力，终于完成了本书的编写工作。

大学教育的宗旨为"立人"，大学语文教学也应秉持这种教育理念，因此本书力求体现以下四个特点。

（1）人文性。教育部在《关于加强大学生文化素质教育的若干意见》中强调：要重点加强大学生的人文素质教育，主要是对大学生加强文学、历史、哲学、艺术等人文社会科学方面的教育，同时对文科学生加强自然科学方面的教育，以提高大学生的文化品位、审美情趣、人文素质和科学素质。因此，启发大学生思考"如何做人、做怎样的人"，帮助学生理解人生、社会、生命、世界和历史，引导学生追求真、善、美等崇高的价值理想，是大学语文课责无旁贷的教学目标。本书设置了六个教学单元，利用文学与语言、历史、哲学、艺术等社会科学和自然科学各学科之间的关联，扩展学生的人文视界，每个单元各有侧重又相互补充，完整涵盖了当代大学生应具有的人文精神，最终使学生经由文学之路，在理解人生、感悟历史中悲天悯人而向善；在获得智慧和理性、崇尚科学又不迷信科学中求真；在自然和艺术熏陶中追求和谐之美。

（2）实用性。针对现代信息社会讲究沟通的需求，本书特别安排了"口语表达"和"写作训练"两个单元来强化学生的语言表达能力。"口语表达"部分的中外经典、生动的演讲稿，以及"写作训练"部分的典型、规范的调查报告、求职信、工作总结等应用文范本，可供学生参考和学习。期望学生通过对大学语文的学习和四年的积累，成长为能说会写、谈吐得体的优秀人才。

为了有针对性地提高学生的读写能力，本书还安排了"文学概论"和"佳作选评"两个单元，着眼于语文素养中的两项关键能力——文学欣赏和文学写作能力的培养和提高。为了使学生了解中外文学发展的历史，本书对古今中外的文学发展概况进行了简要、系统的梳理，介绍了文学欣赏的基本理论知识，以及分析和鉴赏诗歌、小说、散文、戏剧四种体裁作品的常用技巧。本书还选择了大学生在平时作文练习中的佳作十余篇，每篇文章后面附有教师的点评，以帮助读者更好地把握文章，对自己的写作起到借鉴指导作用。

（3）大视野。本书所选篇章突破文学作品的范围，选入一些人文科学、自然科学领域的应用文等，体现出文理互渗、文史哲全面打通的思想，呈现出综合性、跨学科的大人文视野特色。本书所选作品涉猎范围较广，兼顾古今中外，博采百家之长。所收的百余篇经典佳作，材料新鲜，思想和风格各异，文体形式多样（诗词曲赋、小说、笔记、序跋、语录、游记、信函等）；选文尽量避免与中小学语文教材篇目重复，以最大限度地扩展教材内容的覆盖面，给教师的讲授、学生的阅读提供较大的选择空间。配合本书开展的以长篇文学作品为主，兼及历史、哲学等人文学科经典作品阅读的名著阅读活动，作为《大学语文》课堂教学的延伸，要求学生在教师的指导下自主阅读一定数量的作品并写出读书笔记，这样可以化整为零地打破课堂教学时数限制，进一步扩大阅读面。

（4）亲和力。本书所选篇目尽量切合大学生的心理特征、知识积累、理解接受能力等实际情况，适当增加现代、当代的有着强烈时代精神的作品，所选古典作品文简意丰，有潜在的现代精神内涵可挖掘，能让学生深入浅出、多角度、多层次地解读。本书选文原则上突出审美性、人文性，也不讳言趣味性和可读性，语言材料鲜活动人；排斥故作高深、呆板说教风格的文章；还注意发挥文学以情感人的优势，重视情感教育，对爱情话题也不遮遮掩掩。

本书在每个板块前设有导读，但点到为止，重在启发，抛砖引玉地激发大家思考、探索和论辩的兴趣。课文理解不设标准答案，不以先入为主的结论影响学生的直觉。一些作品有适当的注释，以扫清学生对生僻、疑难字句的阅读障碍。

当语文课被过分地强调其思想性、知识性、理性分析和"敲门砖"功能时，语文学习也就不堪其重、令人烦厌。大学语文应该有这样的气度和美丽：力求从阅读的直觉里体会到审美愉悦，让文学阅读回到文学阅读。肯定直觉，提倡"妙悟"，重视掩卷思考，也不反对"好读书不求甚解"；在激发起阅读兴趣的基础上参与朗读、论辩、演讲、讨论、作文等相关活动；由作品到心灵，由感性至哲理，由书本及人生，由个人而社会——这就是我们提倡的读书法。

本书是集体智慧的结晶。全书由王宏民担任主编，第一到第八单元的作品编选及导读分别由王宏民、张春歌、王文荣、杨红英、蓝士英、陈璐、赵贤德、张丽芬编写完成，第九、第十单元则由大家合力完成。

由于我们的学术水平和阅读视野均有限，本书的编写终有疏漏之处，敬请读者批评指正。

本书的编写，借鉴了同行的成果，也得到了相关部门和人员的鼎力支持，在此向他们表示诚挚的感谢！

《大学语文》编写组
2013 年 5 月

目 录

前言
第一单元　认识人生
导读：生趣盎然的人生 …………………………………………………（1）
击鼓 ……………………………………………………《诗经》（5）
怨歌行 ………………………………………………《乐府诗集》（5）
西洲曲 ………………………………………………《乐府诗集》（6）
钗头凤 ………………………………………………………陆游（6）
木兰花令·拟古决绝词 …………………………………纳兰性德（6）
虞美人·听雨 ………………………………………………蒋捷（7）
你是人间的四月天 ………………………………………林徽因（7）
无怨的青春 ………………………………………………席慕蓉（8）
当你老了 …………………………………………………叶芝（8）
大学（节选） ……………………………………………《礼记》（9）
论语（节选） …………………………………………………（10）
诫子书 ……………………………………………………诸葛亮（10）
洛神赋（节选） …………………………………………曹植（11）
读书示小妹十八生日书 …………………………………贾平凹（13）
不能设想没有梦的人生 …………………………………戴志勇（14）
唤醒心中的诗意（节选） …………………………………于丹（16）
英诗误我 …………………………………………………颜元叔（18）
上课记（节选） …………………………………………王小妮（20）
受戒（节选） ……………………………………………汪曾祺（24）
烦恼人生（节选） ………………………………………池莉（32）
娘，我的疯子娘 …………………………………………树儿（35）
牡丹亭·惊梦 ……………………………………………汤显祖（38）

第二单元　参悟哲理
导读：激情与理智的交融 …………………………………………（43）
终南别业 …………………………………………………王维（46）
和子由渑池怀旧 …………………………………………苏轼（46）
老子（节选） ……………………………………………老子（46）
秋水（节选） ……………………………………………庄子（47）
偶然 ………………………………………………………徐志摩（48）

金黄的稻束	郑敏（48）
回答	北岛（49）
死火	鲁迅（50）
自我二重奏	周国平（51）
中国精神的关键时刻	李敬泽（55）
目送	龙应台（56）
一只特立独行的猪	王小波（57）
命若琴弦	史铁生（59）
十八岁出门远行	余华（71）
论求知	弗朗西斯·培根（75）
西西弗的神话	阿尔贝·加缪（76）
你不必完美	哈罗德·斯·库辛（78）
百年孤独（节选）	加西亚·马尔克斯（79）

第三单元　借鉴历史

导读：穿越时空 （83）

黍离	《诗经》（86）
东门行	《乐府诗集》（86）
蒿里行	曹操（87）
咏史（其二）	左思（88）
登金陵凤凰台	李白（88）
西塞山怀古	刘禹锡（89）
隋宫	李商隐（89）
明妃曲（其一）	王安石（90）
水龙吟·登建康赏心亭	辛弃疾（90）
马嵬（其四）	袁枚（91）
圆圆曲	吴伟业（91）
鲁仲连义不帝秦	刘向（94）
伶官传序	欧阳修（96）
哀盐船文	汪中（97）
世说新语	刘义庆（99）
北京法源寺（节选）	李敖（101）
觅渡，觅渡，渡何处	梁衡（107）
干校六记·学圃记闲	杨绛（110）
道士塔	余秋雨（114）
红高粱（节选）	莫言（117）

第四单元　思辨科学

导读：为科学插上灵性的翅膀 （123）

天问（节选）	屈原（126）
山海经（节选）	（127）
淮南子（节选）	（127）

目 录

致秋天	济慈	(128)
黑暗	拜伦	(130)
土地伦理	利奥波德	(132)
科学文化与人文文化交融	杨叔子	(136)
论科学与艺术的复兴是否有助于使民俗日趋纯朴	卢梭	(140)
中国科学对世界的影响	李约瑟	(143)
鲸殇（节选）	李存葆	(146)
白轮船	艾特玛托夫	(151)
倾城之恋	张系国	(158)

第五单元 亲近自然

导读：文学与自然关系之思		(165)
登池上楼	谢灵运	(168)
代悲白头翁	刘希夷	(168)
感遇	张九龄	(169)
题破山寺后禅院	常建	(169)
旅夜书怀	杜甫	(170)
题宣州开元寺水阁阁下宛溪夹溪居人	杜牧	(170)
咸阳城西楼晚眺	许浑	(170)
八声甘州	柳永	(171)
卜算子·送鲍浩然之浙东	王观	(171)
蝶恋花·春景	苏轼	(172)
满庭芳·夏日溧水无想山作	周邦彦	(172)
八声甘州·灵岩陪庾幕诸公游	吴文英	(172)
后观潮行	黄景仁	(173)
木兰花慢·杨花	张惠言	(174)
西湖香市	张岱	(174)
故乡的野菜	周作人	(176)
秋	丰子恺	(177)
一种云	瞿秋白	(178)
麦地与诗人	海子	(179)
四月，在古战场	余光中	(180)
虞山春	黄裳	(183)
与自然为友：一种现代公民意识	梁从诫	(186)
故乡行	张贤亮	(188)
永别周庄	祝勇	(192)
文学的环境伦理学：生态批评的意义	王宁	(195)
谁人故乡不沦陷	熊培云	(197)
瓦尔登湖（节选）	梭罗	(199)

第六单元 鉴赏艺术

导读：领会艺术精神		(203)

当涂赵炎少府粉图山水歌	李白 (206)

当涂赵炎少府粉图山水歌 ………………………………………… 李白 (206)
听颖师弹琴 …………………………………………………………… 韩愈 (207)
李龙眠画罗汉记 …………………………………………………… 黄淳耀 (207)
胸中之竹 ……………………………………………………………… 郑燮 (208)
更衣记 ……………………………………………………………… 张爱玲 (208)
一九八八年的背景音乐 …………………………………………… 魏微 (212)
身体的怀旧 ………………………………………………………… 史晶歆 (215)
刚性美与柔性美 …………………………………………………… 朱光潜 (218)
结庐在人境，而无车马喧 ………………………………………… 陆文夫 (220)
看蒙娜丽莎看 ……………………………………………………… 熊秉明 (225)
"长跑教练"张艺谋 ………………………………………………… 毛尖 (230)
美，看不见的竞争力 ……………………………………………… 蒋勋 (231)

第七单元　口语表达

导读：语言就是力量 …………………………………………………… (237)
科学的颂歌 ……………………………………………………… 爱因斯坦 (244)
一个遗臭万年的日子 …………………………………………… 罗斯福 (244)
新东方 CEO 俞敏洪在北京大学的演讲 ………………………… 俞敏洪 (246)
阿里巴巴 CEO 马云的演讲 ………………………………………… 马云 (250)
开端——在新生开学典礼上的讲话 ……………………………… 李培根 (251)
我的故事以及背后的中国梦——白岩松在耶鲁大学的演讲 …… 白岩松 (253)
认识的人，了解的事 ……………………………………………… 柴静 (256)
狮城舌战——1993 年国际大专辩论会决赛辩词实录 …………………… (258)

第八单元　写作训练

导读：灵魂的飞翔，生命的印痕 …………………………………………… (267)
农民工生活和健康状况调查报告 …………………………………………… (271)
工作总结 ………………………………………………………………… (274)
述职报告 ………………………………………………………………… (276)
会议记录 ………………………………………………………………… (278)
关于商洽委托代培涉外秘书人员的函 …………………………………… (279)
关于给上海××超市总公司商租商场一事的复函 ……………………… (279)
印刷品订货合同 ………………………………………………………… (280)
幼儿园教师聘用合同 …………………………………………………… (281)
申论 ……………………………………………………………………… (282)
手机用户精准识别（毕业设计） ………………………………………… (286)
简历 ……………………………………………………………………… (287)
求职信 …………………………………………………………………… (287)

第九单元　文学概论

导读：领略文学之美 …………………………………………………… (289)
中国古代文学发展简史 ………………………………………………… (291)
中国现代文学发展简史 ………………………………………………… (301)

外国文学发展简史 …………………………………………………………（312）

第十单元　佳作选评

导读：写作进阶之道 ……………………………………………………（331）
活着的解释——《搏击俱乐部》影评 ………………………… 陆丹妮（332）
感悟《孤星血泪》……………………………………………… 许昊昶（333）
探寻生之意义——观《死亡诗社》有感 ……………………… 朱王赞曌（335）
《穆斯林的葬礼》——文本与电影 ……………………………… 臧菁（337）
奔跑的童年——观电影《小鞋子》有感 ……………………… 王新铱（338）
原本情深，奈何缘浅——读《半生缘》有感 ………………… 焦缘（340）
心弦上痴情的景致——写给纳兰公子 ………………………… 郭芸（341）
走进《挪威的森林》…………………………………………… 陈一鸣（343）
《活着》的活法 ………………………………………………… 张乐然（344）
一个像夏天，一个像秋天 ……………………………………… 刘皓蕾（346）
五线谱 …………………………………………………………… 崔曦雯（347）
泡芙般的初恋 …………………………………………………… 叶京京（348）
恋家 ……………………………………………………………… 王媛媛（349）
鱼 ………………………………………………………………… 张雪莲（350）
拔节 ……………………………………………………………… 王婷（350）

第一单元　认识人生

导读：生趣盎然的人生

在古希腊神话中，人面狮身的女妖斯芬克斯出了一个谜语："早晨用四只脚走路，中午用两只脚走路，晚上用三只脚走路，脚最多的时候正是走路最慢、体力最弱的时候。"俄狄浦斯以人生的幼年、中年、老年三个阶段来解释，揭开了它的谜底——"人"。如同破解谜语一样，人类探询自身生命奥秘的冲动似乎与生俱来。连稚龄小儿都会问："我是从哪里来的呀？"长大成人后，当我们仰望广袤星空时，往往也会不由自主地想何处是我们的归宿问题。正如古希腊神庙石柱上的箴言所说："认识你自己。"我们总是试图用各种方式去了解、丰富人生。可是，即使用自己的一辈子去注解人生，也不一定诠释得清人生的答案，将人生"看透"。

文学，作为一种艺术形态，与人生有着全面的关联。"人"，是文学关注的焦点。凡是与人有关的诸如衣食住行的生存、酸甜苦辣的生活、七情六欲的张抑，以及个人对自我的认识，对人与人、个人与社会、人类与自然之间关系的探询等，一切人生内容都可以并且已经进入了文学的视野，成为文学表现的主要对象。所以有这样的论断：文学即"人"学。

文学与人类是相偕而生的。在古今中外社会发展的历史长河中，数不胜数的优秀文学作品被遗留下来，它们是人类探索世界时创造出的精神财富。这些作品以觉醒的"人"的主体意识，表达个体情感体验，展示人类生存状态，思考人生价值。文学观照人生，以审美的方式反哺性地影响着人生，它已经融入人类的生存中，成为其重要的一部分。对自我与人生的认识，除了亲历人生，还可以从文学角度展开。借助文学来翻阅人生、感悟人生、审视人生、充实人生，不失为一条有效的捷径。文学作为一种中介，实现了作者、读者、人生、文学四者之间的互动，它使阅读者突破时空和个人经历的限制，与作者对话，与自己对话，与人生对话。

文学让我们去认识人生。文学作品渗透了作者和特定时代的文化状况、价值观念、人文思想倾向和审美趣味等文化因素，蕴涵着丰富的历史文化信息，因而具有深刻的认识价值。文学关注人生，既有呈示古今中外的异质生活、男女老少的别样人生的广度，又有探询心灵世界、揭示生活规律的深度，将人生的多面性和复杂性表现得淋漓尽致。例如，《红楼梦》因其对生活的多面展示和深刻反映而被喻为"生活的百科全书"。阅读优秀文学作品，可以突破亲力亲为的时空限制和认识水平的局限等因素，在想象力创造的虚拟文学世界中"身临其境"。文学帮我们推开了认识大千世界的一扇窗，开拓了求知的新视野。我们以作品中丰富的人生现象为参照系，反观自身，获得生活经验和人生智慧，透过复杂纷纭的生活表象去接近生活的本质。这无疑有益于我们进一步读懂人生这本大书。

文学让我们去体验人生。传统文论认为："情动于中而行于言"，"发言为诗"，"言为心声"。文学创作，无不缘起于情动；文学作品，也无不对人的喜、怒、哀、惧、爱、恶、欲

等情感予以表现。它们强烈的艺术感染力,使我们在阅读作品时,在与各色人物形象的心灵沟通中进行情感交流,在丰富的意境熏陶中感同身受,从而获得一份心灵的触动和生命情感体验。在文学世界里,那些比桃花潭水还深的醇厚友情,比慈母手中缝衣线还绵长的无私亲情,比望夫崖上的石像还要坚固的忠贞爱情,让我们感受到人类情怀的温馨;由幽州台上的孤独、在水一方的虚空、无物之阵中的绝望等情感引发共鸣、悲悯和警醒;在敬仰"举世皆浊我独清"的操守和"富贵不能淫,贫贱不能移,威武不能屈"的人格魅力时受到震撼、鼓舞。这些情感体验,让我们的情趣得以陶冶,心灵得以净化,在人生画卷上锦上添花一般完善和丰富自己的情感结构与人格结构。

文学让我们去思考人生。人同动物的本质区别在于人的生命活动是有意识的。对于我们的生命形态,我们不能只关注到衣食住行的生存为止,还应该有更高的人文精神层面的自觉思考。文学将触角探入到人类心理世界和现实生活的深层去揭示其本真意蕴,全面地表现、审视着人的生存状况,警示我们对人生中的异化、荒诞、虚无、颓废、压抑、焦虑等保持距离,对生命形态中的激情、崇高、完美、创造、执著、尊严、自由等保持渴望,并将关于个人命运的思考扩展到关于民族、世界、宇宙、人类等重大命题的思考。文学长廊上那些熠熠生辉的文学形象,他们冷冷清清地寻寻觅觅、漫漫长路上下求索、"上穷碧落下黄泉"地寻求人生意义和生命本原的那些行为,也将促成我们对人生的思索,对自我的超越,对生命法则的理解,在确立人生信仰、提升人生精神境界的过程中培养出生命的智性、悟性和理性。

文学将美化我们的人生。品读文学,本身就是生活中的一种享受,当我们在淡淡书香中展卷阅读,感受就如同在喧嚣中获得宁静一样喜悦,如在音乐中饮啜香茗一样清爽。文学的世界是一个审美的世界,它能够将我们的人生推向诗意生存的高度,其原因首先在于它以审美的方式让我们认识、思考人生,从而领略人性美、人情美、自然美,开拓人类的精神生活空间。我们将在文学提供的审美体验中精神自由漫游、慰藉心灵、释放焦虑,获得精神愉悦和满足,在潜移默化中积累审美经验和生存智慧,建构起个体审美人格。更重要的是,文学帮助我们认识了自我、理解了生活、充分把握住人生的意义,之后,我们才会更加珍惜人生、善待人生;我们在文学中可以找到心灵的依托,找到安身立命的精神家园,之后,人生才可能达到"诗意地栖居"的境界。如此,我们的人生将会因为获得智慧和理性而真,因为具备悲天悯人的情怀而善,更因为人人亲和、天人合一的和谐而美。

大学生曾被誉为"天之骄子"。无论是个人还是社会,对大学生的良心道德、人性人格、精神境界等人文修养都寄予了更高的期望。但事实上,在当今社会整体道德水平滑坡、社会心态浮躁、物质欲望泛滥的大环境影响下,在功利主义、享乐主义和虚无主义等社会思潮的冲击下,刚刚步入青年时期的大学生在开始翻阅"人生"这本大书时表现出或多或少的困惑:在理想和现实的落差中消沉,在失去压力和目标后过得浑浑噩噩;或是为灵与肉的冲突而苦恼,被纷扰的世界所迷惑,让一团乱麻似的人际关系纠缠住;或是出现思想麻木、精神空虚、情感苍白的贫乏症状;甚至误入崇拜物质、功利、享乐的人生歧路等。总之,在大学阶段,这个交织着喜悦、憧憬、反叛、激情、敏感、惶惑等复杂成分的人生重要时期,大学生显得有些混乱的精神世界急需一份清凉的甘霖来滋润和警醒。

文学,正是将人的精神领域作为重要关注点。文学以认识、教育、愉悦、审美等功能帮助刚睁眼看世界的我们认识自我、陶冶情操、了解社会、洞察人生;文学中所蕴涵的理想精神、拯救精神和批判精神,又是点燃我们反思生活、完善自我、积极进取的生命激情的精神动力。

第一单元　认识人生

本单元所选的文章，主要涉及以下话题。

1. 青春飞扬

理解人生，从认识自我开始；认识自我，首先从认识我们身处的青春说起。青春是生命中一个骤然丰富、绚烂起来的季节，被称作人生的"黄金岁月"。现代思想家陈独秀这样诠释"青春"二字："青年如初春，如朝日，如百卉之萌动，如利刃之新发于硎，人生最可宝贵之时期也。"我们有理由为青春而骄傲，因为青春里有热情、勇气、理想，以及发展的无限可能性。所以孔子说："后生可畏，焉知来者之不如今也？"

年青一代的大学生顶着"90后"的标签，有着"一切皆有可能"、"相信自己"的憧憬和自信。在大学这个崭新的人生阶段，《不能设想没有梦的人生》告诉我们：即使有压力，也有必要《唤醒心中的诗意》，保持一种坦坦荡荡、从从容容、轻轻松松的单纯而又真实的生活态度。青春，当是随心所愿的自由飞翔，而不是随波逐流的轻浮飘荡。

2. 男女情爱

爱情是人类生命之树上开出的花朵，反映男女爱情生活的文学作品数不胜数。这些作品，或是描绘痴男怨女们浸透着爱意的一颦一笑、耳鬓厮磨等行为，或是表现辗转反侧的渴求、相悦相守的欢乐、分离失恋的痛苦等心理活动，或是描写他们的绵绵情话、铮铮誓言、娇斥嗔语等个性鲜明的人物语言，将爱情中鲜活的生命形态表露无遗。《诗经》中那些率性而为的民间情歌，唱出了"执子之手，与子偕老"的忠诚和执著。《西洲曲》展示了"天高"、"海空"的自然背景中一个女子绵长的相思，没有尽头。《牡丹亭》则表现出青春少女杜丽娘的爱情追求甚至超越了生死界限。作者在剧本的卷首写道："情不知所起，一往而深。生者可以死，死者可以生。生而不可以死，死而不可复生者，皆非情之至也。"

随着社会的发展，人类在逐渐解开由文化缚在情爱上的绳索，使情爱以螺旋式上升发展的方式走向丰富多彩、自然自在的理想境界。《钗头凤》中的"东风"，造就了"桃花落"、"闲池阁"、"人空瘦"、"欢情薄"的苍白人生，徒留下痛失情缘后"错，错，错"、"莫，莫，莫"的悔恨和哀叹。《英诗误我》则是自嘲"纸上得来终觉浅"，爱情需要用"心"去体会和行动。当青春遭遇爱情，既要大胆展示、欣赏、体味生命的美丽、欢悦和激情，又要保有其含蓄、诗意之美和理性、责任之重，让血肉丰满的人生唱一曲神圣的生命赞歌。

3. 敬畏生命

人生一世，虽有数十上百年，又是何其有限，在历史长河中不过弹指一瞬。"年年岁岁花相似，岁岁年年人不同。"人生是一场"逆旅"，花开花落中人生将走向尽头。既然人生苦短，天命不可违，我们只有珍惜生命、提高生命质量。敬畏生命，要唤醒自我的生命意识，以真正意义上的"人"的标准来定位自我生命的存在，在自觉自为的生存状态中积极开拓生命境界，追寻人生价值，使人生历程一路生机勃勃，春意盎然。蒋捷的《虞美人·听雨》短短几句描写了轻狂少年、豪情壮年、凄苦暮年的人生三个代表性阶段，在远离红尘的回首中彻悟到人生"悲欢离合总无情"，28字就是一部"浓缩的人生三部曲"。

敬畏生命和思考死亡是一体两面的。生与死之间有着绝对的关联："死亡隶属于生命，正与生一样。"这是泰戈尔的哲思。"生如夏花之绚烂，死如秋叶之静美。"从这句话里，或许我们可以获得一份敬畏生命的感动和直面死亡的勇气。

4. 陶冶情操

醇厚的爱情、亲情、友情，往往被比作生命中的甘泉。在那些抒发人生情怀的作品中，最能打动人心的往往不是人生的欢悦之歌，而是那些表现离愁别绪、困顿失意、孤独贫苦等

低沉感伤情绪的作品。从整体上讲，人的本性是温婉、雅致的，是有求真、向善、臻美倾向的。在蒲松龄的小说《婴宁》中，狐女婴宁虽属异类，其至纯至性却是常人莫及的。在《娘，我的疯子娘》中，"疯子娘"身上的母爱却是那么正常和深厚。《读书示小妹生日书》里兄长对小妹的教诲，字字句句情真意切；《你是人间的四月天》可以解读成母亲对纯真的孩子的一种热烈的母爱；《上课记》则是作者以诗人的眼光，平等亲切地看待自己所教的大学生，从他们身上发掘出鲜活和单纯的本质，师者不再是威严、冷漠的刻板形象。

5. 直面现实

人要生存，必须依存于现实生活。世俗人生，日复一日的单调无聊，众生芸芸的平凡，柴米油盐的琐碎，好事多磨，世事无常，时光易逝，等等，已是人类共同性的生存困境，若再遭遇挫折、病痛、灾难、贫困、丑陋，人生更显惨淡。《烦恼人生》写了主人公从凌晨开始一整天的生活经历。人生就是由这些琐碎而烦恼的日子堆积而成的。日常生活不是电视剧，平淡如水，且难免沉重，但又是深刻、坚实的，是人生根基。

直面现实，更要敢于直面人生苦难，在困境中逆风飞扬。逆境人生不是悲观厌世的理由，而是激发出对幸福的强烈渴望的动力。直面现实，不应该只注目于个人暗淡的处境，还要对大千世界投去关怀。北京大学一位教授曾尖锐地指出：我们的大学正在培养一大批"精致的利己主义者"。屈原、杜甫、鲁迅等伟大作家的"先天下之忧而忧"的社会责任感，感时忧世、关心民生疾苦的宽广情怀，是贯穿在文学史中的一条红线。这些具有现实关怀精神的文学作品，留给我们这样的启发：只有脚踏实地潜入到真真切切的生活底层，才能从平平淡淡中、从苦难体验中触摸到生活的真谛，活出生命的尊严。

击 鼓

《诗经》

击鼓其镗[1]，踊跃用兵。土国城漕[2]，我独南行。
从孙子仲[3]，平陈与宋[4]。不我以归，忧心有忡。
爰[5]居爰处？爰丧其马？于以[6]求之？于林之下。
死生契阔[7]，与子成说[8]。执子之手，与子偕老。
于嗟阔[9]兮，不我活兮！于嗟洵[10]兮，不我信[11]兮！

[1] 镗（tāng）：象声词，鼓声。本诗选自《诗经·邶风》（中华书局，2006年）。
[2] 土、城：用作动词，修筑。
[3] 孙子仲：将帅的名字。
[4] 陈、宋：陈国，宋国。
[5] 爰：何处。
[6] 于以：在哪儿。
[7] 契阔：聚散。
[8] 成说：立下誓言。
[9] 于嗟：叹词。阔：远隔。
[10] 洵：久远。
[11] 不我信：不让我的誓言实现。

怨 歌 行[1]

《乐府诗集》

新裂齐纨素，鲜洁如霜雪。裁为合欢扇，团团似明月。
出入君怀袖，动摇微风发。常恐秋节至，凉飙[2]夺炎热。
弃捐箧笥[3]中，恩情中道绝。

[1] 《怨歌行》属于"相和歌辞"，题为汉代班婕妤作。本诗选自宋代郭茂倩《乐府诗集》（中华书局，1998年）。
[2] 凉飙（biāo）：凉风。
[3] 箧（qiè）笥（sī）：用来盛衣物等的竹器。

西洲曲[1]

《乐府诗集》

忆梅下西洲，折梅寄江北。单衫杏子红，双鬓鸦雏色[2]。
西洲在何处？两桨桥头渡。日暮伯劳[3]飞，风吹乌臼树。
树下即门前，门中露翠钿。开门郎不至，出门采红莲。
采莲南塘秋，莲花过人头。低头弄莲子[4]，莲子清如水。
置莲怀袖中，莲心彻底红。忆郎郎不至，仰首望飞鸿。
鸿飞满西洲，望郎上青楼。楼高望不见，尽日栏杆头。
栏杆十二曲，垂手明如玉。卷帘天自高，海水摇空绿。
海水梦悠悠，君愁我亦愁。南风知我意，吹梦到西洲。

[1] 《西洲曲》是南朝乐府民歌，属于"杂曲歌辞"。本诗选自宋代郭茂倩《乐府诗集》（中华书局，1998年）。
[2] 鸦雏色：形容头发乌黑发亮。鸦雏，小乌鸦。
[3] 伯劳：鸣禽，夏天始鸣。
[4] 莲子：谐音"怜子"。

钗头凤

陆游[1]

红酥[2]手，黄縢酒，满城春色宫墙柳。东风恶，欢情薄。一怀愁绪，几年离索。错，错，错！

春如旧，人空瘦，泪痕红浥鲛绡[3]透。桃花落，闲池阁。山盟虽在，锦书难托。莫，莫，莫！

[1] 陆游（1125～1210年），字务观，号放翁，越州山阴（今浙江绍兴）人，南宋诗人。本诗选自《中国历代诗歌选》（人民文学出版社，1979年）。
[2] 红酥：形容手细腻而红润。
[3] 浥（yì）：湿润。鲛绡（jiāo xiāo）：神话传说中鲛人所织的绡，极薄，后泛指薄纱。绡，生丝织物。

木兰花令·拟古决绝词

纳兰性德[1]

人生若只如初见，何事秋风悲画扇[2]。等闲变却故人心，却道故人[3]心易变。
骊山语罢清宵半，泪雨零铃终不怨[4]。何如薄幸锦衣郎，比翼连枝当日愿[5]。

注释

[1] 纳兰性德（1655～1685年），满洲人，字容若，号楞伽山人，清代词人。本诗选自《中国历代诗歌选》（人民文学出版社，1979年）。
[2] 此句用汉代班婕妤被弃典故：班婕妤为汉成帝妃，被赵飞燕谗害，退居冷宫，后有诗《怨歌行》，以秋扇为喻抒发被弃之怨情。
[3] 故人：情人。
[4] "骊山"二句：《太真外传》载，唐明皇与杨玉环曾于七月七日夜，在骊山华清宫长生殿里盟誓，愿世世为夫妻。后安史乱起，唐明皇入蜀，于马嵬坡赐死杨玉环。唐明皇此后于途中闻雨声、铃声而悲伤，遂作《雨霖铃》曲以寄哀思。
[5] 薄幸：薄情。锦衣郎：指唐明皇。比翼连枝：出自白居易《长恨歌》："在天愿作比翼鸟，在地愿为连理枝。"

虞美人·听雨

蒋捷[1]

少年听雨歌楼上，红烛昏罗帐。壮年听雨客舟中，江阔云低断雁叫西风。
而今听雨僧庐下，鬓已星星也。悲欢离合总无情，一任阶前点滴到天明。

注释

[1] 蒋捷：生卒年不详，字胜欲，南宋词人。本词选自《竹山词》（上海古籍出版社，1988年）。

你是人间的四月天
——一句爱的赞颂

林徽因[1]

我说你是人间的四月天；
笑响点亮了四面风；
轻灵在春的光艳中交舞着变。

你是四月早天里的云烟，
黄昏吹着风的软，
星子在无意中闪，
细雨点洒在花前。

那轻，那娉婷，你是，
鲜妍百花的冠冕你戴着，
你是天真，庄严，
你是夜夜的月圆。

雪化后那片鹅黄，你像；
新鲜初放芽的绿，你是；
柔嫩喜悦水光浮动着你梦中期待的白莲。

你是一树一树的花开，
是燕在梁间呢喃，
——你是爱，是暖，
是希望，
你是人间的四月天！

[1] 林徽因（1904～1955年），现当代作家。本文选自《你是人间的四月天》（天津人民出版社，2011年）。

无怨的青春

席慕蓉[1]

在年轻的时候，如果你爱上了一个人，
请你一定要温柔地对待她。

不管你们相爱的时间有多长或多短，
若你们能始终温柔地相待，那么，
所有的时刻都将是一种无瑕的美丽。
若不得不分离，也要好好地说一声再见，
也要在心里存着感谢，
感谢她给了你一份记忆。

长大了以后，你才会知道，
在蓦然回首的一刹那，
没有怨恨的青春，才会了无遗憾，
如山冈上那轮静静的满月。

[1] 席慕蓉（1943年～　），当代作家。本文选自《写给幸福》（中国友谊出版公司，1989年）。

当你老了

叶芝[1]

当你老了，头白了，睡意昏沉，
炉火旁打盹，请取下这部诗歌，

慢慢读，回想你过去眼神的柔和，
回想它们昔日浓重的阴影；

多少人爱你青春欢畅的时辰，
爱慕你的美丽，假意或真心，
只有一个人爱你那朝圣者的灵魂，
爱你衰老了的脸上痛苦的皱纹；

垂下头来，在红光闪耀的炉子旁，
凄然地轻轻诉说那爱情的消逝，
在头顶的山上它缓缓踱着步子，
在一群星星中间隐藏着脸庞。

[1] 叶芝（1865～1939年），爱尔兰诗人、剧作家。此诗由袁可嘉译，选自《叶芝抒情诗精选》（太白文艺出版社，1997年）。

大学[1]（节选）

《礼记》

大学之道，在明明德[2]，在亲[3]民，在止于至善。知止而后有定，定而后能静，静而后能安，安而后能虑，虑而后能得。物有本末，事有终始，知所先后，则近道矣。

古之欲明明德于天下者，先治其国；欲治其国者，先齐[4]其家；欲齐其家者，先修其身；欲修其身者，先正其心；欲正其心者，先诚其意；欲诚其意者，先致其知[5]；致知在格物[6]。物格而后知至，知至而后意诚，意诚而后心正，心正而后身修，身修而后家齐，家齐而后国治，国治而后天下平。自天子以至于庶人，一是[7]皆以修身为本。其本乱而末治者否[8]矣，其所厚者薄，而其所薄者厚，未之有也！

[1]《大学》原为《礼记》第四十二篇。宋朝程颢、程颐兄弟将其从《礼记》中抽出，编次章句。朱熹将《大学》、《中庸》、《论语》、《孟子》合编注释，称为《四书》，从此《大学》成为儒家经典。大学：大人之学，指人的道德修养。本文选自《四书章句集注》（中华书局，2003年）。

[2] 明：彰明。德：美德。

[3] 亲：同"新"，革新。

[4] 齐：整治。

[5] 致其知：充实其认识。

[6] 格物：探究事理。

[7] 一是：一概。

[8] 否：不可能。

论语[1]（节选）

子曰："《诗》三百，一言以蔽之，曰：'思无邪。'"

子曰："吾十有五而志于学，三十而立，四十而不惑，五十而知天命，六十而耳顺，七十而从心所欲，不逾矩。"

子曰："饭[2]疏食，饮水，曲肱[3]而枕之，乐亦在其中矣。不义而富且贵，于我如浮云。"

子曰："君子坦荡荡，小人长戚戚。"

子曰："苗而不秀者，有矣夫！秀而不实者，有矣夫！"

子曰："后生可畏，焉知来者之不如今也？四十、五十而无闻焉，斯亦不足畏也已！"

樊迟请学稼。子曰："吾不如老农。"请学为圃。曰："吾不如老圃。"樊迟出。子曰："小人哉，樊须也！上好礼，则民莫敢不敬；上好义，则民莫敢不服；上好信，则民莫敢不用情。夫如是，则四方之民襁负其子而至矣，焉用稼！"

子曰："当仁不让于师。"

孔子曰："生而知之者，上也；学而知之者，次也；困而学之，又其次也；困而不学，民斯为下矣！"

子张问仁于孔子。孔子曰："能行五者于天下，为仁矣。""请问之。"曰："恭、宽、信、敏、惠。恭则不侮，宽则得众，信则人任焉，敏则有功，惠则足以使人。"

[1] 本文选自《论语译注》（中华书局，1980年）。
[2] 饭：用作动词，吃。
[3] 肱（gōng）：泛指胳膊。

诫 子 书

诸葛亮[1]

夫君子之行，静以修身，俭以养德，非淡泊[2]无以明志，非宁静无以致远。夫学须静也，才须学也，非学无以广才，非志无以成学。淫慢[3]则不能励精，险躁则不能治性。年与时驰，意与日去，遂成枯落，多不接世[4]。悲守穷庐，将复何及！

[1] 诸葛亮（181～234年），字孔明，三国时政治家、文学家。本文选自《诸葛亮集》（中华书局，1960年）。
[2] 淡泊：恬淡寡欲。
[3] 淫慢：沉迷于享乐。
[4] 接世：接触社会，对社会有益。

第一单元 认识人生

洛神赋(节选)

曹植[1]

黄初[2]三年,余朝京师[3],还济洛川[4]。古人有言,斯水之神名曰宓妃[5]。感宋玉对楚王说神女之事,遂作斯赋。其辞曰:

余从京域,言归东藩[6]。背伊阙,越轘辕,经通谷,陵景山[7]。日既西倾,车殆马烦[8]。尔乃税驾乎蘅皋[9],秣驷乎芝田[10],容与乎阳林[11],流眄乎洛川[12]。于是精移神骇[13],忽焉[14]思散。俯则未察,仰以殊观,睹一丽人,于岩之畔。乃援御者[15]而告之曰:"尔有觌[16]于彼者乎?彼何人斯?若此之艳也!"御者对曰:"臣闻河洛之神,名曰宓妃。然则君王所见也,无乃[17]是乎?其状若何?臣愿闻之。"

余告之曰:"其形也,翩若惊鸿[18],婉[19]若游龙。荣曜秋菊,华茂春松[20]。仿佛兮若轻云之蔽月,飘飖兮若流风之回雪[21]。远而望之,皎[22]若太阳升朝霞;迫而察之,灼若芙蕖出渌波[23]。秾纤[24]得衷,修短合度[25]。肩若削成,腰如约素。延颈秀项[26],皓质呈露。芳泽无加,铅华弗御[27]。云髻峨峨,修眉联娟[28]。丹唇外朗,皓齿内鲜,明眸善睐,靥辅承权[29]。瓌[30]姿艳逸,仪静体闲。柔情绰[31]态,媚于语言。奇服旷世,骨像应图[32]。披罗衣之璀粲兮,珥瑶碧之华琚[33]。戴金翠之首饰[34],缀明珠以耀躯。践远游之文履[35],曳雾绡之轻裾[36]。微幽兰之芳蔼兮[37],步踟蹰于山隅[38]。于是忽焉纵体,以遨以嬉[39]。左倚采旄[40],右荫桂旗[41]。攘皓腕于神浒兮[42],采湍濑之玄芝[43]。

"余情悦其淑美兮,心振荡而不怡[44]。无良媒以接欢兮,托微波而通辞。愿诚素[45]之先达兮,解玉佩以要[46]之。嗟佳人之信修[47],羌习礼而明诗[48]。抗琼珶以和[49]予兮,指潜渊而为期[50]。执眷眷之款实兮[51],惧斯灵之我欺[52]。感交甫之弃言[53]兮,怅犹豫而狐疑。收和颜而静志兮[54],申礼防以自持[55]"。

[1] 曹植(192~232年),字子建,三国曹魏著名文学家。本文选自《曹植集校注》(人民文学出版社,1998年)。

[2] 黄初:魏文帝曹丕年号,公元220~226年。

[3] 京师:京城,指魏都洛阳。

[4] 济:渡。洛川:洛水。

[5] 宓(fú)妃:相传为宓羲氏之女,溺死于洛水为神。

[6] 言:发语词。东藩:在洛阳东北的曹植封地鄄城。

[7] 伊阙、轘辕、通谷、景山:皆为山名。陵:登。

[8] 殆:通"怠",懈怠。烦:疲乏。

[9] 尔乃:承接连词,犹言"于是"。税驾:停车。蘅皋:生着杜蘅(香草)的河岸。皋,河边高地。

[10] 秣驷:喂马。芝田:地名。

[11] 容与:悠然安闲貌。阳林:地名。

[12] 流眄(miǎn):目光流转顾盼。

[13] 精移神骇:谓神情恍惚。移,变。骇,散。

[14] 忽焉:急速貌。

〔15〕御者：车夫。
〔16〕觌（dí）：看见。
〔17〕无乃：犹言莫非。
〔18〕翩：鸟疾飞貌，此引申为飘忽摇曳。惊鸿：惊飞的鸿雁。
〔19〕婉：蜿蜒曲折。
〔20〕荣：丰盛。华：华美。二句形容洛神容光焕发，肌体丰盈。
〔21〕飘飖：动荡不定。回：旋转。
〔22〕皎：洁白光亮。
〔23〕迫：靠近。灼：鲜明灿烂。芙蕖：荷花。渌（lù）：水清貌。
〔24〕秾：花木繁盛，此指人体丰腴。纤：细小，此指人体苗条。
〔25〕修：长。度：标准。
〔26〕延、秀：均指长。项：后颈。
〔27〕弗御：不施。御，进。
〔28〕联娟：微曲貌。
〔29〕靥（yè）辅：一作"辅靥"，即今所谓酒窝。权：颧骨。
〔30〕瑰：奇妙。
〔31〕绰：宽缓。
〔32〕骨像：骨格形貌。应图：与画中人相当。
〔33〕珥：珠玉耳饰，此用作动词，作佩戴解。瑶碧：美玉。华琚：刻有花纹的佩玉。
〔34〕翠：翡翠。首饰：钗簪一类饰物。
〔35〕践：穿，着。远游：鞋名。文履：饰有花纹图案的鞋。
〔36〕曳：拖。雾绡：轻薄如雾的绡。绡：生丝。裾：裙边。
〔37〕微：隐。芳蔼：芳香浓郁。
〔38〕踟蹰：徘徊。隅：角。
〔39〕纵体：轻举貌。遨：游。
〔40〕采旄（máo）：彩旗。旄，旗杆上旄牛尾饰物。
〔41〕桂旗：以桂木为竿之旗。
〔42〕攘：此指揎袖伸出。神浒：为神所游之水边地。浒，水边泽畔。
〔43〕湍濑：石上急流。玄芝：黑芝草。
〔44〕振荡：形容心动荡不安。怡：悦。
〔45〕诚素：真诚的情意。素，同"愫"。
〔46〕要（yāo）：同"邀"，约请。
〔47〕信修：确实美好。
〔48〕羌：发语词。习礼：懂得礼法。明诗：善于言辞。
〔49〕抗：举起。琼珶：美玉。和：应答。
〔50〕潜渊：深渊，指洛神所居之地。期：会。
〔51〕眷眷：通"睠睠"，依恋貌。款实：诚实。
〔52〕斯灵：此神，指宓妃。我欺：欺我。
〔53〕交甫：郑交甫。《神仙传》曰："切仙一出，游于江滨，逢郑交甫。交甫不知何人也，目而挑之，女遂解佩与之。交甫行数步，空怀无佩，女亦不见。"弃言：背弃信言。
〔54〕收和颜：收敛笑容。静志：镇定情志。
〔55〕申：施展。自持：自我约束。

第一单元 认识人生

读书示小妹十八生日书

贾平凹[1]

七月十七日，是你十八岁生日，辞旧迎新，咱们家又有一个大人了。贾家在乡里是大户，父辈那代兄弟四人，传到咱们这代，兄弟十个，姊妹七个；我是男儿老八，你是女儿最小。分家后，众兄众姐都英英武武有用于社会，只是可怜了咱俩。我那时体单力孱，面又丑陋，十三岁看去老气犹如二十，村人笑为痴傻，你又三岁不能言语，哇哇只会啼哭，父母年纪尚老，恨无人接力，常怨咱这一门人丁不达。从那时起，我就羞于在人前走动，背着你在角落玩耍；有话无人可说，言于你你又不能回答，就喜欢起书来。书中的人对我最好，每每读到欢心处，我就在地上翻着跟头，你就乐得直叫，读到伤心处，我便哭了，你见我哭了，也便趴在我身上哭。但是，更多的是在沙地上，我筑好一个沙城让你玩，自个儿躺在一边读书。结果总是让你尿湿在裤子上，你又是哭，我不知如何哄你，就给你念书听，你竟不哭了。我感激得抱住你，说："我小妹也是爱书人啊！"东村的二旦家，其父是老先生，家有好多藏书，我背着你去借，人家不肯，说要帮着推磨子。我便将你放在磨盘顶上，教你拨着磨眼，我就抱着磨棍推起磨盘转，一个上午，给人家磨了三升包谷，借了三本书，我乐得去亲你，把你的脸蛋都咬出了一个红牙印儿。你还记得那本《红楼梦》吗？那是你到了四岁，刚刚学会说话，咱们到县城姨家去，我发现柜里有一本书，就蹲在那里看起来，虽然并不全懂，但觉得很有味道。天快黑了，书只看了五分之一，要回去，我就偷偷将书藏在怀里。三天后，姨家人来找，说我是贼，我不服，两厢骂起来，被娘打过一个耳光，我哭了，你也哭了，娘也抱住咱们哭，你那时说："哥哥，我长大了，一定给你买书！"小妹，你那一句话，给了兄多大安慰。如今我一坐在书房，看着满架书籍，就记想那时的可怜了。

咱们家不是书香门第，家里一直不曾富绰。即使现在，父母和你还在乡下，地分了，粮是不短缺了，钱却有出没入。兄虽每月寄点儿，也只能顾住油盐酱醋，比不得会做生意的人家。

但是，穷不是咱们的错，书却会使咱们位低而人品不微，贫困而志向不贱。这个社会，天下在振兴，民族在发奋，咱们不企图做官，以仕途有功于国家，但作为凡人百姓，咱们却只有读书习文才能有益于社会啊。你也立志写作，兄很高兴，你就要把书看重，什么都不要眼红，只眼红读书，什么朋友都可抛弃，但书之友不能一日不交。贫困倒是当作家的准备条件，书是忌富，人富则思惰，你目下处境正好逼你静心地读书，深知书中的精义。这道理人往往不以为然，走过来了方才醒悟，小妹可将我的话记住，免得以后悔之不及。

兄在外已经十年，自不敢忘了读书，所作一、二篇文章，尽属肤浅习作，愈是读书不已。过了二月二十一日，已到了而立之年，才更知立身难，立德难，立文难。夜读《西游记》，悟出"取经唯诚，伏怪以力"，不觉怀多感激，临风而叹息。兄在你这般年纪，读书目过能记，每每是借来之书，读得也十分注重。而今桌上，几上，案上，床上，满是书籍，却常常读过十不能记下四五，这全是年龄所致也。我至今只有以抄写辅助强记，但你一定要珍惜现在年纪，多多读书啊。

既有条件，读书万万不能狭窄。文学书要读，政治书要读，哲学，历史，美学，天文，地理，医药，建筑，美术，乐理……凡能找到的书，都要读读。若读书面窄，借鉴就不多，思路就不广，触一而不能通三。但是，切切又不要忘了精读，真正的本事掌握，全在于精

读。世上好书，浩如烟海，一生不可能读完，且又有的书虽好，但不能全为之喜爱，如我一生不喜食肉，但肉确实是世上好东西。你若喜欢上一本书了，不妨多读：第一遍可囫囵吞枣读，这叫享受；第二遍就静心坐下来读，这叫吟味；第三遍便要一句一句想着读，这叫深究。三遍读过，放上几天，再去读读，常又会有再新再悟的地方。你真真正正爱上这本书了，就在一个时期多找些这位作家的书来读，读他的长篇，读他的中篇，读他的短篇，或者散文，或者诗歌，或者理论，再读外人对他的评论，所写的传记，也可再读读和他同期作家的一些作品。这样，你知道他的文了，更知道他的人了，明白当时是什么社会，如何的文坛，他的经历、性格、人品、爱好等是怎样促使他的风格的形成？大凡世上，一个作家都有自己一套写法，都是有迹而可觅寻，当然有的天分太高了，便不是一时一阵便可理得清的。兄读中国的庄子、太白、东坡诗文，读外国的泰戈尔、川端康成、海明威之文，便至今于起灭转接之间不可测识。说来，还是兄读书太少，悟觉浅薄啊！如此这番读过，你就不要理他了，将他丢开，重新进攻另一个大家。文学是在突破中前进，你要时时注意，前人走到了什么地方，同辈人走到了什么地方。任何一个大家，你只能继承，不能重复，你要在读他的作品时，就将他拉到你的脚下来读。这不是狂妄，这正是知其长、晓其短，师精神而弃皮毛啊。虚无主义可笑，但全然跪倒来读，他可以使你得益，也可能使你受损，永远在他的屁股后了。这你要好好记住。

在家时，逢小妹生日，兄总为你梳那一双细辫，亲手要为你剥娘煮熟的鸡蛋。一走十年，竟总是忘了你生日的具体时间，这你是该骂我的了。今年一入夏，我便时时提醒自己，要到时一定祝贺你成人。邻居妇人要我送你一笔大钱，说我写书，稿费易如就地俯拾，我反驳，又说我"肥猪也哼哼"，咳，邻人只知是钱！人活着不能没钱，但只要有一碗饭吃，钱又算个什么呢？如今稿费低贱，家岂是以稿费发的？！读书要读精品，写书要立之于身，功于天下，哪里是邻居妇人之见啊！这么多年，兄并不敢奢侈，只是简朴，唯恐忘了往昔困顿，也是不忘了往昔，方将所得数钱尽买了书籍。所以，小妹生日，兄什么也不送，仅买一套名著十册给你寄来，乞妹快活。

1983年7月初写于静虚村

[1] 贾平凹（1952年～　），当代作家。本文选自《抱散集》（作家出版社，1994年）。

不能设想没有梦的人生

戴志勇[1]

又到毕业季。照相，喝酒，交论文；签约，告别，开始新的历程。不管你是否已术业有专攻，是否做好了充分的职业准备，有没有谈过一场刻骨铭心的恋爱，现在，你已经再一次站在大学的门槛上。与四年前不同的是，这一次你是面向社会。从此，你要单枪匹马，经历人生的沟坎与起伏，寻求自己的光荣和梦想。

光荣并不容易抵达。2012年毕业生达680万名，再创历史新高，实体经济形势看起来不那么美，房价却在高位企稳回升。对于想创业的毕业生来说，几乎一切成本都在上涨。同时，吃的，喝的，交通，医疗，却未必都能令你放心。

第一单元　认识人生

你依然是在繁荣的中国寻找一份工作。但繁荣之下，隐忧也在增长。对求职者而言，公务员队伍已过于庞大；国企福利相对较好，但终归要受到更严厉的宪政规制；民企，尤其是中小民企的经营风险正在增加；全球500强的门槛却未见降低……你对未来的预期，理应更谨慎。

但这毕竟还是繁荣的中国，一个正处于剧烈转型期的中国。权力、财富和影响力的格局初步成型，但更公平、更符合正义的规则也在悄然诞生与成长。从政治秩序趋于正常到经济的市场化，第一波制度红利或已达到顶峰。但革新远未到头，随着开放度的提高，潜藏的社会、经济、文化与政治发展空间还很巨大。只要你有梦想，敢于为梦想孜孜不倦，中国的点滴进步就会与你的这份工作建立起相关性，繁荣就会为你敞开一道门——哪怕，刚开始只是一道窄窄的门缝。

其实，梦想本身就是一扇门，它使未来参与你的当下，使五年后的你与现在的你紧密相连。梦想构成你生命最重要的一个维度，它为你定向，赋予你每日的琐碎生活以整体感和意义感。没有梦想的人，只能原地打转，或等待老天垂怜。

梦想未必要非常崇高。如中南民族大学毕业生宿舍楼上略带自嘲的条幅所写，"力争三年高富帅"，现代社会的基本规则是自利利人，谁说通过合法途径发财致富不是一种强大梦想？梦想也不一定就得世俗，如做人文与社科研究的人立志要"打通中西马"。甚至，梦想也不是非要多么远大：有不少人都"不愿做英雄，而愿做那个坐在路边为英雄鼓掌的人"——有时，这样的梦想更接近生活的本质。除了天性恬淡，它还要定力与智慧。随着年岁增长，愿这梦想逐渐深化为你对人生的洞彻。顺应良善天性自然发展的人，总是能散发属于自己的光辉。

财富与名望更多的只是梦想的自然结果，而远非梦想本身，个别情况下，它们甚至构成对梦想的阻碍。譬如，对立志学术的人来说，稍有浮躁，"打通中西马"难免就要变成"吹破古今牛"。

梦想必定植根于低处和近处。大多数毕业生都将进入一家企业或单位。你往往要最早到，最晚走，虽然只是小兵，但看上去却忙得像刚创业的老板。无论如何，只要有梦想的指引，你会将每件跟工作相关的手边小事做到尽可能好，这不仅是一种工作伦理，也是一种生活态度。清教徒将一切尘世的辛勤劳作都归于荣耀神，你不一定有这种信仰，但每个人都会在与同事朋友的交往中体现自己的价值与光芒。

周末或节假日，你或许还需为自己设定计划，持续充电。如果说大学教育在你脚底做了一个粗略的支架，从现在起，你可能要用更多精力来将这个支架做得牢固厚实。离开大学，更有价值的学习才刚刚启程，因为你的梦想也才刚刚启程。

自然，知识不仅来自书本，相反，你往往要从大学课堂上的各种理论与教条中走出来，至少得为它们灌注鲜活的生命力。无论做企业、进政府还是做社会公益，从书本走向现实，去更深刻地理解人、了解人的需求，才能设计更有创意的产品，做更有价值的策划，从而将改善带给更多人。

其实，所有职业都只是深度切入社会与人生的一条通道。在任何一条通道里，我们都将与这个时代，与人性冷暖正面遭遇。你最需要做的，是找到最适合自己的那条路。我们未必都能像盖茨、乔布斯、尤纳斯那样改变世界，但我们至少可以改变自己的生活，让每一天充满意义。

失去梦想的人生支离破碎，令人难以忍受。而最终极的梦想，就是辨认和听从自己内心的声音，度过富有意义的一生。

[1] 戴志勇，当代记者、编辑。本文选自2012年5月31日出版的《南方周末》。

唤醒心中的诗意（节选）

于丹[1]

每个中国人，都是在诗歌里不知不觉中完成了自己生命的成长。

小的时候，谁没有跟着李白看过"床前明月光"？虽然不懂得什么叫思乡，但孩子的眼睛却像月光一样清清亮亮。谁没有跟着孟浩然背过"春眠不觉晓"？背诗的声音起起落落，一如初春的纷纷啼鸟。

长大以后，恋爱中或失恋时，谁没有想起过李商隐的比喻——"春蚕到死丝方尽，蜡炬成灰泪始干"？春蚕和蜡烛，两个简单的、日常生活中的物件，通过诗歌，变成了我们可以寄托情感的意象。

再长大一些，开始工作，忙碌、烦恼纷至沓来。我们想安静，想放松，谁没有想起过陶渊明呢？"采菊东篱下，悠然见南山"，千古夕阳下，陶渊明的诗意温暖了后世的每一丛带霜的菊花。然后，我们日渐成熟，就有了更多的心事，更复杂的焦虑，更深沉的忧伤，我们会不由自主地想起李后主的"问君能有几多愁，恰似一江春水向东流"。与我们的一己之悲比起来，那样浩荡的悲伤、深刻的哀痛，是不是会使我们的心稍稍放下一点，使我们的胸稍稍开阔一些呢？

终于当年华老去的时候，我们轻轻叹一口气，想起蒋捷说"流光容易把人抛，红了樱桃，绿了芭蕉"。面对逝水流光，这里面没有撕心裂肺的悲号。那种淡淡的喟叹，既伤感青春，又欣慰收获，不也是一种深沉的人生吗？

今天，很多人会疑惑，在现代的忙碌生活中，诗对我们究竟是一种必需品，还是一种奢侈品？可能相比于我们的房贷、医药费、孩子的学费，还有每个人的工作现实、生活梦想，诗歌变成了一件奢侈品。但是我想，如果我们真的愿意相信诗歌是生命中的必需品，我们也许就真的可以过得诗意盎然。

今天，相比于古人，我们的科学技术更发达了，我们的生活物质更繁盛了，我们的个人眼界更开阔了，我们每个人生命中的可能性更多了，但是，我们的心灵、我们的诗意有所托付吗？在二十一世纪的今天，我们还能不能够唤醒心中的诗意呢？

其实，诗意一直都在，只不过我们的忙碌把它遮蔽了；诗意随时会醒来，但在它醒来的时候，我们要准备好一颗中国人的"诗心"来迎接它。

汉代的人曾经说过："诗者，天地之心。"汉代人眼中的"诗"主要是指《诗经》。天地如此壮阔，长天大地之间，生长着万物和人，天地山川的巨变，万物草木的生长，人的命运变迁和人生的细微动静，共同合力，凝聚成诗。在天地和时间之中，唯独人是"有灵"的，陆机在《文赋》中说"观古今于须臾，抚四海于一瞬"，壮观的天地和辽远的时间，一起涌进人的心灵，此刻，我们的那种感动就是诗意，把它表达出来就是诗歌："笼天地于形内，挫万物于笔端。"

第一单元　认识人生

　　然而，在诗思澎湃，心灵像春水一样丰盈、润泽的时候，我们怎样做，才能把所思所感说出来、写出来？我们还是缺少一种表达方式。这时，中国的诗人们像林语堂所说的，向自然去"借"："和自然融为一体，春则觉醒而欢悦，夏则在小憩中聆听蝉的欢鸣，感怀时光的有形流逝，秋则悲悼落叶，冬则雪中寻诗。"

　　春花，夏蝉，秋叶，冬雪，分别只是一种风景吗？不，在诗人笔下，它们转变成为一个个意象，成为诗人感情的寄托。王国维曾经说过："一切景语，皆情语也。"一花一叶，一丘一壑，原本是安静的风景，在诗人眼中、心里、笔下，活跃起来，流动起来，寄托着人心诗情。

　　有了风景，有了诗情，有了意象，这种美好就足够了吗？在中国诗歌里，还有意境。什么是意境呢？就是林语堂说的，"精神和自然融为一体"。景物与人心，一静一动，互相映衬、互相呼应乃至融合，主观情意和客观物境构成一个流动的空间，这种艺术境界就是意境，让人品味，让人沉湎。

　　王国维的《人间词话》说："能写真景物、真感情者，谓之有境界，否则谓之无境界。"王国维先生特别推崇这个"真"字。这里的"真"，是一种性情，用林语堂先生的话说就是"一种悲天悯人的意识，使他们对大自然寄予无限的深情，并用一种艺术的眼光来看待人生"。我们的眼睛看见风景，我们的心灵产生波动，我们将心灵的感动和天地万物的活动融为一体，从而更深刻地认识自己，唤醒自己，抵达最真实的自己——勇敢、坦率、真诚、天真，诗歌使我们触摸到内心不敢作假的人性。

　　让我们再回味一下汉代的那句"诗者，天地之心"。培育我们的"诗心"，需要从意象开始，意象是传递诗情、诗意、诗境的载体。所以这一次，我想说一说中国诗词的意象。

　　前面讲过的那些美丽、伴随我们成长的诗句，从"举头望明月"到"恰似一江春水向东流"，里面都有一个核心元素，就是意象。不管是明月、啼鸟、菊花、春蚕，还是江水、樱桃、芭蕉，千百年来，它们在自然中美丽着，也在中国的诗歌中绽放着。一代代的诗人传承着这些美丽的意象，传承着中国人的心事。他们是含蓄的、深沉的，或有所得，或有所失，从来不会大声地直接说——我喜、我悲、我愁，而是一定会把自己的情感托付给一个意象。这种意象的载体，通过心灵的息息相通，一直流传到今天。

　　说起千秋不厌的乡愁，很多朋友都会记得现代诗人余光中先生的《乡愁》，他在台湾对大陆的那一段思绪牵绊。如果说"明月"曾经是李白的乡愁，那么千年之后，什么是余光中的乡愁呢？是邮票、船票、坟墓、海峡……这几个意象载体就贯穿了人的一生。

　　林语堂先生说，中国的"诗歌通过对大自然的感情，医治人们心灵的创痛"。我们谁没有经过春来秋往的涤荡？我们谁没有经历日月交叠的轮转？我们谁不曾登高看水阔山长？我们谁不曾渴望逃离喧嚣，寻访静谧的田园？少年飞扬时，我们谁不曾向往长剑狂歌的豪侠倜傥？岁月跌宕时，我们谁不曾在诗酒中流连……中国人是敏感的、多情的，虽然我们不都是诗人，可总会在人生的某种时刻，忽然间诗情上涌；总会有那样一个关节点，我们品味人生，给心灵充电；总会有那么一个契机，我们想寻找真实的自己。让我们从寻找中国诗歌的意象开始，从一草一木，从春花秋月开始起程，沿着诗歌的通幽曲径，抵达我们的心灵深处。

　　那些曾令古人沉醉的意象，实际上从未远离我们，它们生生不息，在岁月中深情等待。

　　如果，我们愿意把自己交付给诗歌，也许可以循着美丽诗思，一路寻访到自己的心灵。

注 释

[1]于丹（1965年～　），当代学者。本文选自《于丹：重温最美古诗词》（北京联合出版公司，2012年）。

英诗误我

颜元叔[1]

假使你先爱上文学，再凭文学找爱人，可能找不上什么爱人，因为文学跟人，实在是两码事；不仅是两码事，而且误事。我自己便是先爱上英诗，再循英诗的指示去爱人，结果一个都没有爱上——直到遇到我的太太。我是三十岁才结婚的；三十岁之前，爱情生活一片空白，就像取经的唐三藏，从来不沾腥——非不愿也，实不成也。追求异性，我的本能与技巧，应该和一般人差不多，而结果我的成绩还低于一般人，乃至迹近零蛋，皆是由于英诗误我之故。大家都知道，诗歌之中，谈爱情的篇章不少。你口袋中朝夕放一册英诗，久而久之，你便视它为"恋爱指南"，追起异性来，便以轻重五音步的节奏迈开步伐，就如追求萤火虫，东扑西扑，到头来一脚踏入阴沟——而萤火虫升成了天边的星星一颗。

话说自从有记忆，我就对女性有兴趣；可是正式追求女孩子，还是从大学开始——高中的老师训诫过："要追女朋友，到大学时再说。"到了大学，既然念外文，便迫不及待地买了一本袖珍精装的英诗，放在裤袋里，坐到椰子树根下，抽了出来，躺下去，便摊开在蓝天白云之上，眼睛由下上翘仰读起来。十八九岁的人，当然最喜欢雪莱："我跌倒在人生的荆棘上，我流血！""不知怎的我飘至你的夜窗前，甜美的。""啊，把我从草地上挽起来吧，因为我要死了，要晕了，要垮了！"如此这般，你便要做梦，梦见一个纤巧的芸娘之流，陪着你一起吟哦，那岂不是人间天堂！结果你就在班上近百位女生之间物色，就像在空谷寻找幽兰一般。你想找一位像华兹华茨笔下的"露茜"："她居住在人迹罕至的地方，在鸽溪的流泉旁；她是一位没有人赞美的少女。没有人去爱她。一枝紫罗兰，长在苔生的石后，凡眼难窥全貌；亮丽如星，当只有孤零一颗闪耀在天庭……"于是，你好不容易发现了一位像哑巴一般的女生，总是一个人远远坐在角落里，总是穿一件褪色的蓝衬衫，总是低着头写她的笔记；你回头望她，永远只见小巧的鼻尖，突在平垂的额头上；还有那两条发辫，总是用两条橡皮筋扎着——多别致幽雅脱俗的橡皮筋呀！这真是一朵空谷幽兰，这种女生，只有口袋中放着一册英诗的人，才会欣赏！于是你先是费尽工夫打听她的地址，然后选买了一叠信纸——浅蓝色，配合她的衬衫之蓝——于是一遍又一遍，诉说着你对文学的抱负，对英诗的欣赏，对雪莱的热爱，对华兹华茨的陶醉，甚至抄几行英诗，放在中文之间，希冀她欣赏你的别致、超越与轻狂。你一封信去了，没有回复，两封信去了，没有复信。三封信去了，还是没有复信，十封信之后——那册袖珍诗集里的佳句差不多抄光了——你胆敢回头向墙角一望，仍然只看到平垂的额头上突出的小巧鼻尖。终于，三年级还没念完，她便嫁人了，嫁给了采购局局长的儿子，婚后便移居到美国开餐馆去了。

念英美文学硕士的时候，英诗把我误得更惨。我选读"十七世纪英国文学"，因为当时"行上诗"最流行。那位美国教授年过六十，却最喜欢约翰·端恩的诗，朗诵起来，老痰在喉头上发抖，漏风的声带咝咝作斑马鸣。根据欧立德等人的说法，约翰·端恩的诗表现了情操统一的局面；他能一面抒情，一面说理，一面求你爱他，一面还要述明你为什么非爱他不

可；也就是说，他用一个辩论的过程来表情达意。那位美国教授，对这种求爱的方式，热衷得不得了。师者，传道授业解惑者也。我既然受业于他，怎能不吸收他的见地，以解我之大惑！何况约翰·端恩在十七世纪是大情人，不知多少名媛闺秀为他的诗所风靡，照他的处方去谈恋爱，大概不会错到哪里。相传，端恩向一位女士求爱，女士不允，他便写了一首千古名诗题曰《"蚤子"》，劝她爱他。他说，你看，这里有一只蚤子，它咬了你也咬了我，它肚子里有你的血也有我的血，那便是说，你我的血，已在它的肚内做了婚配；既然木已成舟，你又何苦死爱面子而总是拒绝。此外，你既然慷慨地让"蚤子"为你"放血"，你怎能厚彼薄此，我难道还比不上一只跳蚤！尤有甚者，"蚤子"已然替你"放血"，你的损失是如何轻微，所以让我亦如蚤子，相信你不会因此而不悦。端恩此番是否成功，文学史上没有记载；不过，以这首诗的才思敏捷，相信那女士必定倾倒，被端恩的三寸不烂之舌摆平了。

　　读多了这些鬼诗，你就信以为真。正好那时我对一位女士颇有点倾慕。那位女士虽然学化学，好像也有颗慧心；我自己虽然没有才气，却与千古才子朝夕为伍，像端恩这种别致的心灵，我也分享了一二；我想，就算"我"不值得爱，至少可以因端恩而爱我呀。我乃发动攻击，一切战略战术，均以端恩的辩证法为最高指导原则，便是采取情操统一之说，一边抒情一边说理，一边表意，一边辩论。于是，每次碰见对方，无论抓住什么课题，立刻辩论；从大前提到小前提，从小前提到结论；从"既然"到"因为"，从"因为"到"所以"，从"所以"到"于是"；每次都是条理分明，思路敏捷清晰。我自己都惊讶我原来有个这么好的头脑，那女士更应激奋了。于是，每次应该谈情说爱，都代之以辩论，直辩到哑口无言。一位年高德劭的离婚绅士在一旁说，你追女孩子怎么是这个追法？我笑而不语：他怎么懂得端恩的情操统一之说呢，他不过是个电机工程师而已。结果有一天晚上，我约会她，坐定之后，她说今天天气真热，太阳真大，我接上去说，你不要怪太阳太热，有一天它会慢慢变黄，慢慢转凉。你要求它热它也热不起来了。话说这位女士是位虔诚的教友，她立刻说太阳不会熄灭，因为上帝会照顾它。我抓住弱点，立即嘲讽（嘲讽也是端恩征服异性的战术之一）：是不是上帝手执庄子的大瓢，一瓢一瓢，往太阳里加注汽油啊！我为自己的这段机智语激奋得不得了，以为她在感佩之余，会扑地膜拜。孰知她"哇"的一声哭了起来，我只有茫然告退。后来我听说，她立即电告那位电机绅士，说我欺负她，那绅士一传即到，掏出白绢一方，替她揩掉颊上的伤心泪水，同时把肩膀迎送上去，让她把鼻涕擤在西装上。后来，她便嫁给了他，我只有继续与端恩为伍。

　　在这之前，我在台湾还有一位"女朋友"：那是断断续续，似友非友，待我行将出国，又突然热络了五分钟的一位往还多年的异性。甚至到出国前夕告别的约会，我都没有一握她的玉手。到美国后，与同住之唐君谈起，深感懊悔。唐君说：要握女孩子的手，那还不容易？你买一包口香糖，递一片给她的时候，顺便就将她的手捏住。我不是没有请她吃过口香糖，却没有想到"顺手抓"这一招。递口香糖的时候，总是我双指捏住这头，将那头递入她的双指间；从口香糖的这头到那头，不过两英寸的距离，却远过南极之于北极，太难超越了。我先出国了，不免鱼雁往返；次年，她的留学考试没有通过，于是来信了，说她今年出不来，而反问我是否愿意为她回台湾去。我本来可以骗她说，我当然可以为她回去，她一定会回信说，那你就不必回来了，这不过是考验你罢了。可是，我当时正好念过拉夫勒斯的《给卢卡丝达，走向战场》，里面有两句诗："亲爱的人，我如何能爱你如许，假使我不更爱我的荣誉。"他乃离开情人，走向沙场，求功名去了。当时，我也正在攻读学位，硕士即将到手，而后还要攻读博士学位，这就是我的"荣誉"。我的功名，我如何能半途而废，背着

自己这个脓包回台湾去!于是,我便特别工整地写了一封信,用打字机把上面的诗打下来,附上中文翻译,寄回台湾,以为这是多么别具风格,又多么男子汉的一场表演!孰知从此石沉大海,音讯渺无。这又是英诗误我。

终于,我也像斯宾塞一样,在长期单身之后,结了婚,迎婚曲罢,那唐·吉诃德终于步入那长期渴求的洞房,浪荡的灵魂终得憩息。回首二十到三十岁间的青春,不能不说是一片惨白。这种失落全得责怪英诗,因为他所提供的战略战术,只是令我每战皆北。可见现实与英诗,人生与文学,的确是道不同不相为谋。曾经是十七世纪或十九世纪,一位少女会为了一段机智的情诉,辩论式的表白,倾心相慕;曾经是一份别致,一份才情,也会激起一阵异性的共鸣。如今,那独自坐墙角的女孩,看来如一具还魂的缪斯,实则不过在沉思自己的生计而已。

[1] 颜元叔(1933~2012年),当代学者。本文选自《20世纪中国散文读本》(海峡文艺出版社,2003年)。

上课记(节选)

王小妮[1]

2005年8月底,我第一次在大学里上课。第一个学期的课程结束,留在我手里的只是一张快翻破了的学生名单,密密麻麻的人名后面是四个月来随手标记的各种符号。别人看那就是一片名字,而哪个姓名背后不躲藏着能随时跳出来的活生生的面孔和表情?他们身上很多生动的细节,没能在发生的那一刻记下来,很快就淡掉了,失去了即时的鲜活和趣味,想再补记,无论怎么回想都不生动。从2006年开始,在上课的间隙,随手记录下和他们相处时发现的有趣的部分,学期结束后,整理成了"上课记"。那些乱七八糟、无处不在的记录,过一段时间再看,连我这个记录者自己都有点陌生并感到新奇有趣,也许有人愿意从中认识了解今天的大学生。

1. 下面的眼睛

9月23日,第一次课。我看着教室下面这些眼睛。去年我面对的是三十四人,今年是四十二人,都是大一新生。他们的眼睛是成年人中间最清澈的。如果让我选择给大学本科生还是研究生上课,我一点也不犹豫,当然是大一新生。他们还相对单纯,可教。

曾经有个刚上高三的学生告诉我一次班会上的"搞笑"对话:

老师问:"在你十岁以前,知道什么?"

学生起立答:"什么都不知道。"

老师又问:"现在呢?"

学生答:"什么都知道了!"

教室里忽然一阵敲桌子跺脚跟,学生们哄堂大笑。

现在,这些就要接受所谓高等教育的孩子,眼睛里重新透出十岁似的,什么都不知道的光芒。我该给他们什么,才能心安,才对得起这满堂含着水分的注视。

第一单元 认识人生

2. 在一节课的同时

有一次课间休息，一个女生过来，对我夸奖课上讲评的一篇同学作业，我说你可以把你的看法告诉对方。她说，在课上就告诉了。我开始还有点奇怪，她们并没坐在一起。女生举举手机说，当时就给她发短信了。

我恍然大悟，一节课上，表面看来安静正常，一个人在上面滔滔地讲，满屋的人坐在下面听，有时候是典型的"满堂灌"。就在那些安静中，有多少手机短信通过虚拟空间暗中来往，自以为是的老师并不知道。

我有点好奇，那是一个潜行着的最鲜活的世界。我问她们，能收集到全班同学在一节课上所发布的全部短信吗？同学们说不容易，侵犯隐私权，怕大家不配合。如果把这些五花八门的东西截获下来，将是最真实生动的民间语文。

3. 滚到两米以外的一只鸡蛋

那天早上七点二十分，我去上课。路上全是和我同方向的向着教学楼赶路的学生，经过我旁边的一个穿牛仔裤的女生快步走着，提着一只塑料袋，好像是想倒换出手来做什么，也许那袋子太薄了，里面的东西忽然全掉在地上，她停住了，把一盒豆浆捡起来，这时候一只鸡蛋正慢悠悠地滚，最后停在两米以外，她没理那只蛋，像什么也没发生，继续朝前走。虽然那只蛋完全没摔破，她也不准备理它，好像躬下身去捡那只蛋一定很丢人。

一进教室我就对学生说这件事，我说，养大一只母鸡容易吗，母鸡下一只蛋容易吗？他们只是笑，不知道他们都在想什么。

4. 好词好句

大概，"敬业"的中学语文教师都要求学生们储备一些"好词好句"，万用的。在前三次作业中，大多数的开头都是"椰风蓝天"，"海浪涛声"，一大段铺垫，占四分之一到三分之一篇幅的抒情辞藻，然后才进入正文，开头和正文没有丝毫关联。

我提示他们不要展示所谓文采，直接说出自己的真实想法和原本的感觉。

我真怀疑他们还有没有"原本"的感觉，十二年的语文教育把这些感觉给彻底毁灭掉了？

我准备消灭毫无意义的"好词好句"，但是，他们接受起来很困难。一个女生说，她从来就觉得好文章要以好的景物描写开头。另一个女生有点儿庆幸，她的作文历来被初中高中老师都不看好，因为没好词好句，终于有了我这么个奇怪的老师不那么要求了！

一个男生在作业上写了他的疑问：老师不赞成我们写好词好句，但是，我正在看老师的一本书，你在书里也有很多好词好句啊！

我说，那本书里有些文章写在十年前，现在我认为没有力量的作品，也许能靠好词好句得到化妆的作用，而扎扎实实的写作恰好相反。

5. "恶搞"

整个学期前半段的几次写作练习，总有人来问我："恶搞，可以吗？"我说可以。

他们有一阵热衷于"恶搞"。这几乎是他们能想到的超越现实的唯一手法，不然，就要老老实实写出上下衔接，合乎逻辑和人物情理的对话和情节。显然，"恶搞"更自由，更没约束，更容易完成任务。

在课堂上表演"恶搞"也讨巧，总能引来哄堂大笑。太多年积压的"一本正经"了，一贯的作文训练，受尽规范和虚假的约束，试试"恶搞"也是解放。随着课程的进展，接近学期末，"恶搞"在他们的作业和课上练习中几乎完全消失，它自然而然消失了，我没提示过什么，作业中出现了更多的对现实生活的关注，这可是好事情。

"恶搞"从热衷到消失都是他们自觉的取舍，我很高兴。

6. 今天没有课，好无聊

这是最初两次作业中常见的句子：今天没有课，好无聊。

为什么无聊？一个同学说，高考太紧张了，终于考完了，一下子松下来，很难再抓紧。有课的时候没办法无聊。我理解他们离不开惯性中被动的强制的充实，一旦没有课，没有了强制，人就像在真空中浮着，不知道该干点什么。

我说，希望他们尽快体会到：今天没有课，过得好充实。

7. 到大二就好了

下课铃响过，我收拾笔记本的时候，听见班长在下面宣布，必须去听什么讲座，星期六晚上。下面一片抱怨声："星期六晚上要放电影啊！"

班长也有点儿心软，连声说："到了大二就好了。"

大一的学生成了"滥竽充数"的一群，再引申了说，他们一入校就不断地被提醒：你们大一学生是小字辈、弱势群体，想享受自由，只有熬到大二。那么，谁来爱惜和保护这些最初的、单纯又懵懂的大一学生？

8. "吸血鬼"

临下课前的几分钟，我给他们读了《南方周末》上的一篇小短文《考上大学的女儿，咋就变成了"吸血鬼"》，因为内容和他们很相近，人人听得认真，每读出一笔钱数，下面一小阵议论。读完恰好铃响。

如果是一个农民家庭，供一个每年学费六千元的大学生，肯定不轻松。

9. 单纯

学生们都在应付考试，操场上不少背书的，我已经没课了。

傍晚，在路上碰到一个老师，她问我："你真的以为他们很单纯吗？"

很明显，她心里早有答案。

我说，我愿意相信他们个个都单纯透明。

又过了十几天，我偶然听说，我刚教过的八十个人中，有好几个因为违反考场纪律被抓，有人得了处分，我不愿意问具体人的名字，宁愿相信在我的课上，他们都是单纯透明的。

10. 我们的存在感

一个女生捧着脸坐在我对面，她说："老师，我20岁了，唉……"

另一个学生讲她刚进大学时候的事，开头第一句总是："在我年轻的时候……"

我问："干吗这么说？好像这就老了。"

她说："不知道为什么，就是感觉很老了。"

这海岛上空继续跑着好看多变的云彩，偶尔有散碎的星没气力地闪几下，迎面涌来穿拖鞋喝奶茶说笑的学生们。扩招和并校，学生更多了，路上经常车碰车、人挤人。看起来他们都还挺不错，一大早跑图书馆占座，黄昏里围着遍地污水的小食摊举着麻辣烫，考试前在蚂蚁行迹遍布的草地上呼号背书，但是多问他们几句，常会得到两种答复。低年级的说："人

都飘起来了,不知道自己每天该干什么。"临近毕业的说:"想想未来,好无力。"

在人生有了清晰的记忆以后,他们就被不可违抗的突击集训式的强势教育笼罩了整整12年。他这个生命个体的经历中,最真切的感受就是在背书考试和排名次时。

有学生告诉我说:"上大学前,我最快乐的事就是考试发挥好了,最不快乐的事就是考试没发挥好,就是这么傻的过来了。"

当这段"考试人生"结束,人已经18岁。刚进大学的人,多会惯性地沿袭自己的前12年,努力学习,保持好成绩。慢慢有人醒悟:这不是他要的人生。但是更多的学生始终迷茫着。

每个年轻的生命都渴望主动掌控自己,恣意自由,越这样想就越慌张着急,越使不上力气,越觉得茫然无望。

11. 精心准备的演讲

卜是安徽人。他说自己刚进大学时算是个愤青,非黑即白、截然分明的那种,现在上大三了,他认为自己已经变得能包容别人,学会宽容了。他正跃跃欲试,争取在校内正在举办的系列讲座后期得到登台演讲的机会。据说主办方请学生们准备感想,写得好的可能有五分钟的演讲。卜已经在准备讲稿,夜深了他要离开宿舍,找间无人的安静教室去写草稿。虽然作为网络写手的他平时用电脑写作,但是,我专门问了他,演讲稿是手写的,也许这样更郑重。同我说这番话的时候,他的稿子还在修改中,而他已经在筹划真能上台演讲那天,该请他的哪些朋友们到场:"我这么大了,从来没有上台对那么多人说过话,太需要这个机会了。"

我问:"台下多少人?"

他很认真地想了一下:"大概二百人。"

过了几天的一个周末,收到他的短信,当晚他如愿上台给一个演讲老师献了花,他认为这会离上台自由演讲五分钟的愿望更近了。已经过了二十岁的成年人只为登台说话五分钟,要付出这么多去争取和惴惴不安,如果从五岁起就常有类似机会,我们的年轻人不会在快大学毕业时到台前来对自己的同学说句话,也要带着发言稿,也要双手和稿纸一起抖个不停。

期末,听说讲座已经结束,忙问:"最后演讲有几个学生?有没有男生上台?"大家都说没有男生上台发言。据说,结束环节多是各位领导的贺词,只有一个女学生发言,代表了整整一学期里作为听众的学生们。对于主持者和领导们,卜是谁,不过是下面黑压压的年轻脑瓜之一,他们很轻易就忽略了哪一个脑子都会思索,哪一个人的心里都同时潜藏着期待和失望。而说起这件事的学生们对那个晚上的描述都是"拖得太长了,一结束就往洗手间跑,老师啊老师,坑爹呀,以后开讲座能不能中间有休息……"

很多学生都像卜,很需要切实地做点事情,在这个过程中体会到自己这个小生命的真切的存在。

12. 贫寒的影响

总会遇到这样的学生,话语少,眼神坚定,能感到他有义愤,他内心拧着,耿耿于怀。曾经有过一个男生在课上愤青般地批评余秋雨,一一列出背后的社会原因等。下课后,跟我一起离开教室的几个学生说,这个男生是个怪人,刚入学竞选班长的时候,他一个人滔滔不绝地讲了20分钟(没竞选成功)。

多次面对这样的场合:不同家境的学生在一起,不一会儿,就有人不知不觉中渐渐地显出炫耀和强势，而另外一些变得沉默和没底气。我一般都是不出声的旁观者，只在心里有不舒服。社会本不该低看和挤压任何一个人，爱惜、袒护、信任才应该是我们共同的基点，可惜，现实经常刚好正相反。

有人问我，为什么有些同学那么敏感：一次课后，班长通知贫困生先别走，留在教室（类似情况我碰见过几次，能看到有人从桌上收书的动作开始放缓，我一般会赶紧走），留下的人开始填一张申请助学金的表格。当时有个学生嘟囔着说："我不愿意填这个东西，但是我还是填了……"向我转述这句话的人说："也太敏感了吧，不必这样，贫困怎么了，也不是你的错。"

贫寒不是错，但由贫寒带来的暗伤害很少被他以外的人理解和重视。

一个学生在作业里说："我不要生活在社会底层，任人宰割。"

[1] 王小妮（1955年~ ），当代作家。本文节选自《上课记》、《上课记2》（中国华侨出版社，2011年、2013年）。

受戒（节选）

汪曾祺[1]

明海出家已经四年了。

他是十三岁来的。

这个地方的地名有点怪，叫庵赵庄。赵，是因为庄上大都姓赵。叫做庄，可是人家住得很分散，这里两三家，那里两三家。一出门，远远可以看到，走起来得走一会儿，因为没有大路，都是弯弯曲曲的田埂。庵，是因为有一个庵。庵叫菩提庵，可是大家叫讹了，叫成荸荠庵。连庵里的和尚也这样叫。"宝刹何处？"——"荸荠庵。"庵本来是住尼姑的。"和尚庙"、"尼姑庵"嘛。可是荸荠庵住的是和尚。也许因为荸荠庵不大，大者为庙，小者为庵。

明海在家叫小明子。他是从小就确定要出家的。他的家乡不叫"出家"，叫"当和尚"。他的家乡出和尚。就像有的地方出劁猪的，有的地方出织席子的，有的地方出箍桶的，有的地方出弹棉花的，有的地方出画匠，有的地方出婊子，他的家乡出和尚。人家弟兄多，就派一个出去当和尚。当和尚也要通过关系，也有帮。这地方的和尚有的走得很远。有到杭州灵隐寺的、上海静安寺的、镇江金山寺的、扬州天宁寺的。一般的就在本县的寺庙。明海家田少，老大、老二、老三，就足够种的了。他是老四。他七岁那年，他当和尚的舅舅回家，他爹、他娘就和舅舅商议，决定叫他当和尚。他当时在旁边，觉得这实在是在情在理，没有理由反对。当和尚有很多好处。一是可以吃现成饭。哪个庙里都是管饭的。二是可以攒钱。只要学会了放瑜伽焰口，拜梁皇忏，可以按例分到辛苦钱。积攒起来，将来还俗娶亲也可以；不想还俗，买几亩田也可以。当和尚也不容易，一要面如朗月，二要声如钟磬，三要聪明记性好。他舅舅给他相了相面，叫他前走几步，后走几步，又叫他喊了一声赶牛打场的号子："格当嘚——"，说是"明子准能当个好和尚，我包了！"要当和尚，得下点本——念几年书。哪有不认字的和尚呢！于是明子就开蒙入学，读了《三字经》、《百家姓》、《四言杂字》、《幼学琼林》、《上论》、《下论》、《上孟》、《下孟》，每天还写一张仿。村里都夸他字写得好，很黑。

舅舅按照约定的日期又回了家，带了一件他自己穿的和尚领的短衫，叫明子娘改小一点，给明子穿上。明子穿了这件和尚短衫，下身还是在家穿的紫花裤子，赤脚穿了一双新布鞋，跟他爹、他娘磕了一个头，就随舅舅走了。

他上学时起了个学名，叫明海。舅舅说，不用改了。于是"明海"就从学名变成了法名。

过了一个湖。好大一个湖！穿过一个县城。县城真热闹：官盐店，税务局，肉铺里挂着成边的猪，一个驴子在磨芝麻，满街都是小磨香油的香味，布店，卖茉莉粉、梳头油的什么斋，卖绒花的，卖丝线的，打把式卖膏药的，吹糖人的，耍蛇的……他什么都想看看。舅舅一个劲儿地推他："快走！快走！"

到了一条河边，有一只船在等着他们。船上有一个五十来岁的瘦长瘦长的大伯，船头蹲着一个跟明子差不多大的女孩子，在剥一个莲蓬吃。明子和舅舅坐到舱里，船就开了。明子听见有人跟他说话，是那个女孩子。

"是你要到荸荠庵当和尚吗？"

明子点点头。

"当和尚要烧戒疤呕！你不怕？"

明了不知道怎么回答，就含含糊糊地摇了摇头。

"你叫什么？"

"明海。"

"在家的时候？"

"叫明子。"

"明子！我叫小英子！我们是邻居。我家挨着荸荠庵。——给你！"

小英子把吃剩的半个莲蓬扔给明海，小明子就剥开莲蓬壳，一颗一颗吃起来。

大伯一桨一桨地划着，只听见船桨拨水的声音："哗——许！哗——许！"

……

荸荠庵的地势很好，在一片高地上。这一带就数这片地势高，当初建庵的人很会选地方。门前是一条河。门外是一片很大的打谷场。三面都是高大的柳树。山门里是一个穿堂。迎门供着弥勒佛。不知是哪一位名士撰写了一副对联：

大肚能容容天下难容之事
开颜一笑笑世间可笑之人

弥勒佛背后，是韦驮。过穿堂，是一个不小的天井，种着两棵白果树。天井两边各有三间厢房。走过天井，便是大殿，供着三世佛。佛像连龛才四尺来高。大殿东边是方丈，西边是库房。大殿东侧，有一个小小的六角门，白门绿字，刻着一副对联：

一花一世界
三藐三菩提

进门有一个狭长的天井，几块假山石，几盆花，有三间小房。

小和尚的日子清闲得很。一早起来，开山门，扫地。庵里的地铺的都是筹底方砖，好扫得很，给弥勒佛、韦驮烧一炷香，正殿的三世佛面前也烧一炷香、磕三个头、念三声"南无阿弥陀佛"，敲三声磬。这庵里的和尚不兴做什么早课、晚课，明子这三声磬就全都代替了。然后，挑水，喂猪。然后，等当家和尚，即明子的舅舅起来，教他念经。

教念经也跟教书一样,师父面前一本经,徒弟面前一本经,师父唱一句,徒弟跟着唱一句。是唱哎。舅舅一边唱,一边还用手在桌上拍板。一板一眼,拍得很响,就跟教唱戏一样。是跟教唱戏一样,完全一样哎。连用的名词都一样。舅舅说,念经:一要板眼准,二要合工尺。说:当一个好和尚,得有条好嗓子。说:民国二十年闹大水,运河倒了堤,最后在清水潭合龙,因为大水淹死的人很多,放了一台大焰口,十三大师——十三个正座和尚,各大庙的方丈都来了,下面的和尚上百。谁当这个首座?推来推去,还是石桥——善因寺的方丈!他往上一坐,就跟地藏王菩萨一样,这就不用说了;那一声"开香赞",围看的上千人立时鸦雀无声。说:嗓子要练,夏练三伏,冬练三九,要练丹田气!说:要吃得苦中苦,方为人上人!说:和尚里也有状元、榜眼、探花!要用心,不要贪玩!舅舅这一番大法要说得明海和尚实在是五体投地,于是就一板一眼地跟着舅舅唱起来:

"炉香乍爇——"

"炉香乍爇——"

"法界蒙薰——"

"法界蒙薰——"

"诸佛现金身——"

"诸佛现金身——"

……

等明海学完了早经,——他晚上临睡前还要学一段,叫做晚经——荸荠庵的师父们就都陆续起床了。

……

明子老往小英子家里跑。

小英子的家像一个小岛,三面都是河,西面有一条小路通到荸荠庵。独门独户,岛上只有这一家。岛上有六棵大桑树,夏天都结大桑椹,三棵结白的,三棵结紫的;一个菜园子,瓜豆蔬菜,四时不缺。院墙下半截是砖砌的,上半截是泥夯的。大门是桐油油过的,贴着一副万年红的春联:

向阳门第春常在

积善人家庆有余

门里是一个很宽的院子。院子里一边是牛屋、碓棚;一边是猪圈、鸡窠,还有个关鸭子的栅栏。露天地放着一具石磨。正北面是住房,也是砖基土筑,上面盖的一半是瓦,一半是草。房子翻修了才三年,木料还露着白茬。正中是堂屋,家神菩萨的画像上贴的金还没有发黑。两边是卧房。隔扇窗上各嵌了一块一尺见方的玻璃,明亮亮的——这在乡下是不多见的。房檐下一边种着一棵石榴树,一边种着一棵栀子花,都齐房檐高了。夏天开了花,一红一白,好看得很。栀子花香得冲鼻子。顺风的时候,在荸荠庵都闻得见。

这家人口不多,他家当然是姓赵。一共四口人:赵大伯、赵大妈,两个女儿,大英子、小英子。老两口没得儿子。因为这些年人不得病,牛不生灾,也没有大旱大水闹蝗虫,日子过得很兴旺。他们家自己有田,本来够吃的了,又租种了庵上的十亩田。自己的田里,一亩种了荸荠——这一半是小英子的主意,她爱吃荸荠,一亩种了茨菇。家里喂了一大群鸡鸭,单是鸡蛋鸭毛就够一年的油盐了。赵大伯是个能干人。他是一个"全把式",不但田里场上样样精通,还会罩鱼、洗磨、凿砻、修水车、修船、砌墙、烧砖、箍桶、劈篾、绞麻绳。他不咳嗽,不腰疼,结结实实,像一棵榆树。人很和气,一天不声不响。赵大伯是一棵摇钱

树,赵大娘就是个聚宝盆。大娘精神得出奇。五十岁了,两个眼睛还是清亮亮的。不论什么时候,头都是梳得滑溜溜的,身上衣服都是格挣挣的。像老头子一样,她一天不闲着。煮猪食,喂猪,腌咸菜——她腌的咸萝卜干非常好吃,舂粉子,磨小豆腐,编蓑衣,织芦篚。她还会剪花样子。这里嫁闺女,陪嫁妆,瓷坛子、锡罐子,都要用梅红纸剪出吉祥花样,贴在上面,讨个吉利,也才好看:"丹凤朝阳"呀、"白头到老"呀、"子孙万代"呀、"福寿绵长"呀。二三十里的人家都来请她:"大娘,好日子是十六,你哪天去呀?"——"十五,我一大清早就来!""一定呀!"——"一定!一定!"

两个女儿,长得跟她娘像一个模子里托出来的。眼睛长得尤其像,白眼珠鸭蛋青,黑眼珠棋子黑,定神时如清水,闪动时像星星。浑身上下,头是头,脚是脚。头发滑溜溜的,衣服格挣挣的。——这里的风俗,十五六岁的姑娘就都梳上头了。这两个丫头,这一头的好头发!通红的发根,雪白的簪子!娘女三个去赶集,一集的人都朝她们望。

姐妹俩长得很像,性格不同。大姑娘很文静,话很少,像父亲。小英子比她娘还会说,一天咭咭呱呱地不停。大姐说:"你一天到晚咭咭呱呱——"

"像个喜鹊!"

"你自己说的!——吵得人心乱!"

"心乱?"

"心乱!"

"你心乱怪我呀!"

二姑娘话里有话。大英子已经有了人家。小人她偷偷地看过,人很敦厚,也不难看,家道也殷实,她满意。已经下过小定,日子还没有定下来。她这二年,很少出房门,整天赶她的嫁妆。大裁大剪,她都会。挑花绣花,不如娘。她可又嫌娘出的样子太老了。她到城里看过新娘子,说人家现在绣的都是活花活草。这可把娘难住了。最后是喜鹊忽然一拍屁股:"我给你保举一个人!"

这人是谁?是明子。明子念"上孟下孟"的时候,不知怎么得了半套《芥子园》,他喜欢得很。到了荸荠庵,他还常翻出来看,有时还把旧账簿子翻过来,照着描。小英子说:"他会画!画得跟活的一样!"

小英子把明海请到家里来,给他磨墨铺纸,小和尚画了几张,大英子喜欢得不得了:"就是这样!就是这样!这就可以乱孱!"——所谓"乱孱"是绣花的一种针法:绣了第一层,第二层的针脚插进第一层的针缝,这样颜色就可由深到淡,不露痕迹,不像娘那一代绣的花是平针,深浅之间,界限分明,一道一道的。小英子就像个书童,又像个参谋:"画一朵石榴花!"

"画一朵栀子花!"

她把花掐来,明海就照着画。

到后来,凤仙花、石竹子、水蓼、淡竹叶,天竺果子、腊梅花,他都能画。

大娘看着也喜欢,搂住明海的和尚头:"你真聪明!你给我当一个干儿子吧!"

小英子捺住他的肩膀,说:"快叫!快叫!"

小明子跪在地下磕了一个头,从此就叫小英子的娘做干娘。

大英子绣的三双鞋,三十里方圆都传遍了。很多姑娘都走路坐船来看。看完了,就说:"啧啧啧,真好看!这哪是绣的,这是一朵鲜花!"她们就拿了纸来央大娘求了小和尚来画。有求画帐檐的,有求画门帘飘带的,有求画鞋头花的。每回明子来画花,小英子就给他做点好吃的,煮两个鸡蛋,蒸一碗芋头,煎几个藕团子。

因为照顾姐姐赶嫁妆,田里的零碎生活小英子就全包了。她的帮手,是明子。

这地方的忙活是栽秧、车高田水、薅头遍草,再就是割稻子、打场子。这几茬重活,自己一家是忙不过来的。这地方兴换工。排好了日期,几家顾一家,轮流转。不收工钱,但是吃好的。一天吃六顿,两头见肉,顿顿有酒。干活时,敲着锣鼓,唱着歌,热闹得很。其余的时候,各顾各,不显得紧张。

薅三遍草的时候,秧已经很高了,低下头看不见人。一听见非常脆亮的嗓子在一片浓绿里唱:

栀子哎开花哎六瓣头哎……

姐家哎门前哎一道桥哎……

明海就知道小英子在哪里,三步两步就赶到,赶到就低头薅起草来,傍晚牵牛"打汪",是明子的事。——水牛怕蚊子。这里的习惯,牛卸了轭,饮了水,就牵到一口和好泥水的"汪"里,由它自己打滚扑腾,弄得全身都是泥浆,这样蚊子就咬不通了。低田上水,只要一挂十四轧的水车,两个人车半天就够了。明子和小英子就伏在车杠上,不紧不慢地踩着车轴上的拐子,轻轻地唱着明海向三师父学来的各处山歌。打场的时候,明子能替赵大伯一会儿,让他回家吃饭。——赵家自己没有场,每年都在荸荠庵外面的场上打谷子。他一扬鞭子,喊起了打场号子:

"格当嘚——"

这打场号子有音无字,可是九转十三弯,比什么山歌号子都好听。赵大娘在家,听见明子的号子,就侧起耳朵:"这孩子这条嗓子!"

连大英子也停下针线:"真好听!"

小英子非常骄傲地说:"一十三省数第一!"

晚上,他们一起看场。——荸荠庵收来的租稻也晒在场上。他们并肩坐在一个石磙子上,听青蛙打鼓,听寒蛇唱歌,——这个地方以为蝼蛄叫是蚯蚓叫,而且叫蚯蚓叫"寒蛇",听纺纱婆子不停地纺纱,"唦——",看萤火虫飞来飞去,看天上的流星。

"呀!我忘了在裤带上打一个结!"小英子说。

这里的人相信,在流星掉下来的时候在裤带上打一个结,心里想什么好事,就能如愿。

……

"捏"荸荠,这是小英子最爱干的生活。秋天过去了,地净场光,荸荠的叶子枯了,——荸荠的笔直的小葱一样的圆叶子里是一格一格的,用手一捋,哗哗地响,小英子最爱捋着玩,——荸荠藏在烂泥里。赤了脚,在凉浸浸滑滑溜溜的泥里踩着——哎,一个硬疙瘩!伸手下去,一个红紫红紫的荸荠。她自己爱干这生活,还拉了明子一起去。她老是故意用自己的光脚去踩明子的脚。

她挎着一篮子荸荠回去了,在柔软的田埂上留了一串脚印。明海看着她的脚印,傻了。五个小小的趾头,脚掌平平的,脚跟细细的,脚弓部分缺了一块。明海身上有一种从来没有过的感觉,他觉得心里痒痒的。这一串美丽的脚印把小和尚的心搞乱了。

……

明子常搭赵家的船进城,给庵里买香烛,买油盐。闲时是赵大伯划船;忙时是小英子去,划船的是明子。

从庵赵庄到县城,当中要经过一片很大的芦花荡子。芦苇长得密密的,当中一条水路,四边不见人。划到这里,明子总是无端端地觉得心里很紧张,他就使劲地划桨。

小英子喊起来:"明子!明子!你怎么啦?你发疯啦?为什么划得这么快?"

……

明海到善因寺去受戒。

"你真的要去烧戒疤呀?"

"真的。"

"好好的头皮上烧十二个洞,那不疼死啦?"

"咬咬牙。舅舅说这是当和尚的一大关,总要过的。"

"不受戒不行吗?"

"不受戒的是野和尚。"

"受了戒有啥好处?"

"受了戒就可以到处云游,逢寺挂褡。"

"什么叫'挂褡'?"

"就是在庙里住。有斋就吃。"

"不把钱?"

"不把钱。有法事,还得先尽外来的师父。"

"怪不得都说'远来的和尚会念经'。就凭头上这几个戒疤?"

"还要有一份戒牒。"

"闹半天,受戒就是领一张和尚的合格文凭呀!"

"就是!"

"我划船送你去。"

"好。"

小英子早早就把船划到荸荠庵门前。不知是什么道理,她兴奋得很。她充满了好奇心,想去看看善因寺这座大庙,看看受戒是个啥样子。

善因寺是全县第一大庙,在东门外,面临一条水很深的护城河,三面都是大树,寺在树林子里,远处只能隐隐约约看到一点金碧辉煌的屋顶,不知道有多大。树上到处挂着"谨防恶犬"的牌子。这寺里的狗出名的厉害。平常不大有人进去。放戒期间,任人游看,恶狗都锁起来了。

好大一座庙!庙门的门槛比小英子的胳膝都高。迎门盖着两块大牌,一边一块,一块写着斗大两个大字"放戒",一块是"禁止喧哗"。这庙里果然是气象庄严,到了这里谁也不敢大声咳嗽。明海自去报名办事,小英子就到处看看。好家伙,这哼哈二将、四大天王,有三丈多高,都是簇新的,才装修了不久。天井有二亩地大,铺着青石,种着苍松翠柏。"大雄宝殿",这才真是个"大殿"!一进去,凉飕飕的。到处都是金光耀眼。释迦牟尼佛坐在一个莲花座上,单是莲座,就比小英子还高。抬起头来也看不全他的脸,只看到一个微微闭着的嘴唇和胖墩墩的下巴。两边的两根大红蜡烛,一搂多粗。佛像前的大供桌上供着鲜花、绒花、绢花,还有珊瑚树、玉如意、整根的大象牙。香炉里烧着檀香。小英子出了庙,闻着自己的衣服都是香的。挂了好些幡。这些幡不知是什么缎子的,那么厚重,绣的花真细。这么大一口磬,里头能装五担水!这么大一个木鱼,有一头牛大,漆得通红的。她又去转了转罗汉堂,爬到千佛楼上看了看。真有一千个小佛!她还跟着一些人去看了看藏经楼。藏经楼没有什么看头,都是经书!妈吔!逛了这么一圈,腿都酸了。小英子想起还要给家里打油,替姐姐配丝线，给娘买鞋面布，给自己买两个坠围裙飘带的银蝴蝶，给爹买旱烟，就出庙了。

等把事情办齐，晌午了。她又到庙里看了看，和尚正在吃粥。好大一个"膳堂"，坐得下八百个和尚。吃粥也有这样多讲究：正面法座上摆着两个锡胆瓶，里面插着红绒花，后面盘膝坐着一个穿了大红满金绣袈裟的和尚，手里拿了戒尺。这戒尺是要打人的。哪个和尚吃粥吃出了声音，他下来就是一戒尺。不过他并不真的打人，只是做个样子。真稀奇，那么多的和尚吃粥，竟然不出一点声音！他看见明子也坐在里面，想跟他打个招呼又不好打。想了想，管他禁止不禁止喧哗，就大声喊了一句："我走啦！"她看见明子目不斜视地微微点了点头，就不管很多人都朝自己看，大摇大摆地走了。

第四天一大清早小英子就去看明子。她知道明子受戒是第三天半夜——烧戒疤是不许人看的。她知道要请老剃头师傅剃头，要剃得横摸顺摸都摸不出头发茬子，要不然一烧，就会"走"了戒，烧成了一片。她知道是用枣泥子先点在头皮上，然后用香头子点着。她知道烧了戒疤就喝一碗蘑菇汤，让它"发"，还不能躺下，要不停地走动，叫做"散戒"。这些都是明子告诉她的。明子是听舅舅说的。

她一看，和尚真在那里"散戒"，在城墙根底下的荒地里。

一个一个，穿了新海青，光光的头皮上都有十二个黑点子。——这黑疤掉了，才会露出白白的、圆圆的"戒疤"。和尚都笑嘻嘻的，好像很高兴。她一眼就看见了明子。隔着一条护城河，就喊他：

"明子！"

"小英子！"

"你受了戒啦？"

"受了。"

"疼吗？"

"疼。"

"现在还疼吗？"

"现在疼过去了。"

"你哪天回去？"

"后天。"

"上午？下午？"

"下午。"

"我来接你！"

"好！"

……

小英子把明海接上船。

小英子这天穿了一件细白夏布上衣，下边是黑洋纱的裤子，赤脚穿了一双龙须草的细草鞋，头上一边插着一朵栀子花，一边插着一朵石榴花。她看见明子穿了新海青，里面露出短褂子的白领子，就说："把你那外面的一件脱了，你不热呀！"

他们一人一把桨。小英子在中舱，明子扳艄，在船尾。

她一路问了明子很多话，好像一年没有看见了。

她问，烧戒疤的时候，有人哭吗？喊吗？

明子说，没有人哭，只是不住地念佛。有个山东和尚骂人："俺日你奶奶！俺不烧了！"

她问善因寺的方丈石桥是相貌和声音都很出众吗？
"是的。"
"说他的方丈比小姐的绣房还讲究？"
"讲究。什么东西都是绣花的。"
"他屋里很香？"
"很香。他烧的是伽楠香，贵得很。"
"听说他会做诗，会画画，会写字？"
"会。庙里走廊两头的砖额上，都刻着他写的大字。"
"他是有个小老婆吗？"
"有一个。"
"才十九岁？"
"听说。"
"好看吗？"
"都说好看。"
"你没看见？"
"我怎么会看见？我关在庙里。"
　　明子告诉她，善因寺一个老和尚告诉他，寺里有意选他当沙弥尾，不过还没有定，要等主事的和尚商议。
"什么叫'沙弥尾'？"
"放一堂戒，要选出一个沙弥头，一个沙弥尾。沙弥头要老成，要会念很多经。沙弥尾要年轻，聪明，相貌好。"
"当了沙弥尾跟别的和尚有什么不同？"
"沙弥头，沙弥尾，将来都能当方丈。现在的方丈退居了，就当。石桥原来就是沙弥尾。"
"你当沙弥尾吗？"
"还不一定哪。"
"你当方丈，管善因寺？管这么大一个庙？！"
"还早哪！"
　　划了一气，小英子说："你不要当方丈！"
"好，不当。"
"你也不要当沙弥尾！"
"好，不当。"
　　又划了一气，看见那一片芦花荡子了。
　　小英子忽然把桨放下，走到船尾，趴在明子的耳朵旁边，小声地说：
"我给你当老婆，你要不要？"
　　明子眼睛鼓得大大的。
"你说话呀！"
　　明子说："嗯。"
"什么叫'嗯'呀！要不要，要不要？"
　　明子大声地说："要！"

"你喊什么!"

明子小小声说:"要——!"

"快点划!"

英子跳到中舱,两只桨飞快地划起来,划进了芦花荡。芦花才吐新穗。紫灰色的芦穗,发着银光,软软的,滑溜溜的,像一串丝线。有的地方结了蒲棒,通红的,像一枝一枝小蜡烛。青浮萍,紫浮萍。长脚蚊子,水蜘蛛。野菱角开着四瓣的小白花。惊起一只青桩(一种水鸟),擦着芦穗,扑棱棱飞远了。

……

一九八〇年八月十二日,写四十三年前的一个梦

注 释

[1] 汪曾祺(1920~1997年),现当代作家。本文选自《北京文艺》1980年第10期。

烦恼人生(节选)

池莉[1]

早晨是从半夜开始的。

昏蒙蒙的半夜里"咕咚"一声惊天动地,紧接着是一声恐怖的号叫。印家厚一个惊悸,醒了,全身绷得硬直,一时间竟以为是在噩梦里。待他反应过来,知道是儿子掉到了地上时,他老婆已经赤着脚下了床,颤颤地唤着儿子。母子俩在狭窄壅塞的空间撞翻了几件家什,跌跌撞撞抱成一团。

他应该做的第一件事是开灯,他知道,一个家庭里半夜发生意外,丈夫应该保持镇定。可是灯绳怎么也摸不着!印家厚哧哧喘着粗气,一双胳膊在墙上大幅度摸来摸去。老婆恨恨地咬了一个字"灯"便哭出声来。急火攻心,印家厚跳起身,踩在床头柜上,一把捉住灯绳的根部用劲一扯;灯亮了,灯绳却扯断了。印家厚将手中的断绳一把甩了出去,负疚地对着儿子,叫道:"雷雷!"

儿子打着干噎,小绿豆眼瞪得溜圆,十分陌生地望着他。他伸开臂膀,心虚地说:"怎么啦?雷雷,我是爸爸哟!"老婆挡开了他,说:"呸!"

儿子忽然说:"我出血了。"

儿子的左腿上有一处擦伤,血从伤口不断沁出。夫妻俩见了血,都发怔了。总算印家厚先摆脱了怔忡状态,从抽屉里找来了碘酒、棉签和消炎粉。老婆却还在发怔,眼里蓄了一包泪。印家厚利索地给儿子包扎伤口,在包扎伤口的过程中,印家厚完全清醒了,内疚感也渐渐消失了。是他给儿子止的血,不是别人。印家厚用脚把地上摔倒的家什归拢到一处,床前便开辟出了一小块空地,他把儿子放在空地上,摸了摸儿子的头,说:"好了。快睡觉。"

"不行,雷雷得洗一洗。"老婆口气犟直。

"洗醒了还能睡吗?"印家厚软声地说。

"孩子早给摔醒了!"老婆终于能流畅地说话了,"请你走出去访一访,看哪个工作了十七年还没有分到房子。这是人住的地方?猪狗窝!这猪狗窝还是我给你搞来的!是男子汉,要老婆儿子,就该有个地方养老婆儿子!窝囊巴叽的,八棍子打不出一个屁来,算什么

男人!"

印家厚头一垂,怀着一腔辛酸,呆呆地坐在床沿上。

其实房子和儿子摔下床有什么联系呢?老婆不过是借机发泄罢了。谈恋爱时的印家厚就是厂里够资格分房的工人之一,当初他的确对老婆说过只要结了婚,就会分到房子的。他夸下的海口,现在只好让她任意鄙薄。其实当初是厂长答应了他,他才敢夸那海口的。如今她可以任意鄙薄他,他却不能同样去对付厂长。

印家厚等待着时机,要制止老婆的话闸必须是儿子。趁老婆换气的当口,印家厚立即插了话:"雷雷,乖儿子,告诉爸爸,你怎么摔下来了?"

儿子说:"我要屙尿。"

老婆说:"雷雷,说拉尿,不要说屙尿。你拉尿不是要叫我的吗?"

"今天我想自己起来……"

"看看!"老婆目光炯炯,说,"他才四岁!四岁!谁家四岁的孩子会这么灵敏!"

"就是!"印家厚抬起头来,掩饰着自己的高兴。并不是每个丈夫都会巧妙地在老婆发脾气时,去平息风波的。他说:"我家雷雷真是了不起!"

"嘿,我的儿子!"老婆说。

儿子得意地仰起红扑扑的小脸,说:"爸爸,我今天轮到跟你跑月票了吧?"

"今天?"印家厚这才注意到已是凌晨四点缺十分了。"对,"他对儿子说,"还有一个多小时咱们就得起床。快睡个回笼觉吧。"

"什么是——回笼觉?爸爸。"

"就是醒了之后又睡它一觉。"

"早晨醒了中午又睡也是回笼觉吗?"

印家厚笑了。只有和儿子谈话他才不自觉地笑。儿子是他的避风港。他回答儿子说:"大概也可以这么说。"

"那幼儿园阿姨说是午觉,她错了。"

"她也没错。雷雷,你看你洗了脸,清醒得过分了。"

老婆斩钉截铁地说:"摔清醒的!"话里依然含着寻衅的意味。

印家厚不想一大早就和她发生什么利害冲突。一天还长着呢,有求于她的事还多着呢。他妥协地说:"好吧,摔的,不管这个了,都抓紧时间睡吧。"

老婆半天坐着不动,等印家厚刚躺下,她又突然委屈地叫道:"睡!电灯亮刺刺的怎么睡?"

印家厚忍无可忍了,正要恶声恶气地回敬她一下,却想起灯绳让自己扯断了。他大大咽了一口唾沫,爬起来……

在电灯黑灭的一刹那,印家厚看见手中的起子寒光一闪,一个念头稍纵即逝。他再不敢去看老婆,他被自己的念头吓坏了。

当眼睛适应了黑暗之后,发现黑暗原来并不怎么黑。曙色已朦胧地透过窗帘;大街上已有轰隆轰隆开过的公共汽车。印家厚异常清楚地看到,所谓家,就是一架半衡木,他和老婆摇摇晃晃地在平衡木上保持平衡。你首先下地抱住了儿子,可我为儿子包扎了伤口。我扯断了开关我修理,你借的房子你骄傲。印家厚异常地酸楚,又壮起胆子去瞅起子。后来天大亮了,印家厚觉得自己做过一个关于家庭的梦,但内容却实在记不得了。

还是起得晚了一点。

八点上班，印家厚必须赶上六点五十分的那班轮渡才不会迟到。而坐轮渡之前还要乘四站公共汽车，上车之前、下车之后还各有十分钟的路程。万一车不顺利呢？万一车顺利人却挤不上呢？不带儿子当然就不存在挤不上车的问题，可今天轮到他带儿子。印家厚打了一个短短的呵欠后，一边飞快地穿衣服一边用脚摇动儿子。"雷雷！雷雷！快起床！"

　　老婆将毛巾被扯过头顶，闷在里头说："小点声不行吗？"

　　"实在来不及了，"印家厚说，"雷雷叫不醒。"

　　印家厚见老婆没有丝毫动静，只得一把拎起了儿子。"嗨，你醒醒！快！"

　　"爸爸，你别揉我。"

　　"雷雷，不能睡了。爸爸要迟到了，爸爸还要给你煮牛奶。"印家厚急了。

　　公共的卫生间有两个水池，十户人家共用。早晨是最紧张的时刻，大家排着队按顺序洗漱。印家厚一眼就量出自己前面有五六个人，估计去一趟厕所回来正好轮到。他对前面的妇女说："小金，我的脸盆在你后边，我去一下就来。"小金表情淡漠地点了点头，然后用脚勾住地上的脸盆，随时准备往前移。

　　厕所又是满员。四个蹲位蹲了四个退休的老头。他们都点着烟，合着眼皮悠着。印家厚鼻孔里呼出的气一声比一声粗。一个老头嘎嘎笑了："小印，等不及了？"

　　印家厚勉强吭了一声，望着窗格子上的半面蛛网。老头又嘎嘎笑："人老了什么都慢，但再慢也得蹲出来，要形成按时解大便的习惯。你也真老实到家了，有厂子的人怎么不留到厂里去解呀。"

　　屁！印家厚极想说这个字可他又不想得罪邻居，邻居是好得罪的么？印家厚憋得慌，提着双拳正要出去，后边响起了草纸揉搓声，他的腿都软了。

　　返回卫生间，印家厚的脸盆刚好轮到，但后边一位已经跨过他的脸盆在刷牙了。印家厚不顾一切地挤到水池前洗漱起来。他没工夫讲谦让了。被挤在一边的妇女含着满口牙膏泡沫瞅了印家厚一眼，然后在他离开卫生间时扬声说："这种人，好没教养！"

　　印家厚听见了，可他希望他老婆没听见，他老婆听见了可不饶人，她准会认为这是一句恶毒的骂人话。

　　糟糕的是儿子又睡着了。

　　印家厚一迭声叫"雷雷"，一面点着煤油炉煮牛奶，一面抽空给了儿子的屁股一巴掌。

　　"爸爸，别打我，我只睡一会儿。"

　　"不能了。爸爸要迟到了。"

　　"迟到怕什么。爸爸，我求求你。我刚刚出了好多的血。"

　　"好吧，你睡，爸爸抱着你走。"印家厚的嗓子沙哑了。

　　老婆掀开毛巾被坐起来，眼睛红红的。"来，雷雷，妈妈给你穿新衣服。海军衫，背上冲锋枪，在船上和海军一模一样。"

　　儿子来兴趣了："大盖帽上有飘带才好。"

　　"那当然。"

　　印家厚向老婆投去感激的一瞥，老婆却没理会他。趁老婆哄儿子的机会，他将牛奶灌进了保温瓶，拿了月票、钱包、香烟、钥匙和梁羽生的武侠小说《风雷震九州》。

　　老婆拿过一筒柠檬夹心饼干塞进他的拎包里，嘱咐和往常同样的话："雷雷得先吃几块饼干再喝牛奶，空肚子喝牛奶不行，"说罢又扯住拎包塞进一个苹果，"午饭后吃。"接着又来了一条手帕。

第一单元 认识人生

印家厚生怕还有什么名堂,赶紧抱起儿子:"当兵的,咱们快走吧,战舰要起航了。"

儿子说:"妈妈再见。"

老婆说:"雷雷再见!"

儿子挥动小手,老婆也扬起了手。印家厚头也不回,大步流星汇入了滚滚的人流之中。他背后不长眼睛,但却知道,那排破旧老朽的平房窗户前,有个烫了鸡窝般发式的女人,披了件衣服,没穿袜子,趿着鞋,憔悴的脸上雾一样灰暗。她在目送他们父子。这就是他的老婆。你遗憾老婆为什么不鲜亮一点呢?然而这世界上就只有她一个人在送你和等你回来。

[1] 池莉(1957年~),当代作家。本文选自《上海文学》1987年第8期。

娘,我的疯子娘

树儿[1]

序

二十三年前,有个年轻的女子流落到我们村,蓬头垢面,见人就傻笑。因此,村里的媳妇们常对着那女子吐口水,有的媳妇还上前踹几脚,叫她"滚远些"。可她就是不走,依然傻笑着在村里转悠。那时,我父亲已有三十五岁。他曾在石料场干活被机器绞断了左手,又因家穷,一直没娶媳妇。奶奶见那女子还有几分姿色,就动了心思,决定收下她给我父亲做媳妇,给我家"续上香火"。父亲虽大不情愿,但看着家里这番光景,咬咬牙还是答应了。结果,父亲一分未花,就当了新郎。

一

娘生下我的时候,奶奶抱着我,瘪着没剩几颗牙的嘴欣喜地说:"这疯婆娘,还给我生了个带把儿的孙子。"只是,我一生下来,奶奶就把我抱走了,并且从不让娘靠近。

娘一直想抱抱我,多次在奶奶面前吃力地喊:"给,给我……"奶奶没理她。我那么小,像个肉嘟嘟,万一娘失手把我掉在地上怎么办?毕竟,娘是个疯子。每当娘有抱我的请求时,奶奶总瞪起眼睛训她:"你别想抱孩子,我不会给你的。要是我发现你偷抱了他,我就打死你。即使不打死,我也要把你撵走。"奶奶说这话时,没有半点儿含糊的意思。娘听懂了,满脸的惶恐,每次只是远远地看着我。尽管娘的奶胀得厉害,可我没能吃到娘的半口奶水,是奶奶一匙一匙把我喂大的。奶奶说娘的奶水里有"神经病",要是传染给我就麻烦了。

那时,我家依然在贫困的泥潭里挣扎。特别是添了娘和我后。奶奶决定把娘撵走,因为娘不但在家吃"闲饭",时不时还惹是生非。一天,奶奶煮了一大锅饭,亲手给娘添了一大碗,说:"媳妇儿,这个家太穷了,婆婆对不起你。你吃完这碗饭,就去找个富点儿的人家过日子,以后也不准来了,啊?"娘刚扒拉一大团饭在口里,听了奶奶下的"逐客令"。显得非常吃惊,一团饭就在嘴里凝滞了。娘望着奶奶怀中的我,口齿不清地哀叫:"不,不要……"奶奶猛地沉下脸,拿出威严的家长作风厉声吼道:"你这个疯婆娘,犟什么犟,犟下去没你的好果子吃。你本来就是到处流浪的,我收留了你两年了,你还要怎么样?吃完饭就走,听到没有?"说完奶奶从门后拿出一柄锄,像佘太君的龙头杖似的往地上重重一磕,"咚"地发出一声响。娘吓了一大跳,怯怯地看着婆婆,又慢慢低下头去看面前的饭碗,有泪水落在白花花的米饭上。在奶奶的逼视下，娘突然有个很奇怪的举动，她将碗中的饭分了一大半给另一只空碗，然后可怜巴巴地看着奶奶。

奶奶呆了，原来，娘是向奶奶表示，每餐只吃半碗饭，只求别赶她走。奶奶的心仿佛被人狠狠揪了几把，奶奶也是女人，她的强硬态度也是装出来的。奶奶别过头，生生地将热泪憋了回去，然后重新板起了脸说："快吃快吃，吃了快走。"娘似乎绝望了，连那半碗饭也没吃，踉踉跄跄地出了门，却长时间站在门前不走。奶奶硬着心肠说："你走，你走，不要回头。"娘反而走拢来，一双手伸向婆婆怀里，原来，娘想抱抱我。奶奶犹豫了一下，还是将褓褓中的我递给了娘。娘第一次将我搂在怀里，咧开嘴笑了，笑得春风满面。奶奶却如临大敌，两手在我身下接着，生怕娘的疯劲儿一上来，将我像扔垃圾一样丢掉。娘抱我的时间不足三分钟，奶奶便迫不及待地将我夺了过去，然后转身进屋关上了门。

二

当我懵懵懂懂地晓事时，我才发现，除了我，别的小伙伴都有娘。我找父亲要，找奶奶要，他们说："你娘死了。"可小伙伴却告诉我："你娘是疯子，被你奶奶赶走了。"我便找奶奶扯皮，要她还我娘，还骂她是"狼外婆"，甚至将她端给我的饭菜泼了一地。那时我还没有"疯"的概念，只知道非常想念她，她长什么样？还活着吗？没想到，在我六岁那年，离家5年的娘居然回来了。那天，几个小伙伴飞也似的跑来报信："小树，快去看，你娘回来了，你的疯娘回来了。"我喜得屁颠屁颠的，撒腿就往外跑，父亲、奶奶随着我也追了出来。这是我有记忆后第一次看到娘。她还是破衣烂衫，头发上还有些枯黄的碎草末，天知道是在哪个草堆里过的夜。娘不敢进家门，却面对着我家，坐在村前稻场的石碌上，手里还拿着个脏兮兮的气球。当我和一群小伙伴站在她面前时，她急切地从我们中间搜寻她的儿子。娘终于盯住我，死死地盯住我，咧嘴叫我："小树……球……球……"她站起来，不停地扬着手中的气球，讨好地往我怀里塞。我却一个劲儿地往后退。我大失所望，没想到我日思夜想的娘居然是这样一副形象。一个小伙伴在一旁起哄说："小树，你现在知道疯子是什么样了吧？就是你娘这样的。"

我气愤地对小伙伴说："她是你娘！你娘才是疯子，你娘才是这个样子。"我扭头就跑了。这个疯娘我不要了。奶奶和父亲却把娘领进了门。当年，奶奶撵走娘后，她的良心受到了拷问，随着一天天衰老，她的心再也硬不起来，所以主动留下了娘，而我是老大不乐意，因为娘丢了我的面子。

我从没给娘好脸色看，从没跟她主动说过话，更没有喊她一声"娘"，我们之间的交流是以我"吼"为主，娘是绝不敢顶嘴的。

三

家里不能白养着娘，奶奶决定训练娘做些杂活。下地劳动时，奶奶就带着娘出去"观摩"，稍不听话就要挨打。

过了些日子，奶奶以为娘已被自己训练得差不多了，就叫娘单独出去割猪草。没想到，娘只用了半小时就割了两筐"猪草"。奶奶一看，又急又慌，娘割的是人家田里正生浆拔穗的稻谷。奶奶气急败坏地骂她："疯婆娘谷草不分……"奶奶正想着如何善后时，稻田的主人找来了，竟说是奶奶故意教唆的。奶奶火冒三丈，当着人家的面拿出根棒槌一下敲在娘的后腰上，说："打死你这个疯婆娘，看你还敢给老娘惹祸？……"

娘虽疯，疼还是知道的，她一跳一跳地躲着奶奶的棒槌，口里不停地发出"别、别……"的哀号。最后，人家看不过眼，主动说："算了，我们不追究了。以后把她看严点

第一单元 认识人生

就是……"这场风波平息后,娘歪在地上抽泣着。我鄙夷地对她说:"草和稻子都分不清,你真是个猪。"话音刚落,我的后脑勺挨了一巴掌,是奶奶打的。奶奶瞪着眼骂我:"小兔崽子,你怎么说话的?再怎么着,她也是你娘啊!"我不屑地嘴一撇:"我没有这样的傻疯娘!"

"嗬,你真是越来越不像话了。看我不打你!"奶奶又举起巴掌,这时只见娘像弹簧一样从地上跳起,横在我和奶奶中间,娘指着自己的头,"打我、打我"地叫着。

我懂了,娘是叫奶奶打她,别打我。奶奶举在半空中的手颓然垂下,嘴里喃喃地说道:"这个疯婆娘,心里也知道疼爱自己的孩子啊!"我上学不久,父亲被邻村一位养鱼专业户请去守鱼池,每月能赚五十元。娘仍然在奶奶带领下出门干活,主要是打猪草,她没再惹什么大的乱子。

记得我读小学三年级时一个冬日,天空突然下起了雨,奶奶让娘给我送雨伞。娘可能一路摔了好几跤,浑身像个泥猴似的,她站在教室的窗户旁望着我傻笑,口里还叫:"树……伞……"一些同学嘻嘻地笑。带头起哄的是小范,当他还在夸张地模仿时,我抓起面前的文具盒,猛地向他砸过去。他冲上前来掐住我的脖子,我俩厮打起来。我个子小,根本不是他的对手,被他轻易压在地上。这时,只听教室外传来"嗷"的一声长啸,娘像个大侠似的飞跑进来,一把抓起小范,拖到了屋外。都说疯子力气大,真是不假。娘双手将欺负我的小范举向半空,他吓得哭爹喊娘,一双胖乎乎的小腿在空中乱踢蹬。娘毫不理会,居然将他丢到了学校门口的水塘里,然后一脸漠然地走开了。

娘为我闯了大祸,她却像没事人似的。在我面前,娘又恢复了一副怯怯的神态,讨好地看着我。我明白这就是母爱,即使神志不清,母爱也是清醒的,因为她的儿子遭到了别人的欺负。当时我情不自禁地叫了声:"娘!"这是我会说话以来第一次喊她。娘浑身一震,久久地看着我,然后像个孩子似的羞红了脸,咧了咧嘴,傻傻地笑了。那天,我们母子俩第一次共撑一把伞回家。我把这件事跟奶奶说了,奶奶吓得跌倒在椅子上,连忙请人去把爸爸叫了回来。爸爸刚进屋,一群拿着刀棒的壮年男人闯进我家,不分青红皂白,先将锅碗瓢盆砸了个稀巴烂。这都是范家请来的人,范父恶狠狠地指着爸爸的鼻子说:"我儿子吓出了神经病,现在卫生院躺着。你家要不拿出一千块钱的医药费,我一把火烧了你家的房子。"

一千块钱?爸爸每月才五十块钱呀!看着杀气腾腾的范家人,爸爸的眼睛慢慢烧红了,他用非常恐怖的目光盯着娘,一只手飞快地解下腰间的皮带,劈头盖脸地向娘打去。一下又一下,娘像只惶惶偷生的老鼠,无助地跳着、躲着,她发出的凄厉声,以及皮带抽在她身上发出的那种清脆的声响,我一辈子都忘不了。最后还是派出所所长赶来制止了爸爸施暴的手。派出所的调解结果是,双方互有损失,两不亏欠。谁再闹就抓谁!一帮人走后,爸爸看看满屋狼藉的锅碗碎片,又看看伤痕累累的娘,他突然将娘搂在怀里痛哭起来,说:"疯婆娘,不是我硬要打你,我要不打你,这事下不了地,咱们没钱赔人家啊。"爸又看着我说:"树儿,你一定要争气。要不,咱们就这样被人欺负一辈子啊!"我懂事地点点头。

四

2000年夏,我以优异成绩考上了高中。积劳成疾的奶奶不幸去世,家里的日子更难了。民政局将我家列为特困家庭,每月补助四十元,我所在的高中也适当减免了我的学杂费,我这才得以继续读下去。

由于是住读,学习又抓得紧,我很少回家。父亲依旧在为挣五十元打工,为我送菜的担子就责无旁贷地落在娘身上。每次总是隔壁的婶婶帮忙为我炒好咸菜,然后交给娘送来。二十公里的羊肠山路亏娘牢牢地记了下来,风雨无阻。也真是奇迹,凡是为儿子做的事,娘一点儿也不疯。除了母爱,我无法解释这种现象在医学上应该怎么破译。

2003年4月的一个星期天,娘来了,不但为我送来了菜,还带来了十几个野鲜桃。我拿起一个,咬了一口,笑着问她:"挺甜的,哪儿来的?"娘说:"我……我摘的……"没想到娘还会摘野桃,我由衷地表扬她:"娘,您真是越来越能干了。"娘嘿嘿地笑了。

娘临走前,我照例叮嘱她注意安全,娘"哦哦"地应着。送走娘,我又扎进了高考前最后的复习中。第二天,我正在上课,婶婶匆匆地赶到学校,问我娘送菜来没有,说我娘到现在还没回家。我心一紧,娘该不会走错道了吧?婶婶问:"你娘没说什么?"我说没有,她给我带了十几个野鲜桃哩。婶婶两手一拍:"坏了坏了,可能就坏在这野鲜桃上。"婶婶替我请了假,我们沿着山路往回找,回家的路上确有几棵野桃树,桃树上稀稀拉拉地挂着几个桃子,因为长在峭壁上才得以保存下来。我们同时发现一棵桃树有枝丫折断的痕迹,树下是百丈深渊。婶婶看了看我,说:"到峭壁底下去看看吧!"我说:"婶婶你别吓我……"婶婶不由分说,拉着我就往山谷里走……

娘静静地躺在谷底,周边是一些散落的桃子,她手里还紧紧攥着一个,身上的血早就凝固成了沉重的黑色。我悲痛得五脏俱裂,紧紧地抱住娘,说:"娘啊,我的苦命娘啊,儿悔不该说这桃子甜啊,是儿子要了你的命……"我将头贴在娘冰凉的脸上,哭得漫山遍野的石头都陪着落泪……

五

2003年8月7日,在娘下葬后的第一百天,大学烫金的录取通知书穿过娘所走过的路,穿过那几株野桃树,穿过村前的稻场,径直"飞"进了我的家门。我把这份迟到的书信插在娘冷寂的坟头:"娘,儿出息了,您听到了吗?您可以含笑九泉了!"

注 释

[1] 树儿(1970年~),当代作家,本文选自《人间方圆》2004年第23期。

牡丹亭·惊梦

汤显祖[1]

(旦上,唱)

【绕池游】梦回莺啭,乱煞年光遍[2],人立小庭深院。(贴)炷尽沉烟,抛残绣线,恁今春关情似去年?

【乌夜啼】(旦)晓来望断梅关,宿妆残。(贴)你侧着宜春髻子,恰凭栏。(旦)剪不断,理还乱,闷无端。(贴)已分付催花莺燕,借春看。(旦)春香,可曾叫人扫除花径?(贴)分付了。(旦)取镜台衣服来。(贴取镜台衣服上)云髻罢梳还对镜,罗衣欲换更添香。镜台衣服在此。(旦唱)

【步步娇】袅晴丝吹来闲庭院,摇漾春如线。停半晌,整花钿。没揣菱花[3],偷人半面,迤逗的彩云偏[4]。(行介)步香闺怎便把全身现!(贴)今日穿插得好。(旦唱)

【醉扶归】你道翠生生出落的裙衫儿茜,艳晶晶花簪八宝填,可知我常一生儿爱好是天然,恰三春好处无人见。不提防沉鱼落雁鸟惊喧,则怕的羞花闭月花愁颤。

(贴)早茶时了,请行。(行介)你看:画廊金粉半零星,池馆苍苔一片青。踏草怕泥新绣袜,惜花疼煞小金铃[5]。(旦)不到园林,怎知春色如许!(唱)

【皂罗袍】原来姹紫嫣红开遍，似这般都付与断井颓垣。良辰美景奈何天，赏心乐事谁家院！恁般景致，我老爷和奶奶再不提起。(合)朝飞暮卷，云霞翠轩；雨丝风片，烟波画船。锦屏人忒看的这韶光贱[6]！

(贴)是花都放了，那牡丹还早。(旦唱)

【好姐姐】遍青山啼红了杜鹃，荼蘼外烟丝醉软。春香呵，牡丹虽好，他春归怎占的先！(贴)成对儿莺燕呵。(合)闲凝眄，生生燕语明如翦，呖呖莺歌溜的圆。

(旦)去罢。(贴)这园子委是观之不足也。(旦)提他怎的！(行介，唱)

【隔尾】观之不足由他缱，便赏遍了十二亭台是枉然，倒不如兴尽回家闲过遣。

(作到介)(贴)开我西阁门，展我东阁床。瓶插映山紫，炉添沉水香。小姐，你歇息片时，俺瞧老夫人去也。(下)

(旦叹介)默地游春转，小试宜春面。春呵，得和你两留连，春去如何遣？咳！恁般天气，好困人也。春香那里？(作左右瞧介)(又低首沉吟介)天呵，春色恼人，信有之乎！常观诗词乐府，古之女子，因春感情，遇秋成恨，诚不谬矣。吾今年已二八，未逢折桂之夫；忽慕春情，怎得蟾宫之客？昔日韩夫人得遇于郎，张生偶逢崔氏[7]，曾有《题红记》、《崔徽传》二书。此佳人才子，前以密约偷期，后皆得成秦晋。(长叹介)吾生于宦族，长在名门。年已及笄，不得早成佳配，诚为虚度青春，光阴如过隙耳。(泪介)可惜妾身颜色如花，岂料命如一叶乎！(唱)

【山坡羊】没乱里[8]春情难遣，蓦地里怀人幽怨。则为俺生小婵娟，拣名门一例、一例里神仙眷。甚良缘，把青春抛的远！俺的睡情谁见？则索[9]因循腼腆，想幽梦谁边，和春光暗流转？迁延，这衷怀那处言？淹煎，泼残生[10]，除问天！

身子困乏了，且自隐几[11]而眠。(睡介)(梦生介)(生持柳枝上)莺逢日暖歌声滑，人遇风情笑口开。一径落花随水入，今朝阮肇到天台[12]。小生顺路儿跟着杜小姐回来，怎生不见？(回看介)呀！小姐，小姐。(旦作惊起介)(相见介)(生)小生那一处不寻访小姐来，却在这里！(旦作斜视不语介)(生)恰好花园内折取垂柳半枝。姐姐，你既淹通书史，可作诗以赏此柳枝乎？(旦作惊喜，欲言又止介)(背想)这生素昧平生，何因到此？(生笑介)小姐，咱爱杀你哩！(唱)

【山桃红】则为你如花美眷，似水流年，是答儿[13]闲寻遍。在幽闺女自怜。小姐，和你那答儿讲话去。(旦作含笑不行)(生作牵衣介)(旦低问)那边去？(生)转过这芍药栏前，紧靠着湖山石边。(旦低问)秀才，去怎的？(生低答)和你把领扣松，衣带宽，袖梢儿揾着牙儿苫也，则待你忍耐温存一响眠。(旦作羞)(生前抱)(旦推介)(合)是那处曾相见，相看俨然，早难道好处相逢无一言？(生强抱旦下)

(末扮花神束发冠，红衣插花上)催花御史惜花天，检点春工又一年。蘸客伤心红雨下，勾人悬梦彩云边。吾乃掌管南安府后花园花神是也。因杜知府小姐丽娘，与柳梦梅秀才，后日有姻缘之分。杜小姐游春感伤，致使柳秀才入梦。咱花神专掌惜玉怜香，竟来保护他，要他云雨十分欢幸也。(唱)

【鲍老催】单则是混阳烝变，看他似虫儿般蠢动把风情搧。一般儿娇凝翠绽魂儿颤。这是景上缘，想内成，因中见[14]。呀，淫邪展污了花台殿。咱待拈片落花儿惊醒他。(向鬼门丢花介)他梦酣春透了怎留连？拈花闪碎的红如片。

秀才才到的半梦儿，梦毕之时，好送杜小姐仍归香阁。吾神去也。(下)

【山桃红】(生、旦携手上)(生)这一霎天留人便，草藉花眠。小姐可好？(旦低头介)

（生）则把云鬟点，红松翠偏。小姐休忘了呵，见了你紧相偎，慢厮连，恨不得肉儿般团成了片也，逗的个日下胭脂雨上鲜。（旦）秀才，你可去呵？（合）是那处曾相见，相看俨然，早难道这好处相逢无一言？

（生）姐姐，你身子乏了，将息将息。（送旦依前作睡介）（轻拍旦介）姐姐，俺去了。（作回顾介）姐姐，你可十分将息，我再来瞧你那。行来春色三分雨，睡去巫山一片云。（下）（旦作惊醒，低叫介）秀才，秀才，你去了也？（又作痴睡介）（老旦上）夫婿坐黄堂，娇娃立绣窗。怪他裙衩上，花鸟绣双双。孩儿，孩儿，你为甚瞌睡在此？（旦作醒，叫秀才介）咳也！（老旦）孩儿怎的来？（旦作惊起介）奶奶到此！（老旦）我儿，何不做些针指，或观玩书史，舒展情怀？因何昼寝于此？（旦）孩儿适花园中闲玩，忽值春暄恼人，故此回房。无可消遣，不觉困倦少息。有失迎接，望母亲恕儿之罪。（老旦）孩儿，这后花园中冷静，少去闲行。（旦）领母亲严命。（老旦）孩儿，学堂看书去。（旦）先生不在，且自消停。（老旦叹介）女孩儿家长成，自有许多情态，且自由他。正是：宛转随儿女，辛勤做老娘。（下）（旦长叹介）（看老旦下介）哎也，天那！今日杜丽娘有些侥幸也。偶到后花园中，百花开遍，睹景伤情。没兴而回，昼眠香阁。忽见一生，年可弱冠，丰姿俊妍。于园中折得柳丝一枝，笑对奴家说："姐姐既淹通书史，何不将柳枝题赏一篇？"那时待要应他一声，心中自忖，素昧平生，不知名姓，何得轻与交言。正如此想间，只见那生向前说了几句伤心话儿，将奴搂抱去牡丹亭畔，芍药栏边，共成云雨之欢。两情和合，真个是千般爱惜，万种温存。欢毕之时，又送我睡眠，几声"将息"。正待自送那生出门，忽值母亲来到，唤醒将来。我一身冷汗，乃是南柯一梦。忙身参礼母亲，又被母亲絮了许多闲话。奴家口虽无言答应，心内思想梦中之事，何曾放怀。行坐不宁，自觉如有所失。娘呵，你叫我学堂看书，知他看那一种书消闷也？（作掩泪介）（唱）

【绵搭絮】雨香云片，才到梦儿边。无奈高堂，唤醒纱窗睡不便。泼新鲜，冷汗黏煎。闪得俺心悠步嚲，意软鬟偏[15]。不争多费尽神情，坐起谁忺？则待去眠[16]。

（贴上）晚妆销粉印，春润费香篝[17]。小姐，薰了被窝睡罢。（旦唱）

【尾声】困春心，游赏倦，也不索香薰绣被眠。天呵，有心情那梦儿还去不远。

春望逍遥出画堂，（张说）间梅遮柳不胜芳。（罗隐）

可知刘阮逢人处？（许浑）回首东风一断肠。（韦庄）

（同下）

[1] 汤显祖（1550～1616年），字义仍，江西临川人，明代剧作家。本文选自《牡丹亭》（人民文学出版社，1963年）。

[2] 乱煞年光遍：春光遍洒天地，令人眼花缭乱。

[3] 没揣：不料。菱花：镜子。

[4] 迤逗：引惹，挑逗。彩云：美丽的鬟髻。

[5] 小金铃：《开元天宝遗事》记，天宝初，宁王"于后园中纫红丝为绳，密缀金铃，系于花梢之上。每有鸟鹊翔集，则令园吏掣铃索以惊之。盖惜花之故也"。

[6] 锦屏人：深闺中人。韶光：春光。

[7] 韩夫人得遇于郎：传说唐僖宗时，宫女韩氏以红叶题诗，从御沟中流出，被于佑拾到。于佑也以红叶题诗，投入上流，寄给韩氏，后来两人结为夫妇。明代王骥德曾以这个故事写成戏曲《题红记》。张

生偶逢崔氏：张生和崔莺莺的爱情故事。

[8] 没乱里：心绪烦乱。

[9] 则索：只得。

[10] 淹煎：受熬煎，遭折磨。泼残生：苦命儿。

[11] 隐几：靠着几案。

[12] 阮肇（zhào）到天台：见到情人。相传汉永平年间有剡县人刘晨、阮肇到天台山采药，遇二仙女，容貌绝色，遂结为夫妇。居半年，刘、阮二人回家后才得知子孙已传七代，欲重返仙女身边，但因迷路而难遂。

[13] 是答儿：这边，有处处之义。

[14] 景上缘：比喻姻缘短暂。景，影。想内成：主观的幻象。因中见：佛家认为一切事物都由因缘决定。

[15] 闪得俺：害得我。步䠿（duǒ）：脚步不稳。䠿，下垂，偏斜。

[16] 不争多：差不多，几乎。忺（xiān）：高兴，惬意。

[17] 香篝（gōu）：熏笼，薰香用。

扩展阅读书目

1. 《聊斋志异》（蒲松龄著）
2. 《红楼梦》（曹雪芹著）
3. 《牡丹亭》（汤显祖著）
4. 《半生缘》（张爱玲著）
5. 《呼兰河传》（萧红著）
6. 《围城》（钱钟书著）
7. 《青春之歌》（杨沫著）
8. 《平凡的世界》（路遥著）
9. 《活着》（余华著）
10. 《长恨歌》（王安忆著）
11. 《草房子》（曹文轩著）
12. 《文化苦旅》（余秋雨著）
13. 《野火集》（龙应台著）
14. 《上课记》（王小妮著）
15. 《无怨的青春》（席慕蓉著）
16. 《简·爱》（夏洛蒂·勃朗特著）
17. 《白朗宁夫人抒情十四行诗集》（白朗宁夫人著）
18. 《拿破仑传》（埃米尔·路德维希著）
19. 《城堡》（弗朗茨·卡夫卡著）
20. 《麦田里的守望者》（杰罗姆·大卫·塞林格著）
21. 《安娜·卡列尼娜》（列夫·托尔斯泰著）
22. 《静静的顿河》（肖洛霍夫著）
23. 《日瓦戈医生》（帕斯捷尔纳克著）
24. 《雪国》（川端康成著）
25. 《挪威的森林》（村上春树著）

第二单元　参悟哲理

导读：激情与理智的交融

　　由于哲学是对世界本质的科学解释，文学是对世界的审美呈现，解释世界的方式不同，使两者具有了本质的区别。然而文学，当它对世界的呈现达到某种极致的时候，便越来越接近于哲学，可以说文学是以审美的方式对世界进行形而上的哲学沉思。哲学与文学之间也就具有了如此紧密的联系。虽然古希腊哲学家柏拉图曾经把诗人逐出其理想国，理由是诗是对现实世界模仿的模仿，诗人所描绘的世界即艺术世界，是最不真实的，所以他认为诗人还不如御车人、渔夫。但迄今为止，文学与其他艺术门类并没有因柏拉图的言论而退出这个世界。相反，正是这种"不真实"赋予它独特的审美价值，从而成为其存在下去的理由与根据。人变成大甲虫，这在现实中绝不可能发生，然而在卡夫卡的笔下出现了，我们并没有笑其荒谬，反而为其表征了人类境遇的某种困境而深深叹服。这正是文学的魅力。它是对人类共同精神事务的审美呈现，不仅以外在的情感涌现让我们得到心灵的慰藉，更以内蕴的哲性情思为人类的存在构筑信仰的"乌托邦"，从而让我们于一个似真的艺术世界里体味另一种智慧的存在。其实，文学与哲学都是人类的精神文化，其共同的精神取向都旨在对人类及存在本身的探寻与思索。一般认为，文学是以丰富的情感想象呈现着世界的具体形态，以情感人；而哲学则是以理智的思维探求对象的普遍性、规律性，以理服人。当文学的感性特质与哲学的知性品格完美地融为一体时，文学便完成了对感性的超越，具有了哲理色彩。文学的这种哲理性并不是概念的单纯堆积，也不是枯燥的说教，而是运用各种艺术表现方式将抽象的概念、原理等形象化，它是情中蕴理。它依然来自对现实的整体性审美超越，是在最深沉的情感层次上的审美超越。

　　捷克作家米兰·昆德拉曾说："我并不想以哲学家的方式来从事哲学，而是以小说家的方式来进行哲学思考。"尼采也曾把从事文学活动的人称为"诗人—哲学家"，这是对文学与哲学之间联系的最好解释。文学是对此岸现实世界与彼岸终极世界的心灵探寻与追问，它与哲理的融合不仅使我们体验了生存的现场感，更重要的是，它使我们有一种内在的深邃感，有一种精神的净化与提升。当我们读着莎士比亚借哈姆雷特之口而追问"to be or not to be"时，读着陈子昂的"前不见古人，后不见来者，念天地之悠悠，独怆然而涕下"时，读着张若虚的"江畔何人初见月？江月何年初照人？人生代代无穷已，江月年年只相似"时，总有一种内在的深刻在触动着我们，感动着我们。文学正是将哲理深蕴在具体的感性形象中，让我们的激情与理智交融。阅读作品的行为，实际上是与作品展开的心灵对话，我们不会只满足于作品提供表面的消遣与娱乐，更希望从作品中领悟出有关生命价值等较为深邃的道理，从而对自我、他人及存在本身赋予热情的关注及理性的思考。所以每一次认真的阅读，都将会是"灵魂的一次触动"，个体生命也在这种阅读活动中逐渐成熟起来，我们自然欣喜于这种成熟。

大学语文

　　"文学是人学",它是对人类及其生存境遇的人文关怀及精神观照,不像哲学家那样直接追问宇宙的存在或生命的意义,它的哲性品格主要体现于两种情形:一是通过人与世界的关系来探寻个体生存境遇,深思存在的价值等问题;二是通过对个体生命的感性显现引起我们对个体生存姿态及生活态度的思考。本板块选入的文章,正是在这两个层面上带给我们情感上的感动及精神上的提升。

　　法国作家辛涅科尔曾说:"是的,对于宇宙,我微不足道;可是,对于我自己,我就是一切。"相对于宇宙,"我"只是一粒微尘,最终必归于虚无,那么"我"在现世的努力与挣扎有何意义?对于"我"自己,"我"的生命就是一切,是"我"在用自己的眼睛看世界,是"我"在用自己的身体和心灵与世界交往,这种对自我生命的独特体验恰恰彰显了生命的价值。那么,自我与世界究竟孰轻孰重?周国平在《自我二重奏》中用舒缓、哲性的文字向我们探寻着自我与宇宙的关系,追问着个体的价值与意义,解析着自我主体的虚伪与真实。全篇由宏观世界逐渐向自我灵魂进行审视,让我们深深体味到了生的轻与重。虽然"我就是一切",但我们必须承认,个体生命结束了,世界仍然存在。这是个体生命无法避免的悲剧。在生命运行的过程中,我们更感受到了生命的短暂、孤独与漂泊无依。当平日的我们尽情沉浸于生的意趣与休闲时,并没有留意皱纹已悄悄爬上了额头,生命就于时间的摇摆中损耗着,并于日常生活的琐碎中憔悴着。"人生到处知何似,应似飞鸿踏雪泥。泥上偶然留指爪,鸿飞那复计东西。"人生如飞鸿踏雪,偶留爪痕,我们也只不过是驿道上的过客而已,偶然寄居于这人世的客栈。阅读着徐志摩的《偶然》,我们不得不感慨于人世些许的无奈,云影的交会,如昙花一现,你我的相逢,也如雁过无痕,虽然"你记得也好,/最好你忘掉,/在这交会时互放的光亮",貌似洒脱飘逸的诗句深处却潜藏着无尽的悲哀。人类在现实中的真实状态或许正如诗人赖内·马利亚·里尔克在《严重的时刻》中所写的那样:无缘无故在世上哭……无缘无故在夜间笑……无缘无故在世上走……无缘无故在世上死……生命的孤独、凄凉、疼痛和恐惧等都被"无缘无故"牵扯出来,深刻揭示了存在的荒诞感、生命的萧索感。是的,对于生命,我们无力挽留,更无法避免生命中的悲凉与忧伤。然而我们却不甘心。"一颗沙里看出一个世界,一朵野花里建一座天堂,把无限放在你的手掌上,永恒在一刹那里收藏",我们都希望在有限的时间里把握人生的永恒,希望在时间的渐变中创造有价值的生命。或许生活的目的在于追求生活之外的东西,于是我们满怀着憧憬与梦想踏上了追求的征程,但是理想与现实的矛盾又把我们推入生的荒诞、苦闷与无聊之中。十八岁,拥有青春的梦想和生命的骄傲,当"我"背起行囊带着十八岁的希冀与期待,满怀热情地去认识这个世界的时候,世界却向"我"展示了它的冷酷与虚伪,永远地将"我"抛弃在了温暖的边缘。这就是余华的《十八岁出门远行》。作家用异常冷静的叙述语言对人的基本生存方式进行了理性的审视,在这个充满欲望的现实世界中,不知疲惫的心灵能否寻找到暂时的慰藉场所——旅店?我们满怀期待。或许人生本无意义,或许人生本无目的,关键在于意义本身需要我们自己确立。"人的命运就像这琴弦,拉紧了才能够弹好,弹好了就够了",这是作家史铁生结合自己的切身体验向我们阐述的最为朴实而深邃的人生哲理:命若琴弦。这是人与命运抗争的寓言。从中我们会领悟到:生命本身的意义并不在于目标接连不断地实现,而在于对生命过程的完成,对生命中酸甜苦辣的体验与超越。对生命过程的注重,鲁迅的《死火》阐述得更为深邃。在现实生活中,我们每个人都只能在"冻灭"与"烧完"之间作出选择,虽然我们无论是努力奋斗还是无所事事,最终的结果都是"灭"或"完"(即死亡),但是"烧完"与"冻灭"的根本区别就在于它有一个"烧"的过程,哪怕这个过程是如此短暂，但是生命会迸发出瞬间的辉煌，意义与价值随之确立。所以死火最终的选择是"我就不如烧完"，我们相信，这也是大多数人的人生选择。正是借助作家的这种深沉的理性思索，我们才领悟了生的厚重。

作家于作品中对整体生命的哲理思索缓解着我们对于生的迷茫与困惑，坚定着我们继续走下去的信心与勇气。但是生命旅程中的波折与障碍随时都会令我们感到生命的脆弱与孤独，而且，生和死的不能相遇注定我们的人生轨迹要留下永久的缺憾，我们只能尽力使其趋于圆满。因为，"生命是一场球赛，最好的球队也有丢分的记录，最差的球队也有辉煌的一天。我们的目标是尽可能让自己得到的多于失去的。"这就需要我们必须坚持高昂的生存姿态，并与自我的命运勇敢抗争。

西方的神话中有个西西弗，每日重复着无效的劳动：艰难地把石头推上山顶，但石头又因自己的重量滚下山来，于是不得不再次把石头推上山顶。如此反复，持续不断。在常人看来，这是一种荒唐的惩罚，更是一种严酷的惩罚，生命居然受制于石头的捆绑。但正是这种荒谬的"推"的行为，充分显示了生命的尊严与高贵。它是对苦难有意识的抗争，更是对自我命运的超越。所以加缪认为，西西弗是幸福的。我们不是西西弗，却时刻承受着来自生活的苦难与重负，仿佛每个人都难逃西西弗的厄运。如何对待这些苦难？是一味顺从地被生活卷着往前走，还是无畏地同命运进行抗争？前者只能沦为生活的附属品，个人的存在也将以悲剧告终；后者将成为自我命运的主宰，尽管会有无尽的痛苦。我们承认：清醒地活着是痛苦的，但同时又是幸福的。这种矛盾只有认真对待生命的人才可能理解。不只是苦难，有时我们的生活还会不由自主地陷入别人所设置的陷阱中，这都需要我们自主地进行抗争。毕竟对生活安之若素的人，是无法体味到生命的真正滋味的。尽管人有着难以克服的弱点，但人更有着"失败、穷困和软弱所不能侵蚀的精神尊严"，命运都掌握在自己的手中。"告诉你吧，世界/我——不——相——信！/纵使你脚下有一千名挑战者，/那就把我算做第一千零一名"，这种坚强不屈的独立意志与反抗精神，以及对人类命运自觉承担的勇气，不只是诗人北岛独有的，而应是每一个主体的人具有的，只有这样，我们才能感觉到自我的存在，才能感受到存在的幸福。其实，存在的幸福感寓存于对自我永无止境的怀疑、否定和超越中，对存在的一切不断地探寻、追求与渴望的过程中。生命只有在激情与理智的相互交融中才能展现其丰厚的意蕴。

在一篇篇充满哲理意味的作品中体悟生命的真谛，这正是文学的独特魅力。它对现实世界的想象构筑及对彼岸世界的理性思索，启发着我们的心智，使我们品味生命的厚重，体会残缺世界中的完美。"天空没有翅膀的痕迹，但鸟儿已飞过。"面对匆匆而逝的生命，我们将会有怎样的领悟？我们是否坚信人生的前方有一座美丽的花园？希望选入的这些作品能带给我们心灵的智慧。

终南别业

王维[1]

中岁颇好道[2],晚家南山陲[3]。兴来每独往,胜事空自知[4]。
行到水穷处,坐看云起时。偶然值林叟[5],谈笑无还期[6]。

注释

[1] 王维(701~761年),字摩诘,原籍山西祁县,随其父迁居蒲州(治今山西省永济市西),遂为河东人。开元进士,有《王右丞集》。本诗选自《唐诗鉴赏辞典》(上海辞书出版社,1983年)。
[2] 中岁:中年。好道:喜爱佛理。道,禅道。
[3] 晚:晚年。家:安家。南山陲:终南山脚下,即辋川别墅所在地。
[4] 胜事:愉快之事。空:徒。自知:无人分享。
[5] 值:遇到。林叟:林中老人。
[6] 无还期:忘记了回家的时候。

和子由渑池怀旧

苏轼[1]

人生到处知何似,应似飞鸿踏雪泥[2]。
泥上偶然留指爪,鸿飞那复计东西。
老僧[3]已死成新塔,坏壁无由见旧题[4]。
往日崎岖还记否?路长人困蹇驴[5]嘶。

注释

[1] 苏轼(1037~1101年),字子瞻,号东坡居士,眉州眉山(今四川省眉山市)人,北宋著名文学家,有《东坡集》、《东坡乐府》。子由:苏轼弟苏辙,其字子由。渑池:故址在今河南省渑池县西。这首诗是对其弟苏辙《怀渑池寄子瞻兄》一诗的和作。本诗选自《宋诗三百首》(上海古籍出版社,2000年)。
[2] "人生"两句:以飞鸿偶然在雪泥上留下爪痕,喻人生漂泊不定,所到之处与其相似。"雪泥鸿爪"由此成为成语。
[3] 老僧:渑池县寺僧奉闲。
[4] 旧题:苏辙原诗《旧宿僧房壁共题》,自注云:"辙昔与子瞻应举,过宿县中寺舍,题其老僧奉闲之壁。"旧题即指苏轼、苏辙昔日题于奉闲僧舍壁上之诗。
[5] 蹇(jiǎn)驴:极度疲乏之驴。蹇,本指跛足,用于此处意指疲惫。

老子[1](节选)

老子

天下皆知美之为美,斯恶已[2];皆知善之为善,斯不善已。故有无相生,难易相成,长

短相形[3]，高下相盈[4]，音声相和，前后相随，恒也。是以圣人处无为之事，行不言之教；万物作而弗始，生而弗有，为而弗恃，功成而弗居。夫唯弗居，是以不去。(《老子》第二章）

上士闻道，勤而行之；中士闻道，若存若亡；下士闻道，大笑之。不笑不足以为道。故建言[5]有之：明道若昧；进道若退；夷道[6]若颣[7]；上德若谷；广德若不足；建德若偷[8]；质真若渝[9]；大白若辱[10]；大方无隅[11]；大器晚成；大音希声；大象无形；道隐无名。夫唯道，善贷[12]且成。(《老子》第四十一章）

信言不美，美言不信[13]。善者[14]不辩，辩者不善。知者不博，博者不知。圣人不积，既以为人己愈有，既以与人己愈多[15]。天之道，利而不害；人之道[16]，为而不争。(《老子》第八十一章）

[1] 《老子》：又名《道德经》，道家经典著作，相传为老子所著。老子，据说即老聃，姓李名耳，字伯阳，春秋末楚国苦县（今河南省鹿邑县东）人，道家学派的创始人。本文选自陈鼓应著《老子注译及评介》（中华书局，1984年）。
[2] 斯恶已：这就有了丑了。
[3] 形：体现。
[4] 相盈：相向，因对立而存在。盈：通行本皆作"倾"，这里据帛书本改正。
[5] 建言：立言。
[6] 夷道：平坦的道。
[7] 颣（lèi）：不平。
[8] 建德若偷：刚健的德好像怠惰的样子。建，通"健"。偷，作"惰"解。
[9] 渝：变污。
[10] 大白若辱：最洁白的好像含垢的样子。辱，通"黥"，黑垢。在有的版本中本句放在了"上德若谷"句后，在本文中是依据陈鼓应的版本放置于此。
[11] 大方无隅：最方正的却没有棱角。
[12] 贷：施与。
[13] 信言：真话，由衷之言。美言：华美之言，乃巧言。
[14] 善者：既可以解释为行为良善的人，也可以解释为善于言说的人。
[15] "圣人"三句：圣人不私自积藏，他尽量帮助别人，自己反而更充足，他尽量给予别人，自己反而更丰富。
[16] 人之道：今本多作"圣人之道"。本文是依据陈鼓应的版本写作"人之道"。

秋水（节选）

庄子[1]

庄子与惠子游于濠梁[2]之上。庄子曰："鲦鱼[3]出游从容，是鱼之乐也。"惠子曰："子非鱼，安知鱼之乐？"庄子曰："子非我，安知我不知鱼之乐？"惠子曰："我非子，固不知子矣；子固非鱼也，子之不知鱼之乐，全矣。"庄子曰："请循其本[4]。子曰'汝安知鱼乐'云者，既已知吾知之而问我，我知之濠上[5]也。"

[1]《庄子》：又名《南华经》，道家经典之一。其分内篇、外篇、杂篇，内篇大体可代表战国时期庄子的思想核心。庄子（约前369～前286年），先秦思想家，是道家学派的代表人物。本文选自陈鼓应著译《庄子今注今译》（中华书局，1983年）。

[2] 濠梁：濠，水名，在今安徽省凤阳县附近。梁：桥。

[3] 鯈（tiáo）鱼：即白鱼。

[4] 循其本：寻其源。

[5] 我知之濠上：我在濠梁之上知道的。濠上，濠水桥上。

偶　　然

徐志摩[1]

我是天空里的一片云，
偶尔投影在你的波心——
你不必讶异，
更无须欢喜——
在转瞬间消灭了踪影。

你我相逢在黑夜的海上，
你有你的，我有我的，方向；
你记得也好，
最好你忘掉，
在这交会时互放的光亮！

[1] 徐志摩（1897～1931年），中国现代著名诗人，诗集有《志摩的诗》、《翡冷翠的一夜》、《猛虎集》等。此诗是徐志摩与陆小曼合写剧本《卞昆冈》第五幕中老瞎子弹弦时所唱的歌词。本诗选自《徐志摩选集》（人民文学出版社，1983年）。

金黄的稻束

郑敏[1]

金黄的稻束站在
割过的秋天的田里，
我想起无数个疲倦的母亲，
黄昏路上我看见那皱了的美丽的脸，
收获日的满月在
高耸的树巅上，

暮色里，远山
围着我们的心边，
没有一个雕像能比这更静默。
肩荷着那伟大的疲倦，你们
在这伸向远远的一片
秋天的田里低首沉思，
静默。静默。历史也不过是
脚下一条流去的小河，
而你们，站在那儿，
将成为人类的一个思想。

[1]郑敏（1920年～　），中国当代诗人，1951年获英国文学硕士学位，诗集主要有《九叶集》（与人合作）、《寻觅集》。本诗选自《诗集1942—1947》（上海文化生活出版社，1948年）。

回　　答

北岛[1]

卑鄙是卑鄙者的通行证，
高尚是高尚者的墓志铭，
看吧，在那镀金的天空中，
飘满了死者弯曲的倒影。

冰川纪过去了，
为什么到处都是冰凌？
好望角发现了，
为什么死海里千帆相竞？

我来到这个世界上，
只带着纸、绳索和身影，
为了在审判之前，
宣读那些被判决的声音。

告诉你吧，世界
我——不——相——信！
纵使你脚下有一千名挑战者，
那就把我算做第一千零一名。

我不相信天是蓝的，
我不相信雷的回声，
我不相信梦是假的，
我不相信死无报应。

如果海洋注定要决堤，
就让所有的苦水都注入我心中，
如果陆地注定要上升，
就让人类重新选择生存的峰顶。

新的转机和闪闪星斗，
正在缀满没有遮拦的天空。
那是五千年的象形文字，
那是未来人们凝视的眼睛。

注 释

[1] 北岛（1949年～ ），中国当代诗人，作品主要有《北岛诗选》、《零度以上的风景线》等。本诗选自《北岛诗歌集》（南海出版公司，2003年）。

死 火

鲁迅[1]

我梦见自己在冰山间奔驰。

这是高大的冰山，上接冰天，天上冻云弥漫，片片如鱼鳞模样。山麓有冰树林，枝叶都如松杉。一切冰冷，一切青白。

但我忽然坠在冰谷中。

上下四旁无不冰冷，青白。而一切青白冰上，却有红影无数，纠结如珊瑚网。我俯看脚下，有火焰在。

这是死火。有炎炎的形，但毫不摇动，全体冰结，像珊瑚枝；尖端还有凝固的黑烟，疑这才从火宅中出，所以枯焦。这样，映在冰的四壁，而且互相反映，化为无量数影，使这冰谷，成红珊瑚色。

哈哈！

当我幼小的时候，本就爱看快舰激起的浪花，洪炉喷出的烈焰。不但爱看，还想看清。可惜他们都息息变幻，永无定形。虽然凝视又凝视，总不留下怎样一定的迹象。

死的火焰，现在先得到了你了！

我拾起死火，正要细看，那冷气已使我的指头焦灼；但是，我还熬着，将他塞入衣袋中间。冰谷四面，登时完全青白。我一面思索着走出冰谷的法子。

我的身上喷出一缕黑烟，上升如铁线蛇。冰谷四面，又登时满有红焰流动，如大火聚，将我包围。我低头一看，死火已经燃烧，烧穿了我的衣裳，流在冰地上了。

"唉，朋友！你用了你的温热，将我惊醒了。"他说。

我连忙和他招呼，问他名姓。

"我原先被人遗弃在冰谷中，"他答非所问地说，"遗弃我的早已灭亡，消尽了。我也被冰冻冻得要死。倘使你不给我温热，使我重行烧起，我不久就须灭亡。"

"你的醒来，使我欢喜。我正在想着走出冰谷的方法；我愿意携带你去，使你永不冰结，永得燃烧。"

"唉唉！那么，我将烧完！"

"你的烧完，使我惋惜。我便将你留下，仍在这里罢。"

"唉唉！那么，我将冻灭了！"

"那么，怎么办呢？"

"但你自己，又怎么办呢？"他反而问。

"我说过了：我要出这冰谷……"

"那我就不如烧完！"

他忽而跃起，如红彗星，并我都出冰谷口外。有大石车突然驰来，我终于碾死在车轮底下，但我还来得及看见那车就坠入冰谷中。

"哈哈！你们是再也遇不着死火！"我得意地笑着说，仿佛就愿意这样似的。

一九二五年四月二十三日

[1] 鲁迅（1881～1936年），中国现代文学家、思想家，著有小说集《呐喊》、《彷徨》、《故事新编》等，散文诗集《野草》。本文选自《野草》（人民文学出版社，1973年）。

自我二重奏

周国平[1]

一 有 与 无

日子川流不息。我起床，写作，吃饭，散步，睡觉。在日常的起居中，我不怀疑有一个我存在着。这个我有名有姓，有过去的生活经历，现在的生活圈子。我忆起一些往事，知道那是我的往事。我怀着一些期待，相信那是我的期待。尽管我对我的出生毫无印象，对我的死亡无法预知，但我明白这个我在时间上有始有终，轮廓是清楚的。

然而，有时候，日常生活的外壳仿佛突然破裂了，熟悉的环境变得陌生，我的存在失去了参照系，恍兮惚兮，不知身在何处，我是谁，世上究竟有没有一个我。

庄周梦蝶，醒来自问："不知周之梦为胡蝶与，胡蝶之梦为周与？"这一问成为千古迷惑。问题在于，你如何知道你现在不是在做梦？你又如何知道你的一生不是一个漫长而短促的梦？也许，流逝着的世间万物，一切世代，一切个人，都只是造物主的梦中景象？

我的存在不是一个自明的事实，而是需要加以证明的，于是有笛卡儿的命题："我思故我在。"

但我听见佛教导说：诸法无我，一切众生都只是随缘而起的幻相。

正当我为我的存在与否苦思的时候，电话铃响了，听筒里叫着我的名字，我不假思索地应道：

"是我。"

二 轻 与 重

我活在世上，爱着，感受着，思考着。我心中有一个世界，那里珍藏着许多往事，有欢乐的，也有悲伤的。它们虽已逝去，却将永远活在我心中，与我终身相伴。

一个声音对我说：在无限宇宙的永恒岁月中，你不过是一个顷刻便化为乌有的微粒，这个微粒的悲欢甚至连一丝微风、一缕轻烟都算不上，刹那间就会无影无踪。你如此珍惜的那个小小的心灵世界，究竟有何价值？

我用法国作家辛涅科尔的话回答："是的，对于宇宙，我微不足道；可是，对于我自己，我就是一切。"

我何尝不知道，在宇宙的生成变化中，我只是一个极其偶然的存在，我存在与否完全无足轻重。面对无穷，我确实等于零。然而，我可以用同样的道理回敬这个傲慢的宇宙：倘若我不存在，你对我来说岂不也等于零？倘若没有人类及其众多自我的存在，宇宙的永恒存在究竟有何意义？而每个自我一旦存在，便不能不从自身出发估量一切，正是这估量的总和使本无意义的宇宙获得了意义。

我何尝不知道，在人类的悲欢离合中，我的故事极其普通。然而，我不能不对自己的故事倾注更多的悲欢。对于我来说，我的爱情波折要比罗密欧更加惊心动魄，我的苦难要比俄狄浦斯更加催人泪下。原因很简单，因为我不是罗密欧，不是俄狄浦斯，而是我自己。事实上，如果人人看轻一己的悲欢，世上就不会有罗密欧和俄狄浦斯了。

我终归是我自己。当我自以为跳出了我自己时，仍然是这个我在跳。我无法不成为我的一切行为的主体，我是世界的一切关系的中心。当然，同时我也知道每个人都有他的自我，我不会狂妄到要充当世界和他人的中心。

三 灵 与 肉

我站在镜子前，盯视着我的面孔和身体，不禁惶惑起来。我不知道究竟盯视者是我，还是被盯视者是我。灵魂和肉体如此不同，一旦相遇，彼此都觉陌生。我的耳边响起帕斯卡尔的话语：肉体不可思议，灵魂更不可思议，最不可思议的是肉体居然能和灵魂结合在一起。

人有一个肉体似乎是一件尴尬事。那个丧子的母亲终于停止哭泣，端起饭碗，因为她饿了。那个含情脉脉的姑娘不得不离开情人一小会儿，她需要上厕所。那个哲学家刚才还在谈论面对苦难的神明般的宁静，现在却因为牙痛而呻吟不止。当我们的灵魂在天堂享受幸福或在地狱体味悲剧时，肉体往往不合时宜地把它拉回到尘世。

马雅可夫斯基在列车里构思一首长诗，眼睛心不在焉地盯着对面的姑娘。那姑娘惊慌了。马雅可夫斯基赶紧声明："我不是男人，我是穿裤子的云。"为了避嫌，他必须否认肉体的存在。

我们一生中不得不花费许多精力来伺候肉体：喂它，洗它，替它穿衣，给它铺床。博尔赫斯屈辱地写道："我是他的老护士，他逼我为他洗脚。"还有更屈辱的事：肉体会背叛灵魂。一个心灵美好的女人可能其貌不扬，一个灵魂高贵的男人可能终身残疾。荷马是瞎子，贝多芬是聋子，拜伦是跛子。而对一切人相同的是，不管我们如何精心调理，肉体仍不可避免地要走向衰老和死亡，拖着不屈的灵魂同归于尽。

那么，不要肉体会如何呢？不，那更可怕，我们将不再能看风景，听音乐，呼吸新鲜空气，读书，散步，运动，宴饮，尤其是——世上不再有男人和女人，不再有爱情这件无比美妙的事儿。原来，灵魂的种种愉悦根本就离不开肉体，没有肉体的灵魂不过是幽灵，不复有任何生命的激情和欢乐，比死好不了多少。

所以，我要修改帕斯卡尔的话：肉体是奇妙的，灵魂更奇妙，最奇妙的是肉体居然能和灵魂结合在一起。

四 动 与 静

喧哗的白昼过去了，世界重归于宁静。我坐在灯下，感到一种独处的满足。

我承认，我需要到世界上去活动，我喜欢旅行、冒险、恋爱、奋斗、成功、失败。日子过得平平淡淡，我会无聊，过得冷冷清清，我会寂寞。但是，我更需要宁静的独处，更喜欢过一种沉思的生活。总是活得轰轰烈烈、热热闹闹，没有时间和自己待一会儿，我就会非常不安，好像丢了魂一样。

我身上必定有两个自我。一个好动，什么都要尝试，什么都想经历。另一个喜静，对一切加以审视和消化。这另一个自我，如同罗曼·罗兰所说，是"一颗清明宁静而非常关切的灵魂"。仿佛是它把我派遣到人世间活动，鼓励我拼命感受生命的一切欢乐和苦难，同时又始终关切地把我置于它的视野之内，随时准备把我召回它的身边。即使我在世上遭受最悲惨的灾难和失败，只要我识得返回它的途径，我就不会全军覆没。它是我的守护神，为我守护着一个任何风雨都侵袭不到也损坏不了的家园，使我在最风雨飘摇的日子里也不致无家可归。

耶稣说："一个人赚得了整个世界，却丧失了自我，又有何益？"他在向其门徒透露自己的基督身份后说这话，可谓意味深长。真正的救世主就在我们每个人身上，便是那个清明宁静的自我。这个自我即是我们身上的神性，只要我们能守住它，就差不多可以说上帝和我们同在了。守不住它，一味沉沦于世界，我们便会浑浑噩噩，随波飘荡，世界也将沸沸扬扬，永无得救的希望。

五　真与伪

我走在街上，一路朝熟人点头微笑；我举起酒杯，听着应酬话，用笑容答谢；我坐在一群妙语连珠的朋友中，自己也说着俏皮话，赞赏或得意地大笑……

在所有这些时候，我心中会突然响起一个声音："这不是我！"于是，笑容冻结了。莫非笑是社会性的，真实的我永远悲苦，从来不笑？

多数时候，我是独处的，我曾庆幸自己藉此避免了许多虚伪。可是，当我关起门来写作时，我怎能担保已经把公众的趣味和我的虚荣心也关在了门外，因而这个正在写作的人必定是真实的我呢？

"成为你自己！"——这句话如同一切道德格言一样知易行难。我甚至无法判断，我究竟是否已经成为了我自己。角色在何处结束，真实的我在何处开始，这界限是模糊的。有些角色仅是服饰，有些角色却已经和我们的躯体生长在一起，如果把它们一层层剥去，其结果比剥葱头好不了多少。

演员尚有卸妆的时候，我们却生生死死都离不开社会的舞台。在他人目光的注视下，甚至隐居和自杀都可以是在扮演一种角色。也许，只有当我们扮演某个角色露出破绽时，我们才得以一窥自己的真实面目。

卢梭说："大自然塑造了我，然后把模子打碎了。"这话听起来自负，其实适用于每个人。可惜的是，多数人忍受不了这个失去了模子的自己，于是又用公共的模子把自己重新塑造一遍，结果彼此变得如此相似。

我知道，一个人不可能也不应该脱离社会而生活。然而，有必要节省社会的交往。我不妨和他人交谈，但要更多地直接向上帝和自己说话。我无法一劳永逸地成为真实的自己，但是，倘若我的生活中充满着仅仅属于我的不可言说的特殊事物，我也就在过一种非常真实的生活了。

六　逃避与寻找

我是喜欢独处的，不觉得寂寞。我有许多事可做：读书，写作，回忆，遐想，沉思，等等。做着这些事的时候，我相当投入，乐在其中，内心很充实。

但是，独处并不意味着和自己在一起。在我潜心读书或写作时，我很可能是和想象中的作者或读者在一起。

直接面对自己似乎是一件令人难以忍受的事，所以人们往往要设法逃避。逃避自我有二法，一是事务，二是消遣。我们忙于职业上和生活上的种种事务，一旦闲下来，又用聊天、娱乐和其他种种消遣打发时光。对于文人来说，读书和写作也不外是一种事务或一种消遣，比起斗鸡走狗之辈，诚然有雅俗之别，但逃避自我的实质则为一。

然而，有这样一种时候，我翻开书，又合上，拿起笔，又放下，不知道自己究竟要干什么，找不到一件自己真正想做的事，只觉得心中弥漫着一种空虚怅惘之感。这是无聊袭来的时候。

当一个人无所事事而直接面对自己时，便会感到无聊。在通常情况下，我们仍会找些事做，尽快逃脱这种境遇。但是，也有无可逃脱的时候，我就是百事无心，不想见任何人，不想做任何事。

自我似乎喜欢捉迷藏，如同蒙田所说："我找我的时候找不着；我找着我由于偶然的邂逅比由于有意的搜寻多。"无聊正是与自我邂逅的一个契机。这个自我，摆脱了一切社会的身份和关系，来自虚无，归于虚无。难怪我们和它相遇时，不能直面相视太久，便要匆匆逃离。可是，让我多坚持一会儿吧，我相信这个可怕的自我一定会教给我许多人生的真理。

自古以来，哲人们一直叮咛我们："认识你自己！"卡莱尔却主张代之以一个"最新的教义"："认识你要做和能做的工作！"因为一个人永远不可能认识自己，而通过工作则可以使自己成为完人。我承认认识自己也许是徒劳之举，但同时我也相信，一个人倘若从来不想认识自己，从来不肯从事一切无望的精神追求，那么，工作绝不会使他成为完人，而只会使他成为庸人。

七 爱与孤独

凡人群聚集之处，必有孤独。我怀着我的孤独，离开人群，来到郊外。我的孤独带着如此浓烈的爱意，爱着田野里的花朵、小草、树木和河流。

原来，孤独也是一种爱。

爱和孤独是人生最美丽的两支曲子，两者缺一不可。无爱的心灵不会孤独，未曾体味过孤独的人也不可能懂得爱。

由于怀着爱的希望，孤独才是可以忍受的，甚至是甜蜜的。当我独自在田野里徘徊时，那些花朵、小草、树木、河流之所以能给我心慰藉，正是因为我隐约预感到，我可能会和另一颗同样爱它们的灵魂相遇。

不止一位先贤指出，一个人无论看到怎样的美景奇观，如果他没有机会向人讲述，他就绝不会感到快乐。人终究是离不开同类的。一个无人分享的快乐绝非真正的快乐，而一个无人分担的痛苦则是最可怕的痛苦。所谓分享和分担，未必要有人在场。但至少要有人知道。永远没有人知道，绝对的孤独，痛苦便会成为绝望，而快乐——同样也会变成绝望！

交往为人性所必需，它的分寸却不好掌握。帕斯卡尔说："我们由于交往而形成了精神和感情，但我们也由于交往而败坏着精神和感情。"我相信，前一种交往是两个人之间的心灵沟通，它是马丁·布伯所说的那种"我与你"的相遇，既充满爱，又尊重孤独；相反，后一种交往则是熙熙攘攘的利害交易，它如同尼采所形容的"市场"，既亵渎了爱，又羞辱了孤独。相遇是人生莫大的幸运，在此时刻，两颗灵魂仿佛同时认出了对方，惊喜地喊出："是你！"人一生中只要有过这个时刻，爱和孤独便都有了着落。

一九九二年六月

[1]周国平（1945年～　），中国当代学者、作家，现为中国社会科学院哲学研究所研究员，著有《尼采：在世纪的转折点上》、《守望的距离》、《妞妞：一个父亲的札记》、《人与永恒》等。本文选自《守望的距离》（东方出版社，1996年）。

中国精神的关键时刻

李敬泽[1]

《左传》，哀公六年，公元前489年，吴国大举伐陈，楚国誓死救之；陈乃小国，长江上的二位老大决定在小陈身上比比谁的拳头更硬。

风云紧急，战争浩大沉重，它把一切贬为无关紧要可予删去的细节：征夫血、女人泪、老人和孩子无助的眼，还有，一群快要饿死的书生。

——孔子正好赶上了这场混战，困于陈蔡之间，绝粮七日，吃的是清炖野菜，弟子宰予已经饿晕了过去；该宰予就是因为大白天睡觉被孔子骂为"朽木粪土"的那位，现在我认为孔夫子骂人很可能是借题发挥：想当年在陈蔡，这厮两眼一翻就晕过去了，他的体质是差了些，可身子更弱的颜回还在院儿里择野菜呢，而年纪最大的老夫子正在屋里鼓瑟而歌，歌声依然嘹亮，谁都看得出，这不是身体问题，这是精神问题。

在这关键时刻，经不住考验的不只宰予一个，子路和子贡就开始动摇，开始发表不靠谱的言论："夫子逐于鲁，削迹于卫，伐树于宋，穷于陈、蔡。杀夫子者无罪，藉夫子者不禁，夫子弦歌鼓舞，未尝绝音，盖君子无所丑也若此乎？"

这话的意思就是，老先生既无权又无钱，不出名不走红，四处碰壁，由失败走向失败，混到这地步，他不自杀不得抑郁症倒也罢了，居然饱吹饿唱兴致勃勃，难道所谓君子就是如此不知羞耻乎？

话说到这份儿上，可见该二子的信念已经摇摇欲坠，而且这话是当着颜回说的，这差不多也就等于指着孔子的鼻子叫板，果然，颜回择了一根儿菜，又择了一根儿菜，放下第三根儿菜，摇摇晃晃进了屋。

琴声戛然而止，老先生推琴大骂：子路、子贡这俩小子，"小人也！召，吾与语。"

俩小子不用召，早在门口等着了，进了门气焰当然减了若干，但子贡还是嘟嘟嚷嚷："如此可谓穷矣"——混到这地步可谓山穷水尽了。

孔子凛然说道："是何言也？君子达于道之谓达，穷于道之谓穷。今丘也拘仁义之道，以遭乱世之患，其所也，何穷之谓？故内省而不改于道，临难而不失其德。大寒既至，霜雪既降，吾是以知松柏之茂也。……陈、蔡之厄，于丘其幸乎！"

——黄钟大吕，不得不原文照抄，看不懂没关系，反正真看得懂这段话的中国人两千五百年来也没多少。子路原是武士，子贡原是商人，他们对生命的理解和此时的我们相差不远：如果真理不能兑现为现世的成功那么真理就一钱不值。而孔子，他决然、庄严地说，真理就是真理，生命的意义就在对真理之道的认识和践行。

此前从没有中国人这么说过，公元前489年那片阴霾的荒野上，孔子这么说了，说罢"烈然返瑟而弦"，随着响遏行云的乐音，子路"抗然执干而舞"，子贡呆若木鸡，喃喃曰：

"吾不知天之高也，不知地之下也！"

我认为，这是中国精神的关键时刻，是我们文明的关键时刻，如同苏格拉底和耶稣的临难，孔子在穷厄的考验下使他的文明实现精神的升华，从此，我们就知道，除了升官发财、打仗、娶小老婆、耍心眼之外，人还有失败、穷困和软弱所不能侵蚀的精神尊严。

当然，如今喝了洋墨水的学者会论证我们之落后全是因为孔子当初没像苏格拉底和耶稣那样被人整死，但依我看，该说的老先生已经说得透彻，而圣人的教导我们至今并未领会，我们都是子贡，不知天之高地之厚，而且坚信混得好比天高地厚更重要。但有一点总算证明了真理正在时间中暗自运行，那就是，我们早忘了两千五百年前那场鸡飞狗跳的战争，但我们将永远记得，在那场战争中一个偏僻的角落里，孔门师徒的乐音、歌声、舞影和低语。

——永不消散。

[1] 李敬泽（1964年～　），当代文学批评家，现任《人民文学》副主编，著有《通往故乡的道路》、《纸现场》等。文中涉及的故事，原文可参见《庄子·让王》第十二节。本文选自《绝妙好辞》（九州出版社，2009年）。

目　送

龙应台[1]

华安上小学第一天，我和他手牵着手，穿过好几条街，到维多利亚小学。九月初，家家户户院子里的苹果树和梨树都缀满了拳头大小的果子，枝丫因为负重而沉沉下垂，越出了树篱，勾到过路行人的头发。

很多很多的孩子，在操场上等候上课的第一声铃响。小小的手，圈在爸爸的、妈妈的手心里，怯怯的眼神，打量着周遭。他们是幼稚园的毕业生，但是他们还不知道一个定律：一件事情的毕业，永远是另一件事情的开启。

铃声一响，顿时人影错杂，奔往不同方向，但是在那么多穿梭纷乱的人群里，我无比清楚地看着自己孩子的背影——就好像在一百个婴儿同时哭声大作时，你仍旧能够准确听出自己那一个的位置。华安背着一个五颜六色的书包往前走，但是他不断地回头；好像穿越一条无边无际的时空长河，他的视线和我凝望的眼光隔空交会。

我看着他瘦小的背影消失在门里。

十六岁，他到美国做交换生一年。我送他到机场。告别时，照例拥抱，我的头只能贴到他的胸口，好像抱住了长颈鹿的脚。他很明显地在勉强忍受母亲的深情。

他在长长的行列里，等候护照检验；我就站在外面，用眼睛跟着他的背影一寸一寸往前挪。终于轮到他，在海关窗口停留片刻，然后拿回护照，闪入一扇门，倏乎不见。

我一直在等候，等候他消失前的回头一瞥。但是他没有，一次都没有。

现在他二十一岁，上的大学，正好是我教课的大学。但即使是同路，他也不愿搭我的车。即使同车，他戴上耳机——只有一个人能听的音乐，是一扇紧闭的门。有时他在对街等候公车，我从高楼的窗口往下看：一个高高瘦瘦的青年，眼睛望向灰色的海；我只能想象，他的内在世界和我的一样波涛深邃，但是，我进不去。一会儿公车来了，挡住了他的身影。

车子开走，一条空荡荡的街，只立着一只邮筒。

我慢慢地、慢慢地了解到，所谓父女母子一场，只不过意味着，你和他的缘分就是今生今世不断地在目送他的背影渐行渐远。你站立在小路的这一端，看着他逐渐消失在小路转弯的地方，而且，他用背影默默告诉你：不必追。

我慢慢地、慢慢地意识到，我的落寞，仿佛和另一个背影有关。

博士学位读完之后，我回台湾教书。到大学报到第一天，父亲用他那辆运送饲料的廉价小货车长途送我。到了我才发觉，他没开到大学正门口，而是停在侧门的窄巷边。卸下行李之后，他爬回车内，准备回去，明明启动了引擎，却又摇下车窗，头伸出来说："女儿，爸爸觉得很对不起你，这种车子实在不是送大学教授的车子。"

我看着他的小货车小心地倒车，然后"噗噗"驶出巷口，留下一团黑烟。直到车子转弯看不见了，我还站在那里，一口皮箱旁。

每个礼拜到医院去看他，是十几年后的时光了。推着他的轮椅散步，他的头低垂到胸口。有一次，发现排泄物淋满了他的裤腿，我蹲下来用自己的手帕帮他擦拭，裙子也沾上了粪便，但是我必须就这样赶回台北上班。护士接过他的轮椅，我拎起皮包，看着轮椅的背影，在自动玻璃门前稍停，然后没入门后。

我总是在暮色沉沉中奔向机场。

火葬场的炉门前，棺木是一只巨大而沉重的抽屉，缓缓往前滑行。没有想到可以站得那么近，距离炉门也不过五公尺。雨丝被风吹斜，飘进长廊内。我掠开雨湿了前额的头发，深深、深深地凝望，希望记得这最后一次的目送。

我慢慢地、慢慢地了解到，所谓父女母子一场，只不过意味着，你和他的缘分就是今生今世不断地在目送他的背影渐行渐远。你站立在小路的这一端，看着他逐渐消失在小路转弯的地方，而且，他用背影默默告诉你：不必追。

[1] 龙应台（1952年～　），中国台湾著名文化人、作家，著有《野火集》、《龙应台评小说》等。本文选自散文集《目送》（生活·读书·新知三联书店，2009年）。

一只特立独行的猪

王小波[1]

插队的时候，我喂过猪，也放过牛。假如没有人来管，这两种动物也完全知道该怎样生活。它们会自由自在地闲逛，饥则食渴则饮，春天来临时还要谈谈爱情；这样一来，它们的生活层次很低，完全乏善可陈。人来了以后，给它们的生活做出了安排：每一头牛和每一口猪的生活都有了主题。就它们中的大多数而言，这种生活主题是很悲惨的：前者的主题是干活，后者的主题是长肉。

我不认为这有什么可抱怨的，因为我当时的生活也不见得丰富了多少，除了八个样板戏，也没有什么消遣。有极少数的猪和牛，它们的生活另有安排。以猪为例，种猪和母猪除了吃，还有别的事可干。就我所见，它们对这些安排也不大喜欢。种猪的任务是交配，换言之，我们的政策准许它当个花花公子。但是疲惫的种猪往往摆出一种肉猪（肉猪是阉过的）

才有的正人君子架势，死活不肯跳到母猪背上去。母猪的任务是生崽儿，但有些母猪却要把猪崽儿吃掉。总的来说，人的安排使猪痛苦不堪。但它们还是接受了：猪总是猪啊。

　　对生活做种种设置是人特有的品性。不光是设置动物，也设置自己。我们知道，在古希腊有个斯巴达，那里的生活被设置得了无生趣，其目的就是要使男人成为亡命战士，使女人成为生育机器，前者像些斗鸡，后者像些母猪。这两类动物是很特别的，但我以为，它们肯定不喜欢自己的生活。但不喜欢又能怎么样？人也好，动物也罢，都很难改变自己的命运。

　　以下谈到的一只猪有些与众不同。我喂猪时，它已经有四五岁了，从名分上说，它是肉猪，但长得又黑又瘦，两眼炯炯有光。这家伙像山羊一样敏捷，一米高的猪栏一跳就过；它还能跳上猪圈的房顶，这一点又像是猫——所以它总是到处游逛，根本就不在圈里待着。所有喂过猪的知青都把它当宠儿来对待，它也是我的宠儿——因为它只对知青好，容许他们走到三米之内，要是别的人，它早就跑了。它是公的，原本该劁掉。不过你去试试看，哪怕你把劁猪刀藏在身后，它也能嗅出来，朝你瞪大眼睛，"噢噢"地吼起来。我总是用细米糠熬的粥喂它，等它吃够了以后，才把糠兑到野草里喂别的猪。其他猪看了嫉妒，一起嚷起来。这时候整个猪场一片鬼哭狼嚎，但我和它都不在乎。吃饱了以后，它就跳上房顶去晒太阳，或者模仿各种声音。它会学汽车响、拖拉机响，学得都很像；有时整天不见踪影，我估计它到附近的村寨里找母猪去了。我们这里也有母猪，都关在圈里，被过度的生育搞得走了形，又脏又臭，它对它们不感兴趣；村寨里的母猪好看一些。它有很多精彩的事迹，但我喂猪的时间短，知道得有限，索性就不写了。总而言之，所有喂过猪的知青都喜欢它，喜欢它特立独行的派头儿，还说它活得潇洒。但老乡们就不这么浪漫，他们说，这猪不正经。领导则痛恨它，这一点以后还要谈到。我对它则不止是喜欢——我尊敬它，常常不顾自己虚长十几岁这一现实，把它叫做"猪兄"。如前所述，这位猪兄会模仿各种声音。我想它也学过人说话，但没有学会——假如学会了，我们就可以做倾心之谈。但这不能怪它——人和猪的音色差得太远了。

　　后来，猪兄学会了汽笛叫，这个本领给它招来了麻烦。我们那里有座糖厂，中午要鸣一次汽笛，让工人换班。我们队下地干活时，听见这次汽笛响就收工回来。我的猪兄每天上午十点钟总要跳到房上学汽笛，地里的人听见它叫就回来——这可比糖厂鸣笛早了一个半小时。坦白地说，这不能全怪猪兄，它毕竟不是锅炉，叫起来和汽笛还有些区别，但老乡们却硬说听不出来。领导因此开了一个会，把它定成了破坏春耕的坏分子，要对它采取专政手段——会议的精神我已经知道了，但我不为它担忧——因为假如专政是指绳索和杀猪刀的话，那是一点门儿都没有的。以前的领导也不是没试过，一百人也逮不住它。狗也没用：猪兄跑起来像颗鱼雷，能把狗撞出一丈开外。谁知这回是动了真格的：指导员带了二十几人，手拿五四式手枪；副指导员带了十几人，手持看青的火枪，分两路在猪场外的空地上兜捕它。这就使我陷入了内心的矛盾：按我和它的交情，我该舞两把杀猪刀冲出去，和它并肩战斗。但我又觉得这样做太过惊世骇俗——它毕竟是只猪啊；还有一个理由，我不敢对抗领导，我怀疑这才是问题之所在。总之，我在一边看着。猪兄的镇定使我佩服之极：它很冷静地躲在手枪和火枪的连线之内，任凭人喊狗咬，不离那条线。这样，拿手枪的人开火就会把拿火枪的打死，反之亦然；两头同时开火，两头都会被打死。至于它，因为目标小，多半没事。就这样连兜了几个圈子，它找到了一个空子，一头撞出去了：跑得潇洒之极。以后我在甘蔗地里还见过它一次，它长出了獠牙，还认识我，但已不容我走近了。这种冷淡使我痛心，但我也赞成它对心怀叵测的人保持距离。

我已经四十岁了,除了这只猪,还没见过谁敢于如此无视对生活的设置。相反,我倒见过很多想要设置别人生活的人,还有对被设置的生活安之若素的人。因为这个缘故,我一直怀念这只特立独行的猪。

[1] 王小波(1952~1997年),中国当代作家,代表作有《黄金时代》《白银时代》《青铜时代》等。本文选自杂文集《我的精神家园》(文化艺术出版社,1997年)。

命若琴弦

史铁生[1]

莽莽苍苍的群山之中走着两个瞎子,一老一少,一前一后,两顶发了黑的草帽起伏攒动,匆匆忙忙,像是随着一条不安静的河水在漂流。无所谓从哪儿来,也无所谓到哪儿去,每人带一把三弦琴,说书为生。

方圆几百上千里的这片大山中,峰峦叠嶂,沟壑纵横,人烟稀疏,走一天才能见一片开阔地,有几个村落。荒草丛中随时会飞起一对山鸡,跳出一只野兔、狐狸或者其他小野兽。山谷中常有鹞鹰盘旋。

寂静的群山没有一点阴影,太阳正热得凶。

"把三弦子抓在手里。"老瞎子喊,在山间震起回声。

"抓在手里呢。"小瞎子回答。

"操心身上的汗把三弦子弄湿了。弄湿了晚上弹你的肋条?"

"抓在手里呢。"

老少二人都赤着上身,各自拎了一条木棍探路,缠在腰间的粗布小褂已经被汗水洇湿了一大片。蹚起来的黄土干得呛人。这正是说书的旺季。天长,村子里的人吃罢晚饭都不待在家里;有的人晚饭也不在家里吃,捧上碗到路边去,或者到场院里。老瞎子想赶着多说书,整个热季领着小瞎子一个村子一个村子紧走,一晚上一晚上紧说。老瞎子一天比一天紧张、激动,心里算定:弹断一千根琴弦的日子就在这个夏天了,说不定就在前面的野羊坳。

暴躁了一整天的太阳这会儿正平静下来,光线开始变得深沉。远远近近的蝉鸣也舒缓了许多。

"小子!你不能走快点吗?"老瞎子在前面喊,不回头也不放慢脚步。

小瞎子紧跑几步,吊在屁股上的一只大挎包叮啷哐啷地响,离老瞎子仍有几丈远。

"野鸽子都往窝里飞啦。"

"什么?"小瞎子又紧走几步。

"我说野鸽子都回窝了,你还不快走!"

"噢。"

"你又鼓捣我那电匣子呢。"

"嘿——!鬼动来。"

"那耳机子快让你鼓捣坏了。"

"鬼动来!"

老瞎子暗笑：你小子才活了几天？"蚂蚁打架我也听得着。"老瞎子说。

小瞎子不争辩了，悄悄把耳机子塞到挎包里去，跟在师父身后闷闷地走路。无尽无休的无聊的路。

走了一阵子，小瞎子听见有只獾在地里啃庄稼，就使劲学狗叫，那只獾连滚带爬地逃走了，他觉得有点开心，轻声哼了几句小调儿，哥哥呀妹妹的。师父不让他养狗，怕受村子里的狗欺负，也怕欺负了别人家的狗，误了生意。又走了一会儿，小瞎子又听见不远处有条蛇在游动，弯腰摸了块石头砍过去，"哗啦啦"一阵高粱叶子响。老瞎子有点可怜他了，停下来等他。

"除了獾就是蛇。"小瞎子赶忙说，担心师父骂他。

"有了庄稼地了，不远了。"老瞎子把一个水壶递给徒弟。

"干咱们这营生的，一辈子就是走，"老瞎子又说，"累不？"

小瞎子不回答，知道师父最讨厌他说累。

"我师父才冤呢。就是你师爷，才冤呢，东奔西走一辈子，到了没弹够一千根琴弦。"

小瞎子听出师父这会儿心绪好，就问："师父，什么是绿色的长乙（椅）？"

"什么？噢，八成是一把椅子吧。"

"曲折的油狼（游廊）呢？"

"油狼？什么油狼？"

"曲折的油狼。"

"不知道。"

"匣子里说的。"

"你就爱瞎听那些玩意儿。听那些玩意儿有什么用？天底下的好东西多啦，跟咱们有什么关系？"

"我就没听您说过，什么跟咱们有关系。"小瞎子把"有"字说得重。

"琴！三弦子！你爹让你跟了我来，是为让你弹好三弦子，学会说书。"

小瞎子故意把水喝得咕噜噜响。

再上路时小瞎子走在前头。

大山的阴影在沟谷里铺开来。地势也渐渐地平缓，开阔。

接近村子的时候，老瞎子喊住小瞎子，在背阴的山脚下找到一个小泉眼。细细的泉水从石缝里往外冒，淌下来，积成脸盆大的小洼，周围的野草长得茂盛，水流出去几十米便被干渴的土地吸干。

"过来洗洗吧，洗洗你那身臭汗味。"

小瞎子拨开野草在水洼边蹲下，心里还在猜想着"曲折的油狼"。

"把浑身都洗洗。你那样儿准像个小叫花子。"

"那您不就是个老叫花子了？"小瞎子把手按在水里，嘻嘻地笑。

老瞎子也笑，双手掬起水往脸上泼。"可咱们不是叫花子，咱们有手艺。"

"这地方咱们好像来过。"小瞎子侧耳听着四周的动静。

"可你的心思总不在学艺上。你这小子心太野。老人的话你从来不着耳朵听。"

"咱们准是来过这儿。"

"别打岔！你那三弦子弹得还差着远呢。咱这命就在这几根琴弦上，我师父当年就这么跟我说。"

泉水清凉凉的。小瞎子又哥哥呀妹妹的哼起来。

老瞎子挺来气："我说什么你听见了吗？"

"咱这命就在这几根琴弦上，您师父我师爷说的。我都听过八百遍了。您师父还给您留下一张药方，您得弹断一千根琴弦才能去抓那付药，吃了药您就能看见东西了。我听您说过一千遍了。"

"你不信？"

小瞎子不正面回答，说："干吗非得弹断一千根琴弦才能去抓那付药呢？"

"那是药引子。机灵鬼儿，吃药得有药引子！"

"一千根断了的琴弦还不好弄？"小瞎子忍不住"哧哧"地笑。

"笑什么笑！你以为你懂得多少事？得真正是一根一根弹断了的才成。"

小瞎子不敢吱声了，听出师父又要动气。每回都是这样，师父容不得对这件事有怀疑。

老瞎子也没再作声，显得有些激动，双手搭在膝盖上，两颗骨头一样的眼珠对着苍天，像是一根一根地回忆着那些弹断的琴弦。盼了多少年了呀，老瞎子想，盼了五十年了！五十年中翻了多少架山，走了多少里路哇，挨了多少回晒，挨了多少回冻，心里受了多少委屈呀。一晚上一晚上地弹，心里总记着，得真正是一根一根尽心尽力地弹断的才成。现在快盼到了，绝出不了这个夏天了。老瞎子知道自己又没什么能要命的病，活过这个夏天一点不成问题。"我比我师父可运气多了，"他说，"我师父到了没能睁开眼睛看一回。"

"咳！我知道这地方是哪儿了！"小瞎子忽然喊起来。

老瞎子这才动了动，抓起自己的琴来摇了摇，叠好的纸片碰在蛇皮上发出细微的响声，那张药方就在琴槽里。

"师父，这儿不是野羊岭吗？"小瞎子问。

老瞎子没搭理他，听出这小子又不安稳了。

"前头就是野羊坳，是不是，师父？"

"小子，过来给我擦擦背。"老瞎子说，把弓一样的脊背弯给他。

"是不是野羊坳，师父？"

"是！干什么？你别又闹猫似的。"

小瞎子的心"扑通扑通"跳，老老实实地给师父擦背。老瞎子觉出他擦得很有劲。

"野羊坳怎么了？你别又叫驴似的会闻味儿。"

小瞎子心虚，不吭声，不让自己显出兴奋。

"又想什么呢？别当我不知道你那点儿心思。"

"又怎么了，我？"

"怎么了你？上回你在这儿疯得不够？那妮子是什么好货！"老瞎子心想，也许不该再带他到野羊坳来。可是野羊坳是个大村子，年年在这儿生意都好，能说上半个多月。老瞎子恨不能立刻弹断最后几根琴弦。

小瞎子嘴上嘟嘟囔囔的，心却飘飘的，想着野羊坳里那个尖声细气的小妮子。

"听我一句话，不害你，"老瞎子说，"那号事靠不住。"

"什么事？"

"少跟我贫嘴。你明白我说的什么事。"

"我就没听您说过，什么事靠得住。"小瞎子又偷偷地笑。

老瞎子没理他，骨头一样的眼珠又对着苍天。那儿，太阳正变成一汪血。

两面脊背和山是一样的黄褐色。一座已经老了,嶙峋瘦骨像是山根下裸露的基石。另一座正年轻。老瞎子七十岁,小瞎子才十七。

小瞎子十四岁上父亲把他送到老瞎子这儿来,为的是让他学说书,这辈子好有个本事;将来可以独自在世上活下去。

老瞎子说书已经说了五十多年。这一片偏僻荒凉的大山里的人们都知道他:头发一天天变白,背一天天变驼,年年月月背一把三弦琴满世界走,逢上有愿意出钱的地方就拨动琴弦唱一晚上,给寂寞的山村带来欢乐。开头常是这么几句:"自从盘古分天地,三皇五帝到如今,有道君王安天下,无道君王害黎民。轻轻弹响三弦琴,慢慢稍停把歌论,歌有三千七百本,不知哪本动人心。"于是听书的众人喊起来,老的要听董永卖身葬父,小的要听武二郎夜走蜈蚣岭,女人们想听秦香莲。这是老瞎子最知足的一刻,身上的疲劳和心里的孤寂全忘却,不慌不忙地喝几口水,待众人的吵嚷声鼎沸,便把琴弦一阵紧拨,唱道:"今日不把别人唱,单表公子小罗成。"或者:"茶也喝来烟也吸,唱一回哭倒长城的孟姜女。"满场立刻鸦雀无声,老瞎子也全心沉到自己所说的书中去。

他会的老书数不尽。他还有一个电匣子,据说是花了大价钱从一个山外人手里买来,为的是学些新词儿,编些新曲儿。其实山里人倒不太在乎他说什么唱什么。人人都称赞他那三弦子弹得讲究,轻轻漫漫的,飘飘洒洒的,疯疯狂放的,那里头有天上的日月,有地上的生灵。老瞎子的嗓子能学出世上所有的声音,男人、女人、刮风下雨、兽啼禽鸣。不知道他脑子里能呈现出什么景象,他一落生就瞎了眼睛,从没见过这个世界。

小瞎子可以算见过世界,但只有三年,那时还不懂事。他对说书和弹琴并无多少兴趣,父亲把他送来的时候费尽了唇舌,好说歹说连哄带骗,最后不如说是那个电匣子把他留住。他抱着电匣子听得入神,甚至没发觉父亲什么时候离去。

这只神奇的匣子永远令他着迷,遥远的地方和稀奇古怪的事物使他幻想不绝,凭着三年朦胧的记忆,补充着万物的色彩和形象。譬如海,匣子里说蓝天就像大海,他记得蓝天,于是想象出海;匣子里说海是无边无际的水,他记得锅里的水,于是想象出满天排开的水锅。再譬如漂亮的姑娘,匣子里说就像盛开的花朵,他实在不相信会是那样,母亲的灵柩被抬到远山上去的时候,路上正开遍着野花,他永远记得却永远不愿意去想。但他愿意想姑娘,越来越愿意想;尤其是野羊坳的那个尖声细气的小妮子,总让他心里荡起波澜。直到有一回匣子里唱道,"姑娘的眼睛就像太阳",这下他才找到了一个贴切的形象,想起母亲在红透的夕阳中向他走来的样子。其实人人都是根据自己的所知猜测着无穷的未知,以自己的感情勾画出世界。每个人的世界就都不同。

也总有一些东西小瞎子无从想象,譬如"曲折的油狼"。

这天晚上,小瞎子跟着师父在野羊坳说书,又听见那小妮子站在离他不远处尖声细气地说笑。书正说到紧要处——"罗成回马再交战,大胆苏烈又兴兵。苏烈大刀如流水,罗成长枪似腾云,好似海中龙吊宝,犹如深山虎争林。又战七日并七夜,罗成清茶无点唇……"老瞎子把琴弹得如雨骤风疾,字字句句唱得铿锵。小瞎子却心猿意马,手底下早乱了套数……

野羊岭上有一座小庙,离野羊坳村二里地,师徒二人就在这里住下。石头砌的院墙已经残断不全,几间小殿堂也歪斜欲倾百孔千疮,唯正中一间尚可遮蔽风雨,大约是因为这一间中毕竟还供奉着神灵。三尊泥像早脱尽了尘世的彩饰,还一身黄土本色返璞归真了,认不出是佛是道。院里院外、房顶墙头都长满荒藤野草,蓊蓊郁郁倒有生气。老瞎子每回到野羊坳说书都住这儿,不出房钱又不惹是非。小瞎子是第二次住在这儿。

散了书已经不早，老瞎子在正殿里安顿行李，小瞎子在侧殿的檐下生火烧水。去年砌下的灶稍加修整就可以用。小瞎子撅着屁股吹火，柴草不干，呛得他满院里转着圈儿咳嗽。

老瞎子在正殿里数叨他："我看你能干好什么。"

"柴湿嘛。"

"我没说这事。我说的是你的琴，今儿晚上的琴你弹成了什么。"

小瞎子不敢接这话茬，吸足了几口气又跪到灶火前去，鼓着腮帮子一通猛吹。"你要是不想干这行，就趁早给你爹捎信把你领回去。老这么闹猫闹狗的可不行，要闹回家闹去。"

小瞎子咳嗽着从灶火边跳开，几步蹿到院子另一头，"呼哧呼哧"大喘气，嘴里一边骂。

"说什么呢？"

"我骂这火。"

"有你那么吹火的？"

"那怎么吹？"

"怎么吹？哼，"老瞎子顿了顿，又说，"你就当这灶火是那妮子的脸！"

小瞎子又不敢搭腔了，跪到灶火前去再吹，心想：真的，不知道兰秀儿的脸什么样。那个尖声细气的小妮子叫兰秀儿。

"那要是妮子的脸，我看你不用教也会吹。"老瞎子说。

小瞎子笑起来，越笑越咳嗽。

"笑什么笑！"

"您吹过妮子脸？"

老瞎子一时语塞。小瞎子笑得坐在地上。"日他妈。"老瞎子骂道，笑笑，然后变了脸色，再不言语。

灶膛里"腾"的一声，火旺起来。小瞎子再去添柴，一心想着兰秀儿。才散了书的那会儿，兰秀儿挤到他跟前来小声说："哎，上回你答应我什么来？"师父就在旁边，他没敢吭声。人群挤来挤去，一会儿又把兰秀儿挤到他身边。"噫，上回吃了人家的煮鸡蛋倒白吃了？"兰秀儿说，声音比上回大。这时候师父正忙着跟几个老汉拉话，他赶紧说："嘘——，我记着呢。"兰秀儿又把声音压低："你答应给我听电匣子你还没给我听。""嘘——，我记着呢。"幸亏那会儿人声嘈杂。

正殿里好半天没有动静。之后，琴声响了，老瞎子又上好了一根新弦。他本来应该高兴的，来野羊坳头一晚上就又弹断了一根琴弦。可是那琴声却低沉、零乱。

小瞎子渐渐听出琴声不对，在院里喊："水开了，师父。"

没有回答。琴声一阵紧似一阵了。

小瞎子端了一盆热水进来，放在师父跟前，故意嘻嘻笑着说："您今儿晚还想弹断一根是怎么着？"

老瞎子没听见，这会儿他自己的往事都在心中，琴声烦躁不安，像是年年旷野里的风雨，像是日夜山谷中的流溪，像是奔奔忙忙不知所归的脚步声。小瞎子有点害怕了：师父很久不这样了，师父一这样就要犯病，头疼、心口疼、浑身疼，会几个月爬不起炕来。

"师父，您先洗脚吧。"

琴声不停。

"师父，您该洗脚了。"小瞎子的声音发抖。

琴声不停。

"师父！"

琴声戛然而止，老瞎子叹了口气。小瞎子松了口气。

老瞎子洗脚，小瞎子乖乖地坐在他身边。

"睡去吧，"老瞎子说，"今儿个够累的了。"

"您呢？"

"你先睡，我得好好泡泡脚。人上了岁数毛病多。"老瞎子故意说得轻松。

"我等您一块儿睡。"

山深夜静。有了一点风，墙头的草叶子响。夜猫子在远处哀哀地叫。听得见野羊坳里偶尔有几声狗吠，又引得孩子哭。月亮升起来，白光透过残损的窗棂进了殿堂，照见两个瞎子和三尊神像。

"等我干吗，时候不早了。"

"你甭担心我，我怎么也不怎么。"老瞎子又说。

"听见没有，小子？"

小瞎子到底年轻，已经睡着。老瞎子推推他让他躺好，他嘴里咕囔了几句倒头睡去。老瞎子给他盖被时，从那身日渐发育的筋肉上觉出，这孩子到了要想那些事的年龄，非得有一段苦日子过不可了。唉，这事谁也替不了谁。

老瞎子再把琴抱在怀里，摩挲着根根绷紧的琴弦，心里使劲念叨：又断了一根了，又断了一根了。再摇摇琴槽，有轻微的纸和蛇皮的摩擦声。唯独这事能为他排忧解烦。一辈子的愿望。

小瞎子做了一个好梦，醒来吓了一跳，鸡已经叫了。他一骨碌爬起来听听，师父正睡得香，心说还好。他摸到那个大挎包，悄悄地掏出电匣子，蹑手蹑脚出了门。

往野羊坳方向走了一会儿，他才觉出不对头，鸡叫声渐渐停歇，野羊坳里还是静静的没有人声。他愣了一会儿，鸡才叫头遍吗？灵机一动扭开电匣子。电匣子里也是静悄悄。现在是半夜。他半夜里听过匣子，什么都没有。这匣子对他来说还是个表。只要扭开一听，便知道是几点钟，什么时候有什么节目都是一定的。

小瞎子回到庙里，老瞎子正翻身。

"干吗哪？"

"撒尿去了。"小瞎子说。

一上午，师父逼着他练琴。直到晌午饭后，小瞎子才瞅机会溜出庙来，溜进野羊坳。鸡也在树荫下打盹儿，猪也在墙根下说着梦话，太阳又热得凶，村子里很安静。

小瞎子踩着磨盘，扒着兰秀儿家的墙头轻声喊："兰秀儿——兰秀儿——"

屋里传出雷似的鼾声。

他犹豫了片刻，把声音稍稍抬高："兰秀儿——！兰秀儿——！"

狗叫起来。屋里的鼾声停了，一个闷声闷气的声音问："谁呀？"

小瞎子不敢回答，把脑袋从墙头上缩下来。

屋里吧唧了一阵嘴，又响起鼾声。

他叹口气，从磨盘上下来，怏怏地往回走。忽听见身后"嘎吱"一声院门响，随即一阵细碎的脚步声向他跑来。

"猜是谁？"尖声细气。小瞎子的眼睛被一双柔软的小手捂上了。——这才多余呢。兰秀

儿不到十五岁，认真说还是个孩子。

"兰秀儿！"

"电匣子拿来没？"

小瞎子掀开衣襟，匣子挂在腰上。"嘘——，别在这儿，找个没人的地方听去。"

"咋啦？"

"回头招好些人。"

"咋啦？"

"那么多人听，费电。"

两个人东拐西弯，来到山背后那眼小泉边。小瞎子忽然想起件事，问兰秀儿："你见过曲折的油狼吗？"

"啥？"

"曲折的油狼。"

"曲折的油狼？"

"知道吗？"

"你知道？"

"当然。还有绿色的长椅。就是一把椅子。"

"椅子谁不知道。"

"那曲折的油狼呢？"

兰秀儿摇摇头，有点崇拜小瞎子了。小瞎子这才郑重其事地扭开电匣子，一支欢快的乐曲在山沟里飘荡。

这地方又凉快又没有人来打扰。

"这是'步步高'。"小瞎子说，跟着哼。

一会儿又换了支曲子，叫"旱天雷"，小瞎子还能跟着哼。兰秀儿觉得很惭愧。

"这曲子也叫'和尚思妻'。"

兰秀儿笑起来："瞎骗人！"

"你不信？"

"不信。"

"爱信不信。这匣子里说的古怪事多啦。"小瞎子玩着凉凉的泉水，想了一会儿。"你知道什么叫接吻吗？"

"你说什么叫？"

这回轮到小瞎子笑，光笑不答。兰秀儿明白准不是好话，红着脸不再问。

音乐播完了，一个女人说，"现在是讲卫生节目。"

"啥？"兰秀儿没听清。

"讲卫生。"

"是什么？"

"嗯——，你头发上有虱子吗？"

"去——，别动！"

小瞎子赶忙缩回手来，赶忙解释："要有就是不讲卫生。"

"我才没有。"兰秀儿抓抓头，觉得有些刺痒。"噫——，瞧你自个儿吧！"兰秀儿一把扳过小瞎子的头。"看我捉几个大的。"

这时候听见老瞎子在半山上喊:"小子,还不给我回来!该做饭了,吃罢饭还得去说书!"他已经站在那儿听了好一会儿了。

野羊坳里已经昏暗,羊叫、驴叫、狗叫、孩子们叫,处处起了炊烟。野羊岭上还有一线残阳,小庙正在那淡薄的光中,没有声响。

小瞎子又撅着屁股烧火。老瞎子坐在一旁淘米,凭着听觉他能把米中的沙子捡出来。

"今天的柴挺干。"小瞎子说。

"嗯。"

"还是焖饭?"

"嗯。"

小瞎子这会儿精神百倍,很想找些话说,但是知道师父的气还没消,心说还是少找骂。

两个人默默地干着自己的事,又默默地一块儿把饭做熟。岭上也没了阳光。

小瞎子盛了一碗小米饭,先给师父:"您吃吧。"声音怯怯的,无比驯顺。

老瞎子终于开了腔:"小子,你听我一句行不?"

"嗯。"小瞎子往嘴里扒拉饭,回答得含糊。

"你要是不愿意听,我就不说。"

"谁说不愿意听了?我说'嗯'!"

"我是过来人,总比你知道得多。"

小瞎子闷头扒拉饭。

"我经过那号事。"

"什么事?"

"又跟我贫嘴!"老瞎了把筷子往灶台上一摔。

"兰秀儿光是想听听电匣子。我们光是一块儿听电匣子来。"

"还有呢?"

"没有了。"

"没有了?"

"我还问她见没见过曲折的油狼。"

"我没问你这个!"

"后来,后来,"小瞎子不那么气壮了。"不知怎么一下就说起了虱子……"

"还有呢?"

"没了。真没了!"

两个人又默默地吃饭。老瞎子带了这徒弟好几年,知道这孩子不会撒谎,这孩子最让人放心的地方就是诚实、厚道。

"听我一句话,保准对你没坏处。以后离那妮子远点儿。"

"兰秀儿人不坏。"

"我知道她不坏,可你离她远点儿好。早年你师爷这么跟我说,我也不信……"

"师爷?说兰秀儿?"

"什么兰秀儿,那会儿还没她呢。那会儿还没有你们呢……"

老瞎子阴郁的脸又转向暮色浓重的天际,骨头一样白色的眼珠不住地转动,不知道在那儿他能"看"见什么。

第二单元 参悟哲理

许久，小瞎子说："今儿晚上您多半又能弹断一根琴弦。"想让师父高兴些。

这天晚上师徒俩又在野羊坳说书。"上回唱到罗成死，三魂七魄赴幽冥，听歌君子莫嘈嚷，列位听我道下文。罗成阴魂出地府，一阵旋风就起身，旋风一阵来得快，长安不远面前存……"老瞎子的琴声也乱，小瞎子的琴声也乱。小瞎子回忆着那双柔软的小手捂在自己脸上的感觉，还有自己的头被兰秀儿扳过去时的滋味。老瞎子想起的事情更多……

夜里老瞎子翻来覆去睡不安稳，多少往事在他耳边喧嚣，在他心头动荡，身体里仿佛有什么东西要爆炸。坏了，要犯病，他想。头昏，胸口憋闷，浑身紧巴巴的难受。他坐起来，对自己叨咕："可别犯病，一犯病今年就甭想弹够那些琴弦了。"他又摸到琴。要能叮叮当当随心所欲地疯弹一阵，心头的忧伤或许就能平息，耳边的往事或许就会消散。可是小瞎子正睡得香甜。

他只好再全力去想那张药方和琴弦：还剩下几根，还只剩最后几根了。那时就可以去抓药了，然后就能看见这个世界——他无数次爬过的山，无数次走过的路，无数次感到过她的温暖和炽热的太阳，无数次梦想着的蓝天、月亮和星星……还有呢？突然间心里一阵空，空得深重。就只为了这些？还有什么？他朦胧中所盼望的东西似乎比这要多得多……

夜风在山里游荡。

猫头鹰又在凄哀地叫。

不过现在他老了，无论如何没几年活头了，失去的已经永远失去了，他像是刚刚意识到这一点。七十年中所受的全部辛苦就为了最后能看一眼世界，这值得吗？他问自己。

小瞎子在梦里笑，在梦里说："那是一把椅子，兰秀儿……"

老瞎子静静地坐着。静静地坐着的还有那三尊分不清是佛是道的泥像。

鸡叫头遍的时候老瞎子决定，天一亮就带这孩子离开野羊坳。否则这孩子受不了，他自己也受不了。兰秀儿人不坏，可这事会怎么结局，老瞎子比谁都"看"得清楚。鸡叫二遍，老瞎子开始收拾行李。

可是一早起来小瞎子病了，肚子疼，随即又发烧。老瞎子只好把行期推迟。

一连好几天，老瞎子无论是烧火、淘米、捡柴，还是给小瞎子挖药、煎药，心里总在说："值得，当然值得。"要是不这么反反复复对自己说，身上的力气似乎就全要垮掉。"我非要最后看一眼不可。""要不怎么着？就这么死了去？""再说就只剩下最后几根了。"后面三句都是理由。老瞎子又冷静下来，天天晚上还到野羊坳去说书。

这一下小瞎子倒来了福气。每天晚上师父到岭下去了，兰秀儿就猫似的轻轻跳进庙里来听匣子。兰秀儿还带来熟的鸡蛋，条件是得让她亲手去扭那匣子的开关。"往哪边扭？""往右。""扭不动。""往右，笨货，不知道哪边是右哇？""咔哒"一下，无论是什么便响起来，无论是什么俩人都爱听。

又过了几天，老瞎子又弹断了三根琴弦。

这一晚，老瞎子在野羊坳里自弹自唱："不表罗成投胎事，又唱秦王李世民。秦王一听双泪流，可怜爱卿丧残身，你死一身不打紧，缺少扶朝上将军……"

野羊岭上的小庙里这时更热闹。电匣子的音量开得挺大，又是孩子哭，又是大人喊，轰隆隆地又响炮，滴滴答答地又吹号。月光照进正殿，小瞎子躺着啃鸡蛋，兰秀儿坐在他旁边。两个人都听得兴奋，时而大笑，时而稀里糊涂莫名其妙。

"这匣子你师父哪买来？"

"从一个山外头的人手里。"

"你们到山外头去过?"兰秀儿问。

"没。我早晚要去一回就是,坐坐火车。"

"火车?"

"火车你也不知道？笨货。"

"噢,知道知道,冒烟哩是不是?"

过了一会儿兰秀儿又说:"保不准我就得到山外头去。"语调有些恓惶。

"是吗?"小瞎子一挺坐起来:"那你到底瞧瞧曲折的油狼是什么。"

"你说是不是山外头的人都有电匣子?"

"谁知道。我说你听清楚没有? 曲、折、的、油、狼,这东西就在山外头。"

"那我得跟他们要一个电匣子。"兰秀儿自言自语地想心事。

"要一个?"小瞎子笑了两声,然后屏住气,然后大笑:"你干吗不要俩? 你可真本事大。你知道这匣子几千块钱一个? 把你卖了吧,怕也换不来。"

兰秀儿心里正委屈,一把揪住小瞎子的耳朵使劲拧,骂道:"好你个死瞎子。"

两个人在殿堂里扭打起来。三尊泥像袖手旁观帮不上忙。两个年轻的正在发育的身体碰撞在一起,纠缠在一起,一个把一个压在身下,一会儿又颠倒过来,骂声变成笑声。匣子在一边唱。

打了好一阵子,两个人都累得住了手,心怦怦跳,面对面躺着喘气,不言声儿,谁却也不愿意再拉开距离。

兰秀儿呼出的气吹在小瞎子脸上,小瞎子感到了诱惑,并且想起那天吹火时师父说的话,就往兰秀儿脸上吹气。兰秀儿并不躲。

"嘿,"小瞎子小声说,"你知道接吻是什么了吗?"

"是什么?"兰秀儿的声音也小。

小瞎子对着兰秀儿的耳朵告诉她。兰秀儿不说话。老瞎子回来之前,他们试着亲了嘴儿,滋味真不坏……

就是这天晚上,老瞎子弹断了最后两根琴弦。两根弦一齐断了。

他没料到。他几乎是连跑带爬地上了野羊岭,回到小庙里。

小瞎子吓了一跳:"怎么了,师父?"

老瞎子喘吁吁地坐在那儿,说不出话。小瞎子有些犯嘀咕:莫非是他和兰秀儿干的事让师父知道了?

老瞎子这才相信:一切都是值得的。一辈子的辛苦都是值得的。

能看一回,好好看一回,怎么都是值得的。

"小子,明天我就去抓药。"

"明天?"

"明天。"

"又断了一根了?"

"两根。两根都断了。"

老瞎子把那两根弦卸下来,放在手里揉搓了一会儿,然后把它们并到另外的九百九十八根中去,绑成一捆。

"明天就走?"

"天一亮就动身。"

小瞎子心里一阵发凉。老瞎子开始剥琴槽上的蛇皮。

"可我的病还没好利索。"小瞎子小声叨咕。

"噢,我想过了,你就先留在这儿,我用不了十天就回来。"

小瞎子喜出望外。

"你一个人行不?"

"行!"小瞎子紧忙说。

老瞎子早忘了兰秀儿的事。"吃的、喝的、烧的全有。你要是病好利索了,也该学着自个儿去说回书。行吗?"

"行。"小瞎子觉得有点对不住师父。

蛇皮剥开了,老瞎子从琴槽中取出一张叠得方方正正的纸条。他想起这药方放进琴槽时,自己才二十岁,便觉得浑身上下都好像冷。

小瞎子也把那药方放在手里摸了一会儿,也有了几分肃穆。

"你师爷一辈子才冤呢。"

"他弹断了多少根?"

"他本来能弹够一千根,可他记成了八百。要不然他能弹断一千根。"

天不亮老瞎子就上路了。他说最多十天就回来,谁也没想到他竟去了那么久。

老瞎子回到野羊坳时已经是冬天。

漫天大雪,灰暗的天空连接着白色的群山。没有声息,处处也没有生气,空旷而沉寂。所以老瞎子那顶发了黑的草帽就尤其攒动得显著。他蹒蹒跚跚地爬上野羊岭,庙院中衰草瑟瑟,蹿出一只狐狸,仓皇逃远。

村里人告诉他,小瞎子已经走了些日子。

"我告诉他等我回来。"

"不知道他干吗就走了。"

"他没说去哪儿?留下什么话没?"

"他说让您甭找他。"

"什么时候走的?"

人们想了好久,都说是在兰秀儿嫁到山外去的那天。

老瞎子心里便一切全都明白。

众人劝老瞎子留下来,这么冰天雪地的上哪去?不如在野羊坳说一冬天书。老瞎子指指他的琴,人们见琴柄上空荡荡已经没了琴弦。老瞎子面容也憔悴,呼吸也屡弱,嗓音也沙哑了,完全变了个人。他说得去找他的徒弟。

若不是还想着他的徒弟,老瞎子就回不到野羊坳。那张他保存了五十年的药方原来是一张无字的白纸。他不信,请了多少个识字而又诚实的人帮他看,人人都说那果真就是一张无字的白纸。老瞎子在药铺前的台阶上坐了一会儿,他以为是一会儿,其实已经几天几夜,骨头一样的眼珠在询问苍天,脸色也变成骨头一样的苍白。有人以为他是疯了,安慰他,劝他。老瞎子苦笑:七十岁了再疯还有什么意思?他只是再不想动弹,吸引着他活下去、走下去、唱下去的东西骤然间消失干净。就像一根不能拉紧的琴弦,再难弹出赏心悦耳的曲子。老瞎子的心弦断了,现在发现那目的原来是空的。老瞎子在一个小客店里住了很久,觉得身体里的一切都在熄灭。他整天躺在炕上，不弹也不唱，一天天迅速地衰老。直到花光了身上所有的钱，直到忽然想起了他的徒弟，他知道自己的死期将至，可那孩子在等他回去。

茫茫雪野，皑皑群山，天地之间攒动着一个黑点。走近时，老瞎子的身影弯得如一座桥。他去找他的徒弟。他知道那孩子目前的心情、处境。

他想自己先得振作起来，但是不行，前面明明没有了目标。

他一路走，便怀恋起过去的日子，才知道以往那些奔奔忙忙兴致勃勃的翻山、赶路、弹琴，乃至心焦、忧虑都是多么欢乐！那时有个东西把心弦扯紧，虽然那东西原是虚设。老瞎子想起他师父临终时的情景。他师父把那张自己没用上的药方封进他的琴槽。"您别死，再活几年，您就能睁眼看一回了。"说这话时他还是个孩子。他师父久久不言语，最后说："记住，人的命就像这琴弦，拉紧了才能弹好，弹好了就够了。"……不错，那意思就是说：目的本来没有。老瞎子知道怎么对自己的徒弟说了。可是他又想：能把一切都告诉小瞎子吗？老瞎子又试着振作起来，可还是不行，总摆脱不掉那张无字的白纸……

在深山里，老瞎子找到了小瞎子。

小瞎子正跌倒在雪地里，一动不动，想那么等死。老瞎子懂得那绝不是装出来的悲哀。老瞎子把他拖进一个山洞，他已无力反抗。

老瞎子捡了些柴，打起一堆火。

小瞎子渐渐有了哭声。老瞎子放了心，任他尽情尽意地哭。只要还能哭就还有救，只要还能哭就有哭够的时候。

小瞎子哭了几天几夜，老瞎子就那么一声不吭地守候着。火头和哭声惊动了野兔子、山鸡、野羊、狐狸和鹞鹰……

终于小瞎子说话了："干吗咱们是瞎子！"

"就因为咱们是瞎子。"老瞎子回答。

终于小瞎子又说："我想睁开眼看看，师父，我想睁开眼看看！哪怕就看一回"。

"你真那么想吗？"

"真想，真想——"

老瞎子把篝火拨得更旺些。

雪停了。铅灰色的天空中，太阳像一面闪光的小镜子。鹞鹰在平稳地滑翔。

"那就弹你的琴弦，"老瞎子说，"一根一根尽力地弹吧。"

"师父，您的药抓来了？"小瞎子如梦方醒。

"记住，得真正是弹断的才成。"

"您已经看见了吗？师父，您现在看得见了？"

小瞎子挣扎着起来，伸手去摸师父的眼窝。老瞎子把他的手抓住。

"记住，得弹断一千二百根。"

"一千二？"

"把你的琴给我，我把这药方给你封在琴槽里。"老瞎子现在才弄懂了他师父当年对他说的话——咱的命就在这琴弦上。

目的虽是虚设的，可非得有不行，不然琴弦怎么拉紧；拉不紧就弹不响。

"怎么是一千二，师父？"

"是一千二，我没弹够，我记成了一千。"老瞎子想：这孩子再怎么弹吧，还能弹断一千二百根？永远扯紧欢跳的琴弦，不必去看那张无字的白纸……

这地方偏僻荒凉，群山不断。荒草丛中随时会飞起一对山鸡，跳出一只野兔、狐狸或者其他小野兽。山谷中鹞鹰在盘旋。

现在让我们回到开始：莽莽苍苍的群山之中走着两个瞎子，一老一少，一前一后，两顶发了黑的草帽起伏攒动，匆匆忙忙，像是随着一条不安静的河水在漂流。无所谓从哪儿来、到哪儿去，也无所谓谁是谁……

一九八五年四月二十日

[1] 史铁生（1951～2010年），中国当代著名作家、思想家，著有长篇小说《务虚笔记》、《我的丁一之旅》，短篇小说《我的遥远的清平湾》、《命若琴弦》，散文、随笔《病隙碎笔》、《灵魂的事》、《我与地坛》等。本文选自《命若琴弦》（人民文学出版社，2008年）。

十八岁出门远行

余华[1]

柏油马路起伏不止，马路像是贴在海浪上。我走在这条山区公路上，我像一条船。这年我十八岁，我下巴上那几根黄色的胡须迎风飘飘，那是第一批来这里定居的胡须，所以我格外珍重它们。我在这条路上走了整整一天，已经看了很多山和很多云。所有的山，所有的云，都让我联想起了熟悉的人。我就朝着它们呼唤他们的绰号。所以尽管走了一天，可我一点也不累。我就这样从早晨里穿过，现在走进了下午的尾声，而且还看到了黄昏的头发。但是我还没走进一家旅店。

我在路上遇到不少人，可他们都不知道前面是何处，前面是否有旅店。他们都这样告诉我："你走过去看吧。"我觉得他们说得太好了，我确实是在走过去看。可是我还没走进一家旅店。我觉得自己应该为旅店操心。

我奇怪自己走了一天竟只遇到一次汽车。那时是中午，那时我刚刚想搭车，但那时仅仅只是想搭车，那时我还没为旅店操心，那时我只是觉得搭一下车非常了不起。我站在路旁朝那辆汽车挥手，我努力挥得很潇洒。可那个司机看也没看我，汽车和司机一样，也是看也没看，在我眼前一闪就他妈的过去了。我就在汽车后面拼命地追了一阵，我这样做只是为了高兴，因为那时我还没有为旅店操心。我一直追到汽车消失之后，然后我对着自己哈哈大笑，但是我马上发现笑得太厉害会影响呼吸，于是我立刻不笑。接着我就兴致勃勃地继续走路，但心里却开始后悔起来，后悔刚才没在潇洒地挥着的手里放一块大石子。

现在我真想搭车，因为黄昏就要来了，可旅店还在它妈肚子里，但是整个下午竟没再看到一辆汽车。要是现在再拦车，我想我准能拦住。我会躺到公路中央去，我敢肯定所有的汽车都会在我耳边来个急刹车。然而现在连汽车的马达声都听不到。现在我只能走过去看了。这话不错，走过去看。

公路高低起伏，那高处总在诱惑我，诱惑我没命地奔上去看旅店，可每次都只看到另一个高处，中间是一个叫人沮丧的弧度。尽管这样我还是一次一次地往高处奔，次次都是没命地奔。眼下我又往高处奔去。这一次我看到了，看到的不是旅店而是汽车。汽车是朝我这个方向停着的，停在公路的低处。我看到那个司机高高翘起的屁股，屁股上有晚霞。司机的脑袋我看不见,他的脑袋正塞在车头里。那车头的盖子斜斜翘起,像是翻起的嘴唇。车厢里高高堆着箩筐,我想着箩筐里装的肯定是水果。当然最好是香蕉。我想他的驾驶室里应该也有,那么我一坐进去就可以拿起来吃了,虽然汽车将要朝我走来的方向开去,但我已经不在乎方向。我现在需要旅店,旅店没有就需要汽车,汽车就在眼前。

我兴致勃勃地跑了过去,向司机打招呼:"老乡,你好。"

司机好像没有听到,仍在拨弄着什么。

"老乡,抽烟。"

这时他才使了使劲,将头从里面拨出来,并伸过来一只黑乎乎的手,夹住我递过去的烟。我赶紧给他点火。他将烟叼在嘴上吸了几口后,又把头塞了进去。

于是我心安理得了,他只要接过我的烟,他就得让我坐他的车。我就绕着汽车转悠起来,转悠是为了侦察箩筐的内容。可是我看不清,便去使用鼻子闻,闻到了苹果味,苹果也不错,我这样想。

不一会儿他修好了车,就盖上车盖跳了下来。我赶紧走上去说:"老乡,我想搭车。"不料他用黑乎乎的手推了我一把,粗暴地说:"滚开。"

我气得无话可说,他却慢悠悠地打开车门钻了进去,然后发动机响了起来。我知道要是错过这次机会,将不再有机会。我知道现在应该豁出去了。于是我跑到另一侧,也拉开车门钻了进去。我准备与他在驾驶室里大打一场。我进去时首先是冲着他吼了一声:"你嘴里还叼着我的烟。"这时汽车已经活动了。

然而他却笑嘻嘻地十分友好地看起我来,这让我大惑不解。他问:"你上哪?"

我说:"随便上哪。"

他又亲切地问:"想吃苹果吗?"他仍然看着我。

"那还用问。"

"到后面去拿吧。"

他把汽车开得那么快,我敢爬出驾驶室爬到后面去吗?于是我就说:"算了吧。"

他说:"去拿吧。"他的眼睛还在看着我。

我说:"别看了,我脸上没公路。"

他这才扭过头去看公路了。

汽车朝我来时的方向驰着,我舒服地坐在座椅上,看着窗外,和司机聊着天。现在我和他已经成为朋友了。我已经知道他是在个体贩运。这汽车是他自己的,苹果也是他的。我还听到了他口袋里面钱儿叮当响。我问他:"你到什么地方去?"

他说:"开过去看吧。"

这话简直像是我兄弟说的,这话可真亲切。我觉得自己与他更亲近了。车窗外的一切应该是我熟悉的,那些山那些云都让我联想起来了另一帮熟悉的人来了,于是我又叫唤起另一批绰号来了。

现在我根本不在乎什么旅店,这汽车、这司机、这座椅让我心安而理得。我不知道汽车要到什么地方去,他也不知道。反正前面是什么地方对我们来说无关紧要,我们只要汽车在驰着,那就驰过去看吧。

可是这汽车抛锚了。那个时候我们已经是好得不能再好的朋友了。我把手搭在他肩上,他把手搭在我肩上。他正在把他的恋爱说给我听,正要说第一次拥抱女性的感觉时,这汽车抛锚了。汽车是在上坡时抛锚的,那个时候汽车突然不叫唤了,像死猪那样突然不动了。于

是他又爬到车头上去了，又把那上嘴唇翻了起来，脑袋又塞了进去。我坐在驾驶室里，我知道他的屁股此刻肯定又高高翘起，但上嘴唇挡住了我的视线，我看不到他的屁股，可我听得到他修车的声音。

过了一会儿他把脑袋拔了出来，把车盖盖上。他那时的手更黑了，他把脏手在衣服上擦了又擦，然后跳到地上走了过来。

"修好了？"我问。

"完了，没法修了。"他说。

我想完了，"那怎么办呢？"我问。

"等着瞧吧。"他漫不经心地说。

我仍在汽车里坐着，不知该怎么办。眼下我又想起什么旅店来了。那个时候太阳要落山了，晚霞则像蒸气似的在升腾。旅店就这样重又来到了我脑中，并且逐渐膨胀，不一会儿便把我的脑袋塞满了。那时我的脑袋没有了，脑袋的地方长出了一个旅店。

司机这时在公路中央做起了广播操，他从第一节做到最后一节，做得很认真。做完又绕着汽车小跑起来。司机也许是在驾驶室里待得太久，现在他需要锻炼身体了。看着他在外面活动，我在里面也坐不住，于是打开车门也跳了下去。但我没做广播操也没小跑。我在想着旅店和旅店。

这个时候我看到坡上有五个人骑着自行车下来，每辆自行车后座上都用一根扁担绑着两只很大的箩筐，我想他们大概是附近的农民，大概是卖菜回来。看到有人下来，我心里十分高兴，便迎上去喊道："老乡，你们好。"

那五个人骑到我跟前时跳下了车，我很高兴地迎了上去，问："附近有旅店吗？"

他们没有回答，而是问我："车上装的是什么？"

我说："是苹果。"

他们五人推着自行车走到汽车旁，有两个人爬到了汽车上，接着就翻下来十筐苹果，下面三个人把筐盖掀开往他们自己的筐里倒。我一时间还不知道发生了什么，那情景让我目瞪口呆。我明白过来就冲了上去，责问："你们要干什么？"

他们谁也没理睬我，继续倒苹果。我上去抓住其中一个人的手喊道："有人抢苹果啦！"这时有一只拳头朝我鼻子上狠狠地揍来了，我被打出几米远。爬起来用手一摸，鼻子软塌塌地不是贴着而是挂在脸上，鲜血像是伤心的眼泪一样流。可当我看清打我的那个身强力壮的大汉时，他们五人已经跨上自行车骑走了。

司机此刻正在慢慢地散步，嘴唇翻着大口大口喘气，他刚才大概跑累了。他好像一点也不知道刚才的事。我朝他喊："你的苹果被抢走了！"可他根本没注意我在喊什么，仍在慢慢地散步。我真想上去揍他一拳，也让他的鼻子挂起来。我跑过去对着他的耳朵大喊："你的苹果被抢走了。"他这才转身看了我起来，我发现他的表情越来越高兴，我发现他是在看我的鼻子。

这时候，坡上又有很多人骑着自行车下来了，每辆车后都有两只大筐，骑车的人里面有一些孩子。他们蜂拥而来，又立刻将汽车包围。好些人跳到汽车上面，于是装苹果的箩筐纷纷而下，苹果从一些摔破的筐中像我的鼻血一样流了出来。他们都发疯般往自己筐中装苹果。才一瞬间工夫，车上的苹果全到了地下。那时有几辆手扶拖拉机从坡上隆隆而下，拖拉机也停在汽车旁，跳下一帮大汉开始往拖拉机上装苹果，那些空了的箩筐一只一只被扔了出去。那时的苹果已经满地滚了，所有人都像蛤蟆似的蹲着捡苹果。

我是在这个时候奋不顾身扑上去的，我大声骂着："强盗！"扑了上去。于是有无数拳脚前来迎接，我全身每个地方几乎同时挨了揍。我支撑着从地上爬起来时，几个孩子朝我击来苹果。苹果撞在脑袋上碎了，但脑袋没碎。我正要扑过去揍那些孩子，有一只脚狠狠地踢在我腰部。我想叫唤一声，可嘴巴一张却没有声音。我跌坐在地上，我再也爬不起来了，只能看着他们乱抢苹果。我开始用眼睛去寻找那司机，这家伙此刻正站在远处朝我哈哈大笑，我便知道现在自己的模样一定比刚才的鼻子更精彩了。

那个时候我连愤怒的力气都没有了。我只能用眼睛看着这些使我愤怒极顶的一切。我最愤怒的是那个司机。

坡上又下来了一些手扶拖拉机和自行车，他们也投入到这场浩劫中去。我看到地上的苹果越来越少，看着一些人离去和一些人来到。来迟的人开始在汽车上动手，我看着他们将车窗玻璃卸了下来，将轮胎卸了下来，又将木板撬了下来。轮胎被卸去后的汽车显得特别垂头丧气，它趴在地上。一些孩子则去捡那些刚才被扔出去的箩筐。我看着地上越来越干净，人也越来越少。可我那时只能看着了，因为我连愤怒的力气都没有了。我坐在地上爬不起来，我只能让目光走来走去。

现在四周空荡荡了，只有一辆手扶拖拉机还停在趴着的汽车旁。有几个人在汽车旁东瞧西望，是在看看还有什么东西可以拿走。看了一阵后才一个一个爬到拖拉机上，于是拖拉机开动了。

这时我看到那个司机也跳到拖拉机上去了，他在车斗里坐下来后还在朝我哈哈大笑。我看到他手里抱着的是我那个红色的背包。他把我的背包抢走了。背包里有我的衣服和我的钱，还有食品和书。可他把我的背包抢走了。

我看着拖拉机爬上了坡，然后就消失了，但仍能听到它的声音，可不一会儿连声音都没有了。四周一下子寂静下来，天也开始黑下来。我仍在地上坐着，我这时又饥又冷，可我现在什么都没有了。

我在那里坐了很久，然后才慢慢爬起来。我爬起来时很艰难，因为每动一下全身就剧烈地疼痛，但我还是爬了起来。我一拐一拐地走到汽车旁边。那汽车的模样真是惨极了，它遍体鳞伤地趴在那里，我知道自己也是遍体鳞伤了。

天色完全黑了，四周什么都没有，只有遍体鳞伤的汽车和遍体鳞伤的我。我无限悲伤地看着汽车，汽车也无限悲伤地看着我。我伸出手去抚摸了它。它浑身冰凉。那时候开始起风了，风很大，山上树叶摇动时的声音像是海涛的声音，这声音使我恐惧，使我也像汽车一样浑身冰凉。

我打开车门钻了进去，座椅没被他们撬去，这让我心里稍稍有了安慰。我就在驾驶室里躺了下来。我闻到了一股漏出来的汽油味，那气味像是我身内流出的血液的气味。外面风越来越大，但我躺在座椅上开始感到暖和一点了。我感到这汽车虽然遍体鳞伤，可它心窝还是健全的，还是暖和的。我知道自己的心窝也是暖和的。我一直在寻找旅店，没想到旅店你竟在这里。

我躺在汽车的心窝里，想起了那么一个晴朗温和的中午，那时的阳光非常美丽。我记得自己在外面高高兴兴地玩了半天，然后我回家了，在窗外看到父亲正在屋内整理一个红色的背包，我扑在窗口问："爸爸，你要出门？"

父亲转过身来温和地说："不，是让你出门。"

"让我出门？"

"是的,你已经十八了,你应该去认识一下外面的世界了。"

后来我就背起了那个漂亮的红背包,父亲在我脑后拍了一下,就像在马屁股上拍了一下。于是我欢快地冲出了家门,像一匹兴高采烈的马一样欢快地奔跑了起来。

一九八六年十一月十六日北京

[1] 余华(1960年~),当代作家,浙江省海盐县人,主要作品有中篇小说《现实一种》,长篇小说《在细雨中呼喊》、《活着》、《许三观卖血记》、《兄弟》等。本文选自《余华作品集》(中国社会科学出版社,1995年)。

论 求 知

弗朗西斯·培根[1]

求知可以作为消遣,可以作为装饰,也可以增长才干。

当孤独寂寞时,阅读可以消遣。当高谈阔论时,知识可供装饰。当处世行事时,知识能增进才干。有实际经验的人虽能够处理个别性的事务,但若要综观整体,运筹全局,却唯有掌握知识方能办到。

读书太慢会弛惰,为装潢而读书是自欺欺人,只按照书本办事是呆子。

求知可以改进人和天性,而实验又可以改进知识本身。人的天性犹如野生的花草,求知学习好比修剪移栽。学问虽能指引方向,但往往过于法记,还要靠经验来赋予形式。

狡诈者轻鄙学问,愚鲁者羡慕学问,聪明者则运用学问。知识本身并没有告诉人怎样运用它,运用的智慧乃在书本之外。这是技艺,不体会就学不到。

不可专为挑剔辩驳去读书,但也不可轻易相信书本。求知的目的不是为了吹嘘炫耀,而应该是为了寻找真理,启迪智慧。

书籍好比食品。有些只须浅尝,有些可以吞咽。只有少数需要仔细咀嚼,慢慢品味。所以,有的书只要读其中一部分,有的书只须知其中梗概,而对于少数好书,则要读通,细读,反复地读。

有的书可以请人代读,然后看他的笔记摘要就行了。但这只限于不太重要的议论和质量粗劣的书。否则一本书将像已被蒸馏过的水,变得淡而无味了!

读书使人充实,讨论使人机敏,写作则使人精确。

因此,如果一个人懒于动笔,他的记忆力就必须强而可靠。如果一个人要孤独探索,他的头脑必须锐利。如果有人不读书又想冒充博学多知,他就必须很狡黠,才能掩饰无知。

读史使人明智,读诗使人聪慧,演算使人精密,哲理使人深刻,道德使人高尚,逻辑修辞使人善辩。总之,"知识能塑造人的性格"。

不仅如此,精神上的各种缺陷,都可以通过求知来改善——正如身体上的缺陷,可以通过适当的运动来改善一样。例如,打球有利于腰肾,射箭可扩胸利肺,散步则有助于消化,骑术使人反应敏捷,等等。同样,一个思维不集中的人,他可以研习数学,因为数学稍不仔细就会出错。缺乏分析判断力的人,他可以研习经院哲学,因为这门学问最讲究繁琐辩证。不善于推理的人,可以研习法律案例,如此等等。这种种头脑上的缺陷,都可以通过求知来疗治。

[1] 弗朗西斯·培根（1561～1626年），英国文艺复兴时期著名的散文家、哲学家，主要作品有《学术的进展》、《新工具论》等。本文选自《培根随笔选》（上海人民出版社，1985年）。

西西弗的神话

阿尔贝·加缪[1]

诸神处罚西西弗[2]不停地把一块巨石推上山顶，而石头由于自身的重量又滚下山去。诸神认为再也没有比进行这种无效无望的劳动更为严厉的惩罚了。

荷马说，西西弗是最终要死的人中最聪明、最谨慎的人。但另有传说，说他屈从于强盗生涯。我看不出其中有什么矛盾。各种说法的分歧在于，是否要赋予这地狱中的无效劳动者的行为动机以价值。人们首先是以某种轻率的态度把他与诸神放在一起进行谴责，并历数他们的隐私。阿索玻斯[3]的女儿埃癸娜被朱庇特劫走。父亲对女儿的失踪大为震惊并且怪罪于西西弗。深知内情的西西弗对阿索玻斯说，他可以告诉他女儿的消息，但必须以给柯兰特城堡供水为条件。他宁愿得到水的圣浴，而不是天火雷电。他因此被罚下地狱。荷马告诉我们，西西弗曾经扼住过死神的喉咙。普洛托[4]忍受不了地狱王国的荒凉寂寞，他催促战神把死神从其战胜者手中解放出来。

还有人说，西西弗在临死前冒失地要检验他妻子对他的爱情。他命令她把他的尸体扔在广场中央，不举行任何仪式。于是西西弗重堕地狱。他在地狱里对那恣意践踏人类之爱的行径十分愤慨，他获得普洛托的允诺重返人间以惩罚他的妻子。但当他又一次看到这大地的面貌，重新领略流水、阳光的抚爱，重新触摸那火热的石头、宽阔的大海的时候，他就再也不愿回到阴森的地狱中去了。冥王的召令、气愤和警告都无济于事。他又在地球上生活了多年，面对起伏的山峦、奔腾的大海和大地的微笑他又生活了多年。诸神于是进行干涉。墨丘利[5]跑来揪住这冒犯者的领子，把他从欢乐的生活中拉出来，强行把他重新投入地狱，在那里，为惩罚他而设的巨石已准备就绪。

我们已经明白：西西弗是个荒谬的英雄。他之所以是荒谬的英雄，还因为他的激情和他所经受的磨难。他藐视神明，仇恨死亡，对生活充满激情，这必然使他受到难以用言语尽述的非人折磨：他以自己的整个身心致力于一种没有效果的事业。而这是为了对大地的无限热爱必须付出的代价。人们并没有谈到西西弗在地狱里的情况。创造这些神话，是为了让人的想象使西西弗的形象栩栩如生。在西西弗身上，我们只能看到这样一幅图画：一个紧张的身体千百次地重复一个动作：搬动巨石，滚动它并把它推至山顶；我们看到的是一张痛苦扭曲的脸，看到的是紧贴在巨石上的面颊，那落满泥土、抖动的肩膀，沾满泥土的双脚，完全僵直的胳膊，以及那坚实的、满是泥土的、人的双手。经过被渺渺空间和永恒的时间限制着的努力之后，目的就达到了。西西弗于是看到巨石在几秒钟内又着下面的世界滚下，而他则必须把这巨石重新推向山顶。他于是又向山下走去。

正是因为这种回复、停歇，我对西西弗产生了兴趣。这一张饱经磨难近似石头般坚硬的面孔已经自己化成了石头！我看到这个人以沉重而均匀的脚步走向那无尽的苦难。这个时刻

就像一次呼吸那样短促，它的到来与西西弗的不幸一样是确定无疑的，这个时刻就是意识的时刻。在每一个这样的时刻中，他离开山顶并且逐渐地深入到诸神的巢穴中去，他超出了他自己的命运。他比他搬动的巨石还要坚硬。

如果说，这个神话是悲剧的，那是因为它的主人公是有意识的。若他行的每一步都依靠成功的希望所支持，那他的痛苦实际上又在哪里呢？今天的工人终生都在劳动，终日完成的是同样的工作，这样的命运并非不比西西弗的命运荒谬。但是，这种命运只有在工人变得有意识的偶然时刻才是悲剧性的。西西弗，这诸神中的无产者，这进行无效劳役而又进行反叛的无产者，他完全清楚自己所处的悲惨境地：在他下山时，他想到的正是这悲惨的境地。造成西西弗痛苦的清醒意识，同时也就造就了他的胜利。不存在不通过蔑视而自我超越的命运。

如果西西弗下山推石在某些天里是痛苦地进行着的，那么这个工作也可以在欢乐中进行。这并不是言过其实。我还想象西西弗又回头走向他的巨石，痛苦又重新开始。当对大地的想象过于着重于回忆，当对幸福的憧憬过于急切，那痛苦就在人的心灵深处升起；这就是巨石的胜利，这就是巨石本身。巨大的悲痛是难以承担的重负。这就是我们的客西马尼[6]之夜。但是，雄辩的真理一旦被认识就会衰竭。因此，俄狄浦斯不知不觉首先屈从命运。而一旦他明白了一切，他的悲剧就开始了。与此同时，两眼失明而又丧失希望的俄狄浦斯认识到，他与世界之间的唯一联系就是一个年轻姑娘鲜润的手。他于是毫无顾忌地发出这样震撼人心的声音："尽管我历尽艰难困苦，但我年逾不惑，我的灵魂深邃伟大，因而我认为我是幸福的。"索福克勒斯的俄狄浦斯与陀思妥耶夫斯基的基里洛夫都提出了荒谬胜利的法则。先贤的智慧与现代英雄主义汇合了。

人们要发现荒谬，就不能不想到要写某种有关幸福的教材。"哎，什么！就凭这些如此狭窄的道路？……"但是，世界只有一个。幸福与荒谬是同一大地的两个产儿。若说幸福一定是从荒谬的发现中产生的，那可能是错误的。因为荒谬的感情还很可能产生于幸福。"我认为我是幸福的"，俄狄浦斯说，而这种说法是神圣的。它回响在人的疯狂而又有限的世界之中。它告诫人们一切都还没有也从没有被穷尽过。它把一个上帝从世界中驱逐出去，这个上帝是怀着不满足的心理以及对无效痛苦的偏好而进入人间的。它还把命运改造成为一件应该在人们之中得到安排的人的事情。

西西弗无声的全部快乐就在于此。他的命运是属于他的。他的岩石是他的事业。同样，当荒谬的人深思他的痛苦时，他就使一切偶像哑然失声。在这突然重又沉默的世界中，大地升起千万个美妙细小的声音。无意识的、秘密的召唤，一切面貌提出的要求，这些都是胜利必不可少的对立面和应付的代价。不存在无阴影的太阳，而且必须认识黑夜。荒谬的人说"是"，但他的努力永不停息。如果有一种个人的命运，就不会有更高的命运，或至少可以说，只有一种被人看作宿命的和应受到蔑视的命运。此外，荒谬的人知道，他是自己生活的主人。在这微妙的时刻，人回归到自己的生活之中，西西弗回身走向巨石，他静观这一系列没有关联而又变成他自己命运的行动，他的命运是他自己创造的，是在他的记忆的注视下聚合而又马上会被他的死亡固定的命运。因此，盲人从一开始就坚信一切人的东西都源于人道主义，就像盲人渴望看见而又知道黑夜是无穷尽的一样，西西弗永远行进，而巨石仍在滚动着。

我把西西弗留在山脚下！我们总是看到他身上的重负。而西西弗告诉我们，最高的虔诚是否认诸神并且搬掉石头。他也认为自己是幸福的。这个从此没有主宰的世界对他来讲既不是荒漠,也不是沃土。这块巨石上的每一颗粒,这黑黝黝的高山上的每一颗矿砂,唯有对西西弗才形成一个世界。他爬上山顶所要进行的斗争本身就足以使一个人心里感到充实。应该认为,西西弗是幸福的。

[1] 阿尔贝·加缪(1913～1960年),法国作家、思想家,1957年获诺贝尔文学奖,著有长篇小说《鼠疫》等。本文选自杜小真译其哲学随笔集《西西弗的神话》(生活·读者·新知三联书店,1987年)。
[2] 西西弗:希腊传说中的科林斯王。
[3] 阿索玻斯:希腊神话中的河神,埃癸娜是他的女儿。
[4] 普洛托:罗马神话中的冥王。
[5] 墨丘利:罗马神话中的商业神。
[6] 客西马尼:《福音书》中所说的耶稣被犹大出卖而遭大祭司抓捕前所在的地方,位于橄榄山下。耶稣在此做最后的祷告,而门徒们都在沉睡。

你不必完美

哈罗德·斯·库辛[1]

我们当然应该努力做到最好,但人是无法要求完美的。我们面对的情况如此复杂,以致无人能始终不出错。

好几次,当我必须告诉我的孩子们我在某件事上做错了时,我多害怕他们不再爱戴我。但我非常惊奇地发现,他们因为我愿意承认自己的错误而更爱我。比较起来,他们更需要我诚实、正直。

然而,有时人们并不能正确对待自己的过失。也许我们的父母期望我们完美无瑕;也许我们的朋友常念叨我们的缺点,因为他们希望我们能够改正。而他们难以谅解的是因为我们的过失总在他们最脆弱的时候触痛了他们的心。

这让我们感到负疚。但在承担过错之前,我们必须问问自己,那是否真是我们应该背负的包袱。

我是从一个童话中得到启示的。一个被劈去了一小片的圆想要找回一个完整的自己,到处寻找自己的碎片。由于它是不完整的,滚动得非常慢,从而领略了沿途美丽的鲜花,它和虫子们聊天,它充分地感受到阳光的温暖。它找到许多不同的碎片,但它们都不是它原来的那一块,于是它坚持着找寻……直到有一天,它实现了自己的心愿。然而,作为一个完美无缺的圆,它滚动得太快了,错过了花开的时节,忽略了虫子。当它意识到这一切时,它毅然舍弃了历尽千辛万苦才找到的碎片。

这个故事告诉我们:也许正是失去,才令我们完整。一个完美的人,在某种意义上说,是一个可怜的人,他永远无法体会有所追求、有所希冀的感觉,他永远无法体会爱他的人带给他某些他一直追求而得不到的东西的喜悦。

一个有勇气放弃他无法实现的梦想的人是完整的;一个能坚强地面对失去亲人的悲痛的人是完整的——因为他们经历了最坏的遭遇,却成功地抵御了这种冲击。

生命不是上帝用于捕捉你的错误的陷阱。你不会因为一个错误而成为不合格的人。生命是一场球赛，最好的球队也有丢分的记录，最差的球队也有辉煌的一天。我们的目标是尽可能让自己得到的多于失去的。

当我们接受人的不完美时，当我们能为生命的继续运转而心存感激时，我们就能成就完整，而别的人却渴求完整——当他们为完美而困惑的时候。

如果我们能勇敢去爱、去原谅，为别人的幸福慷慨地表达我们的欣慰，理智地珍惜环绕自己的爱，那么，我们就能得到别的生命不曾获得的圆满。

注　释

[1] 哈罗德·斯·库辛，生平不详，美国作家。本文选自《〈读者〉杂志十年典藏丛书：〈卷首语〉》（甘肃人民出版社，2011年）。

百年孤独（节选）

加西亚·马尔克斯[1]

多年以后，面对行刑队，奥雷里亚诺·布恩迪亚上校将会回想起父亲带他去见识冰块的那个遥远的下午。那时的马孔多是一个二十户人家的村落，泥巴和芦苇盖成的屋子沿河岸排开，湍急的河水清澈见底，河床里卵石洁白光滑宛如史前巨蛋。世界新生伊始，许多事物还没有名字，提到的时候尚需用手指指点点。每年三月前后，一家衣衫褴褛的吉卜赛人都会来到村边扎下帐篷，击鼓鸣笛，在喧闹欢腾中介绍新近的发明。最初他们带来了磁石。一个身形肥大的吉卜赛人，胡须蓬乱，手如雀爪，自称梅尔基亚德斯，当众进行了一场可惊可怖的展示，号称是出自马其顿诸位炼金大师之手的第八大奇迹。他拖着两块金属锭走家串户，引发的景象使所有人目瞪口呆：铁锅、铁盆、铁钳、小铁炉纷纷跌落，木板因钉子绝望挣扎、螺丝奋力挣脱而吱嘎作响，甚至连那些丢失多日的物件也在久寻不见的地方出现，一窝蜂似的追随在梅尔基亚德斯的魔铁后面。"万物皆有灵，"吉卜赛人用嘶哑的嗓音宣告，"只需唤起它们的灵性。"何塞·阿尔卡蒂奥·布恩迪亚天马行空的想象一向超出大自然的创造，甚至超越了奇迹和魔法，他想到可以利用这个无用的发明来挖掘地下黄金。梅尔基亚德斯是个诚实的人，当时就提醒他："干不了这个。"然而那时的何塞·阿尔卡蒂奥·布恩迪亚对吉卜赛人的诚实尚缺乏信任，仍然拿一头骡子和一对山羊换了那两块磁铁。他的妻子乌尔苏拉·伊瓜兰本指望着靠这些牲口扩展微薄的家业，却没能拦住他。"很快我们的金子就会多到能铺地了。"她丈夫回答。此后的几个月他费尽心力想要证实自己的猜想。他拖着两块铁锭，口中念着梅尔基亚德斯的咒语，勘测那片地区的每寸土地，连河床底也不曾放过。唯一的挖掘成果是一副十五世纪锈迹斑斑的盔甲，敲击之下发出空洞的回声，好像塞满石块的大葫芦。何塞·阿尔卡蒂奥·布恩迪亚和一起探险的四个男人将盔甲成功拆卸之后，发现里面有一具已经钙化的骷髅，骷髅的颈子上挂着铜质的圣物盒，盒里有一缕女人的头发。

三月里，吉卜赛人又来了。这次带来一架望远镜和一台足有鼓面大小的放大镜，展出时声称是阿姆斯特丹犹太人的最新发明。他们让一个吉卜赛女人坐在村子的一头，将望远镜安在帐篷入口。花上五个里亚尔，人们就可以凑到望远镜后，看到那个吉卜赛女人在眼前出现，仿佛触手可及。"科学消除了距离，"梅尔基亚德斯说，"用不了多久，人们不出家门就能看到世界上任何一个地方发生的事情。"一个烈日炎炎的中午，他们用那台巨型放大镜做

了一次惊人的演示：把一堆干草铺在街道中央，然后通过聚焦阳光点燃起来。尚未从磁铁实验的失利中平复的何塞·阿尔卡蒂奥·布恩迪亚，又萌生了将这一发明应用于战争的想法。梅尔基亚德斯再次试图让他打消念头，但最后还是接受了两块磁铁加三枚殖民地金币，将放大镜换给了他。乌尔苏拉难过地哭了。那些钱是从她父亲一辈子省吃俭用攒下的一匣金币中拿出来的，她本来一直埋在床下，想等待合适的机会做本钱。何塞·阿尔卡蒂奥·布恩迪亚无暇安慰她，以科学家的忘我精神全心投入战术实验，甚至不惜以身犯险。为了验证放大镜对敌军产生的效果，他亲自待到阳光的焦点下，结果身体被灼伤后溃烂，挨了很长时间才痊愈。妻子对如此危险的发明心生恐惧而提出抗议，但他全然不顾，险些把家里的房子点燃。他久久待在房间里，计算新武器的战略威力，写出了一本解说无比清晰、说服力无可抗拒的手册。他把该手册连同多种实验记录和多幅示意图一起寄给当局，承担这一使命的信使翻山越岭，迷路于无边的沼泽，蹚过湍急的河水，遭猛兽的袭击、绝望情绪和瘟疫的打击险些丧命，最后终于找到了邮政骡队途经的驿道。虽然当时远赴首都不太可能，何塞·阿尔卡蒂奥·布恩迪亚仍然表示，只要政府一声令下他立刻出发，为军方演示他的发明，并亲自传授阳光战的精密战术。他等待回复多年，最终厌倦了等待，到梅尔基亚德斯面前哀叹自己的挫折。于是那个吉卜赛人做出了足以显示其诚实的举动：收回放大镜，把那三枚多卜隆[2]还给他，还留下一些葡萄牙人的地图和多种航海仪器。梅尔基亚德斯亲笔写了一份赫尔曼修士[3]的研究成果提要给他，教他如何使用星盘、罗盘和六分仪。为了确保不受打扰地进行实验，何塞·阿尔卡蒂奥·布恩迪亚在宅院深处盖了一间小屋，整个漫长的雨季都把自己关在屋中。他把家庭职责完全抛在脑后，整夜待在院子里观测星体的运行，为了寻找精确测定正午的方法险些患上日晒病。掌握了那些仪器的用法并操作自如之后，他对空间的认知使他无须离开小屋就能遨游未知的海洋，寻访荒凉的地域，并与神奇的生灵交流。正是在那个时期他养成了自言自语的习惯，旁若无人地在家中踱步，与此同时乌尔苏拉和孩子们却在菜园里累得直不起腰来，照料香蕉、海芋、木薯、山药、南瓜和茄子。然而，没有任何征兆，他疯狂的活动猝然中断，整个人陷入一种心醉神迷的状态。他连续好几天像是着了魔，喃喃自语，说出一连串自己都无法相信的惊人设想。最终，在十二月一个星期二的午饭时分，他从所有的折磨中一下解脱了。孩子们终其一生都将记得父亲如何在桌首庄严入座，被长期熬夜和苦思冥想折磨得形销骨立，因激动而颤抖着，向他们透露自己的发现："地球是圆的，就像个橙子。"

乌尔苏拉再也无法忍耐。"如果你非要发疯不可，就一个人疯好了，"她喊道，"别想用你那套吉卜赛人的胡话教坏孩子！"何塞·阿尔卡蒂奥·布恩迪亚无动于衷，妻子在狂怒之下把星盘扔到地上摔得粉碎，他也没有被吓着。他又造了一台，还召集村里的男人到自己的小屋，用无人能懂的理论向他们证明，一直向东航行就有可能回到出发点。全村人都确信何塞·阿尔卡蒂奥·布恩迪亚已经失去理智，这时梅尔基亚德斯来到澄清了真相。他当众赞许这个男人的聪明才智，说他仅凭天文观测就建立起的理论尽管在马孔多尚不为人知，但已经被实践所证明。为了表示敬佩，他特别馈赠了一样将对村子的未来产生深远影响的礼物：一间炼金实验室。

注　释

[1] 加西亚·马尔克斯（1927年～　），哥伦比亚作家，拉丁美洲魔幻现实主义文学的代表人物，1982年

诺贝尔文学奖得主。本文选自《百年孤独》（南海出版公司，2011年）。

［2］多卜隆：西班牙古金币名。

［3］赫尔曼修士：德国本笃会修士，著有多种星相学著作。

扩展阅读书目

1. 《过客》（鲁迅著）
2. 《沉重的肉身》（刘小枫著）
3. 《病隙碎笔》（史铁生著）
4. 《点一盏心灯》（刘墉著）
5. 《柏拉图对话录之一：斐多》（柏拉图著）
6. 《蒙田随笔》（蒙田著）
7. 《帕斯卡尔思想录》（帕斯卡尔著）
8. 《先知》（纪伯伦著）
9. 《吉檀迦利》（泰戈尔著）
10. 《加缪文集》（阿尔贝·加缪著）
11. 《我们的祖先》（卡尔维诺著）
12. 《卡夫卡小说全集》（卡夫卡著）
13. 《圆形废墟》（博尔赫斯著）
14. 《生命中不能承受之轻》（米兰·昆德拉著）
15. 《百年孤独》（加西亚·马尔克斯著）

第三单元 借鉴历史

导读：穿越时空

  文学与历史的关系密切。但文学不等于历史，而文学和历史又确有相通之处。从历史著作中，可以知道历史概况和规律，从文学作品中却可以读到鲜活的历史。由此看来，文学和历史可以互相证明，互相补充，从文学作品里看历史真相，或用历史事实来解释文学形象。文学与历史在某种意义上简直就像一对孪生姐妹，它们的相互融合产生了多种兼具文史特性的文学体裁，如咏史诗词、传记散文、历史剧、历史小说、史诗等。

  时间留给人类的点点滴滴，以各种形式遗留下来，这些印记便是我们眼中的"历史"。历史如同流水一般绵绵不绝，它同人类文明一同诞生并随之延展。随着时间的推移，历史的流水从潺潺的小溪汇聚成滔滔江河，最终归入容纳百川的人类文明的海洋，积淀成人类取之不尽的文化宝库。历史包容了人类的一切，大到民族国家的兴衰成败，小到个人的喜怒哀乐，林林总总，无所不有。时间愈是久远，历史的积淀也就愈深厚。

  无情的时间可以使海枯石烂，使历史褪色，而文字却成为记录历史的"不朽"载体，汗牛充栋的典籍让我们一窥历史的真相，这些典籍中自然少不了我们今天认为的"文学"作品。在中国古典诗词中，咏史怀古的诗词创作早有渊源。咏史怀古诗词是指以历史题材为咏写对象的诗词创作，大多针对具体的历史事件、历史人物或历史时间段有所感慨或有所感悟而作。咏史怀古诗词具有"诗"（文学性）与"史"（历史性）的双重特征。所以它又具有两结合的性质："咏史"与"言志"的结合、"古"与"今"的结合。因此，咏史怀古诗词特别关注现实政治，特别注重多维的时空组合。《诗经》、《离骚》中早就有这种作品，如《诗经·大雅》中的《公刘》、《生民》、《绵》、《皇矣》等篇什，记录的是周部落的起源和周祖先后稷、公刘、文王等的英雄事迹。而屈原《离骚》中的"昔三后之纯粹兮，固众芳之所在；杂申椒与菌桂兮，岂维纫夫蕙茝。彼尧舜之耿介兮，既遵道而得路；何桀纣之猖披兮，夫唯捷径以窘步"，追述历史上的贤君和暴君，借以表达自己的政治见解及对楚国前途命运的担忧。这种借古说今、古今结合的写作手法和抒情方式基本接近后世的咏史怀古诗。东汉的班固、西晋的左思、东晋的陶渊明等诗人通过咏史来抒怀。唐宋以来，咏史诗更是蔚然成风，许多诗人留下了数量不菲的咏史诗词，如初唐的陈子昂，盛唐的王维、李白，中唐的刘禹锡，晚唐的杜牧等，而杜甫更以诗写史赢得"诗史"之美称；宋代如王安石的《桂枝香》（金陵怀古）、苏轼的《念奴娇》（赤壁怀古）、贺铸的《将进酒》（城下路）等词成了数不尽的咏史怀古词中的代表作。

  "以史为鉴"是历史唯物主义的观点，它一直是我国传统文化对待历史的正确态度。悠悠五千年，泱泱廿四史，实为世界稀有。历史遗迹，人物风流，一直在为文学艺术的创作提供丰富的素材，绘画、雕塑、小说、戏剧、散文、诗歌，乃至今天的影视作品，到处都有历史的素材。艺术家们直面现实人生，或从对历史事实的思考中生发出许多感喟、许多讽慨，或从对历史事实的研究中生发出许多联想、许多假设。诗人的感情是最丰富的，诗人对历史的研究思考有更多的情感，有更鲜明的形象，这就是文学作品比那些精辟的史论文章更富有魅力、更能广泛流传的原因。

例如，李商隐的《隋宫》写隋炀帝不吸取历史教训，结果因荒淫奢侈而招致身死国灭，重蹈陈朝国君陈后主覆辙，此诗也寓含了对当时统治者的警诫讽喻。刘禹锡的《西塞山怀古》也是感慨历史兴亡，写吴国凭借天险和坚固的防御工事而气傲一时，不料晋武帝手下的王濬将军率水军顺江而下，其摧枯拉朽之势让石头城祭出"一片降幡"。两位诗人以文人的才情和史家的理性，将现实风景和历史事实、文人气概和历史观念和谐地结合在诗里。这些咏史怀古诗词，往往在创作手法上融叙事、写景、议论、抒情于一炉，表达出对历史和现实的深刻思考。

在咏史怀古诗词中，"用典"是作者常用的一种手法，也是解读这类诗词的关键。典故通常是过去的有关人、地、事、物之史实，所以"用典"手法是历史渗入文学的一条便利通道，它赋予诗词曲赋等篇幅短小的文学体裁以典雅隽永、含蓄蕴藉又精练简约的表达效果。李商隐《隋宫》中的"萤火"、"垂杨"、"后庭花"分别点出隋炀帝聚萤作乐、开河巡游堤上植柳及《隋遗记》所载醉梦中令陈后主宠妃张丽华舞《玉树后庭花》这三个典故。辛弃疾的《水龙吟·登建康赏心亭》用的典故涉及了拍打栏杆发泄郁闷的刘孟节、想念家乡美味鲈鱼便弃官回乡的张翰、对树感叹的将军桓温、求田问舍的许汜、才高志远的刘备等多个历史人物。这些历史典故的恰当运用起到了拓展诗词意境的作用。

在人类文明的最初阶段，历史与文学是彼此不分的。人们往往通过传记文学、历史剧、历史小说、史诗等对历史进行回忆、挖掘、传承、整合。像《国语》、《左传》、《史记》及西方的《荷马史诗》等，虽风姿各异，却都是文、史属性兼具。它们既是史学著作，又是文学经典。《国语》、《左传》是以记事记言为主要内容的史书。它们若是"言而无文"，则必"行之不远"，从而消失于历史长河中了。这些作品在记述史实时采用了很多文学技巧，因而显得文采斐然。这些历史典籍记载的许多史实又作为素材为后世文学不断取用，其他如《左传》、《汉书》、《三国志》等，都成为后世史传小说的渊薮。《史记》被金圣叹选入他的六大才子书，被鲁迅誉为"史家之绝唱，无韵之离骚"。它是一部"究天人之际，通古今之变，成一家之言"的历史著作，同时也是一部伟大的文学巨著。《史记》中的《高祖本纪》等篇目，通过具体的历史事件和细节描写，真实地还原了历史人物的个性特征和精神面貌，同时也创造了文学画廊上一系列性格鲜明的文学形象。而《荷马史诗》等作品，干脆以虚拟的手法，对历史进行全新的安排组合，在亦真亦幻中部分地再现了先民们带着神秘色彩的生活。

随着人类文明的演进，历史、文学各有所司，分工渐为明确。然而，文学与历史藕断丝连，两者相互映照，相得益彰。历史始终是文学取之不尽的资源宝库，给文学提供了生长的土壤，有时史实构成了一些文学作品的骨架。以中国文学为例，一些历史题材、历史人物被不同的作家以不同的文学体裁改写，如唐玄宗和杨贵妃的爱情故事在唐代有白居易的诗歌《长恨歌》和陈鸿的传奇小说《长恨传》，元代剧作家白朴据此创作了杂剧《梧桐雨》。历史小说、历史剧等叙事文学更是以历史题材为主，四大名著中《三国演义》和《水浒传》都是根据历史改编的，历朝历代的通俗演义、杂剧、南戏等作品演绎历史故事的也是不胜枚举。再看看西方，史诗自不必提，莎士比亚的四大名剧皆源于历史传说，巴尔扎克的小说可以看作法国社会的风俗史。即使是荒诞不经的现代、后现代主义的作品，如美国作家约瑟夫·海勒的小说《第二十二条军规》等，也总要从历史中寻找资源。罗门的《麦坚利堡》也以第二

第三单元 借鉴历史

次世界大战历史为背景，作者"透过人类高度的智慧与深入的良知"，"感知到战争已是构成人类生存困境中较重大的一个困境"。可以说，如果没有历史作为素材，文学就失去了虚构的基础，也就失去了创作的一大源泉。

同样，历史的传承与接受也需要文学。如前所述，最初历史往往以文学的形式出现，或是渗透了很多文学手法。人们对历史的接受和理解也往往以文学作品为主要途径。对于现代人而言，更是如此。流传至今的历史典籍浩如烟海，一个人穷其一生也未必读得完，再加上语言文字的障碍，人们与历史的隔阂加深了。而文学恰好在读者和历史之间架起一座桥梁。文学自身的形象性、感染力可以使之成为人们走向历史、熟悉历史的有效途径：以文学的方式，在一种轻松悠闲的氛围中观古今风云变幻，读人间世态炎凉，既避开了正史的生硬刻板，又可在文学阅读中扩充历史知识、陶冶情操。

同时，我们也应看到文学与历史的差别：文学可以虚构，而历史追求真实。我们不能随便把文学虚构出的人物事件看作信史。清人李重华在《贞一斋诗说》中说："咏史诗不必凿凿指事实，看古人名作可见。"例如，苏东坡的《前赤壁赋》、《后赤壁赋》和《念奴娇·赤壁怀古》，都提到赤壁之战，可后人对苏东坡是否到过历史上的赤壁古战场争论颇多。其实，就诗文的思想内容、艺术成就而言，这种争论是毫无意义的，因为苏东坡是在咏怀历史，而不是在记述历史。又如，小说《三国演义》中的曹操同正史《三国志》中的曹操是有区别的。前者在后者的基础上进行了一定的虚构，如曹操献刀刺董卓、华容道逢关羽、战马超割须弃袍等情节，正史皆不载。历史题材的文学作品不可能在细节上完全符合史实，也没有必要苛刻地要求每个作者都像历史学家一样拥有精审的眼光、一丝不苟的态度。历史资源进入文学视野，出于情节的安排、人物的塑造，可以进行适当的改造，这就是历史小说所谓"七分实事，三分虚构"的创作原则。

中国拥有绵远悠长的历史，每一朝代的人又独具风流，神采各异。战国时人纵横捭阖，重义轻利；魏晋名士风流倜傥，洒脱自如；唐人乐观自信，而不失豪迈昂扬；宋人崇文偃武，雅致多才。元代以后，封建社会渐趋末路，文人饱经沧桑之余，掩饰不住寻求慰藉的苟生心态。本板块选编的一些经典作品上自先秦，下至明清，兼收中国现当代及国外的名家名作，致力于突现各朝人物的典型性的精神气质。这些作品，都以不同的角度、不同的方式，展现时代风貌，描绘人物风采，记录沧桑巨变，倾诉悲欢离合。《战国策·鲁仲连义不帝秦》一文最能代表战国策士的精神风貌，鲁仲连仗义执言、却秦救赵的事迹广为后世传唱。《世说新语》被后世奉为奇书。在只言片语中，曹操的狡诈残忍、阮籍的任诞、嵇康的简傲、谢安的风流，表现得淋漓尽致、洒脱自如，明快简洁而又耐人寻味。《圆圆曲》、《哀盐船文》等篇章重在展现不同时期发生的历史事件给后人带来心灵的巨大震撼和冲击。唐诗宋词是中国文学的精品，在浩如烟海的作品中，边塞诗和咏史诗可以算作表现唐人风貌的一个片断。而南宋主战派的词则是这个时代文人的心声。所选的《干校六记》、《北京法源寺》、《红高粱》等几篇现代小说，则重在表现时代急剧变动时期各色人物的精神风貌。子在川上曰："逝者如斯夫！"时间的洪流无情地吞噬了一切，历史风情、历史人物却借文学的魔力在今天栩栩如生。

黍 离[1]

《诗经》

彼黍[2]离离[3]，彼稷[4]之苗。行迈[5]靡靡[6]，中心[7]摇摇[8]。
知我者，谓[9]我心忧，不知我者，谓我何求。
悠悠[10]苍天，此何人哉[11]？

彼黍离离，彼稷之穗。行迈靡靡，中心如醉。
知我者，谓我心忧，不知我者，谓我何求。
悠悠苍天，此何人哉？

彼黍离离，彼稷之实[12]。行迈靡靡，中心如噎[13]。
知我者，谓我心忧，不知我者，谓我何求。
悠悠苍天，此何人哉？

注 释

[1]《黍离》选自《诗经·王风》（中华书局，2006年），采于民间，是周代社会生活中的民间歌谣，基本产生于西周初叶至春秋中叶，距今3000年左右。关于它的缘起，毛诗序称："《黍离》，闵宗周也。周大夫行役至于宗周，过故宗庙宫室，尽为禾黍。闵周室之颠覆，彷徨不忍去而作是诗也。"这种解说在后代得到普遍接受，黍离之悲成为重要典故，用以指亡国之痛。
[2] 黍：一种农作物，即糜子，子实去皮后叫黄米，煮熟后有黏性，可以酿酒、做糕等。
[3] 离离：庄稼一行行排列的样子。
[4] 稷：谷子，一说高粱。
[5] 行迈：远行。迈，行，走。
[6] 靡靡：迟迟、缓慢的样子。
[7] 中心：内心。
[8] 摇摇：心神不宁。
[9] 谓：说。
[10] 悠悠：遥远的样子。
[11] 此何人哉：这（指故国沦亡的凄凉景象）是谁造成的呢？
[12] 实：籽粒。
[13] 噎（yē）：食物塞住咽喉，这里指哽咽。

东 门 行

《乐府诗集》

出东门[1]，不顾归[2]；来入门，怅[3]欲悲。盎[4]中无斗米储，还视架上无悬衣[5]。拔剑东门去[6]，舍中儿母[7]牵衣啼："他家[8]但愿富贵，贱妾与君共铺糜[9]。上用仓浪天故[10]，下当用此黄口儿[11]。今非[12]！""咄[13]，行[14]！吾去为迟[15]！白发时下难久居[16]。"

注　释

[1] 东门：主人公所居城市的东门。本诗选自《乐府诗集》（中华书局，1998年排印本）。
[2] 顾：念。不顾归：决然前往，不考虑归来不归来的问题。不顾归，一本作"不愿归"。
[3] 怅：惆怅失意。
[4] 盎（àng）：小口大腹的瓦瓮。
[5] 还视：回头看。架：衣架。
[6] 这句是说，主人公看到家中无衣无食，拔剑再去东门。
[7] 儿母：孩子妈。
[8] 他家：别人家。
[9] 餔：吃。糜：粥。
[10] 用：为了。仓浪：青色。仓浪天：犹言青天、苍天。
[11] 黄口儿：幼儿。
[12] 今非：现在的做法不对。
[13] 咄（duō）：拒绝妻子劝告而发出的呵斥声。
[14] 行：走啦！
[15] 吾去为迟：我已经去晚啦！
[16] 下：脱落。这句是说，我头上常脱落白发，这苦日子难以久挨下去。

蒿　里　行

曹操[1]

关东[2]有义士，兴兵讨群凶。初期会盟津，乃心在咸阳[3]。
军合力不齐，踌躇而雁行[4]。势利使人争，嗣还自相戕[5]。
淮南弟称号[6]，刻玺于北方[7]。铠甲生虮虱，万姓以死亡。
白骨露于野，千里无鸡鸣。生民百遗[8]一，念之断人肠。

注　释

[1] 曹操（155～220年），即魏武帝，字孟德，小名阿瞒，沛国谯县（今安徽省亳州市）人。三国时杰出的政治家、军事家、诗人。本诗选自《乐府诗集》（中华书局，1998年排印本）。
[2] 关东：函谷关以东。
[3] 盟津：孟津，地名，在今河南省孟州市南，相传周武王伐纣时和诸侯在此地会盟。咸阳：秦朝都城。这两句是用典而非实录，意为本来期望如周武王会合诸侯一样，吊民伐罪，直捣洛阳，就如同刘邦、项羽之攻入咸阳一样。
[4] 雁行（háng）：飞雁的行列；这里用来形容诸军列阵以待、观望不前的样子。
[5] 势利：权势利益。嗣还（xuán）：后来不久。戕（qiāng）：杀害。据史书记载，袁绍、韩馥、公孙瓒之间内讧不息，互相争战。
[6] 淮南：今安徽寿县。弟：袁绍从弟袁术。建安二年（197年），袁术在寿春称帝号。
[7] 玺：皇帝的印。初平二年（191年）袁绍谋废汉献帝，立冀州牧刘虞，刻作金玺。北方：当时袁绍屯兵河内（今河南沁阳），相对于淮南在北方。
[8] 遗：留下。

咏史（其二）

左思[1]

郁郁涧底松，离离山上苗。以彼径寸茎[2]，荫此百尺条[3]。
世胄蹑高位[4]，英俊沉下僚。地势使之然，由来非一朝。
金张藉旧业，七叶珥汉貂[5]。冯公岂不伟，白首不见招[6]。

注释

[1] 左思（约250～305年），字太冲，齐国临淄（今山东省淄博市东北）人，西晋著名诗人。本诗选自《文选》（中华书局胡刻影印本，1977年）。
[2] 径寸茎：直径一寸的茎干。
[3] 荫（yin）：遮盖。条：树枝。
[4] 世胄：世家子弟。蹑：登。
[5] 金：金日（mì）䃅（dī）家，自汉武帝到汉平帝，金家七代为内侍（见《汉书·霍光金日䃅传》）。张：张汤，他家自汉宣帝以后有十余人为侍中、中常侍。《汉书·张汤传》云："功臣之世，唯有金氏、张氏亲近贵宠，比于外戚。"七叶：七代。珥（ěr）：插。珥汉貂：汉代侍中、中常侍的帽子上，皆插貂尾。这两句是说，金张两家的子弟凭借祖先的世业，七代做汉朝的贵官。
[6] 冯公：汉冯唐，他曾指责汉文帝不会用人，年老了还只做中郎署长的小官。伟：奇。这两句是说，冯唐难道不奇伟，年老了还不被重用。以上四句引证史实说明"世胄蹑高位，英俊沉下僚"的情况是由来已久。

登金陵凤凰台

李白

凤凰台上凤凰游，凤去台空江自流。
吴宫[1]花草埋幽径，晋代[2]衣冠[3]成古丘[4]。
三山[5]半落青天外[6]，二水[7]中分白鹭洲[8]。
总为浮云能蔽日[9]，长安不见使人愁。

注释

[1] 吴宫：三国时孙吴曾于金陵建都筑宫。本诗选自《李太白全集》（中华书局，2003年）。
[2] 晋代：东晋，南渡后也建都于金陵。
[3] 衣冠：当时的名门世族。
[4] 成古丘：意谓这些人物今已只剩下一堆古墓了。丘，坟墓。
[5] 三山：山名。在南京西南长江边上，因三峰并列，南北相连，故名。
[6] 半落青天外：形容其远，看不大清楚。
[7] 二水：一作"一水"。指秦淮河流经南京后，西入长江，被横截其间的白鹭洲分为二支。
[8] 白鹭洲：古代长江中的沙洲，洲上多集白鹭，故名。今已与陆地相连。位于今南京市水西门外，已辟

为白鹭洲公园，是南京城南地区最大的公园。
[9] 浮云蔽日：喻奸邪之障蔽贤良，比喻谗臣当道。浮云，陆贾《新语·慎微》："邪臣之蔽贤，犹浮云之障日月也。"

西塞山怀古

刘禹锡[1]

王濬楼船下益州[2]，金陵王气黯然收。
千寻[3]铁锁沉江底，一片降幡出石头[4]。
人世几回伤往事，山形依旧枕寒流。
从今四海为家日，故垒萧萧芦荻秋[5]。

[1] 刘禹锡（772～842年），唐代文学家、哲学家，字梦得，洛阳（今属河南）人。本诗选自《刘禹锡集》（中华书局，2004年）。
[2] 王濬：晋武帝时益州刺史，受命征吴，造大楼船，直取吴都，吴帝孙皓奉表请降。益州：晋时郡治在今成都。
[3] 寻：古时长度单位，一寻为八尺。
[4] 石头：石头城，故址在今江苏省南京清凉山。
[5] 故垒：过去战争遗留下的营垒。萧萧：象声词，风吹芦荻声。

隋　宫

李商隐[1]

紫泉[2]宫殿锁烟霞，欲取芜城[3]作帝家。
玉玺不缘归日角[4]，锦帆应是到天涯。
于今腐草无萤火，终古垂杨有暮鸦。
地下若逢陈后主[5]，岂宜重问后庭花？

[1] 李商隐（812～858年），唐代著名诗人，字义山，号玉溪生，祖籍怀州河内（今河南省沁阳县）。本诗选自《玉溪生诗集笺注》卷三（上海古籍出版社，1998年）。
[2] 紫泉：紫渊。唐人避唐高祖李渊讳改为紫泉。此处代指长安。
[3] 芜城：隋时的江都，旧名广陵，即今江苏扬州。
[4] 玉玺：皇帝的玉印，皇权的象征。日角：额骨中央隆起像太阳，旧时附会为帝王之相。《旧唐书·唐俭传》载，隋末，唐俭劝李渊起兵时说："明公日角龙庭。"这里指李渊。
[5] 陈后主：陈叔宝，南朝陈朝荒淫亡国的君主，隋炀帝和他是一丘之貉。据《隋遗录》载，隋炀帝游江都时，一次梦中恍惚与陈后主相遇，让陈后主的宠妃张丽华教舞《玉树后庭花》。

明妃曲（其一）

王安石[1]

明妃初出汉宫时，泪湿春风鬓脚垂[2]。
低徊顾影无颜色，尚得君王不自持[3]。
归来却怪丹青手，入眼平生未曾有。
意态由来画不成，当时枉杀毛延寿[4]。
一去心知更[5]不归，可怜着尽汉宫衣[6]。
寄声欲问塞南事，只有年年鸿雁飞。
家人万里传消息，好在毡城[7]莫相忆。
君不见咫尺长门闭阿娇，人生失意无南北。

注释

[1] 王安石（1021～1086年），字介甫，号半山，抚州临川（今江西省抚州市临川区）人，宋代著名政治家、大文学家，工于散文，是"唐宋八大家"之一。本诗选自李壁笺注《王荆文公诗笺注》卷六（上海古籍出版社影印本，1993年）。
[2] 明妃：王昭君。春风：比喻面容之美。"泪湿"句是说，明妃泪流满面，沾湿鬓角。
[3] 低徊：徘徊不前。不自持：不能控制自己的感情，失态的意思。这两句的意思是说，王昭君临行之时，虽因极度忧伤，面色惨淡，但其美丽的容貌仍令汉元帝为之惊讶，为之动情。
[4] 毛延寿：人名，当时宫中的著名画师。
[5] 更：再。
[6] 着尽汉宫衣：王昭君始终情系汉宫，眷恋故土。
[7] 毡城：这里指匈奴人的首府。匈奴人住毡篷，所以如此称谓。

水龙吟·登建康赏心亭

辛弃疾[1]

楚天千里清秋，水随天去秋无际。遥岑远目，献愁供恨，玉簪螺髻[2]。落日楼头，断鸿声里，江南游子。把吴钩[3]看了，栏干拍遍，无人会，登临意。

休说鲈鱼堪脍，尽西风，季鹰[4]归未？求田问舍，怕应羞见，刘郎[5]才气。可惜流年，忧愁风雨，树犹如此[6]！倩何人、唤取红巾翠袖[7]，揾[8]英雄泪！

注释

[1] 辛弃疾（1140～1207年），字幼安，号稼轩，历城（今山东省济南市历城区）人，南宋著名爱国词人。本词选自《稼轩长短句》卷五（古典文学出版社影印本，2005年）。
[2] 螺髻：青螺形的发髻。玉簪螺髻：女子头上的碧玉簪和螺形发髻，这里用以比喻山的形状。
[3] 吴钩：古代吴地打造的一种弯形的刀。
[4] 季鹰：西晋张翰的字，吴郡吴县（今苏州）人。他在洛阳做官时，因见秋风起，联想到家乡的纯羹、

鲈鱼脍，便弃官归乡，《世说新语·识鉴》、《晋书·张翰传》均有记载。
[5]刘郎：刘备。"求田"三句典出《三国志·魏志·陈登传》：许汜（sì）去见陈登时，陈登让许汜睡床下而自己睡大床，此事令许汜大为不满，并把这事告诉刘备。刘备对许汜只经营个人生活而不关注国家大事的行为甚为不满，指责许汜只顾"求田问舍"，并说："如果是我，我就要自己睡在百尺高的楼上，而让你睡在地上。"
[6]树犹如此：典出《世说新语·言语》，"桓公（桓温）北征，经金城，见前为琅邪时所种柳皆已十围，慨然曰：'木犹如此，人何以堪！'攀枝执条，泫然流泪。"作者以此感叹年华如逝水而壮志未酬。
[7]红巾翠袖：古代年轻女子装束，这里借指歌女。
[8]揾（wèn）：擦。

马嵬（其四）

袁枚[1]

莫唱当年《长恨歌》[2]，人间亦自有银河。
石壕村[3]里夫妻别，泪比长生殿上多。

[1]袁枚（1716~1798年），清代诗人、诗论家，字子才，号简斋，晚年自号仓山居士、随园老人，钱塘（今浙江省杭州市）人。本诗选自《小仓山房诗文集》卷八（上海古籍出版社，1998年）。
[2]《长恨歌》：唐代大诗人白居易写的一首关于唐玄宗、杨贵妃爱情悲剧的叙事长诗，侧重于同情唐杨爱情。
[3]石壕村：在今河南省三门峡市陕县东南。杜甫在《石壕吏》诗中叙写安史之乱时县吏到石壕村抓丁服役、强行拆散一对老夫妇的情形。

圆 圆 曲[1]

吴伟业

鼎湖当日弃人间[2]，破敌收京下玉关[3]。
恸哭六军俱缟素[4]，冲冠一怒为红颜[5]。
红颜流落非吾恋，逆贼天亡自荒宴[6]。
电扫黄巾定黑山[7]，哭罢君亲再相见[8]。
相见初经田窦[9]家，侯门歌舞出如花。
许将戚里箜篌伎[10]，等取将军油壁车[11]。
家本姑苏浣花里[12]，圆圆小字娇罗绮[13]。
梦向夫差[14]苑里游，宫娥拥入君王起。
前身合是采莲人[15]，门前一片横塘[16]水。
横塘双桨去如飞，何处豪家强载归？
此际岂知非薄命？此时只有泪沾衣。
熏天意气连宫掖[17]，明眸皓齿无人惜。
夺归永巷闭良家[18]，教就新声倾[19]座客。

坐客飞觞[20]红日暮,一曲哀弦向谁诉?
白皙通侯[21]最少年,拣取花枝[22]屡回顾。
早携娇鸟出樊笼,待得银河几时渡[23]?
恨杀军书抵死[24]催,苦留后约将人误。
相约恩深相见难,一朝蚁贼满长安[25]。
可怜思妇楼头柳,认作天边粉絮看[26]。
遍索绿珠围内第,强呼绛树出雕栏[27]。
若非将士[28]全师胜,争得蛾眉匹马还[29]!
蛾眉马上传呼进,云鬟不整惊魂定。
蜡烛迎来在战场,啼妆满面残红印。
专征箫鼓向秦川[30],金牛道[31]上车千乘。
斜谷[32]云深起画楼,散关[33]月落开妆镜。
传来消息满红乡,乌桕[34]红经十度霜。
都曲妓师怜尚在,浣纱女伴[35]忆同行。
旧巢共是衔泥燕,飞上枝头变凤凰。
长向尊前悲老大[36],有人[37]夫婿擅侯王。
当时只受声名累,贵戚名豪竞延致[38]。
一斛明珠万斛[39]愁,关山漂泊腰支细[40]。
错怨狂风飏落花,无边春色来天地。
尝闻倾国与倾城[41],翻使周郎[42]受重名。
妻子岂应关大计?英雄无奈是多情。
全家白骨成灰土,一代红妆照汗青[43]!
君不见馆娃[44]初起鸳鸯宿,越女[45]如花看不足。
香径[46]尘生鸟自啼,屧廊[47]人去苔空绿。
换羽移宫万里愁[48],珠歌翠舞古梁州[49]。
为君别唱吴宫曲[50],汉水东南日夜流[51]。

注 释

[1] 本诗是歌行体长诗,写的是明末清初著名妓女陈圆圆的事迹。吴伟业为明朝的榜眼,曾任翰林院编修,他憎恨吴三桂引狼入室,于是写了讽刺吴三桂的《圆圆曲》,但吴三桂是清朝的新贵,诗人对他的鞭挞,只能是委婉的冷嘲。因此,《圆圆曲》写得纵横捭阖而又隐约迷离,曲折地表达了作者的故国之思和兴亡之感。相传"三桂赍重币去求此诗,吴勿许",足见其批判力度之大。本诗选自《吴梅村全集》(上海古籍出版社,1990年)。

[2] 鼎湖:典出《史记·封禅书》。传说黄帝铸鼎于荆山下,鼎成,有龙垂胡须下迎黄帝,黄帝即乘龙而去。后世因此称此处为"鼎湖",常用来比喻帝王去世。此句指崇祯帝自缢于煤山(今景山)。

[3] 敌:李自成起义军。玉关:玉门关,这里借指山海关。

[4] 缟素:丧服。

[5] 冲冠一怒:怒发冲冠,典出《史记·廉颇蔺相如列传》。红颜:美女,此指陈圆圆。

[6] 天亡:天意使之灭亡。荒宴:荒淫宴乐。

[7] 黄巾、黑山:均指汉末农民起义军,这里借指李自成。

第三单元 借鉴历史

[8] 君：崇祯帝。亲：吴三桂亲属。吴三桂降清后，李自成杀了吴父一家。
[9] 田窦：西汉时外戚田蚡、窦婴。这里借指崇祯宠妃田氏之父田宏遇。
[10] 戚里：皇帝亲戚的住所，指田府。筝篌伎：弹筝篌的艺妓，指陈圆圆。
[11] 油壁车：妇女乘坐的以油漆饰车壁的车子。
[12] 姑苏：苏州。浣花里：唐代名妓薛涛居住在成都浣花溪，这里借指陈圆圆在苏州的住处。
[13] 娇罗绮：长得比罗绮（漂亮的丝织品）还娇艳美丽。
[14] 夫差：春秋时代吴国的君王。
[15] 合：应该。采莲人：西施。
[16] 横塘：地名，在苏州西南。
[17] 熏天：形容权势大。宫掖：皇帝后宫。
[18] 永巷：古代幽禁妃嫔或宫女的处所。良家：田宏遇家。
[19] 倾：使之倾倒。
[20] 飞觞：一杯接一杯不停地喝酒。
[21] 白皙通侯：面色白净的通侯，指吴三桂。
[22] 花枝：比喻陈圆圆。
[23] 银河几时渡：借用牛郎织女七月初七渡过银河相会的传说，比喻陈圆圆何时能嫁吴三桂。
[24] 抵死：拼死，拼命。
[25] 蚁贼：对起义军的诬称。长安：借指北京。
[26] "可怜"两句：意谓陈圆圆已是有夫之人，却仍被当作妓女来对待。天边粉絮，未从良的妓女。粉絮，白色的柳絮。
[27] "遍索"两句：意谓李自成部下四处搜寻陈圆圆。绿珠：晋朝大臣石崇的宠姬。内第，内宅。绛树，汉末著名舞姬。这里二人皆指陈圆圆。
[28] 壮士：吴三桂。
[29] 争得：怎得，怎能够。蛾眉：喻美女，此指陈圆圆。
[30] 专征：军事上可以独当一面，自己掌握征伐大权，不必奉行皇帝的命令。秦川：陕西汉中一带。
[31] 金牛道：从陕西沔县进入四川的古栈道。
[32] 斜谷：陕西省眉县西褒斜谷东口。
[33] 散关：在陕西宝鸡西南大散岭上。
[34] 乌桕（jiù）：树名。
[35] 浣纱女伴：西施入吴宫前曾在绍兴的若耶溪浣纱。这里是说陈圆圆早年做妓女时的同伴。
[36] 尊：酒杯。老大：年岁老大。
[37] 有人：陈圆圆。
[38] 延致：聘请。
[39] 斛（hú）：古代十斗为一斛。
[40] 细：瘦损。
[41] 倾国、倾城：都形容极其美貌的女子。典出《汉书·李夫人传》："北方有佳人，绝世而独立。一顾倾人城，再顾倾人国。"
[42] 周郎：三国时吴国名将周瑜，因娶美女小乔为妻而更加著名。这里借喻吴三桂。
[43] 一代红妆：陈圆圆。照汗青：名留史册。
[44] 馆娃：馆娃宫，在苏州附近的灵岩山，吴王夫差为西施而筑。
[45] 越女：西施。
[46] 香径：采香径，在灵岩山附近。
[47] 屟（xiè）廊：即响屟廊，吴王让西施穿木屐走过以发出声响来倾听、欣赏的一条走廊，在馆娃宫。
[48] 羽、宫：都是古代五音之一，借指音乐。这里是用音调变化比喻人事变迁。

[49]"珠歌"句：吴三桂沉浸于声色之中。古梁州，明清时的汉中府，吴三桂曾在汉中建藩王府第，故称。
[50]别唱：另唱。吴宫曲：为吴王夫差盛衰所唱之曲，此指《圆圆曲》。
[51]汉水：发源于汉中，流入长江。此句语出李白《江上吟》："功名富贵若长在，汉水亦应西北流。"暗寓吴三桂覆灭的必然性。

鲁仲连义不帝秦

刘 向[1]

秦围赵之邯郸。魏安釐王使将军晋鄙救赵[2]。畏秦，止于荡阴，不进。魏王使客将军辛垣衍间入邯郸[3]，因平原君谓赵王曰[4]："秦所以急围赵者，前与齐湣王争强为帝，已而复归帝，以齐故[5]。今齐湣王已益弱。方今唯秦雄天下，此非必贪邯郸，其意欲求为帝。赵诚发使尊秦昭王为帝，秦必喜，罢兵去。"平原君犹豫未能有所决。

此时鲁仲连适游赵，会秦围赵。闻魏将欲令赵尊秦为帝，乃见平原君曰："事将奈何矣？"平原君曰："胜也何敢言事？百万之众折于外，今又内围邯郸而不能去。魏王使将军辛垣衍令赵帝秦，今其人在是。胜也何敢言事？"鲁连曰："始吾以君为天下之贤公子也，吾乃今然后知君非天下之贤公子也。梁客辛垣衍安在[6]？吾请为君责而归之。"平原君曰："胜请召而见之于先生。"

平原君遂见辛垣衍曰："东国有鲁连先生，其人在此，胜请为绍介而见之于将军。"辛垣衍曰："吾闻鲁连先生，齐国之高士也。衍，人臣也，使事有职。吾不愿见鲁连先生也。"平原君曰："胜已泄之矣。"辛垣衍许诺。

鲁连见辛垣衍而无言。辛垣衍曰："吾视居此围城之中者，皆有求于平原君者也。今吾视先生之玉貌，非有求平原君者，曷为久居此围城之中而不去也？"鲁连曰："世以鲍焦无从容而死者，皆非也[7]。今众人不知，则为一身[8]。彼秦者，弃礼义而上首功之国也[9]。权使其士[10]，虏使其民[11]。彼则肆然而为帝，过而遂正于天下，则连有赴东海而死矣[12]，吾不忍为之民也！所为见将军者，欲以助赵也。"辛垣衍曰："先生助之奈何？"鲁连曰："吾将使梁及燕助之。齐、楚则固助之矣。"辛垣衍曰："燕则吾请以从矣。若乃梁，则吾乃梁人也，先生恶能使梁助之耶？"鲁连曰："梁未睹秦称帝之害故也。使梁睹秦称帝之害，则必助赵矣。"

辛垣衍曰："秦称帝之害将奈何？"鲁仲连曰："昔齐威王尝为仁义矣，率天下诸侯而朝周。周贫且微，诸侯莫朝，而齐独朝之。居岁余，周烈王崩，诸侯皆吊，齐后往。周怒，赴于齐曰：'天崩地坼，天子下席[13]。东藩之臣田婴齐后至，则斮之。'威王勃然怒曰：'叱嗟，而母婢也。'卒为天下笑[14]。故生则朝周，死则叱之，诚不忍其求也。彼天子固然，其无足怪！"辛垣衍曰："先生独未见夫仆乎？十人而从一人者，宁力不胜、智不若耶？畏之也。"鲁仲连曰："然梁之比于秦，若仆耶？"辛垣衍曰："然。"鲁仲连曰："然吾将使秦王烹醢梁王！"辛垣衍怏然不悦，曰："嘻！亦太甚矣，先生之言也！先生又恶能使秦王烹醢梁王？"

鲁仲连曰："固也，待吾言之。昔者鬼侯、鄂侯、文王，纣之三公也。鬼侯有子而好[15]，故入之于纣，纣以为恶，醢鬼侯。鄂侯争之急，辨之疾，故脯鄂侯。文王闻之，喟然而叹，故拘之于牖里之库百日，而欲舍之死。曷为与人俱称帝王，卒就脯醢之地也？齐湣王将之鲁，夷维子执策而从，谓鲁人曰：'子将何以待吾君？'鲁人曰：'吾将以十太牢[16]待子之君。'夷维子曰：'子安取礼而来待吾君？彼吾君者，天子也。天子巡狩，诸侯辟舍，纳于管键[17]，摄衽抱几[18]，视膳于堂下，天子已食，退而听朝也。'鲁人投其籥，不果纳，不得入于鲁。将之薛，假涂于邹。当是时，邹君死，湣王欲入吊，夷维子谓邹之孤曰：'天子吊，主人必将倍殡柩[19]，设北面于南方，然后天子南面吊也。'邹之群臣曰：'必若此，吾将伏剑而死。'故不敢入于邹。邹、鲁之臣，生则不得事养，充当则不得饭含[20]。然且欲行天子之礼于邹、鲁之臣，不果纳。今秦万乘之国，梁亦万乘之国。俱据万乘之国，交有[21]称王之名，赌其一战而胜，欲从而帝之，是使三晋之大臣不如邹、鲁之仆妾也。且秦无已而帝[22]，则且变易诸侯之大臣。彼将夺其所谓不肖，而予其所谓贤；夺其所憎，而予其所爱。彼又将使其子女谗妾为诸侯妃姬，处梁之宫，梁王安得晏然而已乎？而将军又何以得故宠乎？"

于是辛垣衍起，再拜，谢曰："始以先生为庸人，吾乃今日而知先生为天下之士也！吾请去，不敢复言帝秦！"秦将闻之，为却军五十里。适会魏公子无忌夺晋鄙军以救赵击秦，秦军引而去。

于是平原君欲封鲁仲连。鲁仲连辞让者三，终不肯受。平原乃置酒，酒酣，起，前，以千金为鲁连寿。鲁连笑曰："所贵于天下之士者，为人排患、释难、解纷乱而无所取也。即有所取者，是商贾之人也，仲连不忍为也。"遂辞平原君而去，终身不复见。

[1] 刘向（约公元前77～前6年），沛县（今属江苏徐州）人，西汉文学家。本文选自《战国策》汇校汇注本（上海古籍出版社，1985年）。
[2] 魏安釐（xī）王：名圉（yǔ），昭王之子。晋鄙：人名，魏安釐王的大将。
[3] 客将军：非本国人而仕于本国为将，故称客将军。辛垣衍本非魏人而在魏做官，故称客将军。辛垣衍，人名，复姓辛垣，名衍。间（jiān）入：从小路潜入。
[4] "因平原君"句：请平原君转告赵王。因，通过。
[5] "前与"三句：秦昭王与齐湣王争强为帝，不久，齐先取消帝号，秦也归还自封的帝号。
[6] 梁客：辛垣衍。魏建都大梁，故亦称为梁。
[7] "世以"两句：鲍焦，周时隐者，不满时政，廉洁自守，以采樵及拾橡实为生，后抱木而死。从容，举动。无从容，意谓无所建树。这两句是说，世人以为鲍焦没有什么作为，困而自杀，这都是不对的。
[8] "今众人"两句：现在的一般人不理解鲍焦，以为他仅是为个人而死。
[9] "彼秦者"两句：秦国鼓励士卒杀敌，视斩首之多寡，以为计功晋级的标准。上，尊崇之意。
[10] 权：权诈。士：战士。
[11] 虏：俘虏。古代把俘虏作为奴隶。虏使其民：秦国把人民当作奴隶来使用。
[12] 过：犹言进一步。正："同政"。正于天下：以政策号令于天下。赴：投身。
[13] 天崩地坼：周天子死亡。崩，塌。坼，裂。天子下席：周新天子匍匐草席，执行丧礼。
[14] 卒：终于。这句是说，齐威王斥骂周王，天下笑他前后不协调的举动。
[15] 子：此处指女儿。好：美。
[16] 太牢：牛、羊、猪三牲全备为太牢。古时款待诸侯用十太牢。
[17] 辟：通"避"。舍：正房。诸侯辟舍：避正殿不居。管、键：都是钥匙。纳于管键，把钥匙交给天子。辟舍、纳于莞键：诸侯因天子在自己国中，表示自己在此期间不敢以一国之主自居。
[18] 摄衽：提起衣襟。抱几：搬设几案。这句是说，诸侯亲自提起衣襟，为天子搬设几案。

[19] 倍：背。殡柩：棺柩。倍殡柩：改换灵柩方位。古以朝南为正位。棺柩本居北面南，因天子下吊，故需把棺柩的地位改为居南朝北，使天子能朝南吊唁。
[20] "邹、鲁"三句：邹、鲁贫弱，国君生时，臣子不能侍奉供养；国君死后，不能行饭含之礼。事，侍奉。饭含，古代殡葬仪式。人死后，在死者口中安放一些粮食，称为饭；在死者口中安放玉石，称为含。
[21] 交有：互有。
[22] "且秦"句：大意是，若不加制止而终于使秦为帝。

伶官传序

欧阳修[1]

呜呼！盛衰之理，虽曰天命，岂非人事哉！原[2]庄宗之所以得天下，与其所以失之者，可以知之矣。

世言晋王之将终也，以三矢赐庄宗而告之曰："梁，吾仇也；燕王，吾所立，契丹与吾约为兄弟，而皆背晋以归梁。此三者，吾遗恨也。与尔三矢，尔其无忘乃父之志[3]！"庄宗受而藏之于庙[4]。其后用兵，则遣从事以一少牢告庙[5]，请其矢，盛以锦囊，负而前驱，及凯旋而纳[6]之。

方其系燕父子以组[7]，函[8]梁君臣之首，入于太庙，还矢先王，而告以成功，其意气之盛，可谓壮哉！及仇雠[9]已灭，天下已定，一夫夜呼，乱者四应，仓皇东出，未及见贼而士卒离散，君臣相顾，不知所归，至于誓天断发，泣下沾襟，何其衰也！岂得之难而失之易欤？抑[10]本其成败之迹，而皆自于人欤？《书》曰："满招损，谦受益[11]。"忧劳可以兴国，逸豫[12]可以亡身，自然之理也。

故方其盛也，举天下之豪杰莫能与之争；及其衰也，数十伶人困之，而身死国灭，为天下笑。夫祸患常积于忽微[13]，而智勇多困于所溺[14]，岂独伶人也哉！

[1] 欧阳修（1007～1072年），字永叔，号醉翁，别号"六一居士"，北宋文学家。本文选自《新五代史》（中华书局，1974年排印本）。伶：戏子或唱戏杂技演员，宫廷里供统治者娱乐表演的人物。
[2] 原：推本求源，推究。
[3] 其：语气副词，表示期望、命令的语气。乃：你，你的。
[4] 庙：太庙，帝王祭祀祖先的宗庙。
[5] 从事：这里指负责具体事务的官员。一少牢：用猪、羊各一头做祭品。牢，祭祀用的牲畜。
[6] 纳：放回。
[7] 组：丝带，这里指绳索。
[8] 函：用木匣装。
[9] 仇雠：仇敌。
[10] 抑：或者。
[11] 满招损，谦受益：语出《尚书·大禹谟》。
[12] 逸豫：逍遥游乐，不能居安思危。
[13] 忽微：极细小的东西。
[14] 所溺：沉溺迷恋的人或事物。

第三单元 借鉴历史

哀盐船文

汪中[1]

　　乾隆三十五年十二月乙卯[2]，仪征[3]盐船火，坏船百有三十，焚及溺死者千有四百。是时盐纲[4]皆直达，东自泰州[5]，西极于汉阳[6]，转运半天下焉。惟仪征绾其口[7]。列樯蔽空[8]，束江而立，望之隐若城郭。一夕并命，郁为枯腊[9]，烈烈厄运，可不悲邪！

　　于是玄冥告成[10]，万物休息，穷阴涸凝，寒威凛栗，黑眚拔来[11]，阳光西匿。群饱方嬉，歌咢[12]宴食。死气交缠，视面惟墨[13]。夜漏始下，惊飙勃发。万窍怒号[14]，地脉荡决[15]。大声发于空廓，而水波山立。

　　于斯时也，有火作焉。摩木自生[16]，星星如血[17]。炎光一灼，百舫尽赤。青烟睒睒[18]，熛若沃雪[19]。蒸云气以为霞，炙阴崖而焦爇[20]。始连楫以下碇[21]，乃焚如以俱没。跳踯火中，明见毛发。痛暑田田[22]，狂呼气竭。转侧张皇，生涂未绝。倏阳焰之腾高，鼓腥风而一咉[23]。洎[24]埃雾之重开，遂声销而形灭。齐千命于一瞬，指人世以长诀。发冤气之焄蒿[25]，合游氛[26]而障日。行当午而迷方，扬沙砾之嫖疾[27]。衣缯败絮[28]，墨查炭屑，浮江而下，至于海不绝。

　　亦有没者善游，操舟若神。死丧之威，从井有仁[29]，旋入雷渊[30]，并为波臣[31]。又或择音无门[32]，投身急濑[33]，知蹈水之必濡[34]，犹入险而思济。挟惊浪以雷奔，势若脧[35]而终坠，逃灼烂之须臾，乃同归乎死地。积哀怨于灵台，乘精爽而为厉。出寒流以浃辰[36]，目眴眴[37]而犹视。知天属之来抚[38]，憖流血以盈眦[39]。诉强死之悲心，口不言而以意。若其焚剥支离，漫漶[40]莫别。圜[41]者如圈，破者如玦[42]。积埃填窍，攒指失节[43]。嗟狸首[44]之残形，聚谁何而同穴。收然灰之一抔[45]，辨焚余之白骨。呜呼，哀哉！

　　且夫众生乘化[46]，是云天常。妻孥[47]环之，气绝寝床。以死卫上，用登明堂[48]。离而不憝[49]，祀为国殇[50]。兹也无名，又非其命。天乎何辜，罹此冤横！游魂不归，居人[51]心绝。麦饭壶浆[52]，临江呜咽。日坠天昏，凄凄鬼语。守哭迍邅[53]，心期冥遇。惟血嗣[54]之相依，尚腾哀而属路[55]。或举族之沉波，终狐祥[56]而无主。悲夫！丛冢有坎[57]，泰厉[58]有祀。强饮强食，冯其气类[59]。尚群游之乐[60]，而无为妖祟！人逢其凶也邪？天降其酷也邪？夫何为而至于此极哉！

[1] 汪中（1744～1794年），字容甫，江苏江都人。这是一篇哀祭文。乾隆三十五年（1770年），扬州仪征沙漫洲附近江面凑泊之盐船失火，惨不忍睹。作者描写其况，深致哀痛。杭世骏称其文"惊心动魄，一字千金"（《哀盐船文·序》）。本文选自《述学·补遗》（辽宁教育出版社，2000年）。
[2] 十二月乙卯：十二月十九日。
[3] 仪征：清属扬州府，长江下游重要河运转运码头，今江苏省仪征市。
[4] 盐纲：明清盐业实行统销，由列名纲册的盐商赴盐场运销。这里指盐纲运盐船。
[5] 泰州：盐产地，清属扬州府，今江苏省泰州市，位于仪征东面。
[6] 汉阳：今武汉市汉阳区。
[7] 绾（wǎn）其口：控扼盐运之通道。绾，钩联，绾结。
[8] 列樯蔽空：船上的桅杆排列，遮蔽天空。

[9] 郁为枯腊（xī）：烤成干肉。郁，通"燠"（yù），烤。枯腊，干肉。

[10] 玄冥：主冬令之神。《礼记·月令》："冬季之月，其神玄冥。"告成：完成使命。此句谓冬令将尽。

[11] 黑眚（shěng）：古代谓五行中由水汽而生的灾祸。五行中水为黑色，故称。拔来：突然而来。

[12] 歌咢（è）：犹歌呼。

[13] 视面惟墨：脸上呈现晦气之色。墨，黑气。

[14] 万窍怒号：形容暴风大作，地上千穴万孔都发出吼叫声。

[15] 地脉：地的脉络，此指长江。荡决：震荡涌溢。

[16] 摩木自生：《庄子·外物篇》："木与木相摩则然（燃）。"

[17] 星星如血：形容星星之火显明刺目。

[18] 睒（shǎn）睒：光焰闪烁貌。

[19] 熛（biāo）若沃雪：火焰迸飞入水，如同沸水浇雪一样。熛，迸飞的火焰。沃雪，枚乘《七发》："如汤沃雪。"

[20] 焦爇（ruò）：烧焦。爇，灼热。

[21] 连楫：船连在一起。楫，船桨，代指船。下碇：犹今言抛锚。碇，停泊时为稳定船身用的石墩。

[22] 痛誖（pó）：疼痛地呼叫。呭呭：哀哭声。

[23] "鼓腥风"句：腥风吹过，发出一种轻微的声音。呎（xuè），轻微的气流声。

[24] 洎（jì）：及，到。

[25] 焄蒿（xūn hāo）：《礼记·祭义》："众生必死，死必归土，……其气发扬于上为昭明，焄蒿凄怆，此百物之精也。"注："焄，谓香臭也；蒿，谓气蒸出貌也。"此指死人的冤气散发。

[26] 游氛：游荡于空中的凶气。氛，凶气。

[27] 嫖（piāo）疾：轻捷。

[28] 衣缯（zēng）败絮：衣服的碎片。缯，丝织品的总称。

[29] 从井有仁：下井救人。此指涉险救人。

[30] 雷渊：有雷神的深渊。

[31] 波臣：犹言水族。

[32] 择音无门：找不到避火的地方。音，通"荫"，遮蔽，可以躲避的地方。

[33] 急濑（lài）：湍急的水流。

[34] 濡（rǔ）：沾湿，这里指淹没。

[35] 隮（jī）：同"跻"，上升。

[36] "出寒流"句：谓遇难者的尸体从冰冷的江水中漂浮出来，已有十二天了。浃（jiā）辰，古代以干支纪日，自子至亥一周为十二天，称为浃辰。浃，周匝。

[37] 睊（juàn）睊：侧目相视的样子。这里说死者死不瞑目。

[38] 天属：天性之亲，指父子、兄弟、姐妹等有血缘关系的亲属。抚：抚慰，悼念。

[39] "愁（yìn）流血"句：说死者眼眶流血。据说人暴死后，亲人临尸，尸体会眼、鼻出血，以示泣诉。愁，伤痛。眦（zì），眼眶。

[40] 漫漶（huàn）：模糊不清。

[41] 圜（yuán）：同"圆"。

[42] 玦（jué）：环形而有缺口的玉器。

[43] 擸（lì）指：手指折断。节：骨节。

[44] 狸首：形体残缺。

[45] 然：同"燃"。一抔（póu）：一掬，一捧。

[46] 乘化：顺应自然规律而死。

[47] 妻孥：妻子和儿女。

[48] 用：因而。登明堂：受尊敬，享祭祀。明堂，古代帝王宣政教、行祭典的地方。

[49] 不惩：不悔。

[50] 国殇：为国事而死的人。

[51] 居人：留存者，指活着的亲人。

[52] 麦饭壶浆：带着酒饭来祭祀。麦饭，麦子做的饭，引申为粗粝的饭食。

[53] 迍邅（zhūn zhān）：难行貌。

[54] 血嗣：嫡亲的儿孙。

[55] 腾哀：放声大哭。属路：路上接连不断。属，连续。

[56] 狐祥：语出《战国策·楚策》："父子老弱系虏，相随于路，鬼神狐祥而无主。"狐祥，谓彷徨，徘徊无依之意。

[57] "丛冢"句：那些无主的死者在乱葬的坟中也有自己的圹穴。坎，坑，墓穴。

[58] 泰厉：死而无后的鬼。

[59] "强饮"二句：勉强吃点喝点，凭借着鬼友之间的气味相投而度日。冯，同"凭"，凭借。类，一致，投合。这里是指安慰鬼魂的话。

[60] "尚群游"句：表示劝勉之词。祭中常用"尚飨"一语，此即仿用之。

世 说 新 语

刘义庆[1]

言　语

钟毓、钟会少有令誉[2]。年十三，魏文帝闻之，语其父钟繇曰："可令二子来！"于是敕见。毓面有汗，帝曰："卿面何以汗？"毓对曰："战战惶惶，汗出如浆。"复问会："卿何以不汗？"对曰："战战栗栗，汗不敢出。"

钟毓兄弟小时，值父昼寝[3]，因共偷服药酒。其父时觉[4]，且托寐[5]以观之。毓拜而后饮，会饮而不拜。既而问毓何以拜，毓曰："酒以成礼，不敢不拜。"又问会何以不拜，会曰："偷本非礼，所以不拜。"

文　学

钟会撰《四本论》。始毕，甚欲使嵇公一见。置怀中，既定，畏其难[6]，怀不敢出，于户外遥掷，便回急走。

文帝尝令东阿王七步作诗[7]，不成者行大法[8]。应声便为诗曰："煮豆持作羹[9]，漉菽以为汁[10]。萁在釜下然，豆在釜中泣[11]；本是同根生，相煎何太急？"帝深有惭色。

任　诞

步兵校尉缺，厨中有贮酒数百斛，阮籍乃求为步兵校尉。

阮籍嫂尝还家，籍见与别，或讥之。籍曰："礼岂为我辈设也？"

阮公临家妇，有美色，当垆酤酒。阮与王安丰常从妇饮酒，阮醉，便眠其妇侧。夫始殊疑之，伺察，终无他意。

阮籍当葬母，蒸一肥豚，饮酒二斗，然后临诀，直言："穷矣！"都得一号，因吐血，废顿良久。

阮步兵丧母，裴令公往吊之。阮方醉，散发坐床，箕踞[12]不哭。裴至，下席于地，哭；吊喭毕，便去。或问裴："凡吊，主人哭，客乃为礼。阮既不哭，君何为哭？"裴曰："阮方外之人，故不崇礼制；我辈俗中人，故以仪轨自居。"时人叹为两得其中。

简 傲

晋文王功德盛大，坐席严敬，拟于[13]王者。唯阮籍在坐，箕踞啸歌，酣放自若。

钟士季精有才理，先不识嵇康，钟要于时贤俊之士，俱往寻康。康方大树下锻[14]，向子期为佐鼓排[15]。康扬槌不辍[16]，傍若无人，移时[17]不交一言。钟起去，康曰："何所闻而来？何所见而去？"钟曰："闻所闻而来，见所见而去。"

容 止

魏武将见匈奴使。自以形陋，不足雄[18]远国，使崔季珪代，帝自捉刀立床头。既毕，令间谍问曰："魏王何如？"匈奴使答曰："魏王雅望非常，然床头捉刀人，此乃英雄也。"魏武闻之，追杀此使。

假 谲

魏武少时，尝与袁绍好为游侠。观人新婚，因潜入主人园中，夜叫呼云："有偷儿贼！"青庐[19]中人皆出观，魏武乃入，抽刃劫新妇。与绍还出，失道[20]，坠枳棘中，绍不能得动。复大叫云："偷儿在此！"绍遑迫自掷出，遂以俱免。

魏武行役，失汲道[21]，军皆渴。乃令曰："前有大梅林，饶子，甘酸，可以解渴。"士卒闻之，口皆出水。乘此得及前源。

魏武常言[22]："人欲危己，己辄心动。"因语所亲小人曰："汝怀刃[23]密来我侧，我必说'心动'，执汝使行刑，汝但勿言其使，无他，当厚相报。"执者信焉，不以为惧，遂斩之。此人至死不知也。左右以为实，谋逆者挫气矣[24]。

魏武常云："我眠中不可妄近，近便斫人，亦不自觉。左右宜深慎此！"后阳眠[25]，所幸一人，窃[26]以被覆之，因便斫杀。自尔每眠，左右莫敢近者。

袁绍年少时，曾遣人以剑掷魏武，少下[27]，不着。魏武揆[28]之，其后来必高。因帖卧床上，剑至果高。

[1] 刘义庆（403～约443年），彭城（今江苏省徐州市）人，南朝宋文学家。本文选自《世说新语校笺》（中华书局，1984年）。

[2] 令：好的。誉：名声。

[3] 昼寝：白天睡觉。

[4] 觉：醒了。

[5] 托寐：假装睡觉。

[6] 难：难为。

[7] 文帝：魏文帝曹丕，是曹操的儿子，逼迫汉献帝让位，自立为帝。东阿王：曹植，字子建，曹丕的同母弟，天资聪敏，是当时杰出的诗人，曹操几乎要立他为太子。曹丕登帝位后，他很受压迫，被一再贬爵徙封，后被封为东阿王。

[8] 大法：大刑，重刑，这里指死刑。

[9] "煮豆"句：大意是，煮熟豆子做成豆羹，滤去豆渣做成豆汁。羹，有浓汁的食品。

[10] 漉（lù）：过滤。菽（shū）：豆类的总称。

[11] "其（qí）在"两句：大意是，豆茎在锅下烧，豆子在锅中哭。然，通"燃"，烧。

[12] 箕踞：一种坐姿，臀部着地，两腿向前伸开。古人认为是不礼貌的坐姿。

[13] 拟于：好似。

[14] 锻：打铁。

[15] 佐：帮助。鼓排：鼓风。
[16] 辍：停。
[17] 移时：过了一段时间。
[18] 雄：威震。
[19] 青庐：汉魏时婚俗，用青布做帐幕，设于门旁，谓之青庐，于此交拜迎娶新娘。
[20] 失道：迷路。
[21] 失汲道：找不到饮水的地方。
[22] 常言：曾经说。
[23] 怀刃：怀揣利刃。
[24] 谋逆：密谋造反。
[25] 阳眠：假装睡觉。
[26] 窃：悄悄地。
[27] 少下：稍微偏下。
[28] 揆：猜测。

北京法源寺（节选）

李敖[1]

第二章 悯忠寺

　　七世纪的六四四年，中国正是唐朝的第二个皇帝唐太宗的天下。他忍了好多好多年，决心亲征东北的高丽了。高丽那时候，不仅在朝鲜半岛称霸，北边的势力，还延伸到中国东北的辽水流域，这是好大喜功的唐太宗绝不能忍耐的。不能忍耐归不能忍耐，他不能不小心。因为隋朝就为了三十年前打高丽，害得国内空虚，引起了革命，唐太宗才趁机灭了隋朝，建了唐朝。如今三十一年后，他自己再重新发动这一进攻，是不能不特别小心的。

　　唐太宗的计划是，用二十万人以下的兵力，用快速进攻，速战速决。他把这个计划告诉了一个三十年前曾参加打高丽的老战士，但老战士却说："辽东太远了，补给困难，高丽人很会守城，速战速决恐怕很难。"但是，老战士功阻不了唐太宗，最后劝阻他的一个大臣——魏征——也死了，没有人劝得住他，他决心打这场仗了。

　　六四五年三月，他要出发了，他留守后方的儿子很紧张，哭了好几天。最后，为他送行的时候，他指着自己的衣服对儿子说："等到下次看见你，再换这件袍子。"——衣服都不用换季，仗很快就会打胜的。

　　五月，唐朝的大军打到了辽东城下，辽东是现在中国东北的辽阳城，血战以后，攻下了辽东城。六月，已进军到安市（辽宁省盖平县东北）。高丽动员了十五万人，双方展开了恶斗，最后高丽打不过，就决定坚壁清野，将几百里内断绝人烟，使唐朝军队无法就地找到补给。就这样的，战争拖下去了。

　　夏天快到了。唐太宗还穿着原来的袍子，不肯脱下来。七月过去了，八月过去了，储存的粮食快光了，东北的天气也冷了，唐太宗的袍子也破了。新袍子拿来，他拒绝换，他说，将士们的袍子也都破了，我一个人怎么穿新的？最后，只好撤军了，九月在撤退里度过，十月在撤退里度过，十一月，才回到幽州。到幽州的时候，所有的马，只剩下五分之一了。

　　幽州，就是北京。

　　唐太宗很痛苦，他换掉了旧袍子，可是换不掉旧的创痕。魏征要是活着，就好了，他想。魏征活着，就会劝他别打这场仗。他派人到魏征坟上，新立了一座碑。把魏征的太太、儿子找来，特别慰问他们，表示他对魏征的怀念。

他在幽州，盖了一座庙，追念这次征东而死的所有的将士，他们的死亡，是为国尽忠而死，死在家乡以外。他们的死亡是叫人心恸的，他们的身世是可怜的，这座庙的名字，应该表达出这种意思，唐太宗最后决定，这座庙，叫做"悯忠寺"。

寺里面，盖了一座大楼，叫悯忠阁，立了许多许多有名的和无名的纪念牌位，阁盖得极高，高得后来有一句谚语："悯忠高阁，去天一握。"表示它离天那么近。

这是中国的早期忠烈祠。

一千年过去了。一千年的风雪与战乱，高高的悯忠阁已经倒塌了，但是悯忠寺还凄凉地存在着。

悯忠寺刚盖时候的北京旧城，早就没有了，原来旧城的范围，也没有古迹可寻，留下的记录，只能追溯到十世纪的辽朝。辽朝在北京盖了新城，悯忠寺被新城围住，位置在新城的东方。十二世纪的时候，金朝灭了辽朝，它把北京城重新加大，在辽朝盖的城外面，盖了一个大四倍的城，把它套在里面，这时候的悯忠寺，在金朝的北京城里，位置就偏向东南。十三世纪，元朝又灭了金朝，又重新盖了北京城，这个城，整个的朝北移动了，金朝的城，只有东北角的一小部分并到元朝的新城里，这时候的悯忠寺，被抛在城外的西南角。十四世纪，明朝赶走了元朝，又重建北京城，整个的朝南移，盖了一个方形的城，并入了元朝旧城的三分之二，这时候的悯忠寺，还是在城外面的西南角，不过离城比一百年前近了。到了十六世纪，大臣告诉明朝第十一个皇帝说，城外面的百姓，比城里面的多了一倍了，不能不保护他们。于是皇帝在一五五〇年，叫一个奸臣严嵩主持，在城的南边，加盖了一个外城，东西比内城宽一点，南北比内城短一半。从此以后，这个古城的样子，就确定了。就这样的，四百二十多年下来，直到今天。

一五五〇年外城盖好的时候，悯忠寺正式重圈到北京城里来，过了九十四年，清朝取代了明朝，原来在辽水流域的满族，统治了汉族的中国。又过了八十七年，清朝的第三个皇帝世宗雍正皇帝，在他即位第九年，一七三一年的时候，想到了这座忠烈祠，他把它改名叫"法源寺"。四十九年后，清朝的第四个皇帝高宗乾隆也亲来这里，并且亲笔题写了"法海真源"四个字，刻成匾，挂在这庙里。

又一百六十多年过去了，法源寺的附近，已经多了人烟，也多了寺南的义地和荒冢，许多从外地到北京来的人，死在北京，不能归葬的，都一一埋在这边了。那时候不流行火葬，人死后连同棺材运回家乡，很不简单。他们生时不能回归故乡，死后埋骨于此，总希望有点家乡味，所以，这些坟地也分区了，江苏人埋在江苏义地、江西人埋在江西义地、河南人埋在河南义地，不能明显分区的，也有许多义地可埋。至于能够归葬的，都先把棺材停在庙上，在庙里的空房，摆上长板凳，棺材就放在上面，有时候这一放就放得很久，甚至没人再过问。有的棺木不好，会生虫子、出恶臭，庙里的人，也只好一再用厚漆漆它，漆不住的，也只好就地处理，沦入荒冢了。

就这样的，北京的寺庙就成为人们生死线上的一个过渡，寺庙的和尚，除了本身的出世修行以外，他们的重要职务，就是代人们生前解决人神问题、死后处理人鬼问题。

法源寺的和尚，也是如此。

不同的是，法源寺在北京的寺庙里，有它特有的悲怆气氛。其他的寺庙，兴建的原因大多比较单纯，像隆福寺、法华寺，只是明朝皇帝应太监的请求，为了弘扬佛法，就盖起来了；像护国寺、普渡寺，是元朝丞相托克托、清朝摄政王多尔衮的宅邸，旧宅邸一改就完成了。法源寺却完全不一样。它从唐太宗死前四年盖起，目的就是追念为中国而死的先烈与国殇，它的悲怆气氛，从它原始的悯忠字样就已表露。北京的寺庙名字，柏林寺、贤良寺、普济寺、广化寺、宝禅寺、妙应寺、广济寺、崇效寺、龙树寺、龙泉寺，等等，都没有悲怆的意味，嵩祝寺、瑞应寺、大庆寿寺、延寿寺，等等，甚至还洋溢着一片喜气。只有悯忠寺，它一开始，就表露了阴郁与苍茫。它日后的历史，也一再和这种气氛相伴。在它兴建后四百八十年，一个亡国的皇帝被关到里面，那是北宋的钦宗，他有着可怜的身世，他的父亲徽宗，艺术家的成分远多于皇帝，在位二十五年，把国家搞得一塌糊涂后，丢给了他，他只做了一年皇帝，就亡国了，然后做了三十年的囚犯。在悯忠寺，他回想故国，在晓钟夕照里，过着痛苦凄凉的岁月。

　　十三世纪，南宋也亡了。一个江西的进士谢枋得，参加抵抗蒙古兵失败，妻子被俘。他隐姓埋名，在江湖上算命，他不肯用元朝的钱，只肯收米面等实物，给他钱，他就生气，丢在地下。后来被发现了，他逃到福建，藏身武夷山中。元朝统一中国后，为了笼络汉人，到江南访求宋朝的遗士，跟它合作，名单开出三十人，谢枋得在里面，邀功的官吏找到他，强迫他北上。到北京后，他被安置在悯忠寺，他看到寺里的曹娥碑，想到曹娥这个为了找父亲的尸体，十四岁就自杀了的汉朝女孩，感慨："小女孩都能做到，我不能不如你啊！"遂把自己饿死在悯忠寺里。死的时候，六十四岁。

　　悯忠寺，就带着这样悲怆的身世，从历史走了下来。在十四世纪，当悯忠阁还没倒塌的时候，一个生在元朝的第一个皇帝时候、死在元朝最后一个皇帝时候的老人张翥，曾为它留下一首哀婉的律诗，那是：

> 百级危梯溯碧空，
> 凭栏浩浩纳长风。
> 金银宫阙诸天上，
> 锦绣山川一气中。
> 事往前朝人自老，
> 魂来沧海鬼为雄。
> 只怜春色城南苑，
> 寂寞余花落旧红。

　　在"寂寞余花"的时候，开始了本书的故事。

第三章　寂寞余花

　　时间是一八八八年，是清朝第九个皇帝光绪十四年，中国的戊子年旧历正月初二日的上午，一个近三十来岁的青年人，一对有神的大眼睛，紧闭着嘴，有点黑，一脸广东人的长相，留着辫子、穿着灰色长袍、外套黑马褂、脚穿御寒的毛窝，漫步走向悯忠寺来。那时候悯忠寺已经改名法源寺，改了一百五十七年了。法源寺在北京宣武门外西砖胡同，远远望去，并排的三座大门，每座都对开两扇，门顶上是厚重的宫殿式建筑，门与门之间是墙，墙头也同样铺上琉璃瓦。这一排山门建筑，第一印象使人觉得厚重，好像凡是看到的，都戴了又厚又重的大帽子，庄严地等你过来。中间的门最大，前面左右各一只石狮子，尤其显得庄严。正门是开着的，可是冷清清，看不到什么人。虽然是正月初二，过年过得最热闹的时候，法源寺这种庙，却不是热闹的地方。北京的群众这时候去的是朝阳门外的东岳庙，这是奉礼道教东岳大帝的庙，庙里有真人大小的地狱七十二司，恶形恶状的，看起来很恐怖，据说还出自元朝塑像名家刘元之手。地狱有的还有活动机关，曾有吓死游客的事，所以停止了，足见这个庙的格调不高。这座老庙每到过年，香火特旺，男男女女，一清早就赶去烧香。庙的后院，有一头铜骡子，有人那么高，铸得很好，传说这骡子很灵，有病的人用手摸它身上哪个部位，自己身上哪个部位的病就会好；没病的人摸它身上哪个部位，自己身上哪个部位以后就不生病，要摸还得过年时候摸，过年时候才最灵。于是一到过年，这头铜骡子就被挤得水泄不通，被摸得光亮无比，不亦乐乎。它的生殖器，没人公然摸，但也极光亮，据庙里老道说，半夜三更许多人专门来摸它，这大多是生花柳病的人。铜骡子以外，就是月下老人庙，庙中有一副写得极好的对联，上联"愿天下有情人，都成眷属"，下联"是前生注定事，莫错因缘"。上下联分别来自《西厢记》和《琵琶记》，妙手天成，使这座小庙大生光彩。来烧香的都是老太太带大姑娘，有的大姑娘知道了是什么神，不好意思，不肯磕头，老太太逼她磕，她气得扭扭就走了；有的不知道什么神，糊里糊涂也就磕了，一天下来，香灰满地，到处成堆。

在东岳庙求健康长寿，求婚姻美满以后，发财问题还没解决，于是男男女女，又涌到广安门外的财神庙。财神庙有个大香炉，可是人山人海，都来上香，容也容不下，香一上，管香炉的人就立刻把香抽出来，丢在下边大香池里，要想自己的香多烧一会儿，得在旁边拜托管香炉的，管香炉的也没办法，不过如果这香不是自己带来的，而是向这个庙买的，就可以稍加优待。庙里又定做大量的纸元宝，不卖，因为神不能做买卖，不过善男信女如果奉献足够的香钱，神可以奉送一个。就这样的，财神庙的盛会，最后发了财的，是财神自己。

法源寺比起来，就冷清多了。

法源寺的大雄宝殿并不高，走上八级台阶，就是宝殿正门。正门看上去四扇，只是中间两扇能开。正门左右有对联，上面有三扇横窗，横窗上就是"大雄宝殿"横匾。台阶旁边立着旧碑，因为是千年古刹，寺里的这类古迹也很多。有的旧碑下面塑着大龟，这个乌龟台石叫"龟趺"，唐朝以来就流行了。乌龟头略向上抬着，好像背负着历史，不胜负荷。

青年人站在台阶旁边第一块旧碑前面，仔细看着碑文，又蹲下来，看着龟趺，他好像对龟趺比对碑文更感兴趣。龟在中国，是一种命运的象征。中国人自古就烧龟的背，从裂纹里判断命运，在中国人眼中，千年王八万年龟，龟是长寿的动物，它有足够的阅历来告诉人类吉凶福祸，可惜的是，龟不说话，所以只好用火刑逼供。烧出的裂纹，经过解释，有利，皆大欢喜；不利，就不敢动。唐太宗为了抢政权，杀他哥哥和弟弟的时候，左右劝他下决心，不然你哥哥、弟弟就要杀你，唐太宗始终犹豫，最后搬出乌龟来问卜，张公谨走上去，抓起乌龟，丢在地上，说："卜以决疑，不疑何卜？"今天要做这事，已不容怀疑，如果卜的结果不吉，难道就不做不成？于是唐太宗就不问卜了。周朝灭商朝以前，也先问卜，结果竟是不利，大家都害怕了，姜太公把乌龟丢在地下，用脚去踩，说死骨头哪里知道什么吉凶？于是周武王还是出兵了。在中国历史上，除非这种英雄豪杰，没有人敢打破这种传统的信仰。

青年人望着碑下的龟趺，看得出神了，没感觉背后已经站了一位和尚。那和尚好奇地望着这个青年人，像青年人端详龟趺一样地端详着他。最后，青年人站起身来，伸一伸懒腰，绕到龟趺的背后，这时候，他发现了和尚。

和尚不像和尚，倒像一位彪形大汉。他四十多岁，满面红光，两道浓眉底下，一对精明的眼睛直看着他。和尚脸含着笑，但他两道浓眉和一对利眼冲去了不少慈祥，他够不上菩萨低眉，但也不是金刚怒目，他是菩萨与金刚的一个化身。和尚的造型，使这青年人一震。

和尚直看着青年人，心里也为之一震。这青年人气宇不凡。四十多年来，和尚阅人已多，但像这青年人这样面露奇气的，他还没见过。

青年人向和尚回报了笑容，和尚双手合十，青年人也合十为礼，但两人都没说话。

过了一会儿，青年人把右臂举起，把手抚上石碑，开口了：

"法师认为，是法源寺的名字好呢，还是悯忠寺好？"

和尚对突如其来的问话，没有任何惊异。顺口就答了：

"从对人的意义说，是法源寺好；从对鬼的意义说，是悯忠寺好；从对出家人的意义说，两个都好。"

青年人会心地一笑，法师也笑着。

……

青年人笑了一下。这时候，一阵鞭炮的声音，在附近响起。远处还传来零落的响声。

"听先生口音，是广东？"

青年人的笑容转成了窘态。他听了太多次的挖苦他们口音的谚语——"天不怕，地不怕，就怕老广讲官话"。何况他到北京来，一比之下，官话更是不行。

"是广东南海。"

"法师呢？"

"先生听不出我的口音？"

"我第一次来北方，分不出口音，只觉得法师官话讲得很好。"

"说了先生不信，我也是广东人。"

"也是广东？"

"是广东，广东东莞。"

"那我们太近了。法师的官话讲得没有我们家乡味，为什么讲得这么好？我们讲广东话可好？"

"惭愧，我不大会说广东话，我生在北京，并且一直住在北京。"

"尊大人一直住在北京？"

"我们这一支，一直住在北京，已经两百五十多年了。"

"这么久了？"

和尚点了点头。

"两百五十多年前，广东人就老远到北京来，那一定是在北京做官的。"

"那倒不是，先祖是陪做官的来的，做官的被皇帝杀了，先祖偷了做官的尸首，埋在北京，一直在墓旁陪着到死，从此我们这一支就住在北京，没再回广东。"

"咦，法师说这做官的，被皇帝杀了？……这做官的也是东莞人？"

和尚点点头，露出一种会意和等待的眼神。

"是袁崇焕！袁督师袁崇焕！"

和尚笑了："我说先生一看就不是凡品，果然说得不错。先生这样年轻博学，真叫人佩服。不错，是袁督师袁崇焕。"

"那我知道法师贵姓了，法师可姓佘？人示佘？"

"怪了、怪了，先生不但博学，而且多闻。先生怎么知道我姓佘？"

"我早就听说袁督师冤狱被杀，弃尸西四甘石桥，没人敢收尸，他的仆人佘氏半夜偷了尸首，埋起来后，一直守墓到死，死后也埋在坟边。佘家后来代代守墓不去，今天真是幸会，碰到了老乡亲，又碰到了义人之后。"

"先生说得都不错，现在袁督师的坟还在北京边广渠门里广东义园。"

"我去过了。"

"去过了？先生真是有心人。"

"袁督师是我们老广第一个影响中国政治举足轻重的人物，明朝不杀他，满洲人就进不了关，中国整个历史都将改写。并且若照袁督师的战略，明朝就不会浪费一半多的兵饷来防御辽东，就不会弄得民穷财尽，引出李自成进北京。袁督师太重要了。"

"袁督师是大人物，叫人崇拜。"

"法师令先祖能够对袁督师守死不去，也叫人崇拜。"

"那是袁督师人格感召的结果。"

"人格感召一般来说，有一个限度，但是令先祖竟冒死偷尸首埋起来，并且照顾在坟旁边，一直到死，这是忠肝义胆。"

"承先生过奖。但有更忠肝义胆的。袁督师下狱以后，忽然出来一个书生，叫程本直，再为袁督师喊冤呼吁，结果被崇祯皇帝给杀了。他的尸首，后来也由先祖埋起来，就埋在袁督师坟的旁边……"

"这么一说，我记起来了，这位程先生的墓碑边上有人题了十个字，叫'一对痴心人，两条泼胆汉'，是不是？"

"对了，先生你真是好记性。这位程先生跟袁督师不但素昧平生，甚至可说还有点不愉快，因为他三次求见袁督师，袁督师都没见他。袁督师被捕以后，他一再替袁督师喊冤，结果被判死刑。他死的时候，说：'我不是为私情死的，我是为公义死的。'先祖是跟袁督师多年的仆人，他为袁督师做的，私情的原因占得很重。但这位程先生做的，全是争正义、争公道，在皇帝发了大脾气要杀人的时候，他为袁督师仗义执言，他的为人，可真有性格。可惜他只是一个布衣，没地位，也没什么名。由这位程先生的事，可以想到袁督师的伟大，感人至深。我还记得程先生《呼冤书》里的几句话，他说：'举世皆巧人，而袁公一大痴汉也！惟其痴，故举世最爱者钱，袁公不知爱也；惟其痴，故举世最惜者死，袁公不知惜也。于是乎举世所不敢任之劳怨，袁公直任之而弗辞也；于是乎举世所不得不避之嫌疑，袁公直不避之而独行也。'这就是先生你看到的'一对痴心人，两条泼胆汉'的渊源。"

"噢，原来是这样。"

"程本直说袁督师'一大痴汉也'，这五个字用得真妙。"

"法师也认为是？"

"照世俗的标准，当然是。当时明朝已经那样腐败，是非不明，宦竖当道，守东北的大将熊廷弼，刚被冤枉杀掉，传首九边，田产籍没，家属为奴。而袁督师却还来跳这个火坑，他不但不买朝廷里奸臣的账，并且杀了毛文龙，断了奸臣贪污的财路，这样做人，岂不正是傻瓜干法？从袁督师死了以后，我们广东人，再也没有在朝廷里有那样举足轻重的地位了，也没人要做一大痴汉了。"

"在近代中国，为国家做大事很难，政治中守旧的势力和小人势力太大了，这两大势力都是明明摆在那儿的，所以想为国家做大事，什么下场也都可以事先看得出来；既事先看得出来，还要不怕死，还要做，除了是一大痴汉外，还有谁肯干？凡是肯干的人，都要准备悲剧的收场。"

"没有例外吗？"

"例外？在近代中国历史上可太少了。有的人也打破守旧的势力，做点大事，但他必须安抚好另外一个势力,就是小人的势力。像明朝的张居正,他不安抚小人的势力,他就不要想有作为;但安抚了小人势力,他自己又算什么呢?就算这些是不得已,但最后,张居正做的大事,落得些什么呢?他一死,订的法制给推翻了,家给抄了,大儿子受刑不过自杀了,家里大门被封,人出不来,十几口给饿死了,剩下的充军了,整个的下场是悲剧。"

"听法师谈话,想不到法师对中国历史这么有研究,也想不到研究的结果,是这么悲观。"

"先生过奖了。悲观倒是真的。因为悲观,才做了和尚;做了和尚以后,才知道了多悲观。哈哈。"

[1] 李敖(1935年~),当代作家。本文选自《北京法源寺》(中国友谊出版社,2000年)。

觅渡,觅渡,渡何处

梁衡[1]

常州城里那座不大的瞿秋白的纪念馆我已经去过三次。从第一次看到那个黑旧的房舍,我就想写篇文章。但是六个年头过去了,还是没有写出。瞿秋白实在是一个谜,他太博大深邃,让你看不清、摸不透,无从写起但又放不下笔。去年我第三次访秋白故居时正值他牺牲六十周年,地方上和北京都在筹备关于他的讨论会。他就义时才三十六岁,可人们已经纪念他六十年,而且还会永远纪念下去。是因为他当过党的领袖?是因为他的文学成就?是因为他的才气?是,又不全是。他短短的一生就像一幅永远读不完的名画。

我第一次到纪念馆是一九九〇年。纪念馆本是一间瞿家的旧祠堂,祠堂前原有一条河,叫觅渡河。一听这名字我就心中一惊,觅渡,觅渡,渡在何处?瞿秋白是以职业革命家自许的,但从这个渡口出发并没有让他走出一条路。"八七会议"他受命于白色恐怖之中,以一副柔弱的书生之肩,挑起了统率全党的重担,发出武装斗争的吼声。但是他随即被王明,被自己的人一巴掌打倒,永不重用。后来在长征时又借口他有病,不带他北上。而比他年纪大、身体弱的徐特立、谢觉哉等都安然到达陕北,活到了建国。他其实不是被国民党杀的,是为"左"倾路线所杀。是自己的人按住了他的脖子,好让敌人的屠刀来砍。而他先是仔细地独白,然后就去从容就义。

如果秋白是一个如李逵式的人物,大喊一声:"你朝爷爷砍吧,二十年后又是一条好汉。"也许人们早已把他忘掉。他是一个书生啊,一个典型的中国知识分子,你看他的照片,一副多么秀气但又有几分苍白的面容。他一开始就不是舞枪弄刀的人。他在黄埔军校讲课,在上海大学讲课,他的才华熠熠闪光,听课的人挤满礼堂,爬上窗台,甚至连学校的教师也挤进来听。后来成为大作家的丁玲,这时也在台下瞪着一双稚气的大眼睛。瞿秋白的文才曾是怎样折服了一代人。后来成为文化史专家、新中国文化部副部长的郑振铎,当时准备结婚,想求秋白刻一对印,秋白开的润格是五十元。郑付不起转而求茅盾。婚礼那天,秋白手提手绢小包,说来送金五十,郑不胜惶恐,打开一看却是两方石印。可想他当时的治印水平。秋白被排挤离开党的领导岗位后,转而为文,短短几年他的著译竟有五百万字。鲁迅与他之间的敬重和友谊,就像马克思与恩格斯一样地完美。秋白夫妻到上海住鲁迅家中,鲁迅和许广平睡地板，而将床铺让给他们。秋白被捕后鲁迅立即组织营救，他就义后鲁迅又亲自为他编文集，装帧和用料在当时都是第一流的。秋白与鲁迅、茅盾、郑振铎这些现代文化史上的高峰，也是齐肩至顶的啊，他应该知道自己身躯内所含的文化价值，应该到书斋里去实现这个价值。但是他没有，他目睹人民沉浮于水火，目睹党濒于灭顶，他振臂一呼，跃向黑暗。只要能为社会的前进照亮一步之路，他就毅然举全身而自燃。他的俄文水平在当时的中国是数一数二了，他曾发宏愿，要将俄国文学名著介绍到中国来，他牺牲后鲁迅感叹说，本来《死魂灵》由秋白来译是最合适的。这使我想起另一件事。和秋白同时代的有一个人叫梁实秋，在抗日高潮中仍大写悠闲文字，被左翼作家批评为"抗战无关论"。他自我辩解说，人在情急时固然可以操起菜刀杀人，但杀人毕竟不是菜刀的使命。他还是一直弄他的纯文学，后来确实也成就很高，一人独立译完了《莎士比亚全集》。现在，当我们很大度地承认梁实秋的贡献时，更不该忘记秋白这样的，情急用菜刀去救国救民，甚至连自己的珠玉之身也扑上去的人。如果他不这样做，留把菜刀作后用，留得青山来养柴，在文坛上他也会成为一个甚至十个梁实秋。但是他没有。

　　如果秋白的骨头像他的身体一样的柔弱，他一被捕就招供认罪，那么历史也早就忘了他。革命史上有多少英雄就有多少叛徒。曾是共产党总书记的向忠发，曾是政治局委员的顾顺章，都有一个工人阶级的好出身，但是一被逮捕，就立即招供。至于陈公博、周佛海、张国焘等高干，还可以举出不少。而秋白偏偏以柔弱之躯演出一场泰山崩于前而不动的英雄戏。他刚被捕时敌人并不明他的身份，他自称是一名医生，在狱中读书写字，连监狱长也求他开方看病。其实，他实实在在是一个书生、画家、医生，除了名字是假的，这些身份对他来说一个都不假。这时上海的鲁迅等正在设法营救他。但是一个听过他讲课的叛徒终于认出了他。特务乘其不备突然大喊一声："瞿秋白！"他却木然无应。敌人无法，只好把叛徒拉出当面对质。这时他却淡淡一笑说："既然你们已认出了我，我就是瞿秋白。过去我写的那份供词就权当小说去读吧。"蒋介石听说抓到了瞿秋白，急电宋希濂去处理此事，宋在黄埔时听过他的课，执学生礼，想以师生之情劝其降，并派军医为之治病。他死意已决，说："减轻一点痛苦是可以的，要治好病就大可不必了。"当一个人从道理上明白了生死大义之后，他就获得了最大的坚强和最大的从容。这是靠肉体的耐力和感情的倾注所无法达到的，理性的力量就像轨道的延伸一样坚定。一个真正的知识分子向来是以理行事，所谓士可杀而不可辱。文天祥被捕、跳水、撞墙，唯求一死。鲁迅受到恐吓，出门都不带钥匙，以示不归之志。毛泽东赞扬朱自清宁饿死也不吃美国的救济粉。秋白正是这样一个典型的已达到自由阶段的知识分子。蒋介石威胁利诱实在不能使之屈服，遂下令枪决。刑前，秋白唱《国际歌》，唱红军歌曲，泰然自行至刑场，高呼"中国共产党万岁"，盘腿席地而坐，令敌开枪。从被捕到就义，这里没有一点死的畏惧。

　　如果秋白就这样高呼口号为革命献身，人们也许还不会这样长久地怀念他、研究他。他偏偏在临死前又抢着写了一篇《多余的话》，这在一般人看来真是多余。我们看他短短一生斗争何等坚决，他在国共合作中对国民党右派的批驳，在党内对陈独秀右倾路线的批判何等犀利，他主持"八七会议"，决定武装斗争，永远功彪史册，他在监狱中从容斗敌，最后英勇就义，泣天地，恸鬼神。这是一个多么完整的句号。但是他不肯，他觉得自己实在渺小，实在愧对党的领袖这个称号，于是用解剖刀，将自己的灵魂仔仔细细地剖析了一遍。别人看到的他是一个光明的结论，他在这里却非要说一说光明之前的暗淡，或者光明后面的阴影。这又是一种惊人的平静。就像敌人要给他治病时，他说："不必了"。他将生命看得很淡。现

第三单元 借鉴历史

在,为了做人,他又将虚名看得很淡。他认为自己是从绅士家庭,从旧文人走向革命的,他在新与旧的斗争中受着煎熬,在文学爱好与政治责任的抉择中受着煎熬。他说以后旧文人将再不会有了,他要将这个典型,这个痛苦的改造过程如实地录下,献给后人。他说过:"光明和火焰从地心里钻出来的时候,难免要经过好几次的尝试,试探自己的道路,锻炼自己的力量。"他不但解剖了自己的灵魂,在这《多余的话》里还嘱咐死后请解剖他的尸体,因为他是一个得了多年肺病的人。这又是他的伟大,他的无私。我们可以对比一下世上有多少人都在涂脂抹粉,挖空心思地打扮自己的历史,极力隐恶扬善。特别是一些地位越高的人越爱这样做,别人也帮他这样做,所谓"为尊者讳"。而他却不肯。作为领袖,人们希望他内外都是彻底的鲜红,而他却固执地说:"不,我是一个多重色彩的人"。在一般人是把人生投入革命,在他是把革命投入人生,革命是他人生实验的一部分。当我们只看他的事业,看他从容赴死时,他是一座平原的高山,令人崇敬;当我们再看他对自己的解剖时,他更是一座下临深谷的高峰,风鸣林吼,奇绝险峻,给人更多的思考。他是一个内心既纵横交错,又坦荡如一张白纸的人。

我在这间旧祠堂里,一年年地来去,一次次地徘徊,我想象着当年门前的小河,河上来往觅渡的小舟。秋白就是从这里出发,到上海办学,后来又在上海会见鲁迅;到广州参与国共合作,去会孙中山;到苏俄去当记者,去参加共产国际会议;到九江去主持"八七会议",发起武装斗争,到江西苏区去主持教育工作。他生命短促,行色匆匆。他出门登舟之时一定想到"野渡无人舟自横",想到"轻解罗裙,独上兰舟"。那是一种多么悠闲的生活,多么美的诗句,是一个多么宁静的港湾。他在《多余的话》里一再表达他对文学的热爱。他多么想靠上那个码头,但他没有,直到临死的前一刻他还在探究生命的归宿。他一生都在觅渡,但是到最后也没有傍到一个好的码头,这实在是一个悲剧。但正是这悲剧的遗憾,人们才这样以其生命的一倍、两倍、十倍的岁月去纪念他。如果他一开始就不闹什么革命,只要随便拔下身上的一根汗毛,悉心培植,他也会成为著名的作家、翻译家、金石家、书法家或者名医。梁实秋、徐志摩现在不是尚享后人之飨吗?如果他革命之后,又拨转船头,退而治学呢,仍然可以成为一个文坛泰斗。与他同时代的陈望道,本来是和陈独秀一起筹建共产党的,后来退而研究修辞,著《修辞学发凡》,成了中国修辞第一人,人们也记住了他。可是秋白没有这样做。就像一个美女偏不肯去演戏,像一个高个儿男子偏不肯去打球。他另有所求,但又求而无获,甚至被人误会。一个人无才也就罢了,或者有一分才干成了一件事也罢了。最可惜的是他有十分才只干成了一件事,甚而一件也没有干成,这才叫后人惋惜。你看岳飞的诗词写得多好,他是有文才的,但世人只记住了他的武功。辛弃疾是有武才的,他年轻时率一万义军反金投宋,但南宋政府不用,他只能"醉里挑灯看剑,梦回吹角连营",后人也只知他的诗才。瞿秋白以文人为政,又因政事之败而返观人生。如果他只是慷慨就义再不说什么,也许他早已没入历史的年轮。但是他又说了一些看似多余的话,他觉得探索比到达更可贵。当年项羽兵败,虽前有渡船,却拒不渡河。项羽如果为刘邦所杀,或者他失败后再渡乌江,都不如临江自刎这样留给历史永远的回味。项羽面对生的希望却举起了一把自刎的剑,秋白在将要英名流芳时却举起了一把解剖刀,他们都将行将定格的生命的价值又推上了一层。哲人者,宁肯舍其事而成其心。

秋白不朽。

[1] 梁衡(1946年~　)，当代作家。本文选自《中华文学选刊》1997年第1期。

干校六记·学圃记闲

杨绛[1]

我们连里是人人尽力干活儿，尽量吃饭——也算是各尽所能、各取所需吧？当然这只是片面之谈，因为各人还领取不同等级的工资呢。我吃饭少，力气小，干的活儿很轻，而工资却又极高，可说是占尽了"社会主义优越性"的便宜，而使国家吃亏不小。我自觉受之有愧，可是谁也不认真理会我的歉意。我就安安分分在干校学种菜。

新辟一个菜园有许多工程。第一项是建造厕所。我们指望招徕过客为我们积肥，所以地点选在沿北面大道的边上。五根木棍——四角各树一根，有一边加树一棍开个门；编上黍秸的墙，就围成一个厕所。里面埋一口缸沤尿肥；再挖两个浅浅的坑，放几块站脚的砖，厕所就完工了。可是还欠个门帘。阿香和我商量，要编个干干净净的帘子。我们把黍秸剥去壳儿，剥出光溜溜的芯子，用麻绳细细致致编成一个很漂亮的门帘；我们非常得意，挂在厕所门口，觉得这厕所也不同寻常。谁料第二天清早跑到菜地一看，门帘不知去向，积的粪肥也给过路人打扫一空。从此，我和阿香只好互充门帘。

菜园没有关栏。我们菜地的西、南和西南隅有三个菜园，都属于学部的干校。有一个菜园的厕所最讲究，粪便流入厕所以外的池子里去，厕内的坑都用砖砌成。可是他们积的肥大量被偷，据说干校的粪，肥效特高。

我们挖了一个长方形的大浅坑沤绿肥。大家分头割了许多草，沤在坑里，可是不过一顿饭的功夫，沤的青草都不翼而飞，大概是给拿去喂牛了。在当地，草也是稀罕物品，干草都连根铲下充燃料。

早先下放的连，菜地上都已盖上三间、五间房子。我们仓促间只在井台西北搭了一个窝棚。树起木架，北面筑一堵"干打垒"的泥墙，另外三面的墙用黍秸编成。棚顶也用黍秸，上盖油毡，下遮塑料布。菜园西北有个砖窑是属于学部干校的，窑下散落着许多碎砖。我们拣了两车来铺在窝棚的地下，棚里就不致太潮湿。这里面还要住人呢。窝棚朝南做了一扇结实的木门，还配上锁。菜园的班长，一位在菜园班里的诗人，还有"小牛"——三人就住在这个窝棚里，顺带看园。我们大家也有了个地方可以歇歇脚。

菜畦里先后都下了种。大部分是白菜和萝卜；此外，还有青菜、韭菜、雪里红、莴笋、胡萝卜、香菜、蒜苗等。可是各连建造的房子——除了最早下放的几连——都聚在干校的"中心点"上，离这个菜园稍远。我们在新屋近旁又分得一块菜地，壮劳力都到那边去整地挖沟。旧菜园里的庄稼不能没人照看，就叫阿香和我留守。

我们把不包心的白菜一叶叶顺序包上，用藤缠住，居然有一部分也长成包心的白菜，只是包得不紧密。阿香能挑两桶半满的尿，我就一杯杯舀来浇灌。我们偏爱几个"象牙萝卜"或"太湖萝卜"——就是长的白萝卜。地面上露出的一寸多，足有小饭碗那么顶。我们私下说："咱们且培养尖子！"所以把班长吩咐我们撒在胡萝卜地里的草木灰，全用来肥我们的宝贝。真是宝贝！到收获的时候，我满以为泥下该有一尺多长呢，至少也该有大半截。我使足劲儿去拔，用力过猛，扑通跌坐地下，原来泥里只有几茎须须。从来没见过这么扁的"长

萝卜!有几个红萝卜还像样,一般只有鸭梨大小。天气渐转寒冷,蹲在畦边松土拔草,北风直灌入背心。我们回连吃晚饭,往往天都黑了。那年十二月,新屋落成,全连搬到"中心点"上去;阿香也到新菜地去干活儿。住窝棚的三人晚上还回旧菜园睡觉,白天只我一人在那儿看守。

班长派我看菜园是照顾我,因为默存的宿舍就在砖窑以北不远,只不过十多分钟的路。默存是看守工具的。我的班长常叫我去借工具。借了当然还要还。同伙都笑嘻嘻地看我兴冲冲走去走回,借了又还。默存看守工具只管登记,巡夜也和别人轮值,他的专职是通信员,每天下午到村上邮电所去领取报纸、信件、包裹等回连分发。邮电所在我们菜园的东南。默存每天沿着我们菜地东边的小溪迤逦往南又往东去。他有时绕道到菜地来看我,我们大伙儿就停工欢迎。可是他不敢耽搁时间,也不愿常来打搅。我和阿香一同留守菜园的时候,阿香会忽然推我说:"瞧!瞧!谁来了!"默存从邮电所拿了邮件,正迎着我们的菜地走来。我们三人就隔着小溪叫应一下,问答几句。我一人守园的时候,发现小溪干涸,可一跃而过;默存可由我们的菜地过溪往邮电所去,不必绕道。这样,我们老夫妇就经常可在菜园相会,远胜于旧小说、戏剧里后花园私相约会的情人了。

默存后来发现,他压根儿不用跳过小溪,往南去自有石桥通往东岸。每天午后,我可以望见他一脚高、一脚低从砖窑北面跑来。有时风和日丽,我们就在窝棚南面灌水渠岸上坐一会儿晒晒太阳。有时他来晚了,站着说几句话就走。他三言两语、断断续续、想到就写的信,可亲自撂给我。我常常锁上窝棚的木门,陪他走到溪边,再忙忙回来守在菜园里,目送他的背影渐远渐小,渐渐消失。他从邮电所回来就急要回连分发信件和报纸,不肯再过溪看我。不过我老远就能看见他迎面而来;如果忘了什么话,等他回来可隔溪再说两句。

在我,这个菜园是中心点。菜园的西南有个大土墩,干校的人称为"威虎山",和菜园西北的砖窑遥遥相对。砖窑以北不远就是默存的宿舍。"威虎山"以西远去,是干校的"中心点"——我们那连的宿舍在"中心点"东头。"威虎山"坡下是干校某连的食堂,我的午饭和晚饭都到那里去买。西邻的菜园有房子,我常去讨开水喝。南邻的窝棚里生着火炉,我也曾去讨过开水。因为我只用三块砖搭个土灶,拣些黍秸烧水;有时风大,点不着火。南去是默存每日领取报纸、信件的邮电所。溪以东田野连绵,一望平畴,天边几簇绿树是附近的村落;我曾寄居的杨村还在树丛以东。我以菜园为中心的日常活动,就好比蜘蛛踞坐菜园里,围绕着四周各点吐丝结网;网里常会留住些琐细的见闻、飘忽的随感。

我每天清早吃罢早点,一人往菜园去,半路上常会碰到住窝棚的三人到"中心点"去吃早饭。我到了菜园,先从窝棚木门旁的黍秸里摸得钥匙,进门放下随身携带的饭碗之类,就锁上门,到菜地巡视。胡萝卜地在东边远处,泥硬土瘠,出产很不尽如人意。可是稍大的常给人拔去;拔得匆忙,往往留下一截尾巴,我挖出来屡些井水洗净,留以解渴。邻近北边大道的白菜,一旦捏来菜心已长瓷实,就给人斫去,留下一个个斫痕犹新的菜根。一次我发现三四棵长足的大白菜根已斫断,未及拿走,还端端正正站在畦里。我们只好不等白菜全部长足,抢先收割。一次我刚绕到窝棚后面,发现三个女人正在拔我们的青菜,她们站起身就跑,不料我追得快,就一面跑一面把青菜抛掷地下。她们篮子里没有赃,不怕我追上。其实,追只是我的职责;我倒但愿她们把青菜带回家去吃一顿;我拾了什么用也没有。

她们不过是偶然路过,一般出来拣野菜、拾柴草的,往往十来个人一群,都是七八岁到十二三岁的男女孩子,由一个十六七岁的大姑娘或四五十岁的老大娘带领着从村里出来。他们穿的是五颜六色的破衣裳,一手挎着个篮子,一手拿一把小刀或小铲子。每到一处,就分散为三人一伙、两人一伙,以拣野菜为名,到处游弋,见到可拣的就收在篮里。他们在树苗林里斫下树枝,并不马上就拣;拣了也并不留在篮里,只分批藏在道旁沟边,结扎成一捆一捆。午饭前或晚饭前回家的时候,这队人背上都驮着大捆柴草,篮子里也各有所获。有些大胆的小伙子竟拔了树苗,捆扎了抛在溪里,午饭或晚饭前挑着回家。

我们窝棚四周散乱的黍秸早被他们收拾干净,厕所的五根木柱逐渐偷剩两根,后来连一根都不剩了。厕所围墙的黍秸也越拔越稀,渐及窝棚的黍秸。我总要等背着大捆柴草的一队队都走远了,才敢到"威虎山"坡的食堂去买饭。

一次我们南邻的菜地上收割白菜。他们人手多,劳力强,干事又快又利索,和我们菜园班大不相同。我们班里老弱居多;我们斫呀,拔呀,搬成一堆堆过磅呀,登记呀,装上车呀,送往"中心点"的厨房呀……大家忙了一天,菜畦里还留下满地的老菜帮子。他们那边不到日落,白菜收割完毕,菜地打扫得干干净净。有一位老大娘带着女儿坐在我们窝棚前面,等着拣菜帮子。那小姑娘不时地跑去看,又回来报告收割的进程。最后老大娘站起身说:"去吧!"

小姑娘说:"都扫净了。"

她们的话,说快了我听不大懂,只听得连说几遍"喂猪"。那老大娘愤然说:"地主都让拣!"

我就问,那些干老的菜帮子拣来怎么吃。

小姑娘说:先煮一锅水,揉碎了菜叶撒下,把面糊倒下去,一搅,"可好吃哩!"

我见过他们的"馍"是红棕色的,面糊也是红棕色;不知"可好吃哩"的面糊是何滋味。我们日常吃的老白菜和苦萝卜虽然没什么好滋味,"可好吃哩"的滋味却是我们应该体验而没有体验到的。

我们种的疙瘩菜没有收成;大的像桃儿,小的只有杏子大小。我收了一堆正在挑选,准备把大的送交厨房。那位老大娘在旁盯着看,问我怎么吃。我告诉她:腌也行,煮也行。我说:"大的我留,小的送你。"她大喜,连说:"好!大的给你,小的给我。"可是她手下却快,尽把大的往自己篮里拣。我不和她争,只等她拣完,从她篮里拣回一堆大的,换给她两把小的。她也不抗议,很满意地回去了。我却心上抱歉,因为那堆稍大的疙瘩,我们厨房里后来也没有用。但我当时不敢随便送人,也不能开这个例。

我在菜园里拔草间苗,村里的小姑娘跑来闲看。我学着她们的乡音,可以和她们攀话。我把细小的绿苗送给她们,她们就帮我拔草。她们称男人为"大男人";十二三岁的小姑娘,已由父母之命定下终身。这小姑娘告诉我那小姑娘已有婆家;那小姑娘一面害羞抵赖,一面说这小姑娘也有婆家了。她们都不识字。我寄居的老乡家是比较富裕的,两个十岁上下的儿子不用看牛赚钱,都上学;可是他们十七八岁的姐姐却不识字。她已由父母之命、媒妁之言,和邻村一位年貌相当的解放军战士订婚。两人从未见过面。那位解放军给未婚妻写了一封信,并寄了照片。他小学程度,相貌是浑朴的庄稼人。姑娘的父母因为和我同姓,称我为"俺大姑";他们请我代笔回信。我举笔半天,想不出一句合适的话;后来还是同屋你一句,我一句拼凑了一封信。那位解放军连姑娘的照片都没见过。

村里十五六岁的大小子,不知怎么回事,好像成天都闲来无事的,背着个大筐,见什么,拾什么。有时七八成群,把道旁不及胳膊粗的树拔下,大伙儿用树干在地上拍打,"哈!哈!哈!"粗声呼喝着围猎野兔。有一次,三四个小伙子闯到菜地里来大吵大叫,我忙赶去,他们说菜畦里有"猫"。"猫"就是兔子。我说:"这里没有猫"。躲在菜叶底下的那头兔子自知藏身不住，一道光似的直窜出去。兔子跑得快，狗追不上。可是几条狗在猎人指使下分头追赶，兔子几回转折，给三四条狗团团围住。只见它纵身一跃有六七尺高，掉下地就给狗咬住。在它纵身一跃的时候，我代它心胆俱碎。从此我听到"哈！哈！哈！"粗哑的吆喝声，再也没有好奇心去观看。

有一次，那是一九七一年一月三日，下午三点左右，忽有人来，指着菜园以外东南隅两个坟墩，问我是否干校的坟墓。随学部干校最初下去的几个拖拉机手，有一个开拖拉机过桥，翻在河里淹死了。他们问我那人是否埋在那边。我说不是；我指向遥远处，告诉了那个坟墓所在。过了一会儿，我看见几个人在胡萝卜地东边的溪岸上挖土，旁边歇着一辆大车，车上盖着苇席。啊！他们是要埋死人吧？旁边站着几个穿军装的，想是军宣队。

我远远望着，刨坑的有三四人，动作都很迅速。有人跳下坑去挖土；后来一个个都跳下坑去。忽又有人向我跑来。我以为他是要喝水；他却是要借一把铁锹，他的铁锹柄断了。我进窝棚去拿了一把给他。

当时没有一个老乡在望，只那几个人在刨坑，忙忙地，急急地。后来，下坑的人只露出了脑袋和肩膀，坑已够深。他们就从苇席下抬出一个穿蓝色制服的尸体。我心里震惊，遥看他们把那死人埋了。

借铁锹的人来还我工具的时候，我问他死者是男是女，什么病死的。他告诉我，他们是某连，死者是自杀的，三十三岁，男。

冬天日短，他们拉着空车回去的时候，已经暮色苍茫。荒凉的连片菜地里阒无一人。我慢慢儿跑到埋人的地方，只看见添了一个扁扁的土馒头。谁也不会注意到溪岸上多了这么一个新坟。

第二天我告诉了默存，叫他留心别踩那新坟，因为里面没有棺材，泥下就是身体。他从邮电所回来，那儿消息却多，不但知道死者的姓名，还知道死者有妻有子；那天有好几件行李寄回死者的家乡。

不久后下了一场大雪。我只愁雪后地塌坟裂，尸体给野狗拖出来。地果然塌下些，坟却没有裂开。

整个冬天，我一人独守菜园。早上太阳刚出，东边半天云彩绚烂。远远近近的村子里，一批批老老少少的村里人，穿着五颜六色的破衣服成群结队出来，到我们菜园邻近分散成两人一伙、三人一伙，消失各处。等夕阳西下，他们或先或后，又成群负载而归。我买了晚饭回菜园，常站在窝棚门口慢慢地吃。晚霞渐渐暗淡，暮霭沉沉，野旷天低，菜地一片昏暗，远近不见一人，也不见一点灯光。我退入窝棚，只听得黍秸里不知多少老鼠在跳踉作耍，枯叶窸窸窣窣地响。我舀些井水洗净碗匙，就锁上门回宿舍。

人人都忙着干活儿，唯我独闲；闲得惭愧，也闲得无可奈何。我虽然不懂得任何武艺，也大有鲁智深在五台山禅院做和尚之概。

我住在老乡家的时候，和同屋伙伴不在一处劳动，晚上不便和她们结队一起回村。我独往独来，倒也自由灵便。而且我喜欢走黑路。打了手电，只能照见四周一小圈地，不知身在何处；走黑路倒能把四周都分辨清楚。我顺着荒墩乱石间一条蜿蜒小径，独自回村；近村能看到树丛里闪出灯光。但有灯光处，只有我一个床位，只有帐子里狭小的一席地——一个孤寂的归宿，不是我的家。因此我常记起曾见一幅画里，一个老者背负行囊，挂着拐杖，由山坡下一条小路一步步走入自己的坟墓；自己仿佛也就是如此。

过了年，清明那天，学部的干校迁往明港。动身前，我们菜园班全伙都回到旧菜园来，拆除所有的建筑。可拔的拔了,可拆的拆了。拖拉机又来耕地一遍。临走我和默存偷空同往菜园看一眼告别。只见窝棚没了,井台没了,灌水渠没了,菜畦没了,连那个扁扁的土馒头也不知去向,只剩了满布坷垃的一片白地。

注释

[1] 杨绛(1911年~),现当代作家。本文选自《干校六记》(生活·读书·新知三联书店,2010年)。

道 士 塔

余秋雨[1]

一

莫高窟大门外,有一条河,过河有一溜空地,高高低低建着几座僧人圆寂塔。塔呈圆形,状近葫芦,外敷白色。从几座坍弛的来看,塔心竖一木桩,四周以黄泥塑成,基座垒以青砖。历来住持莫高窟的僧侣都不富裕,从这里也可找见证明。夕阳西下,朔风凛冽,这个破落的塔群更显得悲凉。

有一座塔,由于修建年代较近,保存得较为完整。塔身有碑文,移步读去,猛然一惊,它的主人,竟然就是那个王圆箓!

历史已有记载,他是敦煌石窟的罪人。

我见过他的照片,穿着土布棉衣,目光呆滞,畏畏缩缩,是那个时代到处可以遇见的一个中国平民。他原是湖北麻城的农民,逃荒到甘肃,做了道士。几经转折,不幸由他当了莫高窟的家,把持着中国古代最灿烂的文化。他从外国冒险家手里接过极少的钱财,让他们把难以计数的敦煌文物一箱箱运走。今天,敦煌研究院的专家们只得一次次屈辱地从外国博物馆买取敦煌文献的微缩胶卷,叹息一声,走到放大机前。

完全可以把愤怒的洪水向他倾泻。但是,他太卑微,太渺小,太愚昧,最大的倾泻也只是对牛弹琴,换得一个漠然的表情。让他这具无知的躯体全然肩起这笔文化重债,连我们也会觉得无聊。

这是一个巨大的民族悲剧。王道士只是这出悲剧中错步上前的小丑。一位年轻诗人写道,那天傍晚,当冒险家斯坦因装满箱子的一队牛车正要启程,他回头看了一眼西天凄艳的晚霞。那里,一个古老民族的伤口在滴血。

二

真不知道一个堂堂佛教圣地,怎么会让一个道士来看管。中国的文化都到哪里去了,他们滔滔的奏折怎么从不提一句敦煌的事由?其时已是二十世纪初年,欧美的艺术家正在酝酿着新世纪的突破。罗丹正在他的工作室里雕塑,雷诺阿、德加、塞尚已处于创作晚期,马奈早就展出过他的《草地上的午餐》。他们中有人已向东方艺术投来歆羡的目光,而敦煌艺术,正在王道士手上。

王道士每天起得很早,喜欢到洞窟里转转,就像一个老农,看看他的宅院。他对洞窟里的壁画有点不满,暗乎乎的,看着有点眼花。亮堂一点多好呢,他找了两个帮手,拎来一桶石灰。草扎的刷子装上一个长把,在石灰桶里蘸一蘸,开始他的粉刷。第一遍石灰刷得太薄,五颜六色还隐隐显现,农民做事就讲个认真,他再细细刷上第二遍。这儿空气干燥,一

会儿石灰已经干透。什么也没有了，唐代的笑容，宋代的衣冠，洞中成了一片净白。道士擦了一把汗憨厚地一笑，顺便打听了一下石灰的市价。他算来算去，觉得暂时没有必要把更多的洞窟刷白，就刷这几个吧，他达观地放下了刷把。

当几面洞壁全都刷白，中座的塑像就显得过分惹眼。在一个干干净净的农舍里，她们婀娜的体态过于招摇，她们柔美的浅笑有点尴尬。道士想起了自己的身份，一个道士，何不在这里搞上几个天师、灵官菩萨？他吩咐帮手去借几个铁锤，让原先几座塑像委屈一下。事情干得不赖，才几下，婀娜的体态变成碎片，柔美的浅笑变成了泥巴。听说邻村有几个泥匠，请了来，拌点泥，开始堆塑他的天师和灵官。泥匠说从没干过这种活计，道士安慰道，"不妨，有那点意思就成。"于是，像顽童堆造雪人，这里是鼻子，这里是手脚，总算也能稳稳坐住。行了。再拿石灰，把它们刷白。画一双眼，还有胡子，像模像样。道士吐了一口气，谢过几个泥匠，再做下一步筹划。

今天我走进这几个洞窟，对着惨白的墙壁、惨白的怪像，脑中也是一片惨白。我几乎不会言动，眼前直晃动着那些刷把和铁锤。"住手！"我在心底痛苦地呼喊，只见王道士转过脸来，满眼困惑不解。是啊，他在整理他的宅院，闲人何必喧哗？我甚至想向他跪下，低声求他："请等一等，等一等……"但是等什么呢？我脑中依然一片惨白。

三

1900年5月26日清晨，王道士依然早起，辛辛苦苦地清除着一个洞窟中的积沙。没想到墙壁一震，裂开一条缝，里边似乎还有一个隐藏的洞穴。王道士有点奇怪，急忙把洞穴打开，嗬，满满实实一洞的古物！

王道士完全不能明白，这天早晨，他打开了一扇轰动世界的门户。一门永久性的学问，将靠着这个洞穴建立。无数才华横溢的学者，将为这个洞穴耗尽终生。中国的荣耀和耻辱，将由这个洞穴吞吐。

现在，他正衔着旱烟管，趴在洞窟里随手捡翻。他当然看不懂这些东西，只觉得事情有点蹊跷。为何正好我在这儿时墙壁裂缝了呢？或许是神对我的酬劳。趁下次到县城，捡了几个经卷给县长看看，顺便说说这桩奇事。

县长是个文官，稍稍掂出了事情的分量。不久甘肃学台叶炽昌也知道了，他是金石学家，懂得洞窟的价值，建议藩台把这些文物运到省城保管。但是东西很多，运费不低，官僚们又犹豫了。只有王道士一次次随手取一点出来的文物，在官场上送来送去。

中国是穷，但只要看看这些官僚豪华的生活排场，就知道绝不会穷到筹不出这笔运费。中国官员也不是都没有学问，他们也已在窗明几净的书房里翻动出土经卷，推测着书写朝代了。但他们没有那副赤肠，下个决心，把祖国的遗产好好保护一下。他们文雅地摸着胡须，吩咐手下："什么时候，叫那个道士再送几件来！"已得的几件，包装一下，算是送给哪位京官的生日礼品。

就在这时，欧美的学者、汉学家、考古家、冒险家，却不远万里、风餐露宿，朝敦煌赶来。他们愿意卖掉自己的全部财产，充作偷运一两件文物回去的路费。他们愿意吃苦，愿意冒着葬身沙漠的危险，甚至做好了被打、被杀的准备，朝这个刚刚打开的洞窟赶来。他们在沙漠里燃起了股股炊烟，而中国官员的客厅里，也正茶香缕缕。

没有任何关卡，没有任何手续，外国人直接走到了那个洞窟跟前。洞窟砌了一道砖、上了一把锁，钥匙挂在王道士的裤腰带上。外国人未免有点遗憾，他们万里冲刺的最后一站，没有遇到森严的文物保护官邸，没有碰见冷漠的博物馆馆长，甚至没有遇到看守和门卫，一切的一切，竟是这个肮脏的土道士。他们只得幽默地耸耸肩。

略略交谈几句，就知道了道士的品位。原先设想好的种种方案纯属多余，道士要的只是一笔最轻松的小买卖。就像用两枚针换一只鸡，一颗纽扣换一篮青菜。要详细地复述这笔交换账，也许我的笔会不太沉稳，我只能简略地说：1905年10月，俄国人勃奥鲁切夫用一点点随身带着的俄国商品，换取了一大批文书经卷；1907年5月，匈牙利人斯坦因用一叠银元换取了二十四大箱经卷、三箱织绢和绘画；1908年7月，法国人伯希和又用少量银元换去了十大车、六千多卷写本和画卷；1911年10月，日本人吉川小一郎和橘瑞超用难以想象的低价换取了三百多卷写本和两尊唐塑；1914年，斯坦因第二次又来，仍用一点银元换去五大箱、六百多卷经卷；……

道士也有过犹豫，怕这样会得罪了神。解除这种犹豫十分简单，那个斯坦因就哄他说，自己十分崇拜唐僧，这次是倒溯着唐僧的脚印，从印度到中国取经来了。好，既然是洋唐僧，那就取走吧，王道士爽快地打开了门。这里不用任何外交辞令，只需要几句现编的童话。一箱子，又一箱子。一大车，又一大车。都装好了，扎紧了，吁——，车队出发了。

没有走向省城，因为老爷早就说过，没有运费。好吧，那就运到伦敦，运到巴黎，运到彼得堡，运到东京。王道士频频点头，深深鞠躬，还送出一程。他恭敬地称斯坦因为"司大人讳代诺"，称伯希和为"贝大人讳希和"。他的口袋里有了一些沉甸甸的银元，这是平常化缘时很难得到的。他依依惜别，感谢司大人、贝大人的"布施"。车队已经驶远，他还站在路口。沙漠上，两道深深的车辙。

斯坦因他们回到国外，受到了热烈的欢迎。他们的学术报告和探险报告，时时激起如雷的掌声。他们在叙述中常常提到古怪的王道士，让外国听众感到，从这么一个蠢人手中抢救出这笔遗产，是多么重要。他们不断暗示，是他们的长途跋涉，使敦煌文献从黑暗走向光明。

他们都是富有实干精神的学者，在学术上，我可以佩服他们。但是，他们的论述中遗忘了一些极基本的前提。出来辩驳为时已晚，我心头只是浮现出一个当代中国青年的几行诗句，那是他写给火烧圆明园的额尔金勋爵的：

    我好恨
    恨我没早生一个世纪
    使我能与你对视着站立在
    阴森幽暗的古堡
    晨光微露的旷野
    要么我拾起你扔下的白手套
    要么你接住我甩过去的剑
    要么我你各乘一匹战马
    远远离开遮天的帅旗
    离开如云的战阵
    决胜负于城下

对于这批学者，这些诗句或许太硬。但我确实想用这种方式，拦住他们的车队。对视着，站立在沙漠里。他们会说，你们无力研究；那么好，先找一个地方，坐下来，比比学问高低。什么都成，就是不能这么悄悄地运走祖先给我们的遗赠。

我不禁又叹息了，要是车队果真被我拦下来了，然后怎么办呢？我只得送缴当时的京城，运费姑且不计。但当时，洞窟文献不是确也有一批送京的吗？其情景是，没装木箱，只用席子乱捆，沿途官员伸手进去就取走一把，在哪儿歇脚又得留下几捆，结果，到京城时已零零落落，不成样子。

偌大的中国，竟存不下几卷经文？比之于被官员大量糟践的情景，我有时甚至想狠心说一句：宁肯存放在伦敦博物馆里！这句话终究说得不太舒心。被我拦住的车队，究竟应该驶向哪里？这里也难，那里也难，我只能让他停驻在沙漠里，然后大哭一场。

我好恨！

四

不止是我在恨。敦煌研究院的专家们，比我恨得还狠。他们不愿意抒发感情，只是铁板着脸，一钻几十年，研究敦煌文献。文献的胶卷可以从外国买来，越是屈辱越是加紧钻研。我去时，一次敦煌学国际学术讨论会正在莫高窟举行。几天会罢，一位日本学者用沉重的声调做了一个说明："我想纠正一个过去的说法。这几年的成果已经表明，敦煌在中国，敦煌学也在中国！"

中国的专家没有太大的激动，他们默默地离开了会场，走过王道士的圆寂塔前。

[1]余秋雨（1946年～ ），当代作家。本文选自《文化苦旅》（东方出版中心，2002年）。

红高粱（节选）

莫言[1]

飞落的高粱米粒在奶奶脸上弹跳着，有一粒竟蹦到她微微翕开的双唇间，搁在她清白的牙齿上。父亲看着奶奶红晕渐褪的双唇，哽咽一声娘，双泪落胸前。在高粱织成的珍珠雨里，奶奶睁开了眼，奶奶的眼睛里射出珍珠般的虹彩。她说："孩子……你爹呢……"父亲说："他在打仗，我爹。""他就是你的亲爹……"奶奶说。父亲点了点头。

奶奶挣扎着要坐起来，她的身体一动，那两股血就汹涌地蹿出来。

"娘，我去叫他来。"父亲说。

奶奶摇摇手，突然折坐起来，说："豆官……我的儿……扶着娘……咱回家、回家啦……"

父亲跪下，让奶奶的胳膊揽住自己的脖颈，然后用力站起，把奶奶也带了起来。奶奶胸前的血很快就把父亲的头颈弄湿了，父亲从奶奶的鲜血里，依然闻到一股浓烈的高粱酒味。奶奶沉重的身躯，倚在父亲身上，父亲双腿打颤，趔趔趄趄，向着高粱深处走，子弹在他们头上屠戮着高粱。父亲分拨着密密匝匝的高粱秸子，一步一步地挪，汗水泪水掺和着奶奶的鲜血，把父亲的脸弄得残缺不全。父亲感到奶奶的身体越来越沉重，高粱秸子毫不留情地绊着他，高粱叶子毫不留情地锯着他，他倒在地上，身上压着沉重的奶奶。父亲从奶奶身下钻出来，把奶奶摆平，奶奶仰着脸，呼出一口长气，对着父亲微微一笑，这一笑神秘莫测，这一笑像烙铁一样，在父亲的记忆里，烫出一个马蹄状的烙印。

奶奶躺着，胸脯上的灼烧感逐渐减弱。她恍然觉得儿子解开了自己的衣服，儿子用手捂住她乳房上的一个枪眼，又捂住她乳下的一个枪眼。奶奶的血把父亲的手染红了，又染绿了；奶奶洁白的胸脯被自己的血染绿了，又染红了。枪弹射穿了奶奶高贵的乳房，暴露出了淡红色的蜂窝状组织。父亲看着奶奶的乳房，万分痛苦。父亲捂不住奶奶伤口的流血，眼见着随着鲜血的流失，奶奶的脸愈来愈苍白，奶奶的身体愈来愈轻飘，好像随时都会升空飞走。

奶奶幸福地看着在高粱阴影下，她与余司令共同创造出来的、我父亲那张精致的脸，逝去岁月里那些生动的生活画面，像奔驰的走马掠过了她的眼前。

奶奶想起那一年，在倾盆大雨中，像坐船一样乘着轿，进了单廷秀家住的村庄，街上流水痴痴，水面上漂浮着一层高粱的米壳。花轿抬到单家大门时，出来迎亲的只有一个梳着豆角辫的干老头子。大雨停后，还有一些零星落雨打在地面上的水汪汪里。尽管吹鼓手也吹着曲子，但没有一个人来看热闹，奶奶知道大事不妙，扶我奶奶拜天地的是两个男人，一个五十多岁，一个四十多岁。五十多岁的就是刘罗汉大爷，四十多岁的是烧酒锅上的一个伙计。

轿夫、吹鼓手们落汤鸡般站在水里，面色严肃地看着两个枯干男子把一抹酥红的我奶奶架到了幽暗的堂房里。奶奶闻到两个男人身上那股强烈的烧酒气息，好像他们整个人都在酒里浸泡过。

奶奶在拜堂时，还是蒙上了那块臭气熏天的盖头布。在蜡烛燃烧的腥气中，奶奶接住一根柔软的绸布，被一个人牵着走。这段路程漆黑憋闷，充满了恐怖。奶奶被送到炕上坐着。始终没人来揭罩头红布，奶奶自己揭了。她看到在炕下方凳上蜷曲着一个面孔痉挛的男人。那个男人生着一个扁扁的长头，下眼睑烂得通红。他站起来，对着奶奶伸出一只鸡爪状的手，奶奶大叫一声，从怀里摸出一把剪刀，立在炕上，怒目逼视着那男人。男人又畏畏缩缩地坐到凳子上。这一夜，奶奶始终未放下手中的剪刀，那个扁头男人也始终未离开方凳。

第二天一早，趁着那男人睡着，奶奶溜下炕，跑出房门，开开大门，刚要飞跑，就被一把拉住。那个梳豆角辫的干瘦老头子抓住她的手腕，恶狠狠地看着她。

单廷秀干咳了两声，收起恶容换笑容，说："孩子，你嫁过来，就像我的亲女儿一样，扁郎不是那病，你别听人家胡说。咱家大业大，扁郎老实，你来了，这个家就由你当了。"单廷秀把一大串黄铜钥匙递给奶奶，奶奶未接。

第二夜，奶奶手持剪刀，坐到天明。

第三天上午，我曾外祖父牵着一匹小毛驴，来接我奶奶回门，新婚三日接闺女，是高密东北乡的风俗。曾外祖父与单廷秀一直喝到太阳过晌，才动身回家。

奶奶偏坐毛驴，驴背上搭着一条薄被子，晃晃荡荡出了村。大雨过后三天，路面依然潮湿，高粱地里白色蒸气腾腾升集，绿高粱被白气缭绕，具有了仙风道骨。曾外祖父褡裢里银钱叮当，人喝得东倒西歪，目光迷离。小毛驴蹙着长额，慢吞吞地走，细小的蹄印清晰地印在潮湿的路上。奶奶坐在驴上，一阵阵头晕眼花，她眼皮红肿，头发凌乱，三天中又长高了一节的高粱，嘲弄地注视着我奶奶。

奶奶说："爹呀，我不回他家啦，我死也不去他家啦……"

曾外祖父说："闺女，你好大的福气啊！你公公要送我一头大黑骡子，我把毛驴卖了去……"

毛驴伸出方方正正的头，啃了一口路边沾满细小泥点的绿草。

奶奶哭着说："爹呀，他是个麻风……"

曾外祖父说："你公公要给咱家一头骡子……"

曾外祖父已醉得不成人样，他不断地把一口口的酒肉呕吐到路边草丛里。污秽的脏物引逗得奶奶翻肠搅肚。奶奶对他满心仇恨。

　　毛驴走到蛤蟆坑，一股刺鼻的恶臭，刺激得毛驴都垂下耳朵。奶奶看到了那个劫路人的尸体。他的肚子鼓起老高，一层翠绿的苍蝇，盖住了他的肉皮。毛驴驮着奶奶，从腐尸跟前跑过，苍蝇愤怒地飞起，像一团绿云。曾外祖父跟着毛驴，身体似乎比道路还宽，他忽而擦动左边高粱，忽而踩倒右边野草。在倒尸面前，曾外祖父嘀嘀连声，嘴唇哆嗦着说："穷鬼……你这个穷鬼……你躺在这里睡着了吗……"奶奶一直不能忘记劫路人南瓜般的面孔，在苍蝇惊起的一瞬间，死劫路人雍容华贵的表情与活劫路人凶狠胆怯的表情形成鲜明的对照。走了一里又一里，白日斜射，青天如涧，曾外祖父被毛驴甩在后面，毛驴认识路径，驮着奶奶，徜徉前行。道路拐了个小弯，毛驴走到弯上，奶奶身体后仰，脱离驴背，一只有力的胳膊挟着她，向高粱深处走去。

　　奶奶无力挣扎，也不愿挣扎，三天新生活，如同一场大梦惊破，有人在一分钟内成了伟大领袖，奶奶在三天中参透了人生禅机。她甚至抬起一只胳膊，揽住了那人的脖子，以便他抱得更轻松一些。高粱叶子嚓嚓响着。路上传来曾外祖父嘶哑的叫声："闺女，你去哪儿啦？"

　　石桥附近传来大喇叭凄厉的长鸣和机枪分不清点儿的射击声。奶奶的血还在随着她的呼吸，一线一线往外流。父亲叫着："娘啊，你的血别往外流啦，流完了血你就要死啦。"父亲从高粱根下抓起黑土，堵在奶奶的伤口上，血很快洇出，父亲又抓上一把。奶奶欣慰地微笑着，看着湛蓝的、深不可测的天空，看着宽容温暖的、慈母般的高粱。奶奶的脑海里，出现了一条绿油油的缀满小白花的小路，在这条小路上，奶奶骑着小毛驴，悠闲地行走。高粱深处，那个伟岸坚硬的男子，顿喉高歌，声越高粱。奶奶循声而去，脚踩高粱梢头，像腾着一片绿云……

　　那人把奶奶放到地上，奶奶软得像面条一样，眯着羊羔般的眼睛。那人撕掉蒙面黑布，显出了真相。是他！奶奶暗呼苍天，一阵类似幸福的强烈震颤冲激得奶奶热泪盈眶。

　　余占鳌把大蓑衣脱下来，用脚踩断了数十棵高粱，在高粱的尸体上铺上了蓑衣。他把我奶奶抱到蓑衣上。奶奶神魂出舍，望着他脱裸的胸膛，仿佛看到强劲慓悍的血液在他黝黑的皮肤下川流不息。高粱梢头，薄气袅袅，四面八方响着高粱生长的声音。风平，浪静，一道道炽目的潮湿阳光，在高粱缝隙里交叉扫射。奶奶心头撞鹿，潜藏了十六年的情欲，迸然炸裂。奶奶在蓑衣上扭动着。余占鳌一截截地矮，双膝啪嗒落下，他跪在奶奶身边，奶奶浑身发抖，一团黄色的、浓香的火苗，在她面上哗哗剥剥地燃烧。余占鳌粗鲁地撕开我奶奶的胸衣，让直泻下来的光束照耀着奶奶寒冷紧张，密密麻麻起了一层小白疙瘩的双乳上。在他的刚劲动作下，尖刻锐利的痛楚和幸福磨砺着奶奶的神经，奶奶低沉喑哑地叫了一声："天哪……"就晕了过去。

　　奶奶和爷爷在生机勃勃的高粱地里相亲相爱，两颗蔑视人间法规的不羁心灵，比他们彼此愉悦的肉体贴得还要紧。他们在高粱地里耕云播雨，为我们高密东北乡丰富多彩的历史上，抹了一道酥红。我父亲可以说是秉领天地精华而孕育，是痛苦与狂欢的结晶。毛驴高亢的叫声，钻进高粱地里来，奶奶从迷荡的天国回到了残酷的人世。她坐起来，六神无主，泪水流到腮边。她说："他真是麻风。"爷爷跪着，不知从什么地方抽出一柄二尺多长的小剑，"噌"一声拔出鞘，剑刃浑圆，像一片韭叶。爷爷手一挥，剑已从高粱秸秆间滑过，两棵高粱倒地，从整齐倾斜的茬口里，渗出墨绿的汁液。爷爷说："三天之后，你只管回来！"奶奶大惑不解地看着他。爷爷穿好衣。奶奶整好容。奶奶不知爷爷又把那柄小剑藏到什么地方去

了。爷爷把奶奶送到路边，一闪身便无影无踪。

三天后，小毛驴又把奶奶驮回来。一进村就听说，单家父子已经被人杀死，尸体横陈在村西头的湾子里。

奶奶躺着，沐浴着高粱地里清丽的温暖，她感到自己轻捷如燕，贴着高粱穗子潇洒地滑行。那些走马转蓬般的图像运动减缓，单扁郎、单廷秀、曾外祖父、曾外祖母、罗汉大爷……多少仇视的、感激的、凶残的、敦厚的面容都已经出现过又都消逝了。奶奶三十年的历史，正由她自己写着最后一笔，过去的一切，像一颗颗香气馥郁的果子，箭矢般坠落在地，而未来的一切，奶奶只能模模糊糊地看到一些稍纵即逝的光圈。只有短暂的又黏又滑的现在，奶奶还拼命抓住不放。奶奶感到我父亲那两只兽爪般的小手正在抚摸着她，父亲胆怯的叫娘声，让奶奶恨爱幻灭、恩仇并泯的意识里，又溅出几束眷恋人生的火花。奶奶极力想抬起手臂，爱抚一下我父亲的脸，手臂却怎么也抬不起来了。奶奶正向上飞奔，她看到了从天国射下来的一束五彩的强光，她听到了来自天国的、用唢呐、大喇叭、小喇叭合奏出的庄严的音乐。

奶奶感到疲乏极了，那个滑溜溜的现在的把柄、人生世界的把柄，就要从她手里滑脱。这就是死吗？我就要死了吗？再也见不到这天，这地，这高粱，这儿子，这正在带兵打仗的情人？枪声响得那么遥远，一切都隔着一层厚重的烟雾。豆官！豆官！我的儿，你来帮娘一把，你拉住娘，娘不想死，天哪！天……天赐我情人，天赐我儿子，天赐我财富，天赐我三十年红高粱般充实的生活。天，你既然给了我，就不要再收回，你宽恕了我吧，你放了我吧！天，你认为我有罪吗？你认为我跟一个麻风病人同枕交颈，生出一窝癞皮烂肉的魔鬼，使这个美丽的世界污秽不堪是对还是错？天，什么叫贞节？什么叫正道？什么是善良？什么是邪恶？你一直没有告诉过我，我只有按着我自己的想法去办，我爱幸福，我爱力量，我爱美，我的身体是我的，我为自己做主，我不怕罪，不怕罚，我不怕进你的十八层地狱。我该做的都做了，该干的都干了，我什么都不怕。但我不想死，我要活，我要多看几眼这个世界，我的天哪……

奶奶的真诚感动了上天，她的干涸的眼睛里，又滋出了新鲜的津液，奇异的来自天国的光辉在她的眼里闪烁，奶奶又看到了父亲金黄的脸蛋和酷似爷爷的那两只眼睛。奶奶嘴唇微动，叫一声豆官，父亲兴奋地大叫："娘，你好了！你不要死，我已经把你的血堵住了，它已经不流了！我就去叫俺爹，叫他来看看你。娘，你可不能死，你等着我爹！"

父亲跑走了。父亲的脚步声变成了轻柔的低语，变成了方才听到过的来自天国的音乐。奶奶听到了宇宙的声音，那声音来自一株株红高粱。奶奶注视着红高粱，在她朦胧的眼睛里，高粱们奇谲瑰丽，奇形怪状，它们呻吟着，扭曲着，呼号着，缠绕着，时而像魔鬼，时而像亲人，它们在奶奶眼里盘结成蛇样的一团，又呼啦啦地伸展开来，奶奶无法说出它们的光彩了。它们红红绿绿，白白黑黑，蓝蓝绿绿，它们哈哈大笑，它们号啕大哭，哭出的眼泪像雨点一样打在奶奶心中那一片苍凉的沙滩上。高粱缝隙里，镶着一块块的蓝天，天是那么高又是那么低。奶奶觉得天与地、与人、与高粱交织在一起，一切都在一个硕大无朋的罩子里罩着。天上的白云擦着高粱滑动，也擦着奶奶的脸。白云坚硬的边角擦得奶奶的脸窸窣作响。白云的阴影和白云一前一后相跟着，闲散地转动。一群雪白的野鸽子，从高空中扑下来，落在了高粱梢头。鸽子们的咕咕鸣叫，唤醒了奶奶，奶奶非常真切地看清了鸽子的模样。鸽子也用高粱米粒那么大的、通红的小眼珠来看奶奶。奶奶真诚地对着鸽子微笑，鸽子用宽大的笑容回报着奶奶弥留之际对生命的留恋和热爱。奶奶高喊：我的亲人，我舍不得离开你们！鸽子们啄下一串串的高粱米粒，回答着奶奶无声的呼唤。鸽子一边啄，一边吞咽高粱，它们的胸前渐渐隆起来，它们的羽毛在紧张的啄食中耸起。那扇状的尾羽，像风雨中幡动着的花絮。我家的房檐下，曾经养过一大群鸽子。秋天，奶奶在院子里摆一个盛满清水的大木盆，鸽子从田野里飞回来，整齐地蹲在盆沿上，面对着清水中自己的倒影，把嗉子里的高粱秃噜秃噜吐出来。鸽子们大摇大摆地在院子里走着。鸽子！和平的沉甸甸的高粱头上，站着一群被战争的狂风暴雨赶出家园的鸽子，它们注视着奶奶，像对奶奶进行沉痛的哀悼。

奶奶的眼睛又朦胧起来，鸽子们扑棱棱一起飞起，合着一首相当熟悉的歌曲的节拍，在海一样的蓝天里翱翔，鸽翅与空气相接，发出飕飕的风响。奶奶飘然而起，跟着鸽子，划动新生的羽翼，轻盈地旋转。黑土在身下，高粱在身上。奶奶眷恋地看着破破烂烂的村庄，弯弯曲曲的河流，交叉纵横的道路；看着被灼热的枪弹划破的混沌的空间和在死与生的十字路口犹豫不决的芸芸众生。奶奶最后一次嗅着高粱酒的味道，嗅着腥甜的热血味道，奶奶的脑海里忽然闪过了一个从未见过的场面：在几万发子弹的钻击下，几百个衣衫褴褛的乡亲，手舞足蹈躺在高粱地里……

最后一丝与人世间的联系即将挣断，所有的忧虑、痛苦、紧张、沮丧都落在了高粱地里，都冰雹般打在高粱梢头，在黑土上扎根开花，结出酸涩的果实，让下一代又一代承受。奶奶完成了自己的解放，她跟着鸽子飞着，她的缩得只如一只拳头那么大的思维空间里，盛着满溢的快乐、宁静、温暖、舒适、和谐。奶奶心满意足，她虔诚地说：

"天哪！我的天……"

注 释

［1］莫言（1955年～　），山东高密人，2012年诺贝尔文学奖得主，主要作品有中篇小说《透明的红萝卜》、《红高粱》，长篇小说《丰乳肥臀》、《酒国》等。本文选自《人民文学》1986年第8期。

扩展阅读书目

1. 《史记》（司马迁著）
2. 《战国策》（刘向著）
3. 《世说新语》（刘义庆著）
4. 《三国演义》（罗贯中著）
5. 《水浒传》（施耐庵著）
6. 《儒林外史》（吴敬梓著）
7. 《桃花扇》（孔尚任著）
8. 《第二十二条军规》（约瑟夫·海勒著）
9. 《伊利亚特》（荷马著）
10. 《奥德赛》（荷马著）
11. 《巴尔扎克小说集》（巴尔扎克著）
12. 《契诃夫中短篇小说集》（契诃夫著）
13. 《死水微澜》（李劼人著）
14. 《暴风骤雨》（周立波著）
15. 《红岩》（罗广斌、杨益言著）
16. 《白鹿原》（陈忠实著）

第四单元 思辨科学

导读：为科学插上灵性的翅膀

当以渺小之躯立身于地球这个蔚蓝色星球的早期人类最初感觉到自己的脆弱时，面对可爱又可怕、既充满生机又满布杀气、既带给人幸福也带给人痛苦的自然世界，人类便知道，只有知识才是自己能够立身绵延的最强大武器。于是，为了追究、认识自然的奥秘，人类前仆后继、义无反顾地探索寻求科学的真理，终成为万物之"灵长"。文学记录着人类探寻科学真理的足迹，用想落天外的奇思妙想为科学开疆拓土，用如珠的妙语播撒科学的知识，使人类的智慧不断积聚传承，更为滥用科学造成的生态恶果摇旗呐喊，向世人敲响警钟，可以说，文学为科学插上灵性的翅膀，让科学真如爱因斯坦所说"让人生得更加美满，不是让人死得更加沉重"。

去读读古今中外各民族的神话传说吧，它们会告诉我们，在混沌未凿、蒙昧未开的人类文明初期，人类的祖先是如何探索自然的。那时的人们"用想象和借助想象以征服自然、支配自然力，把自然力加以形象化"，创造出了种种神灵故事来解释人类的起源，解释当时人类无法理解的种种自然现象，如风雨雷电等。在西方文明的源头——希腊文明和希伯来文明中，希腊先民创造了辉煌壮丽的以宙斯为首的俄林波斯神和英雄赫拉克勒斯等神话传说；古希伯来人创造了用七天时间造出天地山河、生灵万物的上帝耶和华；古埃及、古巴比伦文明创造了自己的创世神话英雄；中国先民则创造了开天辟地的盘古、抟土造人的女娲等。在这些神话与传说中，你会读到一种真实，一种在科学水平低下的远古时代里早期人类心中的世界幻象的"真实"。先人们相信有神灵的存在，他们惊叹神灵的无穷威力，也感觉到人在自然面前的渺小。可也就在这些神话与传说中，你同时会读到另一种真实，一种高扬着人类勇于探索自然、敢于向自然挑战、从不向自然低头屈服的大无畏精神的真实！《后羿射日》、《鲧禹治水》、《夸父逐日》、《姮娥奔月》无一不是早期先民企图认识自然、征服自然的强烈愿望，以及将这些愿望勇敢付诸实践的记录和表现，愿望之强烈正如屈原那一声声世界本原式的"天问"般气势磅礴而又绵延不绝。这些神话传说无不想象奔放神奇，语言质朴简练，让我们看到了早期科学虽蒙昧色彩浓重却遮挡不住的美丽。

14～15世纪，指南针等技术的发明促进了航海技术的进步，带来了著名的地理大发现，由此诞生了哥伦布、达·伽马、麦哲伦、库克等许多著名的航海探险家。他们的航海探险，不仅使人类对地球面貌的认识更加完整清晰，也促进了世界经济、文化、科学的长足进步与巨大发展。读《库克船长三闯太平洋》的传奇经历，你会发现，吸引库克船长去探险的，不仅是远方丰富的财富宝藏、异域的绚丽风光、奇异的风俗民情、神秘的古老文明，还有科学家对未知世界的美妙幻想。而读《格列佛游记》、《镜花缘》、《所罗门的宝藏》，你会看到文学家是如何在这种虚构的"伪旅行"中，把人类对远方的憧憬描绘得色彩斑斓、奇幻多姿，正是它们的美丽，吸引和激励了后人义无反顾地踏上探险旅程，去求解、求证那种种奇幻的自然之谜，也吸引和感动了一代又一代的读者。

从文学中看科学的美丽，最绚烂的莫过于文学中的科幻小说。19世纪初英国著名诗人雪莱的妻子玛丽·雪莱创作的西方第一部科幻小说《弗兰肯斯坦》，把科学世界与幻想世界加以艺术的综合与重叠，首次让科学与文学完美联姻。其中科学的推理与奇妙的幻想相结合，极大地启迪了读者的心智，激发了读者的想象力，促进了人们对科学的崇尚与热爱，更激励了科学家们对自然奥秘的进一步研究。其后，儒勒·凡尔纳（现代科幻小说之父）、H.G.威尔斯（软科幻鼻祖）、艾萨克·阿西莫夫（美国科幻"四才子"之一）、罗伯特·海因莱因（美国科幻小说之父）、A.E.范·沃格特（美国科幻"四才子"之一）、厄修拉·勒吉恩（科幻小说界的女皇）等世界一流的科幻大师创作出的无数精美神奇的科幻小说，通过超越时空的想象或幻想，拓展了人们的眼界，培养了人们的"未来意识"，展现未来世界的各种美妙前景，也对有可能发生的危险发出警示以防患于未然。历史不断证明，许多科幻小说中所描绘的似乎纯属幻想甚至臆想、呓语的幻景，竟然变成了现实，如机器人、激光、器官移植、登月、太空飞行等。尽管有的臆测被今天的事实证明并非正确且让人感到十分幼稚可笑，但阅读这些科幻小说，我们仍会被其引入奇妙的幻想，会被其大胆的想象所感动和感染。例如，凡尔纳的《从地球到月球》及其续篇《环绕月球》就讲述了一个人类最早的登月故事：美国南北战争结束后，巴尔的摩城大炮俱乐部（大炮发明家的俱乐部）主席巴比康提议：向月球发射一颗炮弹，建立地球与月球之间的联系。法国冒险家米歇尔·阿当获悉这一消息后，建议造一颗空心炮弹，他要乘这颗炮弹到月球去探险。巴比康造出了这颗炮弹，并和米歇尔·阿当和尼却尔船长一起，克服种种困难，终于乘上这颗炮弹向月球出发了。然而，炮弹并没有在月球上着陆，而是在离月球2800英里的地方绕月运行……这部小说的科幻构思让当时的人们惊诧不已，而其强大的预言能力至今令人称道。因为人们惊异地发现，关于人类登上月球的情境在凡尔纳头脑中的幻象，与近百年后美国著名宇航员阿波罗的登月有诸多惊人的相似之处！凡尔纳的小说把幻想建立在现代科学基础上，他用生动的语言使科学知识与文学情节交织，独具匠心地设置悬念，创造性地预言出科学发展的诸多方向，在带给读者文学品阅审美快感之外也激励人们探索创新的热情，有人就赞誉"现代科技只不过是将凡尔纳的预言付诸实践的过程"。作为难得的华语科幻奇才，张系国在《倾城之恋》中将一段城破之际的爱情传奇放到可以在时间甬道中自由穿梭选择的亿万年时空中，定将极大地释放你的无限想象力！

能让读者看到科学的美丽的，还有一类文学作品，那就是科普作品。它包括科普散文、小说、诗、随笔、报告文学、科普影视脚本等。优秀的科普作品激情充沛、妙趣横生，能用富于表现力的语言将繁复、艰深的科学知识原理深入浅出地演绎出来，让普通大众皆能掌握，以完成人类智慧的积聚与传承。著名的机械工程专家、中国工程院院士杨叔子的文章《科学文化与人文文化交融》就向我们深刻地剖析了科学文化与人文文化的辩证关系，人文主要为科学作向导，科学主要为人文奠基，所以让科学教育与人文教育彼此交融，全面而协调地发展，才能培养既具有强烈的爱国主义精神，同时又具有强大的改革创新能力的高素质人才。读李约瑟博士的思想随笔《中国科学对世界的影响》，你会去深深地思考那道著名的"李约瑟难题"——为什么中国古代对人类科技发展做出了那么多重要的贡献，但科学和工业革命却没有在近代的中国发生？法国著名启蒙思想家、哲学家、文学家、教育家卢梭的成名之作《论科学与艺术的复兴是否有助于使民俗日趋纯朴》则警示我们科学与艺术是奢侈和闲逸的产物，更无助于公民德行的培养。这些科学散文思想深刻，内涵丰富，无论是谁，读后都会进入深深的历史思考和文化反省中，从而既获得知识，又感到一种应承担的责任。徐迟的《哥德巴赫猜想》是一部关于数学家陈景润的数学研究的报告文学。这部作品一问世就轰动了整个中国。它不仅让人们认识了数学研究对人类的意义，了解了中国数学家的精神风貌，还意外地让科学家从中重新发现自己的位置和价值，受到了极大的启发和激励，从而为时代鼓动起一种崇尚数学的热情。因为在其后中国新一代出色的数学家中，有许多人就是因为读了它才走上数学研究之路并获得了卓越成就的。

自文艺复兴以来，科学技术的发展催生了近代工业体系，资本主义商品经济诞生，各种商品大量出现，一方面极大地方便了人们的生活，另一方面也大大地刺激了人类的消费欲望，导致人类无休止地向大自然索取，以经济价值去衡量物种的生存权利，自然环境被污染、破坏，生态平衡被打破，诗意的自然美消失，自然资源枯竭了，受伤的地球不断发出反击的怒吼，仅酸雨、沙尘暴、洪水、泥石流就使多少生灵涂炭。今天，人与自然的对立紧张之势已到了不能不缓和的地步。在此过程中，不断有包含丰富生态思想的文学诞生，向工业化和科学技术发出强烈的质疑和激烈的批判，呼吁人们从生态整体利益的角度审视人和万物，节制欲望，勇敢承担起生态责任，最终重返自然，与自然和谐相处。浪漫主义诗人从自然中发掘出无尽的诗意，柯尔律治的《午夜寒霜》、济慈的《致秋天》所展现的万物和谐共存的世界不正是对我们回归自然的召唤吗？而拜伦的《黑暗》不正像是一个现代工业和科技污染的可怕预言吗？"现代环保运动之父"、"环境伦理之父"利奥波德的《沙郡年记》作为大地伦理学和生态整体主义思想的开山之作，是环境运动中最经典的著作，也是绿色思想的圣经，更是生态文学的杰作。艾特玛托夫是前苏联成就最高的生态文学家，他的《白轮船》用吉尔吉斯民族的一个自然的不肖子孙对他们的拯救者长角母鹿——自然界善与美的象征——恩将仇报的神话故事，深刻地鞭挞了人类贪婪野蛮的暴行。著名军旅作家李存葆的《鲸殇》告诫人们："面对沧海，倘若人类能真正形成全球性的群体意识，尽快还清所欠下的鲸债，让鲸家族像往昔那般炽盛，那将不仅是鲸类的盛大节日，也将是人类的最大福音……"

今天，科学技术已如此深刻地渗透到当代社会和我们的日常生活里，这种渗透除了以产品的或技术的方式外，还有文学的方式。文学与科学的联盟是奇妙的，它们互动认知，传播着以人类的和谐发展为共同目标的科学精神和文学精神。阅读描写科学探索与科学知识、反思科学滥用恶果、呼唤人类与自然和谐永续发展的优秀文学作品，不仅可以让我们看到科学思想的丰富之美、科学探索的自由之美和科学幻想的浪漫之美，还可以让我们反思如何用文学为科学导航，为科学插上灵性的翅膀，让科学真正更好地为服务于人类的美好生活而不断向前发展。

天问(节选)

屈原[1]

遂古之初,谁传道之[2]?上下未形,何由考之[3]?
冥昭瞢暗,谁能极之[4]?冯翼[5]惟像,何以识之?
明明暗暗[6],惟时何为?阴阳三合[7],何本何化?
圜则九重,孰营度之[8]?惟兹何功[9],孰初作之?
斡维焉系,天极焉加[10]?八柱何当,东南何亏[11]?
九天[12]之际,安放安属?隅隈[13]多有,谁知其数?
天何所沓[14]?十二焉分?日月安属?列星安陈?
出自汤谷,次于蒙汜[15]。自明及晦,所行几里?
夜光[16]何德,死则又育?厥利维何,而顾菟在腹[17]?
女歧[18]无合,夫焉取九子?伯强何处?惠气[19]安在?
何阖[20]而晦?何开而明?角宿未旦,曜灵安藏[21]?

[1] 屈原(约公元前340~278年),楚国丹阳人(今河南西峡),名平,字原,中国古代浪漫主义诗歌的奠基者。主要作品有《离骚》、《九歌》、《九章》等,其创造的"楚辞"文体在文学史上独树一帜,与《诗经》并称"风骚"二体。本文节选自《屈原集校注》(中华书局,1996年)。
[2] 遂:通"邃"。遂古:太古。道:通"导"。传道:流转导引。
[3] 上下:天地。形:成形。考:成,一说考察。
[4] 冥昭:晦明,黑暗与光亮。瞢(méng)暗:谓昼夜未分、混沌不明的样子。极:究极,从根本上去了解、说明。
[5] 冯翼:混沌貌,空蒙貌。
[6] 明明暗暗:昼夜晦明。
[7] 三合:参合。
[8] 圜,同"圆",指天。则:体制。营度:环而量度。
[9] 功:同"工",工程。
[10] 斡(guǎn):同"管",指天体旋转的轴。维:系物的大绳。天极:北辰,北极。
[11] 八柱:支撑天的八座山。亏:缺损。
[12] 九天:此指天的中央和八方(从一个平面上而言)。
[13] 隅:角落。隈(wēi):弯曲。
[14] 沓:交会。
[15] 汤谷:旸谷,日出的地方。次:住宿。蒙:水名。汜(sì):水边。
[16] 夜光:月亮。
[17] 厥:其,指夜光。利:借为"黧"(lí),黑色,指月中黑影。顾菟:顾兔,传说中月中之兔,闻一多《古典新义》谓即蟾蜍之异名。
[18] 女歧:当为月神常仪。王逸注则谓之为"大厉疫鬼"。
[19] 惠气:祥瑞惠和之气。
[20] 阖:关闭。

[21] 角宿（xiù）：星宿名，二十八宿之一，东方苍龙七宿的第一宿，有两颗，属室女座。曜灵：太阳。

山海经[1]（节选）

鲧[2]禹治水

洪水滔天，鲧窃帝之息壤以堙洪水[3]，不待帝命[4]。帝令祝融杀鲧于羽郊[5]。鲧复生禹，帝乃命禹卒布土以定九州[6]。

[1]《山海经》，中国现存的保存古代神话资料最多的著作，堪称中国上古神话的宝库。它的作者原题为夏禹、伯益，实际上并不是一人一时所作，而是多位无名氏的集体创作。成书年代约在4000年前，写定于距今2000～2500年前。本文选自《山海经》（广陵书社，2003年）。
[2] 鲧（gǔn）：人名，传说中尧的臣子，禹的父亲。
[3]"洪水"两句：鲧盗取了天帝的神土来堵塞洪水。帝，上帝，天帝。息壤，据说是天帝的神土，能不断生长，因而能堵塞洪水。堙，堵塞。
[4] 不待帝命：没有等天帝的命令。
[5] 祝融：火神的名字。羽郊：羽山的近郊。
[6]"鲧复生禹"两句：鲧腹中生下禹，天帝就命令禹平定了九州。复，同"腹"。据郭璞注曰："鲧死三岁不腐，剖之以吴刀，化为黄龙。"卒，最后，终于。布，同"敷"，铺填的意思。定，安定。传说禹吸取鲧治水不得法的教训，改用疏导的方法，终于制伏了洪水。

夸父逐日[1]

夸父与日逐走，入日[2]。渴，欲得饮，饮于河、渭[3]；河、渭不足，北饮大泽[4]。未至，道[5]渴而死。弃其杖，化为邓林[6]。

[1] 夸父：《山海经·海外北经》记载有一个"博父国"，前人考证，"博父"就是"夸父"，"博父国"中都是一些善于奔跑的巨人。逐：赛跑。选自《山海经》（中华书局，2009年）。
[2] 入日：进入太阳里，一说太阳下山。
[3] 河：黄河。渭：渭水，是黄河的一个支流，在今陕西省境内。
[4] 大泽：神话中的大湖，传说在雁门山北，纵横千里。
[5] 道：途中，半路上。
[6] 邓林：神话中的地名，大概因邓树成林而得名。据清代毕沅注释《山海经》说："邓、桃音近，邓林即桃林。"

淮南子（节选）

女娲补天[1]

往古[2]之时，四极废[3]，九州裂[4]，天不兼覆，地不周载[5]。火爁焱[6]而不灭，水浩洋[7]而不息；猛兽食颛民[8]，鸷鸟攫老弱[9]。于是女娲炼五色石以补苍天，断鳌足以立四极[10]，杀黑龙以济冀州[11]，积芦灰以止淫水[12]。苍天补，四极正，淫水涸，冀州平[13]，狡虫死，颛民生[14]。

注　释

[1] 女娲（wā）：我国古代神话中的女皇，相传她创造了人类。《太平御览》卷七十八引《风俗通义》说："俗说天地开辟，未有人民。女娲抟黄土作人，剧务，力不暇供，乃引绳（gēng）于泥中，举以为人。"一说女娲是伏羲氏的妹妹。
[2] 往古：很远的古代。
[3] 四极：天的四边。远古时人错误地认为天的四边都有柱子支撑着。极，天柱。废：毁坏，这里指天柱折断。
[4] 九州：冀、兖（yǎn）、青、徐、扬、荆、豫、梁、雍九州。泛指中国的土地。裂：塌陷，崩裂。
[5] "天不"两句：天不能完整地笼罩大地，地不能周全地承受万物。兼覆，完全覆盖。兼，一并，完全。周载，完全承载。周，全，普遍。
[6] 爁焱（lànyàn）：大火蔓延燃烧的样子。焱，火花。
[7] 浩洋：水势浩大，洪水盛大的样子。
[8] 颛（zhuān）民：善良的人民。颛，善。
[9] 鸷（zhì）鸟：猛禽，凶猛的大鸟，如鹰、雕等。攫（jué）：用爪抓取。
[10] 炼：熔炼。鳌（áo）：大海龟。立：支撑。
[11] "杀黑龙"句：远古人类认为水灾与龙作怪有关，故女娲杀黑龙以拯救冀州。冀州，古九州之一，这里泛指中原地带。
[12] 芦灰：芦柴烧成的灰。淫水：泛滥的洪水。
[13] "苍天补"四句：苍天修补起来了，天的四边扶正了，洪水枯竭了，中原平定了。涸（hé），干枯，枯竭。平，平定，安定。
[14] 狡虫：害人的凶兽猛禽。生：得以生存。

姮　娥　奔　月[1]

羿请不死之药于西王母[2]，姮娥窃以奔月。怅然有丧，无以续之。何则？不知不死之药所由生也。

注　释

[1] 姮（héng）娥：传说中的月宫仙女，汉代因避讳汉文帝刘恒之名，改"姮娥"为"嫦娥"。
[2] 羿：《后羿射日》中的后羿，亦称夷羿，我国古代传说中善射的英雄。西王母：古代神话传说中的一个穴居野处的怪神，《山海经·西次三经》说：西王母"其状如人，豹尾虎齿而善啸"，掌管灾厉和刑罚。在《汉武故事》、《汉武帝内传》里，西王母的形象又有了变化，成为"年三十许"、"容颜绝世"的美丽仙女，掌管着长生不老药。

致　秋　天

济慈[1]

薄雾朦胧的秋硕果累累，
结交着知己，

第四单元 思辨科学

那使万物成熟的暖阳。
筹划，为这世界妆点与祝福，
看茅檐上、黄昏时，
葡萄垂瀑，藤蔓绵长。
苹果压弯了青苔斑驳的乡间树，
果实熟透，葫芦膨大，
榛子壳又肥又胖。
甜美的果仁，更多的花蕾含苞，
等候蜜蜂的花儿们却总迟到。
它们要让蜜蜂相信温暖时光永不停，
因夏日已越过湿冷的蜂房。

谁未曾见你常在你的房中，
有时去外面找寻倒见你的影踪，
你小心翼翼端坐谷仓地板，
任长发轻飘，被扬谷柔风拂动。
或你，安睡在收割半边的犁沟，
混着罂粟的烟，沉醉其中，
收割那下一行草杆和所有花束，
你有时像一个拾穗者，
垂向小溪，长久地用你那沉重的头颅。
你耐心地看苹果榨汁，
一小时又一小时，
守候着最后的渗出。

春之声在何处彷徨，
它们去了何方，
不必想念它们，
你也会有属于自己的吟唱。
当，
栅栏的云，
将柔和无趣的日子繁茂，
当，
收割后的原野，
涂满玫瑰花似粉红的妆，
忧伤的唱诗班小虫低吟，
河谷里潮水舒缓，
又浩浩荡荡，
像微风一样吹了又停，
像微风，游游荡荡。

丰满的羊群大声走来，
从山坡陡峭地方，
蟋蟀唧唧，
篱笆下，愈加柔和，
红色胸脯的小鸟从园中飞去，
燕子，
呢喃，
在蓝天白云身旁。

注 释

[1] 济慈（1795~1821年），出生于伦敦，是杰出的英诗作家之一，也是浪漫派的主要成员，代表作有《夜莺颂》、《希腊古瓮颂》、《致秋天》等。本文选自《夜莺与古瓮：济慈诗歌精粹》（人民文学出版社，2008年）。

黑　暗

拜伦[1]

我做了一个梦，却不仅仅是梦境。
光明的太阳熄灭了，星辰们也在
无尽的天空中黯淡，
昏暗、无路而又冰冻的大地
盲目地摇摆在昏黑无月的空中；
清晨来了又走——从未带来白昼，
人们在对悲伤的恐惧中
忘记了激情；他们的心全都
僵冷成一个自私的祈求，祈求光明：
他们靠营火活着——那些宝座，
那些帝王的宫殿——那些茅舍，
万物的居所，皆化为烟火；
城市灰飞烟灭，
人们聚集在着火的家园四周
再一次看着彼此的面容；
那些居所看得见火山的人高兴着，
他们山间的火炬：
一个恐怖的希望笼罩着世界；
森林起火了——一小时又一小时
它们倒下、熄灭——那些爆裂的树干
因撞击而熄灭——只留下一片漆黑。
绝望的火光映照着人们的面庞，

诡异的神色阵阵浮现；
有些人躺下，掩面哭泣；
一些人支颐微笑；
另一些人来去匆匆，用燃料
喂养他们的火葬堆，并且异常不安地
仰望阴郁的天空，
对旧世界的厌倦；他们又一次
沮丧地诅咒那些灰烬，
咬牙切齿，号啕大哭；受惊的野鸟
尖叫着，在地上拍打它们
无用的翅膀；野兽
变得驯服和惊悚；毒蛇蠕动着
在人群中扭绞，嗞嗞作响，
但没有毒牙——它们被杀死当作食物。
战争，虽一时消歇，
重又被鲜血饕足，
人们各自阴沉地分开，
在晦暗中塞饱肚肠；再没有爱了；
世上只剩一个念头——那就是死，
迅速而不光彩的死；饥饿
侵蚀了万物的腑脏——人们
都死了，他们的尸骨没有坟墓埋葬；
弱者为弱者所吞噬，
甚至连狗也攻击它们的主人，只除了一只，
它仍然忠于一具尸体，反抗着
禽兽与饿鬼的靠近，
饥饿攫住了它们，倒下的死人
引诱着它们枯瘦的咽喉；它自己也找不到食物
但只是长久哀怨地呻吟，
和急促凄厉地鸣吠，它舔着那只手
却没有得到爱抚的答复——他死了。
人们都逐渐饿毙了，只有两个人
在一座大城市中幸存，
他们是仇敌：相遇在
一个遗火将尽的祭坛边——那里
神圣的物品堆积如山
为了一个不神圣的仪式；他们颤抖着
用冰冷枯槁的手挖掘着
微弱的灰烬，他们微弱的呼吸
吹出一点生命，发出一点火焰

它是一个嘲笑；然后火焰更亮
他们抬起眼睛，看见
彼此的面容——看着，尖叫着，然后死去——
他们甚至死于互相厌恶，
不知是谁用饥饿在人们额前
写下撒旦的印记。世界空无所有，
繁华与权力化为土丘，
没有季节，没有草木，没有人，没有生命——
凝成死亡——一堆混沌的硬土。
河流、湖泊和海洋都寂灭无声，
在它们死寂的深处再没有躁动；
没有水手的船在海上朽烂，
它们的桅杆碎裂：纷纷坠落
它们长眠在没有波涛的渊薮——
波浪已死灭，潮水也退入坟墓，
月亮，这潮水的主人，早已断了气；
风也枯萎在停滞的空中，
云也消散了；黑暗无须
它的存在——她就是宇宙。

[1] 拜伦（1788～1824年），英国19世纪初期伟大的浪漫主义诗人，代表作品有《恰尔德·哈罗尔德游记》、《唐璜》等。本文选自《拜伦诗选》（上海译文出版社，1982）。

土地伦理

利奥波德[1]

当神一般的奥德修斯在特洛伊战结束后重返家园时，他用一条绳子吊死了家里的十二个女奴，因为他怀疑在他离家的这段时间里，这些女奴有越轨行为。

在当时，奥德修斯的行为并不被认为触犯了法律，因为那些女孩子是他的私有财产。那个时候有关私人财产的处置和现在的一样，只关乎权益，而没有对与错的评判。

其实，在奥德修斯主领希腊的那个时代，并非没有对与错的概念。看看奥德修斯所率领的那艘有着黑色船首的军舰在暗红如酒的大海中破浪前进，终于归返家园之前的那段漫长岁月，他的妻子所表现出来的坚贞，你便可明白这一点。当时的伦理架构涵盖了妻子，但却没有延伸至奴隶。此后的三千年间，伦理道德标准扩展到许多行为规范范畴，相应地，以权益为准绳的行为范畴便相对也日渐萎缩了。

伦理的演进

事实上，到目前为止只有哲学家研究过的伦理道德的扩展，是生态演化的一个过程。除了从哲学的角度，我们也可以从生态学的角度，来描述这个过程的演进。从生态学上考虑，

第四单元 思辨科学

伦理道德是对为生存而奋斗的各种行为自由加以限制;而从哲学的角度来看,伦理道德是用来区分社会行为与反社会行为的标准。其实这两者是一体的两面,其起源于相互依赖的个体或团体所发展出来的合作模式的趋势,而这种合作模式被生态学家称为共生现象。政治与经济就是一对高级的共生体,在这个共生结构中,原先可自由参加的竞争,如今已有一部分被具有伦理内涵的合作机制所取代。

随着人口密度的增长和工具效能的提高,合作机制的复杂性也随之增高。例如,在乳齿象时代,我们很容易便能判定木棍与石头是不是一种反社会手段,但当今这个机动车时代,我们很难辨别子弹与广告牌是否具有反社会性。

最早的伦理规范主要是用来处理人与人之间的关系,"摩西十诫"就是一个例子。之后所增加的伦理规范则用于处理个人与社会之间的关系,以"己所不欲,勿施于人;己所欲,施于人"这条金科玉律试图将个人融入整个社会,而民主政治则试图将所有的社会组织转变为供人们自由发挥的舞台。

然而,迄今为止我们尚未发现有规范人与土地的关系,以及处理人与动植物之间关系的伦理道德。在人们的观念中,就像奥德修斯的女奴那样,土地也只是一种私人财产。人和土地之间的关系依然是单纯经济性的,人们只想着权利,却忘记其应当承担的责任和义务。

如果我对种种迹象的解读还是正确的,那么,人们将伦理道德规范扩展到人类生存环境的领域,则是演化上的可能性与生态上的必要性共同催生的结果。这是一系列步骤中的第三个步骤,前两个步骤都已经实行了。自以西结和以赛亚之后的一些思想家们都坚持认为,人类对土地的掠夺不仅是不明智的,而且是错误的。但是很遗憾,整个社会到现在尚未完全接受这种看法。不过,我们可以将目前兴起的自然资源保护运动,看作社会接受那种看法的开端。

伦理道德可以被当成一种引导人们面对生态情势演变的模式,这种模式是如此的新颖和复杂,有时还涉及缓慢的反应,以致一般大众都没有察觉出社会对这种模式的引导。大多数情况下,人们是靠着本能来行事的,而伦理道德很有可能是一种社群本能。

社群概念

到目前为止,所有伦理道德的发展都建立在一个前提之上:个人是成员相互依赖的社群的一分子。个体的本能促使他在社群中争取地位,但个体的伦理道德又激励他与社群中的其他成员保持合作(或许这样才有可供争取的地位)。

土地的伦理规范只是扩展了社群的内涵和外延,使其纳入土壤、水源、植物和动物,而我们则可将他们统称为"土地"。

这听起来似乎很简单,但是,我们是否对我们的土地和家园发出真心的赞颂,是否为之承担一定的责任和义务?你可以说你赞颂了,你也可以说你已经承担了责任和义务。但是,你所歌咏及保护的对象为何呢?肯定不是土壤,因为我们让它们除了能带动涡轮机、载运油轮、冲走垃圾以外再没有其他用处;也肯定不是植物,因为我们已神态自若地灭绝了整个植物群落;当然也不会是动物,因为我们已消灭了很多很美丽的物种。土地伦理规范当然无法阻止对于这些资源的改造、管理和利用,但是它确实能够提醒人们,这些资源也有其继续存在的权利,尤其是其在自然状态下继续存在的权利。

简言之,土地伦理规范改变了人类作为土地征服者的角色,使之成为包括土地在内的广义社群中的一般成员和公民。这也就意味着:每一个社群成员既要尊重其他成员,也要尊重这个社群。

大学语文

从人类历史上我们可以发现，大多数征服者最终都会被他自己击垮。为什么呢？因为征服者这一角色本身就暗含着征服者以个人的权利决定社群的运转，以此来判定哪些东西、哪些人是有价值的，整个社群的一切都由他说了算。但结果往往表明，征服者对于社群一无所知，这也就解释了他们总要失败的原因。

在生物群落里也存在着类似的情况。亚伯拉罕明白：土地之所以存在，就是为了让他能享受牛奶和蜂蜜的甜美。现在，亚伯拉罕的想法遭到了我们的质疑，而且这种质疑程度与我们的教育程度成正比。

如今，大部分普通民众都理所当然地认为，科学家应该懂得社群运转的机理，然而，科学家们却清醒地意识到自己担不起这个担子，因为他们知道生物群落的机制是相当复杂的，而它的运转规律则或许永远没人能够完全揭示。

如果从生态学的角度来诠释历史，我们就会明白，人类实际上只是生物群落中的一员。目前为止，我们只以人类的进取精神来阐释历史事件，然而这些事情其实是人类与其赖以生存的土地之间的一种生物互动的结果。对于历史事件来说，土地的特质与居住于地球上的人类的特质具有同等重要的影响。

我们以密西西比河流域的拓殖为例来说明。在美国独立战争之后的那几年里，有三个团体都试图夺取密西西比河流域的控制权，他们分别是：印第安原住民，英法两国的商人，还有美国的拓荒者。历史学家们在猜想，如果当初底特律的英国人能给印第安原住民提供多一点协助的话，结果将会怎样？因为这场争战直接决定了大量殖民者涌入肯塔基州之后，这片昔日的甘蔗园的命运将会如何。现在让我们思考这样一个事实：当拓荒者的牛、犁、火和斧头所代表的不同力量使那片甘蔗园变成了蓝草地之后，如果在上述种种力量的冲击下，那片肥沃的土地再也经不起折腾，最后给我们留下的是一堆堆无用的杂草或灌木时，我们该怎么办？面对这样的情况，布恩和肯顿是不是还可以支撑下去？拓荒者是否因此而涌入俄亥俄、印第安纳、伊利诺伊和密苏里等州？美国政府是否会向法国买下路易斯安那州？是否会有另一个横贯大陆的新联邦？南北战争是否会发生？

在历史的长河中，肯塔基州只是其中一个微不足道的组成部分。一般情况下，我们只知道人类在历史这出戏剧中试图做些什么，但我们很少知道，很多时候人类种种行为的成功与否有赖于土地对于其所有者所施加的各种力量的反应。在关于肯塔基州的那个例子中，我们甚至都不知道蓝草来自何处，我们不知道它们到底是土生土长的植物还是从欧洲"偷渡"而来。

西南部的拓荒者与肯塔基州的拓荒者具有相同的品质：勇敢、聪明、不屈不挠。让我们充当一回"事后诸葛亮"，看看西南部的拓荒史与肯塔基州的发展史有什么样的区别。在西南部地区，拓荒者没有带来蓝草或其他可以抵挡猛烈开垦的冲击和摧毁的植物。相反，过度的放牧，使这个地区逐渐成为了一个杂草、灌木丛生的荒漠地带，最终这个地区的整个生态平衡全被打乱了。每有一种植物消逝，都会让土地增一分贫瘠，而土地每增一分贫瘠，又会加速植物物种的消逝。结果造成了今日的局面，不只是植物与土壤之间，而且还包括靠它们维持生计的动物群落在内，都形成了一种恶性的循环。早期的拓荒者们没有预料到这一点，那时在新墨西哥州的沼泽地上，一些人甚至挖排水沟来加速那种恶性循环。当然，他们是察觉不到的，因为土壤恶质化的过程是那么的微妙复杂，以至于几乎没有人能感受到它。至于那些外来的观光客，它们就更分辨不出来了，他们甚至还赞叹这片土地的风景是多么多彩多姿，多么迷人。（殊不知，这片土地与一八四八年的时候相比，简直是天差地别。）

第四单元 思辨科学

以前，西南部地区也被开发过一次，但结果大相径庭。那是在哥伦布之前的时代，普埃布洛印第安人部落曾定居在西南部地区，但他们正好不属于游牧民族，后来他们的文明消失了，但却不是因为当地土地衰竭的缘故。

在印度，人们曾在寸草不生的地区拓居，而且显然并未破坏土地，这是因为他们采用了一个简单的办法：从别处割草喂牛，而不是放任牛去啃噬（我不知道这仅仅是因为运气好，还是人们的智慧起了作用）。

总之，植物物种的交替演进操纵着历史发展的方向，而拓荒者只不过是这种历史发展的载体和表现形式而已。不管怎样，物种如何交替由这片土地说了算。我们应本着这样的精神学习历史。并且，土地作为社群一部分的概念终有一天会深入人心。

生 态 良 心

自然资源保护就是要实现人类与土地之间的和谐共存。然而，尽管这个口号已经宣传了将近一个世纪，但是自然资源保护工作的进展仍十分缓慢，并且大多是停留在空洞的口号和演讲稿的宣示上。在偏远的地区，我们更是在走一步退两步地透支着大自然的财富。

对于这样的困境，人们最常用的解决方法便是"加大自然资源保护教育的力度"。对此，没有人会提出什么异议，但是仅仅加大教育的力度就够了吗？是不是在教育的深度上和内容上应有所加强和扩展呢？

我们很难简洁而恰当地概述自然资源保护教育的内容。但是，依照我个人的理解，这个内容大体上应是：遵守法律，选贤与能，参与某些组织，以及根据实际情况实施相应的资源保护措施，至于其他的事情就交由政府去处理便可。

这种概况是否过于简单，因而无法取得任何有意义的结果呢？它没有界定对与错，没有规定责任与义务，没有提倡奉献与牺牲，也没有暗示当前哲学价值观是否该有所改变。就土地的使用方面而言，它只是鼓励开明的利己主义。那么，这种教育将把我们带到哪里去呢？或许我们能从下面这个例子中，找到部分答案。

到了一九三〇年，几乎所有的人——对生态学一无所知的人除外——都可看出，威斯康星州西南部的表土层正在向大海里流失。一九三三年的时候，农人们被告知倘若他们愿意持续五年采取某种补救措施，社会大众就可以派遣地方资源养护队的劳力去协助他们将那些措施付诸实践，并且还会给他们提供必要的机器和设备。当时，大部分的农人都接受了这样的建议和帮助，但是五年合同期满时，那些补救措施已大半被人们抛在脑后了。人们又恢复了以往的耕作习惯，因为这可以带来最直接的经济利益。

这不由得令人想到，假如可以让农人们自己来制定自然资源保护措施的话，那么他们或许能将其变为自觉的行动。于是，一九三七年威斯康星州议会通过了《土壤保护地区法令》，该法令实际上是在告诉农人们：如果你们能够自己订立合理使用土地的规章制度，社会公众将为你们提供免费的技术服务，借给你们专业的机器设备，任何郡县都可制定自己的规章制度，而所有这些规章制度都将被写入州律法中。《土壤保护地区法令》刚一出台，几乎所有的郡县都立即组织起来，准备接受州议会所提供的这种援助和服务。然而，十年过去了，没有一个郡县按照要求制定出任何规章制度。我们只能看到在带状耕作、牧场翻新、在土壤上撒石灰以控制土地酸度等方面取得了一定的进展，但是没有哪个郡县会想到在林子周围围上篱笆防止牛羊啃噬，也没有哪个郡县会想到将犁和牛赶出陡峭的山坡。总之，农人们只是选择那些有利可图的保护措施，对于那些能造福整个郡县却不能给个人带来明显收益的措施，他们往往是提不起兴趣的。

当你问起为什么大家都不制定相关的规章制度时，有人会告诉你：大家还没有建立起自觉遵守那些规章制度的意识和心理，教育需要先行。但是，除了由利己主义主导的义务外，先行的教育根本没有提及人们在使用土地时应尽的义务与责任。所以最后的结果是，我们所受的教育一点没有减少，而肥沃的土壤和茂密的森林却在一点点消失，而洪涝灾害也连年增多。

这种情况令人十分不解，当讨论起乡村道路、学校、教堂和棒球队的改善时，那种利己主义的义务和责任的存在被视作理所当然。然而，在改善流水侵蚀土壤、维护农场地景地貌的优美和多样性方面，人们所应承担的义务和责任却没有被当成理所当然。和一个世纪前的社会伦理道德一样，土地使用的伦理规范仍然完全受控于经济上的利己主义。

总的来说，我们建议农夫在耕作时做一些举手之劳的事来保护他们自己的土壤，而他们能做的也只有这些。如果一个农夫为了让他的羊群畅通无阻地吃草而砍掉了山坡上四分之三的树林，或者任凭岩石、土壤混同雨水一起流入大海，他仍然可以被看作社会上值得尊重的一员（如果他在其他方面表现得体的话）。如果他往自己的地里撒石灰控制土壤的酸度，或者采用等高栽植法以限制地表土流失，他也仍然享有土壤保护地区的所有特别待遇和津贴。这个地区原本风景优美、生态秩序井然，然而现在却水土流失、运转失调。究其原因，就是人们过于急功近利，以致没有向农人们讲清楚他们所应承担的义务和责任有多么重要。如果没有良知，责任与义务就没有了任何实际意义。如今，摆在人们面前而亟待解决的问题就是，如何将社会道德的良知扩展到土壤保护的领域。

我们知道，如果个人在知识观念上、信仰忠诚度上、个人喜好程度上，以及对某物的信念上没有一种内在的反省和变化，那么，道德领域中的任何一场变革都只能以失败收场。我们知道，土壤保护至今还停留在喊口号阶段，因为土壤保护的观念尚未深植于人们的哲学观念和宗教意识当中。我们只是尝试着简化自然资源保护的工作，没想到弄巧成拙，让这么一件关乎国计民生的事在人们的眼中变得琐碎和微不足道。

[1]利奥波德（1887~1948年），美国环境保护运动先驱，被誉为"现代环保之父"、"环境伦理之父"，代表作有《沙郡年记》等。本文选自《沙郡年记》（上海三联书店，2011年）。

科学文化与人文文化交融

杨叔子[1]

人类社会的历史本质上是一部文化史、文明史。文化基本上可分为人文文化与科学文化这两种文化，它们在不同程度上的交叉与结合，形成了介于它们之间的各种文化。而所谓的教育，主要是文化教育。人文教育主要是人文文化教育，科学教育主要是科学文化教育。

"祸兮，福之所倚；福兮，祸之所伏。"这是客观世界的辩证法。科学技术是一把双刃剑，既能赐福于人民，也可造祸于民，问题在于人如何去认识、去把握。二三百年来，科学文化迅猛发展，科技给人类带来了高度发达的物质文明，同时也导致了一系列极为严重的环境问题、资源问题、社会问题、精神问题及科技本身的发展问题。并且，科技发展的速度正越来越快，科技成果的作用也越来越强大，由此带来的问题也越来越严重。美国未来学者约

第四单元 思辨科学

翰·奈斯比特在1999年出版的《高科技·高思维：科技与人性意义的追寻》这一书中，深忧此事。他在2000年此书的中文版序中明确指出：科技"给人们送来神奇的创新，然而也带来了具有潜在毁灭性的后果"。怎么办？他坚定认为要做人性思索，要呼吁人性。而人性、责任感，也正是1999年6月世界科学大会所给出的最主要的信息。奈斯比特呼吁："我们是谁？我们应该成为什么样的人？我们应该怎样去实现？"什么样的人？重要的是，这就需要科学文化与人文文化、科学教育与人文教育、人性与灵性的交融来实现。这正是时代的必然趋势。

人之所以为人，是因为人有特有的人性，人还有人特有的灵性，更有人性与灵性交融而升华成的精神境界。人性的开发与培育，主要靠人文教育；灵性的开发与培育，既要靠科学教育，也要靠人文教育。

科学文化主要是关于客观世界的，它所追求的目标主要是研究、认识与掌握客观实际及其本质与规律，主要是求真，质言之，就是"是什么"。科学文化是"立世之基"，一切违背客观实际及其实质、本质与规律的认识与活动，必然失败与覆灭。然而，科学文化本身不能保证科技发展的方向正确，能造福于人，有利于社会，而引导这一发展方向的是人文文化。人文文化主要是关于精神世界的，它所追求的目标主要是满足精神世界需要与社会需要的终极关怀，主要是求善，质言之，就是"应该是什么"。人文文化是"为人之本"，一切危害人与社会的认识与活动，必须制止与消除。然而，人文文化本身也不能保证其发展的基础正确，能造福于人，有利于社会，保证这一基础正确的是科学文化。此即，人文主要为科学向导，科学主要为人文奠基；科学文化与人文文化的主要关系即如此。

人文文化是"为人之本"。教育，首先是教会如何做人，是要开发人性，要有高度责任感。人文文化至少严重关系到如下七个方面。第一，民族的存亡。民族主要是人文文化的概念，而非"基因"的概念。只有中华民族、中华民族文化，经历了人类五千多年文明史的风风雨雨，不仅没有消灭，也从未中断，而且还在不断地向前发展。这表明：中华民族文化蕴含着深刻的、普适的、永恒的哲理，以这个文化凝成的民族精神具有无穷活力，以这个精神凝聚起来的中华民族具有不可压倒、不能战胜的强大生命力。这个精神的核心是爱国主义，爱国主义正是中华文化哲理中整体思想在价值观、人生观方面的集中体现：国重于家，家重于己，"天下兴亡，匹夫有责"。可以说，民族的人文文化，即民族文化，决定着民族的存亡。第二，国家的强弱。国家强弱取决于综合国力，这主要取决于经济实力、军事实力、民族凝聚力，其中最重要的是民族凝聚力。民族凝聚力是人和，其核心是对民族文化的认同。第三，社会的进退。社会的进步是全面的进步，既包括物质文明的进步，也包括精神文明的进步。没有物质文明的进步、科学技术的发展，就是野蛮、愚昧；没有精神文明的进步、人文文化的发展，就是卑鄙、无耻；但仅有高度发达的物质文明、科学技术，而没有精神文明、人文文化，就是大灾难！第四，人格的高低。人格是度量人性、情感、做人的尺子。一个人的品质或思想素质，可分为三个层次：基础是人格，中层是法纪观念，顶层是政治方向。政治方向是第一位的，统领一切；方向一错，全盘皆输。但是，没有人格，就绝不可能有真正的法纪观念与正确的政治方向；没有人格，就丧失了人应该有的一切。人文文化基本决定着一个人的人格。第五，涵养的深浅。一个人的涵养，主要指人文文化的涵养。一个人要成就伟大的事业，没有足够的人文涵养是不行的。第六，思维的智慧。美国佩斯里研究发现：左脑功能主要同科技活动有关，同系统的逻辑思维有关；右脑功能主要同文艺活动有关，同开放的形象思维、直觉、灵感、顿悟有关，其记忆量是左脑的一百万倍。右脑是原创性的源泉。因此，应开发右脑，而文艺主要开发右脑。但两脑相互联系，用其一废其二，不仅其二废，其一也不好。第七，事业的成败。人文文化主要有两大作用：一是陶冶情感，提升精神境界，几乎决定着人性；二是活跃思维，开拓原创性创新源泉，严重关系着灵性。一般所讲的非智力因素或"情商"，实质上是人文素质的体现，对事业的成败起着主要作用。

当然，科学文化也异常重要，是"立世之基"。无科技发展，就无社会进步；无现代科技，就无现代文明。文化至少蕴涵四个方面：知识、思维、方法与精神。人文知识是人文文化的载体，是精神世界的基础；人文思维是人之所以为人的关键，是人文文化发展的支撑；人文方法是人文知识、人文思维之所以得以实现的手段；而人文精神则是人文文化的精髓，是求善而至于至善的精神境界，并推动着人文知识、人文思维与人文方法等的发展。对于科学文化而言：第一，科技知识是反映客观世界及其规律的，是一元的；正因如此，所以是普适的，是生产力发展的源泉，而生产力是社会进步的动力。第二，科学思维主要是逻辑思维，这是正确思维的基础；一切反逻辑的，必然是错误的。第三，科学方法主要是实证方法，这是事业成功的前提；一切反实证的，必然导致失败。第四，科学精神则是科学文化的精髓，并推动着科学知识、科学思维与科学方法等的发展。科学精神就是就求真务实的人文精神；因为精神本身就是人文的。一切反科学精神的，必然是反客观世界及其规律的，是没有任何好下场的。

显然，科学文化与人文文化的关系有三层：基层，形而下的一层，是实践，是大脑对实践的反映，两者完全一致。中层，知识层，包括思维、方法等，即作为科学文化与人文文化存在的形式这一层，两者不同。正因差于形态，异于功能，才将文化划分成种种不同的学科。但两者之中，仍然你中有我，我中有你，相交互补。在科技高度发达与高速发展的今天，更是如此。顶层，形而上的一层，是精神层面，是情感与思维、人性与灵性交融的境界层面，两者又完全一致。两者为了进一步的追求，都对已有的文化在继承的基础上反思、怀疑、批判、发展，以达到更深刻、更普适、更永恒。基层的实践无止境，中层的知识创新无止境，顶层的精神追求也无止境。没有科学的人文，是残缺的人文；没有人文的科学，是残缺的科学。人文贯串科学的始终，为其导向，提供动力，开辟原创性源泉，为其应用与发展搭建大好舞台；科学也贯串人文的始终，为其奠基，提供素材，避免荒谬，为其表现与发展提供强力手段。没有人文的科学教育，可能培养出文盲、书呆子、机器人乃至刽子手；没有科学的人文教育，可能培养出科盲、精神病患者、狂人乃至毒枭。这绝不是我们所希望的。

如上所述，科学文化与人文文化本来就是交融的，所以，应该交融，可以交融；但是，由于科技的迅猛发展，两者被人为地分离，危害越来越严重，所以，必须交融，务必交融。交融则两利，分离则两弊。交融不仅利于两者的发展，而且根本是有利于实现科学教育与人文教育的交融，有利于人的素质的提高。这主要表现在六个方面：第一，精神方面交融，有利于形成正确的人生追求。既求真，又求善，方能形成全面负责的责任感，从而有动力，有激情；从而可能全身心投入，达到忘我的境界；而创造性奇迹往往在这个境界中迸发出来，达到求真、务善、完美、创新。第二，知识方面交融，有利于形成完备的知识基础。知识是文化的载体，是思维、方法、精神等的基础；没有完备的知识基础，就没有全面发展的基础。第三，思维方面交融，有利于形成优秀的思维品质。优秀的思维，一要正确，二要有原创能力。逻辑思维保证思维的正确性，直觉、灵感、顿悟与形象思维保证思维的原创能力。第四，方法方面交融，有利于形成有效的工作方法。科学方法讲实证，讲"理"；人文方法讲体验，讲"情"。合"理"顺"情"，自然有效。第五，文化整体交融，有利于形成和谐的

相互关系。科学文化承认客观,人文文化关怀客观。客观世界一是有差异,二是要和谐。有差异才要承认,要和谐就需关怀。既承认,又关怀,就可能同外界和谐相处。第六,文化整体交融,有利于形成健康的身心状态。科学文化主要解决生理健康问题,人文文化主要解决心理健康问题,而且心理健康往往严重影响生理健康,起着主导作用。

还应指出,科学文化与人文文化的交融,不仅是这两种文化的交融,两种教育的交融,而且也要文化所蕴涵的知识、思维、方法与精神及其有关方面的交融。四者之中,知识是基础,是文化的载体;没有知识,就没有文化,就没有一切。思维是关键,是"人为万物之灵"的"灵",只有经过思维,才能活化知识、超越知识、创新知识。方法是根本,是穿山的路、过河的桥,只有经由方法,才能将活化、超越、创新了的知识,付诸实践。精神最为重要,是灵魂,熔铸在与充满着文化所蕴涵的方方面面,彼此无法分离,而且互动。知识越高深越渊博,思维越精邃越巧妙,方法越可行也越有效,而且当精神越向上越高尚时,文化就越先进越精湛,由此文化而育就的人,其素质就越高越优;相反,当精神越向下越卑鄙时,文化就越腐朽越恶毒,由此而育就的人,其素质就越劣越坏。在科学文化与人文文化被人为地分离的时代,文化的蕴涵也往往被人为地分离:人们急功近利,往往只重视"有用"的知识与方法,轻视"无用"的知识与方法,忽视思维,鄙视精神,无视文化的整体;实际上是在异化文化,扼杀文化;文化不能化民,不能成俗,不能真正有利于人类社会可持续发展。

如果说,科学主要是讲客观世界,讲"天道";人文主要是讲主观世界,讲"人道",那么,两者交融就是"主客一体"、"天人合一"。不但历史事实而且现代科学也已证明:主客不可分开,天人不能割裂。"天人合一"是我国一大优秀传统,也正是中华文化哲理中整体思想在世界观方面的精彩体现。如何交融?最根本的就是学习、思考、实践三者紧密结合:第一,学习是基础。只有"好好学习",在前人知识的基础上继承,才能"天天向上",才能发展。即使是错误的,也要知道错在何处。第二,思考是关键。善于分析问题、解决问题,还不够;还要善于发现问题,提出问题。如果不能发现问题、提出问题,只能分析问题、解决问题,那么只能永远跟踪,永远落后。人之所以为人,能创造,就在于人有人的灵性,能思考。第三,实践是根本。这至少体现在五个方面:其一,实践是检验真理的唯一标准。其二,实践是最大的教科书。其三,能力来源于实践。其四,品德来源于实践。学习只关系到认知过程,而实践还关系到非认知过程。能力与品德的形成,本质上即素质的形成,不但要有认知过程,也要有非认知过程,这绝不能离开实践。其五,创新来源于实践。没有实践就没有创新。创新始于实践,终于实践,始终贯穿着实践。学习、思考、实践绝非彼此孤立。要在学习中思考,否则是死读"书";要在实践中思考,否则不是盲从,就是照章办事。思考把学习与实践紧紧联系在一起。通过思考,可在学习中实践,更可在实践中学习。尤应指出,也不能脱离学习与实践去思考,不能空想。学习、思考、实践的紧密结合,科学文化与人文文化的本质交融,极有助于将精神升华到"止于至善"的境界,提高人的素质,实现人的全面发展。

当前国力的激烈竞争,不言而喻,竞争的关键是科学技术,竞争的根本是人才,竞争的基础是教育,竞争的要害就是自主创新。在科学技术高速发展与高度发达的今天,一个国家、一个民族,没有先进科学,没有现代技术,就是落后,一打就垮,痛苦受人宰割;然而,一个国家、一个民族,没有民族文化,没有民族精神,就会异化,不打自垮,甘愿受人奴役。我们的教育就是要坚定地落实科学发展观,以育人为本,让科学教育与人文教育彼此交融，全面而协调地发展，以培育出首先具有强烈的爱国主义精神，同时又具有强大的改革创新能力的高素质人才。

[1] 杨叔子（1933年～ ），江西省湖口县人，中国著名机械工程专家、教育家，1991年当选为中国科学院院士。本文选自《国家教育行政学院学报》2005年第10期。

论科学与艺术的复兴是否有助于使民俗日趋纯朴

卢梭[1]

  有一个古老的传说从埃及流传到希腊，就是创造科学的神是一个与人类的安谧为敌的神[2]。科学是在埃及诞生的，而埃及人自己对于科学又怀有怎样的见解呢？他们是亲切地看到了产生科学的根源的。事实上，无论我们怎样翻遍世界的纪年史，也无论我们怎样再以哲学的探索来补充无法确定的编年史，都不会发现人类知识的起源能有一种是符合我们所希望的那种观念的。天文学诞生于迷信；辩论术诞生于野心、仇恨、谄媚和撒谎；几何学诞生于贪婪；物理学诞生于虚荣的好奇心；所有一切，甚至道德本身，都诞生于人类的骄傲。因此，科学与艺术都是从我们的罪恶诞生的；如果它们的诞生是出于我们的德行，那么我们对于它们的用处就可以怀疑得少一点了。

  它们起源上的这种缺点，我们是很容易从它们的目的里探索出来的。艺术如果缺少了把它培养起来的奢侈，那么我们又要艺术做什么呢？若是人间没有不公道，法理学又有什么用呢？如果既没有暴君，又没有战争，又没有阴谋家，历史学还成个什么东西呢？总之，如果人人只是在讲究自己做人的责任与自然的需要，人人只能有时间为祖国、为不幸者、为朋友而效力，那么谁还会把自己的一生用于毫无结果的思索呢？难道我们生来就是要死在潜藏着真理的那座源泉的边缘之外吗？仅仅是这种想法，便应该使每一个严肃地想以哲学研究来教育自己的人从一开头就却步的。

  在科学研究工作中，有多少危险、多少歧途啊！要达到真理，又必须经历多少错误啊！这些错误的危险要比真理的用处大上千百倍。这种不利的局面是很显然的。因为错误可能有无穷的结合方式；而真理却只能有一种存在的方式。并且谁才是真诚地寻求真理的人呢？即使有着最良好的愿望，又凭什么标志才能肯定我们是认识到了真理呢？在那么大量的不同见解中，哪一种才是我们能正确地据以判断真理的标准呢[3]？而且更困难的是，假如我们居然有幸终于发现了真理，我们之中又有谁能好好地应用它呢？

  如果我们的科学就其所提出的目的来说是虚幻的，那么就其所产生的效果而言，它们就要更危险得多。科学既产生于闲逸，反过来又滋长闲逸；因为它们对社会所必然造成的第一种损害，就是无可弥补的时间损失。在政治方面正像在道德方面一样，任何好事都不做就是一桩大罪过，因而一个无用的公民也就可以认为是一个有害的人。大名鼎鼎的哲学家们啊！请你们回答我：从你们那里我们知道了物体在空间中是按照怎样的比例互相吸引的[4]，在相等的时间内行星运行所经历的空间关系又是怎样的[5]，什么样的曲线具有交点、折点和玫瑰花瓣[6]，人怎样把万物看成上帝[7]，灵魂和肉体怎能互不交通而又像两只时钟一样地彼此符合[8]，哪个星球上可能有人居住，哪种昆虫在以一种特殊的方式进行繁殖——我们是从你们

那里得到了这一切崇高的知识的,然而请你们回答我:假如你们从未教给我们任何这类事物的话,我们是否因此就会人口减少[9],治理不善、不那么巩固、不那么繁荣或者是更加邪恶了呢?因此就请你们再想一想你们的作品的重要性吧:如果我们最高明的学者和我们最好的公民的劳动对于我们竟是如此无用,那么就请告诉我,我们对于那一大堆白白消耗国家粮食的不入流的作家们和游手好闲的文人们,又该作何想法呢?

我说的是什么,是游手好闲吗?但愿上帝能让他们真正游手好闲吧!真能那样,风尚倒会健康得多,社会倒会太平得多。可是这些空虚无用的空谈家们却从四面八方出来了,他们以他们那些致命的诡辩武装起来自己以后,就在摇撼着信仰的基础并在毁灭德行了。他们鄙夷地嘲笑着祖国、宗教这些古老的字眼,并且把他们的才智和哲学都用于毁灭和玷污人间一切神圣的事物。这倒不是因为他们从心底里仇恨德行或者我们的信条,而是因为他们仇视公认的见解,所以要想使他们回到神坛底下来,只要把他们流放到无神论那里去就行了。专求标新立异的人,还有什么事情做不出来呢!

浪费时间是一桩大罪过。然而由文艺而产生的罪过却还要更坏得多。由于人们的闲暇与虚荣而产生的奢侈,就是其中的一种。奢侈很少是不伴随着科学与艺术的,而科学与艺术则永远不会不伴随着奢侈。我知道我们那些富于独特准则的哲学家们,会不顾各世纪的经验,硬说是奢侈造成了国家的昌盛,然而纵令把禁止奢侈的法律的必要性置诸脑后,难道他们能否认善良的风尚对于帝国的存续乃是最根本的事,而奢侈则是与善良的风尚背道而驰的吗?纵使奢侈是财富的某种标志,纵使它能,如果你愿意的话,有助于增殖财富;但从这种只有在我们今天才配产生的诡辩里面又能得出什么结论来呢?当可以不惜任何代价只求发财致富的时候,德行又会变成什么样子呢?古代的政治家从不休止地讲求风尚与德行,而我们的政治家则只讲求生意和金钱。这一个政治家会对你说,一个人在某个国家的身价恰等于其在阿尔及尔卖身的价钱;另一个政治家照样计算过后就会发现,在某个国家里一个人是一钱不值的,而在另外一些国度里其身价竟至比一钱不值还要贱。他们估价人就好像估价一群牲口一样。根据他们的说法,一个人对于国家的价值就仅仅等于他在那里所消费的数量,因此,一个西巴里[10]人就很可以抵得过三十个拉西第蒙人了。然而人们不妨想一想,斯巴达和西巴里这两个共和国,哪一个是被一小撮农民所征服的?哪一个又是使得全亚洲都为之震动的?

我们对风尚加以思考时,就不能不高兴地追怀太古时代纯朴的景象。那是一幅全然出于自然之手的美丽景色,我们不断地向它回顾,并且离开了它我们就不能不感到遗憾。那时候,人们清白而有德,并愿意有神祇能够明鉴他们的行为,和他们一起都住在同一个茅屋里;然而不久他们变得为非作恶之后,他们就讨厌这些碍手碍脚的明鉴者了,于是就把神祇放到华丽的神殿里。最后他们又把神祇从神殿赶走,自己住了进去,或者,至少神殿和公民的厅堂已不再有什么区别了。这时候也就是堕落的极点了;当我们看见把神祇安放在——可以这么说——世家大族的门楣上、大理石的柱子上或者是铭刻在哥林多式的柱头上的时候,罪恶也就登峰造极了。

当生活日益舒适、工艺日臻完美、奢侈之风开始流行的时候,真正的勇敢就会削弱,尚武的德行就会消失,而这些也还是科学和种种艺术在室内暗中起作用的结果。当哥特人掠夺希腊的时候,希腊所有的图书馆之所以幸免焚毁,只是由于有一个哥特人散播了这样一种见解:要给敌人留下适当的东西,好使他们荒废军事的操练而沉溺于怠惰安静的职业。查理八世[11]几乎是兵不血刃就成了托斯堪尼和那不勒斯[12]王国的主人的,他的朝臣们都把这次意外的顺利归功于意大利的王侯贵族们过分地沉溺于机巧和博学,以致无法振作并奋勇作战。

因此,那位有头脑的人[13]论及这两种倾向时就说,事实上一切先例都教导了我们,不论在军事方面,还是在一切其他类似的方面,科学研究都更会软化和削弱勇气,而不是加强和鼓舞勇气。罗马人承认,他们武德的消逝是随着他们赏识图画、雕刻和金银器皿及培植美术而开始的;并且仿佛这个有名的国土注定要不断地成为其他民族的前车之鉴似的,梅狄奇[14]家族的兴起以及文艺的复兴便再度——也许是永远地——摧残了意大利几个世纪来似乎已经恢复的那种善战的声誉。古代希腊各共和国的制度中大部分都闪耀着一种智慧,它们禁止它们的公民从事一切文弱的职业,因为那既损伤人们的身体又败坏他们灵魂的生气。的确,连一点点物质缺乏也经受不起、连最微小的痛苦也可以把他们拖垮的那些人,我们设想他们会以怎样的眼光来对待饥渴、疲倦、危险和死亡呢?素无训练的兵士又能有什么勇气来支持极度的操劳呢?在连骑马赶路时也没有气力的指挥官之下,他们又有什么热情进行急行军呢?一切受过科学训练的近代战士的名闻遐迩的勇气,也反驳不了我的说法。人们尽管可以夸耀他们在某一天战斗的勇敢,然而却无法告诉我说他们是怎样支持过度的操练,是怎样抵抗季节的严酷与气候的变幻的。只要有一点烈日或霜雪,只要有某些身边琐物的匮乏,不消几天就足以瓦解并摧毁我们最精锐的部队了。勇猛的战士啊!请你们正视一下你们从来很少听到过的真理吧!我知道你们是勇敢的,你们会随着汉尼拔[15]一起在坎尼之战、在特拉西门尼斯之战大获全胜的;恺撒[16]会同你们一起渡过鲁比康河而征服全国的;然而汉尼拔越过阿尔卑斯山时,恺撒征服我们的前人[17]时,就绝不会是同你们在一起了。

[1] 卢梭(1712~1778年),法国伟大的启蒙思想家、哲学家、教育家、文学家,是18世纪法国大革命的思想先驱,启蒙运动最卓越的代表人物之一,主要著作有《论人类不平等的起源和基础》、《社会契约论》、《爱弥儿》、《忏悔录》、《植物学通信》等。本文节选自《论科学与艺术的复兴是否有助于使民俗日趋纯朴》(商务印书馆,2011年)。

[2] "有一个"两句:我们很容易想到普罗米修斯那个寓言故事,而希腊人是把他锁在高加索山上的,希腊人对他好像并不比埃及人对他们的神条土司具有更多的好感。一个古代的寓言说,撒提尔初次见到火,就想拥抱它,吻它;但是,普罗米修斯向他喊道:"撒提尔,你要为你脸上的胡须而哭泣的,因为谁碰到了它,它就会烧谁。"

[3] "在那么"两句:我们知道得越少,就越自以为知道得很多。逍遥学派不是什么都不怀疑吗?笛卡儿不是以立方体和旋涡运动构造宇宙的吗?今天在欧洲哪一个浅薄的物理学家不是肆无忌惮地在解释电学的深刻奥妙呢?不是在解释那种也许会成为真正哲学家所永远不能解释的深刻的奥妙的呢?——原注

[4] 物体……吸引的:牛顿的万有引力定律。

[5] "在相等"句:开普勒的行星运动定律。

[6] "什么样的"句:笛卡儿发明的解析几何。

[7] "人怎样"句:斯宾诺莎的泛神论。

[8] "灵魂"句:笛卡儿心物平行的二元论。

[9] "假如"两句:后来卢梭正式提出他的论点:人口的多少乃是政治好坏的最重要的标志(《社会契约论》第三卷第九章)。

[10] 西巴里:意大利南部古希腊城邦,当地富人以奢侈闲逸的生活著称,公元前510年被克罗顿所灭。居鲁士于公元前550~前530年曾征服美狄亚、吕底亚与巴比伦,建立了波斯帝国。波斯帝国于公元前331年被马其顿王亚历山大(大帝)的三万大军所征服。

[11] 查理八世：法国国王（1483～1498 年），于 1495～1496 年远征意大利。
[12] 托斯堪尼：位于意大利中北部。那不勒斯：位于意大利南部。
[13] 那位有头脑的人：指蒙田，以下的引述见蒙田《文集》第一卷第二十四章。
[14] 梅狄奇：15 世纪以来意大利政治舞台上最重要的一家贵族，以保护文艺著称。在梅狄奇的统治下，佛罗伦萨成为意大利文艺复兴运动的中心。
[15] 汉尼拔（公元前 274～前 183 年），古迦太基大将，公元前 217 年越阿尔卑斯山，大败罗马军队于特拉西门尼斯湖，公元前 216 年又在坎尼大败罗马军队。
[16] 恺撒（公元前 102～前 44 年），罗马大将，公元前 58～前 51 年征服高卢，公元前 49 年率军渡过鲁比康河回到意大利，成为罗马事实上的独裁者。
[17] 我们的前人：高卢人。高卢后为法兰克人所定居，法兰克人即近代法国人的祖先，故此处称高卢人为"我们的前人"。

中国科学对世界的影响

李约瑟[1]

在详述通盘考察中所得到的主要奇论之前，我们必须注意一桩奇怪而可能是意味深长的事实，即至少在技术领域里，我们可能发觉，由亚洲，主要是由中国来的新发明，都是成群结队的，我将称之为"团"（clusiers）。例如，在公元四至六世纪，大家看到绫机与胸带式马具携手而来。

八世纪时，马镫对欧洲发挥不寻常的影响力，不久卡当平衡环装置出现了。

十世纪初，颈圈式马具拖着简单的抛石机到欧洲来。

十一世纪时，我们看到印度数字、数位，零的符号传遍全欧。在十二世纪要接近尾声时，磁罗盘、船尾骨舵、造纸术、风车的构想，团簇而来，后面还紧跟着独轮车与用平衡力操作的抛石机。这正是托雷登星表（Toledan Tables）出现的时代。十三世纪末十四世纪初，又来了另一团发明物：火药、缲丝机、机械钟、拱桥，这是亚丰朔星表（Alfonsine Tables）时代。相当时间以后，我们看到铸铁鼓风炉、木版印刷的到来，不久后面又来了活字版印刷，不过这些仍属于第二团之一部分。

十五世纪时，旋转运动与直线往复运动互换之标准方法在欧洲建立起来了，而东亚在其他工程上的构想，诸如燃气叶轮、竹蜻蜓、卧式的风车、球链飞轮、运河的闸门等也纷纷出现。

十六世纪时带来了风筝、赤道式枢架与坐标，无穷空间理论，铁链吊桥，帆车，诊服术的重视，以及音乐声学上的平均律。

十八世纪殿后者，则是种痘术（疫苗接种法之前身）、瓷器技术、防水隔舱，以及一些以后引进来的东西，像医学健身法及文官考试制度等，所组成的一团。

这张技术传播一览表，虽然很不完整，但稍可把欧洲吸收东亚的发现与发明之年代整理一下。大体而言，我们无法追溯任一张"蓝图"或任一启发性的观念之传播路线，更无把握说已有办法解决任何问题，可是我们仍可清楚地见到，在特别的时间里，都有便于技术传播的一般环境——在十字军东征，以及新疆有西辽王国时，十二世纪那一团便传到了欧洲；在大蒙古风时代，就出现了十四世纪那一团；当挞靼奴婢出现在欧洲时，便出现十五世纪那一团，葡萄牙旅行家及耶稣会教士来华时便出现了十六世纪以后之各团。早期的传播年代较为模糊，有进一步研究的必要。但我们可以清楚地看到世界受惠于东亚，尤其是中国技术之全盘图像。

我想作为结论的第一个奇论是,根据一般人的见解,中国从来就没有科学技术。看到了我们在前面所述之一切,大家可能会奇怪何以一般人会有这样的见解,可是在我开始研究这些问题时,我发现这正是在我之前的汉学家之看法,他们还把这种见解郑重地写进许多名著之中。他们的说法再经看不懂中国文献,只对中国人日常生活作肤浅观察的人,一代一代复述下去,终于使中国人自己也相信了。中国大哲学家冯友兰,在四十多年以前写了一篇论文,题目是《何以中国无科学》。他在文中说:

我要斗胆地下个结论:中国不曾有过科学,因为根据中国人的价值标准,中国不需要科学。……中国的哲学家不需要科学的确定性,因为他们想知道的只是自己;同样地,中国哲学家不需要科学的力量,因为他们想征服的只是自己。对他们而言,智慧的内容并不是知识,而智慧的功能也不在于增加身外的财富。

这段话当然有一点道理,但只是有一点而已,而他可能是在感情而用事,以为既然以前中国得不到科学,现在也不值得要了。和冯友兰之青年的悲观主义相反,是同样不正当的汤恩比之乐观主义,不管是否可能在西方历史的源流上,找到西方人机械癖的源泉,我不怀疑机械癖是西方文明特有的,就像爱美癖是希腊文明特有的,宗教癖是印度文明特有的。

今日大家都十分明白,哲学上的神秘主义、科学思想或技术才能并非任何民族之专利品。

中国人并非如冯友兰所说的,对于外界自然不感兴趣;而欧洲人也绝不像汤恩比所吹嘘的,那么富有发明天才。之所以会有这种奇论,半由于大家对于"科学"一词的意义,还不清楚。假如我们把科学的意义局限在现代科学的范围里,那么科学的确只起源于文艺复兴后期,十六、十七世纪的西欧,而以伽利略的生活时代为转折点。但就整个的科学来说,便不是这么回事了!因为在世界上各部分,上古及中古的民族早就奠定了科学的基础,等待着科学大厦的兴建。

当我们说现代科学只在伽利略时代的西欧发展,我想,我们大部分的意思是,只有在那个地方才能发展出应用数学化的假说来说明自然现象之基本原则,并使用数学来提出问题,一言以蔽之,即将数学与实验结合起来。

但是如果我们同意文艺复兴时代发现了发现的方法,那么我们必不可忘记在伽利略式突破前,科学方面已有几百年的努力。至于何以科学突破只出现在欧洲,那是社会学的研究主题,我们在此不必预先判断这种研究结果如何,然我们已十分明白,只有欧洲才经历文艺复兴、科学革命、宗教改革与资本主义勃兴之联合变化。而这一切也是社会主义社会与原子时代以前不安定的西方所发生的最不寻常的现象。

但在这里又发生第二个奇论。由上面所说的一切,我们清楚地知道,在公元前五世纪至公元后十五世纪,中国的官僚封建制度,在将自然知识做实际应用方面,比欧洲蓄奴的古典文化或以农奴为基础的贵族武士封建制度,来得有效率得多。

中国人的生活水准通常比较高,而大家都知道马可·波罗认为杭州是个天堂。虽然大体上中国人的科学理论比较少,但是他们的实用技术一定比较多。虽然士大夫阶级有计划地压抑商业资本的成长,但是他们似乎不热心于压制技术新发明,因为新的技术可以用来改良他们统治的省或县的生产规模。虽然中国有一座似乎永无竭尽的劳力宝库,但事实上我们没有碰到过任何因公然恐惧技术引起失业而拒绝接受新发明的情形。

事实上,官僚制度的作风在许多方面好像都帮助过应用科学的发展。例如,汉朝政府使

第四单元 思辨科学

用地震计以便在灾难的消息到达京师前先侦测出灾难的发生及发生的地点。宋朝政府建立了一个雨量及雪量的侦测网。唐朝政府派人测量从印支半岛到蒙古地方长达一千五百里的子午线弧,并绘制爪哇到南极二十度内的星图。那么我们可不要轻视天朝的官吏了。

于是我们终于谈到奇论中的奇论——"停滞的"(stagnant)中国捐赠给西方那么多的发现与发明,这些东西在西方社会中的作用就像是定时炸弹一样。"停滞"这个陈腔滥调,系生于西方人的误会,而永不能适用于中国。中国是慢而稳定地进步着,在文艺复兴以后,才被现代科学的快速成长及其成果所赶上。对中国人而言,如果他们能够知道欧洲的转变,那么他们会以为欧洲就好像是永远在做剧烈变化的文明。对欧洲人而言,当他们逐渐认识中国时,中国似乎总还是那副样子。

也许西方的凡夫俗子最愚蠢的行为便是相信:虽然中国人发明了火药,但他们却笨得——或聪明得只用来放鞭炮,而却让西方人去发挥火药的一切威力。我们不愿意否认西方人有某种造炮(Buchsenmeisterei)的癖好,但在凡夫俗子的心目中却以为没有西方,创造性或伟大的发明便不能发生。

中国人一定要使墓穴朝正南方,但哥伦布发现了美洲。

中国人设计了蒸汽机的构造,但瓦特将蒸汽用于活塞。

中国人发明了旋转扇,但只用来冷却宫殿。

中国人了解自然淘汰,但却将之限用于金鱼的饲养上。

一切像这样虚幻的对立命题,就历史而言皆可证明其为伪。中国人的发明与发现,大多有了广泛的用途,只是在相当安定的社会控制之下而已。

无疑,中国社会具有某种自然超于稳定平衡的倾向,而欧洲则具有与生俱来的不稳定性格。当田尼生在著名诗句中谈论"辚辚轨道前进的变化"与"欧洲五十年胜过中国一甲子"时,他觉得有某种理由迫使他相信,激烈的技术改革总是有利无害的,可是我们在今天可能就不会这么肯定了。他只知其果,不知其因,而且在他的时代,生理学家还不了解内部环境的恒定性,而工程师也不会建造出自我调节的机器。

中国是一个能自己调节的,保持缓慢的变动之平衡有机体,一个恒温器——事实上,传达控制学的概念大可用来说明经历每一种恶劣环境而都会保持其稳定进步的文明。这种文明,好像装有一架自动控制器,一组回馈的机构,在一切骚扰之后仍回复到"现状",尽管有些是基本的发现与发明所产生的骚扰。从旋转的磨石迸出来的火花点燃了西方的火种,而磨石则纹丝不动,亦未磨损。有鉴于此,我们了解,由于中国文化具有这种性格,所以才能设计出指南车,因为指南车正是一切传达控制机之祖。

中国社会的相当"稳定状态"并没有什么特别优越的地方。在许多方面,中国很像古埃及,其长期绵绵的连续存在使年轻而善变的希腊人大感惊奇。内部环境的保持常态,只是生命体的一种功能而已。虽然很重要,但比不上中枢神经系统的活动复杂。改变形态也是一种完美的生理作用,在某些生物中,身体的一切组织甚至可以完全分解再重新组合。也许文明就像不同种的生物一样,其发展期长短不一,而变化的程度大小不同。

中国社会的相当"稳定状态"也没有什么特别神秘的地方。社会构造的分析肯定地指出中国的农业性质,早期需要大量的水利工程、中央集权政府、非世袭的文官制度,等等。这和西方社会构造之截然不同,乃是毫无疑问的。

然则,欧洲的不安定性之理由何在?有人以为是贪得无厌的浮士德灵魂在作祟。但我宁愿用地理上的原因来说明。欧洲是多岛地带,一直有独立城邦的传统。这个传统是以海上贸易，以及统治小块土地之贵族武士为基础，欧洲又特别缺乏贵金属，对不能自制的商品（特别像丝、棉、香料、茶、瓷器、漆器）有持续的需要，而表音文字又使欧洲趋于分裂。于是产生出许多战国，方言歧异，蛮语缺舌。相形之下，中国为一紧密相连的农业大陆，自公元前三世纪以来就是统一的帝国，其行政传统在古代无与之匹敌者，又极富于矿物、植物、动物，而由适合单音节语言的表意文字系统将之凝结起来。欧洲是浪人文化、海贼文化，在其疆域之内总觉得不自在，从而的向外四处探求，看看能找到什么东西——像亚历山大到大夏，维京人到文兰地，葡萄牙人到印度洋。中国有较多的人口，自给自足，几乎对外界无所需求（十九世纪以后则不然，故有东印度公司之鸦片政策），大体上只做偶然的探险，而根本不关心未受王化的远方土地。欧洲人永远在天主与"原子真空"之间动摇不定，陷于精神分裂；而聪明中国人则想出一种有机的宇宙观，将天与人，宗教与国家，以及过去、现在、未来之一切事物皆包括在里面。也许由于这种精神紧张，使欧洲人在时机成熟时得以发挥其特殊创造力。无论如何，此创造力所产生的现代科学与工业之洪流在冲毁中国海上长城时，中国才觉得有加入科学力与工业力所形成的世界共同体之必要，而中国遗产也就和其他文化的遗产联合起来，自然地形成一个互助合作的世界联邦。

注　释

[1] 李约瑟（1900～1995年），英国生物化学家、科学史学家。生于伦敦，1941年选为英国皇家学会会员。著有《化学胚胎学》等，同时是研究中国科学文化的专家，著有《中国科学技术史》。本文选自何尚主编、范育庭译《撬动地球的人们：20世纪科学大师思想随笔》（广东经济出版社，1999年）。

鲸殇（节选）

李存葆[1]

一

当茹毛饮血的原始人点燃起第一堆篝火，人类文明便露出了第一抹曙色。随着这文明之光的翔舞，人类欲望的火苗也愈燃愈炽，当熊獐鹿羊雀鸽鱼虾经过火的炙烤，化作人类嘴角的油腻后，思维大大活跃了的人类，必然把目光瞄向地球有史以来最大的生命——鲸。人类施虐于鲸，盖源于鲸的通体是宝。

鲸的皮下脂肪甚厚，出油率极高，一头蓝鲸可炼油30吨，相当于2000头胖猪或8000只肥羊。鲸油是近代油脂、化学工业的重要原料。由鲸头部提取的油，则是精密仪器、运载火箭、宇宙飞船的高级润滑剂。鲸肉可食，尤其是露脊鲸之肉，入味适口，向被视为肉中佳品。倘若当今谁在我国开放城市闹市区设一鲸宴酒楼，即使其价再昂，大腕、大款们也准会偕"小秘"趋味而至……鲸之皮可制革，堪与牛皮媲美。特别是齿鲸之皮，质地柔软，表层有短短绒毛，革面见天然花纹，染以七彩，光趟妙丽。假如哪位卑劣的外商或港客欲来我内地行骗，即使家无余资，只要其皮箱乃鲸皮所制，其皮鞋是鲸皮所造，这皮箱有可能成为他行骗乡镇企业的"通行证"，这皮鞋没准儿会成为他诱拐妙龄女郎而徜徉情海的"诺亚方舟"……鲸之骨可制优质复合化肥。鲸之五脏均是名贵药材。至于须鲸之须，齿鲸之齿，也绝不是骈拇枝指。一枚鲸齿雕成的烟嘴，可让欧美的绅士们更加颐指气使；一只鲸须编织的茶托，曾使古城堡的佣人也脸上飞金。至于抹香鲸肠内的硕大残渣——龙涎香[2]，更是

第四单元 思辨科学

连城之物,它酷似麝香却胜似麝香,历来是极为名贵的香料安定剂。只要投一点儿于香料中,香味则经久不绝。它曾使欧洲的王宫变成芳泽馥郁的香宫,也曾让那些上流社会的贵妇人,欢悦于芝兰之室……

当人的欲望之喙膨胀得比鲸口还大时,鲸类的黄杨厄闰便过早地降临了。

二

20世纪60年代初期,当我所在部队为破除迷信而炮击巨鲸时,孤闻陋见的我并不知道,早在两个世纪前,西方一些国家为榨尽鲸类每滴脂膏,便在烟涛迷蒙的大海上,卷起了对鲸的淹没生而埋葬死的狂潮。

西方国家猎捕大型鲸类,历经了格陵兰捕鲸、美国式捕鲸及现代捕鲸的三度兴衰。

十七八世纪,在北大西洋的斯匹次卑尔根群岛近海,荷兰、英国、德国等国的捕鲸队,对北极露脊鲸竞相戮杀。那些闪着贪婪目光的锐士豪强,那些蹈海踏波的冒险家,摇着木船,举着钢叉,对准肥硕的鲸脊,恶狠狠地刺去。温驯的露脊鲸的声声哀鸣,并没有唤醒猎鲸者的恻隐之心。殷红染污了海的蔚蓝,血的浊波遮掩了水的明澈。到19世纪初,北极露脊鲸被追捕殆尽,格陵兰捕鲸时代遂告结束。

美国式捕鲸初始也是逡巡于沿海近岸,以黑露脊鲸和洄游近岸的抹香鲸为主要猎物。到远海追捕抹香鲸起于18世纪初,捕鲸的海域迅速扩展,到该世纪末,英国捕鲸船队已绕过好望角,抵达太平洋,继而,法国、德国的猎鲸船舶也骄横地闯进大西洋、印度洋。蒸汽机的发明使捕鲸者告别了手摇的桨橹,钢板的组合使猎鲸人拜辞了剖木的舟楂。疾驰的海轮足可使冒险家鄙视巨鲸的速度和耐力,浪涌中流动的楼阁成了狩鲸者啸傲狂涛的鹿砦。19世纪前半叶,夏威夷成了世界捕鲸基地。对齿鲸中躯体最大的抹香鲸的围追堵截,于1846年达到高峰,年捕万头。与此同时,太平洋中的露脊鲸、灰鲸、座头鲸等鲸类也遭泼天大祸,在劫难逃。一时间,夏威夷港口内,列国的鲸船旌分五色、云屯雾集。美丽的夏威夷成了鲸血漂杵的屠宰场,浩瀚的大洋里,捕鲸者们张扬着强悍,喷溅着血腥,播撒下欲望的种子,打捞着巨大生命的死亡……19世纪末,太平洋的抹香鲸所剩无几。当抹香鲸肠内那"龙涎香"的幽香,使世界上更多簪缨之族的膏粱子弟、曼妙女郎熏熏然怡怡然时,美国式捕鲸也告式微。

1868年挪威人福因发明捕鲸炮,开现代捕鲸之滥觞。为避免炮弹对鲸体鲸皮过大的损伤;为躲开因中弹而盛怒的巨鲸对船体那拔山扛鼎般的拉力,小小的捕鲸炮比商纣王的"炮烙"更见人类的"睿智"与"颖悟",充溢着人类对动物的专制与自私、巧滑与刁钻。捕鲸弹的尖帽内,安有四个带倒钩的钢爪,且系有长长的射绳,弹头射入鲸体后,弹帽炸开,钢爪便紧勾鲸体,见鲸中弹,捕鲸人便在射绳的尾端拴上或白或红的浮标,速让牵有巨鲸的射绳脱离船体。尽管巨鲸有着惊人的生命力,但嵌入体内的四只钢爪已使其心裂肺撕,捕鲸人却能优哉游哉地眼观浮标,等候巨鲸流尽最后一滴血。捕鲸炮的发明,使现代捕鲸的浪潮迅即由挪威漫卷全球……20世纪初,欧美捕鲸船队耀武显威地开进亘古神秘的南极海域,骤然发现这里潜游着地球有史以来最庞大的生命:蓝鲸、长须鲸、大须鲸、座头鲸……它们成群结队,潜入水中是有着热血和体温的潜艇舰队,露出海面是移动着的力与美的山峰。然猎鲸人并非审美者,冰冷的南极也无法冻结他们那剥剥燃烧的欲火。霎时间,高寒的南极涌来列国捕鲸的热浪。南极距欧美,关山迢递,天水悬隔,聪明的人类于20世纪20年代中期,又制造出捕鲸母船,到30年代初,挪威、英国在南极的捕鲸母船达40余艘,所随捕鲸艇200多只,年捕巨鲸近4万头。酷似航空母舰的捕鲸母船,是移动的鲸类加工厂,它实现了对鲸的捕杀分割、提炼加工一条龙的流水作业，再庞大的肌体，再肥厚的脂膏，也难以填满母船那大伸大缩、大吞大吐的胃腔。横卷万里犁庭扫穴般的野蛮大袭击，使鲸类遭受到前所未有的大摧残……

我国辽阔富饶的海域，原是鲸类洄游栖息的洞天福地。虽然殷墟遗址里有先民在鲸骨上刻有的文字，但我猜度那不过是古人对搁浅鲸鲸骨的使用而已，并不像有人那般自豪地认为，我华夏是全球最早利用鲸资源的国度。神州之鲸遭无妄之灾，首先来自东瀛人的发难。20世纪初，日本东洋捕鲸株式会社先后在我国台湾及沿海多处设立捕鲸基地，那插有膏药旗的"第一东乡丸"、"神功丸"等捕鲸船，在我海疆上逐北追南，逢鲸必毙。直到1945年战败投降，日本才中止对我国鲸资源的掠夺……新中国的捕鲸业起步于50年代中期，但"小米加步枪"般的装备，小股"游击队"式的出袭，只能在近海猎获小鰛鲸。1963年年底我国制造的大型捕鲸船"元龙号"下水，才证明我国具备远洋捕鲸能力。虽然"元龙号"于1964年在黄海北部捕获的那头仅重45吨的长须鲸，很使国人自豪了一阵子，但从新中国成立到全球性捕鲸业的关闭，连搁浅鲸在内，我国仅获鲸1600余头，与西方捕鲸大国相比，判若霄壤，羞难启齿。然时光老人常常将是非曲直、黑白美丑、毁誉褒贬悄悄易位。国人往昔那无捕鲸母船的自卑，已化做保护地球最大生命的心灵上的慰藉……

以鲸为原料的产品曾充斥世界。人类对鲸的巧取豪夺，曾使人类有过巨大满足的快感。然这快感的获得付出的却是高昂的利息，致使人类在造物主那里，有着永远无法还清的鲸债。

鲸濒临消亡，上苍曾迭发警示。首先，全世界所捕各种鲸的平均体重逐年锐减：1932年为66吨，1950年为46吨，到1978年平均体重尚不足20吨。这些枯燥的数字浓缩着灵与肉的无限悲哀，它清晰地表明，有着百年遐寿的巨鲸，已不能休养生息，它们中有的尚在孩童期便成了人类刀下的幽魂。大洋中鲸的稀少，更令人嗟悔无及：鲸中躯体最大的蓝鲸，在南极鲸类未被开发前最少有20余万头，1989年国际捕鲸委员会经过连续8年的搜寻后披露，全球幸存的蓝鲸最多尚有453头。长须鲸、大须鲸、座头鲸、抹香鲸等主要鲸种，皆面临种类灭绝的危机，那一个个曾是本固枝荣、沸反盈海的庞大家族，如今都是家丁无几，再衰三竭……

鲸类为人类文明的灯盏，几近耗尽了最后一滴脂膏。

三

山山林林的鹿鸣狼嗥、虎啸猿啼，岩岩石石的蜥行虫跳、蝎藏蛇匿，江江海海的鱼腾虾跃鲸驰鲨奔，土土缝缝的菇伞霉茸、蚓动蚁爬，坡坡岭岭的蔬绿稻黄、果香瓜甜，花花树树的蜂飞蝶舞、鸟啾禽啁……生命无所不在，扑朔迷离的大自然，以其斑驳的万物摇曳的万有，构成了神奇的无限。冥冥中，天人合一，物我难分，无限神奇里也包容着人类自己。

在这个由植物、微生物和动物组成的生命世界里，作为万千灵长的人类，自是无可訾议的主宰。当生态失衡时，主宰才意识到，看上去植物、微生物、动物是三个迥乎其异的独立王国，实际上它们环环相衔，链链相接，构成了一个生命世界的完整体系，且是那般和谐、完善和巧妙。在生态平衡中，食物链的平衡则是最重要的法则。

树、虫、鸟虽是一个小小生物圈，却是那样玄妙。树木需昆虫传花播粉，昆虫则以树的叶、果为食。倘若聚虫成雷，则树枯木死，虫即失去生存场所；于是，有鸟儿翩翩飞来食虫护林，林又成了鸟类栖身的家园。虫灭则鸟饥，杀鸟虫成灾，伐木毁林，鸟、虫遂一损俱损。在这个小小生物圈内，树、虫、鸟虽畛域不同，却辅车相依，互为唇齿。把这小生物圈

第四单元　思辨科学

再扩而大之，虫鸣鸟叫，可悦人耳；花香果甘，乃人所欲；而森林口陈肝胆释放的大量氧气，对于人类无疑是推襟送抱……

走近食草和食肉动物的食物链，更有闻不尽的天籁，悟不透的禅机。食草动物口味各异，各取所需，毋庸争食。牛、马、羊以青草果腹，大象、长颈鹿以树叶树枝充饥。食肉动物哺啜对象也是各有所好，并非像大吃广嚼的人类那样，在一桌宴席中，亦要飞禽走兽天上人间，山珍海味水陆杂陈。一般来说，大的食肉动物专食大的食草动物。狮虎豹以牛马鹿为餐，狼食羊，狐狸则吃兔子和老鼠，这种大吞大、小食小的对应规律，是那般恰当合宜。更有趣的是，食草动物多生有用以有限自卫的犄角和腾骧奔逸的趾蹄，然食肉动物天生便长有尖牙利爪，但其奔跑速度仅比食草动物稍快些许。这就使后者对前者绝非手到擒来，张口即食，而要经过不倦的追逐和血腥的扑搏。这场为生存而进行的赛跑竞争，已历时几千万年，可食草动物总也进化不了，始终是屈死的"亚军"。许是为保证食肉动物的不竭食源，上苍让食草动物的繁殖能力大大高于食肉动物。还令人费解的是，食肉动物之间，总能相安无事。北极熊即使饥肠辘辘饿得半死，也绝不打近在身边的鬣狗和狐狸的主意。如果让狮子向狼群进攻，令老虎去蹈袭狐狸，动物世界定会天下大乱，但这种情况却亘古未闻。

海洋里的生物和动物，其种类和数量，均为地球之最。探寻海洋，人们会惊异地发现，造物主在创造亿种生命时，使用的并非一种模式。除虎鲸和个别鲨种外，多数海兽及鱼类并不完全遵循弱肉强食的法则。海洋中最大的兽类蓝鲸、长须鲸，鱼类中最大的鲸鲨、姥鲨，并不像陆上的狮虎豹那般专拣肥硕者而吞。这些海中的庞然大物，却以连最平庸的捕猎者也不屑的浮游生物和小鱼虾为食。巨鲸的日食量一般为2吨以上，但人类不必杞人忧天。除某些海域有着密度大、数量多的浮游生物外，南极还有50亿吨磷虾供巨鲸享用。这一切，仿佛是按造化的指令精心编排的。否则，巨鲸将疲于奔命，却无论如何也填不满那"天字第一号"的肚皮。

人类对生态平衡的破坏，不仅表现在对大自然的无穷索取，还在于常将主观意志强施于生物，使结果与初衷大相径庭。有人仅仅是为了好奇，把兔引入澳洲，兔因没有天敌，兔子兔孙蕃孳得触目皆是。绿毯似的澳洲草原，被兔折腾得支离破碎、千疮百孔。为消兔患，当局不得不出动飞机捕杀，掀起一场"人兔大战"，却仍难控制兔灾……美国为保护野生鹿，曾大肆毙歼荒原狼，鹿群因没有狼的追逐吞食，鹿家族遂慵倦疏懒，生命激情衰退。人们不得不重新引狼入围，鹿家族复兴旺如初。挪威政府为保护有重要狩猎价值的雷鸟，曾以重奖鼓励人们尽力捕杀雷鸟的天敌——各种猛禽和狐狸，企盼雷鸟大量繁殖。结果因天敌消失，导致雷鸟中的球虫病及其他疾病频发，使大批雷鸟相继病亡，数量骤减……

在生命世界这个整体中，食物链正是通过各种生物的相互激励、制约、转化、交换、补偿，维系着大自然生态的平衡。人类的小智慧面对宇宙的大智慧，实是不可企及，难以望其项背。

自然界最大的奥秘，莫过于生命。生物世界的千古之谜俯拾皆是，那用神秘的外壳包裹着的内核，即使人类中天才的牙齿也难以啃碎。欧美的海鳗鲡出生于深海寄住在内陆河沼，成年之后，它们从各河各沼出发，一齐汇集到靠近百慕大的深海处产卵，并老死在那里。新生的小鳗鲡，一没有父母带领，二没有观测仪器，美洲鳗鲡全回美洲，欧洲鳗鲡皆返欧洲，且均能分毫不差地找到各自父母曾寄居过的支河与湖沼。因此，美洲鳗鲡绝不会在欧洲被捕，欧洲鳗鲡也不可能在美洲被捉。成年的欧洲鳗鲡回百慕大时，因要横渡几千里大西洋，为防欧洲鳗鲡将卵产在途中，上苍特为它们增寿一两年……当鲸家族日渐萎缩时，曾发生过按一般自然规律所不能解释的奇闻。为家族再兴，鲸们的性成熟期不仅大大提前，且受孕率也明显提高。长须鲸在20世纪初家族最盛时，性成熟期为10龄或更晚，至50年代遭到毁灭性打击后，则提前到六七年。鲸们这种提前结婚、多生子女的努力，在人类轮番掠夺下，终未能扶家族之将倾，挽狂澜于既倒……

  微小的、庞大的，开花的、结果的，飞奔的、爬行的，高翔的、潜游的，吃草的、食肉的，怪谲的、神秘的……世上的万物万有都是造物主对人类的恩赐。它们之中任何一个种类的消亡，不仅使食物链脱落了不可或缺的一环，使生态平衡的天平发生了些许倾斜，更意味着一种遗传密码的永远遗失。人类对鲸的榨取虽曾达到敲骨吸髓的程度，但对鲸类在整个食物链中的地位却不甚了了。我常猜度，海中那凶猛的虎鲸，是不是如同美国鹿群中的荒原狼，一旦失却它，其他海兽会像美国的野鹿那样暮气沉沉，也或许像挪威的雷鸟那般变得多病多灾、毫无活力；而蓝鲸、长须鲸这些地球上最大的生命一旦绝迹，海中的浮游生物会不会像引入澳洲的兔子一样肆行无忌。有鱼类资源专家告诉我，由于海水的污染，某些海域的藻类及浮游生物狂生猛长；由于大鱼的稀疏，过去只能充当鱼饵角色的小鱼却见多。这不能不令人发出"黄钟毁弃，瓦釜雷鸣"的哀叹……

四

  人类真正的不幸，在于不懂得在珍惜自身的同时，也应珍惜身外的一切生灵；不懂得自身生命的彩练原本与身外生命的霓虹连成一片。人之外任何生命的毁灭，不仅是兽的悲哀，更是人的悲剧。被毁灭者价值愈高，悲剧就愈显沉重。然而，有着思维的人类又常能在反思的痛苦中深刻，在自酿的苦酒里清醒。

  当庞大的鲸类家族清减得家丁无几，当多种巨鲸已行将消亡被列为全球性保护动物，人类才给予鲸类家族以同情与关注。近年来，所谓鲸类集体自杀的事件频频发生，人类在惶恐凄迷中，也对这种怪异现象，进行了大胆细入的探奥。一时间，"地形说"、"摄食说"、"失常论"、"向导论"、"返祖论"等猜想与学说纷纷行世，但这些论说仅从自然地理、气象变化及鲸类的习性与遗传寻求缘由，结果皆因匮乏佐证而三纸无驴，不得要领。上述论说的通病是推卸了人类的责任，已多被近些年的研究成果所否定。当珠穆朗玛峰圣洁的白雪中有了汞和锰的粉末，当太平洋海底绚丽的"花园"里有了铅和铬的沉积，人类方敢将自己放到被告席上，去自我审判，自我解剖，这才渐次揭开了所谓鲸类集体自杀之谜。

  生活在深海中的鲸类视力虽弱，但像陆上的蝙蝠一样耳有特异功能，其声呐系统能极为精确地辨别方位、识别目标。现为人类乐道的"第六感觉"，即源出"动物声呐"。德国海洋学家特波尔德，曾在多头海豚的脑中发现了高浓度的三丁酯锡毒液，这种毒液来自船上的油漆。据调查，目前海洋中约含数千万公升的三丁酯锡毒素，且呈增加趋势。三丁酯锡能破坏鲸类的脑神经细胞，鲸一旦中毒，便丧失了辨别方位的能力。鲸类有追船戏波的习惯，时间一长很易中毒。加之鲸类有相互救援的"群体意识"，一鲸数豚因病搁浅，常引得多鲸群豚上岸冲滩，这便发生了一宗宗"集体自杀"的惨案。由于人类无节制地向大洋中倾污泄毒，使海兽身罹多种怪病。有人在搁浅海豚那处女般的肌体上发现因食毒物而患的溃疡；有人还在海豚的头颅和耳中发现了密密麻麻的寄生虫。加拿大遗传学家卡明，在欧洲海域巨鲸和海豚的脂肪中，发现聚氯联苯的含量高得惊人，这将使雄性海兽急剧丧失生殖能力。卡氏预言，照此下去，所有海兽有可能在50年内全部灭绝……

  如果说人类在17世纪格陵兰捕鲸时代就拉开了毁灭鲸类的悲剧序幕，那么当今海洋的污染便抵近了这幕悲剧的尾声；如果说鲸类"集体自杀"之言仅是人类拟人化的表述，那么

人类便是直接和间接"他杀"鲸类的杀手。鲸类的"集体自杀"应是对人类无声的抗议,这无声的抗议分明在告诫人类,它们不过是生态失衡的最先牺牲品,面对大自然,人类若再不惭德愧行,遏制无边的欲海,那么,人类无疑也在进行着一场慢性集体大自杀。

佛语云:"老牛慢腾腾地走,地球很有耐心。"当今,人类已凭借科学的司天魔杖,使力与速度得到了空前的延伸。作为随时都在享用工业文明成果的人们,没谁会去恋栈青油孤灯,更没有谁会去憧憬老牛破车。然而,当"超音速"使人类难有"采菊东篱下"的情致,当"核裂变"使人类难觅"清泉石上流"的幽境,人类便不得不顾及地球的"耐心"了。倘若人类对大自然的一次次警示再当成耳边轻风,终有一天,富有"耐心"的地球会变得更加狂躁、怪戾,更加疯疯癫癫、喜怒无常……

爱因斯坦曾说:"科学是让人生得更加美满,不是让人死得更加沉重。"这位有着人类巨大智慧头颅的老人,于晚年说出的话语,更是振聋发聩:第三次世界大战的结果难以逆料,可第四次世界大战,人类将用石斧来对打。

"福兮祸之所伏",两千年前的老子一语直抵堂奥,道出了福与祸乃至任何事物的正、负两面的互涵性和共存性。科学能使人的生活变得更加舒适和便捷,却也加剧了资源消耗和环境恶化;科学能使人类变得无比强大,却未能使世界变得更加安全,原子战、化学战、细菌战的阴影,常使人类惴惴不安;科学能使人类去广泛地认识物质世界,却未能使人变得更加善良和高尚……

科学虽在有限的范畴内破译了某些生命的密码,却永远不能造出鲜活的生命。人能造出航天飞机,却造不出一只美丽的蝴蝶;人能造出高速列车,却造不出一只爬行的蚂蚁;人能造出坚硬的潜艇,却造不出一尾蹦跳的虾仔;人能造出摩天的大楼,却造不出一棵含汁的小草;人类能造出轩敞宽展的航空母舰,却断不可能造出地球有史以来的最大生命——鲸!

大海里不能没有造化的杰作,失却了造化的杰作,大海便消失了跌宕的层次和丰厚的内涵。

大海里不能没有生命的奇观,消失了生命的奇观,大海便失却了无比高贵的尊严。

大海里不能没有壮阔的生命奔流,失却了壮阔的生命奔流,大海便消失了浩浩荡荡的灵魂。

面对沧海,倘若人类能真正形成全球性的群体意识,尽快还清所欠下的鲸债,让鲸家族像往昔那般炽盛,那将不仅是鲸类的盛大节日,也将是人类的最大福音……

[1] 李存葆(1946年~),山东五莲人,当代著名作家,代表作有《高山下的花环》、《大河遗梦》等。本文节选自《绿色天书》(河南文艺出版社,2006年)。

[2] 龙涎香:抹香鲸嗜食章鱼及乌贼,但消化不了乌贼的喙等残渣,残渣刺激抹香鲸肠内分泌出的特殊分泌物称"龙涎香"。龙涎香为灰黑色,呈块状,一般重千克左右,也曾有重达420千克的。龙涎香燃烧时香气四溢,且比麝香之味更幽雅。

白 轮 船

艾特玛托夫[1]

这是很久以前的事。在很远很远的古代,大地上森林比草还多,在我们的国土上,水面比陆地还大，那时候，有一个吉尔吉斯民族，居住在一条又大又寒冷的河边。这条河叫艾涅塞。艾涅塞流得很远，一直流到西伯利亚。骑着马到那里去，要跑三年零三个月。现在这条河叫叶尼塞，那时候却叫艾涅塞。所以，有一支歌是这样的：

    有没有比你更宽的河流，艾涅塞？
    有没有比你更亲的土地，艾涅塞？
    有没有比你更深的苦难，艾涅塞？
    有没有比你更自由的心意，艾涅塞？
    没有比你更宽的河流，艾涅塞，
    没有比你更亲的土地，艾涅塞，
    没有比你更深的苦难，艾涅塞，
    没有比你更自由的心意，艾涅塞。
    艾涅塞就是这样一条河。

  当时有各种不同的民族居住在艾涅塞河畔。他们处境十分险恶，因为他们经常互相作对。很多敌人包围着吉尔吉斯民族。一会儿这边敌人来侵犯，一会儿那边敌人来侵犯，一会儿吉尔吉斯人自己去进攻别人，夺牲口，烧房子，杀人。见人就杀，能杀多少就杀多少——那时候就是这样的。人不怜惜人，人残杀人。闹得没有人种庄稼、养牲口、打猎。靠抢夺过日子更便当些：闯进来，将人一杀，拿起就走。可是，杀了人，就要用更多的血来偿还，报复就会引起更大的报复。越这样下去，血流得越多。人们都失去了理性。那时候没有谁来帮人和解。谁能出其不意地袭击敌人，将别的民族杀得鸡犬不留，把牲畜和财宝抢劫一空，谁就是最有本事、最了不起的人。

  森林里出了一只怪鸟。每天从入夜直到天亮，都在唱、在哭，在树枝上跳来跳去，用人的声音凄惨地叫着："大祸来啦！大祸来啦！"果然不假，那可怕的一天来了。

  那一天，全吉尔吉斯族的人都在艾涅塞河上给自己年老的头人送葬。这位老英雄库利奇当过多年首领，参加过多次征战。在多次战斗中出生入死。身经百战而安然无恙，但他的死期还是到来了。全族的人十分沉痛地哀悼了两天，准备在第三天安葬这英雄的遗骨。依照古老的风俗，为头人送葬时，应当抬着他的尸体从艾涅塞河边的悬崖峭壁上经过，让死者的灵魂可以在高处向母亲河艾涅塞告别。要知道，"艾涅"的意思就是母亲，"塞"就是河道，就是河。让他的灵魂最后唱一遍艾涅塞河的歌：

    有没有比你更宽的河流，艾涅塞？
    有没有比你更亲的土地，艾涅塞？
    有没有比你更深的苦难，艾涅塞？
    有没有比你更自由的心意，艾涅塞？
    没有比你更宽的河流，艾涅塞，
    没有比你更亲的土地，艾涅塞，
    没有比你更深的苦难，艾涅塞，
    没有比你更自由的心意，艾涅塞。

  在安葬的岗头上，在墓穴前，要把老英雄高抬过顶，让他看看天地四方："看看你的河。看看你的天。看看你的地。看看我们这些和你同根生的人。我们都来送你了。安息吧！"要在英雄墓前竖石碑，留给千秋万代做纪念。

  在安葬的日子里，全族的帐篷要顺着河岸排成长长的一排，以使每家都能在家门口向老

第四单元 思辨科学

英雄告别。人们抬着老英雄的遗体从帐前经过时,就要把志哀的白旗降到地上,降旗时还要边哭边诉,然后跟上大家一起往前走,走到下一个帐篷跟前,下一个帐篷里的人又是边哭边诉,降志哀的白旗,一路上都是这样,一直送到安葬的岗头上。

那一天早晨,太阳出山的时候,一切都已准备停当。旗杆上挂起了带马尾的军麾,搬出了老英雄作战用的盔甲、盾牌和长矛。老英雄的战马也披好了送葬的马衣。号手们就要吹起战斗的长号,鼓手们就要摇动震天的大鼓,要吹、要擂得森林摇动,群群鸟儿飞上天空并在天空啾啾喳喳地乱转,野兽嗥嗥叫着在森林里乱窜,野草伏到地上,山谷里回声滚滚,群山颤抖。哭灵的女人们松开了头发,准备为老英雄库利奇眼泪汪汪地痛哭一场。骑士们跪下一条腿,准备用强壮的肩膀抬起老英雄的遗体。一切都准备好了,就等着起灵了。而在林边的树上,还拴着九匹待宰的母马、九头待宰的公牛、九十头待宰的羊,那是为葬后丧宴准备的。

这时候,意外的事发生了。艾涅塞河畔的人,彼此之间无论有什么样的深仇大恨,在安葬头人的日子里,是不兴跟人家兴兵打仗的。可是,就有一大帮敌人,拂晓时便悄悄地包围了深深陷在悲痛里的吉尔吉斯人的宿营地,这时一下子从四面埋伏的地方跳了出来。所以谁也来不及上马,谁也来不及拿起武器。一场空前的大血洗开始了。见人就杀,一个不留。敌人打定了主意,要一举消灭勇猛的吉尔吉斯民族。他们把所有的人挨个儿杀死。杀光了,就再也没有人记下这笔血债,再也没有人报仇雪恨,就让时间像流沙一样冲掉往事的痕迹。让一切化为乌有……

一个人从出生到长成需要很长时间,要杀一个人,却只需转眼工夫。许多人已被杀死,躺在血泊里;许多人为了逃脱敌人的利剑和长矛,跳进河里,就在艾涅塞河的波涛中沉没。河岸上,悬崖峭壁间,吉尔吉斯人的帐篷熊熊燃烧着,大火延烧数俄里。没有一个人逃脱,没有一个人活下来。一切都被捣毁、烧光。死者的尸体一齐从悬崖上扔到艾涅塞河里。敌人欢呼:"现在这些土地是我们的了!现在这些森林是我们的了!现在这些牲畜是我们的了!"

敌人带着大量的虏获物扬长而去,却没有发觉,有一男一女两个小孩从森林里回来了。他们又淘气,又不听话,一清早就背着大人跑到附近森林里去剥树皮编小篮子。他们玩得起劲,不觉走到密林深处。等他们听到大血洗的厮杀声和呼喊声急忙赶到家时,他们的父母和兄弟姐妹已经不在人世了。两个孩子只落得无亲无故。他们哭着从一处灰堆跑到另一处灰堆,到处看不到一个人。转眼间就成了孤儿。整个人世就剩了他们俩。

远处,灰尘滚滚,敌人正把他们在血腥的征战中掠得的马匹和牛羊赶往自己的地盘去。

两个孩子看到马蹄荡起的灰尘,便向前追去。两个孩子一面哭喊,一面跟在凶恶的敌人后面跑。只有孩子才会这样。他们不是躲开杀人凶手,倒是追赶起他们来了。他们只图不孤单,只想赶快离开这块一片血腥的、可怕的地方。男孩和女孩手挽手地跑着朝前追,喊敌人等一等他们,带他们一块儿走。但是,人喊,马嘶,蹄声得得,人马跑得正欢,哪里听得到他们那微弱的喊声?

男孩和女孩拼命地跑了很久。但总是赶不上。后来他们跌倒在地上。他们不敢朝四面看,不敢动一动。觉得非常可怕。两个孩子紧紧靠在一起,不觉睡着了。

常言说:吉凶难卜孤儿命。这话倒也不假。夜晚平平安安地过去了。野兽没有惊动他们,林中巨怪没有将他们抓走。等他们醒来,已是早晨。阳光明丽,百鸟齐鸣。两个孩子爬起来,又踏着马蹄的印迹走去。沿路他们采些野果和野菜充饥。他们走呀,走呀,到第三天,来到一座山上。朝下一望,只见山下碧绿的大草甸子上正在举行盛大的宴会。

数不清有多少帐篷扎在那里,数不清有多少火堆在冒烟,数不清有多少人围着火堆。姑娘们在荡秋千,在唱歌。有一些身强力壮的汉子,为了让大家开心,正像雕一样在转着圈子,在摔跤。这是敌人在庆祝他们的胜利。

　　男孩和女孩站在山上,不敢朝山下走,但是真想到火堆跟前去。火堆跟前那烤肉味、面包味、野葱气味好香啊。

　　两个孩子忍不住,还是走下山去。山下的人觉得这两个孩子来得蹊跷,便一齐围了上来。

　　"你们是什么人?从哪里来的?"

　　"我们饿了,"男孩和女孩回答说,"给我们点儿吃的吧。"

　　那些人从他们的口音听出了他们是什么人,一齐乱哄哄地、嗡嗡地叫了起来。他们在争论:是马上杀死这两个没有杀绝的敌人的种子呢,还是将他们带到可汗那里去?有一个好心肠的女人,趁大家七嘴八舌地争论的时候,塞给每个孩子一块烤马肉。他们被带往可汗那里去的路上,还一直在吃着马肉。他们被带进一座高大的帐篷,帐边还站着手执银斧的卫士。整个营地上都在传着一个令人不安的消息:不知从哪里来了两个吉尔吉斯孩子。这是怎么一回事呢?大家都停止了作乐和饮宴,一齐拥到可汗的帐前。这时候,可汗正与手下的著名将领一起坐在白得像雪一样的毡上,喝着蜂蜜调制的马奶酒,听着颂歌。可汗得知大家为什么拥到帐前,十分震怒:"你们竟敢打扰我的情兴?我们不是把吉尔吉斯族斩尽杀绝了吗?我不是让你们成为艾涅塞河上千秋万代的主人了吗?你们跑来干什么?胆小鬼!你们睁开眼看看,坐在你们面前的是什么人!来啊,麻脸瘸婆婆!"可汗叫道。麻脸瘸婆婆从人群中走了出来,可汗对她说:"把这两个孩子带到密林里去,将他们收拾掉,让吉尔吉斯族从此绝种,干干净净,今后再也无人提起。去吧,麻脸瘸婆婆,照我的命令行事……"

　　麻脸瘸婆婆一声不响地接受了命令,拉起两个孩子的手就走了出去。他们在森林里走了很久,后来走到艾涅塞河边一处高高的悬崖上。麻脸瘸婆婆在这里让两个孩子站住,要他们并肩站在悬崖边。她在把他们推下悬崖之前,口中念道:"伟大的艾涅塞河啊!要是把一座山抛到你的深处,山就像一块石头一样沉到河底。要是把一棵百年古松抛下去,松树就像一根小枝儿一样被冲得无影无踪。现在你收下这两颗小小的沙子,收下人类的这两个孩子吧。人间没有他们的存身之地。还用得着我对你说吗,艾涅塞?要是星星都变成人,天空就不够他们住了。要是鱼都变成人,江河和海洋就不够他们住了。还用得着我对你说吗,艾涅塞?把他们收下,把他们带走吧。趁他们年幼,趁他们心地纯洁,趁他们还有孩子的良心,还没有害人的心思、没有做害人的事情,让他们离开这罪恶的世界吧,免得他们遭受人间苦难,也免得他们去坑害别人。收下他们吧,收下他们吧,伟大的艾涅塞……"

　　男孩和女孩号啕大哭。他们哪里有心思听老婆子的话。站在悬崖上朝下望去,实在可怕。百丈悬崖之下,怒涛滚滚。

　　"孩子们,你们最后拥抱一下,告告别吧。"麻脸瘸婆婆说。她卷起袖子,为的是推起他们更利索些。她又说:"孩子们,你们别怪我。这是你们命该如此。虽然我现在来干这件违心的事,但也是为了你们好……"

　　她刚说到这里,一旁传来了说话声:"等一等,大仁大智的女人,不要杀害无罪的孩子。"

　　麻脸瘸婆婆回头一看,觉得很奇怪:站在她面前的是一头母鹿。那一双老大老大的眼睛朝她望着,露出责备和忧伤的神情。母鹿一身白色,就像生头胎的妈妈的奶水那样白;肚子

第四单元　思辨科学

上的绒毛是褐色的,很像小骆驼的毛。头上的角美极了,扎煞开来,就像秋天的树枝。乳房又洁净又光润,就像正喂奶的妇女的乳房。

"你是哪一个?你为什么讲人话?"麻脸瘸婆婆问道。

"我是鹿妈妈,"母鹿回答说,"我讲人话,因为别的话你听不懂,也就没法听从我的劝告。"

"你要我怎样呢,鹿妈妈?"

"大仁大智的女人,你把孩子放了吧。我请你把他们交给我。"

"你要他们干什么?"

"人们把我的双生孩子——两头小鹿打死了。我想找孩子来抚养。"

"你想抚养他们吗?"

"是的,大仁大智的女人。"

"可是,你好好想过没有,鹿妈妈?"麻脸瘸婆婆笑了起来。"他们是人的孩子呀。他们长大了,会杀害你的小鹿的。"

"他们长大了,不会杀害我的小鹿。"鹿妈妈回答说。"我将是他们的妈妈,他们将是我的孩子。难道他们会杀害自己的兄弟姐妹吗?"

"哼,这可难说,鹿妈妈,你对人真不了解!"麻脸瘸婆婆摇摇头。"人连森林里的野兽都不如,人害起人来从不手软。我可以把这两个孤儿交给你,让你以后明白我的话是有道理的。不过,这两个孩子即使在你身边,也还是要被人们杀掉的。你何必自讨苦吃呢?"

"我把孩子带到很远的地方去,到了那里,谁也找不到他们。可怜可怜这两个孩子,放了他们吧,大仁大智的女人。我会给他们做个好妈妈的……我的乳房都胀得疼了。我的奶水都往下滴了。我的奶就等孩子们来吃呢。"

"要是这样的话,还有什么说的,"麻脸瘸婆婆想了想,说道,"你就领去吧,你要快点把他们带走。你就把两个孤儿带到你那很远的地方去吧。可是,如果他们在老远的路上死掉,如果有强人把他们杀死,如果今后你这两个人类的孩子恩将仇报,那可要怪你自己。"

鹿妈妈向麻脸瘸婆婆道了谢,便对男孩和女孩说:"现在我是你们的妈妈,你们是我的孩子了。我把你们带到很远的地方去,那里有很多雪山,雪山上到处是森林,雪山怀抱里有一个叫伊塞克的波浪滚滚的大海。"

男孩和女孩高兴极了,连蹦带跳地跟在长角鹿妈妈后面跑了起来。但是,后来他们就累了,没有劲儿了,可是,路还远得很呢,要从大地的这一边走到那一边。要不是长角鹿妈妈用自己的奶喂他们,到夜里又用自己的身子暖他们,他们早就走不动了。他们走了很久,把他们的故乡艾涅塞越抛越远,但是高新的家乡伊塞克还是远得很。夏去秋来,过了冬天,又是春天,然后又是夏天,又是秋天、冬天,一年又是一年,他们穿过多少茂密的森林、酷热的草原、流动的沙漠,超过多少高山和汹涌奔腾的河流。狼群追赶他们,长角鹿妈妈就把他们驮在背上,带他们避开残忍的野兽。猎人骑马带箭追赶他们,在后面喊:"鹿把人的孩子抢跑啦!逮住它!逮住它!"并且在后面不断地放箭。

长角鹿妈妈就驮着两个孩子飞跑,带他们逃离那些多余的救护者。鹿妈妈跑得比箭还快,一面跑一面不住地小声说:"坐稳些,孩子们,后面有人追赶!"

长角鹿妈妈终于将它这两个孩子带到了伊塞克。他们站在山上,感到十分惊奇。周围是一座座雪山的高峰,在遍布绿色森林的群山怀抱里,是一眼望不到边的波浪滚滚的大海。白色的波浪在蓝色的海面上滚动,风从远方将波浪吹来,又将波浪吹向远方。不知哪里是伊塞克的头，哪里是伊塞克的尾。这一边太阳已经升起，那一边还是夜晚。伊塞克周围有多少山，数也数不清；这些山后面又有多少这样的高山耸立着，谁也不知道。

"这就是你们新的家乡了，"长角鹿妈妈说，"你们就住在这里，种地，打鱼，养牲口。你们就在这里安居乐业，千年万载生活下去。你们还要传种接代，繁衍子孙。还要让后代不要忘记你们带到这里来的语言，让他们可以畅快地用自己的语言说话和唱歌。"

"人应该怎样生活，你们就怎样生活。我要跟你们，跟你们的子子孙孙永远在一起……"

这样，男孩和女孩，吉尔吉斯族这最后两个人，就以美丽富饶、万世长存的伊塞克湖畔为新的家乡了。

时间过得飞快。男孩长成了健壮的汉子，女孩长成了成熟的女子。于是他们结婚，成为夫妻。长角鹿妈妈也没有离开伊塞克，就住在这里的森林里。

有一天，黎明时候，伊塞克湖上忽然起了风浪，喧腾起来。女的要临盆了，她痛苦地挣扎着。男的害怕了，跑到山崖上，高声喊叫起来："鹿妈妈，你在哪里啊？伊塞克在闹腾，你听到没有？你的女儿要生孩子了。鹿妈妈，快来啊，快来帮助我们……"

这时候，远处传来清脆悦耳的叮当声，就像商队的铃声。那声音越来越近。长角鹿妈妈跑来了。它送来一只叫别色克的小孩摇篮，那弯弯的摇把就挂在它的角上。这种别色克是用白桦木做的，摇把上拴一个叮当作响的银铃。至今，这银铃还在伊塞克一带的别色克上响着。妈妈摇着摇篮，银铃叮当响着，好像长角鹿妈妈正从远方跑来，角上挂着白桦木摇篮，匆匆忙忙送摇篮来了……

长角鹿妈妈刚刚应声来到，孩子就生下来了。

"这只别色克是给你们的头生孩子的，"长角鹿妈妈说，"你们要有很多孩子。七个儿子，七个女儿！"

当爸爸的和当妈妈的高兴极了。为了纪念长角鹿妈妈，他们给头生儿子取名为布古拜。布古拜长大成人，娶了基普恰克族的一个美女为妻，于是布古族，也就是长角鹿妈妈族，就繁衍起来了。伊塞克湖畔的布古族成为很大、很强盛的一族。布古人将长角鹿妈妈尊为圣母。布古人的帐篷门口上方都绣有鹿角为标志，这样，很远就可以看出，这帐篷是属于布古族的。布古人每当反击敌人进犯的时候，每当赛马的时候，总是大声呼喊："布古！"布古人就总是取得胜利。那时候，伊塞克湖畔的森林里，到处奔跑着雪白的长角鹿，它们的美丽，连天上的星星都要羡慕。那都是长角鹿妈妈的子孙。谁也不去碰它们，谁也不去欺负它们。布古人见到鹿，就下马让路。人们总把心爱的美丽姑娘比作美丽的白鹿……

这种情形，一直持续到一个十分富有、十分显赫的布古人去世之前。这个布古人有千千万万头羊、千千万万匹马，周围所有的人都是他手下的牧人。他的儿子们为他举办了盛大的丧宴。他们从四面八方请来最有身份的人士参加宴会。在伊塞克湖畔为客人们扎起了上千顶帐篷。数不清宰了多少牲口，喝了多少马奶酒，上了多少山珍海味。富翁的儿子们神气极了：让人们都知道，父亲死后，儿子们还是多么富有，多么慷慨大方，儿子们又是多么孝敬他，多么隆重地悼念他……（"哎——哎，我的儿子啊，如果炫耀的不是才华，而是金银财宝，那可不好！"）

歌手们骑着死者儿子们赠送的骏马来回驰骋，穿着赠送的貂皮帽和丝绸长袍到处炫耀，争先恐后地歌颂死者和他的后人。

"在太阳下面，哪里有这样幸福的生活、这样排场的丧宴？"一个歌手唱道。

"开天辟地以来，这样的事都不曾见！"另一个唱。

第四单元 思辨科学

"哪里都不曾见。只有我们这里才这样孝敬父母,这样光宗耀祖,显扬门庭。"第三个唱。

"哎,花言巧语的歌手们啊,你们在这里嚷嚷什么!世界上还没有那样美好的词句,能够将主人的恩惠、将死者的声望恰如其分地赞誉!"第四个唱。

他们就这样日日夜夜在赛歌。("哎——哎,我的儿子啊,要是歌手比赛捧场,歌手变成歌的死敌,那就坏事!")

那次有名的丧宴热热闹闹地举办了许多天。富翁那些不可一世的儿子们很想压倒别人,想胜过世界上所有的人,好让自己的声望传遍天下。于是他们想起要在父亲的坟上安放一对鹿角,让大家知道,这是出身于长角鹿妈妈一族的他们的光荣先人的坟墓。

("哎——哎,我的儿子啊儿子,古人说:富了就骄傲,骄傲就放纵。")

富翁的儿子们一心要用这种闻所未闻的办法来显耀他们的父亲,谁也拦不住他们。

他们说干就干。他们派出一些猎人,猎人打到一头鹿,将角劈了下来。鹿角有一俄丈高,就像飞鹰的翅膀。富翁的儿子们很喜欢这对鹿角:每只角上都有十八个杈儿,就是说,这鹿已经十八岁了。好极了!他们就叫人将鹿角安放在坟墓上。

老年人都十分气愤:"你们凭什么把鹿打死?谁敢动手杀害长角鹿妈妈的后代?"

富翁的儿子们回答他们说:"这鹿是在我们的地盘上打死的。凡是在我家土地上跑的、爬的、飞的,从苍蝇到骆驼,都是我家的。我们自家的东西,我们自己知道该怎样处置。你们都滚开!"

仆役们用皮鞭抽打老年人,让他们倒骑在马上,侮辱他们,将他们撵走。

这一下就开了头……长角鹿妈妈的后代从此就遭殃了。几乎每个人都要去森林里猎捕白鹿。每个布古人都认为在先人坟上安放鹿角是义不容辞的。于是这种事被认为是孝行,是对亡灵特别尊敬之举。谁没有本事弄到鹿角,谁就觉得不体面。人们开始买卖鹿角,储存鹿角。长角鹿妈妈一族中,出现了以猎取鹿角、卖鹿角为生的一些人。("哎——哎,我的儿子啊,金钱万能的地方,既没有美,也没有善良。")

伊塞克森林里的鹿面临了大劫大难。人们对它们毫不留情。鹿跑到陡峭的悬崖上,人们也不肯放过它们。人们放出成群的猎狗去追赶它们,将它们赶到埋伏着射手的地方,全部射杀。成群成群的鹿被杀害、被消灭。人们还打赌,看谁能得到枝杈更多的鹿角。

鹿没有了。山里空荡荡的。不论是深夜还是黎明,都不再听到鹿的叫声。不论是在森林里还是在川地上,都看不到鹿在吃草,看不到鹿将长角擎在背上飞快地奔跑,看不到鹿像飞鸟似的掠过深谷。很多人生到世上,一生中一次都没有看到过鹿。只听到过有关鹿的故事,再就是还见过坟墓上的鹿角。

长角鹿妈妈又怎样了呢?

长角鹿妈妈很生气,对人们十分恼恨。据说,在鹿被枪弹和猎狗逼得无处存身的时候,在只剩下屈指可数的一些鹿的时候,长角鹿妈妈登上最高的山顶,告别了伊塞克湖,带着仅剩的一些孩子通过一个很大的山口,往别的地方、别的山里去了。

世上的事情往往是这样的。这个故事就是这样的。信不信由你。

长角鹿妈妈临走的时候说,它再也不回来了……

注释

[1] 艾特玛托夫（1928～2008年），吉尔吉斯斯坦作家，苏联文学中一位颇有影响的作家，代表作有《一日长于百年》、《断头台》、《白轮船》等。本文选自《白轮船》（人民文学出版社，1999年）。

倾城之恋

张系国[1]

一

熊熊烈焰由一座屋脊跳上另一座屋脊，染红了京城半边天。军士们惊呼逃散。他狠命斫杀爬上城垛的蛇人，蛇人后半段身躯连同肥硕的长尾卷曲成一团，前半段犹在挣扎，三颗黄绿色的怪眼朝他投来恨恨的目光。他举剑刺入蛇人三眼中央的柔软部分，蛇人惨号一声，不再动弹。另一名蛇人窜上城墙，他一咬牙，再度挥剑上前。

"城陷了，走吧。"柔和的声音在他耳边轻轻说。

"还没有完！"他吼道，探身出城垛，舞动长剑砍断蛇人的长尾。蛇人失去攀附城墙的凭借，尖叫着跌下去，在半空中居然向他投出最后一根短矛，还未触及他即已力尽，复跌向地面。

"可以走了。"柔和的声音又说："你看背后是什么？"

他悚然回首，京城内的房屋均在燃烧，无数蛇人弯曲丑陋的身形在火光中蠕动，人们哭叫着自动投身火窟。城墙附近的军士纷纷退向广场，但不等到他们集中，四周包围的蛇人已向他们投出无数根短矛。城楼上只剩下他一个人，他怒极而啸，持剑扑向最接近的两名蛇人。两名蛇人向左右闪开，突然有七八根短矛射向他胸膛。他举剑欲格，眼前猛然一黑，杀伐哭号声同时消失不见。

"好了吧？我们都在等你。"柔和的声音说。

他颓然扔下长剑，走向时间甬道。

二

餐厅建筑在滨海的山崖上，从落地玻璃窗望出去，便是磷光闪烁的海洋。这时正有一头巨大的海兽缓缓从海中浮现，光滑的背脊沾满绿油油的磷光，背上一排呼吸孔开合着喷出灰雾。海兽呼吸了一阵，又缓缓沉入海底，餐厅里并没有多少人留意海兽出没，只有端菜来的侍者不经意提了一句。

"有没有人想参加捕海苗？半小时后有一艘风舟要出海。"

王辛摇头，同桌的几个人仍在继续谈话，对侍者完全不予理会。侍者耸耸肩走开了。王辛打开银盘的盖子，小心翼翼挑出一块肉放入嘴中。

"冬天他们不供应虫类，你尽管放心吃吧。"柔和的声音说："你今天怎么了？火气真大，唤你多少次都不理。"

"我没听见，城陷时我什么都听不见，只想到继续杀！"

"喝，小王真有干劲。"正在发表议论的宋培士听到王辛的话，说："小王又到安留纪去了？你的论文范围不是玄业纪经济史吗？老是去安留纪干什么？"

"小王杀心太重。"洪升对王辛眨眨眼。"小心被时间警察抓到，说你破坏他们历史完整，吊销你的执照。"

第四单元 思辨科学

"笑话,索伦城被蛇人攻陷,谁也挽回不了。我多去几次又有什么关系?"

"那可讲不定。"一说到蛇人,洪升精神就来了,这原是他的研究专题。"攻打索伦城的蛇人总共不过三千多名。你每次去杀掉几个,积少成多,也相当可观。我前天去寻找资料时顺便查了一下,居然已经给你杀掉八十七名蛇人,天晓得这两天你又杀掉多少。再杀下去,蛇人就攻陷不了索伦城,安留纪的历史也得改写了。"

宋培士伸出一个指头,指着王辛说:"啧!啧!小王得小心啊。执照被吊销,你就回不来了。和蛇人住在一起几十年,即使不死也会发疯。我上次在负两万年时点附近超速,被时间警察抓到,判我就地拘留十年,可把我整惨了。幸好我超速的地方是冰河歇期,天气还蛮暖和,当地草原上的土著已经进入渔牧时代,对我还算不错,否则我就死在那里了。"

"我猜这是时间警察有意安排的陷阱,"洪升说,"负两万时点附近的时间甬道最宽敞,不注意的话很容易超速,一超速就会被他们捉到。如果你不想在那个鬼地方住十年,只有一个办法——塞红包。"

"怎么塞红包呢?"宋培士说,"上次我何尝不想给钱,可是又想不出个好办法。如果直接给他钱,碰上清廉的时间警察,反而被他抓到贿赂的罪证,那就惨了。"

"很简单,他跟你要执照,你就在里面夹一张万国通用债券,至少十万信用点的面额。他收了自然没有事情。他不收,你可以说是不小心夹进去的,也不算犯法。"

宋培士大嚷:"我怎么就想不出这一招来?害得我上次被罚,白干了十年牧羊人。幸亏碰到了一个美貌的呼回族牧羊女,否则我真会寂寞死了。古时候呼回人的性欲可比现代的呼回人强,我差点就应付不了那个牧羊女。但丁的地狱里面,最可怕的惩罚,是让一男一女永远抱在一起。以前我一直不明白这有什么痛苦,经过这次的惨痛教训,我总算明白了。可怕!真是可怕!"

宋培士一旦吹起他的艳遇就没完没了。幸好这时餐厅响起一阵掌声,从餐厅中央舞台的帘幕后面走出一位披银纱的触灵娘,抱着一具电子感应琴,她随手拨弄琴弦,众人仿佛听到极美妙的音乐,又恍若无闻。洪升抚掌笑道:"转轴拨弦两三声,未成曲调先有情。妙,妙!"

王辛问:"她也是从地球来的?"

"当然,呼回人哪里懂得弹感应琴?"

"看来她年纪不小了。"

"是不小,少说也有三千岁。一千多年前,我在地球听过她唱歌,那时她正走红,还主持过梦幻天视的触灵节目。现在人老珠黄,只好到外层空间跑码头。不过她扮相不错,歌唱得也比一般呼回触灵娘好多了。"

那名地球来的触灵娘随即唱了一首情歌,大意讲宇宙飞船的水手远航归来,发现家园景物全非,梦中情人早已去世;水手伤心欲绝,再度登船航向太空。餐厅里的呼回人都受到感应,不由自主掉下眼泪。触灵娘又唱了一首轻快的歌曲,呼回人又都手舞足蹈,有的甚至在餐桌上表演倒立。王辛这一桌都是地球人,虽不至于像呼回人那般失态,却也百感交集。王辛突然感觉到一只柔软的手轻轻握住他的手。他心中陡然一震,也轻轻捏了一下她的手。偷眼看她的表情,她专心注视着舞台,脸上微微现出红晕。唱完,大家热烈鼓掌,她乘机将手抽回去。王辛坐在那儿,忘了鼓掌,也忘了说话。她仍然没有看他,微笑着同洪升的女友低声讲悄悄话。洪升和宋培士一个劲儿起哄,要触灵娘过来坐一会儿。触灵娘果真过来了,却不肯坐下,说不能坏了规矩。洪升、宋培士和触灵娘有说有笑,王辛在一旁落寞地坐着,不

禁又想起燃烧中的索伦城，蜂拥而上的蛇人，骤雨般降落的短矛。他的手不由自主伸向腰际，却摸不着佩剑。他才想起佩剑早已连同盔甲一起存放在时间大楼的寄物室里。

"还在想索伦城？"柔和的声音说，"你就不能想点别的东西？"

王辛注视着她蓝得近乎透明的眼瞳，里面似乎容纳了整个地球温暖的海洋。那水蓝色的星球啊！王辛几乎目不转瞬地望着她，她脸颊又浮现出令他醉心的红晕。他想说些什么，却又觉得无话可说。

一阵笑声惊醒了痴想中的他。触灵娘咯咯笑着，宋培士和洪升也对他不怀好意地微笑。他以为秘密被人发觉，大为窘迫。洪升对他眨眨眼。

"宋小姐要我问你，阁下青春几许？"

"一千五百七十五，不，过了年就一千五百七十六了。"

"好年轻。"触灵娘娇笑说，"这么年轻就出来念书，不想家吗？"

"还好，初来的时候有点想家，现在也习惯了。"

"想家的话，多来这里坐坐，我唱几首家乡的民谣给你听。"

触灵娘说着走回舞台，玉指纤纤一拢感应琴，又唱了一首《葡萄仙子》。台下的呼回人听得如醉似痴，怪声叫好。洪升一拍王辛的大腿说："小子！人家可是对你有意，切莫辜负啊。"

王辛偷眼看她，她微笑着对他点点头，半身已消失在空中。王辛惊咦道："时间还早，这么快就要走了？"

"不早了，还要回去赶写一份报告，下个月再见。"再见甫说出口，她已完全消失不见。原来她坐的座位四周，空气似乎流动得特别迅速，仿佛有一层透明的网逐渐收紧。但这也仅仅是一刹那间的异状，一切迅速恢复正常。王辛怅然望着空了的座位。洪升又拍了一下他的腿。

"曲终人不见，江上数峰青。梅心最是解人，来也潇洒，去也潇洒，只有你这个傻小子还在胡思乱想。不要再想了，她是未来的人，你这些精神都是白费。"

王辛喃喃说："未来的人，为什么她偏偏是未来的人？我呢？我在哪里？"

"算了吧，坐下来听听歌曲。"

王辛不理会洪升，走到窗前。呼回世界的夜晚刚刚降临，海上的磷光反而显得更明亮，仿佛闪动着千万盏小灯。一艘风舟掠过海洋，船舵的红色火柱在海面烧出一道赤金色的痕迹。船帆胀满了罡风，风舟以极快的速度划过洋面，尾部的赤金轨迹历久不消。远处的海平线浮现一群海苗的暗影，那将是今晚风舟狩猎的目标。

"下个月你会在这里等我吗？"柔和的声音在他耳边问。

"我不会在这里，我要回玄业纪去。"

"你骗我，你还在想索伦城。"

王辛叹了口气，争执是没有意义的。他摸摸腰际，自忖何时能再挂上佩剑。

三

蛇人，相传是神和人杂交而生的异种。三眼、六足，肉食，卵生，性狡狯，喜独居。安留纪时繁衍于呼河流域，一度曾啸聚攻陷索伦城。城陷后不久，蛇人突然绝种，相传为神降天火所灭。蛇人是谜般的种族，比有翼的羽人和穴居的豹人更加诡秘。尽管人类专家想尽方法考察，蛇人的身世仍然是个谜。

"你为什么要去索伦城？"

第四单元　思辨科学

"我不晓得，我明知不该去安留纪，可是总忍不住想回到索伦城去。也许是鬼迷了心窍吧。"

"为了躲避我？"

"为什么我要躲避你？是你在躲避我。"

"我也是没办法。"幽幽的口气："我属于未来，你属于现在，我们本来就不该见面。你的时代里不该有我，我的时代里也不再有你。"

"说得真漂亮。"他忍不住讥讽她。"既然如此，你为什么还要继续和我来往？"

她很久没有说话，他几乎以为她已经截断了通话线路。等到他忙于披挂的时候，她的声音又出现了。

"我不愿意看到你毁了你自己。"

王辛穿上锁子甲，沉重的甲胄压得他几乎透不过气来。

"你这样做，又有什么益处呢？"

"没有什么益处，我告诉过你，我是鬼迷了心窍。"

"你会后悔的。"

王辛从寄物柜里拿出头盔和长剑，一切便算准备妥当。他走到时间甬道入口，值班的时间警察是一个矮小猥琐的呼回老头，睁着一双似睡非睡的黄眼，上下打量了他半天，才接过他手里的入道申请表。

"安留纪，安留纪不能去了。那段时间甬道在施工，现在只剩单行道开放。你去没有问题，回来却走不通。"

"什么时候才可以修好？"

呼回老头嘴里咕哝着，拿出一大叠文件，翻来翻去，也找不出答案。老头摇摇头。

"明年，也许后年……谁知道呢？时间甬道最近破坏得太厉害了……所有修护组都在抢修玄业纪附近的甬道，别处都没有人管。好在现在是观光淡季，想去古代的游客并不多。先生，你去不得安留纪，换一个时代吧。去金阁纪如何？距离最近，只有五千年，可看的东西很多。那时代物价也便宜，你一定会喜欢金阁纪。"

"为什么我不能去安留纪？你不是说去没有问题吗？"

老头迷惑不解地看他。

"有去无回，怎么可以让你去呢？甬道又不知道什么时候才能修复，你另选一个时代吧。"

"玄业纪还能不能去？"

"没有问题，那一段的时间甬道早上刚刚修复。请你再填这张表格。万一你卷入玄业纪的战火，有生命危险的时候，只要一按胸前的紧急救生环，控制室就会把你时空移转回时间甬道里。请你在这里签字，表示同意支付救生保险费。"

王辛签了字，老头把两张表格都收到抽屉里，蹒跚走向甬道铁门，摇动门旁的转轴，门上的站牌便一格格跳动着；安留纪、志申纪、音丰纪、都平纪……站牌在玄业纪停住。老头推开铁门，示意王辛进去。甬道内空无一人，只有一辆四人小型时车停在站口。王辛跨进去，绑上安全带。驾驶座前的黄灯亮了，一闪闪出现"玄业纪"的字样。王辛将信用卡插入驾驶座旁的洞口，时车便缓缓移动，朝玄业纪驶去。

四

玄业纪是呼回文明的巅峰时代，距离现在已有一万多年。横贯古今的时间甬道，呼回文明的完整历史，都在玄业纪完成。呼回人的史学研究独步宇宙，乃是玄业纪呼回文明的最大成就。呼回人首先发展成功时间甬道，因此全史学的研究进行得最彻底。一直到现在，呼回星仍然是宇宙全史学的研究重镇。

王辛读史的印象，总以为安留纪是呼回文明的黑暗时期，并无值得大书特书的事情。洪升带他去参观，他才惊异地发现，那时候的呼回人就已经发展出高度进化的文明，懂得使用铁器，尤其喜欢金制饰物。呼回文明中心的索伦城简直像黄金砌成的天上宫殿，华美壮丽，无与伦比。洪升带他在安留纪四处浏览，从索伦城初兴，到索伦城全盛时期，最后是索伦城为蛇人攻陷的悲壮场面。索伦城陷落的一幕尤其深深感动了王辛。他和洪升站在城上，眼看黄金灿烂的古城逐渐为火海包围。六足长尾的蛇人持着短矛蜿蜒爬上城墙，在墙壁上留下一条条带黏液的痕迹。护城的勇士一个个倒下。城内烈焰腾空，号哭的声音震动天地。

一面城墙倒塌了，蛇人从城墙的缺口蜂拥爬进内城。古城的守军和老弱妇孺自动往火窟跳。火焰蹿得更高，全城的呼回人无一幸免，全为蛇人所屠杀或者葬身火窟，这是呼回文明的大劫，索伦古城的末日。

王辛从来没有看到过这样惊心动魄的景象。古城陷落的一幕从此如梦魇般紧随着王辛。他无法专心工作，一闭上眼睛，金光闪闪燃烧着的索伦城就出现在脑海里。他一次又一次溜到安留纪去观看古城的陷落。起初他仅是旁观者。但他对古城的感情越来越浓，竟无法制止不参加索伦城的防御战。他开始勤习击剑术，每次到安留纪去，他都要登上城楼，汗流浃背地和蛇人做殊死战。他知道这是非常疯狂的行动。如果被极端重视历史完整的呼回人发现，他就会受到严厉的处罚。但他仍忍不住一次次偷偷回到索伦城。如果不是梅心，他早已葬身索伦城下。如果不是梅心……

五

"梅心，你在哪里？"

梅心的情影逐渐出现在他眼前，水蓝的眼瞳里一片柔和的笑意。她穿着紫色的衣裳，外罩一袭碎玉串成的长袍，盈盈微笑着。

"我不就在这儿吗？"

王辛指给她看山谷下的沃野。这里是呼河流域最丰饶的地区，满谷青翠，田野整齐分割成多彩的小方块，呼回农民的村落点缀在小方块间。玄业纪的呼回文明便从这里兴起。山谷另一边群山纠纷，山后的草原上是一片废墟。

"梅心，你看这景色有多美！"

梅心在他身边坐下来，轻轻叹口气。

"你叫我来不是为了欣赏风景吧？"

"不是，"他老实回答，"我只等再看你一面，就要离开玄业纪了。"

"去哪里？去索伦城？你知道你们时代的呼回人已经准备完全封闭那一段时间甬道吗？"

"我知道。所以我必须趁他们还没关闭剩下的单行线前赶到索伦城。"

"那么你不准备回来了？"

"我不回来了。"

"为什么呢？你这样牺牲又有什么价值？索伦城注定要为蛇人攻陷，你救不了索伦城。谁也救不了索伦城。"

"我知道。但这不是问题关键的所在，"他握住梅心的手，"我知道我改变不了索伦城的命运。但是在城陷时，我必须在那里。我这样做的确没有任何意义，我承认。但是如果我不去，事情会弄得更糟。"

"又能糟到哪里呢？你看那片废墟。那就是索伦古城。醒醒吧！索伦古城早就不存在了。那场战争发生在很久以前，跟你，跟我，都毫无关系，只是一场幻梦。你就当它是一场幻梦吧。"

"不是幻梦。"他握住她的手。"时间就跟这片原野一样，永远结结实实地存在着。你是属于未来的人，但是你不会认为我们相识也是一场幻梦吧？我知道未来有你，你知道过去有我，一千年的时光也不能把我们分开，对不对？问题是你要选择哪一刻而活。你必须选择，最后你一定要选择。"

"为什么不选择我的时代？"她说完，自己也摇摇头。"我知道你不能来，我真不懂为什么他们禁止人到未来去旅行。无论如何，我要请求他们破例一次。我要你到我的时代来，然后我们就永远不必分离了。"

"他们不会批准的，他们有他们的理由。"王辛想起金氏理论。"但我们并没有分离，我仍然存在，你永远可以在这山坡上找到我。"

她还想再说什么，王辛感觉她的手在融化，他捏得更紧，她回报一个无奈的微笑。

"我必须走了，时间不多，现在他们管制得越来越严。不要去索伦城，我求求你，不要去索伦城……"

梅心走了以后，王辛在山坡又坐了许久。天色渐渐暗了，谷底移动着群山的暗影，原野的小方块一块块变成深蓝的颜色，仿佛有人拿彩笔有系统地涂抹着这片原野。索伦古城的废墟在落日余晖照耀下突然镀上一层金色的外衣，有如黄金铸成的浮雕。王辛站起来伸个懒腰，大踏步走向索伦古城。

六

他走过一个世纪又一个世纪，一个时代又一个时代。城市倒塌了又兴起，田园荒芜了又开垦。沧海变为桑田，桑田变为沧海。他放弃了时车，在时间甬道里彳亍步行，为的是最后一次好好浏览一下时间甬道外面流过的岁月。多少欢欣的岁月，多少苦难的岁月，多少默默等待中度过的岁月。但是人还一样活着，死了，又再出生。他再度战栗地体验到时间坚实的存在。灭亡？绝不！没有永远的灭亡。一切存在的东西都永远存在着。从混沌初开遥远的岁月，一直到地老天荒的岁月，一切存在的东西都永远存在着……

"你看到的都是幻影。"柔和的声音在他耳边说，"都是早已死灭的东西。回来吧！"

他知道梅心仍然关心着他的一举一动，心中感觉一股暖意，脚下却并不停留。

"我的护守天神，我可爱的护守天神。没有死灭而不能复生的东西。我们都永远存在。"

"这都是幻影。回来吧！"

"不。"

"假如我告诉你，索伦古城曾像巴比伦城一样尊荣，也像巴比伦城一样的衰颓，你会忘却它吗？"

"不。"

"假如我告诉你，索伦古城曾是所多玛城一样的罪恶之都，也像所多玛城一样的为天神所灭，你会忘却它吗？"

"不。"

"但这都是事实，你所爱的并不是真实的索伦古城，只是索伦古城的幻影啊。"

"不！我爱的是你。亿万年无垠的岁月里，我只遇见了一个人，就是你，我只爱你。"

"但是你却离开我走向虚幻而早已死灭的东西。回来吧!"

他回答了最后一个"不"字,这时他已经走到目的地。

七

熊熊烈焰由一座屋脊跳上另一座屋脊,染红了京城半边天。军士们惊呼逃散。他狠命斫杀爬上城垛的蛇人,蛇人后半段身躯连同肥硕的长尾卷曲成一团,前半段犹在挣扎,三颗黄绿色的怪眼朝他投来恨恨的目光。他举剑刺入蛇人三眼中央的柔软部分,蛇人惨号一声,不再动弹。另一名蛇人窜上城墙,他一咬牙,再度挥剑上前。

"城陷了,走吧。"柔和声音在他耳边轻轻说。他猛回首,她正站在他身后。

"你来这里干什么?"她缓缓脱下碎玉串成的长袍,他明白这意味着什么。他不能再回去,她为了他也不回去了。在浩瀚宇宙无数星球之中,在亿万光年无边的岁月里,他们偏偏选择了这一刻活着,没有过去,也不再有未来,仅只有这一刻。

他把长剑交到左手,紧握住她的手。他们共同面对燃烧中的索伦城,京城内的房屋均在燃烧,烈焰腾空,金黄色的火海仿佛将直燃烧到永恒。

[1] 张系国(1944年~),计算机和电机专家、台湾著名科幻小说作家,代表作有《星云组曲》、《城》三部曲、《棋王》等。本文选自《星云组曲》(台湾洪范书店,1985年)。

扩展阅读书目

1．《海底两万里》(儒勒·凡尔纳著)
2．《时间机器》(H. G. 威尔斯著)
3．《神秘岛》(儒勒·凡尔纳著)
4．《日暮》(艾萨克·阿西莫夫著)
5．《基地》系列(艾萨克·阿西莫夫著)
6．《昆虫学忆札》(J. 法布尔著)
7．《森林报》(维·比安基著)
8．《寂静的春天》(蕾切尔·卡逊著)
9．《临界地带:未知世界探索》(迈克·达什著)
10．《创新:科学的灵魂》(徐炎章著)
11．《世界古代70大奥秘:揭开古代文明之谜》(布莱恩·M. 费根编著)
12．《撬动地球的人们:20世纪科学大师思想随笔》(何尚主编)
13．《智慧的星光:诺贝尔自然科学奖获奖者文萃》(黎先耀主编)

第五单元　亲近自然

导读：文学与自然关系之思

中国文学与自然的关系非常密切，自古及今，两者之间的关系发展大致经历了三个阶段：初期，和谐依存；其后，有所疏离，及至渐行渐远；两者的再次亲近，文学对自然的皈依，则是人类精神的新的超越。

第一，文学与自然和谐亲密的关系，在于创作者对自然的敬仰与欣赏。

文学的起源，历来众说纷纭，而以自然为文学源头的观点，在中国文学观中一直占据不可撼动的地位。对这种认识的清晰而理性的表达，在魏晋南北朝时体现得最为明显。例如，陆机的《文赋》言及创作当"遵四时以叹逝，瞻万物而思纷。悲落叶于劲秋，喜柔条于芳春，心懔懔以怀霜，志眇眇而临云"的表述，明确指出了自然之时间上的四时变化与物类中的荣枯兴替对个体情绪的刺激；刘勰《文心雕龙·物色》亦云："山林皋壤，实文思之奥府，略语则阙，详说则繁。然则屈平所以能洞监《风》、《骚》之情者，抑亦江山之助乎？"从中不难看出刘勰的观点，以"山林皋壤"所代表的自然为文学创作之"奥府"，"情以物迁，辞以情发。一叶且或迎意，虫声有足引心"，自然之些微变化，皆可以在人心中掀起波澜，激发文学作品的产生。钟嵘的《诗品》，也充分肯定自然对诗人情感的触发："气之动物，物之感人，故摇荡性情，形诸舞咏。"

一般认为，魏晋南北朝时中国文学进入了自觉的时代。这种自觉，是有意为文，是文学上的发现。不仅如此，宗白华认为"晋人向外发现了自然，向内发现了自己的深情"，如此，则国人对自然的真正发现，也当在此时。形诸笔墨，即为魏晋时山水诗文大量涌现。文人不只发现了自然之美，且以对自然的态度为标准，品评人物，"此子神情都不关山水"简直是对一个人判了极刑。如果说陶渊明的山水还因其与田园的至情而显得日常的话，谢灵运的山水则在刻意地寻幽访胜中显出了自然的独立之美。六朝以后，自然在中国文学中一直牢牢占据重要的位置。

可以说，文学与自然早期的关系，从陌生到接近到和谐亲密，其发展呈现一派大好形势。这种良好的关系，追根溯源，或可判断为得益于先秦精神的长久滋养。先秦诸子中，儒道两家对后世影响至深，两家之中，道家与自然最为亲近，这已是众所周知的；而儒家，对现实人生的关注，似乎遮蔽了其对自然的态度。其实，无论是孔子推崇的"饭疏食，饮水，曲肱而枕之"（《论语》）的安贫乐道中潜藏的游于自然的那份惬意，还是孔子"吾与点也"的首肯中传达出的对"浴乎沂，风乎舞雩，咏而归"（《论语》）的那份神往，都明白无误地昭告世人，儒家对自然，也是近乎天然的贴合。正是在对自然的敬仰与欣赏中，文学的品格得以铸就。以中国诗歌的源头《诗经》而论，其中出现的自然描写虽为局部，但其用语之单纯，境界之明朗，足以成为后世文学之圭臬。而至魏晋南北朝时，山水诗文则真正展现了文人们亲近自然的殷殷之心。文人常常醉心于"潜虬媚幽姿，飞鸿响远音"（谢灵运《登池上楼》）的自然之美，"薄霄愧云浮，栖川怍渊沉"（谢灵运《登池上楼》）表达了人力不及自然的愧怍，"池塘生春草，园柳变鸣禽"（谢灵运《登池上楼》）的敏锐观察中，体现的是自然的细微变化对心灵的柔软撞击。"兰叶春葳蕤，桂华秋皎洁"（张九龄《感遇》），四时风景变化，叶也罢，花也罢，都是风景不可或缺的部分，在人，春花秋月，或则心荡神驰；在物，"草木有本心，何求美人折"（张九龄《感遇》），则自然之大气，令人击节称叹。"初日照高林"、"禅房花木深"（常建《题破山寺后禅院》）的平常景物，逗引物类亲近喜悦，所谓"山光悦鸟性"也；而人心之浮躁，则也渐次消退，所谓"潭影空人心"也。

走近自然，敬仰与欣赏自然，人的心灵找到了自己的第二故乡。

第二，文学与自然的疏离，在于理性认知的提升与物质欲望的膨胀。

文学与自然日渐疏离，渐行渐远，实际上也是人类与自然关系的降温。在中国，悠久的历史积淀，使得国人理性认知不断提升，对于神秘莫测的自然的崇拜敬仰日趋减弱，对于自然的欣赏亲近也渐渐失去了天人合一那种的和谐亲密。这种疏离主要有以下两个原因。

一是人类灵魂的深刻渴求而对于自然的失望，从某种程度上来说，人类失望的是自身。天人合一的基础是以己身为自然的一部分，任何兴衰成败都可以用自然规律进行解释，如果相信了这种解释，人心的焦虑可以抚平，也就可以坦然接受来自外界的任何风雨与打击，既然天有不测风云，人就会有旦夕祸福，如此，心理不会失衡，生活可以持续。即使瞬间毁灭，生于斯，亡于斯，也是顺理成章。但是，人们终于发现，这种自我安慰失去了效力。"年年岁岁花相似，岁岁年年人不同"（刘希夷《代悲白头翁》），自然永远，花开相似，人生短暂，生命易逝，如何敌得过？"六朝文物草连空，天淡云闲今古同"（杜牧《题宣州开元寺水阁阁下宛溪夹溪居人》），六朝如走马灯似的（历朝历代一概如此），你方唱罢我登场，最终一场虚空，而天淡云闲，古今未易。天人合一的安慰无法生效，追问上苍又当如何？"问苍天无语，华发奈山青"（吴文英《八声甘州》），人类注定要满怀怆然地接受自身的宿命。"赋罢观潮长太息，我尚输潮归即得"（黄景仁《后观潮行》），人类终究无法达到自然来去自如的境界。所以，"迎送了三十几次的春来春去的人，对于花事早已看得厌倦，感觉已经麻木，热情已经冷却"（丰子恺《秋》），对自然失望，其实对自身也是失望的。

感受到自然与人类的差异，人类就很难再心安理得地接受兴亡盛衰了。"深林人不知，明月来相照"（王维《竹里馆》）、"相看两不厌，唯有敬亭山"（李白《独坐敬亭山》）的一派天真，在国人的吟唱中，至多是不绝如缕罢了。

二是日渐膨胀的物质欲求支配之下，自然遭受予取予夺的粗暴，国人对于自然，也再难有相依并存的深刻体认了。先民"不竭泽而渔，不焚林而猎"的教谕，到了后世，已难以阻挡"食尽一山则移一山"的毁灭式生存之道。如果青山有知，"留得青山在，不愁没柴烧"的期许足以让其不寒而栗。惟其如此，对于自然而言，比如小小的杨花，"侭飘零尽了，何人解、当花看"（张惠言《木兰花慢·杨花》）也许是杨花暂时的失落，但是，自生自灭自来去，还是好过"零落成泥碾作尘"的悲哀的。"长期以来，人们总是希望按照自己的主观意愿来美化自然并改造自然，希望自然能够最大限度地服务于人类，当这种愿望不能实现时往往就以暂时牺牲自然为代价"（王宁《文学的环境伦理学：生态批评的意义》），然而，"人类对大自然的每次'夺取'，自然都会以其最无情的方式给人类以报复。这种报复的结果也许要等几十甚至几百年后才会表现出来，让'夺取'者的后代去承受苦果。今天中国到处可见濯濯童山，全国森林覆盖率只有百分之十几，水、旱灾害频仍，不就是祖先们千百年来把这'神州大地'上的林木砍伐殆尽而留给我们的一份苦果吗？"（梁从诫《与自然为友：一种现代公民意识》）更可怕的是，文学创作一旦远离了自然，人类的心灵就永远丧失了一块优质的栖息之地。

第三，文学皈依自然，实际上是引领人类精神的新的超越。

文学是人学，文学与自然的关系由疏离而再次亲近，实际是人性对自然的皈依。人类再次流连于山水之间，哪怕是匆匆过客的走马观花，也让人的心灵暂得安宁。前现代的人们都有故乡，叶落可以归根，狐死必首丘兮，对故乡的遥望永远是游子心头的痛，但无论如何，故乡，在远方，也在心中。清代诗人黄景仁客死他乡后，遗命同乡好友洪亮吉处理他的后事，洪亮吉受其之托，忠其之事，费尽周折，几个月后，方将黄的棺柩安葬在故乡的土地之上。可是，如今，在城市化的高歌猛进中，国人的故乡已面目全非，活着，到哪里安妥漂泊的灵魂？死后，何处可收容我们的皮囊？连那负载着故乡历史记忆的大树也被连根移走了。"没有树，土地会失去灵魂。在我眼里，晒场边上这棵高大挺拔的古树之于这个村庄的价值，无异于方尖碑之于协和广场，埃菲尔铁塔之于巴黎，即使是出于审美或者某种心理层面的需要，它也应该永远留存。"（熊培云《谁人故乡不沦陷》）可是，古树离乡，故乡沦陷，文学，已经是我们心灵的最后一根救命稻草。

20世纪60年代，美国女记者蕾切尔·卡逊的长篇报告文学《寂静的春天》面世后，工业时代的化学药剂对人类生存环境的残酷破坏一下子具体可感地呈现在世人面前。人们开始对"DDT"等农药的使用产生了警惕，商界、科技界因为利益受损采取了疯狂反扑。但是，有良知的人坚决支持卡逊，西方生态文艺也由此拉开了序幕。受此影响，从台湾到内地，为数众多的作家再次将目光投向我们的生存环境，陈铭民推出的《自然公园》丛书、杨南郡的《寻访月亮的脚印》、梁从诫主编的《自然之友》、徐刚的《守望家园》、韩少功的《山南水北》等著作，让我们看到，"新的时代追求将是物质和精神的平衡，经济与文化的平衡，技术与情感的平衡，人与自然的平衡"（鲁枢元《大地和云霓》）。我们的文学，曾经和自然那样谐和同调。"江畔何人初见月，江月何年初照人"（张若虚《春江花月夜》），没有人能分清，两者的相依从何时开始；而两者的疏离，我们同样不知道从何开始，也不知道何时结束。我们只是努力，从现在起，走近自然，在新的起点上，皈依自然。

这种皈依不是退回原初，这既无必要也绝无可能。海德格尔曾明确指出，当代人"不能退回到那个时期的未受伤害的乡村风貌，也不可能退回到那个时期的有限的自然知识"（《海德格尔分析新时代的科技》）。皈依只是要端正人的生存态度，发掘人的生存智慧，调整人与自然的关系，可以说，这是人类精神上的改造运动，在此运动中，也许只有文艺还有可能填平物质与精神之间的鸿沟，抚慰人和自然之间的创伤，开创新的世纪的和谐与均衡。或许，"文学艺术在救治自身的同时将救治世界，在完善世界的同时将完善自身"（鲁枢元《生态文艺学》）。

登池上楼[1]

谢灵运[2]

潜虬媚幽姿[3]，飞鸿响远音[4]。薄霄愧云浮[5]，栖川怍渊沉[6]。
进德[7]智所拙，退耕[8]力不任。徇禄反穷海[9]，卧疴对空林[10]。
衾枕昧节候，褰开[11]暂窥临。倾耳聆波澜，举目眺岖嵚[12]。
初景革绪风，新阳改故阴。池塘生春草，园柳变鸣禽。
祁祁伤豳歌，萋萋感楚吟。索居易永久，离群难处心。
持操岂独古[13]，无闷征在今。

[1] 池：谢灵运做永嘉太守所居住的园池，在永嘉（今浙江省温州市）附近，后人称为"谢公池"。本诗选自《汉魏六朝诗鉴赏辞典》（上海辞书出版社，1992年）。
[2] 谢灵运（385~433年），浙江会稽人（今绍兴）。东晋名将谢玄之孙，小名"客"，人称谢客，又以袭封康乐公，称谢康公、谢康乐。南朝第一个山水大诗人。
[3] 潜虬：潜藏的龙，象征隐士。媚：适意，自我怜惜。幽姿：潜隐深渊的姿态。
[4] 飞鸿：高飞的大雁，象征仕宦者。响远音：鸣声嘹亮远扬，形容鸿鸟高飞远翔，声留长空，是最得意时。
[5] 薄：迫，近。霄：云霄，高空。云浮：飞鸿。
[6] 栖川：栖居于深渊。怍（zuò）愧。渊沉：潜虬。
[7] 进德：增进道德，指仕途上的进取。
[8] 退耕：退隐耕作。
[9] 徇禄：追求俸禄，指做官（任永嘉太守）。穷海：边远的海滨，指永嘉郡。
[10] 空林：秋冬时树木光秃，所以叫"空林"。
[11] 褰开：揭开，这里指揭开帷幔，打开窗子。
[12] 岖嵚：高峻的山。
[13] 持操：坚持节操。岂独古：难道只有古人才行。

代悲白头翁[1]

刘希夷[2]

洛阳城东桃李花，飞来飞去落谁家[3]？洛阳女儿惜颜色，行逢落花长叹息。
今年落花颜色改，明年花开复谁在？已见松柏摧为薪[4]，更闻桑田变成海。
古人无复洛城东，今人还对落花风。年年岁岁花相似，岁岁年年人不同。
寄言全盛红颜子，应怜半死白头翁。此翁白头真可怜，伊昔[5]红颜美少年。
公子王孙芳树下，清歌妙舞落花前。光禄池台文锦绣，将军楼阁画神仙[6]。
一朝卧病无相识，三春行乐在谁边？宛转蛾眉能几时？须臾鹤发乱如丝[7]。
但看古来歌舞地，惟有黄昏鸟雀悲。

注释

[1] 此诗拟古乐府。诗题或作《白头吟》、《代白头吟》。本诗选自《唐诗鉴赏辞典》（上海辞书出版社，2004年）
[2] 刘希夷（约651～约679年），初唐诗人。
[3] 洛阳：唐代的东都，今河南省洛阳市。谁家：何处。下面的"谁边"亦同。
[4] 摧：砍伐。薪：柴。《古诗十九首》："古墓犁为田，松柏摧为薪。"
[5] 伊昔：从前。伊，语助词。
[6] 光禄：官名，掌朝会宴享。《新唐书·百官志》：光禄寺"总太官、珍羞、良酝、掌醢四署"，"朝会宴享，则节其等差"。文：穿着。画神仙：权贵家楼阁的精美绘饰。
[7] 宛转：娇婉柔顺。蛾眉：弯曲细长的眉毛，代指美女。鹤发：白发。

感　遇[1]

张九龄

兰叶春葳蕤，桂华秋皎洁[2]。欣欣此生意，自尔为佳节[3]。
谁知林栖者，闻风坐相悦[4]。草木有本心，何求美人折[5]？

注释

[1] 唐玄宗开元二十五年（737年），受李林甫的排挤，作者罢相后左迁荆州长史，年已六旬。《感遇》十二首即作于贬荆州期间，此为第一首。感遇，遇事有所感。本诗选自高步瀛选注《唐宋诗举要》（上海古籍出版社，1978年）。
[2] 兰：兰草，叶有香气。葳蕤：茂盛纷披貌。桂华：桂花。华，古花字。
[3] 生意：生机。自尔：自然而然。
[4] 林栖者：隐士，即下面的"美人"。坐：遂。
[5] 本心：本性。这两句的意思，即《孔子家语》中所说的："芝兰生于深林，不以无人而不芳；君子修道立德，不为穷困而改节。"

题破山寺后禅院[1]

常建

清晨入古寺，初日照高林。曲径通幽处，禅房花木深[2]。
山光悦鸟性，潭影空人心。万籁此俱寂，但余钟磬音[3]。

注释

[1] 破山寺：兴福寺，在今江苏省常熟市虞山北麓。禅院：僧徒的住所，往往在殿宇的后面深处，也即诗中的"禅房"。本诗选自高步瀛选注《唐宋诗举要》（上海古籍出版社，1978年）。
[2] 曲径：一作"竹径"。
[3] 籁：能发出声响的孔窍。万籁：一切声响。俱寂：一作"都寂"。钟磬：僧人诵经、斋供时敲击的乐器，始用钟，终用磬。

旅夜书怀[1]

杜甫

细草微风岸,危樯[2]独夜舟。星垂平野阔,月涌大江流[3]。
名岂文章著?官应老病休[4]。飘飘何所似,天地一沙鸥。

[1] 唐代宗永泰元年(765年)四月,杜甫的友人剑南节度使严武去世了,诗人在蜀失去了依靠,便于五月离开成都,携家东下。此诗即作于经嘉州(今四川省乐山市)、渝州(今重庆市)到云安(今重庆市云阳县)的舟行途中。本诗选自高步瀛选注《唐宋诗举要》(上海古籍出版社,1978年)。
[2] 危樯:高耸的桅杆。
[3] 平野:开阔的原野。大江:长江。
[4] 岂:难道。著:彰显,被推重。应:理应。

题宣州开元寺水阁阁下宛溪夹溪居人[1]

杜牧

六朝文物草连空,天淡云闲今古同[2]。鸟去鸟来山色里,人歌人哭水声中。
深秋帘幕千家雨,落日楼台一笛风。惆怅无因见范蠡,参差烟树五湖东[3]。

[1] 诗作于唐文宗开成三年(838年),作者时任宣州(治所在今安徽省宣州市)团练判官。开元寺,原名永安寺,始建于东晋,唐开元中改名。诗题下作者原注:"阁下宛溪,夹溪居人。"宛溪,一名东溪,流绕城东。本诗选自高步瀛选注《唐宋诗举要》(上海古籍出版社,1978年)。
[2] 六朝:吴、东晋、宋、齐、梁、陈均建都建康(今江苏省南京市),合称六朝。文物:礼乐典章和文化遗迹。
[3] 无因:无法。范蠡:春秋时越国的大夫,佐越王勾践灭吴,功成后,"遂乘轻舟以浮于五湖,莫知其所终极"(《国语·越语下》)。五湖:太湖的别称。

咸阳城西楼晚眺[1]

许浑[2]

一上高城万里愁,蒹葭杨柳似汀洲[3]。溪云初起日沉阁,山雨欲来风满楼[4]。
鸟下绿芜秦苑夕,蝉鸣黄叶汉宫秋[5]。行人莫问当年事,故国东来渭水流[6]。

[1] 诗题一作《咸阳城东楼》。咸阳,秦都城,故址在今陕西省咸阳市东北,西汉在咸阳故城之南建都长

安,中隔渭水。本诗选自《唐宋诗词鉴赏》(北京大学出版社,2007年)。
[2] 许浑(约791~约858年),字用晦,一作仲晦,祖籍安州安陆,寓居润州(今江苏省镇江市),晚年归润州丁卯桥村舍闲居,自编诗集,曰《丁卯集》。
[3] 高城:一作"高楼"。蒹葭:芦苇。汀洲:水中的小块陆地。
[4] "溪云"句:作者自注:"南近磻溪,西对慈福寺阁。"云,暮霭。山:咸阳北面的九嵕山。
[5] 芜:草地。汉宫:宋代乐史《太平寰宇记》:"(长安)隔渭水对秦咸阳宫,汉于其筑未央宫。"
[6] 行人:过路人,诗人自指。故国:咸阳城。

八声甘州[1]

柳永

对潇潇暮雨洒江天,一番洗清秋。渐霜风凄紧,关河冷落,残照当楼[2]。是处红衰翠减,苒苒物华休[3]。惟有长江水,无语东流。

不忍登高临远,望故乡渺邈[4],归思难收。叹年来踪迹,何事苦淹留[5]?想佳人、妆楼颙望,误几回、天际识归舟[6]。争知我、倚栏杆处,正恁凝愁[7]。

注 释

[1] 《八声甘州》:既是词牌名也是曲牌名。词牌《八声甘州》又名《甘州》、《潇潇雨》、《宴瑶池》,是从唐教坊大曲《甘州》截取一段改制的。本词选自《唐宋词鉴赏辞典》(江苏古籍出版社,1986年)。
[2] 渐:旋又。凄紧:寒气逼人。关河:山河。
[3] 是处:处处,到处。红衰翠减:花叶凋零。李商隐《赠荷花》:"翠减红衰愁煞人。"苒苒,同"冉冉",犹言渐渐。物华:风光景物。
[4] 渺邈:渺茫,遥远。
[5] 年来:近来。何事:为什么。苦:久。淹留:滞留。
[6] 颙(yóng)望:凝望,呆望。识:辨认。谢朓《之宣城郡出新林浦向板桥》:"天际识归舟,云中辨江树。"温庭筠《梦江南》:"梳洗罢,独倚望江楼。过尽千帆皆不是,斜晖脉脉水悠悠,肠断白苹洲。"
[7] 争:怎。倚栏杆处:倚栏杆时。恁:如此。凝愁:愁思郁结。

卜算子·送鲍浩然之浙东[1]

王观

水是眼波横,山是眉峰聚[2]。欲问行人去那边,眉眼盈盈[3]处。
才始送春归,又送君归去。若到江南赶上春,千万和春住。

注 释

[1] 鲍浩然:作者友人,生平不详。之:往。浙东:两浙东路的简称,今浙江省衢江、富春江、钱塘江以东地区。本词选自《唐宋词鉴赏辞典》(江苏古籍出版社,1986年)。
[2] 横:流动。李白《长相思》:"昔时横波目,今作流泪泉。"眉峰:晋代葛洪《西京杂记》载:"文君姣好,眉色如望远山。"

［3］盈盈：仪态娇美、脉脉含情的样子。

蝶恋花·春景[1]

苏轼

花褪残红青杏小。燕子飞时，绿水人家绕。枝上柳绵[2]吹又少，天涯何处无芳草？墙里秋千墙外道。墙外行人，墙里佳人笑。笑渐不闻声渐悄，多情却被无情恼[3]。

［1］宋哲宗绍圣三年（1096年）作于惠州贬所，甚或更早。本词选自《唐宋词鉴赏辞典》（江苏古籍出版社，1986年）。
［2］柳绵：柳絮。
［3］悄：消失。多情：指墙外行人。无情：指墙里佳人。

满庭芳·夏日溧水无想山作[1]

周邦彦

风老莺雏，雨肥梅子，午阴嘉树清圆[2]。地卑山近，衣润费炉烟。人静乌鸢自乐，小桥外、新绿溅溅[3]。凭栏久，黄芦苦竹，拟泛九江船[4]。年年，如社燕，飘流瀚海，来寄修椽[5]。且莫思身外，长近尊前。憔悴江南倦客，不堪听、急管繁弦[6]。歌筵畔，先安簟枕，容我醉时眠[7]。

［1］此词作于宋哲宗元祐八年至绍圣三年（1093～1096年），作者时任溧水县令。溧水，今江苏省溧水县。无想山，在溧水县南18里。本词选自《唐宋词鉴赏辞典》（江苏古籍出版社，1986，年）。
［2］莺雏：幼莺。杜牧《赴京初入汴口晓景即事》："露蔓虫丝多，风蒲燕雏老。"雨肥梅子：化用杜甫《陪郑广文游何将军山林十首》其五："绿垂风折笋，红绽雨肥梅。"嘉树：树木的美称。
［3］鸢：鹞鹰。陈元龙注引杜甫诗："人静乌鸢乐。"今本杜集无此句。溅溅：水流声。
［4］黄芦：芦苇，生在湿地或浅水中。苦竹：禾本科植物。拟：打算。九江：今江西省九江市。白居易元和十年（815年）左迁九江司马，其《琵琶行》云："住近湓江地低湿，黄芦苦竹绕宅生。"
［5］社：春秋祭祀土地之神的日子。燕子于春社时北飞，秋社时南飞，故称社燕。瀚海：江湖。寄：安身于。修椽：安在梁上支撑屋瓦的长木条，是燕子筑巢之处。
［6］江南倦客：词人自指。急管繁弦：筵席上弹奏管弦乐器发出的激越嘈杂之声。
［7］簟：竹席。容：允许。

八声甘州·灵岩陪庾幕诸公游[1]

吴文英

渺空烟四远，是何年、青天坠长星[2]？幻苍崖云树，名娃金屋，残霸宫城[3]。箭径酸风射眼,腻水染花腥[4]。时鞋双鸳响,廊叶秋声[5]。

宫里吴王沉醉,倩五湖倦客,独钓醒醒[6]。问苍天无语,华发奈山青。水涵空、栏杆高处,送乱鸦、斜日落渔汀[7]。连呼酒、上琴台去,秋与云平[8]。

注释

[1] 灵岩:山名,又名砚石山,在今江苏省苏州市西南 30 里,相传是越王勾践献西施处。山上旧有馆娃宫、琴台、响屧廊等,早已毁于战火。庾:仓库。庾幕:提举常平司幕府,是职掌各路役钱、义仓、赈济、水利、茶盐等事的机构。词人此时 30 岁左右,在苏州庾幕里做幕僚。本词选自《唐宋词鉴赏辞典》(江苏古籍出版社,1986 年)。

[2] 长星:彗星。

[3] 幻:幻化而成。云树:高密的树木。名娃:有名的美女,此指西施。吴楚间称美女为娃。金屋:用汉武帝金屋藏娇之典,此指吴王夫差在灵岩山上为西施建造的馆娃宫,故址在今灵岩寺。残霸宫城:夫差当年所建的宫城。夫差一度南败越国,北与晋国争霸中原,后被勾践打败,国破身亡,霸业有始无终,故云残霸。

[4] 箭径:采香径,在灵岩山前 10 里。范成大《吴郡志》卷八:"吴王种香于香山,使美人泛舟于溪以采香。今自灵岩山望之,一水直如矢,故俗又名箭径。"酸风:冷风。李贺《金铜仙人辞汉歌》:"东关酸风射眸子。"腻水:混合有女人脂粉的水。杜牧《阿房宫赋》:"渭流涨腻,弃脂水也。"腥:形容香气浓郁。

[5] 鞋:拖鞋。元代陶宗仪《辍耕录》卷十八:"西浙之人,以草为履,而无跟,名曰鞋。"此处用作动词。双鸳:鸳鸯履,指女鞋。廊:响屧廊。《吴郡志》卷八:"相传吴王令西施辈步屧,廊虚而响,故名"。屧(xiè),木底鞋。

[6] 沉醉:大醉。李白《乌栖曲》:"吴王宫里醉西施。"五湖:太湖的别称。五湖倦客:越国大夫范蠡,他佐勾践灭吴后,看清勾践可共患难不可共富贵,"遂乘轻舟以浮于五湖,莫知其所终极"(《国语·越语下》)。独钓:隐居生活。醒醒:极其清醒的状态。

[7] 水涵空:远水连空。苏轼《更漏子》:"水涵空,山照市。"栏杆高处:视线越过栏杆的上方。汀:沙洲。渔汀:水边捕鱼的地方。

[8] 连:接连地。秋与云平:置身峰顶,秋云与眼界相平。

后观潮行

黄景仁[1]

海风卷尽江头叶,沙岸千人万人立。怪底山川忽变容,又报天边海潮入。
鸥飞艇乱行云停,江亦作势如相迎。鹅毛一白尚天际,倾耳已是风霆声。
江流不合几回折,欲折涛头如折铁。一折平添百丈飞,浩浩长空舞晴雪。
星驰电激望已遥,江塘十里随低高。此时万户同屏息,想见窗棂[2]齐动摇。
潮头障天天亦暮,苍茫却望潮来处。前阵才平罗刹矶[3],后来又没西兴[4]树。
独客吊影行自愁,大地与身同一浮。乘槎[5]未许到星阙,采药何年傍祖洲[6]。
赋罢观潮长太息,我尚输潮归即得。回首重城鼓角[7]哀,半空纯作鱼龙色。

[1] 黄景仁（1749～1783年），清代诗人，字汉镛，一字仲则，号鹿菲子，阳湖（今江苏省常州市）人。诗负盛名，为"毗陵七子"之一。本诗选自《两当轩集》（上海古籍出版社，1983年）。
[2] 棂：窗子上构成窗格子的木条。
[3] 罗刹矶：又名罗刹石、镇江石，在钱塘江边的秦望山东南。白居易诗云："嵌空石面标罗刹，压捺潮头敌子胥。"五代开平年间，为潮沙所涨没。
[4] 西兴：镇名，又名西陵，在浙江省萧山县西北。地当钱塘江渡口，隔岸与杭州相对。
[5] 乘槎（chá）：传说汉代张骞曾乘坐一条从天河飘来的木筏，一直通到牵牛星和织女星那里。槎，木筏。
[6] 祖洲：《海内十洲记》（旧本题汉东方朔撰）云："祖洲，近在东海之中，地方五百里，去岸七万里，上有不死之草。"秦始皇曾派人前往采药。
[7] 鼓角：古时黄昏时候吹号角，准备关闭城门。

木兰花慢·杨花

张惠言[1]

侭[2]飘零尽了，何人解[3]、当花看？正风避重帘，雨回深幕，云护轻幡。寻他一春伴侣，只断红[4]、相识夕阳间。未忍无声委[5]地，将低重又飞还。

疏狂情性，算凄凉耐得到春阑[6]。便月地和梅，花天伴雪，合称清寒。收将十分春恨，做一天、愁影绕云山。看取青青池畔，泪痕点点凝班[7]。

[1] 张惠言（1761～1802年），清代词人、散文家。原名一鸣，字皋文，武进（今江苏省常州市）人。常州词派的开创者。本词选自《茗柯词选》（百花洲文艺出版社，1993年）。
[2] 侭（jǐn）：任凭。
[3] 解：懂得。
[4] 断红：落花。
[5] 委：倒。
[6] 春阑：春残，春尽。
[7] 班：通"斑"，斑点。

西湖香市

张岱[1]

西湖香市，起于花朝[2]，尽于端午。山东进香普陀[3]者日至，嘉湖[4]进香天竺者日至，至则与湖之人市焉，故曰香市。然进香之人，市于三天竺[5]，市于岳王坟[6]，市于湖心亭，市于陆宣公祠[7]，无不市，而独凑集于昭庆寺，昭庆两廊故无日不市者。三代八朝之骨董[8]，蛮夷闽貊之珍异，皆集焉。至香市，则殿中边，甬道上下，池左右，山门内外，有屋则摊，无屋则厂[9]，厂外又棚，棚外又摊，节节寸寸。凡胭脂簪珥、牙尺剪刀，以至经典木鱼、孩儿嬉具之类，无不集。

此时春暖，桃柳明媚，鼓吹清和[10]，岸无留船，寓无留客，肆无留酿。袁石公[11]所谓"山色如娥，花光如颊[12]，波纹如绫，温风如酒"，已画出西湖三月。而此以香客杂来，光景[13]又别。士女闲都，不胜其村妆野妇之乔画[14]；芳兰芝泽，不胜其合香芫荽[15]之薰蒸；丝竹管弦，不胜其摇鼓欲笙之聒帐；鼎彝[16]光怪，不胜其泥人竹马之行情；宋元名画，不胜其湖景佛图[17]之纸贵。如逃如逐，如奔如追，撩扑不开，牵挽不住。数百十万男男女女，老老少少，日簇拥于寺之前后左右者，凡四阅月方罢[18]，恐大江以东，断无此二地矣。

崇祯庚辰三月，昭庆寺火[19]。是岁及辛巳、壬午洊饥[20]，民强半饿死。壬午虏鲠[21]山东，香客断绝，无有至者，市遂废。辛巳夏，余在西湖，但见城中饿殍异出，扛挽相属。时杭州之刘太守梦谦，汴梁[22]人，乡里抽丰[23]者多寓西湖，日以民词馈送[24]。有轻薄子改古诗诮之曰："山不青山楼不楼，西湖歌舞一时休。暖风吹得死人臭，还把杭州送汴州[25]。"可作西湖实录。

注 释

[1] 张岱（1597～1679年），号陶庵、天孙，别号蝶庵居士，晚号六休居士，山阴（今浙江省绍兴市）人。明亡后不仕，入山著书以终。张岱为明末清初文学家、史学家，其最擅长散文，著有《琅嬛文集》、《陶庵梦忆》、《西湖梦寻》等。本文选自《张岱著作集》（浙江古籍出版社，2012年）。

[2] 花朝：旧俗以阴历二月十二日（一说初二日或十五日）为"百花生日"，称为"花朝节"。

[3] 普陀：山名，在现在浙江省定海区海中，是我国佛教圣地之一。

[4] 嘉湖：现在浙江省的嘉兴市、湖州市。

[5] 三天竺：山名，在西湖西，分上天竺、中天竺、下天竺，称为天竺或三天竺。山上有上、中、下三天竺寺。三天竺及下文的"岳王坟"、"湖心亭"、"陆宣公祠"、"昭庆寺"，均为西湖游览胜地。

[6] 岳王坟：宋朝抗金名将岳飞的墓。

[7] 陆宣公祠：唐朝陆贽的祠堂。

[8] 三代八朝之骨董：历史上留传下来的器物。三代，指夏、商、周。八朝，指东汉、魏、晋、宋、齐、梁、陈、隋。骨董，即古董，指古代留传下来的器物。

[9] 厂：无墙壁的棚屋。

[10] 鼓吹清和：一片乐声。鼓吹，指管乐。

[11] 袁石公：袁宏道，字中郎，号石公，湖北公安人，明代文学家。

[12] 山色如娥，花光如颊：山色就像美女的蛾眉，花光就像美女的面颊。

[13] 光景：风光景色。

[14] 乔画：妇女涂脂抹粉。

[15] 芫荽（yán suī）：一种有香味的菜蔬，又名香菜。

[16] 鼎彝：泛指古代以青铜制成的食器。后来视为古董。

[17] 佛图：也作"浮图"、"浮屠"，指佛寺或佛塔。

[18] 阅：历。此句是说香市要经历四个月之久才停歇。

[19] 昭庆寺火：昭庆寺被火烧。

[20] 辛巳、壬午洊（jiàn）饥：连续两年的饥荒。辛巳，即崇祯十四年（1641年）。壬午，即崇祯十五年（1642年）。洊饥，一再发生饥荒。

[21] 虏鲠（gěng）：清军入侵。虏，指清军。鲠，同"梗"，阻隔。

[22] 汴梁：现在河南省开封市。

[23] 抽丰：假借各种名义向人求得财物赠与，也叫"打秋风"。

[24] 以民词馈送：靠包揽民间词讼获得原告或被告的馈赠。
[25] 古诗：南宋林升的《题临安邸》。原诗为："山外青山楼外楼，西湖歌舞几时休？暖风熏得游人醉，直把杭州作汴州。"

故乡的野菜

周作人[1]

我的故乡不止一个，凡我住过的地方都是故乡。故乡对于我并没有什么特别的情分，只因钓于斯游于斯的关系，朝夕会面，遂成相识，正如乡村里的邻舍一样，虽然不是亲属，别后有时也要想念到他。我在浙东住过十几年，南京、东京都住过六年，这都是我的故乡，现在住在北京，于是北京就成了我的家乡了。

日前我的妻往西单市场买菜回来，说起有荠菜在那里卖着，我便想起浙东的事来。荠菜是浙东人春天常吃的野菜，乡间不必说，就是城里只要有后园的人家都可以随时采食，妇女小儿各拿一把剪刀、一只"苗篮"，蹲在地上搜寻，是一种有趣味的游戏的工作。那时小孩们唱道："荠菜马兰头，姐姐嫁在后门头。"后来马兰头有乡人拿来进城售卖了，但荠菜还是一种野菜，须得自家去采。关于荠菜向来颇有风雅的传说，不过这似乎以吴地为主。《西湖游览志》云："三月三日男女皆戴荠菜花。谚云：三春戴荠花，桃李羞繁华。"顾禄的《清嘉录》上亦说："荠菜花俗呼野菜花，因谚有三月三蚂蚁上灶山之语，三日人家皆以野菜花置灶陉上，以厌虫蚁。侵晨村童叫卖不绝。或妇女簪髻上以祈清目，俗号眼亮花。"但浙东人却不很理会这些事情，只是挑来做菜或炒年糕吃罢了。

黄花麦果通称鼠曲草，系菊科植物，叶小微圆互生，表面有白毛，花黄色，簇生梢头。春天采嫩叶，捣烂去汁，和粉作糕，称黄花麦果糕。小孩们有歌赞美之云：

　　　　黄花麦果韧结结，关得大门自要吃，半块拿弗出，一块自要吃。

清明前后扫墓时，有些人家——大约是保存古风的人家——用黄花麦果作供，但不作饼状，做成小颗如指顶大，或细条如小指，以五六个作一攒，名曰茧果，不知是什么意思，或因蚕上山时设祭，也用这种食品，故有是称，亦未可知。自从十二三岁时外出不参与外祖家扫墓以后，不复见过茧果，近来住在北京，也不再见黄花麦果的影子了。日本称作"御形"，与荠菜同为春天的七草之一，也采来做点心用，状如艾饺，名曰"草饼"，春分前后多食之，在北京也有，但是吃去总是日本风味，不复是儿时的黄花麦果糕了。

扫墓时候所常吃的还有一种野菜，俗称草紫，通称紫云英。农人在收获后，播种田内，用作肥料，是一种很被贱视的植物，但采取嫩茎瀹[2]食，味颇鲜美，似豌豆苗。花紫红色，数十亩接连不断，一片锦绣，如铺着华美的地毯，非常好看，而且花朵状若蝴蝶，又如鸡雏，尤为小孩所喜，间有白色的花，相传可以治痢。很是珍重，但不易得。日本《俳句大辞典》云："此草与蒲公英同是习见的东西，从幼年时代便已熟识。在女人里边，不曾采过紫云英的人，恐未必有罢。"中国古来没有花环，但紫云英的花球却是小孩常玩的东西，这一层我还替那些小人们欣幸的。浙东扫墓用鼓吹，所以少年常随了乐音去看"上坟船里的姣姣"；没有钱的人家虽没有鼓吹，但是船头上篷窗下总露出些紫云英和杜鹃的花束，这也就是上坟船的确实的证据了。

1924年2月作

第五单元 亲近自然

[1] 周作人（1885～1967年），浙江绍兴人，鲁迅之弟。中国现代著名散文家、文学理论家、评论家、诗人、翻译家、思想家。本文选自《周作人散文全集》（广西师范大学出版社，2009年）。
[2] 瀹（yuè）：意为煮。

秋

丰子恺[1]

我的年岁上冠用了"三十"二字，至今已两年了。不解达观的我，从这两个字上受到了不少的暗示与影响。虽然明明觉得自己的体格与精力比二十九岁时全然没有什么差异，但"三十"这一个观念笼在头上，犹之张了一顶阳伞，使我的全身蒙了一个暗淡色的阴影，又仿佛在日历上撕过了立秋的一页以后，虽然太阳的炎威依然没有减却，寒暑表上的热度依然没有降低，然而只当得余威与残暑，或霜降木落的先驱，大地的节候已从今移交于秋了。

实际上，我两年来的心情与秋最容易调和而融合。这情形与从前不同。在往年，我只慕春天。我最欢喜杨柳与燕子。尤其欢喜初染鹅黄的嫩柳。我曾经名自己的寓居为"小杨柳屋"，曾经画了许多杨柳燕子的画，又曾经摘取秀长的柳叶，在厚纸上裱成各种风调的眉，想象这等眉的所有者的颜貌，而在其下面添描出眼鼻与口。那时候我每逢早春时节，正月二月之交，看见杨柳枝的线条上挂了细珠，带了隐隐的青色而"遥看近却无"的时候，我心中便充满了一种狂喜，这狂喜又立刻变成焦虑，似乎常常在说："春来了！不要放过！赶快设法招待它，享乐它，永远留住它。"我读了"良辰美景奈何天"等句，曾经真心地感动，以为古人都叹息一春的虚度。前车可鉴！到我手里绝不放它空过了。最是逢到了古人惋惜最深的寒食清明，我心中的焦灼便更甚。那一天我总想有一种足以充分酬偿这佳节的举行。我准拟作诗，作画，或痛饮，漫游。虽然大多不被实行；或实行而全无效果，反而中了酒，闹了事，换得了不快的回忆；但我总不灰心，总觉得春的可恋。我心中似乎只知道春，别的三季在我都当作春的预备，或待春的休息时间，全然不曾注意到它们的存在与意义。而对于秋，尤无感觉：因为夏连续在春的后面，在我可当作春的过剩；冬先行春的前面，在我可当作春的准备；独有与春全无关联的秋，在我心中一向没有它的位置。

自从我的年龄告了立秋以后，两年来的心境完全转了一个方向，也变成秋天了。然而情形与前不同：并不是在秋日感到像昔日的狂喜与焦灼。我只觉得一到秋天，自己的心境便十分调和。非但没有那种狂喜与焦灼，且常常被秋风秋雨秋色秋光所吸引而融化在秋中，暂时失却了自己的所在。而对于春，又并非像昔日对于秋的无感觉。我现在对于春非常厌恶。每当万象回春的时候，看到群花的斗艳，蜂蝶的扰攘，以及草木昆虫等到处争先恐后地滋生繁殖的状态，我觉得天地间的凡庸、贪婪、无耻与愚痴，无过于此了！尤其是在青春的时候，看到柳条上挂了隐隐的绿珠，桃枝上着了点点的红斑，最使我觉得可笑又可怜。我想唤醒一个花蕊来对它说："啊！你也来反复这老调了！我眼看见你的无数的祖先，个个同你一样地出世，个个努力发展，争荣竞秀；不久没有一个不憔悴而化泥尘。你何苦也来反复这老调呢？如今你已长了这孽根，将来看你弄娇弄艳，装笑装颦，招致了蹂躏、摧残、攀折之苦，而步你的祖先们的后尘！"

实际上，迎送了三十几次的春来春去的人，对于花事早已看得厌倦，感觉已经麻木，热情已经冷却,绝不会再像初见世面的青年少女似的为花的幻姿所诱惑而赞之,叹之,怜之,惜之了。况且天地万物,没有一件逃得出荣枯、盛衰、生灭、有无之理。过去的历史昭然地证明着这一点,无须我们再说。古来无数的诗人千篇一律地为伤春惜花费词,这种效颦也觉得可厌。假如要我对于世间的生荣死灭费一点词,我觉得生荣不足道,而宁愿欢喜赞叹一切的死灭。对于前者的贪婪、愚昧与怯弱,后者的态度何等谦逊、悟达而伟大!我对于春与秋的舍取,也是为了这一点。

夏目漱石三十岁的时候,曾经这样说:"人生二十而知有生的利益;二十五而知有明之处必有暗;至于三十的今日,更知明多之处暗亦多,欢浓之时愁亦重。"我现在对于这话也深抱同感;有时又觉得三十的特征不止这一端,其更特殊的是对于死的体感。青年们恋爱不遂的时候惯说生生死死,然而这不过是知有"死"的一回事而已,不是体感。犹之在饮冰挥扇的夏日,不能体感到围炉拥衾的冬夜的滋味。就是我们阅历了三十几度寒暑的人,在前几天的炎阳之下也无论如何感不到浴日的滋味。围炉、拥衾、浴日等事,在夏天的人的心中只是一种空虚的知识,不过晓得将来须有这些事而已,但是不能体感它们的滋味。须得入了秋天,炎阳逞尽了威势而渐渐退却,汗水浸胖了的肌肤渐渐收缩,身穿单衣似乎要打寒噤,而手触法郎绒觉得快适的时候,于是围炉、拥衾、浴日等知识方能渐渐融入体验界中而化为体感。我的年龄告了立秋以后,心境中所起的最特殊的状态便是这对于"死"的体感。以前我的思虑真疏浅!以为春可以常在人间,人可以永在青年,竟完全没有想到死。又以为人生的意义只在于生,我的一生最有意义,似乎我是不会死的。直到现在,仗了秋的慈光的鉴照,死的灵气钟育,才知道生的甘苦悲欢,是天地间反复过亿万次的老调,又何足珍惜?我但求此生的平安的度送与脱出而已。犹之罹了疯狂的人,病中的颠倒迷离何足计较?但求其去病而已。

我正要搁笔,忽然西窗外黑云弥漫,天际闪出一道电光,发出隐隐的雷声,骤然洒下一阵夹着冰雹的秋雨。啊!原来立秋过得不多天,秋心稚嫩而未曾老练,不免还有这种不调和的现象,可怕哉!

[1]丰子恺(1898~1975年),现代著名作家、画家,代表作有《缘缘堂随笔》,译有《猎人笔记》、《源氏物语》等。本文选自《丰子恺文集》(浙江文艺出版社,1992年)。

一 种 云

瞿秋白[1]

天总是皱着眉头,太阳光如果还射到地面上,那也总是稀微的、淡薄的。至于月亮,那更不必说,他只是偶然露出半面。用他那惨淡的眼光看一看这罪孽的人间,这是寡妇孤儿的眼光,眼睛里含着总算还没有流干的眼泪。受过不止一次封禅大典的山岳,至少有大半截是上了天,只留下一点山脚给人看。黄河,长江……据说是中国文明的母亲,也不知道怎么变了心,对于他们的亲骨肉,都摆出一副冷酷的面孔。从春天到夏天,从秋天到冬天,这样一年年地过去,淫虐的雨,凄厉的风和肃杀的霜雪更番地来去,一点儿光明也没有。这样的漫漫长夜,已经二十年了。这都是一种云在作祟。那云是从什么地方来的?这是太平洋上的大

风暴吹过来的,这是大西洋上的狂飙吹过来的。还有那模糊的血肉——榨床底下淌着的模糊的血肉蒸发出来的。那些会画符的人——会写借据,会写当票的人,就用这些符在呼召。那些吃泥土的土蜘蛛,——虽然死了也不过只要六尺土地藏他的贵体,可是活着总要吃这么一二百亩三四百亩的土地,——这些土蜘蛛就用屁股在吐着。那些肚里装着铁心肝钢肚肠的怪物,又竖起了一根根的烟囱在那里喷着。狂飙风暴吹来的,血肉蒸发的,呼召来的,吐出来的,喷出来的,都是这种云。这是战云。

难怪总是漫漫的长夜了!

什么时候才黎明呢?

看那刚刚发现的虹。祈祷是没有用的了。只有自己去做雷公公电闪娘娘。那虹发现的地方,已经有了小小的雷电,打开了层层的乌云,让太阳重新照到紫铜色的脸。如果是惊天动地的霹雳,那才拨得满天的愁云惨雾。这可只有自己做了雷公公电闪娘娘才办得到。要使小小的雷电变成惊天动地的霹雳!

[1] 瞿秋白(1899~1935年),生于江苏常州,散文作家、文学评论家,是中国共产党早期主要领导人之一。本文选自《瞿秋白文选》(四川文艺出版社,2010年)。

麦地与诗人

海子[1]

询问

在青麦地上跑着
雪和太阳的光芒

诗人,你无力偿还
麦地和光芒的情义

一种愿望
一种善良
你无力偿还

你无力偿还
一颗放射光芒的星辰
在你头顶寂寞燃烧

答复

麦地
别人看见你
觉得你温暖,美丽
我则站在你痛苦质问的中心
被你灼伤
我站在太阳痛苦的芒上

麦地
神秘的质问者啊

当我痛苦地站在你的面前
你不能说我一无所有
你不能说我两手空空

麦地啊，人类的痛苦
是他放射的诗歌和光芒！

[1] 海子（1964～1989年），原名查海生，安徽省怀宁县人。15岁时考入北京大学法律系，大学期间开始诗歌创作，是中国新文学史上一位极有影响力的诗人。本诗选自《海子诗全集》（作家出版社，2009年）。

四月，在古战场

余光中[1]

熄了引擎，旋下左侧的玻璃窗，早春的空气遂漫进窗来。岑寂中，前面的橡树林传来低沉而嘶哑的鸟声，在这一带的山里，荡起幽幽的回声。是老鸦呢，他想。他将头向后靠去，闭起眼睛，仔细听了一会儿，直到他感到自己已经属于这片荒废。然后他推开车门，跨出驾驶座，投入四月的料峭之中。

水仙花的四月啊，残酷的四月。已经是四月了，怎么还是这样冷峻，他想，同时翻起大衣的领子。湿甸甸、阴凄凄的天气，风向飘忽不定，但风自东南吹来时，潮潮的，嗅得到黛青翻白的海水气味。他果然站定，嗅了一阵，像一头临风昂首的海豹，直到他幻想，海藻的腥气翻动了他的胃。这是斜向大西洋岸的山坡地带，也是他来东部后体验的第一个春天。美国孩子们告诉他，春天来齐的时候，这一带的花树将盛放如放烟火，古战场将佩带多彩的美丽。文苾告诉他说，再过一个星期，华盛顿的三千株樱花，即将喷洒出来。文苾又说，鲈鱼和曹白鱼正溯波多马克河与塞斯奎汉纳河而上，来淡水中产卵，奇娃妮湖上已然有天鹅在游泳，黑天鹅也出现过两只了。"你怎么知道这些的？"有一次他问她。文苾笑了，笑得像一枝洋水仙。"我怎么不知道，"她说，"我在兰开斯特长大的嘛。""你是一个乡下女娃娃。"他说。

在一座巍然的雕像前站定，他仰起面来，目光扫马背骑士的轮廓而上，止于他翘然的须尖。他踏着有裂纹的大理石，拾级而上。他伸手抚摸石座上的马蹄，青铜的冷意浸冰他的手心，似乎说，这还不是春天。他缩回手，辨认刻在石座上的文字。塞吉维克少将，一八一三年生，一八六四年殁，阵亡于维琴尼亚州，伟大的战士，光荣的公民，可敬的长官。已经一百年了，他想。忽然他涌起一股莫名的冲动，欲攀马尾而跃上马背，欲坐在塞吉维克将军的背后，看十九世纪的短兵相接。毕竟这是一座庞伟的雕塑，马鞍距石座几乎有六尺，而马尾奋张，青铜凛然，苔藓滑不留手。他几度从马臀上溜了下来，终于疲极而放弃。他颓然跳下大理石座，就势卧倒在草地上。一阵草香袅袅升起，袭向他的鼻孔。他闭上眼睛，贪馋地深深呼吸，直到清爽的草香似乎染碧了他的肺叶。他知道，不久太阳会吸干冬的潮湿，芳草将

第五单元 亲近自然

占据春的每一个角落。不久，他将独自去抵抗一季豪华的寂寞，在异国，冷眼看热花，看热得可以蒸云煮雾的桃花哪桃花，冷眼看情人们十指交缠的约会。他想象得到，自己将如何浪费昂贵的晴日，独自坐在夕照里，数那边哥德式塔楼的钟声，敲奏又一个下午的死亡。然而春天，史前而又年轻的春天，是不可抗拒的。知更说："春从空中来。"鲈鱼说："春从海底来。"土拨鼠说："春是从地底冒上来的，不信，我掘给你看。"伏在已软而犹寒的地上，他相信土拨鼠是对的。把饕餮的鼻子浸在草香里，他静静地匍匐着，久久不敢动弹，为了看成群的麻雀，从那边橡树林和桦木顶上啾啾旋舞而下，在墓碑上，在铜像上，在废炮口上作试探性的小憩，终于散落在他四周的草地上，觅食泥中的小虫。他屏息看着，希望有一双柔细而凉的脚爪会误憩在他的背上。不知道那么多青铜的幽灵，是不是和我一样感觉，喜欢春天又畏惧春天，因为春天不属于我们，他想。我的春天啊，我自己的春天在哪里呢？我的春天在淡水河的上游，观音山的对岸。不，我的春天在急湍险滩的嘉陵江上，拉纤的船夫们和春潮争夺寸土，在舵手的鼓声中曼声而唱，插秧的农夫们也在春水田里一呼百应地唱，溜啊溜连溜哟，咿呀呀得喂，海棠花。他霍然记起，菜花黄得晃眼，茶花红得害初恋，营营的蜂吟中，菜花田的浓香熏人欲醉。更美，更美的是江南，江南的春天，江南春。春水碧于天，画船听雨眠。一次在中国诗班上吟到这首词，他的眼泪忍不住滚了出来。他分析给自己听，他的怀乡病中的中国，不在台湾海峡的这边，也不在海峡的那边，而在抗战的歌谣里，在穿草鞋踏过的土地上，在战前朦胧的记忆里，也在古典诗悠扬的韵尾。他对自己说，西北公司的回程票，夹在绿色的护照里，护照放在棕色的箱中。十四小时的喷射云，他便可以重见中国。然而那不是害他生病、害他梦游的中国。他的中国不是地理的，是历史的。他凄楚地，他凄楚地想。

四月的太阳，清清冷冷地照在他的颈背上，若亡母成灰的手。他想。他想。他永远只能一个人想。他不能对那些无忧的美国孩子说，因为他们不懂，因为中国的一年等于美国的一世纪，因为黄河饮过的血、扬子江饮过的泪多于他们饮过的牛奶、饮过的可口可乐，因为中国的孩子被烽火的烟熏成早熟的熏鱼，周幽王的烽火，卢沟桥的烽火。他只能独咽五十个世纪乘一千万平方公里的凄凉。中秋前夕的月光中，像一只孤单的鸥鸟，他飞来太平洋的东岸。从那时起，他曾经驶过八千多英里，越过九个州界，闯过芝加哥的湖滨大道、纽约的四十二街和百老汇，穿过大风雪和死亡的雾。然而无论去何处，他总是在演独角的哑剧。在漫长而无红灯的四线超级公路上，七十里时速的疾驶，可以超庞然而长的二十轮卡车，太保式的野豹，雍容华贵的凯迪拉克，但永远摆不脱寂寞的尾巴。十四小时，哈姆雷特的喃喃独白，东半球可有人为他挠耳朵，打喷嚏？偶或驶出冰雪的险境，太阳迎他于邻州的上空，也会逸兴遄飞，豪气干云，朗吟李白的辞白帝或杜甫的下襄阳，但大半总是低吟"西北望长安，可怜无数山！"八千里路的云和月。八千里路的柏油和水泥。红灯，停。绿灯，行。南北是 avenue，东西是 street，方的是 square，圆的是 circle。他咽下每一里的紧张与寂寞，他自己一人。他一直盼望，有一对柔美的眼眸，照在他的脸上，有一个圆熟可口的女体，在他的右手的座位，迷路时，为他解地图的蛛网，出险时，为他庆幸，为他笑。

为他笑，他出神地想，且为他流泪，这么一双奇异的眼睛。一只鹰在顶空飞过，幢然的黑影扫他的脸颊。他这才感到，风已息，太阳已出现了好一会儿了。他想起宓宓，肥沃而多产的宓宓。最肥沃的地方，只要轻轻一挤，就会挤出杏仁汁来。他不禁自得地笑出声来。以前，他时常这么取笑她的。可怜的女孩，他爱惜而歉疚地想。先是一搦纤细而多情的表妹，如是其江南风，一朵瘦瘦的水仙，在江南的风中。然后是知己的女友，缠绵的情人，文学的助手，诗的第一位读者。然后是蜜月伤风的新娘，套的是他的指环，用的是他的名字，醒时，在他的双人床上。然后是小袋鼠的母亲，然后是两个，三个，以至于一窝雌白鼠的妈妈。昔日的女孩已经蜕变成今日的妇人了，曾经是袅袅飘逸的，现在变得丰腴而富足，曾经是羞赧而闪烁的，现在变得自如而安详。她已经向雷努瓦画中的女人看齐了，他不断地调侃她。而在他的印象中，她仍是昔日的那个女孩，苍白而且柔弱，抵抗着令人早熟的肺病，梦想着爱情和文学，无依无助，孤注一掷地向他走来，而他不得不张开他的欢迎，且说，我是你的起点和终点，我的名字是你的名字，我的孩子是你的孩子，我会将你的处子地耕耘成幼稚园，我会喂你以爱情，我的桂冠将为你而编！他仍记得，敬义说的，车票和邮票，象征爱情的频率。他仍记得，一个秋末的晴日下午，他送她到台北车站。蓝色长巴士已经曳烟待发。不能吻别，她只能说，假如我的手背是你的上唇，掌心是你的下唇。于是隔着车窗，隔着一幅透明的莫可奈何。她吻自己的手背，又吻自己的掌心。手背。掌心。掌心。这些吻不曾落在他唇上，但深深种在他的意象里，他被这些空中的唇瓣落花了眼睛。

  太阳晒得草地蒸出恍惚的热气。鸟雀的翅膀扑打着中午。不久，塞吉维克将军的剑影向他指来。他感到有点胃痛，然后他发现自己伏身在草上已太久，而且有点饿了。已经是晌午了呢，他想。他从草地上站起来，抚摸压上了草印的手掌，并且拍打满身的碎草和破叶。忽然他感到非常饿了，早春的处子空气使他呼吸顺畅，肺叶张翕自如，使他的头脑清醒，身体轻松。一刹那间，他幻想自己一张臂成了一尾潇洒的燕子，剪四月的云于风中，以违警的超速飞回国去。一阵风迎面吹来，他的发扬了起来，新修过的下颔感到一抹清凉。他果然举起两臂，迅步向那边的瞭望塔奔去，直到他稍稍领略到羽族滑翔的快感。然后他俯倚在灰石雉堞上，等待剧喘退潮。松枝的清香沛然注入他腔中，他更饿了，但同时感到四肢富于弹性，腹中空得异常灵敏。如果此刻宓宓在塔下向他挥手且奔来，他一定纵下去迎她，迎她雌性胴体全部的冲量。在温燠的阳光中，他幻想她的淡褐之发有一千尺长，让他将整个脸浴在波动的褐流之中。他希望自己永远年轻，永远做她的情人。又要不朽，又要年轻，绝望地，他想。李白已经一千二百六十四岁了。活着，呼吸着，爱着，是好的。爱着，用唇，用臂，用床，用全身的毛孔和血管，不是用韵脚或隐喻。肉体的节奏美于文字的节奏。他对塔辽江阔的古战场大呼，宓宓！宓宓！宓——宓！呼声在万年松之间颤动、回旋，激起一群山鸟，纷纷惊惶地拍响黑翼，而两千座铜像和石碑，而四百门黝青的铁炮，而迤逦二十多里的石堆和木栅，都不能应他的呼声。他们已经死了一个多世纪，一百多个春天都喊他们不应，何况他微弱的呼声。

  不朽啊。年轻啊。如果要他做一个抉择，他想，他宁取春天。这是春天。这是古战场。古战场的四月，黑眼眶中开一朵白蔷，碧血灌溉着鲜黄苜蓿。宁为春季的一只蜂，不为历史的一尊塑像。让缪斯嫁给李贺或者嘉尔西亚·洛尔卡，可是你要嫁给我，他想。让冰手的石碑说，这是诗人某某之墓，但是让柔软的床说，现在他是情人。站在瞭望塔的雉堞后，站在浩浩乎复不见人的古沙场顶点，站在李将军落泪，米德将军仰天祈祷的顶点，新大陆的河山匍匐在他的脚下，四月发育着，在他的脚下，发育着，放射着，流着，爬着，歌着。茫茫的风景，茫茫的眼睛。茫茫的中国啊，茫茫的江南和黄河。三百六十度的，立体大壁画的风景啊，如果你在她的睇里，如果她在我的睇里，他想。中午已经垂直，阳光下，一层淡淡的烟霭自草上、自树间漾漾蒸起。成群的鸟雀向远方飞去，向梅荪·狄克生线以南。收回徒然追随的目光，惘然，怅然，他感到非常，非常饥饿。他想起古战场那边的石桥，桥那边的小镇，镇上的林肯方场，方场上，一座三层七瓴的老屋，他的公寓就在顶层，适宜住一个东方的隐士,一个客座教授,一个怀乡的诗人,而更重要的是,冷箱里有烤鸡和香肠,还有半瓶德国啤酒。

一九六五年四月三日 盖提斯堡·古战场

[1] 余光中,祖籍福建永春,1928 年生于江苏南京。毕业于台湾大学外文系,曾任台湾师范大学、台湾政治大学、台湾大学及香港中文大学教授,现任台湾中山大学文学院院长。余光中著述甚富,除诗歌与评论外,以极具独创性的抒情散文知名于世。其散文兼具感性与理趣,熔冶传统与现代,气魄宏大,笔力雄健,对当代散文影响甚大。本文选自《余光中散文精品选》(山东文艺出版社,1995 年)。

虞山春

黄裳[1]

一

第一次游常熟,已经是十六年前的事了,印象早已淡漠。只记得王四酒家的黄酒味道很好,那鲜红的"血糯"也实在甜得要命,此外就再没有剩下什么别的记忆。但也约略记得在剑门侧边的拂水岩上,的确遇见过一阵风来,水花扑面有如水雾的奇遇。

十多年来,从书本上逐渐增加了对常熟的认识。日益淡薄下去的实际印象慢慢由不少历史事实填补起来,增加了一些特异的色彩,常熟在我的头脑里逐渐变得更有吸引力。因此,几天前朋友打电话来说要组织一次常熟旅行的时候,立即答应了,而且为了动员妻一同前往,把"拂水"的"神话"夸张了一番,说得神乎其神。一早四点钟就起了床,赶到集合地点,刚好准时在五时开车,出了上海市中心,穿过北站,向嘉定的方向驶去。一路上满眼娇黄的菜花,紫红得有如一片片地毡似的苜蓿花,和一片片麦田,一块块整治得十分齐楚的早稻秧田,眼睛觉得顿时清亮起来。那空气也清新得出奇,好像在城市就根本无从享受到似的。

车过南翔,古漪园的大门一闪而过,不久就是嘉定。这已经不再是三百年前侯峒曾、黄淳耀们抗清死守的那座古城,也不是李流芳、程孟阳这些诗人画家聚居的水乡城镇了,它已经建设成一座近代化的城市。这在夜晚归车中看得更是清楚,电灯的行阵,汽车大约穿行了十来分钟才过完。

再下面就是太仓,是复社领袖张天如和诗人吴梅村的故里,再走就进了常熟境,桥逐渐多了起来。经过了白茆港,这是顺治中郑成功的水师直抵京口那一役,在长江岸侧的联络据点之一;舍里,是有名的铁琴铜剑楼所在地……这样,头脑里的历史联想逐渐活动了起来,即将来临的虞山也显得更有吸引力。一直等到从一片平畴远处发现了淡青色似有如无的一抹远山,才惊叫起来:"看,那不就是虞山!"

这种惊喜心情在游过滇黔山水的人看来是可笑的,可是有什么办法呢?在江南这一片肥腴的土地上,是无从想象滇蜀山川的风貌的,于是人们看见了这样的小山,也不禁欢欣若狂了。这又可以使我们连想起一个有趣的事实。盆景,这种艺术形式就是在江南一带的城市里长大的,那原因恐怕也就在此。人们很少看见奇伟的山川,于是就只能在想象里勾画自己心

目中理想的风景，借助于尺寸之地，点染、布置。但结果，这样培植起来的盆景，那气局不能不是狭小的。就连苏州那些著名的花园，那些放大了的盆景，也不能不是这样的。虽然，在另外一个方面，却达了艺术上崇高的成就。

就在这样胡乱想着的时候，车子到了常熟，进城以后就停在著名的"言子墓道"下，也可以说就是虞山脚下。

这是一座墓吗？还不如说是一座小山的合适。好久没有登山的人，看见这座排了整齐的石级的土山，也很有兴致地拾级而登了，而且流了汗，增加了喘息。这里有不少石坊是从明、清以来建立起来的，我没有抄下那许多石刻的横额和联语，总之，人们对孔子的这位得意学生是寄予了很高的敬意的。在孔门四大弟子中间，他是首席，而且是第一个把先生的教义带到江南来的。

站在墓顶，吹着风，可以俯视整个的常熟。这倒是它很大的一个优点。可惜我们的导游人并不是一个历史学家，否则他就会指点给你，在那一大片整齐清洁的瓦房中间，那里是维云楼的故址，那里又是翁同龢的故第……那会增添多少趣味啊！

二

从言墓下来就到公园里去吃茶。公园是新建的，但那山水亭树、树木溪池却都是多少年来培植起来的。在公园入门处，我们见识到著名的红豆，"红豆山庄"因之得名的红豆，可惜这只是六七尺高的一颗"样本"。

坐在溪边的茶座上吃茶。这一带很像杭州孤山后山一带的景色，那参天的古树，那曲折的溪流，那高低起伏作势的山峦，都十分像。这原来不是一朝一夕可以培植起来的，只可惜不知道从前这曾经是谁家的园圃？

提前了的午饭是在王四酒家用的。地方还是老地方，不过已经修饰一新了，楼上柱间悬挂着翁同龢晚年所写的一副对联："带经锄绿野，留露酿黄花，"是刻在木板上，嵌了绿的。这怕是翁的晚年书法进入化境以后的最佳制作，比起后来在兴福寺里所见的一联高明多了。他是写苏字的，但又有一种颓放的腴美，好像一个吃醉了的胖老头儿。

同座的一位朋友，他的祖父是曾经做过昭文县令的。其时正好是戊戌翁同龢"放归"之后，他负有"管束"之责。但一个小县令又怎能去"管"一个退归林下的大学士呢？那办法也很妙。大约每月一两次，由县官盛服坐了轿子去拜访这位大学士，而主人则不得挡驾。入座喝茶，胡乱谈上一通，告辞，然后由知县向上司递一个"翁同龢不曾生事"的报告，就完了。据说这位"常熟相国"晚年是经常住在"山里"的，其实就是山脚的花园里。但每月也必回城里住一两天，就为的是接受知县的"拜谒"。这位县令还请他写过一副对子，据说过了两天就很快地送来了。

我也曾经看到过，上款是某某公祖大人之类很恭敬的称呼，但那字却拘谨得很，远远不及酒家里所悬的一联飞动而有媚姿。

饭吃得并不满意，原因是油太多了。这里生产一种很著名的松菌油，的确是一种名物，散发着松子的清香。可惜的是每只菜都大量地使用了这种油，这就使人们有些望而生畏。本来打算来吃些清淡而别致的菜蔬的，得到的却是浓重而一般的食物，这就不能不使人失望。

但那桂花酒却很出色，甜、香，隐隐有一种桂花的香气。

三

在没有太阳但颇郁闷的中午，开始爬山了。这就使那原来并不起眼的虞山，变得有些了不起，虽然说不上是怎样的崇山峻岭，想一口气登上绝顶，也还需要花一些力气。

前山是并不出色的,特别是到了齐女坟前那块平衡的山坡上时,更感到枯燥。

没有树,只有小小的幼松,此外就只有沙砾。但在这儿已经可以看到山脚下的田野和两块明净如镜的湖水了,看起来正像翠绿斑驳的丝绒毡子上面镶了两块透明的水晶。很有不少帆船,在湖面上恰似一束束黑色的流苏。导游人说"这是尚湖",好不容易才辨清了那浓重乡音所表达的字样。"尚湖"!啊,在吴梅村的诗句里曾经出现过的,"春暖尚湖花"的尚湖。湖水的确是美,完全不曾辜负诗人送给她的华丽的词藻。

正像一个刁钻古怪的美丽女人,永远不肯爽快地正面向人一样,虞山的胜处,就正是爬过了那平淡无奇的冈峦之后才能窥见。剑门、拂水,一下子都在眼前了。

的确是突出的清秀,是一种几乎有些清冷的秀丽。那些削壁,那只有一线可通的、在峭壁上绽开的"剑门"。更奇妙的是展开在这一片削壁脚下的一片锦绣般的田野。尚湖,在这山巅高处是看得更清楚了。在飞机还没有发明的古代,人们也只有从这种高处才有可能鉴赏祖国的锦绣山河,难怪杜甫会唱出"会当凌绝顶"那样的诗句来对大自然发出充满喜悦的惊叹!

剑门就在那山崖上面,嵌着两个朱红的摩崖大字,还是明代嘉靖中的刻石。站在只有几尺宽的山径上,要仰起头来才能仔细地看到它,而再一曲身,就是"下临无地"的空旷。

这不禁使我想起也是十多年前的记忆来。同样也是一个阴阴的天色。但不是初春而是晚秋,我曾经走过四川的那个有名的剑门。那才是真正的剑门,那个"门"是两片奇峻的山峦组成的,不像这里,只是出现在一片山壁上的一条缝隙。过那个剑门的时候,我曾经暗诵着陆游有名的诗句:"此身合是诗人未?细雨骑驴入剑门。"现在就不禁又想起了它。也就在这时,脸上感到飘拂着清凉舒适的雨滴了。

四

来不及细看什么"拂水",赶紧躲进"报国禅院"别院禅堂里去听雨。这是又扫兴又有趣的。山中遇雨固然是增加了困难,但登剑门又怎能没有"细雨"呢?

不需要好久,"细雨"已经变得有些近似大雨了,虽然还不曾到达"倾盆"的程度。

喝着寺里淡淡的本山茶,听着有一搭没一搭的"神话",忽然想起有些过去的文人写下的虞山游记,不禁有些好笑了。就连生活在清初的尤侗,在一篇虞山游记里,不但十分夸大地描写了这儿的风景,而且还说这座寺院就是当年钱牧斋的拂水山庄。记得后来有什么考证家根据记载纠正了尤侗的谬说,其实用不着考证,只凭常识也可以断定这种说法之无稽。

钱牧斋虽然"风雅",总也不肯把别墅造在这里。他还不是不食人间烟火的"超人",柳如是怕也不肯在这里久住的。不但饮食使用等供应不便,也实在没有什么好玩的,活动地区太狭小了。如果整天坐在剑门下面去望尚湖,也必然无趣得很,而且不要很久,就会弄得头昏眼花,弄不好还会落得个怔忪之疾。

还有一个很好的证据,是不久以前友人摄赠的一卷《月堤烟柳图》。这是柳如是的作品,前面有钱牧斋的题跋。他描写的还不过是拂水山庄的八景之一,画面里有长堤、小桥、桃柳、楼阁,柳荫之下还停泊着一只小船,这无论如何不可能是山顶的格局。看起来,所谓"拂水山庄"多半还是在虞山之麓,虽然不能指,像那公园左边一带,就很有可能。只有书呆子才会相信什么"入山唯恐不深"的鬼话,钱牧斋虽然口口声声说什么"投老空门",但要他和和尚们一样住在庙里,怕是办不到的。收起租米来就不方便,更不必说交结官府包揽词讼了。

这样想着,想着,窗外的雨却越来越大了。终于听到了和尚的警告,看样子雨是不会停的了，而时间越久，山路就越滑，下山就越困难……

这倒是十分别致的经历。当我们从后山小路冒雨下山的时候，尝到了很不平凡的滋味，倾斜的，几乎没有路径的，长满了各种树木草丛的山道，是那样难于伺应，往往要拉住了丛树的枝条才能放心地滑下去。但偶尔驻足休息时，就又看见了奇妙的景色，满山的浓绿一经雨洗都泛着油亮的光泽，山腰是一片迷蒙的雾，像围了一束轻绢。

等回到"破山兴福禅院"时，人们的身上几乎都湿透了。

这雨，的确落得有些扫兴，它打乱了原来的计划。本想拜谒新近发现而且重修过了的黄大痴墓和吴渔山的墨井的，也打消了原议。只在一家著名的有着几十年历史的菜馆——山景园里吃了刚刚上市的鲍鱼，就上了汽车。

雨，洒在公路上，洒在长着茂盛的农作物的田野里，洒在新兴的近代化的城镇上空。当暮色逐渐袭来时，当汽车从黑暗中驶近布满灯火的嘉定、南翔的外缘时，可以看见车窗玻璃上面布满了闪光的水珠，城镇的灯火也变得红红的了。没有这雨，是不会为夜晚归途增添一重朦胧的诗意的。等车子重新驶入黯黑广阔的田野时，就又猛地听见欢畅的带着金属意味的震耳蛙鼓，不用说，夜雨也为它们带来了很大的愉悦。

一九六二年

[1] 黄裳（1919～2012年），当代散文家、高级记者。黄裳是一位学识渊博又很富有情趣的人，在戏剧、新闻、出版领域均有建树，与梅兰芳、盖叫天、巴金、吴晗等文化名人相交甚笃。本文选自《白门秋柳》（江苏文艺出版社，2004年）。

与自然为友：一种现代公民意识

梁从诫[1]

1993年6月5日，即"世界环境日"那天，在北京郊外一座荒废的古塔下，一群深怀社会责任感的知识分子在草坪上席地而坐，自发地举行了一次讨论，探讨中国环境现状和普通公民对于环境应负什么责任的问题。这是一次没有名称，没有会场，甚至也没有明确的主持人的集会。事后，参加者依那座小小公园的名字，称之为"玲珑园聚会"。第二年三月，由他们发起创立的"中国文化书院绿色文化分院"获得政府有关部门的批准，正式宣告成立，为了通俗易懂，这个民间环保团体依其"保护自然，善待自然"的宗旨，又称"自然之友"。也许将来有一天，人们会发现这两件小事具有深远的影响。倒不是因为其参与者在环保专业方面有什么特殊的能力，相反，他们大都不是专职的一举中工作者，而是些"外行"——教师、作家、艺术家、编辑、大学生、新闻工作者、社会科学家、退休职工等。这两件事的意义在于，它们标志着普通中国公民对于环境保护终于有了自觉参与的意识，并开始有了行动。

当今世界，环境已成为亿万人民最关心的问题之一。它超越了国家、种族、社会制度、意识形态和时代的界限而关系着这地球上的每个人今天的生存和未来的福祉。对于整个人类，可以说没有任何其他社会问题比这更具有普遍性了。然而，在过去的几十年里，中国人对环境问题的认识却相当肤浅，甚至是很错误的。二十世纪六七十年代，当西方工业发达国

家的普通百姓开始认识到环境破坏对人民健康、地球生态和整个社会发展有着严重的危害，并开展群众性环保运动的时候，中国的大多数人还在把环境问题当作资本主义独有的社会弊病，把环境污染当成资产阶级唯利是图的例证而加以批判和嘲讽！同时自以为社会主义计划经济从根本上就不会产生类似的问题。

　　二十世纪八十年代以来，中国人对外部世界及中国具体国情的了解日渐增加，知识界中开始有越来越多的人注意到了我国不仅存在着环境问题，而且由于人口过多，资源有限，加之改革开放以来经济急剧发展，以及遍布全国的乡镇企业的大量涌现，造成污染大量增加、污染源大规模扩散和生态大范围破坏，使中国的环境问题表现出特殊的严重性。九十年代初，当东欧社会主义国家垮台，苏联解体后，许多被长期掩盖的事实终于暴露，原来这些社会主义国家的环境问题竟远比西方国家还要严重。虽然如此，多数人还是习惯地认为，环境保护是政府的事，要保护环境，百姓只有寄希望于政府和专家。更何况，我国是一个没有NGO（非政府组织）传统的国家，很少有人想到自己应当，并且可以组织起来参与环保活动。

　　然而，二十世纪六七十年代以来国外的环保经验却表明，正是广大普通群众对破坏环境的行为的斗争、抵制和对环保措施的支持和参与，才给予了环保运动以根本的动力，使各工业发达国家的环保工作得以逐步发展和完善起来。在日本和美国，大规模的群众环保运动促进了环保立法和政府环保机构的建立。广大群众是环境破坏的直接受害者，同时，又在一定意义上是破坏环境的参与者。国际经验证明：只有政府的管理，而没有群众的监督和参与，是不可能把一个国家、一个城市或一个地区的环保工作做好的。就像在一个人口众多的大家庭里，如果只有家庭主妇在维持整洁，而全家老少都只管糟蹋，不管收拾，主妇纵使三头六臂，也是无能为力的。何况主妇也会有因不尽职、不称职而需要监督和批评的时候呢？

　　正是在这种认识的推动下，"自然之友"的同志们才在玲珑园里举行了那次聚会，并一致认为，与其坐在屋里发议论，不如组织起来，共同行动，力所能及地为改善中国的环境状况做出自己的一点贡献。

　　"自然之友"的宗旨在于推进社会性的环境教育活动。它支持政府、社会组织和个人一切有利于环境保护的政策、措施和行动，反对一切与此相反的事情。通过各种手段，如出版物、课外活动、夏（冬）令营、教师培训、展览会、讲演会等，在全社会特别是青少年中普及环境知识，提高环境意识，努力使更多的中国人成为爱护环境的好公民。我们提倡建设"绿色文明"，主张适度消费，珍惜自然，节约资源；反对无限制追求物质享受，掠夺自然，暴殄天物。在过去的几十年里，中国人曾接受过许多错误的观念和口号，使许多人以为只要有了所谓的现代科学技术，人类就可以无穷尽地对自然进行榨取。二十世纪五十年代，中国曾盛行过一句由一个前苏联科学院"院士"提出的口号："我们不能等待自然的赐予，而应当向自然夺取！"后来，我们又相信过"人定胜天"，"只要有了人，就什么奇迹都能够创造出来"，甚至是"人有多大胆，地有多高产"，"石油工人一声吼，地球也要抖三抖"之类的无知狂言。现在人们才开始懂得，人类支配自然的能力毕竟是有限的。人类对大自然的每次"夺取"，自然都会以其最无情的方式给人类以报复。这种报复的结果也许要等几十甚至几百年后才会表现出来，让"夺取"者的后代去承受苦果。今天中国到处可见濯濯童山，全国森林覆盖率只有百分之十几，水、旱灾害频仍，不就是祖先们千百年来把这"神州大地"上的林木砍伐殆尽而留给我们的一份苦果吗？今天在中国西北，大片土地正在沙漠化，一个重要的历史原因，正是我们的祖先曾在那里过度垦殖，大范围地破坏了当地的原始植被。当代中国人难道还要让这样的命运落到自己子孙的头上去吗?

一年多来,"自然之友"根据自己的宗旨,曾举行过两次大型"绿色恳谈会",邀请了近百位中小学教师共同讨论对青少年进行环境教育的问题;举办了有北京市一所私立中学和江苏省一所农村小学的师生共同参加的环保夏令营;支持了会员常仲明在北京郊区建立生态保护区和会员杨欣在青海保护长江源的活动。会员们利用各自的渠道,在各种报刊、电台、电视台,包括国外的媒体上,发表了大量文章、讲话和访谈,宣传了"自然之友"的主张,向社会发出了保护环境的呼吁。它的影响正在逐渐扩大。

"自然之友"目前还只是一个小小的团体,它不认为自己有能力使中国的环保形势出现什么戏剧性的变化。但它确信:它的每一个呼吁,每一次宣传,都会在一些人的心里留下一个回音,总有一天,这些回音将引起一种巨大的社会共鸣。"自然之友"将不懈地努力,使"爱护环境,善待自然"的观念,作为一种现代公民意识,被更多的中国人所接受。因为它相信,没有亿万人民在环境问题上的觉醒,就不会有中国环境面貌的真正改变,也就不会有中国真正的现代化。

注 释

[1] 梁从诫(1932~2010年),出身名门(祖父梁启超、父亲梁思成、母亲林徽因),身为出版社编辑,后致力于环保事业,1994年创建了我国第一家民间环境保护团体"自然之友"。十多年来,自然之友累计发展会员一万余人,各地会员在当地开展各种环境保护工作,由"自然之友"会员发起创办的非政府组织(NGO)已有十多家。本文选自《大自然》1995年第6期。

故 乡 行

张贤亮[1]

一

除了爱情,故乡也应算是文学永恒的主题。当作者以自己的童年和家庭为素材创作的时候,总会把故乡作为背景,不论故乡山秀水美或穷山恶水,在作品中总是美丽的,使人留念的。而我自己的家乡在哪里却很懵懂,虽然在各种表格上的"籍贯"栏里,一直填的是"江苏盱眙",可是"盱眙"究竟是什么样子我毫无印象。

到了成为一个所谓"公众人物",我的籍贯被别人关注的时候,说来惭愧,故乡"江苏盱眙"对我的成长有什么影响仍说不清楚。可是我的"第二故乡"却不少:重庆、南京、上海、北京、银川都可算一份。银川不用说了,重庆、南京、上海、北京的街道我仍相当熟悉,当地年轻人不知的旧街我都能如数家珍。1985年到南京领一个文学奖项时,与友人李国文、邓友梅等获奖者由张弦带路去寻找我的"故居"。虽然街市铺面变化很大,但车到"狮子桥"我马上就能认出我的出生地。原先偌大的"梅溪山庄"改建成了一座电机厂,只有儿时曾在其下玩耍的一棵梧桐树依然繁茂。同样,在重庆、上海、北京等地我家曾住过的街巷胡同,我都一一去看过。站在早已面目全非的庭院或楼宇前,不禁有一种浪迹天涯、不知何处是归宿的情愫油然而生。

其实,真正促使我去故乡盱眙的,是近年每逢旧俗的祭日给先人烧纸的习俗又悄然兴起。届时,夜间常能看到荧光爝火四处闪烁,有的人家竟把纸钱烧到人行道上,纸灰飞扬,

第五单元 亲近自然

在华灯异彩中扶摇而上，神秘且又热闹。烧纸的人们表情虔诚，有的嘴里念念有词，在移动电话盛行的时代，仿佛正用耳机与死去的先人通话。这景象令我惆怅而羡慕。因为我不知在哪里祭祀我的父母为好。我当然不相信纸钱能供给死去的父母在阴间消费，但人死后是不是有灵魂，魂魄又归何处，都不是可以轻易下断语的人生终极问题。作为人子，父母活着时不能尽孝。他们死后又抱着"死人的事是经常发生的"、死了就算了的态度，于心何忍？

为了找个适当的地方纪念父母，寄托我对他们的哀思，我以为最佳选择莫过于自己填写的祖籍"江苏盱眙"了。二十世纪八十年代初，每到春节，盱眙县县委曾把我当作在革命根据地战斗的老同志，给我发来过慰问信。由此我才知道祖籍原是新四军军部所在地，刘少奇、陈毅都在那一带活动过。借此，我就与盱眙县同志联系，请他们帮助我打听张氏家族还有没有人在那里。果然，很快就接到来信，感谢老家的地方干部，他们不但调查到张氏家族的后人。还找到了我家祖坟所在地。

二

在与家乡政府干部书信往来时，盱眙县政府曾邀请我去参加他们举办的"龙虾节"。当时我很奇怪，盱眙在洪泽湖畔，并不临海，哪来的龙虾？那次因有其他事没有欣逢其盛，也没有把龙虾放在心上。而这次刚到南京，我告诉友人此行的目的，几乎每人都惊讶："你们盱眙的龙虾是出了名的呀！"据说南京城里大大小小竟有一二百家"盱眙龙虾"馆，"盱眙龙虾"居然和"北京烤鸭"、"青岛啤酒"一样成了著名品牌。以往，当我向读者、记者、编辑及朋友说我的祖籍是"盱眙"时，绝大多数人都不知道这个地名，使我常为我老家是个名不见经传的弹丸之地而赧愧。有的人还要我示意"盱眙"两字怎么写，连我自己都将"眙"错写成"胎"。而今天，龙虾居然大大提升了盱眙的知名度，不但再没人要我在桌上一笔一画地写"盱眙"二字，并且只要我一提盱眙马上如雷贯耳。这出乎我意料，也不由得令我因龙虾而感脸面有光起来。

盱眙距南京一小时车程，下午天凉时从南京出发，到盱眙已是黄昏，还没看见故乡的容貌就吃晚饭。在餐桌上，我告诉来迎接的家乡干部在南京听见的令家乡增辉的信息，他们笑我太孤陋寡闻了，带着自豪的神情说，"盱眙龙虾"不止风行沪宁一带，还打进了北京城，大有在全国要掀起一个"盱眙龙虾风暴"之势。因为盱眙龙虾烹熟前就是红色的，所以又称为"红色风暴"，好像"星星之火，可以燎原"，势必要在中国饮食业掀起一场革命似的。

未见其形，龙虾已先声夺人，待端上桌，果然气度不凡。别处吃龙虾，虽然会有各式各样花色繁多、品质高低的盘子，龙虾毕竟是孤零零一个，形单影只。而盱眙龙虾是用大号脸盆往上端的，火红的一脸盆龙虾成群结队地岸然而至，居于群肴中央，首先就取得轰动效应，叫人看着就热闹喜庆。主人教我丢开筷子用手抓，两手一掰，吮其壳中之肉，我一尝，确实名不虚传，鲜美异常。手上虽戴着塑料手套，但与大脸盆配在一起，仍不失粗犷豪放的野趣，让一桌人都撇开斯文，活跃起来。这种吃法是很重要的。各国各地都有特殊的风味饮食，而形成各国各地特殊的"食文化"的并不仅仅在于所食的动植物本身。怎样烹调它，怎样吃它，吃它的方式、方法包括步骤、气氛，都是构成"食文化"的主要元素。所以我建议千万别放弃大脸盆盛龙虾的方式，如果改为碟盘往上端，一大特色便丧失了。吃时与主人聊天，龙虾成了主要话题，仿佛吃龙虾是我此行的目的。

原来我想得不错，盱眙是不产龙虾的。此龙虾非"生猛海鲜"的龙虾，个头略小，大的也不超过十公分，学名叫克氏螯虾，原产于北美洲，俗称不雅，叫"虫剌蛄"，会让北方人联想到田野里常见的剌剌蛄，而外形却与海产龙虾相似，所以又叫"小龙虾"。一说是二十世纪三十年代由日本人引进的，一说是七十年代从海外进口木材中带来的卵繁殖起来的。饭桌上因此而展开百家争鸣。我比较倾向后一说。二十世纪三十年代日本人正忙于侵略，只引进过细菌病毒，怎会在改良水产品上操心？何况我多次下日本餐馆，从未见过日本料理中有这道菜。他们自己都不吃，劳神费力地从美洲引到中国来干什么？总不至于是为了破坏洪泽湖的堤坝吧。

盱眙龙虾壳较厚，肉质虽细嫩，可是每只就那么一点点塞牙缝的实质性内容，一脸盆龙虾端上来，一脸盆虾壳端下去，酒足饭饱后好像脸盆里并没有少什么。所以，与其说是吃它的肉，不如说是因烹调它的调料使它的肉汁越吮越有味道。我是一贯不吃辣的，但此辣非干辣，此麻非干麻，辣得很温柔，麻得让人有陶醉之感。主人介绍：这种调料名曰"十三香"。其实不止"十三"，要数十种野生中草药来配制，原料只产于盱眙。我还不知道，我老家盱眙野生中药材达八百多种。至于配制调料的方法，是很"复杂"，"是别的地方学不来"、"做不出"的。

更让我有兴趣的是，盱眙龙虾和北方的刺刺蛄一样，原是一种害虫，它长有一对和海产龙虾钳子般的螯足，在堤坝田埂上打洞既快且深，常常造成决口，害人匪浅。和麻雀、蚯蚓不同，麻雀是益鸟已得到平反，蚯蚓还能起到疏松土壤的作用，这种虫刺蛄只会搞破坏，而且繁殖能力、适应能力极强，不对它们大开吃戒简直没有办法。于是老百姓从二十世纪七十年代它出现时就开始把它当螃蟹的替代品吃，吃着吃着就吃出了水平，吃出了境界，吃出了特色，吃出了风格，形成了最佳烹调方法。现在我们吃的"盱眙龙虾"，原来是有个反复实践过程的，是经过不断尝试、选择、淘汰、优化的实验过程的。实验室就是各家各户的厨房，实验者就是各家各户的家庭主妇。因而，盱眙龙虾虽然不像徽菜、鲁菜、淮扬菜等名菜系那样有悠久的历史，却具有深厚的民间性，表现了群众的创造性。而这种原产于民间的家常风味小菜，却受到了盱眙县党政领导的重视，运用行政手段将它提升为振兴盱眙经济的主力军。可见家乡干部们很有现代的商业头脑和市场意识。

陪同我大嚼盱眙龙虾的主人都是盱眙的地方干部，生于斯，长于斯，和我一样同产于盱眙。在餐桌上我听着他们意气风发地大谈如何包装盱眙龙虾，如何宣传盱眙龙虾，如何打开全国市场，如何形成产供销一条龙，如何办"龙虾节"唱招商戏时，听着听着就悟出了我之所以能成为"下海"最成功的中国作家的内在原因。尤其是主人说的这段话可说与我"心有灵犀一点通"，他说："文化是商品的依托，商品是文化的载体。文化与商品的有机整合形成品牌，有了品牌没有卖不出去的商品，也没有卖不出去的文化。"过去，各种媒体的记者总是问我何以能将宁夏荒凉残破的古堡废墟"卖"出去，变成中国西部最具规模、最有知名度的影视城的？中国至少有百分之七十以上的国土是荒凉的，其他荒凉怎么"卖"不出去呢？这样的问题真叫我难说。我自己也并不觉得我有什么过人的经商本领，一切好像是那么自然。商场如战场，兵法云"运用之妙存乎一心"，而"心"即头脑的活动过程怎能说得清楚呢？正如佛学说的"言语道断"，真正的道理不是语言所能表达的。这次回乡听盱眙人聊商经，我才知道，原来，我是盱眙人，这点，应该是经商成功的主要内因之一。虫刺蛄是害虫，是"废"，荒凉的古堡废墟也是"废"，两者有相通之处，而它们恰恰都是在盱眙人手中"热卖"出去的。我以为，盱眙人天生就有一种化腐朽为神奇的本领，这本领的要点就是文化的重视，擅长"有机地整合文化与商品"。俗话说"一方水土养一方人"，盱眙的水土虽然没有养育我，但盱眙人的基因，盱眙人的遗传密码肯定在我身上起了作用。这点，因我目前生活在西北感触尤深，一对比就可明显地看出，同样的一堆废物，在西北人眼里废物就是废

物，再不是其他，可是在盱眙人眼里可能就会变出许多花样，就能变废为宝，产生出高附加值来。

三

因小小的龙虾我竟意外地找到了"根"之所在，找到了履历表上填写的"江苏盱眙"对我成长的影响，这也应算这次回乡的收获吧。吃完了龙虾到旅店休息。当晚却下起了滂沱大雨。陪同我的家乡干部懊恼地说真不巧，明天到我家祖坟去的路会很难走。长江流域不像西北地区，那里下完雨后土壤很快就干。所以西北人即使生活在农村一般都不备胶鞋，而盱眙这地方下点雨土地就变得泥泞不堪。我也觉得很遗憾，但好在我走惯了难走的路，何况这次是为表孝心而来，再难的路也得走了。然而，当第二天一大早家乡政府派来陪我的朋友准备了塑料鞋套等来接我时，天空却格外晴朗，马路如水洗般洁净，田野中的阡陌湿润而滞涩，不但很好走，走在上面心情也格外舒畅。说到这里，我就必须要谈点和盱眙龙虾一样奇妙的事了。

回乡路过南京的时候，我和我妹夫、宁夏美术家协会主席张少山又到湖北路狮子桥"梅溪山庄"原址去"怀旧"。"旧"早已无可"怀"了，1985年与李同文、邓友梅一起去时那里已经成了电机厂，现在又在大兴土木建造一座宾馆，名字很怪，叫"微分"，像几何学的术语。儿时在下面玩耍的梧桐树，在高大的"微分"包围中显得小了许多，连记忆都萎缩了，过去的时光已全然找不到依托。梧桐树旁边是"微分"的附属建筑，里面正在装修，我俩进去一看，是一处"足部反射治疗室"，就是俗称的"洗脚屋"，也没有正式开业。反正闲来无事，我们说就洗个脚歇一歇吧。经理是位盲人，向我们道歉，请我们开业时再来。少山跟他说："这位先生就是出生在这个院子里的，我们又来自外地，能不能让我们在你这里坐一坐？"盲经理一听很高兴，马上叫人给我们倒茶、端洗脚水，安排服务员做"足部反射治疗"。他在一旁陪着说话，说我们是他的第一批客人，而我又恰恰在这里出生，开张就吉利。他将来的生意一定会很好云云。待我到盱眙后，与盱眙人聊天时，才得知故乡盱眙有个旧风俗：外出的家人回到家乡，进家门的第一件事就是洗脚。虽不能说冥冥之中有天意，但不能不说是个有意思的巧合吧。另一件事也很有意思。去我祖坟的路上，盱眙朋友让我和我妹夫顺路到盱眙的名胜、国家级文物保护单位明祖陵看看。朱元璋当皇帝后，将他父亲的陵墓建造在安徽凤阳原址，他自己的陵墓在南京，是为明孝陵。明祖陵是朱元璋高祖朱百六、曾祖朱四九、祖父朱初一的衣冠冢，据说是他当了明太祖后找了十六年才找到他真正的"根"在盱眙的。于是，从明洪武十八年开始修祖陵，到明永乐十一年基本竣工，再持续改建、扩建、翻建，到万历二十六年方告完成，前后历时二百一十三年之久，可见其工程浩大，原貌一定宏伟壮观。尽管后来明朝皇帝的陵墓很多，北京就有十三座，但我们盱眙的明祖陵总是排行老大，号称"明代第一陵"，其他明代陵墓不论规模多么宏大，都是它的子子孙孙了。

明祖陵即使在水下浸泡了近三百年，出水后仍气势恢宏，残存的石雕石刻石人石马石道都表现出开国的马上皇帝的雄风。这些我都不想多描述，我要说的是，我们一行人走过石道，漫步到明祖陵正殿，即朱百六、朱四九、朱初一的衣冠冢时，我猛然感觉到这地方曾经来过。明祖陵是在清康熙十九年因黄河夺淮被洪水淹没的，直到公元1966年大旱才露出水面。现在别处都基本干了，墓穴的正殿因地基下陷成坑的缘故，还时时有堤坝外的洪泽湖水浸透进来，形成一圈小小的池塘。堤坝外涨水时它就大一些，干旱时它就小一些，池水清澈，能隐隐约约看见水中三座墓门。我在池塘旁站了一会儿，才想起这池塘连同周围的景物是我梦中出现过的。这梦是最近才做的，我又是个不吃安眠药就不能入睡的人，睡着后极少有梦,做了这个景物清楚且又无情节的梦,醒来后还对人说过,所以明白无误,完全可以肯定。梦中的情景常会在现实中再现,弗洛伊德也曾有过阐释,我忘了他是怎么说的了,可是这种再现偏偏在我回故乡重修祖坟时发生,不能不让我感到诧异而值得一提。

愧对故乡的山水,我来亦匆匆,去亦匆匆,目的性很强,就为了重修祖坟以纪念父母,心无旁骛,盱眙其他的名胜也没时间和心情去游览了,只看到祖坟所在地古桑乡的一小片田野。其实,我觉得它和我曾居住过的南京、上海、重庆甚至北京郊区农村的田野并没有什么两样。而这一小块地却让我牵肠挂肚地非来不可,为什么?就因为那里面埋着的朽骨在血缘上、在基因上与我还活着的肉体有牵连,不仅有心理上的,还有物质上的了。站在土包似的祖坟前,我并没有什么特别的感觉,只微微感到幸运的是:经过那么多政治性与生产开垦性的人类活动,这三个土包居然安然无恙,没被铲除。联想到我在小说《绿化树》中写过"祖宗有德"的话,不禁凛然,好像冥冥中有人告诫我不可做坏事似的。想想人真是很奇异的东西,我们现在对大自然、对外太空知道得不少,而对人自身却了解得不多,所以一谈到"人",不可避免就带有某种神秘性,可能这就是东方神秘主义的根源吧。

在盱眙朋友和张氏后人的帮助下,我终于如愿以偿,将荒冢整修一新,并从河北定做了一块大理石碑立在前面。

我从坟关抓了一把土带了回来,仿佛今后不管我走到哪里都有一根虚线连接着我和这里的土地。同时,我也比过去安心了一些,好像我为父母做了些让他们高兴的事似的。

注 释

[1] 张贤亮(1936年~   ),江苏省盱眙县人,国家一级作家、收藏家、书法家。本文选自《张贤亮散文精选集》(新世界出版社,2008年)。

永别周庄

祝勇[1]

从周庄到同里的途中,才真正体验到水乡的滋味。黄昏时分,已找不到去同里的车。"好事多磨"是中国人对不顺利的事情的一种乐观的说法,眼下,交通的中断就是我们最后的难题。道路在失去车辆以后似乎完全改变了它的意义,它像一个表情阴冷的旁观者,嘲笑着行人的尴尬。那时,黑色瓦檐上飘出的袅袅炊烟,正如幸福的黄手帕,召唤着乡人归家,令人难以抵挡。游人们于是纷纷寻找客舍住下,在柔静的灯下饮酒、吃茶、听月琴的弹唱。只有我们,急急地,依旧寻找去同里的车船。

同里距周庄仅有二十公里。我站在静寂下来的路边呆望着。二十公里,比目光遥远得多。小镇同里,在想象的另一头,等着我们。暮色完全无视我们的心情,一步一步地朝我们逼近。我的信心曾经在一瞬间发生过动摇,但我还是很快坚定下来。即使步行,今夜也要住在同里。后来,我们求得一位乡人的帮助,终于租到一艘渔家的木船。我的路途,也由此躲避了喧嚷的市镇和乡村。

木船是渔人的家。对于终日漂浮在水上的渔人来说,他们的日常起居、吃喝拉撒都在船上进行。我们从周庄的街里走出去很远,循着水边老屋那些斑驳的倒影,找到了它们。木船像时间一样,在幽暗中发出老旧的光泽。它们成群结队地栖在水边,如同暮色中栖在屋顶的老鸦，整齐而朴拙。我想象着每天清晨，在阳光抛入水面的金属声响里，它们瞬间散去的那份快意。我的想象很快被船妇间彼此的交谈声打断，她们操着我所听不懂的方言，蹲在船上，在河水里边洗菜边聊天。船上有炉子，有饭桌，有一个再寻常不过的夜晚等待着她们。漂浮的船体使得这一切在我们眼里显出几分晃动和不安，然而对于她们，船却如床榻，维系着最安定的日子。炉火和饭香令苍茫的暮色显得温暖和明亮。

　　船主在微笑中露出洁白的牙齿。他个子不高，相貌普通得令人过后再也不可能回忆起它的细部。我们听不懂他的话，便借助最简单的手语交谈，恍若置身语言诞生之前的蛮荒岁月。他答应了我们的要求。我们给他的钱对他养家会略有帮助。我们很快成了熟人，我也知道了他的孩子上学就走这条水道。他有一条无篷的木舟，这使他可以单独送我们去同里，而不干扰家中的日常生活。他拉响了船尾的马达。马达的声响在宁谧的黄昏里显得异常尖锐，这无疑破坏了我对于木舟的感觉。但是，如果是摇橹，恐怕半夜也到不了目的地。审美和实用好像总是难以达成一致。

　　木舟启动的一刹，积攒了好久的风一下子活跃起来，就像酝酿了很久的心情。岸边的白墙黑瓦、小桥人家，在退出一定的距离之后，就真的成了画家笔下的水粉画。弯弯曲曲的水道，恰到好处地增加了它的可读性。这里距风景区已经有了相当一段距离，在这个小地方，这段距离足以将周庄划分为全然不同的两截——那一头，粉饰一新，姣好如待嫁的闺秀；这一头，所有的细节都停留在最原始的状态上，裸露着生活的本质形态。那些老屋粉墙斑驳，让我想起看电影旧片时银幕上如下雨一般的划痕。它们不知传过了多少代，有多少张面孔从那银幕上出现，有多少凄迷神秘又大同小异的情节在里面展开，我实在是不敢想。它们漆黑的门扉向着河流敞开却向我这个陌生人紧闭。未等我的思绪过多滞留，它们就已经在我的目光里一一滑过，就像一格格的电影胶片。在一天的游历行将结束的时候我看到了真正的周庄，这与电影最后出现的出人意料又在情理之中的结局实在没有什么区别。我庆幸我最后的坚持，同时开始自作多情地怜悯起那些随团出游的懵懂的游客。他们会在条件很好的旅店住下然后又坐上豪华的大巴离开，兴高采烈地与真正的周庄擦肩而过。他们所经历的一切，都像一场精心预设好的骗局。

　　同许多人一样，我明知过度开发已使周庄不再是原来意义上的周庄，我还是执拗地来了，从很远的距离之外，就像影迷走进电影院，大义凛然地等待着导演的摆布，在规定的时刻里惊惶、发笑或者哭泣。人总是要寻找与自己内心相对应的东西，期待着自己私下认可的某种价值在现实中兑现，哪怕这一切，仅仅获得片刻的实现，肤浅的满足，以及虚假的抚慰。

　　本来，进入周庄的道路是幽远的。从上海来，舟车相继，得好几天。空间的阻隔拉大了时间的距离。九百年的周庄，于是成了从年代的巨网脱漏的古币，铜绿斑驳，沉落在旧日的时光里，无法兑现它曾有的价值。石牌坊上"唐风孑遗"四个刻字的笔画沟槽里，分明记录着时间停止运行的时刻。空气、阳光及一切事物都在静止，只有人们老去。直到有一天，识货的人来了。古建专家、画家和文学家，不知是谁先发现了这个世外桃源，便接踵而至，定格已久的时间才又活跃起来，钟摆重新开始晃动。于是我画了一幅画，画的名字叫"故乡的记忆"。其实这里并非我的故乡，然而那些错落有致的屋宇、一排排朝街敞开的雕镂精美的窗扇、狭窄得仅能容一人穿行的小巷、面向水道的门扉及小小码头，还有将这一切连接在一起的各种拱桥等，却又分明成为我记忆的索引。我的皮鞋不会记得这些，它们与青青石板路相接触的感觉新奇而陌生；但我的内心会记得，而且，像熟悉了几十年一样。周庄就像一件精美的器皿，和我心灵的凹槽刚好吻合。像周庄这样的地方，在长江中下游地区本来有几十处，但它们窈窕的身姿大多没能逃过后人的捕杀。当它们从千百次的劫杀中逃脱，惊魂甫定的时候，大屠杀开始了——它总是在人们的神经松弛下来的时候进行。现代化就像一个巨大的阴谋，将人们心头残存的那一点情趣和渴望一网打尽。仿佛是接到了一道统一的手谕，那些古镇几乎在一夜之间变成标准化的产品部件——水泥的街道、水泥的房屋，冰冷、呆板而单调。周庄是个例外，在不被关注的角落，老钟的机芯还保持着功能，像一颗倔强的心脏，外人感觉不到，只有自己清楚。钟弦已经生锈，但只要上满了弦，一切就完好如初。

　　归根结底，周庄只是周庄，只是一群江南人的栖居和生息之所，除此之外，它什么都不是。它的美感是周庄人供自己呼吸用的芳香空气，是他们用于交谈的语言，这里的一切，都是为了取悦和满足自身，而非对应某些外来的概念或者空洞的形而上外壳，更无意获得文人们的精神嘉奖。余秋雨的"隐蔽说"不经意间流露出知识分子一厢情愿的自我中心主义，他们固然可以将这里视为某种皈依，将自己的形骸隐于其中，但周庄绝非为他们而存在。周庄不是一个孤立的图腾，只有将它视为整体之中一个气韵生动的局部就足够了，任何将它制作成标本并奉献于祭坛的企图，都将最终扼杀它的生机。

　　周庄不是圣地，因而它谢绝朝拜。但是人群还是固执地汹涌而来，我也夹在其中，倘不是出于对周庄的误读，但是出于一种不言自明的赏玩意识——任何绝美的事物在世俗中似乎都不可避免地沦为赏玩的对象，其原有生态和原有价值却恰恰得不到尊重，况且，余秋雨散文中描述过的那种"清空的启悟"早已是明日黄花，过重的道德负载必使这只轻盈的小舟彻底倾覆。外来人和周庄人共同谋杀了周庄，然后他们就像所有的凶手一样，随同光线一起销声匿迹，逃走时还将盲目的成功感挂在自己的脸上。

　　我就这样匆忙作别周庄。具有戏剧性的是，当我为自己的到来心生悔意的时候，在离开周庄的路途上，却见到了我梦中的周庄。那些临水而建的民居，散落在旅游区之外，一直延伸了好几里。它们彼此间布局有些随意，不似周庄的那样紧凑，木制门窗上也没有那么多雕镂考究的图案。这些透露了它们的平民身份，却显示着生活原始的形态与情趣。它们像所有的边缘事物一样，在隐秘处兀自发光。没有受到普遍的青睐，就没有人轻易闯入它们的世界，这正好成全了它们。如同一个小小的村落，因被深山老林隔离而在战乱中安然无恙。岁月在这里保持着原有的模样，填补着我们想象的空白。这里让我们回到了周庄被"发现"以前的周庄。如今的周庄正在蜕变成一个博物馆，正在违背它原来的意义，脱离同生活的关系；而沿途的那些民居里，现实中所有轻微却悦耳的声响，都按照原先的节奏，一丝不乱地延续下来。透过那些生动的枝叶，我们可以听到根系水流的声音。这些古老的民居并不属于我的视线，它们只属于时间。就是说，它们只是作为具象化了的时间而存在的。也许下次再来，我的视线就不可能再捕捉到它们——即使我站在原来的位置上。它们像时间一样流走了，它们是时间的物质对应物。流水是时间的赋形，其实万事万物皆如此。它们在苍茫的时空里游荡，只有当它们偶然会重叠在同一个坐标位上的时候，才感到对方是真实的，待它们在一种相对运动中漫漫流逝之后，它们就像记忆或者云烟一样无法触摸了。眼前的水乡对我来说就是一场电影，让我对它存在的真实性毫不怀疑，甚至还生发出很多感动，但这毕竟只是一种暂时的停留，银幕上的画面最终还是要随着那道永恒的光柱变幻下去，在时间深处滑向未知的远方。这样真切的面对，在时间面前竟是如此不堪一击。

　　黑夜的到来模糊了一切印象。夜色渐渐覆盖了我的思绪，并且，试图掠夺我的记忆。这时我才发觉自己身上有点冷，只好竖起了衣领，双臂紧紧地把自己裹成一个唐·吉诃德，并按照船主的指点，侧身而坐，以减小迎风的面积。木舟连续经过了几只养虾人的草棚，周庄就真的远了。渔人在草棚里喝酒，芳香的声音在夜里可以传出很远。这种声音将我的旅途分割成两半，前一半的人间气息在后一半的静寂空旷中像一场梦幻。此时真的需要一壶酒，暖暖骚动的肠胃和大脑——月光和水声都在证实酒的必要性，这一点在温暖的水乡很容易办到，可惜我与我的酒失之交臂了。然而我至今仍为自己选择了这条水路而庆幸，我甘愿用饥寒交迫来换取内心的安妥，这代价太便宜。我知道我只是个无足轻重的过客，我的航行对这里毫无意义，它们既不会因我的到来增加什么也不会减少什么，但是这种偶然的遭遇无疑丰富了我的情感记忆。他们有他们的生活而我有我的，我终于明白这世上没有隐逸之路而只有生活。于是，我不再去想周庄。周庄的水道或者秦淮河的桨声灯影从一开始就是美丽的圈套，它们像婚姻一样诱惑着我们，直到有一天，我们亲眼目睹那些被无情地篡改了的梦想。依稀中行了三个多小时，远远望见若有若无的灯火，在水中央。最初我还以为是星辰在黝黑水面上的反光，船主说，那是罗星洲。见到罗星洲寺庙的灯火，同里就到了。寺庙在水中的岛上，绕过去，一袋烟的工夫，就进了同里的水巷。时间近十点，同里已陷入深睡，只有河街上的路灯，睁大着困倦的眼睛。上得岸边，向船主道谢，我像一个幽灵一样潜入同里，步履间没有一丝声息，生怕震落满天露水似的星光。此时的同里像一个娴静甜美的新娘在等我归来。我不敢掀开她的盖头，只要我不掀开她的盖头，温柔的夜就不会结束，喧哗动荡的白昼就不会到来。

注释

[1] 祝勇（1968年~ ），籍贯山东东明，中国艺术研究院博士，中国新散文领军人物，现为北京作家协会签约作家。本文选自《江南读本》（华东师范大学出版社，2010年）。

文学的环境伦理学：生态批评的意义

王宁[1]

聂珍钊（2004）教授针对最近几年来文学批评理论界和外国文学研究界出现的文化环境的污染和批评伦理的沦丧，提出了一种新的文学批评伦理学，他的论文发表以后已经在学术界产生了较大的反响。虽然文学批评伦理学已经是一个在文学批评史上不断被人们提及的老话题，但当今时代重提这个话题并赋予其新的解释则意义更为重大。这恐怕与我们这个全球化时代的新的生存环境和文化环境均有着密切关系。我这里仅想从另一个角度作进一步的阐发：文学的环境伦理学，这不仅是当代西方文学批评理论界十分活跃的生态批评所有追求的目标，同时也是我们中国的生态文学研究者可赖以与国际学术界进行对话的一个平台。

毫无疑问，崛起于二十世纪七十年代末八十年代初、目前主要活于美国文学批评理论界的生态批评，对始于哥伦布发现美洲新大陆时的资本主义现代性造成的种种后果是一个反拨。面对全球化时代文化环境的污染、商品经济大潮下的物欲横流和生态环境的破坏，从事人文学科研究的学者不得不对我们所生活的环境进行反思：我们的环境究竟出了什么毛病？人与自然的关系为什么会变得紧张起来？作为人文学者或文学批评家，我们将采取何种对策？对此，生态批评家均试图面对并予以回答。

生态批评研究的一个重要课题就是人与自然的关系。诚然，文学是人类对现实生活的审美化的反映,因而在不同的文学作品中表现人与自然之间的不同关系就是颇为正常的:在大多数情况下这种关系应该是一种和谐的关系,如在华兹华斯和陶渊明的自然诗中,自然被人顶礼膜拜,生活在其中的人甚至试图与之相认同,以达到人与自然的合一。而在少数情况下,尤其是当人们改造自然、重整环境的欲望无限制地膨胀时呈现出的人与自然的关系就是一种紧张的对立关系,如在麦尔维尔的小说《白鲸》和海明威的《老人与海》中,面对自然的无情和巨大力量,人是多么的微不足道!即使奋力拼搏最后也难逃失败的厄运。因此,人与自然的关系历来就是中外文学作品中取之不尽、用之不竭的一个老的主题。人类的现实生活总是离不开自然环境,但关键的问题是我们应该如何看待我们所生存的自然环境,究竟是按照客观的自然规律来美化自然还是按照人的主观愿望来改造自然,这无疑是两种不同的自然观。应该说,生态批评家并不反对美化自然,但他们更倾向于前者。从文学的环境伦理学视角来看,文学应当讴歌前者按照客观自然规律对大自然的美化,鞭笞任意改造大自然的不切实际的做法。批评家也应当如此。

　　长期以来,人们总是希望按照自己的主观意愿来美化自然并改造自然,希望自然能够最大限度地服务于人类,当这种愿望不能实现时往往就以暂时牺牲自然为代价。当然这种"以人为本"的善良愿望是可以理解的。但久而久之,在不少人的心目中逐渐形成了某种人类中心主义的思维模式,认为自然毕竟是人类的附庸,因此它理所应当地服务于人类,并为人类所用。如果不能让人类如愿以偿,人类就要与之斗争,最终迫使"高山低头","河水让路"。总之,一定要充分发挥人的主观能动性,让自然屈服于人类的意愿,殊不知对自然资源的过分利用总有一天会使地球上的资源耗尽,导致大自然对人类的无情报复。文学家既然要写出具有理想主义倾向的作品,那就更应该关注人类生活的未来和反思当下生存的危机。生态批评的应运而生就是对这种人类中心主义思维模式的有力回应。生态批评家从德里达的解构主义理论那里挪用了反逻各斯中心主义的武器,将其转化为反人类中心主义的目的。在生态批评家看来,人类中心主义的发展观把人从自然中抽取出来并把自然视为可征服的对象,人与自然对立的观念造成了割裂整体、以偏概全、用人类社会取代整个生态世界的现象,产生了目前这种生态危机之后果。作为以关注自然和人类生存环境为己任的生态批评家试图将自己的研究视野投向一向被传统的批评忽略的自然生态环境,把在很大程度上取自自然的文学再放回到大自然的整体世界中,以便借助文学的力量来呼唤人们自然生态意识的觉醒。应该说,这在某种程度上与文学批评伦理学是不谋而合的,只是前者强调自然环境的净化,后者则强调文化环境的净化;前者着眼于整个人类的环境道德,后者则更关注批评家自身的伦理道德。

　　长期以来,人类在使自己的国家现代化的过程中不惜以牺牲自然和生态环境为代价,做出了不少破坏自然环境的错事。我想我们应当从自身的环境伦理学角度来做一些反思。不可否认,现代化大计的实施使得科学技术有了迅猛的发展,人们的物质和精神文化生产也取得了巨大的成果。但是这种发展同样也催化并膨胀了人类试图战天斗地的野心,促使人们不切实际地提出了征服自然的口号,导致了人类中心主义意识的逐步形成和膨胀。但扪心自问,自然果真是人类可以任意征服的对象吗?人与自然、与周围的环境、与生存在地球上的万事万物的关系果真是可以轻易征服和控制的关系吗?这个问题的答案已经从近年来频繁出现的自然灾害中显露了出来。我们可以回顾一下最近几年内频频发生的地震、火山喷发、台风、洪水和干旱,这些无不在暗示,地球所能承受的被改造性已经达到了极限,它正在向人类进行报复,以其雷霆万钧之势毫不留情地夺去数以万计人的生命。近年来出现的全球范围内的

第五单元 亲近自然

非典的冲击便为人类生命的延续罩上了可怕的阴影,而最近出现在亚太地区的印度洋海啸更是向人类敲响了警钟:必须善待自然,否则将后患无穷!作为文学批评家和人文学者,我们更应该对之做出自己的回应。因此,从这个意义上说来,生态批评在当代理论界的异军突起实际上在某种程度上就是对这种人类中心主义思维模式的解构和挑战。但是它的终极目标并非仅在于解构,而是在解构的过程中建构一种新的文学环境伦理学。我认为这才是生态批评的更为远大的目标。

当然,生态批评,作为后现代主义大潮衰落之后崛起于北美的一种新的文学批评理论潮流,目前主要活跃于美国的文学批评界。它既从解构理论那里借用了反逻各斯中心主义的武器,同时也是对现代工业文明的另一种反拨,虽然目前在欧洲大陆并没有得到广泛的响应,但在北美、北欧和澳大利亚等国家和地区尚处于方兴未艾的境地。可以预见,它在今后的年月里肯定会有着相当强劲的发展势头。此外,令我们感到欣慰的是,生态批评在中国内地和台湾地区也得到了热烈的响应,出现了一些可喜的发展方向,学者们几乎同时在几个层面从事生态批评理论建构和生态研究实践:一方面,在不受任何外来影响的情况下,(鲁枢元、曾繁仁等)根据中国的生态环境状况进行生态文艺学的理论建构,他们的研究成果一旦被介绍到国外或通过英语这一国际性的学术语言的媒介表达出来,定能对突破生态批评界目前实际上存在的西方中心之局限起到重要的作用;另一方面,在北美生态批评理论的启迪下,(青年学者王诺、赵白生、宋丽丽等)不断地向国内理论界介绍西方生态批评研究的最新成果,使得国内学者的研究更具有理论的规范性和学术性,并逐步达到与国际学术界平等对话的境地;还有一些青年学者,如韦清琦等,则有意识地在一个跨越中西方文化的广阔语境下,试图从环境生态学的角度对中国当代文学进行重新书写。对此,我们可以乐观地认为,如果说,确实如有些人所断言的,中国的文学理论批评在某种程度上患了"失语症"的话,那么至少在生态批评这一层面上,我们完全可以从中国的本土实践出发,充分发掘中国古代丰富的生态学批评资源,通过与西方生态批评的比较研究,提出自己的理论建构,进而对西方的生态批评学者头脑中固有的"西方中心主义"思维模式产生一定的影响。

[1] 王宁(1955年~   ),生于南京,1989年获北京大学英文和比较文学博士学位,主要研究领域为比较文学、文化研究、翻译研究和影视传媒研究。本文选自《外国文学研究》2005年第1期。

谁人故乡不沦陷

熊培云[1]

"我刚刚离开我的摇篮,世界已经面目全非。"

大约在两百多年前,当夏多布里昂回到湿漉漉的布列塔尼故乡时,曾经这样感慨。因为在那里,作家再也寻找不到"儿时的圣马洛了",小时候曾在船舶的缆索间玩耍,现在港内看不到船;而自己出生时的公馆也已经变成了旅店。故乡,游子梦里的天堂,和作家远去的岁月一起,一去不返。

作为一个异乡人,我曾经在一个雨水涟涟的季节穿行大西洋边的圣马洛。那几天圣马洛正在举行一场帆船比赛,满街都是敲锣打鼓的人。到了晚上,更是热闹非凡。

孤身一人，远在异国，虽然当时我还没有认真读过夏多布里昂的许多作品，但对他笔下"望不见故乡，望不见童年"的伤感却一点也不陌生。无论是在那次旅行之前，还是之后，我都体会到了那种因失去故土家园而独有的刻骨铭心的疼痛。

和夏多布里昂不同的是，在我的疼痛里不仅有失去故土的惆怅，更有失去故土的羞耻。一切是那么猝不及防地发生了，而且是在一个风平浪静的年代里，这里没有硝烟蔽日的战争，没有饿断人肠的饥荒，更没有手握刺刀、一进村子就牵猪抢鸡的日本兵。

我在江南乡下生长了十七年，和我的农民父亲一样，曾经向往城市没有泥水的生活。然而当我终于提着笔杆子进城，发现这里不过住着一群有房屋没家园的可怜虫。只有乡村，才是游子栖息灵魂与双足的地方。疲惫的时候，我不必像城里人一样去桑拿房或歌舞厅，我只要买张还乡的车票便可以了。回到村子里，就像回到电影《海上钢琴师》里的那艘轮船之上。望着童年的老房子，无论在外面的世界有多少挫折困苦，即使失去一切，都有信心从头再来。又因为，我原本一无所有，或者我并不需要那么多。不幸的是，2000年以后，当老家的房屋被移民建镇的风潮彻底淹没时，我栖居乡村的信心与骄傲已荡然无存。曾经生养我的村庄如今变成一片废墟，我从此成了一个在心灵上既没有城市又失去了村庄的流浪汉。

在我的精神世界里，此后几年间在老家发生的一件事比拆房子还要严重，那就是村子里的一些古树被远道而来的树贩子连根盘走。坦率说，尽管我也时常遭遇人生的挫折，但很少失去内心的安宁。然而，当我通过一个偶然的机会知道老家的古树早在几年前便被人强买一空，其时内心不可不谓翻江倒海，无以诉说。

我曾经看过一部名为《柠檬树》（Lemon Tree）的以色列电影：巴勒斯坦女果园主萨玛，为了保卫自己的果树，毫不犹豫地将自己的新邻居、以色列国防部长告上法庭，因为以色列当局出于安全考虑要砍她的果树。尽管以色列当局表示将给予萨玛足额的补偿，但在她看来，这些柠檬树不仅是自己的记忆和生命，同时也是她与父亲甜蜜生活的见证者与给予者，而这一切是任何钱财都无法补偿的。

每个人的生命里都会有一些难以割舍的人与事。对于我来说，最能牵动我的故乡之物，便是村边晒场上的那棵老树。它有几十米高，不仅在我孩提时代给了我昂扬挺拔的斗志，同样见证了这个村庄的几百年历史；而当我有朝一日离开故土、远足他乡，它又是那样温情满满，成为游子望乡之时的归所。就像《乱世佳人》里陶乐庄园里的大树，总会让离乱中的孩子挂念，梦萦魂牵。

没有树，土地会失去灵魂。在我眼里，晒场边上这棵高大挺拔的古树之于这个村庄的价值，无异于方尖碑之于协和广场、埃菲尔铁塔之于巴黎，即使是出于审美或者某种心理层面的需要，它也应该永远留存。记忆中，这棵大树同时支撑起了这个村庄的公共空间。尤其是在耕作季节，劳累的人们多会在这里休息、闲聊，而那些伸出地面的巨大树根也为大家提供了天然的长条板凳。据村里的老人们说，早在几代以前，曾经有人想卖掉这棵树，一位有公益心的老人便自己掏了钱将这棵树买了下来，目的就是为了让子孙后代忙完农活时有个好地方乘凉。

就是这样一棵古树，被树贩子里应外合，名义上以"两千元"（最初是一千元）的价格在光天化日之下连根刨出，然后运走。回想二十世纪八十年代，我曾经在这棵大树旁，边收割水稻，边听崔健的《一无所有》，与父母在田间地头忙着"双抢"。而现在，虽然表面上我在城市里过得意气风发，掸去了泥土，却在不知不觉中失去了心底的家园。

"每个人的家乡都在沦陷"。最近几年，越来越多离开乡村的游子写下了"故乡沦陷"的文字。他们站在中国与世界的不同地方发问——为什么我们曾经"热爱的故乡",变成了一个自己不愿回去或回不去的地方?

[1] 熊培云(1973年~),祖籍江西,毕业于南开大学、巴黎大学,主修历史学、法学与传播学,思想国网站创始人。本文选自《一个村庄里的中国》(新星出版社,2011年)。

瓦尔登湖(节选)

梭罗[1]

芸芸众生在绝望中过活,所谓乐天知命是一种根深蒂固的绝望。绝望弥漫于城市,遍及于乡村,我们只好身着麝皮和貂皮的华丽服装以求安慰自己。即便在人类谓之游戏和娱乐的行为背后也潜藏着那一成不变隐匿难察的绝望,压根儿就没有什么纯粹的游戏,因为那是对操劳的一种补偿。当然了,不染指于绝望的事情,也算是智慧的一种表现。

当我们想及"人类的最终归宿",生命之必需及生活的道路时,人们似乎着意选择了一种共同的生活模式,似乎较之其他,他们更加钟情于此,实则因为他们打心底觉得,除此以外,别无选择。然而,警醒健康的心灵却铭记在心:太阳依然灿烂明媚,任何时候捐弃偏见都不算太晚。任何思想和行为,无论多么古老,如果不加以验证,都不足为据。众人随声附和或默然许可的真理可能旋即就会被证明为谬误,对于此种荒谬的云烟,有人却深置信任,视为天际的阴云而会在他的田里降下甘霖。前人曾断言你不能做某事,而你一经尝试就发现并非如此。时易世变,代有异殊,因此人们会各适所需。古人怎会知道,他们在偶然之间才发现,只要添加一些燃料,火堆就会保持不熄,而今人则只需将些微柴薪置于釜底,就能以飞鸟的速度周游世界,仅此一举,足可令古人黯然失色。诚如俗谚所说:"年龄未必有更加明显的优势,足以成为教导后辈的资格。"因为它提供的教益还不及所致的损失,人们可以怀疑,即便是上智者,是否通过生活得到了绝对有价值的东西。实际上,年长者也未必有什么至为重要的教益留给后人,因为受限于个人经历,更不必说他们自己的生活也因为他人不知的原因而一败涂地。对此,他们自己也了然于心,还有就是,他们还有此生未了的心愿,但是,他们却来日无多了。我已经年过而立,尚未听到长辈曾给予什么热忱真挚深中肯綮的教诲。当下即是生活,它大不了是一场我尚未涉足的试验,他们既已尝试,于我又有何益?如果我已经体验了有价值的人生,我肯定在既往的岁月里我的"导师"们并未就此言及只言片语。

有农夫曾告诉我,"光吃菜你活不下去,因为菜里没有长骨头需要的东西",因此,为了替骨头生长提供原料,他虔诚地将部分光阴奉献于此。就在他跟在牛的后面发此高论的当儿,猛地一下,那牛拽着他及粗笨的耕犁破土前行,而那头牛的骨骼就由草木滋养而成。诚然,某些东西对某些人不可或缺,比如那些难以自理和身陷沉疴的人,但对于其他人则只是用以奢侈的物什,而在另一些人那里,却是闻所未闻的稀罕之物。

在有些人看来,人类的生活已经被他们的祖先所穷尽,他们的足迹曾经踏遍高山巨壑,所有一切早由他们料理停当。伊弗林曾如是说:"智者所罗门曾就株距明示于人;罗马的政府早已规定,隔多长时间进入邻人的园中捡拾跌落在地的橡子不算盗窃,并且拾取所得有多少归于邻人。"关于如何修剪指甲，希波克拉底曾有吩咐，亦即，指甲应该跟指尖平齐，不宜过长，也不宜过短。这都是些让人昏昏欲睡，比亚当还老的陈言套语，然而，却被认为穷尽了生命的各种欢愉和可能。可是，人类的潜力不可限量，我们不可拿先例去决断他们的能力，直至目前，人类对此所知不多，尝之甚浅。不论迄今你经历过什么失败，"莫苦恼，吾儿，谁人能指派未竟事业于汝"。

我们可以通过无数简单的试验去尝试多样的生活，恰如哺育我豆田的太阳，它会在顷刻之间照彻跟我们相同的多少星球。我如果对此铭记在心，或可以免却一些错误，在锄草的时候，我并未沐浴在这样的光辉之中。这些星球多么神奇，而所有的星辰都在其顶点上闪耀着光辉，万物相距甚遥，品类殊异，它们遍及宇宙的各色宫宇之中，却在同一瞬间忖度着同一个对象！人类的天性和生命与这景象万千的宇宙毫无二致。谁能预言他人被赋予的未来光景？世间可曾有比双目对视的那一刻更加瑰丽的奇迹？只消个把钟头，我们就能经历世间的任何时代，不仅如此，还可以生活于任何时代的任何国度。历史、诗篇、神话——我还不知道阅读谁人的经验比它们更让人惊骇，更富于教益！

大部分为我邻人谓之为是的东西，在我心里却深以为非，如果我心存懊悔，那很可能是我谨守规矩，亦步亦趋，我到底着了什么魔而表现得如此规矩？你，年逾古稀的老者，不可不谓荣誉加身，你可能会说出智慧警醒的话语，可是，有一个声音却萦绕耳畔，它不可抗拒，诱掖我远离你的教诲。一代人会摈弃前代的梦想于不顾，一如船只搁浅，任其自处。

在我看来，我们大可以在既有生活之外相信更多的可能，我们能放下多少对一己的关注，便可以真切地给予别人多少，大自然充分地容纳我们的缺陷，一如对待我们的优点。漫无休止的焦虑和紧张真是不可疗救的顽疾，它夸大了我们手上活计的重要性——还有多少没有处理！如果病倒，那可怎么办？我们何其谨小慎微！只要没有信仰能够活着，我们决计如此。我们成天心惊胆战，夜里违心地默诵祷文，寄望于无可把握的前景。我们彻头彻尾在逼迫中生活，但又顽固死守，沉溺于当下的生活而排斥变化的可能，我们常说："除了这样，还能怎样？"可是生活的方式丰富多样，一如从一个圆心可以射出无数条半径。在思忖的瞬间，生活会变幻出瑰丽的图景，但是，在生活中，每一刻都有奇迹正在发生。孔夫子曾说："知之为知之，不知为不知，是知也。"人们如果将幻设的生活图景简化为自己可以理解的情形，那么，我可以断言，他们最终会据此构筑自己的生活。

[1] 梭罗（1817～1862 年），美国作家、哲学家，毕业于哈佛大学。本文选自《瓦尔登湖》（上海译文出版社，2009 年）。

扩展阅读书目

1. 《诗经选》（余冠英选注）
2. 《山水诗百首》（刘梦芙评注）
3. 《废名选集》（废名著）
4. 《余光中经典作品》（余光中著）
5. 《山南水北》（韩少功著）

6.《迟子建散文》(迟子建著)
7.《荒野哲学与山水诗》(王惠著)
8.《一个村庄里的中国》(熊培云著)
9.《瓦尔登湖》(梭罗著)
10.《还自然之魅:对生态运动的思考》(塞尔日·莫斯科维奇著)

第六单元 鉴赏艺术

导读：领会艺术精神

不知你是否意识到，人类几乎从一开始，就以艺术的方式生活着，发展着。早期人类的"艺术"生活方式，被记载在人类最早发明的文字里，这些文字后来就被我们称为文学。

然而时至今日，"艺术是什么"却成了一个如同水中月、雾里花，迷人而深奥的问题。

从远古到今天，人类漫长的历史已经把艺术融化进了我们的感觉中，艺术在今天已经无时不有、无处不在。人类和人类的生活已经离不开艺术，艺术已经是我们和我们的生活的必然内容。当代前卫艺术家公然说，这世界没有艺术。其言下之意是，我们和我们的生活已经没有什么不是艺术。想想何尝不是如此，我们哪天不生活在艺术里？我们什么时候不在与艺术相接触？——我们住在丛林般的建筑作品中，我们畅游在由各种风格不同的音乐汇成的海洋里，我们被东西南北涌来的无数经典和并非经典的电影浪潮所裹挟，我们在剧院、电视、VCD和DVD上演或播放的大量古典、现代、实验、原版、改版或新编的各种戏剧与舞剧里穿行；只要我们愿意，我们几乎天天都可以去看新的画展、艺术展；而不管我们愿意不愿意，我们都已经被随时随地可得的艺术印刷品所包围。我们吃着艺术，穿着艺术，听着艺术，看着艺术，用着艺术，享受着艺术……然而，如果问我们：什么是艺术？我们却感觉模糊。在这个无法回答的问题中，我们清晰地意识到了自己与艺术的遥远距离。我们想缩短这距离。我们想了解、认识、走近艺术。如果有可能，我们甚至想走进艺术，即便到那时我们依然难以用自己的语言说清"什么是艺术"。

那么，去读读文学吧！阅读文学是一条让我们接近甚或走进艺术的蹊径。文学的创作元素极单纯——只有一个——文字，而文字，可说是人类创造出的最奇妙无比的东西了。你看，文字无声，却能"发"出人世间最丰富的声音；文字无色，却能"描"出人世间最丰富的色彩；文字无象，却能创造出人世间最鲜活的形象；文字无情，却能表达出人从心外到心内最深刻复杂的感悟。当描写艺术的文学作品用文字激活我们的想象，我们就能在文字中享受到艺术带给我们的美。因此，读一读以艺术为描写对象的文学作品，我们会有许多收获。

文学能带领我们走近艺术。文学有极强的描绘性，它能使艺术在文字中鲜活起来，重现在读者眼前，让读者近距离地观赏到艺术的美。当我们阅读以艺术为写作对象的优秀文学作品时，我们常常能"听"到世界上最美妙的音乐，"看"到世界上最精湛的建筑、雕塑和绘画，"观赏"到最伟大的戏剧和电影，从而在精神上"抚摸"和"感觉"到艺术，享受艺术带给我们的一切。不是吗？当白居易的《琵琶行》、韩愈的《听颖师弹琴》、李白的《当涂赵炎少府粉图山水歌》、杜甫的《观公孙大娘舞剑》，以及王维、苏东坡、郑板桥的题画诗等作品中精美形象的诗句描绘化成了我们的联想和想象时，我们不就产生了如闻其声、身临其境的感觉？同样，去读读《李龙眠画罗汉记》，你的眼前会浮现出一幅生动的罗汉渡江图。江边上，十五罗汉及三童子的神志动作无一相同。欲渡未渡者或观望，或试探，或浅尝辄止；

方渡已渡者或大胆入水,或小心前行,或欲返而不能……人物老少不一,表情丰富,状态各异,被画家描绘得极其鲜活,真是如临其境,如见其人。再去读读《结庐在人境,而无车马喧》,你会在民俗文学家陆文夫的笔领下,怡然神游苏州的庭院园林,并于那窗外之窗、景中之景间,体味出中国园林艺术是如何用那一片片山石、一池池清水蕴涵了精深博大的中国文化的……文学的阅读,能给予我们许多与艺术接近的机会,通过文学的引介,我们会熟知深晓大量因时间和空间的阻隔而不能亲临目睹的艺术精品。由此,我们会渐渐走近艺术,甚至不知不觉中走进艺术的殿堂,成为艺术虔诚的信徒。

文学能让我们了解艺术。文学不仅能向我们描绘艺术,用文字再现艺术,还常常用最精妙的语言告诉我们什么是艺术的美,什么才是真正的艺术。在文学的带领下,我们往往能更深入地了解艺术,探寻到艺术的深邃。例如,《千篇一律与千变万化》一文就告诉我们,"重复"在建筑艺术中是一种特别的"语言"和"句式",建筑中的殿、阁、楼、廊、门、窗、檐、柱的重复,能精妙地在时间与空间中构成一种独特的美。于是你会发现,辩证法无处不在。建筑艺术的核心,就是重复与变化的辩证统一。《更衣记》像是一篇小女人的日常生活回忆,但细读下来你会发现,它更像是一篇描写中国服装艺术发展史的文章。尽管张爱玲叙述的口气和语调都极其平静,不起一丝涟漪,但却描绘出了从清朝到20世纪初300多年间,中国女人的穿着在不觉察中的深刻变化和发展。张爱玲轻轻柔柔地讲着,似乎是漫不经心,但你却分明能听出,在她所描绘的服装的频繁变换后面其实是时代风云的变幻。于是你明白了,服装其实是时代的门帘,厚、薄、艳、素、长、短、开、合、宽、窄、包、露,都是时代与观念进化的写照,一个民族所有政治、经济与文化的发展变化经历,都在它的服装色调、款式、质地、工艺甚至穿着的搭配中生动地反映着,它不仅因为是人的肉体的包装而成了文明人不能离弃的一部分,更因为它是人精神的写照而成了"人"的一部分。《一九八八年的背景音乐》告诉了我们20世纪80年代的音乐怎样发生,怎样成为"流行",怎样影响了那一代的青年人。于是,我们了解了,音乐的发生、流行、存在与传承的理由不在于音乐,而在于音乐发生的那个时代。音乐和音乐人是时代造就出来的,而普通人对音乐的喜爱和追崇同样有时代的因素。因此,流行音乐是一个时代的人思想情感的成长写照。文学能启迪我们深刻地认识艺术。在文学或朴直或幽婉的叙述中,一个国家、一个民族的艺术精神及其文化内涵往往能得到生动而深刻的揭示和解析。《看蒙娜丽莎看》中作者带我们细细地观察、品味世界级的经典绘画作品;《身体的怀旧》中作者以亲身的体验来诠释舞蹈带给身体的美妙感受;《"长跑教练"张艺谋》深层解读了张艺谋电影里的表现手法;《结庐在人境,而无车马喧》则是作者——对苏州了如指掌的原住民为我们娓娓而谈苏州的园林文化。他们丰富的学识,加上他们曼妙的文笔,为我们了解这些雅俗艺术、文化遗产提供了一条捷径。

文学还能带我们走近艺术家。在文学鲜活的语言描绘下,我们常能读到一个个真实的艺术家的生活,看到一个个生动的艺术家形象。我们能经由文学作品走进艺术家的内心,近距离地观察、体味艺术家的情感和思想,亲历艺术家思想情感的经历和心灵成长的过程,不断认识艺术家、了解艺术家。例如,《画事琐记》真实地记录了作者从童年到少年再到青年时代的学画历程。这历程中,一个充满自由想象力的孩子在教条、呆板、扼杀创造力的教育下逐渐消失,而一个充满理性批判精神的艺术家逐渐成熟。于是,我们意识到,无论是对于艺术还是对于艺术家来说,宽松的政治环境、注重个性发展的教育和多元的文化都是十分重要的。《约翰内斯·勃拉姆斯》为我们生动地描绘了一幅19世纪的大音乐家勃拉姆斯的画像:他"坐在那里,嘴里叼着烟斗","总有点简朴和泥土气",但他却是一个"用音乐进行思考

第六单元 鉴赏艺术

的平易近人的哲学家"。他的一生都在创造美丽的音乐。读《大画家传》，你会近距离地认识许多历史上最著名的画家，如米开朗琪罗、达·芬奇、拉斐尔、提香、鲁本斯，还有梵·高、雷诺阿和米勒。读了其中的《让·弗朗索瓦·米勒》，你会被这个法国画家现实简朴的艺术的一生所深深感动。这个"农民的儿子"一直生活在乡村，一直以农民生活为表现对象。因为他"有一颗会带给他许多苦恼的心"，因而他成了一个能"在人世的悲哀之中发现灵感的人"。在《我的艺术生活》中，我们能读到俄国戏剧家斯坦尼拉斯夫斯基一颗激烈跳动的心。那心中有对青年演员只重技术训练、不重内心对角色的体会的焦虑，有对戏剧表演艺术将如何传承的思考，它们积淀和汇集成的，是斯坦尼拉斯夫斯基内心深处对戏剧艺术最真挚的爱。此外，去读读罗曼·罗兰的《约翰·克利斯朵夫》、《傅雷家书》、《罗丹论艺术》、《月亮与六便士》吧，你会读到艺术家内心曾起伏跌宕过的丰富的思想情感。正如法国雕塑大师罗丹在给青年艺术家们留下的《遗嘱》中谆谆教诲青年艺术家们时所说的："艺术就是感情"，"艺术是一门学会真诚的功课"，"艺术家的优良品质，无非是智慧、专心、真挚、意志"，优秀的艺术家都十分注意"在做艺术家之前，先要做一个人！"这恰是我们在读许多描写艺术家的文学作品时需要用心感受的。

而当我们在文学的带领下，真的走近艺术甚至走进了艺术，我们会发现，其实，文学乃是艺术成长的沃土。文学不仅培育了艺术家丰富多彩的情感和敏锐深刻的思想，于潜移默化中提高了艺术家的知性能力与修养，激发了艺术家的想象力与创造力，文学还给艺术家的创作提供了取之不尽、用之不竭的素材与题材。我们在许多描写艺术的文学作品中都读到这样一个事实：回溯人类艺术发展的历史，我们已经无法确定我们的祖先究竟是先创造了语言文字（最早的"文学"），还是先发明了其他种类的艺术（音乐、舞蹈、绘画、雕塑），但后来发展起来的蔚为壮观的人类艺术却让我们可以肯定，是文学，孕育了人类其他姐妹艺术。在西方的绘画、雕塑、建筑、音乐、舞蹈和戏剧艺术中，我们能看到大量以文学作品为题材的作品。例如，古希腊悲剧《被缚的普罗米修斯》、古希腊雕塑《拉奥孔》；米开朗琪罗的西斯廷教堂天顶画《创世纪》和他的著名雕塑《大卫》、《摩西》；罗丹的雕塑《地狱之门》和《加莱义民》；中国古典音乐《十面埋伏》和现代交响乐《黄河》、《梁祝》等。而20世纪后，世界各国以优秀文学作品为素材改编的戏剧、电影和电视剧就更多了：莎士比亚的《奥塞罗》、托尔斯泰的《安娜·卡列妮娜》、司汤达的《红与黑》、老舍的《四世同堂》、曹雪芹的《红楼梦》……文学介绍着艺术，解说着艺术，传播着艺术，还通过艺术批评推动着艺术的发展。徜徉于文学与艺术之间，细细品味那些以艺术为描写对象的优秀文学作品，你会发现，如果拿四季来作比，戏剧和电影就像是夏天——炎热激越的情感张扬中有着思维的冷静；音乐与绘画就像是秋天——丰富斑斓的幻想中有着思考的深沉；雕塑与建筑就像是冬天——冰冷坚硬的理性包裹下有着生命的涌动；而文学则是春天——它包容着冬的深厚，开启着夏的热情，孕育着秋的想象……所有艺术的精髓都能在文学里得到传递和反映。

因此，要了解什么是艺术，认识什么是艺术，就去好好读读那些描写艺术的文学作品吧！它们不仅能带领我们走近艺术，还能引导我们领会艺术精神。

当涂赵炎少府粉图山水歌

李白[1]

峨眉高出西极天,罗浮直与南溟[2]连。
名公绎思[3]挥彩笔,驱山走海置眼前。
满堂空翠如可扫,赤城霞气苍梧烟[4]。
洞庭潇湘意渺绵,三江七泽情洄沿。
惊涛汹涌向何处,孤舟一去迷归年。
征帆不动亦不旋,飘如随风落天边。
心摇目断兴难尽,几时可到三山巅。
西峰峥嵘喷流泉,横石蹙水波潺湲。
东崖合沓蔽轻雾,深林杂树空芊绵。
此中冥昧失昼夜,隐几[5]寂听无鸣蝉。
长松之下列羽客,对坐不语南昌仙[6]。
南昌仙人赵夫子,妙年历落青云士。
讼庭无事[7]罗众宾,杳然如在丹青里。
五色粉图安足珍,真仙可以全吾身。
若待功成拂衣去,武陵桃花[8]笑杀人。

[1] 李白(701~762年),唐代著名诗人。本诗为天宝十四年(755年)李白在当涂为友人赵炎所作粉图山水画作的一首题画诗。赵炎时为当涂县少府(县尉的别称,管理一县的军事、治安)。在李白不多的题画诗中,此篇弥足珍贵。此诗通过对赵炎所作山水壁画的传神描述,再现了画工创造的奇迹,也再现了李白作为一观画者的复杂情感活动。此诗作于李白长安放还之后、安史之乱以前,因此带有诗人在那一特定时期的思想情绪。本诗选自《全唐诗》(中华书局,1960年)。

[2] 罗浮:罗浮山,我国道教十大名山之一,位于广东境内,有"岭南第一山"之称。南溟:亦作"南冥"。南方大海。《庄子·逍遥游》:"是鸟也,海运则将徙于南冥。南冥者,天池也。"

[3] 绎:蚕抽丝。绎思:谓艺术联想。

[4] 赤城:位于燕山余脉向内蒙古草原过渡地带,其境内山势巍峨、云雾蒸腾。苍梧:苍梧山,又名九嶷山,位于永州市宁远县城南。《史记·五帝本纪》:"舜南巡崩于苍梧之野,葬于江南九嶷。"《水经注》云:"苍梧之野,峰秀数郡之间,罗岩九峰,各导一溪,岫壑负阻,异岭同势。游者疑焉,故曰:九嶷山。"传说,舜帝死后,二妃娥皇、女英千里迢迢前来寻觅,溯潇水而上,沿大小紫荆河而下;由于九峰相仿,令人疑惑,终未得见。九嶷山,九峰耸立,舜源峰居中,娥皇、女英、桂林、杞林、石城、石楼、朱明、潇韶八峰,拔地而起,如众星拱月,大有"万里江山朝九嶷"之势。

[5] 隐几:凭着几案。

[6] 南昌仙:西汉南昌县尉梅福。西汉末年,江西南昌县尉梅福为抵制王莽专政,退隐南昌西郊飞鸿山。后人为纪念他的高风亮节,在岭上建梅仙坛,岭下建梅仙观。

[7] 讼庭无事:谓赵炎在任时当涂政清刑简。此句有谀美主人之意,但这不关宏旨。值得注意的倒是诗中将赵炎与画中人合二为一了。沈德潜批点道"真景如画",这其实又是"画景如真"所产生的效果。

[8] 武陵桃花：典出陶渊明的《桃花源记》。

听颖师弹琴

韩愈[1]

昵昵儿女语，恩怨相尔汝[2]。
划然变轩昂，勇士赴敌场。
浮云柳絮无根蒂，天地阔远随飞扬[3]。
喧啾百鸟群，忽见孤凤凰[4]。
跻攀分寸不可上，失势一落千丈强[5]。
嗟余有两耳，未省听丝篁[6]。
自闻颖师弹，起坐[7]在一旁。
推手遽止之，湿衣泪滂滂[8]。
颖乎尔诚能，无以冰炭置我肠[9]！

[1] 韩愈（768～824年），唐代著名诗人。本诗当作于元和十年到十一年（815～816年）。颖师：据李贺《听颖师弹琴歌》"竺僧前立当吾门，梵宫真相眉棱尊。""请歌直请卿相歌，奉礼官卑复何益？"可知颖师是当时善琴的和尚，曾向好几位诗人请求作诗表扬。本诗选自中国社会科学院文学研究所编《唐诗选》（人民文学出版社，1981年）。
[2] 昵：亲热。尔汝：至友间不讲客套，以你我相称，叫做"尔汝交"。这里表示亲昵。
[3] "浮云"两句：写琴声远扬。
[4] "喧啾"两句：仍摹写琴声。似乎在百鸟喧闹中突然有一只凤凰引吭高歌。
[5] "跻攀"两句：连上句中的"孤凤凰"，以它的"跻攀"和"失势"写琴声的抑扬起伏。
[6] "嗟余"以下句子写作者听琴的感受。"未省听丝篁"，说自己不懂音乐。
[7] 起坐：忽起忽坐。意即站也不是，坐也不是。
[8] 滂滂：流汗状。
[9] 冰炭置我肠：此句为作者自谓完全被颖师的琴声所左右，一会儿满腔高兴，一会儿心情沮丧。

李龙眠画罗汉记

黄淳耀[1]

李龙眠画罗汉渡江[2]，凡十有八人。一角漫灭，存十五人有半，及童子三人。

凡未渡者五人：一人值坏纸，仅见腰足。一人戴笠携杖，衣袂翩然，若将渡而无意者。一人凝立远望，开口白语。一人跽左足，蹲右足，以手捧膝作缠结状，双屦脱置足旁，回顾微哂。一人坐岸上，以手踞地，伸足入水，如测浅深者。

方渡者九人：一人以手揭衣，一人左手策杖，目皆下视，口呿不合。一人脱衣，又手捧之而承以首。一人前其杖，回首视捧衣者。两童子首发鬇鬡，共舁一人以渡。所舁者长眉覆颊，面怪伟如秋潭老蛟。一人仰面视长眉者。一人貌亦老苍，伛偻策杖，去岸无几，若幸其将至者。一人附童子背,童子瞪目闭口,以手反负之,若重不能胜者。一人貌老过于伛偻者,右足登岸,左足在水,若起未能。而已渡者一人,捉其右臂,作势起之;老者努其喙,缬纹皆见。又一人已渡者,双足尚跣,出其履将纳之,而仰视石壁,以一指探鼻孔,轩渠自得。

按罗汉于佛氏为得道之称,后世所传高僧[3],犹云锡飞杯渡[4]。而为渡江,艰辛乃尔,殊可怪也。推画者之意,岂以佛氏之作止语默皆与人同,而世之学佛者徒求卓诡变幻、可喜可愕之迹,故为此图,以警发之欤?昔人谓太清楼所藏吕真人画像俨若孔、老[5],与他画师作轻扬状者不同,当即此意。

[1] 黄淳耀(1605~1645年),明代作家。本文选自《琴棋书画》(上海书店出版社,2001年)。
[2] 李龙眠:李公麟,北宋画家,字伯时,号龙眠,舒州(今安徽舒城)人。罗汉:梵语"阿罗汉"的省称,也叫"尊者"。相传佛弟子十六人称大阿罗汉,后加降龙、伏虎二尊者为十八罗汉。
[3] 高僧:道行高超的僧人。
[4] 锡飞杯渡:跨着锡杖而飞,乘木杯而渡河。《高僧传》记载:"有神僧飞锡,凌空而行。"又谓:"杯渡和尚,不知其姓名,常乘木杯渡河。"锡,锡杖,即和尚用的禅杖,头有锡环。
[5] 太清楼:北宋时真宗藏书画之处。吕真人:吕洞宾,别号纯阳子,唐末人,相传为"八仙"之一。俨若:很像。孔、老:孔子(孔丘)、老子(李聃)。

胸中之竹

郑燮[1]

江馆清秋,晨起看竹,烟光日影露气,皆浮动于疏枝密叶之间。胸中勃勃遂有画意。其实胸中之竹,并不是眼中之竹也。因而磨墨展纸,落笔倏[2]作变相,手中之竹又不是胸中之竹也。总之,意在笔先者,定则[3]也;趣在法外者,化机[4]也。独画云乎哉!

[1] 郑燮(1693~1765年),字克柔,号板桥,江苏兴化人。清代画家,"扬州八怪"之一,以兰、竹见长。书法自成一格,号"六分半书"。诗、文亲切自然,尤具特色。本文选自《琴棋书画》(上海书店出版社,2001年)。
[2] 倏:迅速,很快。
[3] 定则:一般法则。此处指绘画创作的基本规则。
[4] 化机:造化(自然)的生机。

更衣记

张爱玲[1]

如果当初世代相传的衣服没有大批卖给收旧货的,一年一度六月里晒衣裳,该是一件辉煌热闹的事吧。你在竹竿与竹竿之间走过,两边拦着绫罗绸缎的墙——那是埋在地底下的古代宫室里发掘出的甬道。你把额角贴在织金的花绣上。太阳在这边的时候，将金线晒得滚烫，然而现在已经冷了。从前的人吃力地过了一辈子，所作所为，渐渐蒙上了灰尘；子孙晾衣裳的时候又把灰尘给抖了下来，在黄色的太阳里飞舞着。回忆这东西若是有气味的话，那就是樟脑的香，甜而稳妥，像记得分明的快乐，甜而怅惘，像忘却了的忧愁。

我们不大能够想象过去的世界，这么迂缓，安静，齐整——在满清三百年的统治下，女人竟没有什么时装可言！一代又一代的人穿着同样的衣服而不觉得厌烦。开国的时候，因为"男降女不降"，女子的服装还保留着显著的明代遗风。从十七世纪中叶直到十九世纪末，流行着极度宽大的衫裤，有一种四平八稳的沉着气象。领圈很低，有等于无。穿在外面的"大袄"，在并非正式的场合，宽了衣，便露出"中袄"。"中袄"里面有紧窄合身的"小袄"，上床也不脱去，多半是娇媚的，桃红或水红。三件袄子之上又加着"云肩背心"，黑缎宽镶，盘着大云头。

削肩，细腰，平胸，薄而小的标准美女在这一层层衣衫的重压下失踪了。她的本身是不存在的，不过是一个衣架子罢了。中国人不赞成太触目的女人。历史上记载的耸人听闻的美德——譬如说，一只胳膊被陌生男子拉了一把，便将它砍掉——虽然博得普通的赞叹，知识阶级对之总隐隐地觉得有点遗憾，因为一个女人不该吸引过度的注意；任是铁铮铮的名字，挂在千万人的嘴唇上，也在呼吸的水蒸气里生了锈。女人要想出众一点，连这样堂而皇之的途径都有人反对，何况奇装异服，自然那更是伤风败俗了。

出门时裤子上罩的裙子，其规律化更为彻底。通常都是黑色，逢着喜庆年节，太太穿红的，姨太太穿粉红的。寡妇系黑裙，可是丈夫过世多年之后，如有公婆在堂，她可以穿湖色或雪青色的。裙上的细褶是女人的仪态最严格的试验。家教好的姑娘，莲步姗姗，百褶裙虽不至于纹丝不动，也只限于最轻微的摇颤。不习惯穿裙的小家碧玉走起路来便予人以惊风骇浪的印象。更为苛刻的是新娘的红裙，裙腰垂下一条条半寸来宽的飘带，带端系着铃。行动时只许有一点隐约的叮当，像远山上宝塔上的风铃。晚至一九二〇年左右，比较潇洒自由的宽褶裙入时了，这一类的裙子方才完全废除。

穿皮子，更是禁不起一些出入，便被视为暴发户。皮衣有一定的季节，分门别类，至为详尽。十月里若是冷得出奇，穿三层皮是可以的，至于穿什么皮，那却要顾到季节而不能顾到天气了。初冬穿"小毛"，如青种羊、紫羔、珠羔；然后穿"中毛"，如银鼠、灰鼠、灰脊、狐腿、甘肩、倭刀；隆冬穿"大毛"——白狐、青狐、西狐、玄狐、紫貂。"有功名"的人方能穿貂。中下等阶级的人以前比现在富裕得多，大都有一件金银嵌或羊皮袍子。

姑娘们的"昭君套"为阴森的冬月添上点色彩。根据历代的图画，昭君出塞所戴的风兜是爱斯基摩式的，简单大方，好莱坞明星仿制者颇多。中国十九世纪的"昭君套"却是癫狂冶艳的——一顶瓜皮帽，帽檐围上一圈皮，帽顶缀着极大的红绒球，脑后垂着两根粉红缎带，带端缀着一对金印，动辄相击作声。

对于细节的过分的注意，为这一时期的服装的要点。现代西方的时装，不必要的点缀品未尝不花样多端，但是都有个目——把眼睛的蓝色发扬光大起来，补助不发达的胸部，使人看上去高些或矮些，集中注意力在腰肢上，消灭臀部过度的曲线……古中国衣衫上的点缀品却是完全无意义的。若说它是纯粹装饰性质的吧，为什么连鞋底上也满布着繁缛的图案呢？鞋的本身就很少有在人前露脸的机会，别说鞋底了，高底的边缘也充塞着密密的花纹。

袄子有"三镶三滚"、"五镶五滚"、"七镶七滚"之别，镶滚之外，下摆与大襟上还闪烁着水钻盘的梅花、菊花。袖上另钉着名唤"阑干"的丝质花边，宽约七寸，挖空镂出福寿

字样。

这样聚集了无数小小的有趣之点。这样不停地另生枝节，放恣，不讲理，在不相干的事物上浪费了精力，正是中国有闲阶级一贯的态度。唯有世界上最清闲的国家里最闲的人，方才能够领略到这些细节的妙处。制造一百种相仿而不犯重的图案，固然需要艺术与时间；欣赏它，也同样地繁难。

古中国的时装设计家似乎不知道，一个女人到底不是大观园。太多的堆砌使兴趣不能集中。我们的时装的历史，一言以蔽之，就是这些点缀品的逐渐减去。

当然事情不是这么简单。还有腰身大小的交替盈蚀。第一个严重的变化发生在光绪三十二年。铁路已经不那么稀罕了，火车开始在中国人的生活里占一重要位置。诸大商港的时新款式迅速地传入内地。衣裤渐渐缩小，"阑干"与阔滚条过了时，单剩下一条极窄的。扁的是"韭菜边"，圆的是"灯草边"，又称"线香滚"。在政治动乱与社会不靖的时期——譬如欧洲的文艺复兴时代——时髦的衣服永远是紧匝在身上，轻捷利落，容许剧烈的活动。在十五世纪的意大利，因为衣裤过于紧小，肘弯膝盖，筋骨接榫处非得开缝不可。中国衣服在革命酝酿期间差一点就胀裂开来了。"小皇帝"登基的时候，袄子套在人身上像刀鞘。中国女人的紧身背心的功用实在奇妙——衣服再紧些，衣服底下的肉体也还不是写实派的作风，看上去不大像个女人而像一缕诗魂。长袄的直线延至膝盖为止，下面虚飘飘垂下两条窄窄的裤管，似脚非脚的金莲抱歉地轻轻踏在地上。铅笔一般瘦的裤脚妙在给人一种伶仃无靠的感觉。在中国诗里，"可怜"是"可爱"的代名词。男人向有保护异性的嗜好，而在青黄不接的过渡时代，颠连困苦的生活情形更激发了这种倾向。宽袍大袖的，端凝的妇女现在发现太福相了是不行的，做个薄命人反倒于她们有利。

那又是一个各趋极端的时代。政治与家庭制度的缺点突然被揭穿。年轻的知识阶级仇视着传统的一切，甚至中国的一切。保守性的方面也因为惊恐的缘故而增强了压力。神经质的论争无日不进行着，在家庭里，在报纸上，在娱乐场所。连涂脂抹粉的文明戏演员，姨太太们的理想恋人，也在戏台上向他们的未婚妻借题发挥讨论时事，声泪俱下。

一向心平气和的古国从来没有如此骚动过。在那歇斯底里的气氛里，"元宝领"这东西产生了——高得与鼻尖平行的硬领，像缅甸的一层层叠至尺来高的金属项圈一般，逼迫女人们伸长了脖子。这吓人的衣领与下面的一捻柳腰完全不相称。头重脚轻，无均衡的性质正象征了那个时代。

民国初建立，有一时期似乎各方面都有浮面的清明气象。大家都认真相信卢梭的理想化的人权主义。学生们热诚拥护投票制度，非孝，自由恋爱。甚至纯粹的精神恋爱也有人实验过，但似乎不曾成功。

时装上也显出空前的天真、轻快、愉悦。"喇叭管袖子"飘飘欲仙，露出一大截玉腕。短袄腰部极为紧小。上层阶级的女人出门系裙，在家里只穿一条齐膝的短裤，丝袜也只到膝为止，裤与袜的交界处偶然也大胆地暴露了膝盖，存心不良的女人往往从袄底垂下挑拨性的长而宽的淡色丝质裤带，带端飘着排穗。

民国初年的时装，大部分的灵感是得自西方的。衣领减低了不算，甚至被蠲免了的时候也有。领口挖成圆形，方形，鸡心形，金刚钻形。白色丝质围巾四季都能用。白丝袜脚跟上的黑绣花，像虫的行列，蠕蠕爬到腿肚子上。交际花与妓女常常有戴平光眼镜以为美的。舶来品不分皂白地被接受，可见一斑。

军阀来来去去，马蹄后飞沙走石，跟着他们自己的官员、政府、法律，跌跌绊绊赶上去

第六单元　鉴赏艺术

的时装，也同样地千变万化。短袄的下摆忽而圆，忽而尖，忽而六角形。女人的衣服往常是和珠宝一般，没有年纪的，随时可以变卖，然而在民国的当铺里不复受欢迎了，因为过了时就一文不值。

时装的日新月异并不一定表现活泼的精神与新颖的思想。恰巧相反。它可以代表呆滞；由于其他活动范围内的失败，所有的创造力都流入衣服的区域里去。在政治混乱期间，人们没有能力改良他们的生活情形。他们只能够创造他们贴身的环境——那就是衣服。我们各人住在各人的衣服里。

一九二一年，女人穿上了长袍。发源于满洲的旗装自从旗人入关之后一直是与中土的服装并行着的，各不相犯。旗下的妇女嫌她们的旗袍缺乏女性美，也想改穿较妖媚的袄裤，然而皇帝下诏，严厉禁止了。五族共和之后，全国妇女突然一致采用旗袍，倒不是为了效忠于满清，提倡复辟运动，而是因为女子蓄意要模仿男子。在中国，自古以来女人的代名词是"三绺梳头，两截穿衣。"一截穿衣与两截穿衣是很细微的区别，似乎没有什么不公平之处，可是一九二〇年的女人很容易地就多了心。她们初受西方文化的熏陶，醉心于男女平权之说，可是四周的实际情形与理想相差太远了，羞愤之下，她们排斥女性化的一切，恨不得将女人的根性斩尽杀绝。因此初兴的旗袍是严冷方正的，具有清教徒的风格。

政治上，对内对外陆续发生的不幸事件使民众灰了心。青年人的理想总有支持不了的一天。时装开始紧缩。喇叭管袖子收小了。一九三〇年，袖长及肘，衣领又高了起来。往年的元宝领的优点在它的适宜的角度，斜斜地切过两腮，不是瓜子脸也变了瓜子脸，这一次的高领却是圆筒式的，紧抵着下颌，肌肉尚未松弛的姑娘们也生了双下巴。这种衣领根本不可恕。可是它象征了十年前那种理智化的淫逸的空气——直挺挺的衣领远远隔开了女神似的头与下面的丰柔肉身。这儿有讽刺、有绝望后的狂笑。

当时欧美流行着的双排纽扣的军人式的外套正和中国人凄厉的心情一拍即合。然而恪守中庸之道的中国女人在那雄赳赳的大衣底下穿着拂地的丝绒长袍，袍叉开到大腿上，露出同样质料的长裤子，裤脚上闪着银色花边。衣服的主人翁也是这样的奇异的配搭，表面上无不激烈地唱高调，骨子里还是唯物主义者。

近年来最重要的变化是衣袖的废除。（那似乎是极其艰难危险的工作，小心翼翼地，费了二十年的工夫方才完全剪去。）同时衣领矮了，袍身短了，装饰性质的镶滚也免了，改用盘花纽扣来代替，不久连纽扣也被捐弃了，改用掀钮。总之，这笔账完全是减法——所有的点缀品，无论有用没用，一概剔去。剩下的只有一件紧身背心，露出颈项、两臂与小腿。

现在要紧的是人，旗袍的作用不外乎烘云托月忠实地将人体轮廓曲曲勾出。革命前的装束却反之，人属次要，单只注重诗意的线条，于是女人的体格公式化，不脱衣服不知道她与她有什么不同。

我们的时装不是一种有计划有组织的实业，不比在巴黎，几个规模宏大的时装公司如Lelong's Schiaparelli's，垄断一切，影响及整个白种人的世界。我们的裁缝却是没主张的。公众的幻想往往不谋而合，产生一种不可思议的洪流。裁缝只有追随的份儿。因为这缘故，中国的时装更可以作为民意的代表。

究竟谁是时装的首创者，很难证明，因为中国人素不尊重版权，并且作者也不甚介意，既然抄袭是最隆重的赞美。最近入时的半长不短的袖子，又称"四分之三袖"，上海人便说是香港发起的，而香港人又说是由上海传来的，互相推诿，不敢负责。一双袖子翩翩归来，预兆形式主义的复兴。最新的发展是向传统的一方面走，细节虽不能恢复，轮廓却可尽量引

用,用得活泛,一样能够适应现代环境的需要。旗袍的大襟采取围裙式,就是个好例子,很有点"三日入厨下"的风情,耐人寻味。

男装的近代史较为平淡。只有一个极短的时期,民国四年至八九年,男人的衣服也讲究花哨,滚上多道的如意头,而且男女的衣料可以通用,然而生当其时的人都认为那是天下大乱的怪现状之一。目前中国人的西装,固然是谨严而黯淡,遵守西洋绅士的成规,即使中装也长年地在灰色、咖啡色、深青里面打滚,质地与图案也极单调。男子的生活比女子自由得多,然而单凭这一件不自由,我就不愿意做一个男子。

衣服似乎是不足挂齿的小事。刘备说过这样的话:"兄弟如手足,妻子如衣服。"可是如果女人能够做到"丈夫如衣服"的地步,就很不容易。有个西方作家(是萧伯纳么?)曾经抱怨过,多数女人选择丈夫远不及选择帽子一般的聚精会神,慎重考虑。再没有心肝的女子说起她"去年那件织锦缎夹袍"的时候,也是一往情深的。

直到十八世纪为止,中外的男子尚有穿红着绿的权利。男子服色的限制是现代文明的特征。不论这在心理上有没有不健康的影响,至少这是不必要的压抑。文明社会的集团生活里,必要的压抑有许多种,似乎小节上应当放纵些,作为补偿。有这么一种议论,说男性如果对于衣着感兴趣些,也许他们会安分一点,不至于千方百计争取社会的注意与赞美,为了造就一己的声望,不惜祸国殃民。若说只消将男人打扮得花红柳绿的,天下就太平了,那当然是笑话。大红蟒衣里面戴着绣花肚兜的官员,照样会淆乱朝纲。但是预言家威尔斯的合理化的乌托邦里面的男女公民一律穿着最鲜艳的薄膜质的衣裤、斗篷,这倒也值得做我们参考的资料。

因为习惯上的关系,男子打扮得略略不中程式的,的确看着不顺眼,中装上加大衣,就是一个例子,不如另加上一件棉袍或皮袍来得妥当,便臃肿些也不妨。有一次我在电车上看见一个年轻人,也许是学生,也许是店伙,用米色绿方格的兔子呢制了太紧的袍,脚上穿着女式红绿条纹短袜,嘴里衔着别致的描花假象牙烟斗,烟斗里并没有烟。他吮了一会儿,拿下来把它一截截拆开了,又装上去,再送到嘴里去吮,面上颇有得色。乍看觉得可笑,然而为什么不呢,如果他喜欢?……

秋凉的薄暮,小菜场上收了摊子,满地的鱼腥和青白色的芦粟的皮与渣。一个小孩骑了自行车冲过来,卖弄本领,大叫一声,放松了扶手,摇摆着,轻倩地掠过。在这一刹那,满街的人都充满了不可理喻的景仰之心。人生最可爱的当儿便在那一撒手吧?

[1]张爱玲(1920~1995年),中国现当代作家。本文选自《古今》半月刊1943年第34期。

一九八八年的背景音乐

魏微[1]

一九八八年来了。

关于这一年,有很多背景性的记忆,大的不说,只说流行音乐和文化方面的,比如崔健。这个人的名字和他的音乐怎样响彻在一九八八年的中国上空,以至后来在相当长的时间里影响整个一代人的成长,我至今也不甚明了。暴阳,愤怒,迷茫,人文关怀,理想主义,

第六单元 鉴赏艺术

政治波谱……这全是那个时代的产物。

崔健很聪明，他把着时代的脉搏，就像医生一样，问问家里的情况，平时饮食怎样，甚至开两句无关痛痒的玩笑。他知道病根在哪里……可是他突然间发怒了，简直莫名其妙。人们受惊吓了，人们从未遇见过这样的"医生"，他年轻，体力旺盛，曾有过热情和理想……他也许在说，我也是个病人，和你们一样，我不幸福，每天受到伤害。

他需要被关怀，他像孩子一样委屈，他的思想脉络清晰，他的话语无厘头。毫无疑问，这是个极具魅力的年轻人。他是幽默的，嬉皮的，可是他拎得清，冷不防说了句玩笑话……可却是真话。青年人激动了。只有他们能理解崔健，把他奉为圣贤。从前，这一代孩子也是老实巴交的，听话温良，顺从，如果时代不变迁，他们大抵是要读着马列主义长大的。可是这中间经过缓慢的成长，革命，旧思想的死与衰亡……一下子到了八十年代。

身处其中的人们很难理解八十年代，它就像幸福，像身在福中不知福。幸福从来是用作回忆的，幸福不是现在时，从来不是。各种新思潮来到了八十年代，卡夫卡，萨特，康德和叔本华……挤满了中国青年略嫌单纯稚嫩的头脑。他们不满足了，开始反思，批判。是呵，谁都知道反叛能带来快感，做一个思想者，做一个受伤的时代英雄，这是何等有面子的事呵。

我们权且不问他们为什么反叛，为什么迷茫，不快乐，就当是青春期的体力发泄吧。无聊，想使坏，总得找一个强有力的借口，那就是时代吧。

这个时代充当了冤大头。一个健康活泼的年代所带来的思想解放是难免的。而崔健则当仁不让地充当了启蒙者。他是个急先锋，他手里扛着时代的旗帜，他说："不是我不明白，这世界变化快。"

他当然是明白的，我们以为他不明白，所以我们激动了。在这样一个时代，你只要发出一声异质的呐喊，你说你不明白，你有很多疑惑，你迷茫，这准不会有错。这会被视为时髦，引来群龙呼应。

崔健就这样传至一九八八年我的家乡小城。常常在校园里，我们看见一些男生趿着拖鞋，端着瓷碗走往食堂的路上，唱起了《一无所有》。他们干吼了一声唱道：我告诉你我一无所有，我要让你跟我走……

我倚在廊柱上听着，微笑着，我以为自己是心领神会的。

我也喜欢崔健的另一首歌，叫做《从头再来》，至今也未听过，只是无意间从一个女同学带来的一张磁带纸上看见了这首歌词，欢喜不已。我把它抄在一个新皮面本的首页上，每天看上一遍，把它当诗读。现在，皮面本早就丢了，可是歌词还记得两句，大意是这样：

> 我脚踏着大地，我头顶着太阳
> 我装作这世界唯我独在……

这是何等的英雄气概。一个大时代里的平民英雄，有着罕见的孤独豪情，可是也只剩下了豪情。那时我们还来不及触及罗大佑，在稍后的几年，听到他的《恋曲1990》，也许我应该更喜欢罗大佑，因为他的温文，他是忧伤的，可是我不喜欢忧伤，我自己就是忧伤的，骨子里有着难以遏制的小资情调。自己也意识到了，很不好意思，总是立意纠正着。

我们每个人都是忧伤的，可是忧伤没有用处。

我喜欢有用处的东西，物质的，看得见的，日常生活的，在这一点上，我和八十年代是格格不入的。我也不以为自己属于八十年代，我在九十年代长大成人，形成了那个年代里所特有的重实利，自私，靡顿。有一些道德良知，要面子，做起事来优柔寡断，经过十年的狂躁发展，社会稳定了，虽也在向前走着，可是老实了许多。人不再是狂妄自大了。他们开始意识到自身的弱小，处事谨小慎微。

我想这是对的，永常的人世恢复了它应有的面貌。

我未尝不知，把人和时代放在一起分析，颇为牵强。人是个体的人，而时代是不负责任的。我始终认为，时代是虚妄的，每十年一个时代，虽车轮滚滚地向前跑着，可是再隔三五十年回头看，时代又回来了，新的一茬人，新的楼房，旧的时装样式，似曾相识的生活习性，旧思想……这其中有一些亘古不变的东西，源远流长着，在新时代里换了一副和善面孔，卷土重来。说起一九八八年的流行音乐，我们也听齐秦和王杰。——这也许是稍后两年的事了，我不记得了，内地的听郭峰。五月歌咏会的时候，合唱《让世界充满爱》，全班同学站在舞台上，统一服装，男生白衣黑裤，女生白衣黑裙，一首歌唱得花样繁多，先是由两个男女生领唱，然后合唱，交叉唱。还要晃着身子，形成一种参差之美。

我那时已经不天真了，总觉得这类做派让人汗颜，不过我还是合作的，张着嘴，只是不发出声音。我嗓音低沉，不清脆，听起来不像女生。初三那年，语文老师让女生们朗诵课文，再由男生朗诵，最后他总结道，女生的声音清脆，像潺潺流水。我不由得想到了小便的声音，听来也不过如此。

我想我是自卑的，我是最无个性的学生，长相平庸，成绩也不出众。整天精神涣散，身体处于游离状态。我希望所有人都忘掉我的名字，走在人群里立马就消失。我很听话，厌恶户外活动，课间操能逃则逃。下课时竟懒得上厕所，总是伏在桌上睡觉。我很少说话，同桌的一个女同学也不爱说话，整整一学期，我们沉默着，呆坐在课桌旁，就像陌生人。这是早些年的事了，到一九八八年，我的性格略有变通。我开始和人交谈，有三五个好友，一起讨论人生、理想等方面的问题。我常常皱着眉头，对人世我有自己的思考，我意识到了，心里很快乐。我们也看电影画报，从上面得到零星的流行元素，哪个女演员漂亮，哪个女演员有气质。

那时候，我们已注意到"气质"这个东西。什么是气质呢，我们也说不清楚。我们说，刘晓庆是漂亮的，可是潘虹和陈冲就有气质。我们喜欢气质。我们看她们怎样穿衣服，怎样搭配，一点点牢记心间。在不久的将来，这于我们是有用的。我们也搜集明星贴纸，从校门口的小摊贩手里一买就是五六张，有张国荣、刘德华、张曼玉、刘嘉玲……把他们粘在课本的封皮上、扉页上。我们尤其喜欢林青霞，常常为她的清纯和气质叹服，课间十分钟，几个女同学聚在一起，围着课桌看林青霞的照片，边看边说，有时会尖叫着，笑倒一片。我从此看到我性格里的另一面，温暖的，通俗的，它是属于"人"的那一面，在一九八八年的夏天，正一点点地呈现出来。我想我是长大了，梳着麻花辫，穿着布衣裙。那时我还戴着眼镜，很笨重的学生镜，架在鼻梁上，一不小心就会滑落下来。我从来不是个活泼的女生，枯燥，寡言，可是没有人知道在这张像被雨水淋湿的茫然呆滞的面孔下，曾有着多么敏感、耽于幻想的心。听歌我能听出眼泪来。一九八八年，似乎有一首歌叫《我祈祷》，优美，深情，我最听不得男人的深情，可是在黄昏的房间里，我一遍遍地放着这首歌。我蜷缩在角落里，看着光线从西窗上一点点地落下去，而夏日如此盛大，我眯着眼睛，呼吸着，感觉到心一点点收缩得疼。这就是我成长的一部分背景么？一首情歌，唱着古老的男欢女爱，忧伤，纠缠，沉到骨子里。一九八八年的我还来不及体会爱情，我是那样一个单调、苍白的姑娘，了无生趣。可是听着歌，我觉得自己快要哭了。

我忧伤之极，且富有情感。我喜欢戴望舒的《雨巷》，因为他把姑娘比作"像丁香一样",我喜欢的还有很多,老电影,老歌,分离的、来不及实现的爱情。我喜欢一切短暂的、来不及实现的东西,淡淡的伤怀的情绪,无边无际的,捉摸不定的。

像所有少女一样,我正在成长,可是亦懂得了怀旧。我常常就哭了。春节时和弟弟贴对联,我缩着脖子,袖着手,把糨糊夹在手肘里递给他,我说,今年又长大了一岁。我想我是伤感的。家里有一盒苏小明的磁带,还有邓丽君的磁带,成方圆的,朱明瑛的……它们流淌在八十年代初的空气里,流淌了很多年,而我和弟弟是听着这些歌长到了一九八八年。

在这一年里,还有一首歌叫做《小站》,歌者好像是常宽,现在不太有人记住他了——能记住他的肯定是我的同龄人,在我们年轻的时候——同一时间段里,偶尔寻着这盘磁带,并喜欢上了它。听着这首歌,我眼前总浮现出两列反向而驰的火车,在一个小站停下了,车窗旁坐着两个男女,他们注定是要失之交臂的。在这小站相遇,在四目相视的那一瞬间,心微微动了一下,然而火车开走了。

对面火车上的那个人……也许是自己人,可是错过了。在以后漫长的岁月里,虽平安,看着儿孙满堂,可是一天天地迟钝;这一生总的来说很吃力,也不知为什么,越想越觉得不对劲。而很多年前那次火车小站的邂逅,那个萍水相逢的陌生人……就这么轻轻一瞥,擦肩而过——也许他们早就忘了。

注 释

[1] 魏微(1970年~),当代作家。本文选自《21世纪中国文学大系:2002年散文》(春风文艺出版社,2003年)。

身体的怀旧

史晶歆[1]

每日的黄昏时刻,总让人有种浓浓的慵懒与淡淡的感伤,我是个恋旧的人,不知从何时开始我就疯狂地恋上了收集可以保存的每一份记忆。小时候,我收集所有的糖纸:大白兔奶糖、话梅糖、可乐糖、水果糖,还有酒心巧克力那金光闪闪的锡纸。长大了,到了不同的城市学习、生活,现在又经常漂泊在各个城市之间,于是我便开始疯狂地收集所有的票根:公园的门票、剧场的戏票、公交车票、地铁票、飞机的登机牌、美术馆的电子门票,甚至饭票。记得每到一个城市,最有趣的事就是寻找可以保留的城市记忆:一片树叶、一张发黄的公交车票,还有走到天桥上发到手中的宣传单,甚至是车水马龙的大街上,蓦然回首的一丝微笑。我迷恋这些事物,怀念它们后面特别的记忆,在我眼中它们都是与众不同的,都藏有一段宝贵的经历。

提起江堰那段美丽的记忆。那天有细雨朦胧的诗意,我戴着帽子,背着摄像机,听着音乐,惬意地行走在江边的长廊上。世界一下子变得特别安静!江边出现了一片芦苇丛,我喜欢芦苇。喜欢它的轻盈柔软,喜欢微风吹过它欲飞的身躯,欣赏它身躯娇小却意志坚强。芦苇长在江边、乱石中,每当狂风刮过,它摇摆着柔韧的身姿,有着旺盛的生命力!

我为她而舞,为她挥洒诗情——

《芦苇》

在这荒芜的原野间，
我选择做一棵芦苇。
在微风吹过之际，
我展现我美丽的身体，
在女人的身体下，
隐藏着无数个秘密，
当欲望在体内激情击荡时，
那种疯狂的感觉，
就像狂风将一棵弱小的芦苇连根拔起，
在空中不稳定地展现最美丽的身姿；
当狂风逝去，
苍美的芦苇飘然落下，
回归土地的拥抱，
土地用细小的沙粒将她湮灭，
等第二年的春天，
再一次赋予她生命！

  我坐在床前静静地整理着晚上演出要用的东西，时间仿佛一下子变慢了。窗外的阳光已不再刺眼，有些微风在空气中张扬着，树叶轻轻摆动，披着阳光的外衣闪闪发光。我看得有些入神了，这一刻真美，所有的棱角都变得柔和起来，空气中荡漾着一种让人懒洋洋的温馨，真想洗个澡，坐在床前，看夕阳的最后一抹羞红！练功鞋、练功服、连裤袜也摊了一桌，它们都不再年轻——褪色的、伤痕累累的、残缺的。我想有一天我也会因老去而离开舞台，人只有一次生、一次成长、一次青春、一次死亡，不像练功鞋可以反复地修改、反复地调换、反复地更新。可人生只有一次，身体的光辉要在此生得以发挥！

  我感到身体开始发懒，软软地靠在了床上。

练功鞋——身体的叙事从脚开始

  头在中国人心中是重要的部位，是一身之首，是关注的焦点，是身体表达的开始，我们爱说这个人很体面，也是从头开始打量的。但要对舞蹈进行身体叙事，却要从脚开始。舞者的脚没有漂亮可言，但却具有一份独特的"沧桑之美"。常年的训练，磨损了骨骼、韧带和皮肤，可一旦它开始舞动，一切外在或内在的伤痕即刻消失，只看见灵动的舞步将身体的述说变得更丰富流畅。在我们舞蹈圈里脚都是有分类的，每一类都拥有属于自己的鞋，芭蕾舞——脚尖鞋，国标舞——高跟鞋，民间舞——黑布鞋，古典舞——软底鞋。随着分类的明确，每一种鞋似乎也无形中含有了一种文化意味和个性表达。

  芭蕾舞——脚尖鞋。脚尖鞋可以说是高贵的象征，缎质的面料与笔直挺立的造型令它显得与众不同，它使芭蕾舞演员显得挺拔秀丽，高高在上，是一次次对人体正常限度的想象性突破。而脚与鞋无声的抗争却是一次私人的事件，只有舞者的身体去默默承受这漫长的流血、结疤、愈合、再流血、再结疤、再愈合，无休无止的折磨。鞋也在每日与地面的摩擦中渐渐老去。

  国标舞——高跟鞋。高跟鞋总是让人感到一种情色意味，它总让人想到女人修长的大腿与透明的玻璃丝袜。又细又尖的高跟鞋让舞者变得高挑，脚掌与脚跟呈一道美丽的斜线，脚

第六单元 鉴赏艺术

掌感到了承担身体的压力。当舞曲终结,伴着快速的旋转,定格亮相迎接掌声时,舞者的头高高扬起,胸高高挺起,腿笔直地延伸到地的深处,而脚掌却忍受火一般的摩擦。有一天双脚也会衰老,变得脆软,因无法承受来自身体的压力而无奈地脱下高跟鞋。高跟鞋也会因磨损、褪色而被舞者遗忘在教室的某一个角落……

民间舞——黑布鞋。民间舞带有极其浓郁的乡土气息,朴实,单纯。它来自民间,有着个性化的民族风格。民间舞演员的脚是善于表达的,不同的舞步,不同的表情,如云南花灯跳踢步——轻快灵巧;西藏踢踏步——奔放帅气;山东胶州的碾步——妩媚含蓄等。好脚当然要配好鞋,黑布鞋就特别舒服,表面由黑色绒布制成,朴素、干净,鞋底有两种海绵做的平跟,与橡胶做的高跟。黑布鞋的鞋跟总是特别容易坏。每学期结束总会有一个特别好玩的现象,不是鞋跟被折断变成两截,就是平跟的海绵被磨得平平的,整个鞋呈一个由鞋尖到鞋跟的下坡线。鞋跟的残破也正是脚跟的苦痛,脚跟与地面发生摩擦碰撞,使皮肤变得粗糙,但我们的步伐有力,充满着情感。

古典舞——软底鞋。这是最朴素的一种鞋,最基础的身体训练,脚下从它开始,棉质的面料与脚的感觉特别亲近。当脚背绷到尽头,软底鞋不松不紧地配合着脚的线条,当脚上的伤口染红了白色鞋面,继续练功时,鞋最理解脚的快乐——痛并快乐着。我们的身体就是爱上了疼痛,爱上了疼痛带来的沉醉。记得一年级时,为了练软功,每天都要坐在把杆上把脚抵着墙,用力地甩腰,很快鞋面就会磨出两个洞来,像个小眼睛似的,有趣极了!可眼睛是暗淡的,里面透出的皮肤伤痕累累,刚开始是磨破的嫩皮,后来就变成了老茧。

现代舞——赤脚。赤脚在舞台上尽情舞动,无拘无束,这一刻无论男人或女人都是平等的。很明显这意味着一种解放或说渴望得到解放的姿态,将双脚从鞋的束缚中解救出来,将身体不雅观的部位大胆地呈现在于舞台这个敞开的空间中,让双脚在舞台上疯狂地跺出节奏,宣告一个新时代的到位。每日的基本功训练,脚与地板早已打得火热,仿佛一对不可分离的情侣在每日疼痛难忍的摩擦中产生灼热的激情,进而将一切腐朽的事物燃烧,这是种不可抑制的新生力量。

双脚在每日的摩擦、蹦跳中开始变形,衰老,可每当我们将赤裸的双脚蹬向天空的那一刻,仿佛就找回了逝去的青春。

减 肥 裤

1994年的夏天,仿佛一夜间,减肥裤这个名词便在舞校流传开来,每个孩子都争先恐后去买,又争先恐后地穿上,奔跑在校园里。每天早功时,操场上到处都是五颜六色的减肥裤,练功时,由于大腿间的摩擦,发出"沙沙"的声音,这就是属于舞蹈院校的特殊风景。我也曾有一条淡蓝色的连身减肥裤,特别肥大,将我瘦小的身躯完全藏在了里面。每天练早功时,我也会挤在减肥裤一族中与她们一同发出沙沙的声响,享受在跑动中肌肉的颤抖,而减肥裤也带来了强烈的闷热感,一会儿就出汗了。减肥裤就像一个不透风的罩子,将躯干紧紧地包裹在其中,阻隔了一切的流动,只留下沉闷让身体独自承受。我开始跑动,感觉不错,身体感到很舒适,皮肤与减肥裤的摩擦有一种滑滑的清爽。减肥裤自觉地贴着身体,彼此没有了距离,仿佛双手紧紧地捂住了嘴巴,不得喘息。每当出汗时,身体的各个部位都会特别敏感,汗珠会微妙地滑过身体的每一个角落,带给内心一阵阵悸动,我会不自觉地想象减肥裤里大汗淋漓的身体线条,想象它的现在与未来。

成长中的我,总是会对身体的未来产生想象。我想象自己会长得很高,有美丽修长的双腿,在每个舞蹈中都站在第一排的正中间,能赢得所有的掌声与鲜花。就这样,在上海市舞蹈学校，我的身体有了一个秘密，一个渴望长高长大的秘密。而那时宽大的浅蓝色减肥裤也失去了亮丽的色彩，已不再密不透风，每当跑动时，总是有微风悄悄从缝隙中涌进来，抚摸我的身体，轻轻拂过身体的每一个角落。

成长中的我们，就这样单纯，有着对身体无穷的想象，也有着平常人无法想象的身体的快乐。

头发——发网、头绳、发夹

妈妈常说最喜欢看我盘头的样子，没有披头散发，没有奇特的发型，她说那样才像一个舞蹈演员，一个搞艺术的人。我想这就是搞舞蹈的人在人们心中的特定形象吧！高高仰起头后有一个圆圆盘起的"小馒头"。女孩子都喜欢让自己秀发披肩，高傲地走在学校的每一条路上，让风迎面吹过，在身后仰起一道优雅的弧线，还带着淡淡的清香。那种身体的满足是女孩心中最美的回忆。可对于舞者，头发的光彩只有在洗澡和入睡时，才得以释放。可卧室与澡堂这样秘密的空间，让美丽的秀发显得无比寂寞。

在舞蹈学校，盘头发是有讲究的。一早醒来，我们就要把头发盘起——先用头绳把头发扎成辫，再用发网把盘成圆形的头发包住，最后再用黑的夹子把头发与发网紧紧固定在一起，让头发像个"小馒头"似的牢牢地固定在后脑勺。有些爱美的女孩子，还会在盘头旁边别两个彩色的发夹。记得小时候我最喜欢买好看的发饰，可不知为何与舞蹈有了亲密接触后，那些欲望自然淡了，开始爱上了朴素，一点点去掉了烦琐的装饰。每天与头发相伴的就是头绳、发网与黑发夹。朴素，让我们变得如此美丽。

头发，是女人身上最浪漫的部分，它柔软、飘逸、顺滑，它让人有种触摸的冲动。舞台上，女演员的头发让人有着无尽的想象与感叹。然而舞台是严厉的，对任何表现因素都产生霸权，因此舞者的头发也是失去自由的，它也属于身体表现的一部分，是不可以随意修剪或染烫的。

接受舞蹈，就要体验朴素！

喜欢对着不刺眼的阳光发呆，喜欢在身体感到慵懒时产生莫名的怀念，怀念逝去的，也怀念即将发生的！我的行囊变得越来越沉，里面塞满了记忆，有着阳光的味道。

[1] 史晶歆（1982年～ ）当代艺术家。本文选自《身体笔记：舞院女生的韵影心香》（经济管理出版社，2005年）。

刚性美与柔性美

朱光潜[1]

自然界有两种美：老鹰古松是一种，娇莺嫩柳又是一种。倘若你细心体会，凡是配用"美"字形容的事物，不属于老鹰古松的一类，就属于娇莺嫩柳的一类，否则就是两类的混和。有两句诗说："骏马秋风冀北，杏花春雨江南。"这两句诗每句都只提起三个殊相。然而可以象征一切美。你遇到任何美的事物，都可以拿它们做标准来分类。比如峻崖，悬瀑，狂风，暴雨，沉寂的夜或是无垠的沙漠，垓下哀歌的项羽或是床头捉刀的曹操，你可以说这是"骏马秋风冀北"的美；比如清风，皓月，暗香，疏影，青螺似的山光，媚眼似的湖水，葬花的林黛玉或是"侧帽饮水"的纳兰，你可以说这是"杏花春雨江南"的美。

我说"骏马秋风冀北"时，你会想到"雄浑"、"劲健"，我说"杏花春雨江南"时，你会想到"秀丽"、"纤浓"；前者是"气概"，后者是"神韵"；前者是刚性美，后者是柔性美。在同一种艺术之中也有刚柔之别。如音乐，贝多芬的第三合奏曲和《热情曲》固然像狂风暴雨，极沉雄悲壮之致，而《月光曲》和第六合奏曲则温柔委婉，如悲如诉。

艺术是自然和人生的返照，创作家往往因性格的偏向，而作品也因而畸刚或畸柔。米开朗琪罗在性格上和艺术上都是刚性美的极端的代表。你看他的《摩西》！火焰有比他的目光更烈的么？钢铁有比他的须髯更硬的么？你看他的《大卫》！他那副脑里怕藏着比亚力山大的更惊心动魄的雄图吧？他那只庞大的右臂迟一会儿怕要拔起喜马拉雅山去撞碎哪一个星球吧？亚当是上帝首创的人，可是要结识世界第一个理想的伟男子，你须得到罗马西斯丁教寺的顶壁上去物色，这一幅大气磅礴的创世纪记，没有一个面孔不露着超人的意志，没有一条筋肉不鼓出海格立斯的气力。

达·芬奇恰好替米开朗琪罗做一个反衬。《蒙娜·丽莎》那庄重中寓着妩媚的眼，那轻盈而神秘的笑，那丰润而灵活的手，艺术家们已摸索了不知几许年代，到达·芬奇才算寻出，这是多么大的一个成功！米开朗琪罗画"夏娃"和"圣母"，像他画"亚当"一样，都是用他雕"大卫"和"摩西"的那一副手腕，始终脱不去那种峥嵘巍峨的气象。达·芬奇的天才是比较多方面的，他的世界中固然也有些魁梧奇伟的男子，可是他的特长确为佩特所说的，全在"能勾魂"。《圣约翰授洗者》活像女子化身固不用说，《酒神》也只是一位带醉的《蒙娜·丽莎》。再看《最后的晚餐》中的耶稣！他披着发，低着眉，在慈祥的面孔中现出悲哀和恻隐，而同时又毫没有失望的神采，除了抚慰病儿的慈母以外，你在哪里能寻出他的"模特儿"呢？

历来艺术家对于刚柔两种美分得很严。在诗方面有李、杜与王、韦之别，在词方面有苏、辛与温、李之别，在画方面有石涛、八大与六如、十洲之别，在书法方面有颜、柳与褚、赵之别。这种分别常与地域有关系，大约北人偏刚，南人偏柔，所以艺术上的南北派已成为柔性派与刚性派的别名。清朝阳湖派和桐城派对于文章的争执也就在对于刚柔的嗜好不同。

统观全局，中国的艺术是偏于柔性美的。中国诗人的理想境界大半是清风皓月疏林幽谷之类，环境越静越好，生活也越闲越好。他们很少肯跳出那"方宅十余亩，草屋八九间"的宇宙，而凭视八荒，遥听诸星奏乐者。他们以"乐天安命"为极大智慧，因此，他们的诗也大半是微风般的荡漾，轻燕般的呢喃。过激烈的颜色，过激烈的声音，和过激烈的情感都是使他们畏避的。他们描写月的时候百倍于描写日。《二十四诗品》中只有"雄浑"、"劲健"、"豪放"、"悲慨"四品算是刚性美，其余二十品都偏于阴柔。我读《旧约·约伯记》，莎士比亚的《哈雷姆特》，弥尔顿的《失乐园》诸作，才懂得西方批评学者所谓"宇宙的情感"。回头在中国文学中寻实例，除了《逍遥游》、《齐物论》、《论语·子在川上》章、陈子昂《幽州台怀古》、李白《日出东方隈》诸作以外，简直想不出其他具有"宇宙的情感"的文字。"雄浑"、"劲健"、"庄严"诸词都只能得其片面的意义。中国艺术缺乏刚性美在音乐方面尤易见出，比如弹七弦琴，尽管你意在高山，意在流水，它都是一样单调。

刚柔虽是两种相反的美，有时也可以混合调和，在实际上，老鹰有栖柳枝的时候，娇莺有栖古松的时候，也犹如男子中之有杨六郎，女子中之有麦克白夫人，西子湖滨之有两高峰，西伯利亚荒原之有明媚的贝加尔。说李太白专以雄奇擅长么？他的《闺怨》、《长相思》、《清平调》诸作之艳丽微婉，亦何减于《金筌》、《浣花》？说陶渊明专从朴茂清幽入胜么？"纵浪大化中，不喜亦不惧"，又是何等气概？

注释

[1] 朱光潜（1897～1986年），当代美学家。本文选自朱光潜著《朱光潜谈美》（金城出版社，2006年）。

结庐在人境，而无车马喧

陆文夫[1]

苏州是个历史文化名城，也是个风景旅游的城市，风景是以人文景观为主。虽说有烟波浩渺的太湖，却不以名山大川而著称于世。山，当然也有：虎丘山、灵岩山、天平山、上方山、穹窿山……如前所述，虎丘山有吴王阖闾，灵岩山有吴王夫差，天平山有范仲淹，上方山有范成大，穹窿山可能是孙武子曾经在那里结庐。如果没有这一些震惊寰宇的文化名人、历史大事，就凭那几座山，别说拿到云南和四川去了，就是放到一湖之隔的浙江去也会被人不屑一顾。那大名鼎鼎的虎丘山，简直就算不了是山，小丘耳。这就叫山不在高，有仙则灵。

历代的游人到虎丘，到灵岩也不是为了看山，你看他们写的，很少是对山的赞誉。白居易写灵岩山：

> 娃宫屟廊寻已倾，
> 砚池香径又欲平。
> 二三月时何草绿，
> 几百年来空月明。

写的还是吴王夫差的事。

就说那个举世闻名的寒山寺吧，那个寺庙不算大，还比不上西园的戒幢律寺，更不如西上峨眉，南下普陀。再说那一座张继夜泊过的枫桥，比起苏州盘门外的吴门桥还不到一半。可那一首"月落乌啼霜满天，江枫渔火对愁眠。姑苏城外寒山寺，夜半钟声到客船。"行了，就是一首诗，就使得寒山寺超过了西园寺，枫桥超过了吴门桥。古代的中国人把出外旅游，说成寻幽访古或探幽访古。寻幽就是深入大自然，寻那些人迹罕至之处，去洗净尘俗，荡涤心灵。登高山，涉大海，仰天地之悠悠，独怆然而泪下；访古就是凭吊历史遗踪，寻先人之行迹，从历代兴亡中辨认是非曲直。前有古人，后有来者，中间立着自己，容易看清自己的方位。寻幽访古也就是去浏览自然景观和人文景观。

苏州的自然景观虽然不及四川和云贵，却也有山有水，更有那些历史的陈迹，那些历代诗人写到过的石桥、朱塔、枕河人家、小巷深处……可以满足人们各种求知的欲望和业余的爱好，特别适宜于中老年人。中老年人知识丰富，兴趣广泛，但又体力不济，爬不动高山，涉不了深水，那好，到虎丘去，到灵岩去，也算是登高望远吧，可那一块石头，一泓碧水，能反映出上下五千年，纵横八万里，够你玩半天！

苏州之所以成为旅游胜地，不仅仅是人文和历史，还有那现今作为世界文化遗产的苏州园林。

苏州园林近几年来已经是蜚声国际了，可她多少年来曾经是一颗蒙尘的珍珠。在十九世纪之初，外国人除了一些传教士之外，对苏州的园林知之甚少；即使在中国，除了一些文人雅士之外，在一般的市民中知名度也不太高。原因也很简单，因为苏州的园林都是私家花园,搭勿够[2]的人不能进去,可以说是"养在深闺人未识"。随着时间的推移,豪门世家衰落了,那养在深闺的苏州园林也渐渐地衰落了,荒芜了。半个世纪之前我见到苏州的园林时,保存得较为完好的只有耦园等少数的几个小园林。目前列入世界文化遗产的四大名园都已经是面目全非或是荒芜不堪了。最著名的留园只有石头完好(假山也有倒塌的),其余的亭台楼阁都已门窗全无,歪斜倾圮,那使苏州人骄傲的"江南第一厅"变成日本兵养马的地方,马系在厅堂里的楠木柱上。日寇投降后无人喂马。饿马把楠木柱都啃得只剩下碗口粗,现在的黑漆庭柱都是经过能工巧匠们处理过的。

应该说,苏州人在保护和修复园林方面是尽力的,虔诚的,是当作艺术品来修复的。有人说苏州园林也只有苏州人才能保存得如此完整。这话倒也不一定是恭维,苏州确实有那么深厚的文化基础,有一大批学者专家、能工巧匠、园艺爱好者、高明的领导人,都为保护和修复园林竭尽全力;特别是在修复时没有用朱红赭黄,没有用钢筋水泥,没有自作聪明地加进什么现代气息。

人是自然之子,不管他有多狠,总是离不开山水草木,阳光空气,一旦和自然疏远了,就要想办法亲近点,去游山玩水。游山玩水也很劳累,何不造个园林,在其中暂住或久留,用现在的话说叫回归自然。

中国人造园林,外国人也造园林,每个国家、每个地区的园林都是各有个性,风格迥异。欧洲人造园林讲究大,大片的林木、河流、草坪、修剪整齐的长绿树,平坦开阔,一目了然,从某种意义上说是圈下了大片的自然景色加以修整,再造一个庄园在林间或水边。

苏州人造园林正好相反,是真正的"造",是小中见大,人造自然,几乎是在平地上造出了山林沟壑,曲桥流水,把大自然浓缩于小小的园林之中,虽然是假山假水,却要力求其真实自然,而且是把住宅融入园林之中,以求天人合一。这是中国人的哲学思想和艺术观点的集中表现,在世界上独一无二,自成一体。文化贵在创造,贵在独特,有创造性的独特艺术,才能进入世界文化的宝库。联合国教科文组织也正是看中了这一点,把苏州的四大名园列入世界文化遗产而加以保护,保护这独特的艺术,保护人类共同财富。

那么,是什么原因使得苏州这块宝地上又锦上添花,出现了这么多的园林呢?它不是一座两座,也不仅仅是现在列入联合国世界文化遗产的四大名园或八大名园。苏州的园林是一个群落,它散布在苏州的城里城外,散布在城乡各地,最盛时苏州城内的园林多达二百多处,亦说是三百多处,现存的还有七十七处,加以重点保护的有二十七处。应该说明的是,这些所谓的园林有些算不上是什么园林,只能说是一个较大的庭院。苏州的古宅中都有院落,院落之中有花木竹石,也算得是个小小的园林。甚至院中有湖石状如五岳,谓之五岳起方寸,纳五岳于方寸之间。

苏州最早的皇家园林如今已难觅踪迹,传说中的吴王姑苏台到底是在苏州的什么地方,现已无法肯定。

有记载的私家花园最早的要算西晋的辟疆园,当年的池馆林泉之胜,是吴中第一。李白和皮日休等人对之都有题吟,王献之还曾经自说自话地闯进去参观,被顾辟疆家的人赶了出来。这座名园后来就湮不可寻,连宋代的范成大也不知道是在哪里。后来却被明代的苏州知府况钟发现了。原来这座晋代的名园到了宋代却成了一座庵堂,这座庵堂在如今的西美巷(西米巷)中,当年况钟常去庵中烧香,庙内修井,挖出了一块断石,上有"辟疆东晋"的字样,断定此地乃辟疆园的旧址,便在南面造了一个辟疆馆以资纪念。后来辟疆馆也被拆了,后人再造了一座况公祠来纪念况钟,这况公祠还在,现为苏州市的重点文物保护单位。

苏州现存最古老的园林要算是宋代的沧浪亭了。五代时，沧浪亭也曾为一池馆，后来荒废了，宋代的苏舜钦被罢官后南游姑苏，见府学的东面草木茂盛，崇阜广水，并在杂花野草修竹之间发现一条小路，向前走数百步，见有一块弃地，乃吴中节度使孙承佑的池馆旧地，池馆荒芜，遗意尚存，苏舜钦便买地作亭，名曰沧浪亭，取意于"沧浪之水清兮，可以濯吾缨，沧浪之水浊兮，可以濯吾足。"这本来是《楚辞·渔父》中的名句，后世官场中的文人便把渔父当作归隐山林的一种代称。苏舜钦无罪而贬，便以沧浪亭作为归隐之地。苏舜钦很得意地写道："夜雨连明春水生，娇云欲暖弄微晴。帘虚日薄花竹静，时有乳鸠相对鸣。"写出当时沧浪亭的一片山林野趣。可这沧浪亭又不在山野之间，而是在苏州府学的东南面，步行不过二百米。大隐于朝，中隐于市，小隐于野。隐于朝的风险很大，而且要费尽心机，隐于市虽然生活方便，但也有市井之嘈杂，最好是"结庐在人境，而无车马喧"。苏州园林便应运而生了。

从沧浪亭开始，苏州园林的定位就是归隐。是当官者被贬，当权者下野，年长者告老，智者急流勇退的隐居之地。这些人有两个特点，一是有文化，二是有钱。有钱而没有文化的人不会造园林，富可敌国的沈万三，他在周庄有豪宅，却没有留下一座园林；有文化而没有钱的人也不行，造不起园林。一般地讲，在封建社会里，有文化的人多少都有几个钱，造不起园林，也可以在自家的庭院里来一点树木竹石，营造一个庭园，或者说是一种微型园林。其中也有许多精品，可惜的是大部分都未能保存下来。

归隐于山林之间又不到山林之间去，是把山野村林搬到城市里来，造一座城市里的山林。当然不是真的，是大自然的缩影。

大自然基本的要素是山与水。要把山搬到城里来当然是不可能的，便造假山；把江河搬到家门口当然也是不可能的，便开河挖沟，好在苏州是个水城，深挖一丈便成为池塘。苏州人也很坦真，称苏州园林为"假山假水城中园"。

山是假的，但是此种假是艺术的假，艺术的假，假似真，用石头堆山，要堆出真山的意境。堆假山的石头有两种，上者为太湖石，次为黄石。这里的所谓次是指其价格而言的，在假山的创作上倒也不一定为次，留园和耦园的黄石假山也属上乘，黄石有一种不事雕琢的粗犷之气，要看用在哪里。

太湖石的可贵一是色泽淡雅，二是婀娜多姿，玲珑剔透，是大自然的雕饰品。顾名思义，太湖石是产在太湖里的，是历代园艺家们梦寐以求的珍品，特别是石峰。石峰的审美标准是四个字：瘦、漏、透、皱。瘦是要挺拔，苗条；漏和透都是要那石头上有许多洞眼，上下洞眼相通，雨水能从上面漏到下面；透是目力无阻，能从石头的洞眼中透过，即所谓的剔透；皱字也很容易理解，就是石头的表面不能光滑，要有条纹褶皱，好像石头也是活的，有血脉，有经络。符合此四字标准而又十分高大的石峰全国有四块，其中两块在苏州，一为留园中的冠云峰，一为现在苏州市十中的瑞云峰。市十中是明代宰相王鏊的故居，清代是曹寅的织造府，据说曹雪芹曾在里面住过，那也是据说。

唐末以后，特别是明清两代，造园林不仅是苏州一地的事，在全国也是一种风尚，所以太湖石就被大量地开采而显得十分珍贵。宋徽宗在开封造皇家园林"艮岳"，下令从全国征调名石，当时的权臣朱勔负责造园之事。朱勔是苏州人，对造园林也是内行，他当然知道如何来获取石头，便在苏州设立了"应奉局"来采集太湖石，采不到便抢，民间的石头也在奉应之列，凡是他看中了的，便贴上封条，到时候来运走，运的时候大门难出，便拆墙、拆房子。弄得有石头的人家惶惶不可终日，索性把石头搬出来，放在外面，等着被抢，免得拆

第六单元 鉴赏艺术

房子。

石头是个很沉重的东西，从太湖里采来的石头有的高达四五丈，重几万斤。

为了把这些石头运到开封，便成立了一种运输组织，叫做"纲"，运送花木石头的便称为"花石纲"。当年运送此种巨石是水陆两路交叉进行。水路用大船，陆路用滚木，冬天就在路上浇水结冰，在冰上滑行。花石纲一路北上，上千人牵拉，"所经州县，有拆水门、桥梁、凿城垣以过者"。弄得民怨沸腾。

朱勔在为皇帝效劳的同时，自己也在苏州大肆掠夺，占地，拆民房，造了一个大园林，名为同乐园。据称园林的规模之大，湖石之奇，都堪称江南第一。朱勔的"花石纲"引发了方腊起义，朱勔暂时倒了点霉。等到方腊起义被镇压下去之后，朱勔更加嚣张起来，竟然在苏州成立了一支数千人的卫队，横行乡里。直到金兵南下时，奸臣蔡京、童贯、朱勔被诛，苏州人一听到消息便蜂拥至朱勔家，见房子便拆，见东西便砸，把个同乐园砸得精光。同乐园早已无影无踪了，可还留下了一个地名，叫"朱家园"。那同乐园内散失出来的大量太湖石，却为后来的苏州造园林者提供了上好的石料，你在园林里随便抚摸一块太湖石，说不定那块石头就是当年朱勔从太湖里采来的，或者是他的手下人抢来的。

假山是园林的灵魂，太湖石又是灵魂的体现，可这石头的灵魂还是要靠人来塑造的，一堆乱石算不了艺术。唐宋以来苏州造园成风，当然就有一帮能工巧匠出现，这些能工巧匠不是一般的工匠，而是一些有很高艺术修养的人，因为他们是用石头来进行一种艺术的创作。历代都有叠石的高手，可惜的是缺少记载。只有清代的两位叠石大师，因为有作品流传，为大家所熟悉。一位是张南垣，他的代表作是耦园的黄石假山，用黄石而不用太湖石堆山，那是去其纤巧，取其刚毅，去华取朴，近于真；还有一位是戈俗良，他的代表作是现在列入世界文化遗产的环秀山庄。这一座假山并不大，但是走进去以后却如入深山野岭，如临深壑曲涧，把假山堆得像真山。当代的园林专家陈从周先生曾经说过："真山如假方奇，假山似真始妙。"这就是说，假山要堆得像真的一样始为上品，但名称不能变，还得称为假山，如果就叫山的话，那就假作真时真亦假，真真假假一塌糊涂。

环秀山庄是戈俗良晚年的作品，他晚年有目疾，眼睛已经看不清楚了，是他指挥他弟子们完成的。正因为他看不清楚，所以他塑造的山不是眼前的山，而是胸中的山，是一幅写意画，但在细处却是真实的，因为他也曾有过看得清楚的时候。

园林建筑除了石头之外就算是木头了，园林中的楼、堂、馆、榭、轩、亭等，都要由木工来完成。造园林的木工也不是一般的木工和泥水匠能胜任的。你看园林中的那些镂窗的多种图案，那些精美的雕刻、砖刻，真可算是匠心独运。苏州有个叫做香山的地方，此地出木工高手，即所谓的香山工匠、香山木匠或香山帮。从春秋开始，苏州就能够建造宏伟的宫殿、楼台，千百年来苏州城从小到大，时毁时建，当然会产生大量的工匠。奇怪的是工匠的高手和人数却相对地集中在香山。这里最有名的工匠就是明代的蒯祥。他设计并参与建造了北京的故宫，世界闻名的天安门就是他的作品，他官至工部侍郎，他的墓如今还在他的家乡太湖旁。看起来到底是个工匠的头目，在家乡并无府第，墓地也很简单，有一些还是我们现代人加进去的。

现代人修造一座公园、乐园，首先从设计开始，苏州园林的建造并无完整的设计图纸，因为造园的主人大都有很高的文化修养，造园的构思常出之于一种诗情、画意，许多画家、诗人、书法家都参与了园林的设计。古代的文人都是集诗、书、画于一身。如倪云林、沈周、文徵明等，都对构筑园林出过主意。或者说园林的构造设想是取之于他们的画意。拙政

园内有"拜文揖沈之斋"就是园主人表示对参与了建园的文徵明和沈周的感谢与仰慕之意。

苏州的园林都不是一次完成的,都是逐步地扩大,增补、修改而成。往往是园主人在造好一山一水,一亭一轩之后,便请一些文人雅士们来饮酒赋诗,题写匾额和楹联,同时提出意见,觉得何处尚需补一桥、一亭等。主人接受了意见之后便造亭、造桥,造好之后再请这帮人来,饮酒赋诗……园林所以如此之精致,和此种创作的方法不无关系。当然,园林造得多了,就有可能加以总结,这就出现了造园的专著,明代计成所著的《园冶》,全面总结了造园的经验,从园林的总体格局到局部细节的处理都有论述,其中有许多插图,都是江南园林中实例。再后来又有文徵明的曾孙文震亨写了一部《长物志》,把造园林的理论又做了新的探索。这些宝贵的遗产都使我们后代人受用不尽,直到今天,苏州人在国内外造园林都是独一无二的。

官宦文人造园林是为了隐退,因此在外部都是不事张扬,隐而不露。现今规模最大的拙政园,原来的大门是在一条高墙夹峙的小弄里,著名的网狮园是在阔家头巷的底端,那小巷里能走高头大马、八门大轿,汽车却无法开进去。有些园林根本就没有大门,是后花园,只能从住宅的某一门里走进去。当然也有后门,这才造成"私订终身后花园,落难公子中状元"。

园林的内部也讲究隐而不露,曲径通幽。园内用木窗,用回廊,用假山,用小河把景物裁分,造成一种小中见大的效果。山重水复疑无路,柳暗花明又一村。疑无路绝不是走上绝路,要路有尽而目无穷。目不穷有两种方法,一是用漏窗透出个中消息,二是用竹石把四角消灭。你在苏州园林里行走,每到转角处都有一窗、一石、一丛竹、一棵树,使人的目光不受阻拦,都有可观之处,如有死角,乃造园之大忌。

苏州的园林文化是一种典型的退隐文化,是从官场到文坛,从喧杂到宁静,从争斗到闲适,从奔波到安居的最终选择。此种文化对苏州文化的发展,对苏州人价值观念的形成都有很大的影响。

从官场下来的人,一方面是带来了金钱,另一方面也带来了广阔背景上的各种文化,此种文化到了苏州之后便被凝缩、被沉积,使得苏州的文化既不闭塞,也不排他,并得到补充与发展。苏州文化的传统也和园林一样,门类齐全,样样都很精细。因为园林不仅是假山和池水,园中的家具、陈设、雕刻、古玩、字画、锦衣玉食,样样都是文化艺术。从前认为苏州是个消费城市,不错,此种消费却带动了各种行业的发展,直到如今,凡属文化之列的各种行业,苏州全有,从编钟到仪器,都能露一手。硅谷暂时还没有,这也很难说,据说有一项庞大的高新技术投资,当年国内有许多地方都在争取,最后却选中了苏州,其原因之一是投资者参观了苏州的刺绣研究所,惊讶地发现,苏州人竟然能有如此的细心、耐心和聪慧,能绣出如此精美的绣品,那还有什么精细的产品造不出来呢。这个故事也许经过了加工,但也反映了苏州人文化素质的一个方面。苏州人做事确实是有耐性,很精细,他们看不惯那种"虎头噼啪,头五头六"的人,就是那有头无尾、跳东跳西的人。优点和缺点总是派生的,苏州人因而就少点闯荡江湖的精神。

[1] 陆文夫(1928~2005年),当代作家。本文选自陆文夫著《老苏州:水巷寻梦》(江苏美术出版社,2000年)。

[2] 搭勿够:方言,指交情不够的意思。

看蒙娜丽莎看

熊秉明[1]

一

面对一幅画,我们说"看画"。

画是客体,挂在那里。我们背了手凑近、退远、审视、端详、联想、冥想、玩味、评价。大自然的山水、鸟兽、草木,人间的英雄与圣徒、好女与孩童、爱情与劳动、战争与游戏、欢喜与悲痛,都定影在那里,化为我们"看"的对象。连上想象里的鬼怪与神祇、天堂与地狱、创世纪与最后审判;连上非想象里的抽象的形、纯粹的色、理性摆布的结构、潜意识底层泛起的幻觉,这一切都不再对我们有什么实际的威胁或蛊惑。无论它们怎样神奇诡谲,终是以"画"的身份显示在那里,作为"欣赏"的对象,听凭我们下"好"或者"不好"的评语。

欣赏者——欣赏对象。

这是我们和画的关系。我们处于一种安全而优越的地位,享受着观赏之全体的愉快、骄傲和踌躇满志。

然而走到蒙娜丽莎之前,情形有些不同了。我们的静观受到意外的干扰。画中的主题并不是安安稳稳地在那里"被看"、"被欣赏"、"被品鉴"。相反,她也在"看",在凝目谛视,在探测。侧了头,从眼角上射过来的目光,比我们的更专注、更锋锐、更持久、更具密度、更蕴深意。她争取着主体的地位,她简直要把我们看成一幅画、一幅静物,任她的眼光去分析、去解剖,而且估价。她简直动摇了我们作为"欣赏者"的存在的权利和自信。

二

也并非没有在画里向我们注视的人物。

像安格尔(Ingres,1780~1867年)的那些贵妇与绅士,端坐着,像制成标本的兽,眼窝里嵌着瓷球,晶亮,发光,很能乱真,定定地瞅过来,然而终于只是冷冰的晶亮的瓷球。这样的空虚失神的凝视当然不给我们什么威胁。

像提香(Titian,1490~1576年)的威尼斯贵族男子肖像,眼瞳里闪烁着文艺复兴时代贵族们的阴鸷的狡诈,目光像浸了毒鸩的剑锋,向你挑战。他们娴于幕前和幕后的争权夺利、明枪暗箭,在瞥视你的顷间,已估计了你的身世、才智、毅力、野心及成败的概率。

像林布兰特(Rembrandt,1606~1669年)的人物,无论是老人、妇人、壮者及孩子,他们往往也是看向观赏者的。他们的眼光像壁炉里的烈焰,要照红观者的手、面庞、眼睛、胸膛,照出观者肺腑里潜藏着的悲苦与欢喜,把辛酸燃烧起来,把欢乐燃烧起来,把观者的苍白烘照成赤金色……

这样的画和我们的关系,也不止是"欣赏者——欣赏对象"的关系。它们也有意要把我们驱逐到欣赏领域以外去,强迫我们退到存在的层次,在那里被摆布、被究诘、被拷问、被裁判、被怜悯、被扶持、被拥抱。

三

而蒙娜丽莎的眼光是另一样的,在存在的层次,对我们做另一种要求。她看向你,她注视你,她的注视要诱导出你的注视。那眼光像迷路后,在暮色苍茫里,远远地闪起的一粒火光，耀熠着，在叫唤你，引诱你向她去。而你也猝然具有了鸱枭的视力，野猫子的轻步，老水手观测晚云的敏觉。

四

有少女的诱惑和少妇的诱惑。

少女的。在她的机体发育到一定的时刻，便泛起饱和滋润和鲜美。皮肤的色泽，匀净纯一之至，从红红到白白之间的转化，自然而微妙，你找不到分界的迹象。肢胴的圆浑，匀净纯一之至，你不能判定哪里是弧线，哪里是直线，辨不出哪里是颈的开始，哪里是肩的消失。你想努力去辨析，而终不能，而你终于在这努力里技穷、哑然、被征服。少女自己未必自觉吧。一旦自觉，也要为这奇异的诱惑力感到吃惊，而羞涩、不安、含着歉意，但每一颗细胞，每一条发光的青丝并不顾虑这些，直放射着无忌惮的芬芳。

有少妇的诱惑。她在心灵成熟到一定的时刻，便孕怀着爱和智慧，宽容与真，温柔与刚毅，对生命的洞识和执著。她的躯体仍有美，然而锋芒已稍稍收敛了。活力仍然充沛饱满，然而表面的波轮已稍稍平静了。皮下的脂肪已经聚集，肌肤水分已经储备，到处的曲线模拟果实的浑满。她懂得爱了，而且爱过，曾经因爱快乐过，也痛苦过，血流过，腹部战栗过，腰酸痛过。她如果诱惑，她能意识到那诱惑的强度，以及所可能导致的风险。她是那诱惑的主人。她是谨慎的，她得掌握住自己的命运，以及这个世界的命运。虽然诱惑，她的生命不轻易交付出来，她也不许你把生命轻易拿出交换。如果她看向你，她的眼睛里有着探测和估量。

蒙娜丽莎的眼睛是少妇的。

五

她知道她在做什么。她向你睇视，守候着。她在观察，像那一双优美的叠合的手，耐心的期待。

她睇向你，等你看向她。她诱惑你的诱惑，等待你的诱惑。

假如你不敢回答，她只有缄默。假如你轻率地回答，她将莞尔报以轻蔑的微笑。假如你不能毅然走向她，她决不会来引向你。她在探测你的存在的广度、高度、深度、密度，她在探测你的存在的决心和信心。

她的眼睛里果有什么秘密么？你想窥探进去，寻觅，然而没有。欠身临视那里，像一眼井，你看见自己的影子。那里只有为她所观测、所剖析你自己的形象。像一面忠实的明镜，她的眼光不否定，也不肯定，可能否定，也可能肯定，但看我们自己的抉择和态度。她的眼光像一束透射线，要把我们内部存在的样式映在毛玻璃上，使骨骼内脏都历历在目。她的眼光是一口陷阱，将我们的过去、现在和未来都一并活活地捕获。如果那眼光里有秘密可寻，那正是我们的彷徨、惶悚、紧张、狼狈。爱吗？不爱吗？To be or not to be？她终不置可否，只静待你的声音。她似乎已经料到你的回答，似乎已经猜透你的浮夸、轻薄、怯懦，似乎已经察觉你的不安、觉醒，以及奋起，以及隐秘暗藏的抱负——于是嘴角上隐然泛起微笑。

六

神秘的笑。因为是一种未确定的两可的笑。并无暗示，也非拒绝。不含情也非严峻的矜持。她似关切，而又淡然。在一段模棱不定的距离里，冷眼窥视你的行止。

她超然于有情和无情之上，然而她也并未能超然于有情无情之上。她的命运也正是你的决定所造就。她的凝视，正是凝视她自己命运的形成。她看自己的命运似乎看得十分真切，

以至她可以完全平静地、泰然地去接受。而此刻，她在有情与无情之上，将有情，却尚未有情。

尚未有情的眼光是最苛求的。如果真是爱了，那爱的顾盼有宽容、溺爱。它将容忍我们的缺陷，慰藉我们的尚未坚强，扎裹我们的创伤。而尚未有爱的顾盼则毫无纵容的余地，它瞄准我们，对我们的要求绝对严、无限大。它在无穷远的距离，向我们盯视、召唤，我们只能是一个无穷极的追求，无休止的奔驰。

七

芬奇是置身于这可怕的眼光中的第一个。而他就是创造这眼光的人。

他在这可怕的眼光中一点一点塑造这眼光的可怕。

世界上的一切，对芬奇来说，都一样是吸引，激起他的惊异，挑起他的探索，是对他的能力的测验、挑战。

向高空飞升，自高空而降的陨落；水的浮，水的流；火的燃烧，火的爆炸力跨过齿轮，穿过杠杆，变大、缩小，栖在强弩的弦上。他制造了飞翼、飞厢、潜水衣、踩水履。他已恍然感到凌空凭虚的晕眩，听长风在翼缘上吹哨，预感到翼底大气的阻力系数。像描绘波状的柔发，他描绘奇妙的流体力学的图式。他使水在理想都市的下水道里听从地流泻。他制造的火花飞到夜空的星丛之间；他用凹面镜收聚太阳的光线；他计算从地球到月球的路程……

云的形状，山峰的形状，迷路在山顶的海贝，野花瓣萼的编制，兽体的比例，从狮子的吼声到苍蝇翅膀的嗡嗡……都引起他的讶异、探问、试验。他从此刻的山、云、海的性质样态，幻想造山时代巉岩怪石的迸飞，世界末日的气、水、火、风的大旋舞。他剖开人体，看血管密网的株式分布，白骨的黄金分割，头颅脑床的凹形，心脏的密室。他画过婴儿的圆润，老人的棱角嶙峋，少男少女的俊秀，从千变万化的面貌中演绎出圣者智者及臃肿戆蠢的丑怪。从面貌的千变万化中捕捉心灵的阴晴风雨，幸福与悲剧。生的微笑，死的恐怖，犹大的阴险惶惑，其余十一个门徒的惊骇、悲伤、无助、绝望，人之子大爱的坦然，圣母的温慈，圣母之母的安详。

他画过尚在子宫里沉睡的胎儿，画过浑圆的孕妇的躯体，画过被吊毙的囚犯，在酣战中号叫的斗士。他守候过生命在百龄老人躯体里如何渐渐撤退。他买回笼鸟，为了放生，却又精心地设计屠杀的武器。而冷钢的白刃却又具有优美的线条，一如少女的乳峰。设计刺穿一切胸膛及一切盾的矛，并设计抵御一切暴力和一切矛的盾……真正是矛盾的人物。神与魔、光与影、美和丑、物和心都被他同等研究、探索、描绘的欲求和兴致，不仅没有神，也没有魔鬼。没有恐惧，也没有崇拜。一切都必须看个明白、透彻。浮士德式的人物。

他的宇宙论里没有神，只有神秘；没有恶魔，然而充满诱惑。

八

但是，女人，这一切诱惑中的诱惑，他平生没有接近过。他不但不曾结婚，而且似乎没有恋爱过。翻完那许多手稿几乎找不到一点关于女人在他真实生活中里的记录。他不是没有召见于当时的绝色而富有才华的伊莎伯代思特，受到其他贵族奇女子的赏识和宠遇，他何尝不动心于异性的妩媚和风采？他不是精微地描绘过她们的容貌的吗？他不是一再画过神话里的丽达的裸体吗？但是他的智慧要他冷眼观察这诱惑的性质、作用。

像一个冷静的科学家，他对于那诱惑进行带着距离的观测。他要从自己激动的心理状态中蝉蜕出来，把自己化为两个个体，精神分裂开来，反观自己，认识诱惑现象。

他像一个炼金术的法师，企图把"诱惑"这元素从这个世界里提炼出来，变成一小撮金粉，储藏在曲颈瓶底给人看。

又像一个羞涩、畏怯的男孩，他只窃窃地躲在窗子后面，远望街转角上她的身影。不吻、不抱。他满足于观察她的傲然、矜持而又脉脉的善意的流盼。他一生就逗留在这青春的年纪，少年维特的危险的年纪。芬奇和蒙娜丽莎，也就是芬奇和女性的关系。而芬奇和女性的关系，也就是芬奇和这个世界一切事物的关系。一切事物都刺激他的好奇、追问，一切事物于他都是一种诱惑。而女性的诱惑是一切诱惑的集中、公约数、象征。

这纯诱惑与追求之间有一种形而上学的距离，如果诱惑者和被诱惑者一旦相接触了，就像两个磁极同时毁灭。没有了诱惑，也没有了追求。这微笑的顾盼是一个永远达不到的极限，先验地不可能接近的绝对。于是追求永在进行，诱惑也永在进行，无穷尽地趋近。

九

芬奇不是一个做形而上学玄思的哲学家。他的兴趣是具体世界的形形色色，和中世纪追求理念世界的哲学是背道而驰的。他的问题在形形色色之中，也只在形形色色之中。他的哲学是这可见的、可度量的、可捉摸的世界的意义，这意义及其神秘也就是形色光影所构成。他的哲学可以看得见，画得出，他要画出这世界的秩序、法则，以图画解说这世界，以图画作为分析这世界、认知这世界、征服这世界、改造这世界的工具。他要画出最初的因，最终的果。他要画出生命的起源，神秘的诞生。他要画出诱惑的本质，知性的觉醒。

十

而有一天，一切神秘、一切鬼眨眼的诱惑的总和，他恍然在这一个女人的面庞上分明地看见了，像镭元素从几十吨矿砂中离析出来，闪起离奇的光。那是一对眼波，少妇的，含激烈的、必然性的、命令性的诱惑，而尚未含情，冷然侧眄。那眼光后面隐藏着一切可能的课题。埋伏着一切鬼眨眼的闪熠，一切形形色色都植根在其中。又似乎一无所有，只是猜不透。

然而探讨必须把这眼光捕捉到，捕捉这不可捕捉的。即使芬奇毕生不曾遇到这一个叫卓孔达夫人的蒙娜丽莎，总有一天，他终要创造出这眼光来的。他画圣母、圣约翰洗礼者不都早就酷似这一面形、这一微笑吗？

卓孔达夫人的笑容究竟是怎样的？由另一个画家画来，会是什么样子？是芬奇心目里的女人的神秘的笑酷似卓孔达夫人的笑呢？还是卓孔达夫人的笑酷似芬奇心目里的女人的笑呢？两个笑容互相回映、叠影、交融，不再能分得开。

十一

这或许是一件平常甚至凡俗不足道的事——画家和模特儿的故事。戈雅（Goya，1746～1828年）曾画了裸体的玛亚，玛亚的丈夫突然想看看画像进行得怎样了，戈雅连夜赶出了《着衣的玛亚》。

富商卓孔达先生聘请芬奇为他的爱妻做肖像。画家一见这面貌便倾倒了。那面貌似曾相识，给他以说不出的无比的吸引。但画家不愿走近模特儿一步。这一面貌是对他的天才的挑战。他用了世间罕见的智慧和绝艺刻画她的诱惑，并画出他所跨不过去、也不愿跨过去的他和她之间的距离。

这或许是一件平常、很可解释而并不足为怪的事——精神分析学家的一个病例。他不能真的去拥抱女人。恋母情结牵引起来的变态心理。他只能把女性放在远处去观照。他不肯把歌赞、爱慕兑换为肉体的接触。但是他把他的追求的心捧出来给人看，不，把她的诱惑隔离出来给人看。他所画的已不是她，不是诱惑者，他直要画出"诱惑"本身，把诱惑提炼了、

第六单元 鉴赏艺术

结晶了，冷藏在画框中。诱惑已经和性别分离开来而成为"纯诱惑"。有人甚至疑心到蒙娜丽莎是少男乔装的女人。芬奇的圣约翰洗礼者正有这样离奇地微笑着的柔和的面孔。但是蒙娜丽莎的那一双手难道也能乔装么？而且便退一百步说，那真是乔装的少年，那么依然是冒充了女性的诱惑，依然是"女性的"诱惑了。

十二

没有发饰，没有一颗珍珠、一粒宝石，没有一枚指环，衣服上没有丝微绣花，她素淡到失去社会性、人间性。只要比较一下文艺复兴时代女子的肖像，就立刻可以发现这一点。她的诱惑不依赖珠宝的光泽、锦绣的绮丽。只伴以背后的溪流，一段北意大利阿尔卑斯山嶙峋峥嵘的峰峦，蜿蜒而远去的山路，谷底的桥。她在室内吗？在外光吗？她在两者之间的露台上。浅绿的天光像破晓又像傍晚，像早春，又像晚秋，似乎在将放花的季节，又似乎空气里浮荡着正浓的葡萄酒的醇香。模棱两可的时刻的模棱两可的空间。没有田园，没有房舍，在这寂寥的道路上，没有驻足的可能。人只能从这峡谷匆匆穿过。而路那么曲折，使旅人惆怅而踟蹰。而此时没有人影。

曦色，或者夕色，抹在她的额上、颊上，袒着的前胸上，手背上。没有太阳，没有月亮，没有星辰。她混入无定的苍茫的大自然之中。汇合了一切视力，这一对眼睛闪烁着、灿然、盼然、皎然如一自然的奇景，宇宙的奇象。

引起另一双眼睛无穷极的注视。

十三

对于具有无穷之诱惑，绝对之诱惑的眼光，只能以无穷追求的心，绝对追求的心去捕捉、去刻画，在生存层次具有无穷诱惑的魅力的东西，那形象本身也必定有无穷尽的造型性的诡谲微妙。敢于从事无穷的追求的人，能感到无穷寻觅的大满足、永远画不完的大欢喜。像驰骋在大草原上的骏马酣欢，因为它跑不完这辽阔的草和天。他必须画出那画不出；他必须画出那画不出之所以画不出。他要一点一点趋近那画不完。而他要画不完那画不完。芬奇曾经把生命消耗在那么多各样的作业上，而一无所成，因为都有个止境；而他不愿意有止境，他只得放弃。

而这一桩工作本身是不可能完成的。不可能的作业，非时间之内的作业。

一年，两年，三年，四年……大诱惑的而淡若无的笑渐渐地在画布上显现，得到恍惚的定影，得到恍惚的定义。然而既是永劫的诱惑和永劫的追求的角逐，绝对零是没有的，总保留着稀微的恍惚、浮动、模棱，总剩余那么一个极限的数字，那么一小段不断缩短的遥远，总还有那么一成未完。而在这残酷、美妙而遥远的眼光下，画家老了。潇洒的长髯，浓密的长眉，透了白丝，渐渐花白，而白花、而化为一片银光、银雾。银雾里的眼睛，炯炯的鹰隼类的目光也渐渐黯淡了，花了，雾了。在她的凝目里，画家临终时，可能还曾在那最后一段不可测度的距离上走上前一步吧，在微妙的面庞的光影之间添上一笔吧，而画家终于闭上衰竭的两眼，让三尺见方的画布上遗下他曾经无穷追求的痕迹。

十四

而此刻，我们，立在芬奇坐着工作了多少晨昏的位置上，我们看蒙娜丽莎的看。在蒙娜丽莎目光的焦点上，她不给我们欣赏者以安适、宁静，她要从我们的眼窍里摄出谛视和好奇，搜出惊惶与不安，掘出存在的信念和抉择的矫勇，诱惑出爱的炽燃和爱之上的追问的大欲求，要把我们有限的存在扯长，变成无穷极的恋者、追求者、奔驰者，像落在太空里的人造星，在星际，在星云之际，永远飞行，而死在尚未触到她的时分，在她的裙裾之前三步的距离里。

注释

[1] 熊秉明（1922~2002年），法籍华人艺术家。本文选自《熊秉明美术随笔》（人民文学出版社，2008年）。

"长跑教练"张艺谋

毛尖[1]

"奔跑"这个词，光在电影片名里就出现过起码三百次，比如汤姆·梯克沃（Tom Tykwer）的《疾走罗拉》（Lola Rennt，1998）。而以"奔跑"作为线索的间谍片、侦探片、武侠片、公路片、动作片更是不计其数。同时，"奔跑"作为一种电影词汇，也很被导演们看好，尤其是表现人间的劫后重逢、亲人们的离别经年或者远离子弹的背影时，以快动作或慢动作呈现的奔跑常被用来营造一个电影高潮，所以作为电影习语的"奔跑"事实上已是陈词滥调。

而奇怪的是，张艺谋最近的两部片子《一个都不能少》（1998）和《我的父亲母亲》（1999）却几乎是轻易地靠了两个年轻女孩的两次奔跑赢得了一片喝彩。是这两个女孩跑得特别好看呢？还是张艺谋把这两次奔跑拍得特别美？或者是这两次奔跑的意义非同小可？在我看来，这主要是因为张艺谋已经成长为中国最好的"长跑教练"。

首先，张艺谋的"运动员"都符合理想的"长跑选手"的心理素质：脾气犟，有拼搏精神，而且百折不挠。这一点从《红高粱》、《大红灯笼高高挂》、《秋菊打官司》和《活着》的"运动员"们身上就看得出来。尤其是秋菊，她遇到官司的时候，身体已经很不方便，可她硬是凭着一股子竞走精神，从村里到县里，最后到省城，在全中国乃至全世界的人心上走了一遍。张艺谋无疑从凯旋的秋菊身上看到了中国人得金牌的希望所在。于是他一鼓作气让一声不吭的魏敏芝在《一个都不能少》里面既长跑又短跑，一直跑到令威尼斯电影节的影评人都感动不已，把金狮奖给了他这个"教练"。接着在1998年，张艺谋训练了章子怡在他的《我的父亲母亲》里跑。"我的母亲"和秋菊、魏敏芝一样，话少，认死理，"咬定青山不放松"，执拗地要把自己和村里新来老师的命运联系在一起。当老师被突然的政治命运带离时，"我的母亲"就抱着热滚滚的一大盆饺子去追赶"我的父亲"，她跑啊跑，跑啊跑，越跑越美，在岁月的惊涛骇浪里，教练张艺谋成功地把政治迫害变成了抒情诗，把绝望换成希望，让所有天真的观众（包括电影节的评委）信以为真——只要你坚持跑下去，你就会赢。的确，他又赢了，《我的父亲母亲》成了"中国的《阿甘正传》"，并在世界范围内激励人心。

当然，张艺谋屡屡地为我们中国电影界捧回金牌绝非易事。他毫无疑问是现今中国最杰出的"教练"。（值得指出的一点是，张艺谋很聪明地意识到中国"女队"的奔跑比"男队"有更多获奖的希望，所以他栽培的无一例外都是女选手。）不过，他棋高一着的地方主要在于，他知道什么时候叫"运动员"发力和收力，懂得如何控制运动量和"运动员"的后劲。在《秋菊打官司》、《一个都不能少》和《我的父亲母亲》中，张艺谋很注意"等待"和"奔跑"的比例，注意"奔跑"前的热身和之后的调节。有大量情节剧的导演滥用"奔跑"，把演员和观众都累得筋疲力尽还不肯罢休。张艺谋则很高明，他知道只有魏敏芝的苦苦守候和

"我的母亲"的长长等待才能让她们的"奔跑"显示意义,所以他毫不吝啬地让魏敏芝在电视台门口等了几天,让"我的母亲"等了几年,一直到观众的眼泪收干的时候,他感叹一声"铁棒磨成针",观众和评委的眼泪再度流下来。

欧洲新浪潮时期的代表作《四百下》(The Four Hundred Blows,1959)的结尾有一段震动电影世界的"奔跑":十三岁的"坏孩子"从管教所里逃跑,他不停地向前跑,既不拐弯也不回头,穿过丛林穿过房屋,一直奔到大海。随着他的奔跑,人声越来越少,自然界的声音,比如鸟声,则越来越清晰。这是一串令人难忘的奔跑,一种在时空中单方面的奔赴,至于他要奔赴的是何处,显然是叫人凄怆不已的——这个不幸的孩子已然被势如潮涌的时空给定了罪,他的奔跑因此一方面是对时空的抛弃,一方面也是让人无限悲伤地向虚空的投奔。所以,"奔跑"在很多时候代表了一种人与世界的不和,一种人在时空里的受挫或遇难,是我们对世界的某种不适应。说起来,张艺谋电影中的这两次著名的奔跑也是来源于此。但是,这两次奔跑最后都被处理得神采奕奕,既不打击时间,也不侵犯空间,魏敏芝和"我的母亲"的奔跑都事先在摄影机的镜头被提炼成一次纯粹的跑步,所以导演张艺谋也就止步于一个"长跑教练",当然,是最好的"长跑教练"。

注 释

[1] 毛尖(1969~),当代作家。本文选自《非常罪,非常美:毛尖电影笔记》(广西师范大学出版社,2003年)。

美,看不见的竞争力

蒋勋[1]

美是回来做自己

在大学里讲美学,我不太会用到"竞争力"。美可能是一朵花,很难去想象如果我凝视这朵花,跟竞争力有什么关系。

我曾在美索不达米亚发现八千年前的一个雕刻:一个女孩子从地上捡起一朵落花闻。这个季节走过北京,如果地上有一朵落花,很可能一个北京的女孩子,也会把它拣起来闻。如果这是一个美的动作,它不是今天才发生的,八千年前的艺术品里就有。所以我在大学上美学课不谈竞争力,就谈这朵花。

那时,我在台湾中部的东海大学。这个学校有十三个校徽,它的前身是辅仁大学、燕京大学、金陵女大、圣约翰大学……当年美国人用庚子赔款建了十几所教会学校,1949年以后庚子赔款余款撤到台湾,成立了一个联合董事会。东海大学就是用这笔钱建起来的。校园很大,整个大度山都是它的校园,校园里到处都是花,每年四月开到满眼缭乱。教室的窗户打开,学生们根本不听我讲课。刚开始我有一点生气,可是我想,要讲美,我所有的语言加起来其实也比不上一朵花。所以我就做了一个决定:"你们既然没办法专心听课,我们就去外面。"他们全体欢呼,坐在花树底下。我问:为什么你觉得花美?有说形状美,有说色彩美,有说花有香味……

把这一切加起来,我们赫然发现:花是一种竞争力。它的美其实是一个计谋,用来招蜂引蝶,其背后其实是延续生命的旺盛愿望。植物学家告诉我,花的美是在上亿年的竞争中形成的，不美的都被淘汰了。为什么白色的花香味通常都特别浓郁，因为它没有色彩去招蜂引蝶，只能靠嗅觉。我们经常赞叹花香花美，"香"和"美"这些看起来可有可无的字，背后隐藏着生存的艰难。

后来我跟学生做一个实验，我们用布把眼睛蒙起来，用嗅觉判断哪是含笑，哪是百合，哪是栀子，哪是玉兰……这个练习告诉我们，具体描述某一株花"香"是没有意义的，每种花的香味都不一样，含笑带一点甜香，茉莉的香气淡远……美是什么？另一种物种没法取代才构成美的条件。我问学植物的朋友：如果含笑的香味和百合一样会怎样？他说："那它会被淘汰了，因为它东施效颦，没有找到自己存在的理由。"所以我常常给美下一个定义：美是回来做自己。可是谈何容易。

"东施效颦"是一个很悲哀的成语

东施效颦的故事大家都知道。西施是上古时代很有名的一个大美女，她的故事有点像李安拍的《色，戒》。吴越打仗，越国打败了，越王勾践要复国，可是军事力量不够，谈何容易，所以他就想到了一个现代人类还在用的方法，训练女间谍。这些女间谍其实是在民间找到的。东村姓施的姑娘就叫东施，西村姓施的就叫西施……如果你只训练一个女间谍，万一她失败了，你就没戏唱了，所以要多训练几个。所以那次越王一次送去十几个美女，让她们运用各种能力去蛊惑吴王夫差。结果西施成功了。

我们不知道西施到底有多美，她留下来的记录蛮特殊，她大概有心绞痛的病，一痛起来她就会皱眉、捂住胸口，后来我们特意把这两个动作命名为"颦"和"西子捧心"。西施每次一心绞痛，夫差简直会爱怜得魂飞魄散。这个时候最痛苦的人是东施，因为她摆出各种姿势，夫差都不太看她。东施大概会经常怨毒地看着西施想：我到底输她什么？美一旦开始有输赢，有比较，其实是蛮悲哀的事。最后东施得出一个非常危险的结论：她会心绞痛，她会发愁，我不会。

其实东施有可能是一个非常健康的女孩子，也许是跑四百米能得冠军的田径选手，皮肤晒得黑黑的……很多人在电影里故意把东施拍成一个很丑的女孩子，我觉得不对，她如果丑，她不会被国家选出来。可悲哀的是，东施到最后没有办法相信她自己也是美的。所以有一天上朝，她故意模仿西施，那么壮、那么健康的女孩子，一皱眉，一捧心，所有人都快疯了。"东施效颦"是一个很悲哀的成语。

既然伸出去不好看，那就蹲下来

关于美，中国的先贤下过很多定义。

老子在《道德经》里说"天下皆知美之为美，斯恶矣"。所有人知道的美已经不是美了。

"美"上面是一个"羊"，下面是一个"大"，所以《说文解字》说：羊大为美。我很害怕这种古书，文字太精简，为什么中国人两千年来都说"羊大为美"？牛大不美吗？后来我看到一个日本学者做了一篇论文，他认为"羊大为美"是早期人类味觉感官，吃羊肉时候感觉到的快乐。这篇论文争议很大，很多人反对：我们现在讲美是视觉的或者精神性的美，没有人会说自己的女朋友美得像一碗羊肉面。可是这篇论文对我很有启发：如果"美"跟味觉有关，我想到另外一个字"品"。

三口为品，一个口是吃，不饿了，才能"品"，味蕾感觉到的酸甜苦辣都变成口腔的记忆和审美。"品"这个字在中国的南北朝被大量运用。钟嵘写《诗品》、谢赫写《画品》，把诗人、画家分为九品。很多诗人写了大量的诗，但是下下品，陶渊明的诗"落地为兄弟，何必骨肉亲"，简直像白话，但他把诗的思辨品质拉到了极致，所以是上上品。"品"是很复杂

第六单元 鉴赏艺术

的审美活动。

现代企业常常讲"品管"、"品牌",品牌是建立在品位基础上的。

香奈儿纵贯二十世纪到现在,是非常了不起的品牌,她的创始人加布里埃·香奈儿是一个在乡下孤儿院长大、生命力十足的女人。年轻的时候,她曾到巴黎卖帽子,卖得并不好。

在1920年之前,法国女人的服装就像印象派画作里那样,胸部很大,腰勒得很细,有的女性去做打断肋骨的手术,为了要十七寸的腰。因为腰勒得太紧,气上不来,讲话经常昏倒。这恰恰给某些男性充当保护神的机会。可是工业革命以后,工商业越来越发达,女性的竞争力不输给男性,越来越多的女性做了企业的主管。她常常要召开会议,如果她的腰只有十七寸,常常要晕倒,她大概很难树立威信。她很聪明,看到了大势所趋,就把男人的西装做出腰身,加上垫肩,改出最早一件女性套装。从此香奈儿一炮而红,她不止设计了一种服装,也改变了性别差异,她塑造了女性可以承担责任的形象。

大众的风起云涌,社会的流行风潮不是没有原因,背后一定有一个东西在驱动,普通人说不清楚那是什么,少数人却能嗅到其中的趋势。而这些人往往不是左脑很强、永远考第一名的人,而是直觉很厉害的人。这就是"看不见的竞争力"。

亚洲在市场经济的战场上跟着西方跑了一百年,很急迫希望我们能赶快追上去。不是在后面追,而是能超越去想。我多么盼望我站在北京的街头,满眼看到的不是香奈儿、阿玛尼、宝马、奔驰……而是我们自己的品牌。

那是我梦想中的北京,这里有过齐白石,有过曹雪芹,有过沈从文,这个城市的文化的底蕴是最厚的,他一点都不输给巴黎、纽约。

当年我到北京,沈从文先生刚过世,我很遗憾,但我的反应没有林怀民那么剧烈。他是一下子就在沈先生的灵台下跪下去了,沈夫人很惊讶,她不了解,我们在台湾的时候,沈先生的书是"禁书",我们偷偷在底下传,并且觉得,如果有一天能跟沈从文说"你一直是我的老师",该是一件多么棒的事情!

所以你看,美的力量比什么力量都要大,它可以让你把未曾谋面的人认作老师,禁都禁不住。

大家如果去香山,可能都会看到曹雪芹纪念馆。其实那几间房子不是曹雪芹住的,但假的都要造一个。怎么可以没有?他曾经在那边生活过,在一个家族的败落里回忆起自己一生的繁华,讲自己一生什么事也没有做,就是认识了一些了不起的女子,这些女子不应该因为我没出息不传世,所以要为这几个女孩子写一部书……现在不是讲女权主义、女性书写吗?曹雪芹在三百年前就是女性书写,他让我们看到那些女性,从更新的角度看待美。

刚才提到了香奈儿,也提到了阿玛尼。大家可以到北京阿玛尼的旗舰店看一下,它的色调偏黑偏灰,很少有缤纷的颜色。喜欢阿玛尼的人说那是低调的奢华,你要看很久才知道那个料子真好,有隐隐的花纹和亮光。这需要很大的信心。如果是东施,她可能会说:我可不可以学一学别的牌子,来一个红色西装?那阿玛尼就完了。阿玛尼成功的秘诀就是笃定地做自己。

有比它更了不起的。单色系可以很美,其实是宋瓷创造的。宋代之前是唐三彩,之后是元青花、清彩瓷、珐琅瓷,宋瓷虽然只有白色、青色,同样也美轮美奂。台北故宫有一个莲花盆,珍贵得不得了,当年不过是养水仙的花盆。现在全世界有六十几件汝窑,汝窑在世界拍卖市场价格是最高的,全世界的贵族都以拥有一件汝窑器皿为荣耀。国外皇家瓷器厂很长一段时间是以宋元明最好的瓷器为母本,做一点简单的加工,镶镶金边之类的。宋瓷其实是世界瓷器第一品牌,而且是一千年的品牌。

世界上,上千年的品牌不止宋瓷一个。有一次我带中国台湾宏基电脑创始人施振荣先生去希腊看阿波罗神殿,那时候施先生心脏刚动过手术,走山路很辛苦。终于到了目的地,他有一点错愕:难道我们走几个小时的山路来看的神殿就是六根柱子?而且还有三根是断的?一般的观光客不太敢这样问,好不容易走上来,赶快拍照又下去了。

我有一点儿要被他问住了,我想了想,回答说:施先生你一路上说,我们要创造自己的品牌,什么叫品牌?如果阿玛尼是品牌,香奈儿是品牌,这个柱子是希腊两千年的品牌。你在台北、莫斯科、纽约、北京,都可以找到这个柱子,全世界不同阵营国家的国会大厦,全部依循希腊柱式。

今天,全世界的孩子学美术,大概都会对着希腊人体雕像画素描;全世界的人,只要去健身房,它的标杆就是希腊的身体。这也是希腊的一大品牌。世界上有很多叫"亚历山大"的健身房,没有叫"孔子健身房"的,如果有人这么叫,它一定没生意。

其实,孔子不见得体弱,他父亲身高超过一米八二,能举起正在下落的城门;他常年在各国讲学,风餐露宿,是典型的背包客。也许我们对古人的概念化想象,把我们原本有的竞争力扼杀掉了。如果我们认定只有希腊的身体是美的身体,我们就会不太知道自己的身体美在哪里。

你知道最早开始思考这个问题的人有多辛苦?

台湾云门舞集的创始人林怀民本来是学现代舞的,但怎么跳,怎么努力,也是学人家,人家还不买账:你为什么要学我们?你腿那么短怎么跳天鹅湖?后来他想:既然腿伸出去不好看,那就气沉丹田,蹲马步。结果他在全世界赢得掌声,因为那是东方的身体,东方的美学。

最微小的努力可能是最大额救赎

中国人有很多美的实践,但无可否认,最早让美成为一门学问的是西方人。"美学"这个词是后来日本人翻译的,翻译产生了很大的问题,仿佛美学就是研究美和丑的学问。然而事实上,美学的拉丁文原意是"感觉学"。

也许我们可以闭起眼睛,感觉一下自己的口腔里有多少味觉的记忆,自己的鼻腔里有多少嗅觉的记忆?

我曾把学生带到菜市场,台湾的菜市场收工之后,会打扫得很干净。我拿布蒙住学生的眼睛,让他们猜白天哪一个摊卖什么。结果他们很快就找到了卖鱼、卖葱、卖姜、卖牛羊肉的摊子。

那么,气味到底是什么?它是肉体生命已经不在了,还在空气里流动着的东西。

母亲过世以后,我常常闻到她的味道,我一直觉得是我的幻想,因为我跟她太亲。做了菜市场的实验,我才发现:鼻腔的记忆体是这么灵敏,最爱你的人已经离你而去,她的味道却挥之不去。

几年前,发现鼻腔里记忆腺体的科学家已经得了诺贝尔奖,他发现人能分辨一万多种嗅觉。你能闻出这么多的味道吗?你是否记得春天从北方吹过来的风沙的味道?去香山的时候,你是否闻到过松树的清香和苔藓的潮湿?收割后的田野、大汗淋漓的爱人,是否在你的鼻腔里留下记忆?

年轻的时候,我在巴黎读书,读到第四年突然很想家。在香榭丽舍华丽的街道上,蓦然觉得秋天的荒凉。忽然,我的鼻腔释放了一种味道,让我一下子热泪盈眶。那是台湾夏天七八月间,太阳晒了一整天,晒到土都发烫,忽然来了一阵暴雨,土壤泛起的味道。我才发现乡愁是气味。你想家的时候,想的可能是某种奇怪的小吃,它一下子把你底层所有的东西都唤起。

你的眼睛能看到多少种颜色?科学家说,我们的视网膜能分辨两千多种颜色。大家会不会觉得很奇怪,有那么多吗?红、蓝、紫……你数几个就数不下去。

刚才我们讲到,汝窑是世界第一瓷器品牌,有名"雨过天青",最早是五代后周世宗创造的。别人问世宗:你喝茶的茶杯是要蓝色的还是绿色的。他看着天说:给我烧一个雨过天晴的颜色。工匠很犯难,因为他要等下雨,等雨停,要看天空很久,观察到天光在蓝跟绿之间变幻,其间又透露出太阳将要出来的淡淡的粉红色。聪明的皇帝宋徽宗把它沿用下来了。康德说"美的判断力",把这样的色彩固定在瓷器上,需要多么高超的"美的判断力"!

我们在做美的判断的时候,视觉通道打开了,听觉通道也打开了。

听觉并不只是听贝多芬、巴赫。今天是寒露,入夜以后,如果你仔细听,应该可以听到树叶的沙沙的声音,伴随秋天最早到来的是声音。我们的古人写过多少关于"秋声"的诗,古代文学里有多么好的敏感度!如果我们只知道让孩子背唐诗宋词,而忘了让他聆听秋天的声音,那没有太大意义。

秋声一来,过不了几天,香山满山的银杏都会变黄,洒落一地。

今天我们讲竞争力,掉了还有什么竞争力?因为接下来的季节是一个艰难的季节,在纬度这么高的地方入秋入冬养分是不高的,只能把部分肌体牺牲掉,保存最好的水分和养分,来年春天重新发芽。如果你看到了秋天凋零的悲哀,那你恐怕不懂什么叫"看不见的竞争力"。庄子说"天地有大美而不言",大自然每一天都在做美的功课,可是他不讲话。

我最敬佩的老师佛陀,没有写过一本书,我们今天看到的很多佛经,不过是他学生的笔记,所以开头总是说"如是我闻"。有一天佛陀不想讲课了,就拿一朵花给大家看。他的意思是说:我一生讲的经,就在那朵花里,你懂得了那朵花,就懂得了生命本身。

回到生命的原点,才能看到美。美最大的敌人是"忙",忙其实是心灵死亡,对周遭没有感觉的意思。我们说"忙里偷闲","闲"按照繁体字的写法,就是在家门口忽然看到月亮。周遭所有最微小的、看起来最微不足道的事情,可能是我们最大的拯救。我不觉得,今天在这个城市里,我们讲任何大道理对人生有什么拯救,我们能做的是许许多多微不足道的小事,一点点像女娲补天一样,把我们的荒凉感弥补起来。

看到大,也关心小

这个城市有多少被你遗忘的角落?

大家都知道《清明上河图》,一个画家受命去画他的城市,表现其中的繁华。画家画了一千六百多个人,各式各样的场景。其中有一个场景:官家的轿子出来,前面有人举着"肃静回避",一个小孩在路中间玩,他妈妈怕他被马踩到,惊惶地把他抱起。如果是你受命拍一个关于北京的纪录片,你能不能拍出这个画面?

还有一个画面,出现在画卷快结束的地方。一个做大官的人进城,前有开道车,后有随护。城门口有一群叫花子,其中有一个没有腿,做官的人回头看了他一眼。看到这个地方,我觉得这个画家真了不起。我的学生问我:你觉得那个做官的人后来给乞丐钱了吗,我说我不知道,我觉得一个画家能画出大官跟乞丐的对视就很了不起了。

好几年前,我路过天安门广场,在长安街上看到一个画面:那一定是一个乡下来的妇人,因为只有下田劳动的人才会有那么粗壮的骨骼。她喂孩子吃奶,毫不遮掩,孩子吃饱了,奶汁还很多,她就让奶滴到长安街上。我觉得那个身体好动人:她跟那个土地是在一起的。我问自己:T台上的美跟这个妇人的美,哪一个能让我记忆更久?

美不仅仅是华服名模,甚至不仅仅是清风明月、巴赫、贝多芬,要看到美,我们首先要看到生命存活的艰难。

唐朝人喜欢画牡丹。我曾在二月间到日本皇宫里看过牡丹,全部用草围着,上面还撑一把伞,因为牡丹有一点风吹雨打就会凋零。宋朝以后发现牡丹的美不能体现生命顽强的竞争力,就开始画梅花。王冕的《南枝春早》成了传世名作。如果说唐朝创造了牡丹的美,宋朝发现梅花的美,我们这个时代用花来象征,可以找到什么?

上海世博会的中国馆使用汉朝斗拱的造型,堆砌出一个倒三角形的飞檐式建筑。我看了很辛酸。因为我看到它强大的背后,是几乎要被世界列强瓜分殆尽的屈辱记忆。所以它的强是一定要撑出来。可是我看到英国馆,轻轻松松就做出一个好漂亮的东西。当时我就想:如果真的是大国崛起,必须有最笃定的自信,不去做场面上的东西,而是回到最小的事情,慢慢做,不一定要那么快。现在的强有一点用力,并且用得好辛苦,我害怕它变成烟火,那么绚烂华丽,可是一下没有了。

唐的文化、宋的文化为什么有厚度?因为它看到大的,也关心小的。杜甫挤在难民里面逃难,写出"朱门酒肉臭,路有冻死骨"。如果这十个字变成千古绝唱,我觉得不是诗的技巧,而是诗人心灵上动人的东西:他看到了人。同样那捧白骨,很多人走过去都没看到。

[1]蒋勋(1947年~),当代艺术家。本文选自2011年11月3日《南方周末》。

扩展阅读书目

1.《约翰·克利斯朵夫》(罗曼·罗兰著)
2.《傅雷家书》(傅雷著)
3.《艺术的故事》(贡布里希著)
4.《世界舞蹈史》(库尔特·萨克斯著)
5.《我的艺术生活》(斯坦尼斯拉夫斯基著)
6.《人类的艺术》(房龙著)
7.《外国文学艺术家轶话》(黎央编著)
8.《外国美术名作欣赏》(朱伯雄编著)
9.《中国美术名作欣赏》(叶尚青等编著)
10.《欧洲古典名曲欣赏》(马慧玲编著)
11.《大画家传》(亨利·托马斯、达纳·李·托马斯著)
12.《汉字书法之美》(蒋勋著)

第七单元　口语表达

导读：语言就是力量

语言，是人类专有的交际工具。没有语言，就没有人类，就没有人类的辉煌文明！如果把 36 亿年的生物进化史浓缩为一年，人，在这一年中的最后 24 小时诞生，而促使人和其他动物分道扬镳的最重要的力量之一就是人学会了说话。

原始人类早就意识到了语言的神秘作用。在几乎所有伟大的文化宗教的传说中，语言总是和至高无上的创世主联系在一起的。古埃及神话记载："心与舌"的力量是创世神普塔的属性。普塔凭借心之思想和舌之命令创造并统治着所有的神和人、所有的动物及一切有生命的东西。在基督教的宗教故事中，传说天下的语言本是一致的。人类进化了就商量着要造一座城和一座塔，直通到天上。耶和华上帝害怕了，说："看哪，他们成为一样的人，所说的都是一样的语言，如今既然做起这样的事来，以后他们要做的事就没有不成功的了。"于是，耶和华设计变乱了人类的口音，使人们彼此之间语言不通，人类修塔的工作只好停顿了。直到今天，巫师的符咒，僧人的诵经，牧师的传教，以及在喜庆的日子里不准说不吉利的话的种种禁忌，都隐隐地透露出人类对语言力量的崇拜和畏惧。

会说话是一件了不起的大事。剥开宗教神秘的外壳，语言的作用是，帮助人们结成了社会，发展了思维，组织了生产，并使人类文明的成果代代相传。因此，法国大文豪雨果说："语言就是力量。"

（一）口语表达对于社会的意义

1. 在政治风云的斗争中，口语表达具有举足轻重的作用

社会离不开政治风云的洗礼。古今中外的执政者和有识之士，历来看重口语表达的重要作用。

我国很早就有这方面的文字记述。《周易·系辞上》就说："乱之所生也，则言语以为阶。"认为制造混乱可以借语言为媒介。孔子就明确指出，"一言而兴邦"，"一言而丧邦"（《论语·子路》）。管子则认为，"一言得而天下服，一言定而天下听"（《管子·内业》）。刘向说得更具体："百行之本，一言也。一言而适，可以却敌；一言而得，可以保国。"（《说苑·谈丛》）他把说话当成百行之本，这是非常有见地的。

纵观历史，横看现实，成功的政治家无一不以自己突出的口才取胜。他们机敏睿智、伶牙俐齿、巧发奇中、一言九鼎，为维护国家、民族的利益，或游说，或劝谏，或答辩，或谈判，或演讲，或辩论，均以口才导航政治风云，左右形势演变，化干戈为玉帛，挽狂澜于既倒。

战国时，秦国吞并了韩、魏这两个大国之后，接着企图染指小国安陵。安陵君派唐雎到秦国交涉，同专横、凶残、贪婪的秦王进行了一场殊死的唇枪舌剑之战；痛斥了秦王的无理要求，打击了秦王的嚣张气焰，维护了国家的领土和主权。汉末，诸葛亮与刘备的"隆中

对",一席话将天下三分,奠定了蜀汉的基业;他后来又巧言游说江东,劝说孙权与刘备联手共同抗击强大的曹操。明末,李自成起义,他每到一处都以"均田免粮之说相煽诱",其部下李岩等人还编出歌谣广为宣传:"吃他娘,着他娘,吃着不够有闯王;不当差,不纳粮,大家快活过一场。""朝求升,暮求合,近日贫汉难存活。早早开门拜闯王,管教大小都欢悦。"这些口号、歌谣有力地推动了农民革命的发展,使农民军不断壮大,以急风暴雨之势从陕西经山西直捣北京,逼死崇祯皇帝,明朝灭亡。

近代爆发的"五四"运动和"一二·九"运动中,爱国学生为了国家、民族的存亡,走上街头,挥泪演讲,极大地调动了全国人民的革命热情,深刻揭露了汉奸、卖国贼丧权辱国的卑劣行径,有力地挫败了帝国主义和反动派的阴谋。

1936年西安事变发生后,中共代表周恩来到西安与蒋介石进行面对面谈判,凭借着卓越的口才,使蒋接受了中共的政治主张。至此,国内纷纷扬扬、动荡不定的政治局势得以稳定。

美国南北战争中,南方奴隶主驱使奴隶为自己卖命。为了粉碎南方奴隶主分裂国家的企图,瓦解其武装力量,林肯总统及时在内阁会议上发表了《解放黑人奴隶宣言》,他向奴隶们庄严宣告:从1863年1月1日起永远获得自由。两天后,他又站在白宫阳台上向群众演讲,重申这一宣言。他深信,这可以"换取这个国家未来的幸福和繁荣昌盛"。果然,宣言发布之后,奴隶纷纷倒戈、逃亡,南北形势发生巨变,很快,林肯领导的北方军获得了彻底的胜利。

这些无不显示出言辞在政治风云中的极大威力。

正因为如此,历来统治者都力图引导人们的舆论,希望人们说的话有利于自己的统治,有利于国家、社会,而不要损害自己的统治,不要损害国家和社会。

2. 在军事争战中,口语表达能够突显谋胜的作用

古希腊年迈国王退位时,对即将登上宝座的儿子说:"舌头就是一把利剑,演讲比打仗更有威力。"我国的孙子也说过:"故善用兵者,屈人之兵而非战也,拔人之城而非攻也,毁人之国而非久也,必以全争于天下,故兵不顿而利可全,此谋攻之法也。"在军事争战中,善于用兵的将帅,是可以不靠双方刀兵相交就能取胜的,孙子把这种行为称为谋攻——谋划进攻,就是以谋取胜。他认为,不战而使敌人屈服,这是好中之好的谋略。而口才,正可以不战而屈人之兵。正如刘勰所说:"一人之辩,重于九鼎之宝;三寸之舌,强于百万之师。"

战争是政治的继续和表现。战场上,敌对双方都以挫败对方为目的。双方力量的强弱当然是不可忽视的条件,但在很多情况下,并非强大的一方就能取胜。对于弱方来说,尤其需要实施口才谋略。

诸葛亮可算是我国历史上最善于以口才谋攻之人。《三国演义》中有许多关于他以口才制胜的故事,以第九十三回"姜伯约归降孔明 武乡侯骂死王朗"最为典型。诸葛亮率军北伐,在渭河边与魏国大都督曹真的大军相遇。曹军中有一位素以舌辩著称的司徒王朗,他自请上前线劝降诸葛亮。在两军对峙的阵前,王朗摇唇鼓舌,引经据典,包罗万象,口若悬河;满以为诸葛亮听了这一席话,会"倒戈卸甲,以礼来降"。不想,诸葛亮随机应之,在言明了自己北伐之因,分析了天下形势之后,话锋一转,直指王朗:"吾素知汝所行:世居东海之滨,初举孝廉入仕;理合匡君辅国,安汉兴刘;何期反助逆贼,同谋篡位!罪恶深重,天地不容!天下之人,愿食汝肉!……皓首匹夫!苍髯老贼!汝即日将归于九泉之下,何面目见二十四帝乎!"王朗听罢,气满胸膛,大叫一声,撞死于马下。曹军受挫,军无斗

第七单元 口语表达

志而致大败。对此，后人有诗赞诸葛亮说："兵马出西秦，雄才敌万人。轻摇三寸舌，骂死老奸臣。"

尽管这是经过加工的文人之作，但以口才制胜，可见一斑。

3. 在经济活动中，良好的口语表达具有一言九鼎的作用

1998年3月，刚刚就任中华人民共和国国务院总理的朱镕基在记者招待会上郑重承诺："人民币不贬值。"就这样一句话，对深受金融风暴的困扰、一直动荡不安的亚洲经济形势起了很大的稳定作用。

1998年4月，在英国伦敦召开的第二届亚欧首脑会议上，日本首相桥本龙太郎于第一轮发言中谈到，日本经济遇到了第二次世界大战以来最严重的困难。当天，日本东京交易所日经指数大幅度下降。两天后，桥本首相在第二轮发言中又谈到，日本经济虽然遇到了困难，但并未到崩溃的边缘，现正在复苏，前景看好。当天，东京交易所日经指数又大幅度上升。

1991年，中美知识产权谈判前，中方团长突然患病，刚出任对外经济贸易部副部长4个月的吴仪，临危受命替补上阵。由于当时美国人在知识产权问题上的强势和国内保护现状，此次谈判的任务极其艰巨。正是在此次赴美谈判中，一段精彩的对话广为流传，吴仪在外交场合强硬、机智的形象跃然而出。谈判开始时，颇为傲慢的美方代表先声夺人："我们是在跟小偷谈判"。吴仪立刻回应："我们是在和强盗谈判，请看你们博物馆的展品，有多少是从中国抢来的。"新华社时政记者车玉明曾多次随吴仪出访。在他印象中，在吴仪出席的外交和新闻发布会上，时常会有一些刁钻的问题被提出，"我们从来不为她捏把汗，就等她做出精彩的回答"。1992年1月17日，中美知识产权谈判终于有了结果，吴仪代表中国政府在《中华人民共和国政府与美利坚合众国政府关于保护知识产权的谅解备忘录》上签署了自己的名字。吴仪因此一战成名。舆论认为，吴仪领导的中国代表团的谈判技巧是谈判成功的重要因素。

4. 在外交公关中，得体的表达能够排难解纷

国家之间、团体之间、企业之间、组织之间，会有形形色色的交往，这些交往在许多情况下是由代表他们的人以口才的形式来实现的。善表达者对友好的双方来说，能沟通彼此的联系，增强彼此的友谊，消除彼此的隔阂，化解彼此的矛盾；对敌对的双方来说，可以表明自己的立场，维护自己的权益，震慑对手的野心，麻痹对手的意志，诱导对手的言行。因此说，它是国家、团体、企业、组织进行外交和公关活动排难解纷的融合剂。

我国春秋战国时期那些朝秦暮楚的策士，就是这种融合剂的充分体现。他们为了某国某时的需要，出使外国进行游说，今天联合此国对付彼国，明天又联合彼国对付此国。其中，以战国时主张合纵的苏秦与主张连横的张仪最为典型。

现代社会，国家、团体、企业、组织之间的交往日渐频繁，外交公关中的口才运用屡见不鲜。周恩来总理就以外交口才著称于世。1955年4月他率团出席在印度尼西亚万隆召开的亚非会议。会上，伊拉克代表团团长贾马利大肆污蔑共产主义，一些国家则直接攻击，怀疑中国会搞渗透和颠覆活动。会议宗旨一下被扭转。轮到周恩来发言时，他丢开事先准备好的发言稿，针对现场形势即兴发言，第一句话就是："中国代表团是来求团结而不是来吵架的。"既表明了立场又扭转了气氛。接着他直言不讳地指出中国信仰共产主义，但并不要求别国也信仰，中国是为求同而来，不是为立异而来，我们中间完全有求同的基础。他态度真诚，口气温和，几句话便吸引住了听众，使之纷纷露出满意的笑容。他在阐述了中国的外交

政策后，提高声音说："十六万万亚非人民期待着我们的会议成功。全世界愿意和平的国家和人民期待着我们的会议能为扩大和平区域和建立集体和平有所贡献。让我们亚非国家团结起来，为亚非会议的成功努力吧！"全场爆发起经久不息的雷鸣般的掌声。在1972年美国总统尼克松访华时，为《中美联合公报》的产生，周恩来与美国总统国家安全事务助理基辛格进行了针锋相对、唇枪舌剑的较量。在原则问题上，他毫厘不让；在枝节问题上，他主动协商。从北京谈到上海，最终在尼克松上飞机回国的前一刻达成共识。基辛格后来回忆周恩来时还特别提到：他是我所遇到的最善于谈判的人。

（二）口语表达对于个人的意义

1. 口语交流是信息获取的最佳形式

任何人都需要获取信息。获取的媒介当然有多种，但最简洁、方便迅速的，还是口语的交流。从效果上说，口语交流往往比其他形式要好。因为它有一种现场交流感，更能引起人的注意和重视。这种口语蕴涵着信息，其发布者借助口语的媒介将它传送到接受者的耳朵里，接受者便可从中了解情况、认识事物、获得知识、确定态度，并且，这种信息的传递，无论是有意的还是无意的，都可以被获取。

1998年4月3日，朱镕基总理在出席伦敦召开的第二届亚欧首脑会议期间，与英国首相布莱尔会晤了90分钟。据法国《论坛报》报道："唐宁街10号首相府的发言人说，布莱尔聚精会神地听朱先生向他详细说明了他的雄心勃勃的改革计划，首相听得都入神了。"日本《东京新闻》对此则报道说："应布莱尔首相的要求，朱镕基总理热诚地介绍了中国改革的情况，而且还不时掺杂着英语进行说明。会晤结束后，布莱尔感慨地说：'非常佩服朱总理的实践经验。'"这说明，布莱尔希望在与朱镕基的会晤中，获取他所希望获取的信息，他得到了满意的结果。

2. 良好的口语表达是自我保护的武器

人在社会生活中难免会受到来自社会方方面面对自己身心、权益的伤害或指责等。对此，如果不甘受辱、委屈，你总要伸张正义，讨个说法，以保护自己。而在很多情况下，你是无法以其他形式来达到自我保护的目的的，最靠得住的是自己的嘴。只要能够说话，就一定要说，抓住时间、寻找机会以口才辩诬、申诉、宣传，进行自我保护。

大家都知道纪晓岚的故事，他学识宏富，能言善辩，机智敏捷。有一天，乾隆皇帝找纪晓岚问他："何为忠孝？"纪晓岚说："君叫臣死，臣不得不死，为忠；父叫子亡，子不得不亡，为孝。合起来，就叫忠孝。"纪晓岚刚答完，乾隆皇上说："好！朕赐你一死。"纪晓岚当时就愣了：这从哪里来？怎么突然赐我一死？但是皇帝金口玉言，不得违抗，纪晓岚只好谢主隆恩，三拜九叩，然后走了。大概也就有半炷香的工夫，纪晓岚气喘吁吁地就跑了进来，扑通就给乾隆皇帝跪下。乾隆："大胆，纪晓岚！朕不是赐你一死吗？你为什么又回来了？"纪晓岚说："皇上，臣去死去了，我准备跳河自杀，正要跳河，屈原突然从河里出来了，他怒气冲冲地说：'你小子这不是混蛋吗？想当年我投汨罗江自杀，是因为楚怀王昏庸无道。想当今皇上皇恩浩荡、贤明豁达，你怎么能死呢！'我一听就回来了。"这时候，乾隆皇帝还能说什么？最后，乾隆皇帝自己不得不解嘲地说："好一个纪晓岚，你真是能言善辩啊！"纪晓岚凭借自己的口才，救了自己一条命。可见，良好的口语表达也是保护自己的一种武器。

3. 卓越的口语表达有利于实现自己的人生价值

口语表达能力，是一个人思维本领、知识底蕴的综合表现。在很多情况下，社会、组织

第七单元 口语表达

对一个人的认识、了解，以及人与人之间的认识、了解，都是通过人的口语表达来实现的。一个人思想怎样、水平如何，听他说话、同他谈话，就可得知。当然，检验和衡量一个人思想、才能、学识的渠道是多种多样的，但那需要时间和条件。在组织或个人需要尽快认识与了解他希望认识、了解的人时，听其说话、同其谈话，则是最直接、有效的手段。

有两个汽车司机，要竞争上岗，只能留一人。第一个司机作了演讲，大概讲了十来分钟，说我将来要开车，一定把车收拾得非常干净利索，遵守交通规则，而且要保证领导的安全，一定要做到省油，等等。第二个司机，三分钟都没说到，就结束了。他说，我过去遵守了三条原则，现在我遵守三条原则，如果今后用我，我还遵守三条原则：第一，听得，说不得；第二，吃得，喝不得；第三，开得，使不得。我过去这样做，今后我还这样做。用人单位一听，好！这个司机好！好在什么地方？听得，说不得，意思是说，领导坐在车上研究一些工作，往往在没讲之前都是保密的，我只能听，我不能说，说不得，不能泄密。吃得，喝不得，意思是说经常陪领导到这儿开会，到那儿参观，最后总得吃饭吧？好，我也得吃，但是千万不能喝酒，这叫保护领导的生命安全。第一保密，第二保护领导的生命安全。第三，开得，使不得。你别看我开车，但是如果领导不用车的时候，我也绝不为了一己私利而私自开车，公私分明。这种司机，谁不用？这就是口才。是口才使第二个司机获得了成功。

表达不一样，效果就不一样，这就是语言的魅力！

（三）口语表达的技巧

1．口语表达要讲感情话

口语表达，必要的时候一定要善于讲感情色彩较强的话。在讲话中，适当加些修饰性、容易让人动情的词语，就像做菜时的调料一样，很容易出味。例如，2005年胡锦涛总书记在纪念中国人民抗日战争暨世界反法西斯战争胜利60周年大会上的讲话是这样说的：

> 第一次世界大战结束后，德、意、日法西斯势力逐步控制本国政权，他们对内实行残酷镇压人民的反动统治，对外疯狂侵略扩张，在亚洲和欧洲形成了两个战争策源地。他们企图重新瓜分世界，肆无忌惮地在欧洲、亚洲、非洲及太平洋地区发动野蛮的侵略战争，把整个世界拖入了血雨腥风和战火硝烟之中，使许多民族面临着生死的威胁，使人类面临着严峻的挑战。打败法西斯侵略，成为当时拯救人类文明最紧迫的任务。世界爱好和平与正义的国家和人民奋起抵抗，建立了世界反法西斯统一战线，开展了抗击法西斯侵略的英勇斗争。

这段话中"疯狂"、"肆无忌惮"、"野蛮"、"血雨腥风"、"战火硝烟"等词语，都带有强烈的文学色彩和感情色彩。

原江苏省宿迁市委书记仇和在升任江苏省副省长后，在宿迁市领导干部大会上做告别演讲时说：

> 在学校读书时，我就一直喜欢艾青先生的诗句："为什么我的眼里常含泪水？因为我对这片土地爱得深沉……"今天，在这里，我和同志们、同事们告别，和宿迁人民深情告别，和这方热土深情告别，我就更懂得了它所蕴涵的深情！今后，无论我走到哪里，宿迁，这块给我太多感动和真诚的土地，我都会永远回忆和珍藏。宿迁的每一步发展，我都会关心、支持；宿迁的每一点变化，我都会高兴、喜悦；宿迁的每一个胜利与成功，也都会带给我无穷的动力和无限的鼓舞。

仇和在宿迁工作的成就是有目共睹的，因此他的演讲文采四溢、感情奔放热烈，许多在场的人都是含着眼泪听完这次讲话的。

2. 口语表达要讲究大众化

口语表达要使用群众的语言，群众的语言是生动的，也是鲜活的，要提高语言表达能力，就要向群众学习，用群众熟悉的语言跟群众说话。心血管病专家洪昭光教授所做的健康报告之所以那么受欢迎，就是因为他的报告通俗易懂、生动活泼，运用大量的群众熟悉的喜闻乐见的语言。例如："走路比药好：天天三笑容颜俏，七八分饱人不老；相逢借问留春术，早晚走路比药好。""八字健身歌：日行八千步，夜眠八小时；三餐八分饱，一天八杯水；养心八珍汤，强体八段锦；米寿八十八，茶龄百零八。""三平是个宝：平常饭菜，一荤一素一菇，粗粮细粮豆腐；平和心态，不争不恼不怒，爱心宽容大度；平均身材，不胖不瘦不堵，天天早晚走路。"洪昭光教授报告立意高远，精辟而不俗，用的都是老百姓的语言，让人能够听得懂，感兴趣，用得上。正是这些通俗的语言，才把大众健康科普知识的种子撒播到人们的心里去了。

厦门大学易中天教授在《百家讲坛》上一举成名，很重要的原因就是易中天教授面向广大群众，善于运用群众的语言，于是观众认为彼此之间没有距离感，学者不是居高临下、咄咄逼人，也就不会让人有对立情绪，产生逆反心理。关于这点，易中天教授说：

> 现代传媒的受众是一大群松散的人们，他们散落在各个家庭或办公室里，利用自己的闲暇时间，有一搭没一搭地接受着媒体上的信息。他们可选择的东西很多，并且是各色人等，老中青幼，各种文化程度的人都包括，正所谓众口难调。能不能把观众吸引过来看有关传统文化的内容？这就要求学者用非学术的语言，来讲学术性的内容。说得再白一点，你要说人话，别说书话，更不能打官腔。我总结我自己就是三句话，也叫三要三不要：说真话不说假话，说实话不玩虚套，说人话不打官腔。

事实上，我们想提高自己表达能力的人不都是应该这样吗？

3. 口语表达要语言新鲜

口语表达的观点是"灵魂"，这个灵魂也需要新鲜的语言包装。口语表达固然不追求辞藻华丽、讲究绘声绘色，但是也不能排斥语言的生动与创新，否则灰头土脸，味同嚼蜡，表达的效果就会大打折扣。例如，吕日周在清华大学演讲时说：

> 官场如磨石：你是个球，会越磨越圆滑；你是把剑，会越磨越锋利。
> 官场如池塘：你是荷花，会出污泥而不染；你是荒草，会入污泥而腐败。
> 官场如草原：你是蜜蜂，就飞向鲜花；你是苍蝇，就寻找粪堆。
> 官场如田野：你是黄牛，就在阳光下劳作；你是黄鼠，就入暗洞里折腾。

吕日周的这些语言新鲜生动，给听众和读者留下了深刻印象。

著名教育改革家魏书生也是一位杰出的演讲家。例如，关于培养怎样的孩子，魏书生说：

> 尽管我们个人无法改造客观世界，但我们可以把自己的内心世界管理得天晴日朗，能让自己更珍爱生命，善待他人，求真务实，奋发进取，能方善圆，宽容开朗。生活的大浪也许把我们冲上高峰，也许把我们卷入深谷。无论在哪一个坐标点上，我们都能让自己自强不息、乐观进取，高楼住得，茅屋居得；高官做得，百姓当得；寒也耐得，暑也熬得；表扬禁得，批评听得；顺境处得，逆境受得。

魏书生的成功除了他的教育思想、教育理念及苦干巧干外，其新鲜的演讲语言也为他走向成功助了一臂之力。

4. 口语表达要有适当的幽默感

古今中外很多成大事业者都具有一定的幽默感。幽默是一种学问，一种艺术，一种品质，一种化干戈为玉帛的良药！

　　小王和小芳结婚十年感情一直很好，某日却为家庭琐事起"战火"。两人面红耳赤，争吵不休，谁也不肯让步，无奈小王只好赌气收拾几件衣服装进包里，扬言外出之后永不再踏进家门，然后愤然甩门而去。

　　半小时后，小芳正后悔莫及，小王又推门而入。

　　"又回来了？"小芳惊喜地问。

　　"我刚才走得太急，忘了把你也带上了。"

　　其实，不仅是在夫妻之间需要这样的幽默，在工作中，在与人相处中，也一样需要这样的幽默！适时幽默可以使原本紧张的气氛变得轻松，使原本不愉快的场面变得愉快！

　　作为教师，在教学中更应该懂得幽默！你的幽默可以使学生更亲近你，更愿意上你的课，更加专心地听你的课；你的幽默可以使你的课堂轻松，使学生更轻松、无负担地学好更多的知识；你的幽默可以使犯了错的学生更愿意接受你的教诲。

　　1972 年，尼克松总统访华，周恩来总理前往机场迎接。当尼克松总统步下舷梯，双方紧紧握手的时候，周恩来意味深长地说："您从大洋彼岸伸出手来，和我握手，我们已经 25 年没有联系了。"周恩来的话中包含了中国领导人对中美关系一段不正常历史的提示，也体现了中国领导人对美国政府不得不承认中国的存在的一种自傲。周恩来在语言表达形式上给尼克松留下了深刻的印象，尼克松后来回忆道：周恩来的话使人感到形象、机智、高雅和态度友好。

　　语言和思维是无法分离的孪生兄弟。一个智力低下、学识浅薄的人掌握不了高超的语言技巧。反之，一个说话结结巴巴、词不达意的人也不会成为真正的人才。著名科学家爱因斯坦说过："一个人的智力发展和形成概念的方法在很大程度上取决于语言。"

　　1935 年，我国老一辈知名学者陆侃如先生当时正在法国巴黎大学攻读博士学位。在博士论文答辩会上，正常的提问都难不倒这位才华横溢的中国年轻博士。突然，白发苍苍的法国主考教授开玩笑似的提了一个怪问题："《孔雀东南飞》这首诗里，为什么不说'孔雀西北飞'？"陆侃如应声答道："西北有高楼。"（《孔雀东南飞》和《西北有高楼》都是魏晋南北朝时期著名的古诗。）师生间机智高雅的问答带给我们一种智慧、学识和语言的享受，也带给我们两点启示：借助于语言，陆先生才能掌握浩瀚的古典文学知识；借助于语言，陆先生才能对近乎开心的提问做出非常规的应变。

　　适当的幽默是一种智慧！

科学的颂歌

爱因斯坦[1]

亲爱的朋友们：

我十分高兴看到在我面前的你们——选择了科学作为职业，精力充沛的青年人队伍。

我将反复唱一首赞歌，赞美在应用科学上我们已经取得的伟大成果，赞美你们即将带来的更大的进步。事实上，我们是在应用科学的时代，也是在这样一个应用科学的国度。

如果说我现在是在不合时宜地说话，那是错误的！恰像有人认为不开化的印第安人经济不丰富、生活不愉快一样，但我不这么想。事实上，开明国家的孩子是那样的喜欢"印第安人"游戏，这具有深刻的意味。

伟大的应用科学又使我们减少劳动，使生活变得安乐舒适。但为什么现在它带给我们的幸福这么少呢？简单的答案是：因为我们仍然没有把科学置于合理的应用之中。

战争年代，科学为我们可能中毒和相互伤害服务；和平时期，它使我们的生活变得匆忙和不稳定。它从大规模的脑力消耗的劳动中解脱我们，但它使人们成为机器的奴隶——人们的大部分时间都用在了漫长单调的令人厌恶的工作上，且还要继续担心自己可怜的口粮。

你们可能觉得我这个老头儿唱的歌不中听，可是，我这么说具有一个良好的目的——为了指出科学的重要和前途。

为使你们的工作能够赐福于人类，仅仅懂得应用科学本身是不够的！对人类本身及其命运的关心必然总是培养出努力学习各种技术的兴趣；对尚未解决的物质起源和商品分配的问题的关心——为了我们思想意识的建立，将会给整个人类带来幸福而不是灾难。在你们的图表和方程式中千万不要忘记这一点。

注 释

[1] 爱因斯坦（1879～1955年），现代物理学的开创者和奠基人，诺贝尔物理学奖获得者。这篇演讲稿具有一种独特的风格：它没有滔滔不绝的雄辩，没有机警犀利的语言，甚至也没有运用多少演说技巧，因此从总体上看，它不属于演说家所作的富于文采的那一类演讲。那么它是靠什么取得成功，又靠什么来吸引听众的呢？靠深刻睿智的思想。它给我们的启迪是，演讲的成功不仅在于演讲者掌握了多少演说技巧，更重要的还在于演说的内容，在于演说者对演说涉及问题深刻的见解，在于演说者本人的思想水平和见地。有了深刻的思想，技巧才能相得益彰。本文选自《演讲理论与欣赏》（武汉大学出版社，2005年）。

一个遗臭万年的日子

罗斯福[1]

副总统先生、议长先生、参众两院各位议员：

昨天，1941年12月7日——一个遗臭万年的日子——美利坚合众国遭到了日本帝国海空军部队蓄谋已久的突然袭击。

合众国当时同该国处于和平状态，而且，根据日本的请求，当时仍在同该国政府和该国

天皇进行着对话，对于维持太平洋的和平有所期待。实际上，就在日本空军中队已经开始轰炸美国瓦胡岛之后一小时，日本驻合众国大使及其同事还向我们国务卿提交了对美国最近致日方的信函的正式答复。虽然复函声言继续现行外交谈判似已无用，但它并未包含有关战争或武装进攻的威胁或暗示。

应该记录在案的是，由于夏威夷同日本的距离，这次进攻显然是许多天乃至若干星期以前就已蓄意策划好了的。在策划过程之中，日本政府通过虚伪的声明和表示希望维系和平而蓄意对合众国进行了欺骗。

昨天对夏威夷群岛的进攻，给美国海陆军部队造成了严重的损害，我遗憾地告诉各位，很多美国人丧失了生命。此外，据报，美国船只在旧金山和火奴鲁鲁之间的公海上也遭到了鱼雷袭击。

昨天，日本政府已发动了对马来西亚的进攻。

昨夜，日本军队进攻了香港。

昨夜，日本军队进攻了关岛。

昨夜，日本军队进攻了菲律宾群岛。

昨夜，日本人进攻了威克岛。

今晨，日本人进攻了中途岛。

因此，日本在整个太平洋区域采取了突然的攻势。昨天和今天的事实不言自明。合众国的人民已经形成了自己的见解，并且十分清楚这关系到我们国家的安全和生存的本身。

作为海陆军总司令，我已指示，为了我们的防务采取一切措施。

但是，我们整个国家都将永远记住这次对我们进攻的性质。

不论要用多长的时间才能战胜这次预谋的入侵，美国人民以自己的正义力量一定要赢得绝对的胜利。

我现在断言，我们不仅要做出最大的努力来保卫我们自己，我们还将确保这种形式的背信弃义永远不会再危及我们。我这样说，相信是表达了国会和人民的意志。

敌对的行动已经存在。毋庸讳言，我国人民，我国领土和我国利益都处于严重危险之中。

信赖我们的武装部队——依靠我国人民的坚定信心——我们将取得必然的胜利——上帝助我。

我要求国会宣布：自 1941 年 12 月 7 日——星期日日本进行无缘无故和卑鄙怯懦的进攻时起，合众国和日本之间已处于战争状态。

[1] 罗斯福（1882～1945年），著名政治家，美国第 32 任总统。1941 年 12 月 7 日，日本偷袭珍珠港，宣告太平洋战争爆发。罗斯福即日便赶赴国会，以无比的义愤在参、众两院联席会议上发表了这篇著名的演讲。这是一篇义正词严、慷慨激昂的战斗动员令，具有很强的鼓动性、号召力、感染力和说服力。整篇演讲历时不到七分钟，不断地被听众的掌声所打断。最后，国会仅用 32 分钟就通过了罗斯福的对日宣战的要求。本文选自《演讲理论与欣赏》（武汉大学出版社，2005 年）。

新东方CEO俞敏洪在北京大学的演讲

俞敏洪[1]

各位同学、各位领导：

大家上午好！（掌声）

非常高兴许校长（许智宏，时任北京大学校长）给我这么崇高的荣誉，谈一谈我在北大的体会。（掌声）

可以说，北大是改变了我一生的地方，是提升了我自己的地方，是使我从一个农村孩子最后走向了世界的地方。毫不夸张地说，没有北大，肯定就没有我的今天。北大给我留下了一连串美好的回忆，大概也留下了一连串的痛苦。正是在美好和痛苦中间，在挫折、挣扎和进步中间，最后找到了自我，开始为自己、为家庭、为社会能做一点事情。

学生生活是非常美好的，有很多美好的回忆。我还记得我们班有一个男生，每天都在女生的宿舍楼下拉小提琴，（笑声）希望能够引起女生的注意，结果后来被女生扔了水瓶子。我还记得我自己为了吸引女生的注意，每到寒假和暑假都帮着女生扛包。（笑声、掌声）后来我发现那个女生有男朋友，（笑声）我就问她为什么还要让我扛包，她说为了让男朋友休息一下（笑声、掌声）。我也记得刚进北大的时候我不会讲普通话，全班同学第一次开班会的时候互相介绍，我站起来自我介绍了一番，结果我们的班长站起来跟我说："俞敏洪你能不能不讲日语？"（笑声）我后来用了整整一年时间，拿着收音机在北大的树林中模仿广播台的播音，但是到今天普通话还依然讲得不好。

人的进步可能是一辈子的事情。在北大是我们生活的一个开始，而不是结束。有很多事情特别让人感动。比如说，我们很有幸见过朱光潜教授。在他最后的日子里，是我们班的同学每天轮流推着轮椅在北大校园里陪他一起散步。（掌声）每当我推着轮椅的时候，我心中就充满了对朱光潜教授的崇拜，一种神圣感油然而生。所以，我在大学看书最多的领域是美学。因为他写了一本《西方美学史》，是我进大学以后读的第二本书。

为什么是第二本呢？因为第一本是这样来的，我进北大以后走进宿舍，我有个同学已经在宿舍。那个同学躺在床上看一本书，叫做《第三帝国的兴亡》。所以我就问了他一句话，我说："在大学还要读这种书吗？"他把书从眼睛上拿开，看了我一眼，没理我，继续读他的书。这一眼一直留在我心中。我知道进了北大不仅仅是来学专业课的，要读大量大量的书。你才能够有资格把自己叫做北大的学生。（掌声）所以我在北大读的第一本书就是《第三帝国的兴亡》，而且读了三遍。后来我就去找这个同学，我说："咱们聊聊《第三帝国的兴亡》。"他说："我已经忘了。"（笑声）

我也记得我的导师李赋宁教授，原来是北大英语系的主任，他给我们上《新概念英语》第四册的时候，每次都把板书写得非常的完整、非常的美丽。永远都是从黑板的左上角写起，等到下课铃响起的时候，刚好写到右下角结束。（掌声）我还记得我的英国文学史的老师罗经国教授，我在北大最后一年由于心情不好，导致考试不及格。我找到罗教授说："这门课如果我不及格就毕不了业。"罗教授说："我可以给你一个及格的分数，但是请你记住了，未来你一定要做出值得我给你分数的事业。"（掌声）所以，北大老师的宽容、学识、奔放、自由，让我们真正能够成为北大的学生，真正能够得到北大的精神。当我听说许智宏校长对学生唱《隐形的翅膀》的时候，我打开视频，感动得热泪盈眶。因为我觉得北大的校长

就应该是这样的。（掌声）

我记得自己在北大的时候有很多的苦闷。一是普通话不好，二是英语水平一塌糊涂。尽管我高考经过三年的努力考到了北大——因为我落榜了两次，最后一次很意外地考进了北大。我从来没有想过北大是我能够上学的地方，她是我心中一块圣地，觉得永远够不着。但是那一年，第三年考试时我的高考分数超过了北大录取分数线七分，我终于下定决心咬牙切齿填了"北京大学"四个字。我知道一定会有很多人比我分数高，我认为自己是不会被录取的。没想到北大的招生老师非常富有眼光，料到了三十年后我的今天。（掌声）但是实际上我的英语水平很差，在农村既不会听也不会说，只会背语法和单词。我们班分班的时候，五十个同学分成三个班，因为我的英语考试分数不错，就被分到了Ａ班，但是一个月以后，我就被调到了Ｃ班。Ｃ班叫做"语音语调及听力障碍班"。（笑声）

我也记得自己进北大以前连《红楼梦》都没有读过，所以看到同学们一本一本书在读，我拼命地追赶。结果我在大学差不多读了八百多本书，用了五年时间（掌声）。但是依然没有赶上我那些同学。我记得我的班长王强是一个书癖，现在他也在新东方，是新东方教育研究院的院长。他每次买书我就跟着他去，当时北大给我们每个月发二十多块钱生活费，王强有个癖好，就是把生活费一分为二，一半用来买书，一半用来买饭菜票。买书的钱绝不动用来买饭票。如果他没有饭菜票了就到处借，借不到就到处偷。（笑声）后来我发现他这个习惯很好，我也把我的生活费一分为二，一半用来买书，一半用来买饭菜票，饭票吃完了我就偷他的。（笑声、掌声）

毫不夸张地说，我们班的同学当时在北大，真是属于读书最多的班之一。而且我们班当时非常活跃，光诗人就出了好几个。后来挺有名的一个诗人叫西川，真名叫刘军，就是我们班的。（掌声）我还记得我们班开风气之先，当时是北大的优秀集体，但是有一个晚上大家玩得高兴了，结果跳起了贴面舞，第二个礼拜被教育部通报批评了。那个时候跳舞是必须跳得很正规的，男女生稍微靠近一点就认为违反风纪。所以你们现在比我们当初要更加幸福一点。不光可以跳舞，而且可以手拉手地在校园里面走，如果我们当时男女生手拉手在校园里面走，一定会被扔到未名湖里，所以一般都是晚上十二点以后再在校园里面走。（笑声、掌声）

我也记得我们班五十个同学，刚好是二十五个男生、二十五个女生，我听到这个比例以后当时就非常的兴奋（笑声），我觉得大家就应该是一个配一个。没想到女生们都看上了那些外表英俊潇洒、风流倜傥的男生。像我这样外表不怎么样、内心充满丰富感情、未来有巨大发展潜力的，女生一般都看不上。（笑声、掌声）

我记得我奋斗了整整两年希望能在成绩上赶上我的同学，但是就像刚才吕植老师说的，尽管你在中学高考可能考得很好，是第一名，但是北大精英人才太多了，你的前后左右可能都是智商极高的同学，也是各个省的状元或者说第二名。所以，在北大追赶同学是一个非常艰苦的过程，尽管我每天几乎都要比别的同学多学一两个小时，但是到了大学二年级结束的时候我的成绩依然排在班内最后几名。非常勤奋又非常郁闷，也没有女生来爱我、安慰我。（笑声）这导致的结果是，我在大学三年级的时候得了一场重病，这个病叫做传染性浸润肺结核。当时我就晕了，因为当时我正在读《红楼梦》，正好读到林黛玉因为肺结核吐血而亡的那一章，（笑声）我还以为我的生命从此结束，后来北大医院的医生告诉我现在这种病能够治好，但是需要在医院里住一年。我在医院里住了一年，苦闷了一年，读了很多书，也写了六百多首诗歌，可惜一首诗歌都没有出版过。从此以后我就跟写诗结上了缘，但是我这个人有丰富的情感,却没有优美的文笔,所以终于没有成为诗人。后来我感到非常的庆幸,因为我发现真正成为诗人的人后来都出事了。我们跟当时还不太出名的诗人海子在一起写过诗。后来他写过一首优美的诗歌,叫做《面朝大海,春暖花开》,我们每一个同学大概都能背。后来当我听说他卧轨自杀的时候,号啕大哭了整整一天。从此以后,我放下笔,再也不写诗了。(掌声)

记得我在北大的时候,到大学四年级毕业时,我的成绩依然排在全班最后几名。但是,当时我已经有了一个良好的心态。我知道我在聪明上比不过我的同学,但是我有一种能力,就是持续不断地努力。所以在我们班的毕业典礼上我说了这么一段话,到现在我的同学还能记得,我说:"大家都获得了优异的成绩,我是我们班的落后同学。但是我想让同学们放心,我绝不放弃。你们五年干成的事情我干十年,你们十年干成的我干二十年,你们二十年干成的我干四十年"。(掌声)我对他们说:"如果实在不行,我会保持心情愉快、身体健康,到八十岁以后把你们送走了我再走。"(笑声、掌声)

有一个故事说,能够到达金字塔顶端的只有两种动物。一是雄鹰,靠自己的天赋和翅膀飞了上去。我们这儿有很多雄鹰式的人物,很多同学学习不需要太努力就能达到高峰。很多同学后来可能很轻松地就能在北大毕业以后进入哈佛、耶鲁、牛津、剑桥这样的名牌大学继续深造。有很多同学身上充满了天赋,不需要学习就有这样的才能,比如说我刚才提到的我的班长王强,他的模仿能力就是超群的,到任何一个地方,听任何一句话,听一遍模仿出来的绝对不会两样。所以他在北大广播站当播音员当了整整四年。我每天听着他的声音,心头咬牙切齿、充满仇恨。(笑声)所以,有天赋的人就像雄鹰。但是,大家也都知道,有另外一种动物,也到了金字塔的顶端。那就是蜗牛。蜗牛肯定只能是爬上去。从底下爬到上面可能要一个月、两个月,甚至一年、两年。在金字塔顶端,人们确实找到了蜗牛的痕迹。我相信蜗牛绝对不会一帆风顺地爬上去,一定会掉下来、再爬、掉下来、再爬。但是,同学们所要知道的是,蜗牛只要爬到金字塔顶端,它眼中所看到的世界,它收获的成就,跟雄鹰是一模一样的。(掌声)所以,也许我们在座的同学有的是雄鹰,有的是蜗牛。我在北大的时候,包括到今天为止,我一直认为我是一只蜗牛。但是我一直在爬,也许还没有爬到金字塔的顶端。但是只要你在爬,就足以给自己留下令生命感动的日子。(掌声)

我常常跟同学们说,如果我们的生命不为自己留下一些让自己热泪盈眶的日子,你的生命就是白过的。我们很多同学凭着优异的成绩进入了北大,但是北大绝不是你们学习的终点,而是你们生命的起点。在一岁到十八岁的岁月中间,你听老师的话、听父母的话,现在你真正开始了自己的独立生活。我们必须为自己创造一些让自己感动的日子,你才能够感动别人。我们这儿有富裕家庭来的,也有贫困家庭来的,我们生命的起点由不得你选择出生在富裕家庭还是贫困家庭,如果你生在贫困家庭,你不能说老爸给我收回去,我不想在这里待着。但是我们生命的终点是由我们自己选择的。我们所有在座的同学过去都走得很好,已经在十八岁的年龄走到了很多中国孩子的前面去,因为北大是中国的骄傲,也可以说是世界的骄傲。但是,到北大并不意味着你从此大功告成,并不意味着你未来的路也能走好,后面的五十年、六十年,甚至一百年你该怎么走,成为了每一个同学都要思考的问题。就本人而言,我觉得只要有两样东西在心中,我们就能成就自己的人生。

第一样叫做理想。我从小就有一种感觉,希望穿越地平线走向远方,我把它叫做"穿越地平线的渴望"。也正是因为这种强烈的渴望,使我有勇气不断地高考。当然,我生命中也有榜样。比如我有一个邻居,非常的有名,是我终生的榜样,他的名字叫徐霞客。当然,是五百年前的邻居。但是他确实是我的邻居，江苏江阴的，我也是江苏江阴的。因为崇拜徐霞客，直接导致我在高考的时候地理成绩考了九十七分。（掌声）也是徐霞客给我带来了穿越地平线的这种感觉，所以我也下定决心，如果徐霞客走遍了中国，我就要走遍世界。而我现在正在实现自己这一梦想。所以，只要你心中有理想，有志向，同学们，你终将走向成功。你所要做到的就是在这个过程要有艰苦奋斗、忍受挫折和失败的能力，要不断地把自己的心胸扩大，才能够把事情做得更好。

第二样东西叫良心。什么叫良心呢？就是要做好事，要做对得起自己对得起别人的事情，要有和别人分享的姿态，要有愿意为别人服务的精神。有良心的人会从你具体的生活中间做的事情体现出来，而且你所做的事情一定对你未来的生命产生影响。我来讲两个小故事，讲完我就结束我的讲话，已经占用了很长的时间。

第一个小故事。有一个企业家和我讲起他大学时候的一个故事，他们班有一个同学，家庭比较富有，每个礼拜都会带六个苹果到学校来。宿舍里的同学以为是一人一个，结果他是自己一天吃一个。尽管苹果是他的，不给你也不能抢，但是从此同学留下一个印象，就是这个孩子太自私。后来这个企业家做成功了事情，而那个吃苹果的同学还没有取得成功，就希望加入到这个企业家的队伍里来。但后来大家一商量，说不能让他加盟，原因很简单，因为在大学的时候他从来没有体现过分享精神。所以，对同学们来说在大学时代的第一个要点，你得跟同学们分享你所拥有的东西，感情、思想、财富，哪怕是一个苹果也可以分成六瓣大家一起吃。（掌声）因为你要知道，这样做你将来能得到更多，你的付出永远不会是白白付出的。

我再来讲一下我自己的故事。在北大当学生的时候，我一直比较具备为同学服务的精神。我这个人成绩一直不怎么样，但我从小就热爱劳动，我希望通过勤奋的劳动来引起老师和同学的注意，所以我从小学一年级就一直打扫教室卫生。到了北大以后我养成了一个良好的习惯，每天为宿舍打扫卫生，这一打扫就打扫了四年。所以我们宿舍从来没排过卫生值日表。另外，我每天都拎着宿舍的水壶去给同学打水，把它当作一种体育锻炼。大家看我打水习惯了，最后还产生这样一种情况，有的时候我忘了打水，同学就说"俞敏洪怎么还不去打水"。（笑声）。但是我并不觉得打水是一件多么吃亏的事情。因为大家都是住在一起的同学，互相帮助是理所当然的。同学们一定认为我这件事情白做了。又过了十年，到了一九九五年年底的时候新东方做到了一定规模，我希望找合作者，结果就跑到了美国和加拿大去寻找我的那些同学，他们在大学的时候都是我生命的榜样，包括刚才讲到的王强老师等。我为了诱惑他们回来还带了一大把美元，每天在美国非常大方地花钱，想让他们知道在中国也能赚钱。我想大概这样就能让他们回来。后来他们回来了，但是给了我一个十分意外的理由。他们说："俞敏洪，我们回去是冲着你过去为我们打了四年水。"（掌声）他们说："我们知道，你有这样的一种精神，所以你有饭吃肯定不会给我们粥喝，所以让我们一起回中国，共同干新东方吧。"才有了新东方的今天。（掌声）

人的一生是奋斗的一生，但是有的人一生过得很伟大，有的人一生过得很琐碎。如果我们有一个伟大的理想，有一颗善良的心，我们一定能把很多琐碎的日子堆砌起来，变成一个伟大的生命。但是如果你每天庸庸碌碌，没有理想，从此停止进步，那未来你一辈子的日子堆积起来将永远是一堆琐碎。所以，我希望所有的同学能把自己每天平凡的日子堆砌成伟大的人生。（掌声）

最后，我代表全体老校友向在座的三千多位新生表一个心意，我代表全体老校友和新东

方把两百万元人民币捐给许校长,为在座同学们的学习、活动和成长提供一点帮助。(掌声)

[1] 俞敏洪(1962年~   ),新东方教育科技集团董事长兼总裁。本文是俞敏洪应邀在北京大学2008级新生开学典礼大会上做的演讲。全篇演讲没有华丽的辞藻,没有做作的煽情,但是整个演讲如风行水面,自然成文。俞敏洪从自己的人生经历说起,从自己的创业说起,现场演说,给听众真实可信的感觉。透过本篇演讲词,我们可以看出一介草民的艰苦奋斗历程,从中也可以领悟出究竟怎样成功,究竟什么样是成功,以及对成功的定义如何理解。因此本文也是一片励志演讲词,对广大的大学生朋友具有积极的借鉴意义。本文选自《读者·原创版》2008年第11期。

阿里巴巴CEO马云的演讲

马云[1]

　　世界上很多非常聪明并且受过高等教育的人,无法成功,就是因为他们从小就受到了错误的教育,他们养成了勤劳的恶习。很多人都记得爱迪生说的那句话吧:天才就是百分之九十九的汗水加上百分之一的灵感。并且被这句话误导了一生。勤勤恳恳的奋斗,最终却碌碌无为。其实爱迪生是因为懒得想他成功的真正原因,所以就编了这句话来误导我们。

　　很多人可能认为我是在胡说八道,好,让我用一百个例子来证实你们的错误吧!事实胜于雄辩。

　　世界上最富有的人,比尔盖茨。他是个程序员,懒得读书,他就退学了。他又懒得记那些复杂的dos命令,于是,他就编了个图形的界面程序,叫什么来着?我忘了,懒得记这些东西。于是,全世界的电脑都长着相同的脸,而他也成了世界首富。

　　世界上最值钱的品牌,可口可乐。他的老板更懒,尽管中国的茶文化历史悠久,巴西的咖啡香味浓郁,但他实在太懒了。弄点糖精加上凉水,装瓶就卖。于是全世界有人的地方,大家都在喝那种像血一样的液体。

　　世界上最好的足球运动员,罗纳尔多。他在场上连动都懒得动,就在对方的门前站着。等球砸到他的时候,踢一脚。这就是全世界身价最高的运动员了。有的人说,他带球的速度惊人,那是废话,别人一场跑九十分钟,他就跑十五秒,当然要快些了。

　　世界上最厉害的餐饮企业,麦当劳。他的老板也是懒得出奇,懒得学习法国大餐的精美,懒得掌握中餐的复杂技巧。弄两片破面包夹块牛肉就卖,结果全世界都能看到那个M的标志。必胜客的老板,懒得把馅饼的馅装进去,直接撒在发面饼上边就卖,结果大家管那叫pizza,比十张馅饼还贵。

　　还有更聪明的懒人:

　　懒得爬楼,于是他们发明了电梯;

　　懒得走路,于是他们制造出汽车、火车和飞机;

　　懒得一个一个地杀人,于是他们发明了原子弹;

　　懒得每次去计算,于是他们发明了数学公式;

　　懒得出去听音乐会,于是他们发明了唱片、磁带和CD;

　　这样的例子太多了,我都懒得再说了。

还有那句废话也要提一下,生命在于运动,你见过哪个运动员长寿了?世界上最长寿的人还不是那些连肉都懒得吃的和尚?

如果没有这些懒人,我们现在生活在什么样的环境里,我都懒得想!

人是这样,动物也如此。世界上最长寿的动物叫乌龟,他们一辈子几乎不怎么动,就趴在那里,结果能活一千年。他们懒得走,但和勤劳好动的兔子赛跑,谁赢了?牛最勤劳,结果人们给它吃草,却还要挤它的奶。熊猫傻了吧唧的,什么也不干,抱着根竹子能啃一天,人们亲昵地称它为"国宝"。

回到我们的工作中,看看你公司里每天最早来、最晚走、一天像发条一样忙个不停的人,他是不是工资最低的?那个每天游手好闲、没事就发呆的家伙,是不是工资最高,据说还有不少公司的股票呢?

我以上所举的例子,只是想说明一个问题,这个世界实际上是靠懒人来支撑的。世界如此的精彩都是拜懒人所赐。现在你应该知道你不成功的主要原因了吧!

懒不是傻懒,如果你想少干,就要想出懒的方法。要懒出风格,懒出境界。像我从小就懒,连长肉都懒得长,这就是境界。

再次感谢大家!

[1] 马云(1964年~),阿里巴巴集团创办人、主席、首席执行官。在本文中,马云以调侃的方式鼓励人们学会动脑,不要仅仅满足于"死做",而要坚持创新以适应人类的生活。马云是这样说的,也是这样做的,现在他创立的阿里巴巴已经成为最有影响的品牌,而他自己基本不做什么事,整天在外谈判、聊天、做演讲,关注世界形势,关注经济走势。根据形势发展抓住机遇,而一举成名。我们要学习马云的这种创新精神,人类正是由于这种创新,才能不断地推动生产力进步,提高人民生活水平,提升人民生活质量。本文选自《马云如是说》(中国经济出版社,2008年)。

开　端

——在新生开学典礼上的讲话

李培根[1]

同学们:

首先,请允许我代表学校党委、行政部门,代表全体师生员工向新同学表示最热烈的欢迎!

同学们!你们光荣地来到华中科技大学,来到这所全国著名的高等学府,这是你们人生新的开端。今天我不妨就开端与同学们说几句话。

开端是什么?

开端是一。一是初始,千里之行,始于足下。荀子言:"不积跬步,无以至千里;不积小流,无以成江海。"你们要从小事,从最平凡的事开始你们人生的征途。一也是终结,好的开端当然会有好的结果。一又是道。"天得一以清,地得一以宁……万物得一以生。"我想说,人得一以立。就是说人只要不断去悟道,就能很好地立于世上。同学们,中国的传统文化里有道，科学技术里有道，马克思主义本身也就是道。希望你们尽可能通天地之道，识为学之道，晓成事之道，谙做人之道。只要你们有意识地这样做，你们便会有一个伟大的开端。

开端是止。天下万物皆有度，皆有止。譬如说，你们每一门课的学习，都要知道在什么地方停一下，想一想，回顾一下；也要知道在什么地方止住，以开始新的征程。想想人生的道路，就像滑雪，只有知道如何停止，才有可能知道如何加速；就像攀登高山，只有知道停下来，看一看，才更容易登上顶峰。其实，每一次停止，都是新的高度的开端。另一方面，人的欲望不能太多，要适可而止。人的一生，总会有各种各样的诱惑，老子言："知足不辱，知止不殆，可以长久。"能在某个欲望或者诱惑面前止住，绝对是一个好的开端。

开端是正。一加止为正。正是正当，正直，正气。学习有正，可以全面发展，不致偏废；做人以正，方可以堂堂立于世上；开端是正，今后的路就有方向。

开端是成绩。你们今天之所以能进入华中科技大学，就是因为你们在高考中取得了优异的成绩。也正是这个成绩，成为你们人生的新的开端。今后的几年，你们要在这里不断取得新的成绩，也要让新的成绩成为你们攀登新的高峰的开端。

开端是缺憾。人生的美好也许恰恰是因为她存在缺憾。人的一生中一定会碰到各种各样的不如意、遗憾甚至失败。也许你对没能进入你所心仪的专业非常遗憾，其实，大可不必。你完全可以发现一片你未曾想到过的新的美好天地。今后你还会碰到很多缺憾，每当这时，你可试图去发现新的美，试图寻找新的天地，缺憾就一定能够成为成功的开端。

开端是挑战。无数成功人士都有一个共同的特点，就是能接受挑战。贝多芬如果不接受耳聋的挑战，怎么可能成为举世闻名的音乐家！同学们，其实，很多事情你们也能够做到。准备好，接受挑战，让挑战成为你们的开端！

一个好的开端，需要我们首先明确自己的责任。

中国要成为创新型国家，中国要实现工业化，中国要成为社会主义强国，这一切都要靠你们，用你们的精神，用你们的智慧，去创造，去实现。同学们，为了这个国家和民族，你们有一份责任。

为了你们上大学，为了你们成材，你们的父母有多少期盼，有多少叮咛；更有多少操劳，有多少血汗！同学们，为家庭，你们有一份责任。

你们每个人都有美好的事业远景。然而远景的实现需要你们的奋斗、拼搏。同学们，为了你们自己，你们有一份责任。

一个好的开端，需要我们立下自己的志向。

北京大学的一些学子们在谈论"修身、齐家、治国、平天下"，你们，华中科技大学的学子们，又该有什么样的志向？或许是领导者、科学家、企业家，或许是医生、工程师……未必需要有豪言壮语，但是你们一定要成为有德之人、有用之才。

一个好的开端，需要我们树立科学发展观。

国家要讲科学发展，人也要讲科学发展。人的科学发展需要全面、和谐的发展。社会对人才素养的需求是多方面的，单一的专业知识显然不能满足社会对你们的要求，也不能满足你们的父母对你们成材的期望。你们不应该成为只懂技术、不谙人文的"空心人"，也不能成为侈谈人文、不晓科技的"边缘人"。更重要的是，不能忘记思想道德修养，因为社会各行各业对这一点的需求是无一例外的。人以德为本，立人当立德，此言是也。当然也不能忘记，要永远保持身心和谐。

华中科技大学是你们人生事业的开端。

古之"大学"其实是"立人"的学问。今之大学其实是"立人"的场所。在华中科技大学,你们不仅会受到各种知识、技艺的训练,还能有机会参加各种人文讲座。有了大学的良好开端,你们将有可能"志于道,据于德,依于仁,游于艺";圆满地完成大学的学业,你们将可能顺利地转向"三十而立"。同学们,华中科技大学为你们提供了全面、和谐发展的平台,让今天就成为你们肩负自己的责任、实现自己的志向、科学全面发展的开端。

今天是你们以华中科技大学为荣的开端,是你们在华中科技大学立人的开端;相信不久之后一定是华中科技大学为你们感到自豪的开端!

[1] 李培根（1948年～　　），2005年3月出任华中科技大学校长。新生的开学典礼,被视为高校的第一课。作者在演讲稿中,紧扣住"开端"这个主题词,首先阐明"开端"是什么,然后以"一个好的开端"为目标对刚入大学校门青年学子提出要求,最后以大学是学子们人生事业的开端结束。这篇演讲稿运用排比段,情感充沛;主题集中,语气亲切;紧凑精炼,文采斐然。本文选自《华中科技大学周报》总第222期。

我的故事以及背后的中国梦

——白岩松在耶鲁大学的演讲

白岩松[1]

过去的二十年,中国一直在跟美国的三任总统打交道,但是今天到了耶鲁我才知道,其实他只跟一所学校打交道。（众笑）但是透过这三位总统我也明白了,耶鲁大学的毕业生的水准也并不很平均。

接下来就进入我们这个主题,或许要起个题目的话应该叫《我的故事以及背后的中国梦》。我要讲五个年份,第一要讲的年份是1968年。那一年我出生了。（众笑）但是那一年世界非常乱,在法国有巨大的街头的骚乱,在美国也有,美国的总统肯尼迪遇刺了,但是的确这一切的原因都与我无关。（哄堂大笑）但是那一年我们更应该记住的是马丁·路德·金先生遇刺,虽然那一年他倒下了,但是"我有一个梦想"这句话却真正地站了起来,不仅在美国站起来,也在全世界站起来。

但是当时很遗憾,不仅仅是我,几乎很多的中国人并不知道这个梦想,因为当时中国人,每个个人很难说拥有自己的梦想。中国与美国的距离非常遥远,不亚于月亮与地球之间的距离。但是我并不关心这一切,我只关心我是否可以吃饱。很显然,我的出生非常不是时候,不仅对于当时的中国来说,对于世界来说,似乎都有些问题。（众笑）

1978年,十年之后。我十岁。我依然生活在我出生的时候,那个只有二十万人的非常非常小的城市里。它离北京的距离有两千公里,它要想了解北京出的报纸的话,要在三天之后才能看见,所以对于我们来说,是不存在新闻这个说法的。（众笑）那一年我的爷爷去世了,而在两年前的时候我的父亲去世了,所以只剩下我母亲一个人要抚养我们哥俩,她一个

月的工资不到十美元。因此即使十岁了,梦想这个词对我来说,依然是一个非常陌生的词汇,我从来不会去想它。我看不到这个家庭的希望,只是会感觉,那个时候的每一个冬天都很寒冷,因为我所生活的那个城市离苏联更近。(众笑)但是就在我看不到希望的1978年的时候,不管是中国这个国家,还有中国与美国这两个国家之间,发生了非常巨大的变化,那是一个我们在座的所有人,今天都该记住的年份。

1978年12月16日,中国与美国正式建交,那是一个大事件。而在中美建交两天之后,12月18日,中国的十一届三中全会召开了,那是中国改革开放三十一年的开始。历史,两个伟大的国家,一个非常可怜的家庭,就如此戏剧性地交织在一起,不管是小的家庭,还是大的国家,其实当时谁都没有把握知道未来是什么样的。

1988年,那一年我二十岁。这个时候我已经从边疆的小城市来到了北京,成为一个大学生。虽然我们今天在中国依然有很多的人在抨击中国的高考制度,认为它有很多很多的缺陷,但是必须承认正是高考的存在,让我们这样一个又一个非常普通的孩子,拥有了改变命运的机会。当然,这个时候美国已经不再是一个很遥远的国家,它变得很具体,它也不再是那个过去口号当中的"美帝国主义",而是变成了生活中很多的细节。这个时候我已经第一次地尝试过可口可乐,而且喝完可口可乐之后会觉得中美两个国家真的是如此接近,(众笑)因为它几乎就跟中国的中药是一样的。(众笑)

那个时候我已经开始非常狂热地去喜欢摇滚乐。那个时候正是迈克尔·杰克逊还长得比较漂亮的时候。更重要的是,这个时候的中国,已经开始发生了非常大的变化,因为改革已经进行了十年。那一年中国开始尝试放开很多商品的价格。这在你们觉得是非常不可思议的事情,但是在中国当时是一个很大的迈进,因为过去的价格都是由政府来决定的。但是,就在那一年,因为放开了价格,引起了全国疯狂地抢购,大家都觉得这个时候不会有多久,于是要把一辈子都用的食品和用品,买回到家里头。这一年也就标志之着中国离市场经济越来越近了。当然那个时候没有人知道市场经济也会有次贷危机。(众笑)当然我知道那一年——1988年对于耶鲁大学来说格外的重要,因为你们耶鲁的校友又一次成为美国的总统。

1998年,那一年我三十岁。我已经成为中央电视台的一个新闻节目主持人。更重要的是,我已经成为一个一岁孩子的父亲。那一年在中美之间发生了一个非常重要的事件,主角就是克林顿。也许在美国你记住的是性丑闻,但是在中国记住的是他那一年访问了中国。在六月的时候,他访问中国的时候,在人民大会堂和江泽民主席召开了一个开放的记者招待会,然后又在北京大学进行了一场开放的演讲,这两场活动的直播主持人都是我。当克林顿总统到达上海即将离开中国的时候,记者问道:"这次访问中国,您印象最深的是什么?"他说:"我最想不到的是这两场讲座居然都直播了。"(笑)不过直播让中国受到了表扬,而美国却受到了批评。(众笑)。当然只是一个很小的批评。

在北大的克林顿的演讲当中,由于克林顿总统的整个演讲用的全是美方所提供的翻译,我猜想有很多的中国观众,只是知道克林顿的确一直在说话,但是说的是什么不太清楚。所以我在直播结束的时候说了这样的一番话,我说看样子美国需要对中国有更多的了解,有的时候要从语言开始,而对于中美这两个国家来说,面对面永远要好过背对背。当然也是在这一年年初,我开上了我人生的第一辆车。这是我在过去从来不会想到的,中国人有一天也可以开自己的车。个人的喜悦,也会让你印象持久,因为往往第一次才是最难忘的。

2008年这一年,我四十岁。很多年大家不再谈论的"我有一个梦想"这句话,在这一年我听到太多的美国人在讲。看样子奥巴马的确不想再接受耶鲁占领美国二十年这样的事实了。他用"改变"及"梦想"这样的词汇，让耶鲁大学的师生在为他当选总统之后，听说是举行了游行，甚至庆祝。

而这一年也是中国梦非常明显的一年。它就像全世界所有的伟大的梦想都注定要遭受很多的挫折一样显现出来。无论是期待了很久的北京奥运会，还是神舟七号中国人第一次在太空当中行走，那都是很多年前我们期待了很久的一个梦想。但是，突如其来的汶川大地震，让这一切都变得没有我们期待中的那么美好。8万个生命的离开，让整个2008年中国人度日如年。我猜得到在耶鲁校园里头，在每一个网页、电视及报纸的前面，也有很多的来自中国的人，以及世界各地的人们，为这些生命流下眼泪。但是就像四十年前马丁·路德·金先生倒下，却让"我有一个梦想"这句话站得更高，站得更久，站得更加让人觉得极其有价值一样，更多的中国人也明白了，梦想很重要，但是生命更重要。

在北京奥运会期间，我度过了自己的四十岁生日。那一天我感慨万千，因为时间进入到我的生日那一天的时候，我在直播精彩的比赛。二十四小时之后，当这个时间要走出我生日这一天的时候，我也依然在直播。但是这一天我觉得我非常的幸运。因为正是这样一个特殊的，在北京奥运会期间的四十岁，让我意识到了我的故事背后的中国梦。

正是在这样的四十年的时间里头，我从一个根本不可能有梦想的，一个遥远边疆的一个小城市里的孩子，变成了一个可以在全人类欢聚的一个大的节日里头，分享及传播这种快乐的新闻人，这是一个在中国发生的故事。而在这一年，中国和美国相距并不遥远，你中有我，我中有你，彼此需要。布什总统据说度过了他作为总统以来在国外，一个国家待的最长的一段时间，就是在北京奥运会期间。菲尔普斯在那儿拿到了八块金牌，而他的家人都陪伴在他的身边，所有的中国人都为这样一个特殊的家庭祝福。当然，任何一个这样的梦想都会转眼过去。在这样的一个年份里头，中美两国历史上几乎是第一次同时发出了"我有一个新的梦想"的声音，如此的巧合，如此的应该。

美国面临了一次非常非常艰难的金融危机，当然不仅仅是美国的事情，也对全世界有重大的影响。昨天我到达纽约，刚下了飞机，我去的第一站就是华尔街，我看到了华盛顿总统的雕像，他的视线是那么永久不变地在盯着证券交易所上那面巨大的美国国旗。（众笑）而非常奇妙的是，在这个雕像后面的展览馆里正在举行"林肯总统在纽约"这样一个展览，因此林肯总统的大幅的画像也挂在那上面，他也在看那面国旗。（众笑）我读出了非常悲壮的历史感。在离开那个地方的时候，我对我的同事说了这样一句话。我说，很多很多年前如果美国发生了这种状况，也许中国人会感到很开心，因为"你看，美国又糟糕了"。但是今天中国人会格外地希望美国尽早地好起来，因为我们有几千亿元钱在美国。我们还有大量的产品等待着装上货船，送到美国来，如果美国的经济进一步变好的话，在这些货品的背后，就是一个又一个中国人增长的工资，是他重新拥有的就业岗位，以及家庭的幸福。

在过去的三十年里头，你们是否注意到了，与一个又一个普通的中国人紧密相关的中国梦。我不知道世界上还有哪个国家，在过去这三十年的时间里，让个人的命运发生了这么大的变化。一个边远小城市里的孩子，一个绝望中的孩子，今天有机会在耶鲁跟各位同学交流。中国经历了这三十年，有无数个这样的家庭。他们的爷爷奶奶依然守候在土地上，仅有微薄的收入，千辛万苦。他们的父亲母亲，已经离开了农村，通过考大学，在城市里已经有了很好的工作，而这个家庭的孙子孙女也许此刻就在美国留学，三代人，就像经历了三个时代。但是在中国，你随时可以看到这样的家庭。如果我没有说错的话，现场的很多个中国留学生，他们的家庭也许就是这样。对吗？（鼓掌）那么，在我们去观察中国的时候，或许该

换一个视角。去看十三亿个非常普通的中国人。他们并不宏大的梦想，改变命运的那种冲动，依然善良的性格，以及勤奋的那种品质。今天的中国是由刚才的这些词汇构成的。

在过去的很多年里头，中国人看美国，似乎在用望远镜看。美国所有的美好的东西，都被这个望远镜放大。经常有人说美国怎么怎么样，美国怎么怎么样，你看我们这儿什么时候能这样。在过去的好多年里头，美国人似乎也在用望远镜在看中国，但是我猜测望远镜可能拿反了。因为他们看到的是一个缩小了的、错误不断的、有众多问题的中国。他们忽视了十三亿非常普通的中国人，改变命运的这种冲动和欲望，使这个国家发生了如此巨大的变化。（鼓掌）但是我也一直有一个梦想：为什么要用望远镜来看彼此？

当然我也希望更多的美国人有机会去看看中国，而不是从媒体当中去看中国。你知道我并不太信任我的所有的同行。（众笑，鼓掌）开一个玩笑。其实美国的同行是我非常尊敬的同行。我只是希望越来越多的美国朋友去看一个真实的中国。因为我起码敢确定一件事情。即使在美国你吃到的被公认为最好的中国菜，在中国都很难卖出好价钱。就像很多很多年之前，在中国所有的城市里都流行着一种叫加州牛肉面的东西，加利福尼亚牛肉面。相当多的中国人都认为，从美国来的东西一定非常非常好吃，所以他们都去吃了。即使没那么好吃的话，由于觉得这是美国来的，也没有批评。（大笑）这个连锁的快餐店在中国存了了很多年，直到有越来越多的中国人来到美国，在加州四处寻找加州牛肉面，（众笑）但是一家都没有找到的时候，他们才知道，加州是没有这种牛肉面的。（笑）于是这个连锁店在中国，现在处于陆续消失的过程当中。这就是一种差异。但是当人来人往之后，这样的一种误读就会越来越少。

所以最后我只想再说一句。四十年前，当马丁·路德·金先生倒下的时候，他的那句话"我有一个梦想"传遍了全世界。但是，一定要知道，不仅仅有一个英文版的"我有一个梦想"。在遥远的东方，在一个几千年延续下来的中国，也有一个梦想。它不是宏大的口号，并不是在政府那里存在，它属于每一个非常普通的中国人。而它用中文写成"我有一个梦想"。

好，谢谢各位！（鼓掌）

[1] 白岩松（1968年～　），中央电视台主持人、新闻评论员。本文是白岩松应邀在美国耶鲁大学的一次演讲。演讲内容主要将自己40岁分成了四个阶段来说明中国改革开放以来发生的巨大变化，同时也说明了中国梦的实现需要美国人民的支持，美国人民的生活也离不开中国人民的辛勤劳动。世界逐渐在一体化、全球化，彼此之间要相互理解，相互支持，只有这样中国梦、美国梦才都有实现的可能。这篇演讲稿来自于2009年第10期《对外传播》。

认识的人，了解的事

柴 静[1]

十年前在从拉萨飞回北京的飞机上，我的身边坐了一个五十多岁的女人，她是三十年前去援藏的，这是她第一次因为治病要离开拉萨。下了飞机下着很大的雨，我把她送到了北京一个旅店里，过了一个星期我去看她，她说她的病已经确诊了，是胃癌晚期，然后她指了一

下床头的一个箱子,她说如果我回不去的话,你帮我保存这个。这是她三十年当中走遍西藏各地,和各种人——官员、汉人、喇嘛、三陪女交谈的记录。她没有任何职业身份,也知道这些东西不能发表,她只是说,一百年之后,如果有人看到的话,会知道今天的西藏发生了什么。这个人姓雄,拉萨一中的女教师。

五年前,我采访了一个人,这个人在火车上买了一瓶一元五角的水,然后他问列车员要发票,列车员乐了,说我们火车上自古就没有发票。这个人就把铁道部告上了法庭。他说人们在强大的力量面前总是选择服从,但是今天如果我们放弃了一元五角的发票,明天我们就可能被迫放弃我们的土地权、财产权和生命的安全。权利如果不用来争取的话,权利就只是一张纸。他后来赢了一场官司,我以为他会和铁道部结下"梁子",结果他上了火车之后,在餐车要了一份饭菜,列车长亲自把这份饭菜端到他面前说,"您是现在要发票还是吃完以后我再给您送过来?"我问他,你靠什么赢得尊重?他说我靠为我的权利所做的斗争。这个人叫郝劲松,三十四岁的律师。

去年我认识了一个人,我们在一起吃饭,这个六十多岁的男人说起丰台区一所民工小学被拆迁的事,他说所有的孩子靠在墙上哭。说到这儿的时候,他也动感情了,从裤兜里面掏出一块皱皱巴巴的蓝布手绢,擦擦眼鼻。这个人十八岁的时候当过大队的出纳,后来当教授,当官员,他说他做所有这些事的目的只是为了想给农民做一点事。他在我的采访中说到,征地问题给农民的不是价格,只是补偿,这个分配机制极不合理,这个问题的根源不仅在于土地管理法,还在于1982年的宪法修正案。在审这个节目的时候,我的领导说了一句话,这个人就说得再尖锐,我们也能播。我说为什么?他说因为他特别真诚。这个人叫陈锡文,中央财经领导小组办公室主任。

七年前,我问过一个老人,我说你的一生已经有过很多挫折,你靠什么保持你年轻时候的情怀。他跟我讲有一年他去河北视察,没有走当地安排的路线,在路边发现了一个老农民,旁边放着一副棺材,他下车去看,那个老农民说因为太穷了,没钱治病,就把自己的棺材板拿出来卖,这个老人就给了他五百元让他拿回家。他说我讲这个故事给你听,是要告诉你,中国大地上的事情是无穷无尽的,不要在乎一时的得失,要执著。这个人叫温家宝,中华人民共和国总理。

一个国家是由一个个具体的人构成的,它由这些人创造并且决定,只有一个国家能够拥有那些寻求真理的人,能够独立思考的人,能够记录真实的人,能够不计利害为这些片土地付出的人,能够捍卫自己宪法权利的人,能够知道世界并不完美但仍然不言乏力、不言放弃的人,只有一个国家拥有这样的头脑和灵魂,我们才能说我们为祖国骄傲,只有一个国家能够尊重这样的头脑和灵魂,我们才能说,我们有信心让明天更好。

[1] 柴静(1976年~)中央电视台出镜记者、主持人。本文是柴静2009年参加"庆祝共和国六十华诞 为祖国骄傲 为女性喝彩"的演讲稿,本次演讲,柴静获得大赛特等奖。在演讲中柴静以认识的身边人和事为例,结合自己的人生经历,采用感性叙述和理性议论的方式,说明事业的成功需要长期的坚持。本文语言精练,言简意赅,层次清楚,修辞手法应用得体,是一篇很好的演讲词。这篇演讲稿来自2009年北京记者协会演讲比赛的演讲稿。

狮城舌战[1]
——1993年国际大专辩论会决赛辩词实录

辩题：《人性本善》
正方：台湾大学队
反方：复旦大学队
主席：黎学平
时间：1993年8月29日下午

主席：观众朋友，欢迎光临1993年国际大专辩论会大决赛。今晚的辩题是《人性本善》，反方的立场是人性本恶。双方的立场是由抽签决定的。现在我宣布1993年国际大专辩论会大决赛正式开始。首先将由正方一辩吴淑燕同学表明立场和发言，时间为三分钟（掌声）。

吴淑燕：大家好！哲学家康德主张，人不分聪明才智、贫富美丑，都具有理性。孟子认为人性本善，所以进一步又加了一句，每个人都有恻隐之心。而佛家说，一心迷是真身，一心觉则是佛。正因为人性本善，所以人随时随地都可以放下屠刀、立地成佛。我方主张人性本善，就是主张人性的根源点是善的，有善端才会有善行。我方不否认在人类社会中存在恶行，但是恶行的产生则由外在环境所造成，所以恶是结果而不是原因。如果硬要说恶是因不是果，也就是说人性本恶，那么人世间根本不能产生真正的道德。虽然英国哲学家霍布斯极力主张在人性本恶的前提下人类可以形成道德，但是想想看，如果人性本恶，人类一切道德规范都是作为人类最大的利己手段，当道德成为手段时，道德还是道德吗？也就是说，人一旦违犯道德而不会受到处罚，人就不会遵守道德的约束了。深夜两点我走在道路上看到红灯，如果人性本恶我就会闯过去，因为不过是为了个人方便。但事实上并不是如此，仍然有许多人遵守交通规则。而根据人性本恶的前提假设，霍布斯认为必须有一个绝对的、无所不在的权威监督每个人履行道德规约。如果人性本恶，没有一个人会心甘情愿地遵守道德规约，但是事实证明：人还是有善行，人还是有道德，还是有利他的行为。如果人性本恶，（时间警示）那么我们只有两种选择：第一个是活在一个"老大哥"无时无刻不监督我们的世界当中；第二个是我们人类社会将是彼此不再相信。如果这样的话，我就会看到一个老太太跌倒了有人把她扶起来，人们则说他居心不良；而我们在辩论会中建立起来的友谊都是虚假的装腔作势。但是我们会发现，在人类历史社会当中，没有一个绝对权威的君主曾经产生过，但是舍己为人的事情在不断地发生。而在生活当中，为善不为人知的升斗小民更是比比皆是。特蕾莎修女的善行，大乘佛教中所说的"众生永远不得渡，则已终身不作佛"的慈悲宏愿，难道不正是人性本善的最佳引证吗？（时间到）谢谢！（掌声）。

主席：谢谢吴淑燕同学，接下来请反方第一位代表姜丰同学表明立场和发言，时间也是三分钟。（掌声）。

姜丰：谢谢主席，大家好！我先要指出一点的是，康德并不是一个性善论者。康德也说过这样一句话："恶折磨我们的人，时而是因为人的本性，时而是因为人的残忍的自私性。"对方不要断章取义。另外对方所讲到的种种善行，那完全是后天的，又怎么能够说明我们命题当中的"本"呢？神话归神话，现实归现实。对方同学请你们摘下玫瑰色的眼镜看看这个现实的世界，就在你陈词的这三分钟当中，这个世界又发生了多少战争、暴力、抢劫、强奸。如果人性真是善的话，那么这些罪恶行为到底从何而来呢？对方为什么在他们的陈词当中，自始至终对这个问题避而不答呢？我方立场是：人性本恶。

第一，人性是由社会属性和自然属性组成的，自然属性指的就是无节制的本能和欲望，这是人的天性，是与生俱来的；而社会属性则是通过社会生活、社会教化所获得的，它是后天属性。我们说人性本恶当然指的是人性本来的、先天的就是恶的。

第二，提到善恶，正如一千个观点会有一千个"哈姆雷特"，一千个人心目当中也许会有一千个善恶标准。但是，归根结底恶指的就是本能和欲望的无节制地扩张，而善则是对本能的合理节制。我们说人性本恶正是基于人的自然倾向的无限扩张的趋势。那个曹操不是说过："宁可我负天下人，不可天下人负我"吗？那个路易十五不是也说过："在我死后哪怕洪水滔天？"还有一个英国男孩，他为了得到一辆自行车竟然卖掉自己三岁的妹妹。这些对方还能说人性本善吗？

第三，虽然人性本恶，但是我们这个世界并没有在人欲横流中毁灭掉，这是因为人有理性。（时间警示）人性可以通过后天教化加以改造。当人的自然倾向无限向外扩张的时候，如果社会属性按照同一方面推波助澜，那么人性就会更加堕落；相反，如果我们整个社会倡导扬善避恶，那么人性就有可能向善的方向发展，这一点也不正说明了儒家思想所倡导的修齐、治平、内圣、外王是何等重要吗！对方辩友，如果真的是人性本善的话，那么孔老夫子何必还诲人不倦呢？

今天，对方辩友所犯的错误就在于以理想代替现实，以价值评判代替了事实评判。从感情上讲我们同所有善良的人一样也是希望人性是善的。但是历史、现实和理性都告诉我们，人性是恶的！这是一个事实，我们只有正视这个事实，才有可能扬善避恶。（时间到）谢谢各位！（掌声）

主席：谢谢，听过双方代表对善恶的陈词。现在是他们大展辩才的时候。在自由辩论开始之前先提醒双方代表，你们每队各有四分钟发言时间，正方同学必须先发言。好，现在自由辩论开始！（掌声）

王信国：我想首先请问对方辩友，既然人性本恶，世界上为什么会有善行的发生？

蒋昌建：我方一辩已经解释了。我倒想请问对方辩友，在评选模范丈夫时，你能告诉我，这个模范丈夫本性是好的，就是经不起美色的诱惑吧？（笑声、掌声）

许金龙：对方辩友，他要有人勤加灌溉，我想请问对方辩友，请您正面回答我，您喜不喜欢杀人放火？（笑声）

季翔：我当然不喜欢，因为我受过了教化。但我并不以我的人性本恶为耻辱。我想请问对方，你们的善花是如何结出恶果的？（掌声）

吴淑燕：我想先请问对方同学，您的教育能够使您一辈子不流露本性吗？如果您不小心流露本性，那我们大家可要遭殃了。

严嘉：所以我要不断地注意修身自己呀！曾子为什么说"吾日三省吾身"呢？所以，我再次想请问对方辩友，你们说内因没有的话，那恶花为什么会从善果里产生呢？

王信国：我来告诉大家为什么会有，这是因为教育跟环境的影响嘛！我倒请对方辩友直接回答我们问题嘛，到底人世间为什么会有善行的发生，请你告诉大家。

姜丰：我方明明回答过了，为什么对方辩友就是对此听而不闻呢？到底是没听见，还是没听懂啊？（笑声、掌声）

许金龙：你有本事再说一遍，为什么我们听了，从来没有听懂过呢？我想请问对方辩友，您说荀子说性恶，但是所有的学者都知道荀子是无善无恶说。

蒋昌建：我第三次请问对方辩友，善花如何开出恶果呢？第一个所谓恶的老师从哪儿来呢？

吴淑燕：我倒想请问对方同学了，如果人性本恶，是谁第一个教导人性要本善的？这第一个到底为什么会自我觉醒？

季翔：我方三辩早就解释过了，我想第四次请问对方辩友，善花是如何结出恶果的？

王信国：我再说一次，善花为什么结出恶果，有善端，但是因为后天的环境跟教育的影响，使他做出恶行。对方辩友应该听清楚了吧？我再想请问对方辩友，今天特蕾莎修女的行为，世界上盛行好的行为，为什么她会做出善行呢？

季翔：如果恶都是由外部环境造成的，那外部环境中的恶又是从何而来的呢？

蔡仲达：对方辩友，请你们不要回避问题，台湾的正严法师救济安徽的大水，按你们的推论不就是泯灭人性吗？

严嘉：但是对方要注意到，8月28日《联合早报》也告诉我们这两天新加坡游客要当心，因为台湾出现了千面迷魂这种大盗。（笑声、掌声）

许金龙：我们就很担心人性本恶如果成立的话，那样不过是顺性而为，有什么需要惩罚的呢？

蒋昌建：对方终于模糊了，我倒想请问，你们开来开去善花如何开出恶果，第五次了啊！（笑声、掌声）

吴淑燕：我方已经说过了，是因为外在环境的限制，我倒想请问对方同学了，对方同学告诉我们，人有欲望就是本恶，那么对方同学想不想赢这场比赛呢？如果想的话，您可真是恶啊！（笑声、掌声）

姜丰：对方辩友口口声声说，因为没有善端就没有善。我们要问的是，都是善的话，那第一个恶人从哪里来？又哪里有你们所说的那种环境呢？

许金龙：环境天险，天险狡恶。对方辩友，您没有听说过吗？环境会让人去行恶的。

严嘉：对方似乎认为有了外部恶的环境，人就会变恶。请问在南极，在一种非常艰难的沙漠之中，人就会变坏了吗？

王信国：我方没有这样说，对方又在第二次栽赃，我是要告诉大家，是说人有善端，你在哪个环境，好的环境会变好，坏的环境会变坏。

季翔：如果都如对方所说的那样，人性本善，都是阳光普照，雨水充足，那还要培育它干什么呢？让它自生自灭好了。（笑声、掌声）

许金龙：照对方辩友那样说的话，人性本恶，我们要教育干什么？因为"师傅领进门，修行在个人"，这句话早就不成立，应该是"师傅领进门，教鞭跟你一辈子"。（笑声、掌声）

严嘉：按照对方辩友的这种逻辑，那么教化应该是非常容易的，每个人都是"心有灵犀不点通"了？（笑声、掌声）

王信国：我倒想请问对方辩友，在人性本恶之下，我们为什么要法律，为什么要惩治的制度呢？

姜丰：对呀，这不正好论证了我方观点嘛！（笑声、掌声）如果人性都是善的还要法律和规范干什么？（掌声）

蔡仲达：犯错、犯罪都是人性本恶，就符合您本恶的立场了吗？那么犯罪干吗要处罚

他呢？

蒋昌建： 我还没听清楚，你们论述人性是本善的，是在进化论原始社会的本，还是人一生下来的本，请回答！

许金龙： 我方早就说过的嘛！孟子说良心啊，你有没有恻隐之心，你有没有不安不忍之心，这就是良心嘛！你怎么不听清楚了呢？（笑声、掌声）

蒋昌建： 如果人生来就是善的话，那我想那个"宝贝"纸尿布怎么那么畅销啊？（笑声、掌声）

吴淑燕： 我想请问对方同学，再次请问你，如果人性本恶的话，到底是谁第一个去教导人要行善的呢？

季翔： 我方已经不想再次回答同样一个问题了！我倒想请问，孟子不也说过"形色，天性也"吗？请问什么叫"天性"呀？

许金龙： 您讲得吞吞吐吐，我实在听不懂。对方辩友，请您回答我们，荀子说的是性恶说，还是性无善无恶。

严嘉： 这点都搞不清楚，还来辩论性善性恶？（笑声、掌声）我想请问，孔子说："七十而从心所欲，不逾矩。"像这样的圣人都要修炼到古稀之年，何况我们凡夫俗子呢？（掌声）

王信国： 对方辩友，所有的问题，所有的问题都不告诉我们答案。我倒想请问对方辩友的是，康德的主张到底是有没有道德？

姜丰： 不是我们不告诉对方，是我们一再一再地告诉，你们都不懂。（笑声、掌声）

许金龙： 对方辩友这句话回答的什么，我们实在没有听出来。不过我想告诉对方辩友解决一下性恶的问题吧！荀子说："无为则性不能自美。"说性像泥巴一样，它塑成砖就塑成砖，塑成房子就塑成房子，这是无恶无善说啊！对方辩友。

蒋昌建： 荀子也说，后天的所谓善是在"注错习之所积耳"，什么叫"注错习之所积耳"呀？请回答。

许金龙： 荀子说错了！荀子说他看到什么是恶的，还是说没有看到善，你就说是恶的。没有看到善，是不善，不是恶，对方辩友。

蒋昌建： 你说荀子说错了就说错了吗？那要那么多多儒学家干什么？（笑声、掌声）

许金龙： 儒学就是来研究荀子到底是说了性恶还是性善嘛！

季翔： 荀子明明白白地告诉我们："人性恶，其善者伪也。"（掌声）

蔡仲达： 对方同学，如果说，荀子说恶就是恶的话，那我们今天还要辩什么呢？

严嘉： 对方辩友不要一再地引语录了，我们看看事实吧！历史上那么多林林总总的真龙天子们，他们有几个不是后宫嫔妃三千，但为什么自己消费不了，却还要囤积居奇，到最后暴殄天物呢？（笑声、掌声）

王信国： 那也想请对方辩友看看历史上展示的仁人志士的善行，对方辩友如何来解释呢？

姜丰： 没有规矩不成方圆，到底何为善？何为恶？

吴淑燕： 要谈现实，就来谈现实吧！如果人性本恶，我和对方同学订立契约，对方可千万不能相信哪，因为我可能会占你便宜呀！（笑声）

蒋昌建： 对方说，有人的话那就是人性善的，拳击场上没有恻隐之心，没有慈让之心，那些观众，那些拳击者就不是人了？请回答。

许金龙： 拳击场上是比竞技，有竞赛规则，又不是拿刀子来互相砍杀，对方辩友。（笑声）我们看看伊索比亚的难民，谁不会掉泪，谁不会动心忍性呢？

季翔：那当然会动心忍性了，因为人都受过教化了嘛。

许金龙：对方辩友，如果人都受过教化的话，但本在哪里呢？本为什么移来移去，可以从善变到恶，从恶变到善，本在哪里？

严嘉：佛祖释迦牟尼可算是至德至善之人了吧，但他在释迦族做王子的时候，不也曾六根不清静过吗？

王信国：所以他最后变好了，为什么？因为他的本心、他的根源是善的。（掌声）

姜丰：如果我们光说本的话，我们只要说人性恶就行了，你们论证本了吗？

许金龙：我们当然论证本了，良心就是本哪！对方辩友，您才没有论证本呢！您说的那是跟动物一样啊！（掌声）

蒋昌建：那我就不知道了，哪个人过马路的时候，是捧着这个良心过去的吗？我倒听说过孤胆英雄，却没有听说过"孤心英雄"啊！（笑声、掌声）

许金龙：人过马路当然是捧着良心过去的。而且，看到老弱病残的时候，我们还要扶他一下。对方辩友，人是带着良心过去的。

严嘉：为什么我们要进行交通法则教育呢？这不是后天让他向善吗？

王信国：因为有人要变坏，所以要纠正他，纠正他是因为他会变好。

季翔：对方始终没有告诉我们，既然人性都是本善的，怎么会有人变坏呢？

吴淑燕：请对方同学正面回答如何利用教育来把人性恶改过去？

姜丰：我方早已回答，倒是请对方正面回答，按照种瓜得瓜的逻辑……（时间到）

主席：对不起……

许金龙：对方辩友，从来没有回答过问题，就说回答过。我们来看看对方辩友，对方辩友一辩说人是理性的动物，那么如果说这个社会上人有一个滞胀的，那人就不理性了。（掌声）

主席：经过了精彩激烈的自由辩论之后，我们的节目到这里暂时告一个段落，广告过后我们再见。

主席：欢迎各位回到辩论会现场，现在我们请反方第四位代表蒋昌建同学总结陈辞，时间四分钟。（掌声）

蒋昌建：谢谢各位，一个严肃的辩论场需要一个严肃的概念。对方多次问我们人性怎么样？人性怎么样？始终没有问我们人性本怎么样？我想请问对方，人性是什么和人性本是什么是同样的一个概念吗？你们如果连这个概念都没有根本建立基础的话，那你们的立论从何而来呢？我们多次问对方的善花里面如何结出恶果，对方说要浇水，要施肥呀。那我就不懂了，大家都承蒙这个阳光雨露的话，为何有那么多罪行横遍这个世界呢？难道这个水，那个肥还情有独钟吗？为何要跟恶的人作一个潇洒的"吻别"呢？（笑声、掌声）

今天我们本着对真理的追求来同对方一起探讨这个千年探讨不完的话题。无论是从性善论的孟子也好还是性恶论的荀子也好，又有哪一家哪一派不要我们抑恶扬善呢？抑恶扬善是我方今天确立立场的一个根本出发点。下面我再一次总结我方的观点。

第一，只有认识人性本恶，才能正视历史和现实。回顾历史的时候，我的内心总感到痛苦而颤抖。从希波战争到十字军东征，从希特勒的奥斯维辛集中营到日寇在华北的细菌试验场，真可谓是"色情与贪婪齐飞，野心共暴力一色"。以往的人类历史，可以说是交织着满足人类无限贪欲而展开的狼烟与铁血啊！可见，本恶的人性如果不加以控制的话，将会给这个世界带来什么呢？

第二，只有认识人性本恶，才能重视道德、法律教化的作用，才能重视人类文明引导的结果，培养健全而又向上的人格。在历史的坎坷当中，人类并没有自取灭亡。尤其是在面对彬彬有礼、亲切友善的新加坡朋友面前，我们更有理由相信，人类明天会更好，这其中我们要感谢新加坡孜孜不倦地建立起他们优良的社会教化系统。人类文明是在人类智慧之光照耀下不断茁壮成长的。饮水思源，借此我们要感谢那些在人类教化路途中洒进他们含辛茹苦汗水的这些中西先哲们。正因为从他们的理论智慧当中，从他们的身体力行当中，人们才有可能从外在的强制走向理性的自约，自约人的本性的恶，从而培养一个健全而又向善的人格。可见，人性本恶，并不意味着人终身成为恶，只要通过社会的教化系统就可以弃恶扬善，化性起伪啊！

第三，只有认识人性本恶，才能调动一切社会教化的手段来扬善避恶。光阴荏苒，逝者如斯，在物质和科学技术突飞猛进的同时，而人类的精神家园可谓是花果飘零。在这个时候，我们要警惕，人性本恶这个基本的命题。可喜的是，在东方的大地上，我们说传统文化的发扬光大，已经从一阳来复开始走向了新的春天。我们也相信，通过传统文化的精华，必将使人类从无节制的欲望中合理地扼制并加以引导，从他律走向自律，从执法走向立法。人类才可能挽狂澜于既倒，扶大厦于将倾。"黑夜给了我黑色的眼睛，而我却要用它来寻找光明！"谢谢各位！（掌声）

主席： 谢谢蒋昌建同学，最后我们请正方第四位代表王信国同学总结陈辞，时间也是四分钟。（掌声）

王信国： 大家好！让我们先回到对方所建构的一个恶的世界来看看这个世界里边到底发生了什么事情。对方辩友告诉我们人性本恶，首先就犯了三大错误。第一大错误就是从经验事实的法则里面归纳出来的错误。对方辩友举出了人世间很多的恶事，告诉我们因此人性本恶，这是错的！为什么呢？对方辩友的立论告诉我们欲望，人是有欲望而来的。但是我们想，我方已经论证过了，欲望是有好有坏，今天我喜欢你，我想要跟你结婚，这是一个不好的欲望吗？所以最终我们知道了，今天对方辩友是看到人世间的恶行，某些恶行，然后告诉我们说人性本恶。那为什么对方辩友忽略了经验事实上面呈现的善行呢？人世间的很多善行，你一定听过了，有人跌在地上你把他扶起来，你在汽车上让座给老人，或者是，你定也听过无名氏的捐款。这些难道不是人世间的善行吗？这是对方辩友犯的第一大错误。第二大错误，对方辩友犯的是倒果为因的错误。对方辩友借用一种经验事实的法则告诉我们说，我们有恶的果，所以导出来恶就是因。如果真的这样说的话，我们发现是什么呢？每一个人都是恶，尤其对方辩友口口声声告诉我们要教育，要道德教育，你如何去教育呢？每一个人都是恶，由此来定出真正的法律，而定出的法律就是善法吗？恶人定出来的是恶法。如果你定出了法律，如何去遵循，每一个人都恶，我为什么要信任你，好像大家在这个地方，我为什么要相信你呢？你可能在骗我，于是我们这里所有的人都戴上面具。大家互相欺骗，互相蒙蔽，这样的世界是对方辩友所建构出来的。他告诉我们由于有欲望就建构出来个恶的世界。对方辩友犯的第三个错误是什么呢？他告诉我们人性的性就是欲望，我们根本就晓得说，我方一开始就论证了，人性就是人的心。孟子告诉我们："人有四端之心。"这是一个善的种子，我们从来没有否认过说，人世间没有恶行。你有善苗，不见得你就不会有恶行。为什么呢？我们发现了，因为外在环境，因为资源缺乏，所以我们人在无形之中会做出一些恶的行为来伤害别人，这是不得已的。所以，我们教育跟法律就在于纠正人的行为。如果按照对方辩友告诉我们是恶行的话，你为什么去纠正它？人性本恶，人纠正的结果还是回到本。我们的人是性本善，因为我们知道每一个人都有一颗向善的心，于是你透过道德，透过教育，透过法律，他有可能会转变为好。教育跟法律的功能就是要辅导，辅导他走上善途，于是乎，教育就在这个地方茁壮了。对方辩友举了个例子告诉我们说，原始人如何地烧杀掳掠，原始人如何地生灵涂炭。我们告诉大家的是，原始人民，他一开始那个求生的欲望，这跟本性是要区分的。因为当你如果说有五个人同时是饥饿的状态下，有一块面包在那边，一个人跑过去吃，这个时候绝对不会有人用道德来非难他。因为这个时候生存是立于道德之上的。你没有个人的生命，你没有生存的欲望，你如何来谈道德呢？所以原始人那个状况是一种动物性的本能。（掌声）所以，开始对方辩友犯的错误就是告诉我们说，人性是欲望，如果真的是欲望的话，人跟动物怎么分呢？人之异于禽兽者，已心就是一个本心的问题。所以我们说过人有善苗。今天对方辩友告诉我们说都是阳光雨露，没有错！但是有风吹雨打，因为你的风吹雨打，你的外在环境影响，你当然会做出恶的行为。所以，我们要纠正他，让他走向善的世界大同。所以，我们来看看世界上所有善行的发生吧！从历史上，从目前经验事实上面，我们发现，古往今来，志士仁人杀身成仁，等等之类。还有目前，特蕾莎修女等等之类，甚至说，大陆发生了安徽水荒，正严法师的慈济行为，对方辩友如何来解释呢？孟子就告诉我们了："见孺子，掉落于井"，在这么一刹那之间你都会救他，你不可能把他推下去。为什么？人的本性是善的，你不要告诉我说，原来你救那个小孩子是为了虚名。原来你过马路遵守交通规则你是不得已的，你是虚假的。原来，泰丽莎修女救了你，那是一个骗人的行为。到最后，你会发现，只有浅水湾的鲨鱼才是一个大善人。（时间到）这是一个什么样的世界，这是一个恐怖的世界，这个世界之所以能够存在，就是因为我们有善根。谢谢！（掌声）

主席：谢谢王信国同学。在这一片善恶声中，人性到底是什么呢？还是让评判专家们去伤脑筋吧！接下来我们请评判团退席！我们稍后见。（休息、评判团评决）

主席：各位来宾，观众朋友，欢迎大家回到辩论会现场。在宣布成绩之前，先让我邀请评判团代表杜维明教授给我们分析今晚的赛情。杜教授请！

杜维明：主席，评判同仁，台大和复旦的辩论员，各位来宾。作为一个海外华人，并且是关切文化中国发展前景的学术工作者，我谨代表评判团向举办1993年国际华语大专辩论赛的新加坡广播局和中国中央电视台表示恭贺和感激。他们从世界各地，亚洲、澳大利亚、西欧和北美的著名大学邀请到八队三十多位口若悬河的青年才俊，在一周之间，针锋相对，辩论了大众传播、现代化、环保、经济、道德，乃至生老病死，种种既有宏观的全球视野，又有切身的现实意义的课题，充分体现了华语国际化的精神。

还值得提出的是，昨天休会，主办单位又通过轻松愉快的旅游，为参赛朋友们提供了交谈和沟通的机会，也让大家对这个在企业竞争上勇猛如狮，而在自然环境方面又艳丽如花的星洲留下了深刻的印象。对了，新加坡建国以来的第一位民选总统王鼎昌先生和今天特别前来颁奖的李显龙副总理都是华校出身的辩才无碍的政治领导，给我们很大的鼓舞和勉励。（掌声）

过去六天，台湾大学成功地建构了"现代化不等于西方化"和"安乐死应该合法化"两个命题；复旦大学也说服了评判员，"温饱不是谈道德的必要条件"，"艾滋病是社会问题"。今天呢，从正反两方来辩论人性本善，究竟鹿死谁手哇？今天下午正反两队似乎都直接或间接地采取了在古文章法里的启承转合这种策略。正方一辩站在高屋建瓴的方式引述康德、孟子和佛教，建立了性善为本，恶行为果的基本理论，脱俗不凡，条理简洁。我好像已经被说服了。但是，这个交通规则的比喻不甚恰当。反方一辩呢，有这个排山倒海之势，坚持"人性本恶，其外者伪也"的观点，分辨自然属性和社会属性，简洁明了，很有震撼力。而且，用词精炼，有条不紊。我好像又被她说服了。（笑声）正方二辩呢，承接了一辩论述，又以西瓜种子为例，很贴切。认为欲望本身不是恶，也有理趣，使观点作了进一步的深入展开，还作了一些实证的补充。反方二辩呢，妙语如珠，既承接了一辩的观点加以发挥又猛攻正方二辩的经验基础，并且旁征博引，荀子，犹太教，黑格尔，甚至《天龙八部》（笑声），使正方好像陷入了防御的态势。那么，正方三辩作了一个转折，很有新意，但是没有充分地发挥。反方三辩大有异军突起之势，从新的思维角度展示了一些观点，比如说"放下屠刀"，屠刀何来呀，也很恰当地引用了达尔文、弗洛伊德各方面的观点。在资料运用方面，大家都能引经据典，而且也可以说妙语如珠吧。那么，似反方的知识结构比较谨严，也比较全面。在语气方面，正方是严厉质问，恳切坦诚，有的时候情绪比较激动。（笑声）那么反方呢，有点排山倒海，义正辞严，有时候嘛，轻松活泼，而且引逗幽默。但是，用词显得有点华丽，也许可以向平实方面再努力。自由辩论期间，双方短兵相接，此起彼落，好像双方都从金庸先生武侠小说中学到了出奇制胜的新招。（笑声）我们觉得双方似乎是势均力敌，用了先发制人哪，连续发问哪，分而治之、乃至巧设陷阱哪，声东击西等各种策略。那么，反方四辩文字流畅，好像行云流水。在结论这方面可以说是缝隙不留，圆而不滑。正方四辩呢？很有理据，特别是举出原始人的凶残是为了求生欲望，也很有说服力。但是，我提到了情绪有点激动。那么，一般说来，反方颇能显示一种流动的整体意识，整个队伍运用一种整体配合的作战方略，加强了一种整体的攻击力，保证了对重点攻击目标的一种优势。也增强了整个辩论队伍的气势，显得中心课题比较明确，活而不乱，而且呢，错落有致。

最后呢，让我发表一点感想，中国传统文化的儒释道都强调体会、体验，体味这种体之于身、身体力行的具体真知。在这个思想导引之下呢，目明耳聪，也就是明察秋毫的视德和从善如流的听德，才是雄辩的基础。能说善道固然很好，巧言令色就背离了仁厚的核心价值了。因此，这次华语的辩论，虽然常有排山倒海，甚至咄咄逼人的气势，但却一再地体现出同情、坦诚的美德，树立了非常良好的风气，值得我们效仿。谢谢大家！（掌声）

注　释

［1］辩论赛是一种极富理性的"高水平的智力游戏"，集道德涵养、文化积累、知识结构、逻辑思辨、心理素质、语言艺术、整体默契、仪表仪态为一体，是高水平的、综合素质的较量，极富魅力。本次辩论赛的第一位辩手复旦大学队的姜丰同学陈词亲切感人，逻辑层次一一展开，表现出志在必夺的自信，不畏强手的意志，先声夺人，先入为主，"好的开头是成功的一半"。其他三位男辩手也表现不凡，整场辩论一气呵成、精彩绝伦，他们最终赢得了这场比赛。本文节选自王沪宁等主编《狮城舌战》（复旦大学出版社，2004年）。

扩展阅读书目

1. 《实用演讲学》（邵守义著）
2. 《演讲美学》（李燕杰著）
3. 《演讲基础知识》（朱川著）

4. 《演讲稿写作概要》（高瑞卿著）
5. 《演说心理学》（沙德全著）
6. 《实用演讲艺术》（郭海燕、徐永富、张立中主编）
7. 《著名演讲辞鉴赏》（武传涛主编）
8. 《狮城舌战启示录》（王泸宁、俞吴金主编）
9. 《辩论的实战技巧》（朱锋主编）
10. 《辩论与论辩》（奥斯丁·J.弗里莱著）
11. 《现代演讲学》（刘德强著）
12. 《有效演讲口才技能》（高捍东编著）
13. 《世纪之辩——首届中国名校大学生辩论邀请赛纪实》（张德明主编）
14. 《演讲艺术品评》（李次授编著）
15. 《创世纪舌战——2001国际大专辩论会纪实与评析》（余培侠主编）
16. 《辩论双刃：大决赛辩词透析双刃剑可免自伤》（单国华编著）
17. 《口才训练十五讲》（孙海燕、刘伯奎编著）
18. 《口才学》（欧阳友权主编）

第八单元 写作训练

导读：灵魂的飞翔，生命的印痕

　　写作，是人类有文字以来的一种特殊的精神劳动。从古汉语可知，"写"读作"xiè"时，可有"写意"、"写怀"之意，即表露心意、抒发胸怀，以求情感的宣泄和信息的传递。"写"读作"xiě"时，可有抄录、誊写、描摹之意，即用笔书写和描画。

　　人类绝大部分优秀文化遗产都是以文字的形式流传下来的，千百年来，写作活动一直在记载和发展着人类的物质文明和精神文明，蓄聚着不同民族的文化，成为各个民族历史和文化的载体与代表。五千年的华夏文明可谓彪炳千秋，泽被后世，而其最重要的载体就是汗牛充栋的古籍，经、史、子、集，皆为皇皇巨著，承载了前代文人学者的思想精髓和灵感火花。西方文明的起源则是古希腊神话，从完整的神话体系中折射出来的充满生命意识、人本意识和自由观念等人文价值观念体系，成为古希腊文学的基本精神，也是后来欧洲文学与文化的基本内核。神话是原始的哲学和宇宙观，是各民族对自然和社会进行探索、理解和幻想的结晶。远古的希腊人民，怀着征服自然的渴望和对美好生活的憧憬，凭借超人的艺术想象，创造出了魅力四射的神话，成为欧洲最早的民间文学。希腊神话反映了氏族社会的生活状况和"人类社会童年"的世界观，它以丰富的内容、巨大的影响，成为世界文化宝库中稀有的珍品。因此，不妨借用联想集团的广告词来界定写作：如果人类失去写作，世界将会怎样……也许失去了写作，人类文明的火炬将从此熄灭。

　　写作不仅是人类文明的承载者，也寄托了文人心系苍生、建功立业的豪情壮志。《尚书·尧典》中提到"诗言志，歌咏言，声依永，律和声，八音克谐，无相夺伦，神人以和"，这段最早对诗歌写作所作的论述开启了中国古典文学中"诗言志"的传统。传统的写作理论强调作文的社会功能，主张有为而作，甚至将写作提到"经国之大业，不朽之盛事"的高度。这也反映了古代文人对于写作强烈的社会责任感和近似虔诚的信仰，他们以手中的如椽之笔记录下生命中的所思所感，并且借此完成自己的政治理想和远大抱负。"穷年忧黎元，叹息肠内热。"即使杜甫的满腔报国热忱无法在当世施展，也能在一纸黄卷上一吐为快。杜甫又在《偶题》里明确指出"文章千古事，得失寸心知"，对于写作的执著及"先天下之忧而忧，后天下之乐而乐"的使命感，使他们妙笔生花，为后代留下了无数感人肺腑的篇章。"铁肩担道义，妙手著文章"，文章的使命和责任是重大的。文章不是玩物，不是游戏，而是开启民智的钥匙。因此，写作一定要能给人以教益和启发，这是文章的价值所在。

　　再次，写作也是个体生命的印痕和文字化的人生旅程。个人的日记、公开出版的小说、散文、诗歌、戏剧等都体现了个体对生命的体验和思考。写作者对于时间的流逝是敏感的，"对酒当歌，人生几何。譬如朝露，去日苦多"。曹操的《短歌行》在千百年之后的今天读来依然让人感慨不已。时钟的脚步带走了青春年少，青丝被染成白发，在时钟的滴答声中，我们感受到生命的短促。面对短促的生命，我们唯有用文字这一永恒的形式记录下个人体验，

"燕子去了,有再来的时候;杨柳枯了,有再青的时候;桃花谢了,有再开的时候。但是,聪明的,你告诉我,我们的日子为什么一去不复返呢?——是有人偷了他们吧:那是谁?又藏在何处呢?是他们自己逃走了吧:现在又到了哪里呢?"朱自清的《匆匆》在千载之后与曹操进行着穿越时空的对话,这就是写作的魅力。它可以超越时间,超越空间,在两个素未谋面的人的心灵之间架起桥梁。有了写作,我们不会再像陈子昂一样悲叹前无古人,后无来者,"念天地之悠悠,独怆然而涕下",千载之后仍然能和古人惺惺相惜,道一声"于我心有戚戚焉"。

于丹对"局限"一词作过如下解释:一个人的格局小了,就会被限制住。这句话对写作来说也许意味着,你是准备写给自己看,还是写给周围的亲友看,抑或是写给全中国的人看,甚至给全世界的人看,这样的心理定位,从某种意义上来说,决定了写作者会写出什么样的作品。也许是私人独语,也许是亲人密语,也许是激荡人心的豪言壮语。写作的格局很大程度上取决于写作者自身的人格修养和人生境界。写作者是否具有清醒的自我反思意识?是否拥有达观从容的心态?是否具有高远超拔的视野?是否具有悲天悯人的胸怀?文品出于人品,这是历代写作者公认的法则。心怀天下者,笔墨必关乎民生疾苦,所谓"衙斋卧听萧萧竹,疑是民间疾苦声。些小吾曹州县吏,一枝一叶总关情"。而在被称为花间词派鼻祖的温庭筠笔下,则是一幅幽怨动人的仕女图,"小山重叠金明灭,鬓云欲度香腮雪。懒起画蛾眉,弄妆梳洗迟。照花前后镜,花面交相映",开启了以绮艳香软为特征的花间词风。此外,写作者的性格特征也在一定程度上影响着文章的风格,明代的李贽提出:"性格清彻者音调自然宣畅,性格舒徐者音调自然疏慢,旷达者自然浩荡,雄迈者自然壮烈,沉郁者自然悲酸,古怪者自然奇绝。有是格,便有是调,皆情性自然之谓也。"因此,写作这种极其私人化的精神活动,不可避免地带着写作者的烙印。

如何才能才思泉涌、妙笔生花?这是所有的写作者共同的追求。除了上述的要加强自身的人格修养之外,还需"以情生文"。情感是写作的血液,情感是文章的第一要义。所谓"文以情生","情动于中而形于言",即写作必须有感而发,让情感的激流在笔下流淌。这样写出的文字才能使读者身临其境,如见其人,如闻其声,感受到写作者灵魂的悸动。重视艺术情感的真实性,追求艺术的至真,这在东西方的艺术追求中,几乎都是一致的。早在先秦时期,《庄子》中就有"真者,精诚之至也,不精不诚,不能动人"之说。真正的美文,从酝酿到表达,都是情感的自然流露。其真,不能掩饰,而唯其真,我们才可以通过灵动的文字和写作者一起感受他心灵的颤音。李贽提出"天下至文"皆出自"童心",即"绝假纯真,最初一念之本心",并说"世之真能文者,比其初,皆非有意于为文也。其胸中有如许无状可怪之事,其喉间有如许欲吐而不敢吐之物,其口头又时时有许多欲语而莫可所以告语之处,蓄极积久,势不能遏"。他认为写作的初衷是因为积累了许多生活感悟,心中涌动着无处排遣的情绪,骨鲠在喉,不吐不快,于是把情绪及所思所感用文字的形式固定在白纸上,情感的自然流露,无须粉饰,无须矫情,这就是最好的文章。

古人提倡"见景生情,触目兴叹",即将参天地、系人生的浩荡情怀寄寓于具体事物的描绘或咏叹,实现激昂愤慨之情与自然含蓄之美的统一。写作者要以饱满的感情去观察和感受周围的客观事物,通过用心观察,感受生活中的美,感受生活中的人、事、物、理,从而激发情感。"真情"从"实感"中来,登山则情满于山,观海则意溢于海。譬如中国文人历来有伤春悲秋的传统。宋玉《九辩》中的"悲哉秋之为气也,萧瑟兮草木摇落而变衰",将这种触景生情的感伤情绪与自己的忧患和失落之情完美地融合在一起。著名的女革命家秋瑾

第八单元 写作训练

女士在就义前留下的"秋风秋雨愁煞人"七字遗言,更是把秋与愁字紧紧地联系在一起。西风起,秋雨落,天色苍茫,无边落木萧萧下,不尽长江滚滚来。此情此景怎不让人生出些许愁绪?"枯藤老树昏鸦,小桥流水人家,古道西风瘦马,夕阳西下,断肠人在天涯。"这首被称为"秋思之祖"的小令把一个天涯过客的愁思表现得淋漓尽致。而唐朝诗人张籍的《秋思》云:"洛阳城里见秋风,欲作家书意万重。复恐匆匆说不尽,行人临发又开封。"秋风中,客居洛阳多日的诗人千万种想家的思绪涌上心头,想写封家书托人带回去,但是由于时间仓促,又怕意思表达不完全,到捎信人临走的时候,忽然又想到一些要说的话,赶快把封好的信拆开,把这些话又添加进去。这样虽平凡却真实的场景使一位游子的离家愁绪呼之欲出。因此,写作者必须学会接纳万物,观察自然、社会和人生;学会体验生活,能入且能出。"入",就是进入外物的境界之中,尽情感受自然魅力、体验人生百味;"出",就是从入的境界中走出来。如果走不出来,就会"不识庐山真面目"。"入"时热情似火,"出"时冷静似水。"入",要全身心投入;"出",要身心完全超脱,立于物外,从旁观物。王国维说:"诗人对宇宙人生,须入乎其内,又须出乎其外。入乎其内,故能写之。出乎其外,故能观之。入乎其内,故有生气。出乎其外,故有高致。"重视外物,必须入乎其内,物我交融;轻视外物,必须出乎其外,旁观外物,驾驭外物。这是写作的最高境界。

一个人写作意味着什么呢?

写作意味着写作者具有了最基本的职业技能,同时也是一个社会人储存和传播信息的基本途径。信息作为一种资源,虽然其交流和传播的渠道、方法随科学技术的进步发生了日新月异的变化,然而,作为交流信息基本手段的写作活动,依然活跃在网络等新兴媒体中。现代社会的专业分工越来越细,传递不同专业领域信息的写作也日益趋向专业化。如经济写作、司法写作、科技写作、文秘写作、新闻写作等,它们都以自身的专业特点为标志,逐渐发展起来,对各行各业的从业人员提出了新的写作要求。例如,作为大学生需要撰写毕业论文,求职需要撰写简历和求职信;从事秘书工作,需要撰写总结、调查报告、会议记录等;从事新闻工作,需要撰写消息、通讯、深度报道等;从事政府部门工作,需要撰写述职报告、情况报告、先进事迹材料等;从事科技工作,需要撰写产品设计说明书、科技成果报告、发明申请书、科技学术论文;从事经济工作,需要拟写可行性研究报告、经济合同等;从事教育工作,需要撰写科研论文、写作教案、编写教材等。可以说,掌握了写作这门技能,就获得了打开职业宝库的钥匙。本章正是从实用的角度出发,为在校大学生提供各种毕业后可能涉足的行业的文体写作的经典范文。

写作也是衡量人才综合素质的标尺。《论语·阳货》中说:"诗可以兴,可以观,可以群,可以怨,迩之事父,远之事君;多识于鸟兽草木之名。"即文章可以启发想象,观察事物,凝合群体,表达哀怨。近者可以用来侍奉父亲,远则可以用来侍奉国君,还可以认识和记忆许多动植物的名称。这里强调了文章的认识功用。可见,擅长写作者一般都是知识渊博、才华出众,并且能够感奋人心、有益于世的。古人提倡的所谓"三不朽"即"立德"、"立功"、"立言","立言"就是著书立说,这就是流芳百世的无上功德。余秋雨也认为:"写作实际上构成一个现代人人格素质的重要部分,没有足够的写作能力就很难算做一个真正的现代人。"

通过写作,可以建构现代人格,成为人们精神世界的发言人。通过写作,向世界敞开自己的心灵,就各种社会问题发表自己的见解和观点,以积极主动的姿态活跃在人类的精神舞台,以自己笔端流出的声音去激发他人、影响社会。从这个意义上讲,写作将强化人格建构，激发人们内在的主观能动性，有利于造就人格健全、精神强健、勇于参与、勇于挑战的人才。

  卡耐基认为，一个人的成功，只有百分之十五取决于技术知识，百分之八十五则取决于人类工程——发表自己意见的能力、担任领袖的能力及激发他人热忱的能力。写作能力，正是综合体现了一个人的心理、思想、文化素质。现代社会对人才素质的要求，关键的一点就是有智慧、有谋略。而一个人智力的高低，往往通过观察、记忆、想象、判断等表现出来。这些恰恰与一个人的写作能力相吻合。写作能力是一个人综合素质的体现，如观察能力、采集信息的能力、感知事物的能力、思维能力、语言表达能力。它不仅是现代社会人才素质的一项基本要求，而且是提高综合能力的有效途径。而创造性人才为社会提供的成果必然要以写作的形式凝聚成文章。无论是思想上的创新、理论上的突破，还是科学上的发明、技术上的革新，都离不开写作。那些著名的科学家、作家、理论家、教授、记者等，都是因为有着突出的写作成果而受到社会公认的。因此，良好的写作能力是通往成功的必经之路。中国台湾著名女作家、社会学家、政治家龙应台在美国完成博士学业后，于1983年回到中国台湾，先在台湾大学外文系任副教授，后来进入台湾淡江大学外国文学所任研究员。1984年她出版了《龙应台评小说》，一上市即告罄，多次再版，余光中称之为"龙卷风"。1985年以来，她在台湾报刊上发表大量杂文、社会评论，掀起了轩然大波，成为知名度极高的报纸专栏作家。她以专栏文章结集的《野火集》，印行100版，销售20万册，风靡中国台湾，是80年代对中国台湾社会产生巨大影响的一本书。1996年以后龙应台不断在欧洲报刊上发表作品，向欧洲读者呈现一个中国知识分子的见解，颇受注目。龙应台正是以其能用手中的笔发出知识分子独特声音的形象赢得了世人的瞩目，也向我们展现了写作的魅力。

  写作更意味着人生境界的升华、内心情感的释放。写作是一种愉悦心灵、释放情感的精神体操。现代社会工作节奏快，每个人承受了前所未有的压力，如果感到孤独寂寞，需要倾诉却没有合适的听众，那么写作就是一个最佳的宣泄内心情感的途径。写作讲求的是真情实感。当我们内心情感的洪流左冲右突，却没有出口时，那种一吐为快的期盼让写作成为我们内心的一种需要和渴求。当我们自由自在地书写内心的感受时，我们在进行的就是个体生命历程的记录，在此过程中所体验到的就是生命最本质的快乐和精神享受。只有在写作中，心灵才是独立的，任凭想象驰骋于文字里。这时，幻想与激情成了心灵的双翼，它飞翔起来，脱离俗世，进入多姿多彩的梦幻世界。真正的文学创作丰富了生活，真正的写作是苦心孤诣，十年磨一剑。我们需要写作，坚持吧，为了精神的自由和飞翔，为了灵魂的张扬。当我们白发苍苍时，翻开我们年少时代的笔记本，那一页页的文字让我们重温当年青春的快乐和苦恼，以及我们对生活的思考和探索，曾经的喜怒哀乐、曾经的悲欢离合，都以文字的形式静静地淌在我们的心中，像一条久违了的小溪，记载了我们生命的点点滴滴，当我们重温旧梦，重归故地，那条小溪依然默默地守候我们的到来，并且愈益清澈。

  古人曰，忧愤出诗人。在我们内心充满各种纷繁复杂的思考和感情时，请拿起笔吧，记录下我们的所思所感，那将是我们的一笔巨大的精神财富。因为历史无法重演，我们每个人的历史也是不可重复、不可逆转的，也是独一无二的。让写作成为我们的精神伴侣和知音，学会用文字固定下我们永恒的青春回忆。

农民工生活和健康状况调查报告

×××

一、调查说明

1. 调查目的

××大学为更好地贯彻胡锦涛总书记提出的"社会主义荣辱观",积极开展大学生"三下乡"的实践活动,组织医学院社会实践医疗服务团对洛阳市建筑业农民工生活状况和健康状况进行了调查走访。一方面,通过社会调查活动大学生可以更多地了解社会生活,提高大学生的综合素质,强化大学生的社会责任感与使命感;另一方面,收集农民工生活与健康的第一手资料,引起社会对农民工的生活和保障的更多关注,为相关职能部门提供决策参考,为构建社会主义和谐社会献计献策。

2. 调查时间

20××年×月×日—×月×日

3. 调查地点

中国·洛阳市·洛阳新区体育场地

4. 调查方式

问卷访问与现场访谈(发放问卷200份,访谈20人)

5. 样本数量

回收问卷108份,有效问卷98份

6. 分析方法

定性分析与定量分析

7. 调查人员

××大学医学院社会实践医疗服务团学生负责人　王××　顾××

××大学医学院社会实践医疗服务团大学生志愿者　28名

8. 负责老师

(1) 调查领队

××大学医学院党委副书记　李×

××大学医学院团委书记　姚×

(2) 技术指导

××大学医学院预防医学教研室主任　胡××(调查问卷)

××大学医学院党委副书记　李×(调查问卷)

××大学医学院团委书记　姚×(调查报告)

××大学医学院辅导员　赵××(调查报告)

(3) 报告撰写

××大学医学院学生　王××、毕××等

二、调查内容

（一）生活状况

1. 建筑行业从业人员性别比例状况

项目	男	女
人数	89	6
比例	93.68%	6.32%

图表显示：在建筑行业里，93.68%的从业人员是男性，女性从业人员较少，只有6.32%。

2. 建筑行业从业人员年龄结构状况

项目	20岁以下	20~30岁	31~40岁	41~50岁	50岁以上
所占人数	2	12	32	27	14
比例	2.31%	13.79%	36.78%	31.03%	16.09%

图表显示：在建筑行业里，从业人员多为年富力强的中青年人，其中20~50岁的从业人员约占总体从业人员的82%，50岁以上的中老年人约占16%，20岁以下的建筑从业人员最少，约为2%。

3~8.（略）

（二）卫生健康状况

1. 对急救止血等急救知识的了解情况

项目	能	不能	不知道
人数	17	46	10
比例	23.29%	63.01%	13.70%

调查显示：农民工对急救知识的了解还比较欠缺。在回答"当皮肤表面出血，能否用泥土、烟灰止血"的问题时，63.01%的农民工能正确地进行处理，有23.29%的农民工错误地回答说可以（正确的答案为当皮肤出血时，不能用泥土、烟灰等物质止血，这样非常容易引起感染），另有13.70%的农民工不知道如何回答这个问题。从医学角度讲，用泥土或烟灰止血是很容易引起感染的。

2~4.（略）

三、调查结论

农民工远离家乡，远离亲人，用辛苦和汗水构筑起美丽而又繁华的城市。但由于受到文化素质、技能水平的限制，他们往往集中在建筑业、危险化工、矿山采掘、筑路、服装饮食等行业，从事的多是苦、脏、累、险、差、高温高空、井下矿山、有毒有害的工种岗位，而且多是超时，低酬，缺乏必要的安全性保护。这些工作特点，直接造成了他们的身体过度消耗和损害。他们收入水平低、经济条件有限，健康状况令人担忧，应就诊时不就诊，应住院时不住院，结果是"小病磨，大病推"，造成了很多不良后果和悲剧。

本次调查只在建筑行业进行，从建筑工地农民工的生活状况、健康状况等方面展开调查。由以上对城市建筑农民工生活和健康状况的调查分析可见，这些为城市作出巨大贡献的农民工，他们的生活状况和健康状况，非常令人担忧。他们居住条件差，膳食不合理，劳动环境恶劣，劳动强度太重，并伴有许多的不良生活习惯。这些情况容易导致一系列的健康问题，甚至会酿成悲剧。职业危险高、医疗卫生意识差，农民工健康状况令人担忧，大多数农民工处于亚健康状态，可以说农民工是带病上岗的特殊困难群体。"小病拖一拖，大病扛一扛，实在不行上药房"，"这年头，不怕穷，就怕病"，这些是在调查中常听到的言辞。

在调查中发现，农民工住得差、吃得差、干得重都是病源，再加上农民工健康意识低和健康知识水平有限，极易产生各种身心疾病。他们是家庭收入的顶梁柱，如果他们倒下，则可能使他们整个家庭崩溃，给本不富裕的家庭带来新的贫困和悲剧，进而产生一系列的社会问题。

四、相关建议与意见

我们呼吁全社会都来关注和关爱农民工，城市应该接受和吸纳农民工，有关部门应当定期为农民工进行健康检查，建立健康档案，并对他们进行健康教育。

政府应当采取一定的机制和措施改善农民工的生活状况和工作环境。政府可积极引导农民工建立维权组织，减轻农民工的劳动强度，缩短劳动时间，切实维护农民工的合法权益。

政府应当采取一定的渠道和对策使农民工有病可医、有病能医，政府依据实际情况可建立针对农民工的合作医疗，采取"建筑单位出资、政府补贴、农民工自愿"的医疗合作形式，并切实减轻农民工的沉重负担和精神心理包袱。

建筑单位应加强工地安全宣传，同时应配合好相关部门多关爱和关注农民工，配合政府把农民工逐渐纳入社会保障体系。

职业危险大、医保意识差的农民工是一个特殊、新型、低收入的群体，将农民工逐步纳入社会保障体系，具有重要的现实意义和历史意义。

五、结语

从筹备开始，历时将近一个月的"（洛阳）建筑工地农民工生活和健康状况"的调查终于结束了。在调查过程中，我们还为农民工进行了健康知识宣传、健康检查、现场急救演练等服务活动，从中我们了解到农民工需要健康知识的现实性和迫切性。虽然我们是抽出业余时间进行的，但也有些许收获；我们不仅为农民工送去了一份关爱和健康，而且通过现场访谈和调查问卷，真正了解到农民工的现实生活状况。

本次调查有以下几个方面的意义。

（1）经过现场访谈和数据分析，我们的调查结果终于出来了。这篇报告展现了建筑行业农民工真实的生活状况和健康状况，这些数据为社会了解农民工的生活提供了依据，对政府制定相关政策和措施，具有一定的参考意义。

（2）（略）

（3）（略）

最后需要说明的是，在这次调查和实践活动中，由于我们的时间、精力及条件的限制，我们调查的区域有限，并且由于笔者的学识浅薄，掌握资料有限，必然存在局限性和不足之处，敬请各位读者多多指正和谅解。

××大学社会实践小组
20××年×月×日

附表：
农民工生活和健康状况调查问卷

您好，我们是××大学医学院大学生志愿服务者，我们正在做的这项调查是关于农民工健康状况及每天的生活习惯的调查。调查目的是为构建和谐社会主义、建设新农村献计献策，您的回答对我们的调查十分重要。调查仅占用您半小时左右的时间，调查中获得的信息都是保密的，我们只需要总体结果，您的姓名等不被记录。希望您支持我们的工作，谢谢！

一、生活习惯常识

1. 您的性别_____，年龄_____，身高_____，体重_____。
2. 您的婚姻状况：①未婚②已婚③离婚④丧偶
3. 您家每月平均每人的收入（元）：①300左右②500左右③700左右④大于800
4. 您是否赞同成年男子吸烟：①赞同②不赞同③无所谓④不知道
5. 您目前的吸烟状况：①不吸烟②吸烟③有时吸烟④已戒烟

6～16.（略）

二、健康状况及疾病预防

1. 您有高血压疾病吗？①有②无③不知道
2. 您认为生病时该怎么办？①立即看医生②能挺就挺③自己随意吃药
3. 您认为您每天的膳食能满足营养需求吗？①能②一般③不能
4. 长期接触油漆、涂料、粉尘对身体：①有害②无害③不知道
5. 皮肤表面出血，能否用泥土、烟灰止血？①能②不能③不知道

6～13.（略）

【简析】

此篇调查报告具备几个特点：第一是其写实性。它是在占有大量现实和历史资料的基础上，用叙述性的语言实事求是地反映某一客观事物，在充分了解实情和全面掌握真实可靠的素材的基础上完成的。第二是其针对性。它有比较明确的意向，相关的调查取证围绕某一综合性或是专题性问题展开研究。所以，它反映的问题集中而有深度。第三是其逻辑性。它具有确凿的事实，但又不是材料的机械堆砌，而是对核实无误的数据和事实进行严密的逻辑论证，探明事物发展变化的原因，预测事物发展变化的趋势，提示本质性和规律性的东西，得出科学的结论。本文来自河南科技大学网站（http://www.haust.edu.cn/article/detail.asp×？id=15584）。

工作总结

根据省工商行政管理局年初制定的信息化建设总体规划目标，紧紧围绕市局《20××年信息型工商及信息化"三大平台"建设实施方案及任务推进表》的工作思路及要求，积极推进重点工作落实开展，现将信息中心上半年重点工作完成情况总结如下。

一、上半年重点工作推进落实情况

（一）规范网络运行管理，确保政令信息顺畅

一是按照年初计划，已基本完成基层工商所联网工作。二是针对网络病毒的泛滥现象，

实行内外网络物理分离模式,重新设计改造市局机关八楼内外网线,大大提高网络运行安全。在阅览室设立电子上网查询室,为市局机关 21 个部门上网查询资料提供便捷服务。三是信息中心责成专人利用五一假期进行机房季度维护。对中心机房外网服务器、"12315"系统、电子邮件(开思)系统等及 2 台机柜内的 72 条各种跳线重新整理排列,确保全市系统"信息顺畅"。

(二)实行"定岗定编"配置,严抓硬件管理维护

一是对信息化应用状况进行调查摸底。督促各级基层单位用好、管好计算机网络和设备,加强软件应用和数据库建设。针对现有计算机设备现状,制订了计算机设备定岗定编方案,科学合理分配,对普查出报废的计算机逐一登记,履行固定资产报废手续,共计报废 80 台。调配完毕后,市局机关 94 台,市区五个分局(运管所)及基层工商所 118 台。将省局下发的 19 台计算机全部下发调配到位,配置在信息化建设第一线。二是加强设备管理维护。从 4 月起对计算机设备配置使用情况进行调查摸底,先后对市局机关 94 台、分局(运管所)及基层工商所 118 台,特别是市区 25 个工商所的工作运行时间超过 5 年、已无法升级的计算机设备,进行了登记依次排序,为下一步调配设备打下基础。目前又着手对市局机关、分局及所辖工商所打印机设备使用情况进行摸底清查工作,此项工作正在进行中。三是明确技术鉴定权限。为加强对需要更换计算机设备配件的技术鉴定工作,制定了信息中心技术管理人员岗位职责,明确了技术管理负责人与技术管理人员的技术鉴定权限,重新编制了技术鉴定报告书,规范了技术鉴定程序,截至 6 月,共计鉴定更换配件 14 个。

(三)坚持设备巡查管理,保障网络运行安全

按照《佳木斯市工商行政管理局关于下发〈确保政令畅通、信息顺畅的规定〉的通知》(×工商函〔2007〕11 号)的要求,一是进一步加强计算机设备巡查、抽查管理维护工作,发现问题及时解决。截至 6 月 12 日,巡查计算机 134 台次,其中电话巡查 18 次,实地巡查 116 次,解决问题共计 111 个。二是加大为基层工商所、年检大厅、行政大厅提供技术服务保障的力度,确保年检各项工作的顺利开展,对出现问题及时解决并与省局实时沟通汇报。自年检工作启动以来,及时解决企业在网上年检、变更及工作人员在使用新版工商综合业务软件中所遇到的软件应用等实际问题 60 余个。三是配合监察室开展"绿色网吧"廉政文化创建活动,增加了电子上网室的巡检频次,解决计算机设备及系统运行问题 36 个。信息中心对有专职信息管理人员的前进分局、向阳(东)分局、向阳(西)分局,采取分局自查与市局抽查相结合的方式进行维护,对东风分局、郊区分局、协会及市局机关 21 个科室,共计 134 台计算机采取逐台检查的方式进行维护。截至目前,实地解决计算机网络、打印机页面设置等问题 13 个。推进市局"12315"消费者申诉举报软件的调试升级进程,发放并调试向阳(东)、向阳(西)、前进三个区分局服务器,及时排除了语音卡质量造成的语音杂音等问题,顺利实现了"三方通话"功能。

(四)树立全新工作理念,努力提高应用水平

(略)

二、下一步工作打算

加快推进信息化建设,是实现工商行政管理职能到位、全面提升工商行政管理水平的需要。信息中心在下半年工作中紧紧围绕《佳木斯市工商行政管理局 2007 年信息型工商及信息化"三大平台"建设实施方案》确定的任务目标,增强责任意识,加快工作节奏,重点推

进落实以下工作。

（1）一方面，运用信息化技术手段，重点为市局完善政务公开和示范点建设服务。进一步完善网页重新改版模块设计，推进改版后网站试运行工作。另一方面，完善内部政务信息网建设。以信息化技术为支撑，为基层教育科设计"工作动态"栏目；为法制科更新"法制沙龙"栏目。

（2）推进"12315"指挥系统数据库建设，提高数据库建设质量，加大数据库日常管理和安全维护力度。

（3）（略）

【简析】

在工作总结行文中，需要注意的问题有五点。第一，总结前要充分占有材料。最好通过不同的形式，听取各方面的意见，了解有关情况，或者把总结的想法、意图提出来，同各方面的干部、群众商量。一定要避免领导出观点、到群众中找事实的写法。第二，一定要实事求是，成绩不夸大，缺点不缩小，更不能弄虚作假。这是分析并得出教训的基础。第三，条理要清楚。总结的目的是总结经验，吸取教训，所以要以高屋建瓴的视角清晰地传达作者的思想。第四，要剪裁得体，详略适宜。材料有本质的，有现象的；有重要的，有次要的，写作时要去芜存精。总结中的问题要有主次、详略之分，该详的要详，该略的要略。第五，总结的具体写作，可先议论，然后由专人写出初稿，再进行讨论、修改。最好由主要负责人执笔，或亲自主持讨论、起草、修改。本文选自《应用写作》2007年第11期，略有改动。

述职报告

20××年×月×日，我从市委研究室调到市经济环境监察中心工作。×月×日，市经济环境监察中心发出20××年×号文件《关于市经济环境监察中心领导成员分工的通知》，明确我分管"万人评机关"、和谐机关建设工作和市经济环境监察中心综合文字工作。7个多月来，围绕分工，按照职责，我尽心尽力开展工作，竭尽所能完成任务，成为科学发展观的积极倡导者和和谐社会的主动建设者。现将有关情况述职如下。

一、关于"万人评机关"工作

20××年的"万人评机关"工作，总体上沿袭了往年的做法，年中和年末各集中测评一次，方式方法基本不变，其目的就是要稳妥推进机关作风建设，这一目的通过过去一年的努力已基本实现。实事求是地讲，去年的"万人评机关"工作大部分都是在同事们帮助之下完成的。不过我是个闲不住的人，在工作中，我坚持理论联系实际，认真研究和观察"万人评机关"工作的基本规律，主动听取收集社会各界及方方面面的意见，酝酿成熟了新一年"万人评机关"工作的改革方案。这个方案的核心内容有三。

一是规范称呼。将"万人评机关"的名称更改为"社会评议机关"，千人也好，万人也罢，统称"社会评议机关"。

二是下移重心。20××年，"社会评议机关"要丰富内容、扩大内涵。82个部门的作风建设由市作风建设领导小组组织评议，各个部门的职能科室由部门自己组织评议，重点部门和重点科室由专业部门或社会中介机构组织评议。按照市级机关作风建设长效机制的要求，将"社会评议机关"的范围覆盖至机关每个角落和每个个人，使之真正成为20××年机关作风建设的三大抓手之一。

三是改进方式。(略)

二、关于和谐机关建设工作

20××年,是全市机关作风建设开展集中整顿的第四年。这一年,市委、市政府根据党的十六届六中全会《关于构建社会主义和谐社会若干意见》的文件精神,将和谐机关创建列为今年机关作风建设的主题,在全市82个市级机关部门中组织开展了声势浩大的和谐机关创建工作。作为个人来讲,我主要做了如下工作。

一是构建正确的和谐理念,并尽最大可能推广之。我在反复学习中央和省市委关于构建社会主义和谐社会文件及理论文章的基础上,结合自己这么多年作为一名机关工作人员对机关作风的感受,形成了和谐机关创建的主流理念,概括起来为四句话:①领导科学是机关和谐的"润滑剂";②权力异化是机关不和谐的"始作俑者";③自我革命是解决机关不和谐因素的"重要通道";④人民认可是评价机关和谐的"基本尺度"。为了保证这些理念能够为广大机关工作人员特别是部门分管同志所接受,我采取了探讨的方式进行宣传,先后走访调研了59个市级机关部门,在一定范围内进行大力宣传,使和谐机关创建工作从一开始就有正确的理论指导,向着正确的方向前进。一年来,和谐机关创建工作既实实在在又富有成效,就是对上述和谐理念的首肯。

二是瞄准合适的创建抓手,并全力以赴实践之。(略)

三是探索长效的创建机制,并与时俱进谋划之。(略)

三、关于综合文字工作

市经济环境监察中心是市政府的派出机构,其主要职责就是为经济发展提供良好环境,或者说是与不良行政行为作斗争。近年来,随着我市经济的发展,市经济环境监察中心的任务越来越重,地位和作用得到强化和巩固,相应的文字材料任务也随之加重,对文字材料的要求也越来越高。最为关键的是,这项工作处于改革创新的最前沿,是不良传统习惯的挑战者,起草任何材料都无先例可鉴,必须是政策水平、实践能力和文字水平三者的综合统一,而我在这些方面都有欠缺。今年以来,我执笔起草了三部文件初稿,编排了五期情况简报,撰写了五篇汇报材料和一篇领导讲话初稿,撰写了两篇电视专题片脚本,以及各种工作计划、方案及通知等其他文字材料,只能说基本上适应了工作的需要。

我清醒地知道,一年来,由于种种原因,我起草的文字材料质量不高,指导实践的意义不大,几乎没有向外发稿,没有享受到写文章的快乐,也没有注重发现和培养有写文字材料潜力的人才,这应该是我20××年工作的最大缺陷。需要特别指出的是,由于我20××年刚刚来到新的工作岗位,对经济环境监察中心工作研究不深、介入不多,加上以前在服务招商引资过程中,对姜堰的经济环境有很多的切肤之痛,所以,我始终觉得我手中的笔有千钧之重,我要用更多的时间学习经济知识,研究部门职能,同时深入基层,这样才能够实现理论高度和实践深度的有机结合,写出一些精品力作。

往事不可改变,未来需要创造,新的一年,我将从头开始,超越自我,创造佳绩!

以上是我的20××年述职报告,请领导和同志们批评指正!

述职人:×××
20××年×月×日

【简析】

述职报告是常见文体之一。其内容在不同行业、不同层次的领导中各不相同。但不论哪个行业、哪个级别和层次的领导的述职报告,都应该具有以下几个方面的内容。第一,岗位职责。首先要简明扼要地介绍自己的基本情况,如所任职务、任职时间,然后要详细介绍自己的岗位职责范围,即自己分管的工作、任职期间的主要工作目标。第二,指导思想。这是每位领导干部工作的不可缺少的前提条件。领导干部的工作有其目的性和原则性,那就是站在党的立场上,依据党和国家的政策法规去观察事物、分析问题、处理问题,开展工作。第三,主要工作。这是述职报告最主要的内容。要向组织、向群众如实地汇报自己所做的主要工作,工作过程中所取得的成绩及由此带来的经济和社会效益,工作中出现的失误及由此造成的损失,都要一一汇报。本文选自《应用写作》2008年第3期,略有改动。

会议记录

时间:二〇××年×月×日×时
地点:公司办公楼五楼大会议室
出席人:××× ××× ××× ××× ×××……
缺席人:××× ××× ×××
主持人:公司总经理
记录人:办公室主任刘××
主持人发言:(略)
与会者发言:
×××:……………………………………………………………………………………
×××:……………………………………………………………………………………
散会。

主持人:×××(签名)
记录人:×××(签名)

(本会议记录共×页)

【简析】

办公会议记录是常见的文体之一。它有基本的要求:第一,准确写明会议名称(要写全称)、开会时间、地点、会议性质。第二,详细记下会议主持人、出席会议应到和实到人数,缺席、迟到或早退人数及其姓名、职务,以及记录者姓名。如果是群众性大会,只要记参加的对象和总人数,以及出席会议的较重要的领导成员即可。如果是重要的会议,出席对象来自不同单位,应设置签名簿,请出席者签署姓名、单位、职务等。第三,忠实记录会议上的发言和有关动态。会议发言的内容是记录的重点。其他会议动态,如发言中插话、笑声、掌声、临时中断,以及其他重要的会场情况等,也应予以记录。第四,记录会议的结果,如会议的决定、决议或表决等情况。

第八单元 写作训练

关于商洽委托代培涉外秘书人员的函

××大学文学院：

　　本集团公司新近上岗的秘书人员缺乏专门的涉外秘书知识，业务素质亟待提高。据报载，贵院将于今年9月开办涉外秘书培训班，系统讲授涉外秘书业务、公关礼仪、实用文书写作等课程。这个培训项目为我集团公司新上岗的涉外秘书人员提供了一个难得的在职进修机会。为尽快提高本集团公司涉外秘书人员的从业素质，我们拟选派8名在岗秘书人员随该班进修学习，委托贵院代培。有关代培费用及其他相关经费，将按时如数拨付。

　　如蒙慨允，恳请函复为盼。

××集团公司（印章）

二○××年×月×日

【简析】

　　这是一份商洽函。正文分六个层次：其一，写本单位在岗秘书人员的素质亟待提高，这是行文的缘由、背景；其二，写知悉对方开办秘书培训业务；其三，认为对方的培训是我方秘书难得的在职进修机会；其四，以"目的句"写行文的目的；其五，商洽的事项；其六，请求对方答复。

　　文章思路清晰，环环相扣，逻辑性强。"贵院"、"恳请函复为盼"一类具谦敬意味的词句，体现了商洽函的语体特征。值得指出的是"秘书人员"应简写为"秘书"；"随该班进修学习"与"委托贵院代培"应位置对调；"如蒙慨允，恳请函复为盼"，会导致对方不同意便不复函。所以，"如蒙"应改为"是否"，以求对方复函。

关于给上海××超市总公司商租商场一事的复函

上海××超市总公司：

　　贵公司《关于商租××商厦五楼的函》（沪×超函〔×××〕20号）收悉，经研究，现答复如下。

　　贵公司欲租我商厦五楼闲置的楼面开设超市，此举能够方便顾客的购买需求，有利于盘活我商厦的闲置资源，扩大我商厦的经营规模与商品种类，本商厦欢迎贵公司来我商厦五楼开设超市。具体租金请贵公司来人面洽。

　　特此复函。

上海××商厦

二○××年×月×日

【简析】

　　这是一份复函。正文开头引述对方来函标题及发文字号，以做复函缘由，继而用"经研究，现答复如下"一语过渡到主体部分。主体部分先概括对方来函所商洽的事项及意义，既是对来函的回应，又表达了自己的态度。紧承这句，作出"欢迎"合作的表态，并提出面谈要求。文章针对性强，态度诚恳，表述严谨，行文规范。

印刷品订货合同

甲方（需方）：_____
地址：_____邮政编码：_____电话：_____
法定代表人：_____职务：_____
乙方（供方）：_____
地址：_____邮政编码：_____电话：_____
法定代表人：_____职务：_____
印刷许可证：_____

一、印刷品名称、数量及交货日期：
品名　规格　单位　数量　计划单价　金额　用料　交货期
二、加工原料：
三、质量和式样：1. 质量：_____　2. 式样：_____
四、订货数量的差额幅度：
五、货款结算，凭运输部门的运单向银行办理托收。
六、原材料供应：
（甲方来料加工者，应由乙方作运货处理，其货款在乙方交货结算时，凭甲方的发票结算。）
七、印件确定后，双方中途变更应提前____日通知对方协商同意，否则应负违约责任，并应赔偿对方造成的损失。
八、外地用户，可由乙方代办运输，乙方一经运出即为交货，一切包装费、运杂费均由甲方负担。
九、本合同一式两份，双方各执一份。
十、本合同如有未尽事宜，由双方另行商定。
十一、本合同有效期自____年____月____日起至____年____月____日止。

甲　方：_____
代表人：_____
开户行：_____
账　号：_____　____年____月____日
乙　方：_____
代表人：_____
开户行：_____
账　号：_____　____年____月____日

【简析】

这是一份购销合同。标题由事由和文种两要素构成。合同当事人需要准确写出签约单位或个人的全称、全名，并在后面注明双方约定的固定指代，如一般写"甲方"、"乙方"。正文中，开头要写清楚订立合同的缘由，主体部分包括合同标的、数量和质量要求、价款或报酬、履行期限、地点和方式、违约责任、不可抗拒力条款、解决争议的方法。合同结尾包括合同的有效期限和文本保存、落款。

幼儿园教师聘用合同

一、聘方（甲方）：××幼儿园

法人代表（负责人）：

应聘方（乙方）：

住址：

身份证号码：

联系电话：

二、聘用期限

自____年____月____日至____年____月____日（一年）

三、聘请待遇

每月____元，假期不付，临近放假不足一个月的按日工资计算。

奖金：按本幼儿园教师考评方案兑现。

四、其他事宜

甲方根据本幼儿园工作需要，安排乙方从事____工作。乙方严格遵守本幼儿园的各项规章制度，按时、按质、按量完成其本职工作，遵守《中华人民共和国教师法》、《中华人民共和国教育法》等法律法规，为人师表、率先垂范。因乙方有工作失职，不能胜任工作，不服从学校安排，不能与同事、学生和睦相处，教学质量低下等不利于本幼儿园工作的现象，学校有权中途解聘并酌情扣除其未发款项，特殊严重者要依法追究相关法律责任。乙方在工作期间首先树立"安全第一"的思想意识，如因失职、失误造成本幼儿在园发生不安全事故，甲方承担经济损失的30%，乙方承担70%。

押金：乙方一个月工资的80%。

乙方在聘期内未经本幼儿园允许（或解聘）不得随意辞职外出、学习、离岗等，否则扣除其押金及所有未发款项，同时因此给本幼儿园造成严重损失者要依法追究相关法律责任。

乙方在本幼儿园外（如往返路途中）所发生的一切事故，甲方不付任何责任，由乙方自行承担。

乙方在聘期被本幼儿园解聘或经本幼儿园允许主动辞职，此合同自解聘之日起无效。

甲方在工作每月10日前发放上月工资及奖金。

乙方聘期已满未续聘须交清各种财物，甲方将乙方押金、工资、奖金一律照发，否则酌情处理。

本协议自二○××年×月×日起生效，一式两份，甲乙双方各执一份。

甲方：（签字或盖章）　　　　　乙方：（签字或盖章）

合同签订日期：____年____月____日

【简析】

这是一份劳动合同，是劳动者与用人单位之间确立劳动关系、明确双方权利和义务的协议。标题由事由和文种两要素构成。劳动合同的正文包括劳动合同期限和试用期限、工作内容和工作时间、劳动报酬和保险、福利待遇、工作条件、劳动纪律和政治待遇、劳动合同的变更和解除、违约责任、当事人约定的其他事项。

申 论

一、所给材料

2005年12月20日，在国务院新闻办公室举行的新闻发布会上，国家统计局公布了经济普查资料初步预算的结果。2004年我国国内生产总值（GDP）现价总量为159 878亿元，比2003年快报核算数增加2.3万亿元，增加了16.8%。国家统计局局长李德水说，经济普查后，我国2004年GDP总量从世界第七位上升到世界第六位，排在美国、日本、德国、英国、法国之后，改革开放26年来，我国经济保持年均9.4%的增长速度，我国已成为对世界经济产生重要影响的经济大国。

一项对全国37所不同层次高校的调查显示，城乡之间获得高等教育的机会整体差距为5.8倍，在全国重点院校中则达到8.8倍，即使是在地方高校中也有3.4倍，均超过了城乡居民经济收入2.8倍的名义差距。教育作为推动社会变革与发展的重要力量，既可以影响经济与社会发展的效率目标，又可以影响经济与社会发展的公平目标，在欧美一些国家看来，教育不公平是一种国家危机[1]。

联合国开发计划署的一项数据称，目前中国基尼系数为0.45，已超过0.4的警戒线。劳动和社会保障部劳动工资研究所近日发表研究报告更指出，国内居民收入差距自2003年以来急剧加大，目前已达到第二严重的"黄灯"警戒水平，今后5年内若不采取有效措施，将恶化到"红灯"危险水平[2]。

中国工程院院士、美国科学院医学部外籍院士巴德年在《中国公共卫生系统面临的挑战》的报告中警告说，中国的医疗费用在同等发展中国家之中所占的GDP的比例相当高，但是中国卫生分配公平性在全世界排名中居第188位，在世界上几乎是倒数[3]。

社会的发展就像一场汽车拉力赛，而中国就是其中的一辆赛车。我们需要不断加快速度向前跑，但必须在保证车子平安无事的前提下继续跑完剩下的路[4]。改革开放后，经济社会的高速发展带来许多社会问题，如果处理不当，一味强调速度的提高，那么只会是车毁人亡[5]！

发达国家的经济模式是科技、经济、社会保障的铁三角，通过良好的社会保障使公民的收入减去吃饭、住房、教育、医疗后有盈余，公民的财富盈余拉动经济发展，经济发展又拉动科技的发展，科技的发展又促经济发展，经济的发展又促进就业，就业扩大又增加了公民财富盈余，社会财富又再次拉动经济发展。因此，发达国家更重视公平，更重视就业的工资、福利与社会保障公平[6]。

中国有一句很有代表性的老话"不患寡而患不均"。不均，人心就不稳，人心不稳则易乱。必须明白在实现温饱之后，社会的不公比不富更能破坏人们的幸福感。

二、作答要求

处理好效率和公平的关系[7]是中国特色社会主义的重大课题。现今社会，很多人认为，效率与公平好比鱼与熊掌，是不可兼得的。请针对这一观点写一篇文章，联系实际谈谈你的看法[8]。

要求：自拟题目，观点鲜明，论证充分，详略得当，语言流畅，1000~1200字。

三、试题分析

[1] 在首段通过大量的数据介绍我国经济发展取得的成绩后，引出我国城乡间教育机会不均等问题。"教育作为……公平目标"指出了教育与效率、公平之间的关系，"在欧美一些国家看来，教育不公平是一种国家危机"则道出了教育公平的重要性和必要性。效率与公平问题，可作为文章写作的方向。

[2] 此段反映了我国国内居民收入分配差距急剧加大的问题。分配公平是社会公平的一个重要标志，显然，我国在经济发展过程中没有很好地重视公平问题。

[3] 此段强调的是我国卫生分配不公平问题。将我国经济发展速度与批注[1]、[2]、[3]联系起来思考，更加明确了我们的写作方向——效率与公平的关系问题。考生可从这些问题出发，说明重视社会公平的必要性。

[4] 生动的比喻，实则强调要兼顾效率与公平，在现阶段尤其要重视公平，以保证"车子平安无事"，表明效率应以公平为前提。

[5] 这段材料的弦外之音是，一味强调效率，注定不利于社会的最终发展，为我们论述效率与公平的关系提供了借鉴。

[6] 发达国家经济发展的成功模式为我们提供了经验：要更加注重公平，公平的实现会促进效率的提高，效率的提高又会反过来促进公平的程度。由此可见，效率与公平，是一个相辅相成的共同体。由此，我们更进一步明确了二者间的关系。

[7] 此处提示我们，文章很可能要围绕效率与公平的关系展开。我们应明确：效率与公平是相辅相成的关系，不可偏废其一。

[8] 此处提示我们：文章应以题目中的观点为切入点，并就此说明自己对效率与公平关系的认识。

四、参考例文

鱼与熊掌可以兼得[1]
——从公平与效率问题想到的

2005年12月20日，国家统计局公布了经济普查资料初步预算的结果。2004年我国国内生产总值（GDP）现价总值为159 878亿元，比2003年快报核算增加2.3万亿元，增加了16.8%。我国已成为对世界经济产生重要影响的经济大国。但与此同时，我国国内的一些问题也日趋严峻，比如城乡间的收入差距、医疗卫生、教育等问题日益暴露在社会公众面前。GDP的持续增长，城乡差距的进一步拉大，这些问题，不得不使公平与效率问题成为大家讨论的焦点。

长期以来，对于公平与效率的关系，人们总是认为，它们是一对矛盾体，即讲求公平就无效率可言，讲效率就得牺牲公平。因此在这种思想指导下，现实生活中出现了大量不公平现象，最为典型的就是分配不公、机会不均等。而实践同时也证明，社会成员的收入差距过大、各种机会不均等，不仅不能产生理想的效率，反而带来了大量的负面影响，这对我们的经济体制改革和发展是非常不利的。因此，我们有必要重新审视公平与效率的关系。

公平与效率，其实是一个相辅相成的共同体。它们既有相互矛盾对立的一面，但同时又

有相互统一的一面。效率是公平的基础和保障，公平是效率的前提和保证[2]。在社会主义经济建设中，我们不能将它们对立起来。温家宝总理说："公平正义是社会主义社会的首要价值。"没有公平就难有效率，即便出现了一时的"高效率"，那也是短暂的、靠不住的。在社会主义市场经济条件下，公平与效率应该也能够得以最佳结合[3]。以牺牲公平所换来的"高效率"，既不符合社会主义的原则，也是很难长久维持的。我们应该把重点放在怎样把效率与公平结合得更好，而不是在这两者之间进行取舍。

因此在构建和谐社会、全面建设小康社会的今天，我们要建立完善既有利于提高效率、又有利于维护公平的社会主义市场经济体制，找到既保障效率又保证公平的最优结合点，从而使效率的提高有助于保证公平，而保证公平又有助于效率的提高，实现公平与效率的有机统一。在构建和谐社会条件下统筹兼顾好公平与效率的关系，我们可以从以下几个方面下工夫：首先，政府有关部门应该大力加强制度建设，包括就业制度、分配制度等方面的改革和完善；其次，改革税制，强化税收调节的力度；再次，尽快建立健全社会保险、社会救助、社会福利等社会保障体系；最后，积极推进依法治国及民主政治，法律面前人人平等，健全弱势群体利益表达机制。

古人云："鱼与熊掌不可兼得。"但是我们说，公平与效率却可以兼得[4]。关键就在于制度创新。因此，我们必须建立一种公平与效率兼顾的良性循环机制，来推进全社会的共同富裕和经济、政治、文化、生态的全面发展。

【简析】

[1] 巧用成语，吸引眼球，为文章增加亮点。

[2] 此处采用了对偶的修辞手法，增强了语言表达效果。

[3] 一个"应该"，加一个"也能够"，肯定语气得以加强，从必要性和可行性两方面表达出作者的观点。

[4] 使用了对比这种写作手法，在比较中作者的观点再次得以清晰展示，给人留下深刻而鲜明的印象。

文章的主要优势在于条理清晰、逻辑严谨。段与段之间、句与句之间衔接紧密，过渡自然，令文章各段分论点及中心论点一目了然。

同时，该文章打破了绝大多数考生写申论的常规思维，从论述公平与效率之间的具体关系入手，继而给出了协调二者关系的简要措施，说理自然，让人眼前一亮。

1. 结构思路

文章开篇通过列举事实引出公平与效率的问题；第二、三段对公平与效率的关系进行了阐释；第四段提出了处理好两者之间关系的具体措施；结尾总结全文，并升华了论点。本文结构清晰，思路明确，论述有理有据，语言畅达。以下进行详细说明。

第一段，通过一系列数据证明我国已成为对世界经济产生重要影响的经济大国，同时指出我国国内也存在诸多影响社会公平的问题，从而自然地引出了效率与公平的关系这一文章主题。

第二段，抛出了社会上普遍存在的"效率与公平是矛盾体"的思想，树立了批判的靶子，继而分析了重效率轻公平会产生的负面影响，最后指出要重新审视效率与公平的关系，这是对公平与效率间关系的初步的浅层表述。

第三段，承接上段内容，对公平与效率的关系进行重新审视，给出自己的观点：效率与公平是一个相辅相成的共同体，应该而且可以得以最佳结合，是对公平与效率关系的进一步深层论述。

第四段，提出了统筹兼顾二者关系的对策，指明了问题解决的方向，保证了文章"提出问题—分析问题—解决问题"的完整逻辑。

结尾再次点题，指出公平与效率可以兼得，并升华了论点。

2. 标题与结尾

文章标题采用主副标题的形式。主标题紧密结合题目中"很多人认为，效率与公平好比鱼与熊掌，是不可兼得的"的观点，反向思考提出"鱼与熊掌可以兼得"，生动地表达了作者的观点。副标题对主标题加以限定，指出了文章要谈论的核心内容：效率与公平的关系。主副标题相结合，既形象生动，又清晰明了。

文章结尾的巧妙在于既总结了全文，又照应了标题，深化了文章立意。内容上，再一次提出了"鱼与熊掌可以兼得"的论点，很好地总结了全文。形式上，结尾首句与标题相照应；同时文章结尾将公平与效率问题提升到了"推进全社会的共同富裕和经济、政治、文化、生态的全面发展"的高度，立意得以深化。

3. 论证方法

引证：文章第三段引用温家宝总理的话"公平正义是社会主义社会的首要价值"，来论证没有公平就没有效率，并最终引出二者"应该也能够得以最佳结合"的中心论点，使得论点与论据充分结合。

4. 理论政策运用

文章第四段，关于如何处理效率与公平的关系部分，"其次，改革税制，强化税收调节的力度"借鉴了《十七大报告》的内容，原文如下：

深化收入分配制度改革，增加城乡居民收入。合理的收入分配制度是社会公平的重要体现。要坚持和完善按劳分配为主体、多种分配方式并存的分配制度，健全劳动、资本、技术、管理等生产要素按贡献参与分配的制度，初次分配和再分配都要处理好效率和公平的关系，再分配更加注重公平。扩大转移支付，强化税收调节，打破经营垄断，创造机会公平，整顿分配秩序，逐步扭转收入分配差距扩大趋势。

5. 独特视角

作者将"公平"与"效率"比作了"鱼"与"熊掌"，但是，却从"鱼与熊掌不可兼得"的成语逆向思考，指出并充分论证了公平与效率可以兼得的结论。对成语的巧用使文章视角新颖许多。对于效率与公平问题，我们不应强调如何在二者之间进行取舍，而应把重点放在如何使二者结合得更好上。很多这种看似矛盾的问题，最终的落脚点往往都要放在兼顾、结合上。

本文来自湖南公考网（http://www.gkzb.net/shenlun/fanwen/6906.htm）。

手机用户精准识别（毕业设计）

×××

（××大学信息学院，沈阳 110036）

摘要：本文采用聚类分析的理论，建立数学模型，实现了对空巢老人及其子女的精准识别。通过实际问题的分析，从庞大的数据中提取统计出有用数据，并创造性地选择分析用户的通话关系，而不是用户本身的性质。通过统计分析，用 4 个指标完成了对通话关系性质的刻画。用欧式距离的平方刻画样本间的相似程度，以样本间的相似程度为标准，将总体分类，并反复迭代，达到聚类中心的稳定。用这样的思想将本月所有用户间的长途通话关系分为 4 类，并从中找出符合空巢老人特征的一类，以达到对空巢老人及其子女的识别。

关键词：聚类分析；迭代；欧氏距离的平方

英文摘要（略）

引 言

随着移动通信、互联网业务的迅速发展，手机已经从生活奢侈品变成了生活日用品，是人们日常生活中不可缺少的一部分。

为了便于针对不同用户推出合适的产品和服务，我们需要精准地识别用户类型。空巢老人，一般是指子女不与他们共同居住的中老年人，他们的子女一般在其他城市，或者在同一城市其他地区上学或者工作，平时很少相聚，主要通过电话互相联系。随着社会老龄化程度的加深，空巢老人越来越多。精准识别空巢老人用户，为我们解决老人的健康和安全问题提供了可能，有利于促进社会的和谐。

现在已知某城市 382 779 个用户的基本资料、通话清单和短信清单，根据这些信息解决以下问题：①识别该城市的空巢老人手机号码；②识别出各空巢老人的子女手机号及所在城市。

（正文省略）

参考文献：

[1] 董帝英，周光燕. 空巢老人社会支持与心理健康状况对照分析 [J]. 南通大学学报（医学版），2010，30（6）：458-459.

[2] 盛骤，谢式千，潘承毅. 概率论与数理统计 [M]. 4 版. 北京：高等教育出版社，2008：23.

【简析】

这是一篇科技应用文。论文题目必须准确得体、简短精练，能明确表达论文内容，恰当反映所研究的范围和深度。正文包括简短引言、论述分析、结果和结论等内容。文中出现的外文缩写除公知公用的外，若首次出现一律应标有中文翻译或外文全称。文中图、表应有自明性，且随文出现，并要有相应的英文名。文中有关数量单位必须符合国家标准和国际标准。正文章节采用三级标题顶格排序。一级标题形如 1，2，3 排序；二级标题形如 1.1，1.2，1.3 排序；三级标题形如 1.1.1，1.1.2，1.1.3 排序；引言不排序。本文来自百度文库（http://wenku.baidu.com/view/d2bd3258312b3169a451a477.html）。

简　　历

个人资料

姓名：×××　性别：女　出生年月：1986年3月

身高：166cm　籍贯：天津市　居住地：天津市

民族：汉　政治面貌：党员　求职类型：应届毕业生

毕业院校：天津××学院　专业：日语

教育经历：（略）

　　工作实践经历：20××年入学以后，曾在大港书店担任校内兼职；20××年下半年由于学业原因，放弃该工作。

　　技能水平：熟练掌握电脑办公软件，制作文档文件、表格及数据库，达到计算机一级水平；熟练掌握英语。

　　自我评价：本人具有良好的沟通能力，在校期间曾在学生会外联部、宣传部担任干事。本人具有良好的组织和领导能力，在班级和学校都曾担任学生干部。口才较好，能够胜任联系客户和客户沟通的各类工作。

　　求职意向：日语翻译、管理类。

【简析】

　　这是一位天津外国语学院滨海外事学院日语专业的求职者为日语翻译、管理类职位而制作的个人简历。简历的写作要点包含这样几项内容：第一，确定求职的目标和职务，如工程师、秘书、销售经理、会计等；第二，广泛收集、精心选择自己所需的资料，如教育经历、过去的工作经验、实践活动、所获荣誉、技能水平等；第三，整理和组织已准备的资料，按照与目标职位的相关度由强到弱排列个人信息；第四，动手撰写履历。撰写履历，必须在有限的篇幅中提供有效信息，让用人单位信服你就是最佳人选。

求　职　信

尊敬的领导：

　　您好！您能在百忙之中展阅这份求职信，是我无限的荣幸，更是我长久的期盼。我怀着希望和自信，接受您的挑选。

　　呈现在您眼前的不仅仅是材料，更是我用心血和汗水、热情和奋斗书写的一段光辉历史。四年大学，在失败与成功、痛苦与快乐、徘徊与执著、迷茫与思索的求学生涯中，我孜孜以求，不惜奋斗。"一分耕耘，一分收获"，我的付出终有了回报。

　　我连续获得六学期甲等奖学金、两学期乙等奖学金，每学期成绩都排名全班第一，得到同学和老师的赞赏。连续五年担任年级学生会生活部部长的经历，锻炼了我的工作和组织管理能力，培养了我高度的责任心。我还注重对自己综合素质的培养，频频在演讲比赛、辩论赛、歌咏比赛及科研活动中获奖，获得大学生综合素质三星级证书。身为"校园之声"广播台记者、科技协会及演讲与口才协会会员，我更在各种社会实践及社会活动中不断完善自我，超越自我，创造自我……相信识才善用、阅历丰富的伯乐您，定已发现我这匹千里马的非常之处。

　　理论与实践相结合是我的特色，高度的责任心和进取心是我的本色，我自信能成为一名优秀的医生。

　　品学兼优的我敬候您的回音。

　　此致

敬礼！

×××敬上
×年×月×日

【简析】

　　撰写求职信要注意以下事项：第一，求职信要短，但一定要引人入胜，记住你只有几秒钟吸引你的读者继续看下去。在求职信中要重点突出你的背景材料中与未来雇主最有关系的内容。通常招聘人员对与其企业有关的信息最敏感，所以你要把你与企业和职位之间最重要的信息表达清楚。第二，言简意赅，切忌面面俱到。求职信的功用只是为你争取一个参加面试的机会。招聘人员工作量很大，时间宝贵，求职信过长会使其效度大大降低。第三，不宜有文字上的错讹。一份好的求职信不仅能体现你清晰的思路和良好的表达能力，还能考察出你的性格特征和职业化程度。所以一定要注意措辞和语言，写完之后要通读几遍，精雕细琢，切忌有错字、别字、病句及文理欠通顺的现象发生。否则，就可能使求职信黯然无光或是带来更为负面的影响。第四，切忌过分吹嘘。从求职信中看到的不只是一个人的经历，还有品格。

扩展阅读书目

1. 《现代应用文写作大全》（康贻祥编著）
2. 《实用应用文写作》（陈秀香、贺少峰主编）
3. 《旅游应用文写作》（何小庭编著）
4. 《公务员应用文写作》（陈子典编著）
5. 《商务应用文写作》（方有林主编）

第九单元 文学概论

导读：领略文学之美

科学求真，宗教向善，而文学表现的就是美。文学之美具体表现在美的形象、美的情感、美的语言等方面。

文学具有认识功能、教育功能。文学作品是社会生活的反映，能帮助读者认识人类社会的历史和现状，丰富人们的阅历，启迪人们的智慧，提高观察和认识社会人生的能力，这是文学的认识作用。例如，《红楼梦》被认为是中国封建社会的百科全书，从中可以了解到当时人们的宴饮、着装、居住、出行等日常生活状况。优秀的文学作品总会对一定的社会生活给予深刻、独到的反映和评价，在读者的思想品格、道德情操的形成和发展中起到积极作用，成为读者的"良师益友"，这是文学的教育作用。

文学更具有审美作用。优秀的文学作品是对社会生活艺术地、审美地反映的产物，能帮助读者培养审美情操，提高鉴别美丑的能力，使读者得到美的享受和精神愉悦，这是文学的审美作用。文学的认识和教育作用要通过审美愉悦作用方能最有效地发挥出来。

文学欣赏帮助实现文学的审美功能。文学欣赏是实现文学的意义和价值的重要环节，也只有通过文学作品的欣赏才能感知文学之美。文学作品被创作出来后，只具有可能的、潜在的审美意义，不经过阅读的作品不过是一堆没有什么实际价值的符号，文学具有的认识、教育、美感等社会作用，只能通过欣赏者的欣赏活动才能实现。

文学欣赏不同于那种主要只为消遣时间、可以不求甚解的一般性阅读。文学欣赏是一种主动、积极的活动。它需要欣赏者结合自己直接和间接的生活经验及艺术修养，去感受、认识、补充、丰富作品中的艺术形象，把作品中的艺术形象"再创造"到自己头脑中。文学欣赏是一种审美阅读，是一种在感情上获得快感和美感的精神活动。欣赏者在理解文学作品的基础上，通过想象、联想、情感、思维、再创造等心理活动，从形象感知和情感体验中获得精神上的审美熏陶，产生了愉快喜悦之情，获得了精神上的满足和美的享受。

文学史和文学理论对文学欣赏具有指导意义。文学欣赏需要具备一定的知识和能力。文学作品以文字为载体存在，但认识了文字不一定就能深刻理解作品。囫囵吞枣的消遣性阅读，往往对作者的深意和作品的佳妙之处毫无会心，即使觉得一篇作品挺美，也不知如何去鉴赏。因为文学欣赏能力是一种较高的人文素养，除了欣赏者需要一定的生活阅历、阅读兴趣之外，还需要综合运用相关的语言、文学知识，掌握基本的文学鉴赏方法。

本单元的三篇文学简史，对古今中外的文学发展进行了简要、系统的梳理，在清晰地勾勒出文学发展历史脉络的基础上，介绍了具有代表性的文艺思潮、作家作品、文学流派、文学现象等。欣赏者了解诗歌、小说、散文、戏剧等各体裁文学发展演变的基本过程及其主要成就，获得较为系统的文学史基础知识，有利于综合个人、时代、文体等因素，深入体会作品的深刻思想内蕴和独特审美价值，把握作品的人物形象和艺术特色。

文学欣赏主要是针对具体文学作品的,阅读作品也需要一定的理论指导。本单元还介绍了文学欣赏的基本理论知识,介绍了文学欣赏的性质、文学欣赏的特点、文学欣赏的功能等方面的问题,还针对诗歌、小说、戏剧、散文四种体裁,扼要介绍了这四种体裁的基本知识,以及分析和鉴赏作品的一些常用技巧。

掌握了文学欣赏的基本理论,就多了一种发掘文学魅力的工具,它将助力我们在文学世界的翱翔。

中国古代文学发展简史

一、先秦时期

中华民族历史文化形成的最初阶段是在先秦时期，这是从远古经夏、商、周三代直至秦统一（前221年）之前的漫长的历史时期。人们在生产劳动过程和人往交际过程中的各种情感、要求及美好的愿望总要表达出来，发言为声就产生了最初的文学——上古歌谣。神话传说中的三皇五帝时代究竟在何时迄今为止仍无确切证明。神话表达了人类欲支配自然力、改造社会的愿望和企盼，是我国最早的叙事作品。歌谣和神话文学最基本的特点即抒发感情和表达愿望。远古歌谣由于流传下来形诸文字的较少，因此一些传世的据说是尧舜时的作品系后人伪托。我国神话资源分布在远古岩画和出土文物，以及《诗经》、《山海经》、《穆天子传》、《庄子》、《楚辞》、《吕氏春秋》、《淮南子》等文献中。我国最早的诗歌与音乐、舞蹈结合在一起，这个特点对后代诗歌的形成发展都产生了一定的影响。

中国文字究竟产生于何时尚难确定，据今所见数量较大、最古老的文字是甲骨文和铜器铭文。甲骨文是占卜所用，文辞虽少，但可见卜者的愿望和捉摸不定的心理。上古巫史不分，甲骨文卜筮结果的记录以及铜器铭文的事件记录，体现统治者的意志和历史意识。

西周至春秋，一方面由巫文化向史文化过渡，另一方面则是礼乐文化由盛而衰的进程。《尚书》是上古历史文献的记录，其中体现出浓重的历史意识。孔子不满于周道衰废、礼崩乐坏，遂编《春秋》，其地位、身份和私家著史的境况，使之采用了寓褒贬于记事当中的"春秋笔法"。《左传》则无所顾忌，据实而录，详于记事，使我国历史著作达到了一个新的高度。由《左传》的记事为主、兼记言行，《国语》的偏重记言，到《战国策》铺排策士言行，可见历史散文由重记事到重写人的发展轨迹。《诗经》是周代礼乐文化的形象教科书。《国风》中的一些诗歌多抒发了个人的真实情感，《雅》、《颂》之作多表达了人们对政治的关注和祈祷愿望。比兴的运用，使人们找到了物我之间的联系和借物言志（情与理）的表达方式。春秋战国时期的社会变革促进了思想文化的繁荣，形成了"百家争鸣"的局面。春秋战国诸子百家虽然异说林立，风格迥然，但实分两派：以孔子、墨子、孟子、荀子、韩非子为一派，其主张在于以仁、爱、礼、法去调和解决人际社会的矛盾，实行自己的政治伦理理想；以老、庄为一派，考虑更多的是人与自然的关系、人在自然中的生存状况，以及人的适性而为等问题。注重人际关系，必然要以犀利的言辞、严密的论证去阐述己意，说服别人；在与自然的关系中打开想象的天空，则天马行空展现的是自己思想的博大和深邃，遨游在自己的精神境界中。战国末期诞生了伟大的诗人屈原，将文学的自觉和自为提高到一个前所未有的高度，他的作品的诞生得益于深厚的历史文化的积淀和荆楚地域文化的滋养，以及对苦难深重的国土人民执著的眷恋和挚爱。

先秦文学发展线索仍是模糊朦胧的，有许多问题尚未得到解决。可喜的是这个世纪伊始，考古学界就给我们献上了一份份厚礼，上海博物馆楚竹简、湖北九连墩楚简、陕西眉县杨家村西周青铜器等展示了大量的历史文献。随着考古的不断发现，21世纪将会给先秦文学的研究带来明媚灿烂的曙光。

二、秦汉时期

公元前221年秦始皇统一中国，建立了中国历史上第一个中央集权的封建国家。秦朝在文化上统一文字给学术文化的发展提供了有利的条件，但又实行焚书坑儒等极端专制主义的措施以钳制思想文化的发展,使学术文化遭受灭顶之灾,加之秦王朝仅有 15 年的短命时间,因此在文学上几无成就可言。由秦相吕不韦与其门客集体编著的《吕氏春秋》,成书于秦统一前,内容包含了儒、道、墨、法、农等诸家学说,保存了一些先秦的学术文化思想和历史文献。秦相李斯的《谏逐客书》吸取了先秦诸子文章和战国策论的特点,论证严密,铺陈排比,富于文采。

秦末农民起义推翻秦的暴政,公元前 206 年汉高祖刘邦建立了强盛的大汉王朝,汉初采取了一些与民生息的政策,思想文化比较活跃自由。汉初文士承战国宏论和辞赋遗风围绕秦亡教训及如何兴国强权等问题各抒己见,以贾谊、晁错的作品为代表的政论文卓然兴起。汉初辞赋完成由骚体赋向新体赋的转化。陆贾、贾谊的作品抒写政见和身世感慨,枚乘的《七发》标志咏物为主、篇幅宏大、铺采摛文的汉大赋的形成。汉初为了娱乐和制礼作乐的需要,沿承秦制设置了乐府机构。一些楚歌广为传唱。

汉武帝进一步加强中央集权统治,帝国进入了空前强盛的时期。以司马相如为首的一大批辞赋家,颂扬盛世,出现了《子虚》、《上林》等排比事类、穷极声貌的成熟的散体大赋。《史记》的问世,开创了纪传体史书,标志着我国叙事散文在体例上和思想内容上都达到了前所未有的高峰。武帝时强化乐府职能,采集赵、代、秦、楚之讴,使得"感于哀乐,缘事而发"的叙事乐府民歌得以记录流传。宣帝时桓宽编写的《盐铁论》针对现实展开争论,使政论文得以复兴。

西汉今文经学及董仲舒皆提倡以阴阳五行说评议时政,东汉光武帝也推崇谶纬之学,桓谭、王充、张衡等反谶纬,批妖言。王充的《论衡》、仲长统的《昌言》、王符的《潜夫论》抨击黑暗,颇具先秦诸子风范。班固的《汉书》是在《史记》影响下的我国第一部纪传体断代史,其封建正统思想,使其思想内容偏于保守。扬雄、班固等人创作的大赋虽然热烈红火,但其思想内容和艺术框架总体上并没有超越西汉辞赋。东汉中叶以后大赋江河日下,代之以讥讽时政、"睹物兴情"的抒情小赋,蔡邕、赵壹、祢衡等是其代表。东汉文人五言、七言诗日趋成熟。班固、张衡、秦嘉等创作的五言诗推进了五言诗的发展。《古诗十九首》中浓厚的人生意识、高超的艺术技巧,标志着五言诗的成熟。

三、魏晋南北朝时期

文学史上所说的魏晋南北朝时期,始于东汉建安年代,讫于隋朝统一,约 400 年。就社会特点来说,这一时期,由于国家分裂,政权不稳定,各种力量为了争权夺势,进行了激烈的斗争,政权之间不断发动战争,造成政治腐败,经济凋敝,人民流离失所,许多士人遭受杀身之祸,形成历史上少有的恐怖时代。在政治上,门阀制度存在,使士族与庶族间的矛盾不断激化,庶族仕进的道路被堵塞,他们在文学制作中发出了自己不平的呼喊,如左思的《咏史》、鲍照的《拟行路难》。这些内容成为这一时期文学创作的一个特点。

就思想状况而言,魏晋南北朝是中国历史上一个思想发展的重要历史时期,也是中国历史上思想最活跃的时期,是继战国"百家争鸣"以后又一个思想解放的时代。随着儒家的衰微,新的人生价值观、生活观、社会伦理观不断产生,哲学的本体论,以及思辨逻辑不断发展。

在南北朝时期,出现了儒、佛、道三足鼎立的局面。三者之间为争得优越的地位而不断斗争。社会思想的自由和宗教的多样化,促进和影响了魏晋南北朝时期文学学术的发展和变化,文学、音乐、绘画等各种艺术形式都开始趋向于个人生活感情的表达。老庄的无为遁世、道教的神仙、佛教的厌世等各种思想杂糅,成为这一时期文学创作的主流。

第九单元 文学概论

中国文学在这一时期也发生了巨大的变化,鲁迅说这"是文学的自觉时代"。所谓自觉就是说人们对文学创作及其发展的客观规律有了相当的认识和把握,能够按照自己的意志去驾驭文学创作的规律,从而进入一个相对自由的状态。文学开始脱离了经学的附庸地位,从"成教化,明人伦"的道德功利目的转为非功利的供人欣赏的艺术形式。

文学自觉的重要标志就是文学理论的繁荣和文学批评的兴起。三国魏曹丕的《文赋》,梁朝刘勰的《文心雕龙》、钟嵘的《诗品》、萧统的《文选》,陈朝徐陵的《玉台新咏》等论著中,贯穿着一个总的文艺思想,就是把文学与学术区分开来,开始重视文体的分类及文学本身的价值。在创作倾向上,一个显著的特点就是由言志走向缘情。陆机在《文赋》中、梁元帝萧绎在《金楼子·立言篇》中强调了文学创作中抒发感情的重要性。当然,在魏晋南北朝的文学发展历程中,抒情化的倾向经过了一段曲折的经历,魏晋时期由于玄理的影响和政治的黑暗,在抒情中还不乏浓厚的理性色彩,体现在如阮籍、嵇康及西晋一些作家的作品中。到了南北朝,作家抒写性灵明显加强。无论是诗、赋,还是文,作家都在抒发自己真实的人生感受。创作倾向上的变化带来了文学创作主题的变化。人生无常、游仙、隐逸成为魏晋南北朝文学的共同主题。从曹操的《短歌行》到南朝江淹的《恨赋》,无不体现了这一点。与生命无常主题相关的内容是游仙。生命短暂,人们对长生不死的仙境充满了向往,曹植有《游仙》,张华有《游仙诗》,郭璞也有《游仙诗》多首,游仙的主题在魏晋南北朝的创作中占有相当的数量,成为不可忽视的主题。此外,对隐逸生活的向往和歌咏也是这时期文学的一个主题,左思、陆机都有《招隐诗》,陶渊明对田园生活的描写把隐逸题材的创作推向高峰。这种题材的兴起反映了魏晋时人对隐逸生活的企慕,也反映了老庄思想和玄学对士人心态及生命价值观的影响。

魏晋南北朝文学发展的另一现象是文人集团的活跃,这是这一历史时期文学发展的一大特点。建安时代,以曹氏父子为首的文人结交成中国文学史上第一个文人集团。魏末晋初有以阮籍、嵇康为首的"竹林七贤"和以何晏为首的"竹林名士",西晋时有权臣贾谧,包括陆机、左思等人在内的"二十四友",东晋时又有以王羲之、谢安为中心的文学交游,宋代临川王刘义庆门下招纳了鲍照等文人,齐代时在竟陵王萧子良周围结成了"竟陵八友",梁代昭明太子、萧绎、简文帝萧纲也各自组成了自己的具有相当规模的文学集团。

在文学发展中,许多新的文学体式形成并得到发展。东汉的五言诗在魏晋文人那里得到进一步发展,曹操及建安文人进行大量五言诗创作,使之臻于成熟和完善。七言歌行体得以确立,曹丕的《燕歌行》为文学史上完整的七言诗,南朝鲍照进一步改进了七言诗的形式,扩大了其影响,为唐诗的发展奠定了基础。齐梁时期,周颙发现了汉语的四声,沈约把四声运用到诗歌的声律上,提出了"四声八病"之说,创造了一种新诗体,即"永明体",为律诗的形成铺平了道路。梁陈时期,出现了以宫廷生活和女性美为题材的宫体诗,体现了新的美学追求,扩大了诗歌的表现领域。诗歌以外,辞赋创作和汉代相比发生了重要转变,不仅数量多,而且明显出现诗赋合流的趋势。抒情咏物小赋增多,成为这个时期的辞赋创作的主流。例如,王粲的《登楼赋》,江淹的《恨赋》、《别赋》,庾信的《哀江南赋》等,都是脍炙人口的抒情力作。散文创作也出现新的面貌,建安时期,以曹氏父子为代表,散文庄重典雅,有通脱之风。南北朝散文趋于骈化,文辞华美,对偶工整,为时代的美文。

小说发展是这一时期重要的文学现象,由于汉末巫风畅行,加之佛、道的兴起,受宗教思想影响,出现了志怪小说,以干宝《搜神记》为代表。随之又产生了志人小说,代表作品是《世说新语》,记录魏晋名士的逸闻轶事,是研究魏晋名士风流的极好资料。

乐府民歌在南北朝时期得以集中出现，南北民歌呈现不同的风貌，表现出明显的地域色彩，南朝民歌多写爱情与相思；北朝多反映北方现实生活和习性。《西洲曲》和《木兰诗》分列代表了南北朝民歌的最大成就。

四、隋唐时期

唐代文学是我国古代文学发展进程中的一个光辉灿烂的鼎盛期。诗歌代表了唐代文学的最高成就，清康熙年间彭定求等人编纂的《全唐诗》及后人辑录的《全唐诗逸》、《全唐诗外编》共收录了近52000首诗，有姓名的作者达2000多人。散文与诗歌相辉映，功在新变，为其持续发展开辟了广阔的空间。清嘉庆年间董诰等人编纂的《全唐文》收罗了唐代、五代作家3035人，文20025篇。小说演进至唐代，迈入了一个崭新阶段，今天尚可见到的唐人小说还有220多种。词与变文是唐代出现的新文体，它们有着自身的艺术特质，对繁荣后世文学曾发挥了作用。

初唐前三四十年，诗坛梁陈宫掖之风仍较强劲，后五十年，"初唐四杰"、"沈宋"、陈子昂继起，对诗歌形式美不断探索的结果使律诗定型。从玄宗即位到代宗大历初年的半个世纪，整个诗苑欣欣向荣。以孟浩然、王维为代表的诗人群，因描绘田园而大展风采；以高适、岑参为代表的边塞诗人，因写征戍军旅生活和边陲风光独占一席之地。伟大诗人李白与杜甫的创作，双峰并峙，是古典诗歌成就的高标。自大历到贞元中，唐诗出现了高潮后的低谷。大历诗人的作品虽有个性，却少气骨。从贞元后期至长庆年间，唐诗再度兴盛。元、白诗派风格平易的乐府诗新人耳目。韩、孟诗派以奇崛险峭的诗风，另辟蹊径。两派之外的刘禹锡、柳宗元独自树立，各有贡献。长庆以后，中兴梦破，士人生活走向平庸。"小李杜"竭力开新，杜的七绝清新俊爽，李的七律深情绵邈，超胜前辈。唐季濒亡的五六十年中，诗人不少，成就不大。皮日休、聂夷中、杜荀鹤追踪元、白，是震古烁今唐音的最后呐喊。

唐代散文是在骈散两体之争中不断发展的，始终带有政治功利的色彩。早在隋代，李谔等人为适应新兴王朝的政治需要，就提出过改革文风，批评骈文，影响不大。入唐后，陈子昂大量采用古文写作，引起震动。而骈文积习甚久，主导地位并未动摇。天宝晚年，萧颖士、李华、独孤及、梁肃、柳冕，踵武前贤，要求以尚简古、切实用的散文取代骈文，以利政教之用。由于他们才力匮乏，空言明道，少有传世名篇。只有元结记叙山水园亭和表现愤世嫉俗的佳作，其影响后人不可漠视。贞元、元和之间韩愈、柳宗元崛起，打着复古旗帜，志在革新政治。刘禹锡、吕温、白居易等人予以响应，古文创作大张旗鼓。其历史功绩在于针对文体、文风、文学语言的变革，提出了一系列的理论主张，推出了一大批古文精品，并且奖掖后生，形成了队伍。韩、柳之后，古文压倒骈文的优势渐趋削弱，骈文重新风行。直至晚唐，罗隐、皮日休、陆龟蒙等小品文作家才异军突起。

唐代传奇的面世，标志着中国古代文言小说的成熟。传奇洗涤了志怪宗教色彩，旨在表现人事，对现实或历史的素材进行艺术加工，开始有意识地写小说。初、盛唐是传奇的发育期，还带有六朝志怪的胎记。中唐传奇创作进入成熟和高潮阶段，《霍小玉传》、《柳毅传》、《李娃传》、《莺莺传》等优秀作品，足以代表唐传奇的风貌和水平。

与传奇有一定关系的是变文，产生于寺庙讲唱佛经故事。它是散韵结合的新文体，对后世说唱一类通俗文学的发展有过影响。

词是一种合乐歌唱的新诗体，它萌芽于隋唐之际，与燕乐的盛兴相关。现存的敦煌曲子词，大都出自民间艺人之手，写于天宝年间的作品为数不少。中唐始有文人词出现，题材与技法皆带模拟痕迹。晚唐五代文人词逐渐发展，在西蜀和南唐两地先后繁荣。西蜀有以温庭筠、韦庄为代表的花间词派，多写绮罗香泽之词。南唐有冯延巳、李璟、李煜父子，常常以词抒发缠绵深婉之情。因国灭而沦为囚徒的李煜的词作宣泄了故国之思、亡国之痛，提升了情感的表现力，推动了词的发展。

五、宋代文学

宋代文学是继唐诗之后的又一高峰。宋词的高度繁荣，可谓空前绝后，以其内在、含蓄的美学特质，让后人望尘莫及。文学样式与创作成果的丰富，作家群体的众多，风格流派的成熟，在中国文学史上都是异常突出的。

从形式上讲，宋代文学极其丰富，诗、词、文、话本、戏剧，应有尽有；从数量上看，宋代文学以诗、文、词创作数量最多，而且各自侧重不同的生活领域，都有独具特色的审美空间；从后人眼中认定的美学成就上看，宋代文学成就最高的是词，其次是诗歌，然后才是散文。但是，依照宋代文学家的眼光和投入来看，他们最用心、最有思想的是散文；最使气、最注豪情的是诗歌；最无奈、最寄隐痛之情的是词。

宋词有两种风格：一为婉约，二为豪放。宋人以"婉约为正宗"，北宋前期，晏殊、欧阳修等人以朝臣之翰墨写小词，在婉约中注入更多的含蓄和雅致。柳永专心写词，努力创制长调，大胆使用俚语，给后人树立了专心创作的榜样，提供了可资广泛借鉴的创作形式。苏轼采用《念奴娇》、《水调歌头》等长调，继承范仲淹的豪放气格，开创了豪放词派；南宋词人辛弃疾沿着这条路，将爱国思想、复国壮志和豪放风格铸为一体，带动和影响了大批爱国词人。北宋后期的婉约词经过秦观、贺铸的复雅，文人气质更鲜明，作品更为典雅和精致，经过周邦彦的大量创调，在南宋绵远流传。李清照的《漱玉集》以其真切的儿女私情和尖锐、敏感的内心矛盾打动读者，使人真正感受到"正宗"婉约词不同寻常的震撼力。其后，虽经姜夔、吴文英等人的精工细作，婉约词终因内容狭窄的局限，无力再度兴旺。

宋诗的优势与弱点如下。从思想内容上看，宋诗的优势非常明显：比历朝历代的诗歌都更为广泛、更为丰富、更为深刻地反映了社会和生活，直议时政，描写民生疾苦，描绘民风民俗等社会生活画面。不仅如此，品评艺术、叙写哲理，达到了"无事不可人"、"无理不可穷"的境界，令后世都望尘莫及。

从艺术特色看，宋代诗人面对唐诗而不想服输，另辟蹊径，极力出新。他们凭借超越唐人的政治优势和文化品位，直笔"以议论为诗"，"以才学为诗"，增强了诗歌的意蕴、理趣和学识含量；却比唐诗少了激情、含蓄和形象意味。宋人发展了韩愈以散文入诗的技法，使宋诗沿着两个方向充分展示了各自的特色：苏轼以才情驾驭诗笔，"大放厥词，别开生面，成一代之大观"；黄庭坚细密工致，"点铁成金"，于平淡中造奇绝，甚至故作拗律、故压险韵，显示了"以文字为诗"的苦心孤诣和不凡实力。

南宋王朝的偏安苟和，激起无数诗人的愤慨，深刻的救国思想和高昂的报国激情，给南宋诗坛平添了无限活力。世事艰难，反成全了"八十年间万首诗"的奇迹，造就了伟大的爱国主义诗人陆游。救国无望，杨万里、范成大将爱国热情化作对民生疾苦的伤感和对山水田园的眷念。

宋代的文艺散文。宋代历史散文的丰富、生动与深刻，加上直截了当的现实讽喻精神，使宋代文人的思想活力永远载入史册；宋代的理学文章极尽辩驳之能事，将透辟的理念、生动的意象合为一体，给中国哲学以鲜活的灵性。这里只叙说一下宋代文学性很强的散文，即今天人们所说的"文艺散文"。

从王禹偁的《待漏院记》到范仲淹的《岳阳楼记》，从欧阳修的《醉翁亭记》和《秋声

赋》，到王安石的《游褒禅山记》、苏轼的《石钟山记》，再到苏轼的前、后《赤壁赋》，无不
呈现出完美的结构形式。南宋散文中的爱国思想和理学精神都十分鲜明和突出，前者如李纲
的《议国事》、辛弃疾的《美芹十论》，后者如朱熹、陆九渊的明理之辩，只是它们都在文学
家族之外。以趣味性为追求目标的笔记文也逐渐开始兴起，洪迈的《容斋随笔》和陆游的
《老学庵笔记》是其中的代表，虽则没有太多的文学价值，但对以后的小品文却有着不小的
影响。

  宋代的其他文学样式："说话"艺术发达起来。根据《东京梦华录》等书的记载，"说
话"艺术有了固定的表演场所——"勾栏"、"瓦子"，而且规模很大，仅东京东南角就有
"大小勾栏五十余座"，"内中瓦子"若干，"可容数千人"。据宋末元初周密的《武林旧事》
所载："说话"艺术包括"演史"、"说话"、"小说"、"说诨话"、"商谜"、"合生"六个门类；
仅临安城内，有名有姓的男女艺人就多达 107 人。宋代留下了大量的话本小说，开了白话小
说繁荣的先河，带来了中国小说发展史上的一大变迁。

  戏剧艺术也有了较大的发展，《武林旧事》记录的宋代官本杂剧戏目多达 280 余种；温
州一带还开始流行南戏。宋代杂戏和南戏的发展，成为中国戏剧的重要源头，为元杂剧的繁
荣准备了先决条件。金代曲艺作品《西厢记诸宫调》，从内容到形式都为元代戏剧艺术所
借鉴。

六、辽金文学

  辽是契丹民族所建立的王朝，公元 916 年辽太祖耶律阿保机创建契丹国，公元 947 年辽
太宗耶律德光更改国号为大辽，1125 年天祚帝被金军俘虏，辽亡，共历九帝 209 年，其中
与北宋相峙 166 年。

  金是女真族建立的王朝，它于宋徽宗政和五年（1115 年）建国，到宋理宗端平元年
（1234 年）为蒙古所灭，共 119 年，其间，与北宋相峙 11 年，和南宋对峙 108 年。辽、金
都定都于北京地区。

  辽金文学在不同程度上都表现出"强效华风"（范成大《揽辔录》）的汉化倾向，并以
此相尚，特别是金代的金熙帝也视开国旧臣为"无知夷狄"（《大金国志》卷十二），可见金
人对汉民族文化的倾慕。但他们在接受汉民族文化的同时，也将游牧民族勇武强悍的文化特
征和广袤苍凉的地域特征保存下来，成为他们文学创作中区别于汉民族文学创作的风格特
色。比较而言，辽代文学成就赶不上金代，而金代成就最高的诗人是元好问。

七、元代文学

  元朝是中国历史上第一个由少数民族建立的大一统政权。自成吉思汗于 1206 年建立大
蒙古国以来，于 1234 年灭金统一北方，1276 年灭南宋统一全国。90 余年后，元被朱元璋领
导的农民起义推翻，前后共 130 余年。这在中国历史上大一统王朝中时间算是较短的。但是
由"马上得天下"的元王朝，却开辟了辽阔疆域，政治、经济、文化各方面都呈现出特殊的
形态。这对文学必然产生巨大的影响，为其打上深刻的时代烙印。

  概而言之，中国文学到了元代，发生了新的转折。

  首先，杂剧独放异彩，标志着中国戏剧真正走向了成熟。从先秦歌舞、汉魏百戏、隋唐
戏剧到宋杂剧，戏剧的基本要素（歌舞、表演及叙事形式）日臻完善。从现存的资料可知，
元代杂剧的创作和演出十分繁盛。一般以大德年间（1297～1307 年）为界，分为前后两期。
前期杂剧高度繁荣，关汉卿、王实甫、白朴、马致远等均是富有成就的代表作家。《窦娥

冤》、《西厢记》、《墙头马上》、《汉宫秋》等名剧皆产生于这一时期。演剧活动中心多集中在大都、真定、汴梁、平阳、东平等北方经济繁荣的城市和周围乡村。后期杂剧南移到东南沿海城市，以杭州为中心。数量和质量均不如前期，呈现衰微趋势。据《元曲选》和《元曲选外编》，留存剧本仅162种。题材内容可分为爱情婚姻、公案、历史、豪侠、神仙道化等几大类，是观照和研究元代各阶层人物心灵的生动文本。

元杂剧是用北方的曲调演唱的，在体制上有一定的规范。与此同时，在南方地区还有一种用南方曲调演唱的戏剧，叫做"戏文"或"南戏"。这种自南宋以来就在东南沿海一带流行的戏剧，在体制、声腔、乐器、风格等方面都与杂剧不同，多描写爱情婚姻和家庭伦理道德，比较贴近下层人民的生活。今存剧目有210多种，较重要的作品有《荆钗记》、《白兔记》、《拜月亭》、《杀狗记》，简称"荆、刘、拜、杀"。到了元代末年，出现了高明的《琵琶记》，通过赵五娘、蔡伯喈的家庭悲剧，反映了封建时代道德伦理等社会问题，代表了元代南戏艺术的最高成就。

作为叙事文学的重要品种之一，话本小说在元代城市经济文化繁荣的社会环境中继续发展。今存讲史类话本《全相平话五种》、《新编五代史平话》、《大宋宣和遗事》、《薛仁贵征辽事略》，说经类话本《大唐三藏取经诗话》等，均刊于元代。近年发现的小说类话本《红白蜘蛛》（残页）亦刊于元。它们通过刊印说话人底本以扩大传播范围，获得更多的听众和读者，并成为后来《三国演义》、《水浒传》、《西游记》等长篇小说和冯梦龙"三言"等短篇小说题材的直接蓝本。

散曲作为"元曲"的一部分，是元代文学中富有时代精神和独特艺术形式的新兴抒情诗体，在文人的笔下达到几乎可以无所不写的境地，形成了既俗且辣的独特艺术风格。例如，杜仁杰的《般涉调·耍孩儿·庄稼不识勾栏》，生动地描写了一个乡巴佬进城看戏的过程和场景。睢景臣的《般涉调·哨遍·高祖还乡》，以一个乡民的眼与口去观察和嘲讽，"天威咫尺"的气氛与流氓无赖出身的皇帝形成鲜明对比，造成强烈的喜剧效果。在描写爱情题材上，散曲表现得更直露和大胆。例如，名伶珠帘秀"便是牡丹花下死，做鬼也风流"（《正宫·醉西施·无题》）的呼喊，迥异于传统诗教"温柔敦厚"的审美趣味。在描写反映文人士大夫阶层精神生活方面，元散曲表现出对王图霸业和富贵功名的否定，常常把屈原和陶潜作对比，强调个人"自适"的可贵，反映了元代文人人生观与价值观的显著特征。

与元杂剧散曲相比，元代诗歌显得成就不高。但是作为文学"正宗"的诗歌，百年间作家作品都很可观。元前期主要作家有戴表元、郝经、刘因、赵孟頫等，元中期代表作家是虞集、杨载、范梈、揭傒斯"四大家"。他们力矫宋诗重理智而轻感情之弊，崇尚唐诗乃至汉魏六朝诗风，主张恢复唐诗重视抒情的传统。这对明代"前后七子"提倡"诗必盛唐"创作倾向有一定的影响。元代后期诗歌方面主要有萨都剌、杨维桢、高启、顾瑛、王冕等。他们大多居住在东南江浙一带，又生活在元末，诗歌中透射出一种鲜明的自我意识和崇尚功利的思想色彩。

八、明代文学

明朝（1368～1644年）是中国封建社会后期的一个王朝。它在朱元璋领导红巾军推翻元朝统治后建立，在李自成领导的农民起义中覆灭，历时276年。

自明初到成化年间（1368～1487年）的100多年，可以视为明代文学的前期。在这个政治比较稳定、经济不断发展、思想文化统治措施比较得力的时期，文学上却相当衰微冷落，显著地表现出物质生产与精神生产发展的不平衡性。诗文方面，较有成就的作家是明初的宋濂、刘基、高启等。他们经历了元末社会的动荡和新王朝的建立，有着相当丰富的生活体验和感受，因而笔下的诗文具有一定的现实内容。自明成祖于"靖难之役"中夺得政权，迁都北京之后，诗坛出现了以"三杨"（杨士奇、杨溥、杨荣）为代表的"台阁体"，粉饰太平，歌功颂德，影响达百年之久。随后出现了以李东阳为代表的茶陵诗派。戏剧方面，出现了以朱权、朱有炖为代表的一批杂剧作家，以及邱浚、邵灿等"以时文为南曲"的传奇作家。他们的作品与"台阁体"相呼应，多是粉饰太平和道德教化之作，共同形成了文学上的一股逆流。小说方面，在元明之际出现了《三国演义》、《水浒传》两部划时代的长篇章回小说，但均是在有关话本、杂剧和民间传说的基础上加工改造而成的，而且大量刊布流行则是在嘉靖以后。除瞿佑的《剪灯新话》、李昌祺的《剪灯余话》两部文言短篇小说集外，100年间小说创作几乎是一片空白。

　　明代自弘治、正德以后，进入了中后期，整个社会情况发生了显著变化。经济上农业生产发展，手工业和商业也兴盛起来。与此同时，封建社会体制内部的固有矛盾凸现出来，土地兼并，广大农民不得不流向城市，反映在思想文化领域，就是文人和市民阶层的精神面貌发生了重大变化，出现了文学艺术的空前繁荣，体现了鲜明的时代特征。政治上，宦官干政和内阁专权交替出现，厂卫横行，党争激烈，内忧外患日益严重，整个明王朝终于在阶级矛盾、民族矛盾和统治阶级内部矛盾的重重困扰中走向衰落，最后被农民起义推翻。所有这些，在有关描写忠奸斗争、昏君暴政和社会市井生活等文学作品中得到了反映。

　　与这一时期文学发展直接相关的是思想文化领域出现了前所未有的新气象。著名思想家王守仁继承和发展了陆象山的"心学"，针对程朱理学"性即理"的外在权威性和言行虚伪性，提出了"心即理"的著名论点，客观上具有反对偶像、蔑视权威、张扬自我、尊重个性的重大思想意义。代表平民哲学的泰州学派，在王守仁"心学"的基础上，进一步着眼于人的生活需要和精神追求，认为"天理就在人欲中"。尤其是后期代表人物，杰出的启蒙思想家李贽提出了著名的"童心说"，有力地揭露了程朱理学和封建礼教的虚伪，带来了一次巨大的思想解放，给明中后期文学创作提供了强有力的思想武器。例如，在文学的评价上，他一反前人的传统偏见，重视小说、戏曲等通俗文学价值，称《水浒》为"发愤之作"，称《西厢记》为"化工之文"，从而对当时的文坛产生了积极影响，出现了一大批体现时代先进思潮的杰出作家和作品。

　　明代中后期文学创作的空前繁荣，体现了明代文学的高度成就。小说方面，长篇小说《西游记》的出现，既是历来西游故事的总结，又是古代浪漫主义艺术的结晶。第一部文人独创的长篇小说《金瓶梅》的问世，宣告了作家自觉地以长篇小说形式反映现实、关注社会人生的开始，成为小说史上开风气之先河的划时代作品。其他长篇小说有历史演义类《新列国志》、《英烈传》等，以及神魔小说类《封神演义》等，数量甚多。短篇小说以冯梦龙编撰的"三言"和凌濛初的"二拍"等拟话本为代表，是当时社会各阶层人物生活的形象画卷，对清代小说也产生了积极的影响。

　　戏曲方面，这一时期徐渭的《四声猿》，以其勇敢的反传统的批判精神和独特的艺术风格代表了这一时期杂剧创作的成就。传奇作品，继《宝剑记》、《鸣凤记》、《浣纱记》等重要作品之后，出现了划时代的杰作《牡丹亭》，作者汤显祖深受泰州学派的影响，热情歌颂了追求爱情幸福的合理要求，体现了个性解放的时代精神。晚明剧坛上，出现了以汤显祖为代表的"临川派"与以沈璟为代表的"吴江派"的论争。两派在文采与格律上各执一端，争论激烈，偏颇中各有一定的道理，为后来"合则双美"的创作理论和实践提供了有益的借鉴。

诗文方面,明中期出现的"吴中四才子"和"前七子"以其创作实践和理论主张给文坛带来了新的气象。尤其是以李梦阳和何景明为首的"前七子",提出"文必秦汉,诗必盛唐"的创作主张,扭转了文坛风气,推翻了"台阁体"的统治。在"前七子"之后,明嘉靖、隆庆年间出现了以唐顺之、王慎中为首的"唐宋派"与以李攀龙、王世贞为首的"后七子"之间的对峙。"唐宋派"以唐宋八大家古文为楷模,主张文道合一,反对"前七子""文必秦汉,诗必盛唐"的主张,实际上也是以复古的旗帜反对复古,只不过所树的偶像不同罢了。随着晚明个性解放思潮的兴起,文坛出现了以"三袁"为代表的"公安派"。他们提出"独抒性灵,不拘格套"的"性灵"说,紧紧抓住了作家与作品这一直接而又特殊的关系,以及文学应该反映人的真情实感的特性,对"前后七子"复古理论确实是狠命一击,从而跃居文坛统治地位。继之而起的"竟陵派",鼓吹"心灵无涯,搜之愈出",抒发一种压抑郁暗的心理,显得幽僻孤峭。值得一提的是明末的小品文,它以轻松灵动而又富有情趣的笔调,表达文人独特的领悟和感受,对后世产生了积极影响。

九、清代文学

清至乾隆二十四年(1759年),我国已是一个拥有1000多万平方公里土地的大国。但"康乾盛世"的帷幕并不能遮掩清王朝的思想恐怖统治和文化专制主义。据不完全统计,顺治、康熙、雍正、乾隆四朝的文字狱多达百起,株连之广泛、惩治之严酷,超过了以往的任何朝代。在实行高压政策的同时,清廷又施行相应的羁縻怀柔措施。清王朝把大批高层次文人集中起来,从事大规模编纂书籍的文化工程,先后编出了《康熙字典》、《渊鉴类函》、《佩文韵府》、《古今图书集成》、《全唐诗》等。乾隆年间编成的《四库全书》收经史子集典籍3400多种,是我国古代文化典籍的一大总汇。清廷的文化政策诱导了学术上的考据之风,乾嘉朴学得以形成和发展,在经学、史学、诸子学、文字学、训诂学、音韵学、校勘学、目录学、金石学、天文历算学和地理学等方面获得了丰硕的成果。乾嘉学派中,以惠栋为代表的吴派学风是"博学"、"好古";以戴震为代表的皖派学风是"实事求是"、"无征不信"。与清廷强化文化专制相对立,明清之际的三大进步思想家顾炎武、黄宗羲、王夫之反思明王朝灭亡的教训,鼓荡起具有启蒙意义的新思潮。黄宗羲猛烈抨击君主政体,顾炎武提倡实学,王夫之则论证了"理在气中"的唯物论命题,给程朱理学的唯心论以沉重打击。

文学思想也发生了明显的变化。从黄宗羲、顾炎武、王夫之到以颜元、李塨为代表的颜李学派,以至乾嘉学派,都主张治学要重考据、求实用。这种实学风气强化了清代文学的写实文学观,不少作家通过写实的艺术反对虚饰现实生活。《聊斋志异》借写鬼狐花妖和幽冥世界,展示了科举制度带给人们精神上的毒害,歌颂了纯真美好的爱情生活和反对封建礼教的斗争精神,代表了中国文言小说发展的最高阶段。《儒林外史》借明代背景写清朝统治下的中国社会,有力地揭示了在封建礼教、程朱理学和科举制度的制约下,社会风气的败坏和人心的丑恶,从而辛辣地展示了封建社会的部分本质,同时,又表现了对社会理想和完美人格的追求。《红楼梦》以贾宝玉、林黛玉、薛宝钗之间的恋爱与婚姻悲剧为中心,写出了以贾府为代表的四大家族的盛衰史,揭示了封建统治阶级行将崩溃的历史命运,是一部具有世界水平的不朽巨著。而一些侠义公案小说、历史传奇小说和人情小说,如《隋唐演义》、《施公案》、《三侠五义》、《荡寇志》、《儿女英雄传》等,则更多地受到封建正统意识的影响。晚清时代,揭露政治腐败、官绅无耻的谴责小说大量出现,其中最为后世重视的是四大谴责小说,即李宝嘉的《官场现形记》、吴沃尧的《二十年目睹之怪现状》、刘鹗的《老残游记》和曾朴的《孽海花》。值得重视的小说应数韩邦庆的《海上花列传》,它以吴语描绘了在畸形的社会和畸形的生活处境中人性的变异状态。

在戏曲作品中，李玉、朱素臣、叶雉斐、毕魏等苏州作家群化时代风云为笔底波澜，他们创作的《清忠谱》、《万民安》、《万里圆》等时事剧能密切联系政治斗争的实际，具有强烈的现实意义和浓厚的地方色彩。明末清初的作家中，李渔的《笠翁十种曲》重视戏剧结构和舞台演出效果，显示出高明的技巧。另外，吴伟业、尤侗、嵇永仁等写过不少剧作。康熙年间出现的洪升的《长生殿》和孔尚任的《桃花扇》是清初剧坛上耀眼的双璧，以男女离合之情写国家兴亡之感的结构模式，总结历史教训。清代中叶以后，戏剧创作陷入衰退状态。其时蒋士铨以诗人的才情写作曲辞，语言娴雅蕴藉。他的《红雪楼九种曲》描写民族英雄、志士仁人，不落窠臼。杨潮观的《吟风阁杂剧》题材广泛，描写富有真情实感，虽有讽喻劝惩意味，但不流于说教。曲词清新优美，富有诗意。清代后期，京剧和各种地方戏如烂漫山花般四处绽放开来，梆子和皮黄两大声腔剧种在舞台上逐渐取代了昆山腔所拥有的主导地位。

正统文坛的诗词文创作，在清代形成了全面中兴的局面。明清鼎革之际，故国之思构成了诗坛的主旋律。其中一些诗人在诗歌艺术方面有新的开拓，对清代诗歌发展起着相当大的作用。钱谦益鼓吹宋诗，吴伟业推崇唐诗，促使清诗史上产生宗宋和宗唐两派。吴伟业的歌行体诗歌继承白居易"长庆体"的传统，以易代之际的复杂历史为题材，志在以诗存史，艺术上以叙事活脱、采藻纷繁、清韵悠然而著称。等到王士禛一辈新朝才俊登上诗坛，主持风雅，故国之思就销融于泛化的盛衰之感中了。王士禛以"不着一字，尽得风流"为诗歌的最高境界，其神韵诗重神味而轻形迹，将我国诗歌含蓄蕴藉的特色推向了极致。到了乾隆时代，沈德潜论诗原本叶燮，奉汉魏盛唐诗为圭臬，倡导以"温柔敦厚"为准则的"格调说"，属于儒雅复古的一派；翁方纲倡导重学问、重义理的"肌理说"，表现了考据学风对诗歌理论及创作的影响。袁枚的"性灵说"大体就是晚明文艺思潮的隔代重兴，其核心也是尊情求变、表现性灵，肯定合理的情欲，重视轻灵活泼的趣味。另外，赵翼、郑燮也是个性显豁的诗人，重视诗中的真性情、追求诗歌解放。而黄景仁敏锐地感觉到世事有变的征兆，在盛世中吟唱出寒士的哀音。

到了嘉庆、道光时期，龚自珍的诗歌大气磅礴，文辞瑰玮，以高傲的个性精神和深邃的历史洞察力撕下了"盛世"的面纱。魏源和龚自珍齐名，他的诗带有时务家论事的色彩，表现出开放的心态。鸦片战争前后，诗坛上占据正统地位的是宋诗派，领袖人物是程恩泽、祁寯藻，主要作家有何绍基、郑珍、莫友芝、曾国藩。他们崇尚以文字、才学、议论为诗的宋代诗风，主要艺术成就表现在描写具体生活方面的新开拓。自同治以降，宋诗派演变为"同光体"，代表人物有陈衍、郑孝胥、沈曾植、陈三立等。清代后期动荡危急的时事，激起许多仁人志士忧时愤世的心情，梁启超、黄遵宪等维新派诗人提倡"诗界革命"，将近代诗歌的发展推向高峰。章太炎、秋瑾等革命派诗人，也留下了大量的纪实和抒愤的诗篇，这类诗作艺术上各有高下，但在保存时代心声上，都有它们不可磨灭的价值。其中，柳亚子、高旭、陈去病等南社诗人以旧体写新意，在严整的格律中寓有激昂慷慨之气。南社诗人中最具诗人气质的苏曼殊以小诗见长，诗风清灵隽永，柔婉动人。

辉煌丰硕的清词展示了其卓特多样的抒情功能。经过清初南北词坛的百派回流、词风胚变，以陈维崧为宗主的阳羡词派和以朱彝尊为领袖的浙西词派先后崛起。阳羡词人抒述民生之哀、慨叹故国之痛，还写了大量的乡土风俗词，扩大词的容量，更新词的内容。浙西词人追求韵趣，崇尚清空，倡导醇雅章法，其词风能与盛世气象相协调、相应和。京华词坛纳兰性德最为杰出。张惠言、张琦开创常州词派，标榜词的比兴寄托，在尊崇词体、开拓词域方面起了积极的作用。清季四大词人王鹏运、朱祖谋、况周颐、郑文焯的创作也为常州词派理论所笼罩，他们在戊戌、庚子前后的词作不乏忧时伤世之慨。

清初散文的主导方向，是在理论上恢复唐宋古文的传统号称"清初三大家"的侯方域、魏禧、汪琬用出入唐宋的散文，一扫明末文风的纤佻，成为桐城派的嚆矢。桐城派是真正建立了清代正统"古文"的文学流派。桐城派的代表人物，是康熙朝的方苞、刘大櫆和乾隆朝的姚鼐。桐城派古文是对明清之际古文风格的反拨，是迎合统治阶级的意图的更为程式化的文体。以恽敬、张惠言为代表的阳湖派吸收桐城派的优点，又扬弃桐城派的陈腐观点，宗尚汉魏六朝。而袁枚、郑板桥的一些短文、尺牍通脱俊逸，多少恢复了晚明小品的韵致。至龚自珍之文，呼唤风雷，憧憬未来，以奇谲壮伟的风格彻底打破了嘉庆以来的平庸文风。近代后期散文在思想政治领域造成很大震动。梁启超创造的"新文体"散文富有煽动力、感染力，成为我国散文由文言向白话过渡的桥梁。

清代又是骈文"中兴"的时代，陈维崧、袁枚、钱大昕、阮元、洪亮吉、汪中、孔广森、孙星衍等倡导骈文，重骈文匀称错综的形式之美，排斥桐城派迂腐的思想见解。李兆洛纂辑《骈体文钞》，抗衡姚鼐《古文辞类纂》。汪中的骈文取材于现实，善于抒情，风格遒丽安雅，被视为清代骈文复兴的代表。但骈文作为一种古雅而拘谨的文体，一时的兴盛不过是回光返照而已。

中国现代文学发展简史

中国现代文学是指自新文化运动开始的1917年至今的文学。其发展可分为五个时期：1917～1927年发展的文学；1928～1937年的30年代文学；1938～1949年的抗日战争与解放战争时期文学；1949～1976年新中国成立后的文学；1976年后的新时期文学。在旧文学与新文学之间过渡的1840～1917年文学被称为近代文学。

一、1840～1917年近代文学

从1840年第一次鸦片战争爆发，到1917年"五四"新文化运动发端，这一时期的文学被称为近代文学。

此期的文坛形成了流派纷呈、新旧交错的创作格局。在诗词领域，龚自珍首开近代新诗风。他的诗作紧紧围绕现实政治这个中心，包含着丰富而深刻的社会内容，代表作有《咏史》、《己亥杂诗》。周济承绪常州词派而予以发扬光大。

散文创作多元发展。新文体派的代表作家有康有为、谭嗣同、梁启超。古文派代表作家有严复、林纾、章炳麟。梁启超是资产阶级文学革新运动的旗手，先后发动过"诗界革命"、"文界革命"、"小说界革命"和戏剧改良运动，对于促进近代文化的转型有着显赫的功绩。他的新体散文影响最大，代表作有《少年中国说》、《变法通议》等。

这一时期首先流行侠义公案小说和狭邪小说。侠义公案小说的代表作品有《三侠五义》、《荡寇志》、《儿女英雄传》等。狭邪小说由明清之交的才子佳人小说蜕变而来，同时也为谴责小说和鸳鸯蝴蝶派小说开了先河，其代表作品是陈森的《品花宝鉴》、韩邦庆的《海上花列传》、魏秀仁的《花月痕》等。

谴责小说关注现实，暴露社会的阴暗沉滞，有强烈的讽刺色彩，影响较大的是四大谴责小说：李宝嘉的《官场现形记》、吴沃尧的《二十年目睹之怪现状》、刘鹗的《老残游记》和曾朴的《孽海花》，它们代表了近代小说创作的最高成就。此外，陈天华、黄世仲等人的革命小说，林纾的翻译小说，苏曼殊的哀情小说，也都各具特色。辛亥革命以后，以消遣、游戏为创作主旨的鸳鸯蝴蝶派，因适合市民阶层的审美趣味而盛行一时。

话剧被引入中国并扎根发芽。最早的话剧叫做"新剧"或"文明戏"，以对话和动作为主要表现手段。1906年，留日学生曾孝谷、李叔同等在东京组织了话剧团体——春柳社，先后演出了《茶花女》、《黑奴吁天录》等话剧。

二、1917～1927年发展的文学

中国现代文学以"五四"文学革命为开端，其起点以1917年胡适和陈独秀在《新青年》杂志上发表《文学改良刍议》、《文学革命论》两篇文章为标志。"五四"文学革命反对文言、提倡白话，反对旧文学、提倡新文学，带来文学观念、内容、语言载体、形式等各方面的革新与解放。新文学取得巨大的创作实绩。

鲁迅创作了三本小说集：《呐喊》收入《狂人日记》、《阿Q正传》等15篇作品。1918年发表的《狂人日记》是中国第一篇现代白话小说。《彷徨》收1924～1925年写的11篇小说。《祝福》、《孤独者》、《在酒楼上》、《伤逝》、《离婚》等小说，塑造了祥林嫂、爱姑、子君等悲剧妇女形象和涓生、魏连殳、吕纬甫等知识分子形象。在20世纪30年代鲁迅将《非攻》、《理水》、《采薇》、《出关》、《起死》等"神话传说的演义"性质的小说编成历史小说集《故事新编》。

鲁迅的散文诗集《野草》以象征主义手法表现复杂的内心感受。《朝花夕拾》是带有回忆性质的叙事散文集，收文10篇。鲁迅后期创作数量最多的是杂文，编辑成集的有《热风》、《坟》、《华盖集》等16部。他的杂文内容丰富，思想深刻，集中在社会批评，似匕首投枪。

此期作家们纷纷组成文学社团，创办文艺刊物，影响最大的是文学研究会和创造社。

文学研究会于1921年1月在北京成立。作家遵循客观真实地再现现实的创作原则，代表作家是叶绍钧、冰心、王统照、许地山等。叶圣陶，江苏吴县人，其小说多是描写普通知识分子和小市民的"灰色"生活，代表作《潘先生在难中》。许地山的代表作是具有现实主义色彩的《春桃》。

1921年7月创造社成立于日本东京。创造社遵循的是"为艺术而艺术"的文学主张，其小说创作的代表作家是郁达夫、郭沫若、张资平等。郁达夫于1921年出版的《沉沦》是中国现代文学史上第一部短篇小说集。其作品多以作家个人经历为创作基础，表现出浓烈的抒情色彩和个人自剖色彩，被称为"自叙传"小说。

20世纪20年代初出现一种反映政治、道德、教育、婚姻、恋爱等人生问题的小说——社会"问题小说"，冰心的《两个家庭》、《斯人独憔悴》是其代表。乡土小说作家群崛起于1923年左右，他们寄居在北京和上海等城市，描写故乡农村或乡镇生活。主要作品有台静农的《红灯》、许钦文的《鼻涕阿二》、蹇先艾的《水葬》等，具有较浓厚的乡土气息和地方色彩。

新诗是以白话文创作的。胡适提倡"诗体大解放"。1920年《尝试集》出版，是新文化运动中第一部白话诗集，作品言之有物，平实淡远。刘半农的《相隔一层纸》、《教我如何不想她》等白话诗都是有影响的作品。

1921年出版的郭沫若新诗集《女神》影响巨大，为诗坛开了浪漫的新风。《女神》体现了"五四"狂飙突进的时代精神，格调雄浑豪放。长诗《凤凰涅槃》是一首庄严的时代颂

歌，借用凤凰集香木自焚而更生的神话表达出彻底反叛的精神和对光明新世界的热切向往。

汪静之、应修人、潘漠华、冯雪峰被称为"湖畔诗人"，1922年4月出版诗合集《湖畔》，诗作多为歌唱大自然的清新美丽和友情、爱情的纯真。受到周作人所译介的日本短歌、俳句和郑振铎所译介的泰戈尔《飞鸟集》的影响，诗坛出现了"小诗"体，较有影响的是冰心的《繁星》、《春水》。

20世纪20年代中后期出现了新月诗派与象征诗派。

新月社于1923年成立于北京，诗歌创作的代表作家是徐志摩、闻一多。新月诗派主张理性和节制，追求诗歌的格律。闻一多是前期新月派的重要代表和新格律诗理论的奠基者。代表作《死水》暴露社会现实的丑恶、腐朽，把令人窒息的时代气氛比喻成"一沟绝望的死水"。徐志摩英年早逝，留下了四本诗集：《志摩的诗》、《翡冷翠的一夜》、《猛虎集》和《云游集》。他的诗作情感真挚，追求爱与美以实现个性解放，构思精巧，意象新颖，富于音乐美。

象征诗派指以1925年李金发出版的诗集《微雨》为起点的，活跃在20世纪20年代中后期的诗派，代表人物是李金发。他的诗受到法国象征主义诗人波特莱尔、魏尔伦等人的影响，代表作《弃妇》以弃妇形象暗示对人生的个人化感受。

在"五四"后的十年中，散文方面取得突出成就的有周作人、朱自清、冰心等。周作人的散文集有《自己的园地》、《雨天的书》等。周作人的散文旁征博引，舒展自如，平和冲淡，语言简练，机智幽默。朱自清，江苏东海人，散文代表作有描写亲情、友情、人情的《背影》、《给亡妇》，写景抒情的《桨声灯影里的秦淮河》、《荷塘月色》，以写地方史迹为主的《南京》、《说扬州》等。

现代话剧的发展：1921年沈雁冰、郑振铎、陈大悲等发起民众戏剧社。话剧作家有田汉、郭沫若、丁西林等。田汉在20世纪20年代发表了《咖啡店之一夜》、《获虎之夜》、《名优之死》等多部戏剧。郭沫若专注于历史题材的创作，1923年发表《卓文君》和《王昭君》，后和话剧《聂嫈》结集为《三个叛逆的女性》出版。1923年丁西林创作了独幕喜剧《一只马蜂》。

三、1928～1937年的30年代文学

1928～1937年是现代文学发展的第二个十年。这一时期长篇小说形式日趋成熟，戏剧、诗歌、散文都有长足发展。

从1928年开始，新文学的队伍发生了新的组合，无产阶级革命文学兴起。1930年3月2日，中国左翼作家联盟（简称"左联"）在上海成立，鲁迅、冯雪峰等40余人出席了成立大会，郭沫若、茅盾、郁达夫都参加了"左联"。

左翼作家群是处于无产阶级文学倡导期的革命作家群体。代表作家有蒋光慈、阳翰笙、洪灵菲、胡也频、柔石、丁玲、张天翼、沙汀、艾芜、吴组缃、叶紫、萧军、萧红、端木蕻良等。他们怀着满腔的革命热情，以文学为革命呐喊，在当时产生了巨大的社会影响。早期代表作有蒋光慈的《野祭》、《冲出云围的月亮》，洪灵菲的《流亡》，柔石的《二月》、《为奴隶的母亲》，胡也频的《到莫斯科去》和《光明在我们的前面》等，这些作品热衷表现流行的"革命＋恋爱"主题，存在着公式化、概念化倾向。

茅盾，浙江省桐乡县乌镇人，1921年参与组建了"文学研究会"之后接手改组了《小说月报》，并担任主编。1927年大革命失败，茅盾在痛苦的心境中创作小说《蚀》三部曲。1933年，他创作出版了长篇小说《子夜》，发表了著名的短篇小说"农村三部曲"（《春蚕》、

《秋收》、《残冬》）和中篇小说《林家铺子》，1940年前后创作了长篇小说《腐蚀》和《霜叶红似二月花》等作品。茅盾小说关注时代的风云变幻，多选择表现社会的重大题材，侧重对社会作全面而广阔的全景式摹画，在创作方法上，遵循现实主义的表现方法。《子夜》是茅盾的长篇小说代表作，标志着中国现代长篇小说至此已经完全发展成熟。《子夜》结构宏大，展示了一幅20世纪30年代中国的全景式生活图画，表现了当时社会内部的错综复杂的社会阶级关系和矛盾构成。小说塑造的人物形象众多，民族资本家吴荪甫是塑造最成功的人物形象。

丁玲的成名作《莎菲女士的日记》是一部日记体中篇小说。主人公莎菲是个追求个性解放的女青年，她执拗地寻觅人生的意义却又找不到出路，是"五四"激进青年在革命低潮中陷入彷徨境地的真实写照。

"九一八"事变东北沦陷后，流亡至上海及关内各地的一批作者被称为"东北作家群"，他们以对侵略者的仇恨和对家乡的怀念，创作了一批反映东北人民的生活与斗争的文学作品。代表作有萧军的《八月的乡村》、萧红的《生死场》。萧红还创作了独特的诗化小说《呼兰河传》、《小城三月》，她的小说描写了哈尔滨附近的农村市镇生活，表现了农民的淳朴、苦难、愚昧、野蛮和他们的生死挣扎与坚强抗争。

"新感觉派"作家群是指20世纪30年代以《现代》等杂志为主要阵地从事小说创作的一批作家。他们的创作主要受日本的新感觉派的影响，在艺术上注重表现人物的感觉心理，强调抓取人的刹那间的感受和感觉，以象征和暗示等艺术手法精细描写，又被称为"心理分析派"。代表作有施蛰存的《梅雨之夕》、穆时英的《上海的狐步舞》和《白金的女体塑像》、刘呐鸥的《都市风景线》等。

老舍、巴金、沈从文、曹禺等民主主义作家的文学活动，为此期文学的发展作出了巨大贡献。他们创办了《文学》、《文学季刊》等著名刊物，创作成果斐然，由此形成文学见解和创作倾向各异的许多作家群体。

老舍的代表作中篇小说《月牙儿》展示了母女两代相继被迫沦为暗娼的悲剧贯穿全作的"月牙儿"是主人公命运的象征，具有渲染气氛、烘托心理、联络结构等多重作用。长篇小说《骆驼祥子》展示了祥子由要强到堕落的人生悲剧。祥子从乡间来到北平，以拉洋车为生。他勤劳、善良、正直，三起三落的买车卖车后，自暴自弃。残酷的现实扭曲了他的性格，吞噬了这个一度有着强大生存能力的个人奋斗者。《骆驼祥子》的人文环境、民风习俗、语言风格等具有鲜明的地域文化色彩。

《四世同堂》是老舍的长篇巨构，全书共100章，80多万字，分《惶惑》、《偷生》、《饥荒》三部。小说以北平西城一条普通的小羊圈胡同为典型环境，以祁家四代人的境遇为中心，展开了广阔的历史画面，真实反映了北平人在日本侵略者统治下的物质和精神生活状态，是20世纪40年代沦陷区人民心态的一面镜子。全书描写了100多个人物，其中祁老人、钱默吟、祁瑞宣、冠晓荷等形象塑造得血肉丰满。

巴金著作丰富，中长篇小说代表作有《灭亡》、《家》、《爱情三部曲》（《雾》、《雨》、《电》）、《春》、《秋》、《憩园》、《第四病室》、《寒夜》等。《激流三部曲》（《家》、《春》、《秋》）反映了1919~1924年中国历史的这段动荡时代。《家》以四川成都一个封建大家族——高氏家族为中心，描写了传统习惯势力的腐朽、愚妄、凶残和青年一代的觉醒和反抗。《寒夜》是巴金后期的代表作，描绘了知识分子汪文宣、曾树生夫妻如何在现实生活的重压下家庭破裂的悲剧。

沈从文于20世纪30年代发表了中篇小说《边城》、长篇小说《长河》（第一卷）及《湘行散记》等大量不同风格的重要作品。《边城》要表现湘西世界一种"优美，健康，自然而又不悖乎人性的人生形式"。翠翠守着渡船深情地等待着"也许永远不回来了，也许明天回来"的傩送，在和谐、美丽的人生境界中隐含着人生的悲剧内涵。

曹禺是现代中国最杰出的戏剧家。他的《雷雨》、《日出》、《北京人》等剧标志着中国现代话剧艺术的成熟。四幕剧《雷雨》在一天时间、两个舞台背景内集中表现出周、鲁两家30年来错综复杂的人事纠葛，通过丰富、紧张、扣人心弦的戏剧性，揭露封建专制家庭的罪恶，塑造了繁漪、周朴园等文学经典形象。《日出》是一部社会悲剧，以陈白露为中心人物，展示了半殖民地半封建社会"损不足以奉有余"的都市生活图景。

20世纪30年代的中国诗坛，有现代派诗歌的代表人物戴望舒、何其芳、金克木、卞之琳等。现代派以《现代》杂志为阵地，受西方现代主义的重要影响，诗歌有暗示性、不确定性和多义性的特点。《雨巷》是戴望舒的成名作。这首诗运用象征手法，弥漫着一种苦闷、幻灭、彷徨而又对理想充满期盼的复杂情绪。其诗句长短错落，音调和谐，节奏低沉徐缓、回环复沓，优美的旋律和流荡的节奏使其成为诗歌朗诵者的最爱。

20世纪30年代的散文创作进入全兴时期。老作家中，鲁迅、茅盾、冰心、朱自清、周作人、林语堂、沈从文、丰子恺、郁达夫、叶圣陶、俞平伯、瞿秋白、郑振铎、王统照、鲁彦等，都不断地有新作问世，成果斐然。刚走上文坛的文学新人，如巴金、何其芳、李广田、萧红、梁遇春、吴伯箫、萧乾等，都有优秀的散文作品。这一时期散文界发生了主张"以自我为中心，以闲适为格调"的"论语"派与坚持反帝反封建战斗传统的"太白"派的交锋。

20世纪30年代报告文学发展兴盛。1936年茅盾主编了规模巨大的《中国的一日》报告文学专集。优秀的报告文学作品有夏衍的《包身工》与宋之的的《一九三六年春在太原》等。

20世纪30年代左翼戏剧运动蓬勃展开，剧作家大量涌现，剧作反映社会的阶级矛盾和民族矛盾，具有现实性、群众性和鼓动性。活跃于剧坛的作家有田汉、欧阳予倩、洪深等。

四、1938～1949年的抗日战争与解放战争时期文学

这是现代文学发展的第三个十年。抗日战争爆发后，大片国土沦陷，全国分为国民党统治区（以下简称"国统区"）、共产党领导的解放区（抗日战争时称为抗日民主根据地）和日伪统治下的沦陷区三大部分。文学也因此形成国统区文学、解放区文学和沦陷区进步文学同时并存的格局。

国统区以社会剖析和世情讽刺而著称的小说，有张天翼的《华威先生》，沙汀的《在其香居茶馆里》、《淘金记》、《还乡记》，茅盾的《腐蚀》，萧红的《马伯乐》，张恨水的《八十一梦》、《五子登科》等。

路翎，生于江苏南京，代表作《财主底儿女们》描写了苏州头等富户蒋捷三一家在内外各种力量冲击下分崩离析的过程，集中刻画了青年知识分子在时代变动中的摸索挣扎。徐訏《风萧萧》、《鬼恋》，无名氏《北极风情画》、《塔里的女人》等都市大众传奇小说具有传奇化情节和异域色调，以表现男女情爱为主。张恨水被视为旧派通俗文学中社会言情小说的集大成者，《啼笑因缘》是其代表作。他后期的小说对社会现实的批判更深广。

抗日战争初期戏剧运动异常活跃，出现了小型化、轻型化和通俗化的街头剧、活报剧、茶馆剧、朗诵剧等。被戏剧界称为"好一记鞭子"的三个短剧《三江好》、《最后一计》和

《放下你的鞭子》是小型戏剧的代表。在历史题材创作方面，有郭沫若的《屈原》等六部历史剧、欧阳予倩的《忠王李秀成》、阳翰笙的《天国春秋》等。夏衍于1933年发表《上海屋檐下》，以横断面形式展示了上海一幢普通弄堂五户人家灰色而压抑的生活。陈白尘的《升官图》以夸张、变形、漫画化的手法描写了当时官场"贪污成风，廉耻扫地"的丑剧。

20世纪40年代的国统区先后出现了两个重要的诗歌流派：七月诗派是以胡风主编的《七月》和《希望》等刊物为主要阵地的现实主义抒情诗派，主要代表诗人有鲁藜、绿原、阿垅、曾卓、牛汉等。九叶诗派是在40年代中后期形成的一个追求现实主义与现代主义相结合的诗歌流派，以《诗创造》等刊物为主要阵地，聚集了辛笛、陈敬容、杜运燮、杭约赫、郑敏、唐祈、唐湜、袁可嘉、穆旦（查良铮）等诗人。

艾青的诗歌以北方生活为主，表现灾难深重的民族命运的作品有《雪落在中国的土地上》、《手推车》、《我爱这土地》、《旷野》等；以太阳和火为主要象征物，表现不屈不挠的民族精神的作品有《向太阳》、《火把》等。穆旦的诗致力于表现内心的自我搏斗和痛苦的体验，充满了深沉的内省与思辨的力量。《诗八首》礼赞爱情，内涵丰富。

1937年11月上海沦陷后，有一部分留在上海租界这一类似"孤岛"的特殊环境中的作家，仍然坚持创作，并利用各种艺术形式配合抗日救亡活动。可称为沦陷区的"孤岛文学"。

沦陷区通俗小说空前繁荣，出现了还珠楼主、白羽、郑证因、王度庐等武侠小说大家与刘云若、予且、秦瘦鸥等新言情小说代表作家；在"雅文学"方面有师陀的《果园城记》、《结婚》等。

钱钟书，江苏无锡人，文学创作除《围城》外，仅有散文集《写在人生边上》、短篇小说集《人·兽·鬼》。《围城》被称作是中国现代文学中"最伟大的一部"小说，围绕着主人公方鸿渐的人生足迹，展示了战时上层知识分子中的形形色色人物，揭示"围在城里的人想逃出来，城外的人想冲进去"的现代人生困境，杰出的讽刺艺术和语言特色一直为人称道。

20世纪40年代的上海文坛有一批女作家引人注目，其代表是张爱玲、苏青。苏青是散文家，长篇自传体小说《结婚十年》以纪实笔法写现代女性挣脱家庭束缚走上职业化的道路。1944年张爱玲小说集《传奇》出版，产生了轰动效应，她还有散文集《流言》。《传奇》记叙新旧交替的中国都市普通人的传奇故事。张爱玲小说集中暴露人性恶，真切地表达出了女性在现代社会的生存处境。《金锁记》中的曹七巧扛着金钱的枷锁，长期的情欲压抑造就了她变态的性格。《十八春》中的姐姐曼璐，为挽救自己失败的婚姻，牺牲了妹妹曼桢一生的幸福。张爱玲的小说成为现代文学史上融汇新旧、雅俗共赏的典范文本。

1942年，毛泽东《在延安文艺座谈会上的讲话》发表，解放区文学走向民族化、大众化。

解放区作家在新秧歌剧创作与演出的基础上，融会了西洋歌剧的形式，参照传统戏曲的手法创造新歌剧《白毛女》、《王秀鸾》、《赤叶河》等作品。《白毛女》以流传民间的"白毛仙姑"传说为素材，融进了歌颂新政权、人的解放的思想内容，表现了"旧社会把人逼成鬼，新社会把鬼变成人"的全新主题。

解放区的优秀小说有赵树理的成名作《小二黑结婚》、中篇小说《李有才板话》、长篇小说《李家庄的变迁》、短篇小说《孟祥英翻身》与《田寡妇看瓜》等。反映土地改革运动的小说有丁玲的《太阳照在桑干河上》与周立波的《暴风骤雨》，1951年分别获苏联斯大林文学奖第二、三等奖。抗日题材小说有《洋铁桶的故事》（柯蓝）、《吕梁英雄传》（马烽、西戎）、《新儿女英雄传》（孔厥、袁静）等"新英雄传奇"，小说以章回体表现人民武装斗争的新内容，情节有传奇性，充满英雄气概、乐观主义精神。孙犁的《荷花淀》描绘了荷花淀的诗情画意和人物细致的内心活动。

五、1949～1976 年新中国成立后的文学

1949 年 7 月，"中华全国艺术工作者代表大会"在北平召开，大会指出新中国文艺必须为人民服务，首先是为工农兵服务的总方向。

此期小说创作方法以革命现实主义为主潮。革命历史战争题材小说具有史诗性、纪实性、政治性特点，再现了中国共产党领导的革命政治斗争史、革命战争史。长篇小说代表作有杜鹏程的《保卫延安》、吴强的《红日》、曲波的《林海雪原》、罗广斌和杨益言的《红岩》、孙犁的《风云初记》、知侠的《铁道游击队》、冯志的《敌后武工队》、李英儒的《野火春风斗古城》、冯德英的《苦菜花》、高云览的《小城春秋》、杨沫的《青春之歌》、欧阳山的《三家巷》、梁斌的《红旗谱》等；短篇小说有峻青的《黎明的河边》，茹志鹃的《百合花》，孙犁的《山地回忆》，王愿坚的《七根火柴》、《党费》等。

梁斌的《红旗谱》展现出一幅波澜壮阔的农民革命斗争的历史画卷，描写了锁井镇朱老忠、严志和两家三代与冯老兰一家两代农民的革命英雄谱系，具有浓郁的民族风格和地方色彩。杨沫的《青春之歌》是一部探索民主革命时期青年知识分子道路问题的长篇小说，是我国当代文学史上第一部描写党领导下的学生运动的长篇小说。主人公林道静原是一个小资产阶级知识分子，经过艰苦的自我改造和投身革命实践，最后成为一个坚强的无产阶级革命战士。曲波的《林海雪原》被称为新武侠小说，写小分队进东北深山老林剿匪的故事，具有传奇色彩和浪漫主义，塑造了足智多谋的指挥员少剑波、孤胆英雄杨子荣、卫生员白茹、土匪头目座山雕等形象。罗广斌、杨益言的《红岩》故事情节具有传奇色彩，结构气势恢宏，江姐、许云峰、华子良、双枪老太婆、徐鹏飞等形象塑造得鲜明生动，小说主旨悲壮崇高，蕴涵着理想的光辉，在同类小说中艺术成就是最高的。

这一时期还出现了很多现实题材小说。写土地改革后农民观念变化的有赵树理的《三里湾》、周立波的《山乡巨变》、柳青的《创业史》等长篇小说。描写"大跃进"时期农村现状的有李准的《李双双小传》、马烽的《我的第一个上级》、茹志鹃的《静静的产院》等。描写阶级斗争的小说有浩然的《艳阳天》、陈登科的《风雷》。反映工业题材的小说有周立波的《铁水奔流》、艾芜的《百炼成钢》、周而复的《上海的早晨》、草明的《乘风破浪》、杜鹏程的《在和平的日子里》等。其中一些作品具有较高文学价值，受到人们的普遍欢迎和喜爱，但存在题材单一化、手法简单化、人物形象扁平化的通病。

《创业史》写两代农民创业立家的故事，以梁生宝互助组的发展历史为线索，展示出我国农业合作化的历史风貌和农民群众精神世界的巨变。《山乡巨变》描写了 20 世纪 50 年代中期农民的思想感情、心理状态和精神面貌，表现了农业合作化事业的艰难，塑造了刘雨生、李月亭、邓秀梅等形象。周而复的《上海的早晨》以上海沪江纱厂为中心，写如何改造中国资产阶级，同时也表现了中国工人阶级不断成长壮大的历程，小说具有深广的社会内容，辐射出我国从资产阶级民主革命转移到社会主义革命的具有历史意义的变化。

1956 年，由于"双百"方针的提出，文学创作的题材领域也有所拓展，出现了一批反映生活和爱情题材的作品：邓友梅的《在悬崖上》（对婚姻和爱情、对人性隐秘的探讨），宗璞的《红豆》（对少女初恋心态的探讨，以及个人情感与事业的关系探讨，揭示了祖国和革命高于一切的主题）、陆文夫的《小巷深处》（对旧社会一个妓女在新社会追求爱情的故事，写出了被侮辱、被损害的女性的复杂心灵）等。

1966年开始的"无产阶级文化大革命",历时十年,大多数作家被"边缘化",许多受到程度不同的迫害。当时小说作品突出政治性,有模式化的问题,长篇小说有浩然的《艳阳天》《金光大道》《西沙儿女》等。

　　20世纪50年代初期的诗歌主要是颂歌,歌颂和平与建设,有何其芳的《我们最伟大的节日》、郭沫若的《新华颂》、胡风的《时间开始了》、艾青的《国旗》、臧克家的《有的人》、郭小川的《致青年公民》、贺敬之的《放声歌唱》等。闻捷发表了《吐鲁番情歌》等诗作,结集为《天山牧歌》出版,是当代文学史上第一部反映边疆少数民族的抒情诗集。

　　1958年的"新民歌运动"是一场群众性诗歌创作运动,人人写诗歌,村村出诗人,作品数量多但成就低。20世纪50年代后期的收获主要在叙事诗上,表现民间历史和传说的长诗有《阿诗玛》《嘎达梅林》《格萨尔王传》。60年代阶级斗争进一步扩大化和升级,标语化、口号化的政治抒情诗主导诗坛。

　　散文主要实绩表现为通讯、报告文学得到了空前发展。其中反映抗美援朝战争的有巴金的《生活在英雄们中间》、魏巍的《谁是最可爱的人》等。杨朔的散文题材广泛,内容丰富,作品具有鲜明的时代特色,歌颂新时代、新生活和普通的劳动者,代表作有《荔枝蜜》《雪浪花》《香山红叶》《茶花赋》《海市》等。秦牧、刘白羽、魏巍等多篇作品被选入中学、大学教材。

　　话剧是当代戏剧的主力。老舍于1957年创作的《茶馆》是当代话剧的经典作品,用人像展览式的戏剧结构描绘了三个时代三个社会,构思独特,人物众多,性格鲜明。"文化大革命"期间影响较大的戏剧是1967年5月《人民日报》社论中开列的"八个革命样板戏":京剧《智取威虎山》《沙家浜》《红灯记》《海港》《奇袭白虎团》,芭蕾舞剧《红色娘子军》《白毛女》,交响音乐《沙家浜》。

六、1976年后的新时期文学

　　1976年以后,中国社会格局发生巨大变化,西方文艺思潮大量涌入,文学迎来了发展的空间,整个文坛呈现出多姿多彩的局面。20世纪80年代是小说创作探索积极、手法多样、成就斐然的时期。

　　伤痕文学主要表现"文化大革命"给人民带来的伤痕。1977年11月《人民文学》发表了刘心武的短篇小说《班主任》,揭示文化大革命给孩子留下的内伤,引起轰动,是文学进入新时期的里程碑。1978年卢新华的《伤痕》发表,逐渐形成伤痕文学创作热潮。主要作品还有张洁的《从森林里来的孩子》、周克芹的《许茂和他的女儿们》、古华的《芙蓉镇》。

　　反思文学则是反思新中国成立以来政治、经济生活中的各种运动和"左倾"思潮对人们的生活和命运的影响,揭示"文化大革命"的荒谬性和对"人"的全面伤害。1979年2月《人民文学》发表了茹志鹃《被剪辑错了的故事》,是反思文学的起步标志。主要作品有鲁彦周的《天云山传奇》,高晓声的《刘顺大造屋》,张弦的《被爱情遗忘的角落》,路遥的《人生》,张一弓的《犯人李铜钟的故事》,李国文的《冬天里的春天》,王蒙的《蝴蝶》,谌容的《人到中年》,张贤亮的《灵与肉》《绿化树》《男人的一半是女人》,史铁生的《我的遥远的清平湾》,李存葆的《高山下的花环》等。

　　改革文学对改革的进程作了及时快捷和持续的反映与描写。1979年蒋子龙的《乔厂长上任记》发表,以磅礴的气势开了改革文学先河。这类小说记录了改革的艰难及其带来的伦理、道德观念等方面的变化,注重改革者的形象塑造。主要作品有贾平凹的《鸡窝洼人家》《腊月·正月》《浮躁》,何士光的《乡场上》,路遥的《平凡的世界》等。贾平凹前期创作表现人性美，如《满月儿》。"商州系列"小说，以全方位的视角剖析社会环境的变迁给人的心理世界带来的巨大变化。《废都》是一部影响很大、争议颇多的长篇小说，1993年6月由北京出版社出版。小说写了著名作家庄之蝶的生存状态及"废都"中的社会世相，揭示了现代知识分子的灰色人生，意在反映物欲横流、价值失衡的文化废墟中人的必然沉沦。

寻根文学以现代意识关注历史，反思传统文化，探寻中国文化重建的可能性，呈现出鲜明的地域特点；在创作手法上传统和现代相融合。主要作品有汪曾祺的《受戒》、邓友梅的《那五》、韩少功的《爸爸爸》、陆文夫的《美食家》、阿城的《棋王》、张承志的《黑骏马》、李杭育的《最后一个渔佬儿》等。王安忆生于江苏南京，她善于从平凡的生活中发掘其底蕴，《小鲍庄》是"寻根文学"的代表作之一。《长恨歌》以女主人公王琦瑶的悲剧命运来展示城市文化的历史变迁。史铁生发表《命若琴弦》、《我的遥远的清平湾》等多篇小说，散文《我与地坛》是当代散文的经典之作。史铁生用写作思考生存理由，探讨生存困境，寻找精神家园。

现代派先锋小说颠覆传统文学观念，在创作上表现出叙事的实验性，结构散乱、破碎，人物趋于符号化、扁平化。主要作品有刘索拉的《你别无选择》，徐星的《无主题变奏》，马原的《冈底斯的诱惑》，余华的《现实一种》、《鲜血梅花》，格非的《迷舟》、《褐色鸟群》等。余华前期小说最大的特点是"冷漠叙述"，迷恋于对暴力、灾难和死亡的叙述。《现实一种》叙述的是兄弟仇杀的故事，作者用精细而调侃的笔触来叙述杀戮与死亡。《活着》、《许三观卖血记》实现了对人生苦难的探询和超越。

20世纪80年代苏籍作家创作活跃，主要作家有以下几位。陆文夫，江苏泰兴人。《小巷深处》写妓女徐文霞在新社会中的新生历程，大胆开拓了题材和表现领域。《美食家》写一位嗜吃如命的吃客朱自冶，小说融入苏州的风土人情、园林景致、文化风习等元素。高晓声，江苏武进人，擅长描写农村生活，在普通农民的日常生活中发现并揭示具有重大意义的社会问题，代表作《陈奂生上城》。汪曾祺，江苏高邮人。短篇《受戒》和《大淖记事》是他的获奖小说。他以散文笔调写小说，写出了家乡见闻和风物人情、习俗民风，富于地方特色。张贤亮，原籍江苏盱眙，代表作有《灵与肉》、《绿化树》、《男人的一半是女人》等。小说表现知识分子在困境中的反应和省思，探究人性、人生。苏童，苏州人。《妻妾成群》被改编成著名的影片《大红灯笼高高挂》。主要作品有《1934年逃亡》、《妻妾成群》、《红粉》、《离婚指南》、《我的帝王生涯》、《米》等。

莫言，原名管谟业，出生于山东省高密县东北乡一个农民家庭。经济上的贫困和政治上的歧视给他的少年生活留下了惨痛记忆，这种心理特征直接影响了他后来的小说创作。1985年发表短篇小说《透明的红萝卜》，引起文坛注意。1986年发表中篇小说《红高粱》，被评为全国优秀中篇小说奖。莫言在文学创作上追求天马行空的自由境界，富有创新精神，使其小说呈现出奇特的想象性与神奇感。代表作《红高粱》写"土匪抗日"的故事，小说充满了血腥味和神秘感，充满了生命激情的欢歌。特异的故事和非常规叙述方式使小说显得瑰丽而神奇。《丰乳肥臀》写上官鲁氏及其八个女儿、一个儿子在半个世纪的战乱与动荡中艰难的生命历程，礼赞了母性的伟大，折射出世事无情、男性生命萎缩的悲剧意识，小说的故事情节和叙事充满了奇幻色彩和寓言性质。

2012年10月11日，莫言以其"用虚幻现实主义将民间故事、历史和现代融为一体"的创作特色获得2012年诺贝尔文学奖。

20世纪90年代以来，经济变革与历史转型期给文学带来了多维多向的价值观，文学的个人化特点越来越明显，有影响力的小说流派和作品有如下一些。

新写实小说：兴起于20世纪80年代末，注重在对世俗人生的叙写中含蓄地表达对人的生存状态和生命意义的思考，池莉的《烦恼人生》、《不谈爱情》、《太阳出世》、《冷也好热也好活着就好》，方方的《风景》，刘震云的《官场》、《单位》、《一地鸡毛》等小说关注生活细节的真实，读来真切感人。

新女性小说：也叫做"私人小说"，作品以西方女性主义文学理论为写作背景，站在女性独立的立场上进行女性个体生存状态的描述。代表作品有林白的《一个人的战争》，写女人的个体成长经历；陈染的《无处告别》、《与往事干杯》和《私人生活》等，着力于探询女性生存的私人空间；徐坤的《先锋》、《游行》、《狗日的足球》等，以调侃和戏谑的方式消解了男权社会的话语秩序与文化规则。铁凝以女性生活为抒写中心：《哦，香雪》写一个农村姑娘对新生活的企盼，《没有纽扣的红衬衫》写城市少女青春无瑕的真善美，《麦秸垛》写女性的命运和觉醒，长篇《玫瑰门》是对女性自我剖析的力作，具有女性自省意识。

"晚生代"作家的小说：指20世纪90年代出现的一批年轻的作家，如韩东、朱文、鲁羊、张旻、述平、邱华栋、何顿、海男、毕飞宇、刘继明、东西、刁斗等创作的小说。他们的创作表现出对传统和经典的反叛，不在意所表达的思想崇高深刻与否，肯定世俗价值，坦陈现代人的困惑。朱文在《我爱美元》中宣称"我们都要向钱学习"，毕飞宇的《生活边缘》写一对恋人小苏、夏末在都市社会中的奋斗与生存的无奈。

"七十年代后"写作：20世纪90年代中期，一批70年代出生的作家开始在文坛崭露头角。《小说界》、《芙蓉》、《北京文学》、《作家》、《上海文学》等杂志纷纷推出70年代出生作家的专栏或专辑，棉棉、卫慧、周洁茹、魏微等作家迅速走红。丁天的《幼儿园》、卫慧的《上海宝贝》、棉棉的《糖》等小说叙写个人体验，注重生命欲望化的表达。1976年生于常州的周洁茹代表作有《小妖的网》等。

陈忠实的《白鹿原》是20世纪90年代长篇小说创作的重要收获之一，1997年获得了第四届茅盾文学奖。《白鹿原》涵盖了中国社会50余年的历史风云，时间跨度起于辛亥革命，至解放战争结束。它以关中平原的农村白鹿原为中心，通过对一个家族、两代人、半个世纪生存状态的系统、全面、深刻的描绘，展开了一幅中国近现代历史的时代画卷，是一部直达历史文化深处的"民族秘史"。《白鹿原》跌宕起伏的故事情节、复杂多变的人物性格和绚丽多彩的风土人情融会成鲜明的艺术特色。

20世纪80年代是诗歌的繁荣期。1976年4月清明节前后，人民群众掀起一场以悼念周恩来总理为主要内容的天安门诗歌运动。以此为起点，诗歌重新获得了独立的品格。

"归来的诗人群"主要指七月派诗人和在"反右派"斗争中被迫停笔的诗人，以及20世纪50年代退出诗坛的九叶诗人等。他们的诗歌主要体现对历史的反思，富于理性的思辨精神，如艾青的《鱼化石》、曾卓的《悬崖边的树》、白桦的《阳光，谁也不能垄断》、雷抒雁的《小草在歌唱》等。

朦胧诗因其诗意朦胧而得名。朦胧诗对传统诗歌艺术观念进行了反叛和变革，表现出对人的自我价值的重新确定。代表作有舒婷的《致橡树》、《双桅船》等，北岛的《回答》，"童话诗人"顾城的《远和近》、《一代人》等。

在市场经济条件下，20世纪90年代诗歌呈现出四面碰壁的尴尬。私人化写作成为时尚，女性诗人翟永明、赵丽华等的诗歌张扬女性意识，较有特色。

20世纪80年代的话剧作品有沙叶新的《假如我是真的》、《陈毅市长》、《寻找男子汉》，

但戏剧主要成就在于借鉴西方现代派戏剧的"探索剧"。高行健，原籍江苏泰州，《绝对信号》（与刘会远合作）、《车站》、《野人》等剧作因其新的戏剧观念和思想内涵而引起争议。他大量吸收了西方现代派的戏剧手法，突破了话剧传统的时间结构，拓宽了戏剧表现空间，探索新的戏剧观念，包括舞台观念。他于2000年10月12日获得诺贝尔文学奖。《绝对信号》以小剧场的新颖方式和剧作结构、舞台形象的别具匠心而引人注目。

20世纪80年代的重要散文作品有巴金的《随想录》、陈白尘的《云梦断忆》、杨绛的《干校六记》、贾平凹的《爱的踪迹》、曹明华的《一个女大学生的手记》等，散文凸现出"真"的特征。20世纪90年代是散文的繁荣期。影响较大的有余秋雨的文化散文等，《文化苦旅》、《山居笔记》、《文明的碎片》、《霜冷长河》等散文集具有强烈的文化意识、深刻的文化思考。

21世纪以来，随着互联网的普及，以互联网为展示平台和传播媒介的网络文学走向兴盛。"文学城"、"榕树下"、"黄金书屋"等较有影响的文学网站登载大量的原创小说，较有影响的网络文学作品有《第一次的亲密接触》、《告别薇安》、《鬼吹灯》、《盗墓笔记》、《藏地密码》等。网络文学具有更新快、传播广、大众化的典型特征，或将成为未来文学流通的重要方式。

七、台港文学概述

台湾现代文学是在大陆新文学运动直接影响与推动下发展的。台湾的新文学运动发端于1920年7月，当时的留日台湾学生成立"新民会"。赖和被誉为台湾新文学之父，杨逵、吴浊流是早期代表作家。台湾20世纪60年代的文学主流是现代派文学。随着意识形态专制的减弱，琼瑶的言情小说、古龙的武侠小说、高阳的历史小说掀起了通俗文学的热潮。琼瑶小说以情爱为主题，人物具有理想化色彩，语言流畅典雅，但情节模式化。高阳历史小说情节结构宏伟，历史事件真实具体、社会生活广阔，具有鲜明的史诗风格。70年代具有强烈使命感和忧患意识的乡土文学成为主要的文学潮流，具有鲜明的民族风格。

20世纪80年代以后，台湾文学呈现多元化格局，出现了政治小说、都市文学、新女性主义文学、探亲文学等新品种。代表性作家作品有：白先勇的《游园惊梦》在人物心理活动上采取意识流的手法等，语言典雅精美、洗练明快。陈映真有小说集《将军族》。女作家李昂的小说主要探讨女性的命运问题，如《杀夫》、《暗夜》等。余光中为当代诗坛健将、散文大家、著名批评家、优秀翻译家，现已出版诗集、散文集、评论集、翻译集40余种，在华人文学界享有盛誉。他的名诗《乡愁》广为传播。

香港现代文学从20世纪20年代逐步发生发展。1928年香港第一本新文学杂志《伴侣》创刊，培植了香港第一批新文学作者。1937年抗日战争爆发后，一些内地文化人士避战乱南迁至港，如巴金、茅盾、戴望舒、萧红、端木蕻良、叶灵凤、施蛰存、夏衍、林语堂、萧乾、郁达夫、巴人等，使香港的新文学出现了前所未有的繁荣局面。茅盾的《腐蚀》，萧红的《呼兰河传》、《小城三月》，戴望舒的《我的记忆》、《望舒草》都写于此时。自1946年夏开始，又有大批作家来到香港，如郭沫若、茅盾、夏衍、叶圣陶、郑振铎等。他们从事创作，创办报刊，培养了大批文艺骨干，主要作品有茅盾的《锻炼》、黄谷柳的《虾球传》等。

20世纪50年代以后，香港本土作家逐渐成熟，成为香港文学的一支生力军。现代主义文学影响最大的是刘以鬯，出版了中国第一部长篇意识流小说《酒徒》。亦舒、岑凯伦等创作了数量众多的言情小说。武侠小说有梁羽生的《白发魔女传》、《七剑下天山》、《云海玉弓缘》等。

金庸是武侠小说的泰斗,主要作品有《书剑恩仇录》、《碧血剑》、《雪山飞狐》、《射雕英雄传》、《天龙八部》、《侠客行》、《笑傲江湖》、《鹿鼎记》等。金庸武侠小说具有博大精深的文化内涵、严肃而深刻的主题,塑造了一批典型而复杂的人物形象,受到广大读者的喜爱。

外国文学发展简史

欧洲文学从古希腊、罗马到十月社会主义革命已有 2000 多年的历史,是世界文学中的重要组成部分。

一、西方古代文学

西方古代文学包括古希腊罗马文学和早期基督教文学,前者所体现出来的世俗与人本色彩和后者所体现的神圣与超越色彩共同构成西方文学和文化的两个源头。

作为欧洲文学的开端,古希腊文学在思想上和艺术上都具有首创精神,为后世欧洲文学的发展提供了取之不尽的财富。其主要成就是神话、史诗和戏剧。《伊利亚特》(《伊利昂纪》)和《奥德赛》(《奥德修纪》)是欧洲文学史中最早的作品,相传是公元前八九世纪由一个名叫荷马的盲诗人根据在小亚细亚口头流传的史诗短歌综合编成的,因而被称为"荷马史诗"。《伊利亚特》的意思是关于特洛伊战争的一首诗,史诗反映了以战争为中心的"荷马时代"的社会生活。史诗歌颂英雄行为,格调悲壮,具有"阳刚之美"。《奥德赛》描写希腊英雄奥德修斯在特洛伊战争后还乡时的海上经历和家庭生活,突出他的海上冒险行为,歌颂了他勇于进取的精神品质,格调平静,具有"阴柔之美"。荷马史诗结构精当奇巧,形象鲜明生动,语言优美动听,对后世的欧洲文学产生了难以估计的深远影响。

古希腊戏剧可以分为悲剧和喜剧两大类。悲剧起源于酒神祭祀。公元前 5 世纪,涌现出大批悲剧作家,流传至今的有埃斯库罗斯、索福克勒斯和欧里庇得斯三大悲剧家的作品。埃斯库罗斯是古希腊悲剧的创始人,被称为"悲剧之父",代表作为《被缚的普罗米修斯》。索福克勒斯是雅典民主制盛极而衰时期的悲剧家,他的作品标志着希腊悲剧已发展到成熟阶段,代表作《俄狄浦斯王》历来被认为是希腊悲剧在结构布局方面的典范,亚里士多德称赞它是"十全十美的悲剧"。欧里庇得斯善于细致地表现人物的心理,尤其是妇女的心理,代表作为《美狄亚》。古希腊喜剧起源于酒神祭祀中的狂欢歌舞和民间滑稽戏。公元前 5 世纪,雅典产生了三大喜剧诗人,但只有阿里斯托芬传下了一些完整的作品,代表作有《阿卡奈人》等。

罗马文学对古希腊文学具有明显的继承性,在借用的基础上,形成了自己的民族特色。古罗马人崇尚武力,追求社会与国家、法律与集权的强盛与完美,富于牺牲精神和责任观念,这种民族性格使古罗马文学比古希腊文学具有更强的理性精神、集体意识,审美品格上更趋向于庄严和崇高的风格,代表作即是黄金时代的三大诗人维吉尔、贺拉斯和奥维德的诗歌作品。维吉尔的《埃涅阿斯纪》以埃涅阿斯为主人公,描写他建立罗马国家的艰难历史,歌颂了罗马祖先建国创业的丰功伟绩,宣扬了热爱国家、热爱民族的思想。该诗是欧洲第一部文人史诗,是后世史诗作者的范本。

二、中世纪文学

公元 5 世纪西罗马帝国亡于蛮族日耳曼人的入侵,古希腊和古罗马文化遗产受到了毁灭性打击,欧洲从此进入长达 12 个世纪的中世纪。中世纪的主流文化是基督教文化,教会文

第九单元 文学概论

学自然成为文坛的主宰,但也有英雄叙事诗、骑士文学和市民文学的并存与对峙。教会文学的主要体裁有圣经故事诗、圣徒传、宗教史诗、颂歌、宗教剧等,其内容大多是叙述圣经中的故事,尤其是耶稣的生平、圣徒的故事、进行宗教道德的劝谕等。但某些出自下层僧侣之手的作品往往在宗教外衣下多少反映了人民的情绪。在艺术上,教会文学经常采用梦幻、寓意、象征的手法。

中世纪欧洲文学的巅峰是但丁(1265~1321年),他介于中世纪与文艺复兴之间,是站在旧世纪的终结与新世纪开端的门槛上的文学巨人。代表作《神曲》分为"地狱"、"炼狱"和"天堂"三部分,采用中古梦幻的文学形式、中古神学体系的框架,展示人们从迷惘和错误中解脱出来,达到真理和至善的历程,同时反映了意大利从中世纪向近代过渡的转折时期的现实生活和各个领域的社会、政治变革,展示出争取人格独立的人文主义光芒。《神曲》的构思宏伟,想象丰富,结构完整,其象征、寓意、梦幻的表现手法给后人以启发。

三、文艺复兴时期文学

14~16世纪的文艺复兴,是一次新兴资产阶级反教会、反封建的文化思想启蒙运动。这个时期,古希腊、古罗马文化重新受到重视,因而有"文艺复兴"之名。但"文艺复兴"不是古代文化的简单复兴,而是资产阶级借助古代文化精神摧毁以"神"为中心的封建的宗教意识形态,建立资产阶级的以"人"为中心的思想文化体系。文艺复兴运动的核心思想是人文主义,主张以"人"为本,反对以"神"为本,以"人性"反对"神性",以"人权"反对"神权",以"人智"反对"神智"。他们借用古希腊、古罗马文化的"外衣","演出世界历史的新场面"(马克思语)。

意大利是人文主义的发源地,意大利人文主义作家是欧洲人文主义作家的先驱。最早的代表作家有弗·彼得拉克和乔·薄伽丘。西班牙塞万提斯(1547~1616年)的长篇小说《唐·吉诃德》以中世纪西班牙为背景,模拟骑士文学的笔法,描写了一个迷恋于骑士精神的穷乡绅出外冒险的可笑经历,主人公唐·吉诃德是一个矛盾复杂的艺术形象,集崇高与荒唐、悲剧性与喜剧性于一身,充满张力,表现了作者高超的讽刺技巧。

代表文艺复兴人文主义文学最高成就的是英国文豪威廉·莎士比亚(1564~1616年),在其20余年的创作生涯中,共创作了37部戏剧、2部长诗和154首十四行诗,尤以四大喜剧《威尼斯商人》、《仲夏夜之梦》、《第十二夜》和《皆大欢喜》,四大悲剧《哈姆雷特》、《奥赛罗》、《李尔王》和《麦克白》的艺术成就为高。影响最为深远的《哈姆雷特》取材于12世纪的丹麦史,描写丹麦王子复仇的故事,哈姆雷特和杀父娶母的叔父克劳狄斯的斗争反映了资产阶级人文主义者和反动的封建王权之间的斗争。哈姆雷特是悲剧的中心人物,典型的新兴资产阶级人文主义思想家,其性格特征是富有感情和思想,勇于探索,善于分析,但思虑多于行动,是"欢乐的王子"、"忧郁的王子"、"延宕的王子"、"行动的王子"的矛盾统一。

四、17世纪古典主义文学

17世纪欧洲各国的政治、经济发展极不平衡。1640~1648年的英国资产阶级革命,标志着欧洲中世纪的终结和近代史的开端。古典主义文学是17世纪欧洲最主要的文艺思潮。它产生并盛行于17世纪的法国,并影响到其他各国。它以古希腊、古罗马文学作为创作的典范,故称"古典主义"。

古典主义文学的首要特征是具有为君主专制王权服务的鲜明倾向性;其次是崇尚理性,

主张用理性克制情欲；最后是把古希腊罗马文学奉为典范，要求艺术形式完美。代表作家作品有英国弥尔顿的长诗《失乐园》、法国高乃依的悲剧《熙德》、拉辛的悲剧《安德洛玛克》，代表古典主义最高成就的是法国莫里哀（1622～1673年）的喜剧《伪君子》，讲述富商奥尔恭被宗教骗子、伪君子答丢夫所骗，险些遭受巨大损失，在家人帮助下识穿其伪善的真面目的故事。该剧创造性地运用了古典主义的法则，将故事发生的时间控制在一昼夜之内，地点一直安排在奥尔恭家，剧情紧紧围绕着答丢夫的"伪善"展开，显得简洁、紧凑、层次分明，集中体现了莫里哀喜剧艺术的成就。

五、18世纪启蒙主义文学

启蒙主义文学是18世纪欧洲文学的主流，它和古典主义文学一样强调理性精神，但启蒙文学的"理性"在肯定笛卡儿的理性精神外，又从自然法则的高度，强调人与人之间平等自由的社会法则，肯定人的自我情感的天然合理性。启蒙主义文学的代表作品有法国孟德斯鸠的《波斯人信札》、伏尔泰的《老实人》、狄德罗的《拉摩的侄儿》和卢梭《新爱洛漪丝》，英国丹尼尔·笛福的《鲁滨孙漂流记》、斯威夫特的《格列佛游记》、菲尔丁的《弃儿汤姆·琼斯的历史》，德国歌德的《少年维特之烦恼》和席勒的《阴谋与爱情》等。

代表启蒙主义文学最高成就的是歌德（1749～1832年）的诗剧《浮士德》，全剧以浮士德的思想发展为线索，描写他探索真理的一生，主要分为学者生活、爱情生活、政治生活、追求古典美和改造大自然共五个阶段，以巨大的概括力，反映了西欧资本主义上升时期，资产阶级的先进人士反对封建现实、不断追求人生真谛和社会理想的过程，是文艺复兴以来300年间资产阶级精神发展的历史的象征与总结。

六、19世纪浪漫主义文学

产生于18世纪末期，并很快风靡欧美各国的浪漫主义文学思潮，既是对法国大革命的回应，也是对古典主义文艺思潮过于压抑自我、克制情感的一种反叛。它偏重表现主观理想，抒发强烈的个人情感，热烈歌颂大自然，诅咒城市文明，借鉴民间文学资源，通过对比、夸张、巧合的手法，以达到出奇制胜的艺术效果。

英国第一代浪漫主义作家是"湖畔诗人"华兹华斯、柯尔律治、骚塞，他们远离城市，寄情于山水，故称为"湖畔派"。他们的代表作是《抒情歌谣集》。第二代浪漫主义作家乔治·拜伦、波西·雪莱、约翰·济慈在艺术上完成了由"湖畔诗人"开始的诗歌改革，丰富了诗歌的形式与格律。雪莱在这些抒情诗作中体现了无神论的自由主义思想，他的长诗《麦布女王》因强烈的政治观点而遭到统治阶级的嫉恨，诗剧《被解放了的普罗米修斯》表达了诗人斗争的决心，政治抒情诗《西风颂》中以"冬天来了，春天还会远吗？"结尾，而被恩格斯称为"天才的预言家"。

法国浪漫主义的先驱是夏多布里昂和史达尔夫人。维克多·雨果（1802～1885年）的戏剧《欧那尼》的上演是浪漫主义最后战胜古典主义的标志。雨果浪漫主义小说的代表作是创作于1831年的长篇小说《巴黎圣母院》，小说通过人性美的完美象征爱斯梅拉达的不幸遭遇，揭露和批判了封建社会残酷迫害人民的罪行，表达了反封建、反教会的主题，在《〈克伦威尔〉序言》中提出的美学原则在这篇小说中首次得到实践。谢尔盖耶维奇·普希金（1799～1837年）是19世纪俄国积极浪漫主义文学的代表，又是批判现实主义文学的奠基人，也是为俄国文学赢得世界声誉的第一位诗人。其诗体小说《叶甫盖尼·奥涅金》，通过奥涅金的所作所为集中表现了俄国贵族社会的本质，塑造了俄国文学中第一个"多余人"的形象，别林斯基称它是"俄罗斯生活的百科全书和最富于人民性的作品"。

七、19世纪批判现实主义文学

批判现实主义在西欧（英、法等国）是资本主义胜利、巩固时期资产阶级剥削压迫的本质日益暴露、社会矛盾不断激化的产物，在俄国则是封建制度走向崩溃、资本主义逐渐兴起时期的产物。当时一批以人道主义为思想的进步作家，敢于正视现实，通过自觉塑造典型环境中的典型人物，反映社会生活的本来面目，更着力于揭露当时社会的黑暗和罪恶，具有极为强烈的批判精神，因而被后人称为"批判的现实主义"。它是"19世纪一个最壮阔的，而且也是最有益的文学流派"（高尔基语）。

法国作家司汤达的《红与黑》，展示了当时一代青年的典型于连在波旁王朝复辟时期追求个人价值实现所经历的曲折道路及悲惨结局，是第一部真实地反映法国当代社会风貌的批判现实主义杰作。巴尔扎克（1799～1850年）是19世纪前半期最有影响的小说家，执批判现实主义之牛耳，系列小说集《人间喜剧》共91部，描写了2400多个人物，充分展示了19世纪上半叶法国的社会生活，被称为法国社会的"百科全书"，也是欧洲批判现实主义的丰碑。

英国19世纪中期批判现实主义文学的杰出代表是查尔斯·狄更斯（1812～1870年），他一生勤奋，创作了《匹克威克先生外传》、《董贝父子》、《大卫·科波菲尔》、《荒凉山庄》、《艰难时世》、《远大前程》等优秀作品，晚期代表作《双城记》借古喻今，借法国大革命前后的情况来暗示当时英国的社会现实，用法国革命的必然性来警示英国如果不做出反省与变革必将重蹈覆辙，小说严谨的结构、密布的悬念、象征手法的渲染也显现了作者高超的艺术水平。

托马斯·哈代（1840～1928年）则是英国19世纪末期杰出的批判现实主义作家，其小说极富于戏剧性，他将古希腊命运悲剧和莎士比亚式性格悲剧精神注入了"威塞克斯小说"之中，别具一格地表现了英国工业革命后，现代资本主义文明侵蚀古老淳朴的宗法制乡村的社会悲剧，著名的有《远离尘嚣》、《还乡》、《德伯家的苔丝》、《无名的裘德》、《卡斯特桥市长》。《德伯家的苔丝》通过美丽善良的农村姑娘苔丝的悲剧一生，真实地反映了英国资本主义的发展给个体的小农经济带来的深重灾难，对资本主义制度及其在农村的代表——资产阶级暴发户的罪恶进行了有力的揭露，尤其是无情地揭开了虚伪的资产阶级道德的面纱，堪称批判现实主义的典范。

19世纪40年代，尼古拉·果戈理（1809～1852年）追随普希金，确立了俄国文学新的流派"自然派"，以巨著《死魂灵》成为俄国19世纪批判现实主义的奠基作家，小说以主人公乞乞科夫收买"死魂灵"赚取高额利润的故事为主线，刻画了五个个性鲜明的地主形象，以开阔的历史视野，展现了19世纪三四十年代俄国城乡社会的风貌、特征，揭露、讽刺了官僚的腐朽昏庸、弄虚作假和地主的愚昧落后、贪得无厌。小说一经问世，便震惊了俄国，引起了进步力量和反动势力的激烈交锋，赫尔岑形容"《死魂灵》震撼了整个俄国"。

19世纪五六十年代，俄国批判现实主义文学走向发展和繁荣，著名作家和作品有冈察洛夫的《奥勃洛莫夫》，奥斯特洛夫斯基的《大雷雨》，陀思妥耶夫斯基的《罪与罚》和《白痴》，车尔尼雪夫斯基的《怎么办?》。伊凡·谢尔盖耶维奇·屠格涅夫（1818～1883年）是一位异常敏感的作家，他的优秀作品往往以当代的重大主题吸引读者。《猎人笔记》、《前夜》和《父与子》的出版，标志着作家坚定地走上了现实主义的文学创作道路。他以独特的艺术风格和深刻的反农奴制思想，在俄国文学中第一个表现了俄国农民的聪明才智和精神世界的美。

列夫·尼古拉耶维奇·托尔斯泰（1828~1910年）是19世纪俄国批判现实主义文学中成就最高的作家，公认的世界最伟大的小说家之一。19世纪60至90年代，他以《战争与和平》、《安娜·卡列尼娜》和《复活》三部巨著，把俄国批判现实主义文学推向高峰。《战争与和平》（1863~1869年）以1812年俄国的卫国战争为背景，以包尔康斯基、罗斯托夫、别素霍夫、库拉金四个贵族家庭的纪事为线索，从战争与和平两个方面来表现俄罗斯人民同拿破仑侵略者、俄国社会制度同人民意愿之间的矛盾，肯定了俄国人民在战争中的伟大历史作用，赞扬了他们的爱国热情和积极的乐观主义精神。小说结构宏伟，布局严整，塑造了安德烈、彼埃尔、娜达莎等众多性格迥异血肉丰满的人物形象，广泛地展示了当时俄国社会的政治生活及人们的道德精神面貌。作品表现了鲜明的民族风格和无与伦比的写作技巧，其中许多精彩篇章和场面，使人叹为观止，堪称史诗性的巨著。《安娜·卡列尼娜》取材于19世纪六七十年代的俄国现实生活，小说通过安娜追求爱情自由终至惨死和列文探索社会出路两条平行发展的情节线索，形象地反映了俄国社会的变动，表达了作者对理想社会、理想人生的苦苦探求。

八、20世纪现代主义文学

现代主义文学，又称"现代派文学"，是对思想上具有强烈反传统倾向、艺术形式上追求实验、创新的20世纪西方众多文学流派的总称，它是西方现代社会的产物，也是欧美文学发展演变的结果。19世纪末期以来，科学技术高速发展，满足进而刺激了人对物质的欲望，也激活了人们对世界的多元思考；两次世界大战，摧毁了人类的精神防线和尊严，战后核恐怖的阴影，社会问题的层出不穷，以决定论和理性主义为基础的西方传统价值观念遭到严重冲击，各种非理性哲学思潮兴起，和现代心理学一起直接为现代派文学提供了理论基础。现代派文学往往通过象征、荒诞和意识流手法，着重表现现代人的异化感、孤独失落感和荒诞感。现代主义文学流派众多，以第二次世界大战为线可分为前后两个时期。前期主要有未来主义、超现实主义、后期象征主义、表现主义、意识流小说，后期主要有存在主义、黑色幽默、荒诞派戏剧、魔幻现实主义等。最有代表性的是表现主义、意识流小说和荒诞派戏剧。

奥地利犹太作家卡夫卡是表现主义文学的代表，其文学创作主要是三部未完成的长篇小说和一些中短篇小说。早期的长篇小说《美国》讲述一个德国少年因被一个丑陋的中年女仆引诱，被家庭逐出后前往美国的经历，着重展现的是现代人的孤独、失落和无家可归的困境。长篇小说《审判》通过一个普通公民被无端逮捕，申诉无门，最后被荒谬处死的故事，深刻地揭露了奥匈帝国庞大的官僚机构和残酷腐败的司法制度。而《城堡》则是卡夫卡特色最鲜明也是最难解的一部长篇小说，主人公K被聘为城堡的土地测量员，但他费尽九牛二虎之力还是走不进这个近在咫尺的城堡，最后力竭而死，由此批判了资本主义社会中一些普遍性的问题，如专制压迫、社会等级森严、官僚腐化荒淫、机构庞杂无度、人间世态炎凉，小说中的城堡作为一种权力的象征，是整个国家机器的缩影。《变形记》是卡夫卡中短篇小说的代表作，主人公萨姆沙在生活的重压下从"人"变成一只大甲虫后被家人嫌弃，最终悄然死去，深刻揭示了资本主义社会中人被人所创造的物（如金钱、机器、生产方式等）操纵最终"异化"为非人的主题。卡夫卡的小说不求社会生活画面的丰富多彩，不讲求故事的明晰性、人物性格的典型性、环境描写的具体性，但求深刻的哲理和寓意包蕴其中，往往以象征的形象、荒诞离奇的事体、讽刺冷漠的笔调传达他对这个不可理喻的现代世界的独特感受。卡夫卡以独特的艺术形式表现了现代世界人们所体验的各种痛苦感受，如灾难感、陌生感，特别是恐惧感和无能为力感，被视为开一代文学的宗师和天才。

意识流原来是一个心理学和哲学术语，美国心理学家詹姆斯（1842～1910年）曾把意识比喻为流动的"河流"或"流水"，法国的柏格森也说过"真实"存在于"意识的不可分割的波动之中"。20世纪20年代，欧美一些作家把这种理论直接借用到文学创作上来，认为文学主要就是表现人的意识流动，尤其是表现潜意识的活动，这就形成了意识流文学流派，其代表作家作品有法国普鲁斯特（1871～1922年）的《追忆似水年华》、爱尔兰乔伊斯（1882～1941年）的《尤利西斯》、英国沃尔夫（1882～1941年）的《到灯塔去》、美国福克纳（1897～1962年）的《喧嚣与愤怒》等。其艺术特征主要为，不注意外部环境的描写、人物行动的表现和情节的连贯与完整，而致力于表现人物意识的流动状态；打破传统小说按情节发生次序或逻辑联系而形成的直线发展的结构，不受时空或逻辑制约，时空跳跃、多变；多用自由联想、内心独白、象征和暗示等表现手法。他们的作品采用不受时间和空间限制的自由联想和内心独白的表现手法，对其他文学流派很有影响。

福克纳的长篇小说《喧嚣与愤怒》是意识流文学的一部重要作品，它通过主人公康普生一家人的意识活动，表现了南方贵族庄园主的没落。康普生的大儿子昆丁内心空虚苦闷，对其妹妹怀有奇特的感情，最后绝望自杀；二儿子杰生自私卑鄙，自甘堕落；小儿子班吉是个白痴，整日沉溺在梦幻和呓语之中；女儿凯蒂被人诱奸怀孕之后，婚姻失意，生活沉沦。在小说中，作家没有从正面去描写康普生一家的没落过程，而是着重表现昆丁的变态心理和班吉神经错乱的潜意识活动，充分体现了意识流文学的特点。

荒诞派戏剧是第二次世界大战后首先产生于法国，而后流行于许多西方国家的戏剧流派，是在存在主义哲学的直接影响下产生的，用荒诞的形式表现荒诞的意识。其特点是，揭示了世界、人的处境和人自身的生存状态的荒诞性；突破了传统戏剧的一切基本规律，以象征、寓意、夸张、非逻辑的片段场面，取代一以贯之、起伏跌宕的冲突和情节；以抽象化、普遍化的人物取代个性化、典型化的形象；以非理性的、无意义的语言，取代动作性强、思想内涵丰富的台词。得名于艾斯林的《荒诞派戏剧》，尤内斯库的《秃头歌女》是其奠基之作，代表作家作品还有尤内斯库的《犀牛》、《椅子》和贝克特的《等待戈多》等。

九、上古亚非文学

亚洲和非洲，由于民族复杂、人口众多、历史悠久、文化传统源远流长，不管是古代还是现代，这一地区众多民族所创造的丰富多彩的文学，都是世界文学宝库中极为重要的组成部分。

亚非是人类文化的发祥地，也是世界文学的摇篮。上古时期的神话传说、民间故事、史诗、诗歌、戏剧、宗教箴言等反映出人类童年时期的历史印迹，表现出古代人类为征服自然所进行的艰苦斗争，记载了人类历史上最早的重大变革，它代表了古代世界文学的最高成就，成为人类历史上珍贵的精神财富。古巴比伦文学是在西亚的美索不达米亚平原，即底格里斯河与幼发拉底河两河流域产生的文学。古巴比伦神话中的《埃努玛·埃立什》是世界文学史上现存最早的完整的创世神话，为后世的创世神话（如《旧约·创世记》和古代希腊赫西奥德的《神谱》）提供了范本。古代巴比伦文学的代表作是《吉尔伽美什》，世界文学中最古老的史诗，它的定本在公元前18世纪就已刻写在12块泥板上。史诗通过对英雄吉尔伽美什及挚友恩奇都为民除害的探险行为，赞美了两位英雄的真挚友谊，表达了古巴比伦人对生死、命运等问题的思考。史诗中"方舟"和"洪水"的神话具有重要意义，它深刻影响了希伯来文学，构成了《旧约》中"洪水"神话和"诺亚方舟"故事的基础。

印度是世界上具有悠久历史的文明古国之一，古代印度文学主要使用梵语，故又称梵语文学。梵语文学可以分为吠陀时代（约公元前15~前10世纪）的文学、史诗时代（约公元前10~1世纪）的文学和古典时期的文学（公元1~4世纪）。吠陀时代的主要文学成就是《吠陀》，它是由婆罗门祭司编订而成的古印度文献总集，反映了印度从氏族社会向奴隶社会过渡时期的历史风貌。史诗时代的主要文学成就是以口头创作形式在民间长期流传的两部史诗《摩诃婆罗多》和《罗摩衍那》。《摩诃婆罗多》是世界上最长的史诗，汇集了印度古代的各种历史材料和各类知识，以高度的艺术概括力反映了当时的社会面貌、时代矛盾及各个哲学派别的主张，堪称古印度一部诗体的"百科全书"。《罗摩衍那》，意为《罗摩传》，主要描写王子罗摩被迫害、被流放最终继承王位的经历，以及与妻子悉多悲欢离合的爱情故事。《罗摩衍那》在艺术上对后世文学产生了深远的影响。希伯来文化是西方两大文化源头之一，希伯来人为保存民族文化，将希伯来民族的神话、历史、传说、思想家的著作等进行了整理和修订，这份希伯来的文化遗产，被后来的基督教徒所接受，编入《圣经》，称为《旧约》，以区别于公元后基督徒所写的传播基督教教义和耶稣事迹的《新约》。《旧约》共39卷，分为四大部分：第一部分是"经书或法律书"，内容包括天地创造、伊甸乐园、洪水方舟等神话和族祖亚伯拉罕、雅各、摩西等的传说及犹太教的教规等。第二部分是"历史书"，记录了以色列和犹太从立国到亡国的完整过程。这两部分中关于上帝造人、亚当夏娃和诺亚方舟的神话，反映了希伯来人对天地开辟、人类起源诸问题丰富的想象力。摩西和参孙等民族英雄的塑造，则展示了希伯来民族在征服迦南前后，统一国家和抵御外族的艰难过程。第三部分是"先知书"，记录了先知先觉的社会改革家和思想家们的政论和演说。第四部分是"诗文集"，收录了许多动人的诗体作品和具有小说性质的散文作品。《旧约》对此后欧洲的社会生活和文学艺术均产生了巨大的影响。

十、中古亚非文学

公元前三四世纪亚非国家相继开始跨进封建社会，创造出灿烂的封建文化。到10世纪左右，亚非一些主要的国家、民族相继进入了封建社会。高度发展的封建政治、经济、军事，使亚非地区出现了一些强大的封建帝国，如阿拉伯帝国、印度孔雀王朝、中国的汉王朝和唐王朝等，对中古世界历史的发展起了巨大的推动作用。中古亚非文学随着封建政治、经济和文化的发展，也得到了发展和繁荣。这一时期的文学不仅有丰富的民间口头创作，还涌现出大批优秀作家的作品；不仅题材多样，深刻地反映了中古亚非的社会面貌，而且形式多样，极大地丰富和发展了世界文学。中古亚非文学取得了辉煌的文学成就，它的优秀作品成为千古传唱的文学典范，对世界文学的发展产生了深远的影响。中古印度文学，主要包括梵语古典文学和地方语言文学，一般认为，印度的梵语古典文学在10世纪以后逐渐衰落，代之而起的是接近人民生活的、用各种地方语言书写的文学。

公元四五世纪的迦梨陀娑是印度享有最高声誉的古典梵语诗人和戏剧家，一生创作了抒情诗集《时令之环》，抒情长诗《云使》，叙事诗《鸠摩罗出世》和《罗怙世系》，剧本《摩罗维迦和火友王》、《优哩婆湿》和《沙恭达罗》等七部作品。代表作七幕剧《沙恭达罗》描写国王豆扇陀在一次狩猎中，和净修林主人干婆的义女沙恭达罗一见钟情而结为夫妻。国王回京前将一枚刻有自己名字的戒指作为信物交给沙恭达罗。沙恭达罗因思夫心切，无意中怠慢了前来造访的大仙人达罗婆娑，大仙人发出诅咒，国王只有见到信物才能与妻子相认。沙恭达罗告别净修林赴王宫寻夫，不料在途中祭水时失落戒指，因而国王见到她却不认识她。

沙恭达罗悲愤而去，后被天女接上天国。一个渔夫从捕获的鱼腹中寻得戒指送给国王，国王顿时恢复了对沙恭达罗的记忆，痛悔莫及，后由于天帝因陀罗的帮助，豆扇陀终于在天国与沙恭达罗及儿子相聚。该剧诗意盎然，情节波澜起伏，人物性格鲜明，心理刻画细腻，充分展现了作者的诗歌和戏剧才能，为其赢得了世界声誉。

公元7世纪伊斯兰教创立后，阿拉伯半岛得到统一并迅速向外扩张，建立了横跨亚非欧的阿拉伯帝国。公元8世纪中叶，随着阿拉伯帝国的最后形成，阿拉伯民族固有的文化受到被征服民族文化的影响，又融合了希腊文化和印度文化的积极成分，创造了中世纪灿烂的阿拉伯新文化，民间故事集《一千零一夜》正是阿拉伯新文化的一大辉煌成就。它采用宰相之女山鲁佐德给国王讲了一千零一夜故事的形式，将许多主题与内容均不相同的故事串联在一个框架之中，曲折多变，摇曳生姿。这部民间故事集，以离奇多变的题材、洒脱的艺术手法和神秘莫测的东方色彩，生动地描绘了一幅中世纪阿拉伯帝国社会生活的广阔画面，其中《巴格达窃贼》、《阿里巴巴和四十大盗》、《阿拉丁和神灯》、《渔翁的故事》等更是脍炙人口，耳熟能详。《一千零一夜》也是一部具有世界影响的作品，对西方各国的文学、音乐、戏剧和绘画都曾产生过影响，高尔基将其誉为民间口头创作中"最壮丽的一座纪念碑"。

中古日本文学上起公元8世纪，下至19世纪中叶，约100余年历史，大致可分四个阶段，奈良时期文学（710～794年），平安时期文学（794～1192年），镰仓、室町时期文学（1192～1537年），江户时期文学（1603～1868年）。平安时代的宫廷女官紫式部（约978～1016年），被称为"大和民族之魂"，一生创作了《紫式部集》、《紫式部日记》和《源氏物语》三部作品。《源氏物语》是日本古典文学之泰斗，也是世界上最早的长篇小说。小说主要通过对源氏一生政治上的浮沉及其爱情经历的描绘，展示了平安王朝宫廷贵族的权势之争，各贵族家庭的悲欢离合，以及他们之间混乱的男女关系，真实再现了平安贵族精神上日益委顿、沦落的历史风貌。其主题内涵之丰富多义、人物形象之栩栩如生、艺术技巧之高超，为后世所推崇，尤其是其出色的心理描写和自然描写，成为后世日本文学的楷模。

十一、近现代亚非文学

从15世纪起，亚非地区经济发展缓慢。17世纪以后，亚非地区相继遭到西方殖民主义者的侵害，到19世纪，除日本以外大多数地区和国家都沦为殖民地、半殖民地，亚非地区进入了近代史时期。由于西方殖民主义者野蛮的殖民统治，亚非优秀文化遭到了严重的摧残，有的甚至到了濒临消亡的境地。虽然如此，近代亚非文学在各民族的反殖民主义、反封建专制的民族解放运动中，仍然取得了新的成就。它在继承东方文学优秀传统的基础上，积极吸取西方先进的民主文学的营养，创造出近代民族文学的新成果。近现代亚非文学，即从19世纪下半叶到20世纪100多年间的亚非文学，其中，以日本文学和印度文学的成就最为突出。

印度的近代文学，虽然在17世纪后半叶已经初现萌芽，但真正的开端是在19世纪下半叶。近代印度文学最重要的代表是罗宾德拉纳特·泰戈尔（1861～1941年）。泰戈尔早期的短篇小说，表现了对残酷的古老习俗（如寡妇殉葬制度、童婚制度）的批判，以及对妇女悲惨命运的同情，优秀作品有《摩诃摩耶》等。他的长篇小说代表作《戈拉》以19世纪后期孟加拉社会为背景，通过爱国知识青年戈拉的成长道路，描写了印度教和梵教之间的矛盾，表达了印度人民摆脱教派偏见、要求民族独立的愿望，也表现了作家对民族解放道路的哲理思索。《吉檀迦利》是一部充满浓郁的东方情调和神秘色彩的颂神诗集，表达了诗人泛神论的哲学思想，1913年诗人凭借该诗集获得诺贝尔文学奖，成为亚洲第一位诺贝尔文学奖得

主。他著名的诗集还有《新月集》、《园丁集》、《飞鸟集》等。

明治维新以后，日本迅速跨入世界先进资本主义国家的行列，文学深受西方文明的影响。近现代日本文学大致可分三个阶段：明治时期文学（1868~1912年）、大正时期文学（1912~1926年）、昭和时期文学（1926~1988年）。川端康成（1899~1972年）是日本现代著名作家，1925年以中篇小说《伊豆的舞女》成名。不久与横光利一共同创办《文艺时代》杂志，成为新感觉派的代表作家。川端康成一生的创作以小说为主，前期作品有《伊豆的舞女》、《浅草红团》、《水晶幻想》等，中期以《雪国》最为著名。后期作品甚多，《舞姬》、《千羽鹤》、《山音》、《古都》都是有影响的小说。川端康成集唯美派与现代派于一身，形成自己独特的艺术风格，是日本现代派的开山祖师之一。1968年，他以《雪国》、《千只鹤》、《古都》三部作品，获得当年的诺贝尔文学奖。代表作《雪国》，通过对以艺妓驹子、艺术家岛村为中心的各种人物的描写，艺术地再现了"雪国"内外人们的不幸命运，表现沦落风尘的下层女子人生中的挣扎。在艺术上，小说具有悲美结合的艺术风格，作家用诗一般的语言，展示了"雪国"清新、脱俗的自然美景，以及不幸者们的沦落与挣扎，被奉为"日本近代文学史上抒情文学的顶峰"。

文学欣赏概论

一、文学欣赏总论

1. 什么是文学

文学是指以语言文字塑造形象以反映社会生活，表达作者思想感情的艺术。它通常分为诗歌、散文、小说、戏剧文学等体裁。和绘画、雕塑、舞蹈、戏剧、电影、电视等其他艺术形式相比，文学使用语言这种最为自由也最为方便的材料作为表现的载体。

文学通过塑造形象来表现生活和情感。文学形象指作品中描绘的具体生动可感的人物、景物和事物。文学形象在叙事性作品中主要是人物形象，在抒情性作品中主要是意象，亦即借景抒情、托物言志的景物形象。

文学作为一种活动，包括了文学创作、传播、阅读欣赏和批评等环节，时空、作者、作品、读者是文学活动的四个要素。

2. 文学欣赏的性质

文学欣赏，是指人们阅读文学作品时，通过对艺术形象的感受、体验和艺术形式的赏玩，从而得到精神上的愉悦，获得美感享受的一种审美活动。文学欣赏具有直觉性、情感性、愉悦性的特点。

文学欣赏是在阅读的基础上进行的，但阅读并不完全等于欣赏。例如，消遣性阅读的目的偏重于消遣娱乐、打发时光等，往往着眼于故事情节的曲折离奇或表层的意义，读者在阅读中的思想情感投入较少，常常处于被动的地位。而欣赏性阅读则有着读者积极的参与。

文学欣赏是一种主动的、积极的艺术再创造活动，始终活跃着欣赏者的主观能动性。它需要读者结合自己直接和间接的生活经验及艺术修养，去感受文学作品中的艺术形象，体味艺术境界，领会思想内容，激起情感反应，玩赏艺术魅力。作为语言艺术的文学，由于其形象的间接性，读者对它的欣赏，与对造型艺术、表演艺术、综合艺术等的欣赏相比，更有待于形象的再创造，更需要形象思维的能力，它是一种包含感受、想象、体验、理解等心理行

第九单元 文学概论

为的复杂精神活动。因此，文学欣赏相较于单纯的消遣性阅读，更偏重于追求审美愉悦和情感熏陶，能得到更多的信息量，从中获得更多的情感体验和审美愉悦。

3. 欣赏者的素养

文学欣赏者必须具有一定的欣赏水平和能力，才能充分感受和欣赏作品，成为文学欣赏活动的主体。若欣赏主体的素质不高，审美能力低下，则达不到良好的阅读效果："对于非音乐的耳朵，最美的音乐也毫无意义，不是对象。"欣赏文学作品，一般要求欣赏者具备以下一些基本条件。

（1）一定的生活阅历。对社会生活、对人生及对艺术本身的认识，是判断作品反映社会生活的真实性、艺术描写的生动性的重要依据，也是深入体验和理解作品情感的基础。当我们阅读一部不熟悉的外国文学名著或古典文学作品时，往往一时难以确切地理解它的内容，有时甚至茫然不知所云，这与不理解作者的生平思想和作品创作的时代背景有直接关系。一部作品，总是作者思想情感、生活阅历、审美理想和艺术水平的综合体现，也总是反映了一定时代的社会生活、民族精神、风俗习惯、地理环境和文化传承。对作家和作品背景的了解越多越深入，对作品内涵的理解也就越全面深刻。所以，欣赏文学作品，不仅要了解作家各个方面的情况，也要了解作品反映的时代背景，以及作者创作该作品时的社会状况，这就是文学欣赏"知人论世"的方法。

（2）文学知识储备。这主要指储备相应的文史知识和文学、语言等方面的理论知识。进行文学欣赏之前，对文学作品的意境、文学形象、主题、文学作品内容和形式、文学风格和流派等概念有所理解，有利于对文学作品的深入认识和把握。

熟悉一些文学欣赏常用的名词术语，对于准确得体地表述文学欣赏时的心得体会也是很有益处的。例如，分析表现手法时常用的卒章显志、画龙点睛、直抒胸臆、托物言志、象征、以小见大、开门见山、寄托、衬托、烘托、渲染、侧面描写、对比、起兴、情景交融、借景抒情等术语；表现语言特点的浓墨重彩、惟妙惟肖、穷形尽相、行云流水、形神兼备、简洁、明快、通畅、平淡、质朴清新、淡雅、辞藻华丽等；描写风格的沉郁顿挫、豪放、雄浑、旷达、沉郁、苍凉、冲淡、低沉、舒缓等，对这些词汇的灵活运用可避免欣赏作品时"茶壶里煮饺子"的尴尬。

（3）艺术感受力。这主要指欣赏者对文学形象的感觉能力、想象能力。文学欣赏者的艺术感受力首先是感受和理解文学语言的能力，如对文学语言的音韵、节奏，以及由此形成的文学语言的整齐美、抑扬美、回环美等形式美的感受力，对作品中特殊语词的意蕴、情味、旨趣、色彩、意象等的领悟能力。

欣赏者还需要具有一定的艺术想象力，才能将语言符号转换成为艺术形象。文学形象的再创造是以再现性的想象为基础，并对它有所补充、有所丰富、有所发展，才能比较准确地还原作品中的艺术形象。

4. 文学欣赏的过程

文学欣赏是多种心理因素相交织的动态过程，融汇了读者的感受、体验、审美判断等多种认识活动，并且，注意、想象、情感、思维等心理活动也在欣赏中不断交替发生、不断相互循环。根据起主导作用的认知活动，文学欣赏大致分为以下几个阶段。

（1）文字阅读阶段。准确理解语言文字的含义是文学欣赏的基础。文学的语言是一种符号，具有多义性、隐喻性的特点，一个词语中往往积淀了丰富复杂的含义。阅读作品，要把握作者意图，先要初步把握作品的字、词、句、段之间的关系和相互作用，领会作品在特殊的词、句组合中包含的基本意思、基本主旨。对词语的挖掘越深刻，对作品的理解越透彻。

（2）审美感知阶段。文学是以语言为媒介物，这同以色彩、线条、声音为媒介的视觉艺术、听觉艺术不同。视听艺术可以直接诉诸人们的视听器官，直接引起审美感知。文学欣赏只有依靠文字符号进行艺术想象，在欣赏文学作品时，需要将符号——文学语言重新还原成意象世界。对作品的审美感知可以首先感知文学作品的形式美，如中国的古典诗歌形式短小、音韵和谐，读起来抑扬顿挫、琅琅上口。其次是对作品中蕴涵的人格美、情操美等思想内容的审美感知。而文学作品具有不确定性，留有空白，还需要读者将这些空白填补起来，以达到对文学作品较为完整的感知。

（3）审美体验阶段。文学创作和欣赏，都是情感体验活动。在欣赏活动中，由于欣赏者对作品产生了情感认同、形象认同、思想认同、趣味认同或艺术魅力的认同，引起了欣赏者的情感投入，欣赏者产生了与欣赏对象相同或相似的情绪和感受。欣赏者与欣赏对象之间在某些方面或在某种程度上达到了思想上的融合和感情上的相通，往往基于某些共通的人性：人的喜怒哀乐、七情六欲，对亲情、友情、爱情的渴望，对和平、自由、平等的珍爱和追求等。正是文学作品中的普遍人性因素，深深打动了读者的心灵，使得一些作品超越了时代、民族和阶级的界限，引起不同时空下人们的情感"共鸣"，获得相似的审美体验。

（4）审美判断阶段。文学欣赏中的审美判断，是欣赏者在已有的生活经验、人文素养、艺术感受的基础上，对作品的思想内容、艺术形式，包括人物、景物、场面、结构、细节和语言等方面，作出正确的分析和评价。在文学欣赏过程中，欣赏者的情感体验进一步发展和深化，会产生一些理性认识，在获得情感愉悦的同时顿悟到某些深刻的宇宙哲理和人生精义。同时，欣赏者在感受形象和意境的过程中常常会表示自己的看法，凭真实感受和审美经验对作品中的艺术形象作出审美判断，这是文学欣赏过程中较为高级的心理活动。

二、诗歌欣赏要点

诗歌是一种语言凝练、结构跳跃、富于节奏和韵律、高度集中地反映社会生活和表达思想感情的文学体裁，它在各种文学体裁中出现最早。中国古代，将不合乐的称为诗，合乐的叫做歌，现在一般统称为诗歌。根据不同的内容和性质，诗歌可分为叙事诗和抒情诗；根据诗歌形式的特点，诗歌又可分为格律诗、自由诗和散文诗。

诗歌的基本特征：分行排列；注重语言的节奏和韵律；饱含感情；语言凝练，表情达意富有跳跃性。

根据诗歌的文学特征，欣赏诗歌主要从以下几个方面入手。

1. 感受诗歌的声音美

诗歌语言是一种精心加工过的语言。从视觉上看，诗歌分行排列，句式上或格式严谨、整齐划一，或长短变化，错落有致。听觉上，则要求合辙押韵，节奏分明，抑扬顿挫，合于音律。通过各种语言修辞手段的运用，诗歌产生句式整齐之美、声调抑扬之美、韵律回环之美等，这种独特的外在形式比其他文学体裁的作品更加文雅精巧，可以带给欣赏者特殊的视觉感受和听觉感受。

诗歌的音乐美首先表现为诗的语言富有鲜明的音乐性。诗歌的语言"诵之行云流水，听之金声玉振"，节奏、韵律是构成诗歌语言音乐性的重要因素。所谓节奏，即某种声音相隔同等时间重复出现。诗歌的节奏指的是诗歌的语言在一定时间内有规律的间歇和停顿；停顿体现为跳跃顿挫的节奏美；押韵使诗歌产生一种回旋往复、和谐流畅的旋律美。节奏是停顿、是间断，而押韵是黏合、是连续。押韵把一行行语音上独立的诗句连接在一起，使读者诵之如清音绕梁，绵绵不绝，形成回旋往复的音乐旋律。另外，就中国古典诗歌而言，还非常讲究平仄，即把高低长短不同声调的词按一定的规则组合在一起，使诗歌的声调错落而又整齐、变化而又有规律，形成诗歌高低抑扬的声调美。跳跃顿挫的节奏、回旋往复的旋律、高低抑扬的声调，使一首诗在音律上悠扬婉转，悦耳动听。新体自由诗的节拍不像格律诗那样固定整齐，在节奏、押韵、音调等方面一般也是有讲究的。诗人正是在语言的回旋往复、抑扬顿挫之间，创造出一种音乐般的旋律与节奏，给人以优美的听觉感受。在分析诗歌的音乐美时，还应该注意到诗歌韵脚的疏密与转换、句型长短、双声叠韵、叠字等细节。感受诗歌的音乐美，反复诵读是最好的途径。

2. 捕捉诗歌的意象美

诗歌偏爱通过意象的创造来实现诗的审美传达。所谓意象，就是"表意之象"，是指诗歌中融会了主体意趣的形象，它是诗人主观的"意"和客观的"象"的融合。意象首先是"象"，即某一客观事物的具体形象，它必须是具体可感的形象。"意"是抽象的观念和情感，意象必须包含诗人的情感、意志和认识等内在之"意"。因此，意象是抽象的"意"与具体的"象"的结合，是主观与客观的统一。诗歌常用具体的"象"来表观抽象的"意"，在欣赏诗歌时应善于捕捉诗的意象美，从而领会诗中所含的深"意"。

选用意象最典型的诗歌如马致远的《天净沙·秋思》。要写"秋思"，作者只是描绘了几种不同的自然景物，让读者在脑海里构成一幅萧瑟凄凉的秋郊晚景图。透过画面，读者却能深切地感受到诗歌里表现出的天涯游子的满腹羁旅之思。诗人无须直言旅愁，而枯藤老树、夕阳古道、黄昏归鸦等暮秋景象已含蓄地烘托出游子落寞伤感的心情和对困顿人生、渺茫前途的深沉喟叹，这些蕴藉着诗人内在主观情感的外在物象就是这首诗的意象。

自然界的一切事物，几乎都可以成为诗歌中的意象。烂漫春花、袅袅秋风、流云翠竹、丽日晴空、夕阳晚照、朝日初升、鸣雷闪电、怒涛狂风，它们与诗人美的情感、美的思想、美的追求和谐交融的时候，就成为意蕴形象皆美的意象。多种意象的融合，可以形成一种特殊的意象体系，是谓意境。

3. 理解诗歌的陌生化语言

读诗的时候，如果只是从浅层展示，往往让人感到某种程度的不知所云，这是因为诗歌具有独特的语言特征。和其他文体的常规表达不同，诗歌语言更多地呈现出陌生化的特点。

诗歌语言的陌生化首先表现在诗歌分行、分节排列，追求跳跃式的结构形式；诗歌的结构可以既不遵循自然的时空顺序，也不遵循事理的逻辑顺序，而是依照主体情感抒发的想象轨迹展开，其间许多省略、伸缩、交叉和颠倒，形成了跳跃式的结构。诗歌要求高度凝练，也必然会出现语言表达上的跳跃和省略。例如，因为有音韵上和格律上的要求而在句法上打破常规，出现语序的颠倒、语词的错位等。

诗歌陌生化的语言形式具体表现在以下几个方面。

（1）跳跃和省略。诗歌在诗句的组合中常省略一些起交代作用的过渡性、转折性的陈述，省略掉一些关联词、转折语，甚至一些次要的信息，而在结构和语言组合中留下大量"空缺"，形成一种陌生的语言组合。诗歌依据情感逻辑和形象思维来组织语言，常常由这一端一跃而到另一端，或由过去一跃而到未来，超越了空间的鸿沟、时间的樊篱。省略与跳跃造成了"空缺",读者要依据诗歌已经言说的部分提示,借助自己的想象去补充、修复缺省的"空白"之处。

(2) 语序的颠倒。这是指对常规句法规则的违背。为了押韵或强调等原因,诗中常对正常语序进行颠倒。著名的例子如杜甫的"香稻啄余鹦鹉粒,碧梧栖老凤凰枝"。当代学者叶嘉莹认为,因为诗的主旨并不在写鹦鹉啄稻与凤凰栖梧这两件事,而是为了突出风物——香稻、碧梧之美,所以颠倒正常语序并用"啄余鹦鹉粒"、"栖老凤凰枝"来做形容短语,以状香稻之丰,碧梧之美。

(3) 语词的错位。这主要指对按一般语法规则要求而言的词性及其用法的违背,如形容词用作名词、动词,名词用作形容词或动词等。对词性和词序超出常规的使用在中国古典诗词中更为多见,这与古汉语中的一词多性、一词多用的特点有关。例如,著名的"春风又绿江南岸","绿"字的活用,"绿"本来是形容词,在此被活用成动词,使整个画面由静而动,焕发出勃勃生机。

(4) 不合常规的语义组合。诗歌通过不合常规的语义连接,形成奇崛的意象,或是不合常情的意象组合,造成乖谬悖理的反常现象,达到新颖醒目的表达效果。例如,描写旧社会混乱景象的讽刺诗:"黄浦水到阶沿上,/房子造在金条上,/工厂死在接收上,/鸟窠做在烟囱上。"

三、小说欣赏要点

小说是通过刻画人物形象、叙述故事情节、描写社会环境来反映现实生活的叙事性作品。人物、情节、环境是小说的三要素。按篇幅的容量大小,小说可分为长篇、中篇、短篇和微型小说。

一般说来,小说的欣赏可从以下几个方面入手。

1. 理清故事情节

叙事性是小说最基本的特征。阅读小说最基本的层面便是对小说里面由主人公的行动所引起的一系列事件的了解,这些事件按照某种因果联系串联起来便构成了小说的情节。

对于篇幅较短的小说而言,作者往往截取生活的横断面来提炼情节,在阅读时要特别注意每个场景中的细节描写,这些细节往往是人物刻画的点睛之笔。优秀的中短篇小说结构严密,阅读时要从结构的精致、巧妙、紧凑方面品味作者组织情节的艺术匠心。而长篇小说人物事件众多、情节曲折、结构复杂。这时,理清小说的情节线索就显得尤为重要。长篇小说中比较明显的有时间顺序线索和空间转换线索,但长篇小说最核心的线索——文脉却较为隐蔽,它往往由作品中的人物与外在环境、其他人物之间或人物内心世界的矛盾冲突所引发。找出了作品中的基本矛盾,也就抓住了小说的主脉。例如,钱钟书的《围城》写的是方鸿渐留学回国后的恋爱、工作、家庭生活等事件,外在的空间线索表现为"邮轮—上海—三闾大学—香港—上海"的空间转换,内在的线索是方鸿渐与现实环境不"兼容"的矛盾冲突而导致的一次又一次的"出走"。理清这些线索,有助于准确把握住"围城"的主题。

2. 分析人物形象

人物形象塑造是小说创作的基本目标。那么,对小说人物的性格特征及其思想内涵、美学内涵的准确把握是小说欣赏的重头戏。小说塑造人物形象的手段多种多样,它既可以直接运用叙述人语言概括性地介绍人物的思想倾向和性格特点,也可通过人物自身的语言折射人物的个性特征,还可以利用肖像描写、行为描写等表现手法描绘人物的外貌、姿态和行动。

运用心理描写、梦境幻觉、自由联想、内心独白等手法展现人物的内心世界更是小说在人物刻画上的特长。

小说的人物形象分析，首先就要从解读这些最能体现人物个性的语言、行动和内心活动描写入手，理解人物独特的思想感情和性格特征。例如，《金锁记》写主人公曹七巧的出场，先是运用行为描写："那曹七巧且不坐下，一只手撑着门，一只手撑了腰。"接着是服饰和肖像描写："身上穿着银红衫子，葱白线香滚，雪青闪蓝如意小脚裤子，瘦骨脸儿，朱口细牙，三角眼，小山眉。"再是连珠炮一样发泄怨气的语言描写。短短一段文字就把曹七巧强悍、粗俗的形象栩栩如生地表现了出来。在篇幅较长的小说中，人物形象塑造的手法往往复杂多样，人物性格呈现出丰富性、立体性、发展性的特点。这就要求在把握人物多元化性格的同时，还要从情节的发展中关注人物性格前后的发展变化和命运走向，并且将人物放在小说描写的生活环境中，考察人物性格形成和发展的必然性，这样才能对人物形象有深度的把握。

3. 了解背景氛围

背景是人物活动和事件展开的外部环境，包括具体的生活环境、自然环境，也指人物身处的时代、社会等广阔的社会历史背景。具体说来，它可以指故事发生的国度、地区、气候、年代、风俗习惯、经济水平、饮食、家庭、宗教信仰、政治、道德风范、教育、娱乐、生活水平等各方面的情况。小说的背景并不是可有可无的：人物性格的刻画、命运的展示，情节的发生、推进，都必须由人物的活动背景提供其合理依据。解读小说的环境描写时，就应该去细细揣摩它如何揭示了人物的性格，如何奠定了小说的情感基调，如何推动了情节的发展，如何深化了小说的主题意蕴。例如，小说《金锁记》中，一开篇写到月亮这一自然景物——"三十年前的上海，一个有月亮的晚上"，给全文营造出一个苍凉的情感氛围，结尾又以"三十年前的月亮早已沉了下去"，造成了情节的前后呼应，小说中间把月亮反常地描写为"像是漆黑的天上一个白太阳"，则衬托出小说中的人物芝寿在婆婆曹七巧迫害下的恐怖心理。

4. 分析主题思想

主题是小说的灵魂，它对小说的人物、情节、环境、语言等因素有统摄作用。作家在小说中，通过对人物性格的刻画、情节的发展变化和环境描写等，表现自己对生活的审美认识，并由此传达出对人生、社会的哲理思考。

既然小说的人物、情节、环境、语言等因素都是为小说表现主题服务的，我们就要从小说里所描写的人物的言语行为、成长道路、精神状态、思想性格的发展变化等方面，来分析作者表达了怎样的生活观念；从情节发展的因果联系、前后对比，从自然环境、社会环境的点染、烘托，从语言运用的褒贬轻重、情感色彩等方面挖掘作者寄寓其中的思想倾向；还可以用中国传统的"知人论世"的小说批评方法，即联系小说作者的个人身世、生活道路、思想感情和所处时代环境等方面来加深对小说主题的把握。

5. 欣赏叙事技巧

小说作为叙事的艺术，要解决"叙何事"的问题，更要面对"如何叙事"的问题。叙述方式就是讲故事的人（叙述者）讲述故事的方式。小说叙事方式的选择最重要的是叙述视角的选择。叙述视角是叙述人陈述事件的眼光和角度，实际上也是引导和控制读者眼光的手段。叙述视角从叙述者对整个事件了解的程度，可分为叙述者无所不知的全知视角和仅限于自己所见所闻的限知视角，从叙事人称上它可分为第三人称、第一人称叙述视角，从叙述者身份的角度分为成人视角、儿童视角。这些分类又可以组合成多种具体的叙述视角,如萧红的《小城三月》采用的第一人称全知型儿童视角。小说还以叙述视角的转换、叙述节奏的变化、叙述层次的组合等给小说的叙述方式带来多种多样的可能性。

文学是语言的艺术,语言运用技巧的重要性不言而喻。小说的语言分为人物语言和叙述人语言两类。人物语言主要指人物的对话和人物的内心独白,作品中除此之外的语言都属于叙述人语言。小说语言作为一种文学语言,准确、简明、生动是其基本要求。对小说语言特色的欣赏,我们可以从语言节奏的轻重缓急、音韵的和谐、句式的长短搭配等方面欣赏其音乐之美,从轻描淡写的白描、浓墨重彩的渲染、精雕细刻的细描等多种表现手法和修辞手段的运用对事物生动逼真的摹写,揣摩小说语言的形象之美;从符合人物身份教养、思想性格、说话语境的人物语言,以及独具作者个人风格特征的叙述人语言,欣赏小说语言的个性之美,还可以从小说语言的多义性、模糊性、打破语言常规组接的"陌生化"角度,以及隐喻、象征、反讽的表现功能方面体味语言的意蕴丰富之美。

四、散文欣赏要点

散文有广义、狭义两种含义。广义的散文,是指除韵文以外的所有作品。狭义的散文,一般是指文学散文,它是与诗歌、小说、戏剧并列的一种文学样式,是一种题材广泛、结构灵活、注重抒写真实感受的文学体裁。按表达方式和内容的不同,散文可以分为写人叙事、写景状物、抒情写意、议论随笔等四大类散文。

散文的基本特点:题材广阔,内容丰富多样;私人化文体;自由灵活、短小精悍,主题突出,形散神不散;语言优美,文情并茂。

欣赏散文主要从以下几个方面入手。

1. 体悟思想感情之美

散文是一种以抒发对人生的审美感受为内容的文学体裁,具有明显的知识性、抒情性。体悟思想感情之美是欣赏散文过程中首先应该关注的层面。

散文的内容涉及古今中外、自然万物、各色人等,可以说是无所不包、无所不有。从选材上看,大到社会宇宙、日月星辰,小到沙石草木、花鸟虫鱼、山川地理、历史人文,都可以是散文的题材。优秀的散文,大都涉及古今中外的风土人情,这些丰富的知识,奠定了散文思想内容的深厚性和视界的开阔性。

优秀的散文处处含情,以人物、事件为主要表述对象的写人叙事类散文,要借写人叙事以抒情写意;抒情写意类散文更重在作者主观情感的抒发;无论是以表现人文环境、自然景观和特定物件为主要内容的散文,还是议论随笔类散文,往往也是情景相生、情理相融。欣赏散文,要善于把握散文中饱含的情感。

2. 欣赏文辞之美

"文辞"是文中使用的辞藻、句式。散文讲究文辞之美,它是散文语言重要的审美特征。朴实自然、明白通畅是散文语言的基本要求,但优美的文辞可以使散文的写景更出色,叙事更生动,抒情更感人。说理也要情理相依,富有机趣。散文缺了文采,就少了诗意、情趣。

散文辞采之美体现在绘景而见情,状物而"得意",叙事成趣,写人出神。欣赏散文时,要能够从作家语言运用,也就是作家常用的句法结构、词汇选择和搭配、语句的组合等方面,准确感受并捕捉散文的独特韵味;从散文文辞之美的细致品味中准确把握作家的文体风格。甚至细微处还可以从散文语言的语音清浊、声调低昂、节奏缓促等方面把握其文体

效果。

散文的文辞之美，往往凝练为作家独特的文体风格。散文写作要求文如其人，个性突出。名家在文辞方面都有自己的风格，如鲁迅散文的深刻、精练、峭拔，老舍散文的诙谐，冰心散文的慈爱等。散文可以抨击、赞颂、讽刺、漫谈，不一而足，文辞的巧拙、奇常、浓淡、雅俗、刚柔则各有其美，阅读时要注意欣赏散文风格的多样性。

3. 琢磨构思之妙

散文的构思，主要是指散文通过什么线索和结构来组织材料，从什么角度来展开内容的叙写。构思的巧妙与否关乎一篇散文的成败，也是我们能否真正读懂一篇散文的关键。

散文的基本特征是"形散而神不散"。散文构思之妙在于结构上做到形散神聚的统一。"形散"指散文不拘成法，运笔自如。它不受类似诗歌格律或小说视点的拘束，叙事说理、写景抒情可以随意穿插，纵横捭阖而收放自如，有如天马行空，亦如闲庭信步，显出一种无"法"无规，如行云流水般的自由与洒脱。"神聚"指中心明确，情感基调一致，脉络连贯，它们将丰富纷繁的材料组织成一个完整的艺术整体。

欣赏散文的艺术构思，主要看作者如何组织材料和选择角度，做到了形散而神不散；文章组织材料的线索是否清晰有力，能否确立起贯穿全文的主题；是否有内在韵味、情趣笼罩全篇。在题材的剪裁、缝合和表现主题的过程中，看散文是否做到了寓控制于放纵，既要撒得开——自由灵活，千姿百态；又要收得拢——散而归一，杂而不乱。

五、戏剧欣赏要点

这里的戏剧特指戏剧文学，即演戏用的剧本，它是一门语言艺术。它规定了戏剧的主题、人物、情节、语言和结构，是舞台演出的基础和依据。它可供读者阅读，但更主要的是为了舞台演出。而在舞台上演出的"戏剧"，是在参照剧本的基础上综合了音乐、绘画、舞蹈等内容的一门综合艺术，主要是通过演员在舞台上的表演来完成的。

戏剧文学按照创作题材可以分为传统剧、历史剧和现代剧；按照语言表现形式的不同，可以分为话剧、歌剧和歌舞剧（如京剧、越剧、川剧、昆剧等）；按照结构规模的容量大小，可以分为独幕剧和多幕剧；按照剧本所反映的矛盾性质和表现手段的不同，可以分为悲剧、喜剧和正剧。悲剧表现了在社会矛盾冲突中，邪恶势力压倒了代表善和美的主人公，后者遭受失败甚至毁灭，但是其执著的追求却展示了美的理想。喜剧以可笑性为外在表现特征，通过人物和社会生活不同侧面的相互悖逆和矛盾，产生滑稽戏谑的效果。正剧是兼有悲剧和喜剧成分的戏剧样式。

欣赏戏剧文学主要从其"戏剧性"特征入手。

1. 欣赏紧张激烈的戏剧冲突

戏剧冲突是戏剧文学最基本的审美特征。戏剧文学的矛盾冲突，主要指戏剧情节发展过程中，表现在人物与自然力量之间，或人物与人物之间，或人物与社会力量之间，或人物内心世界中的两种矛盾力量之间的斗争。戏剧要在一定时空限度内高度集中地反映社会生活，就必须有强烈而富于表现力的戏剧冲突。冲突不尖锐激烈，人物、事件、时间、场景就不能高度集中，这时舞台上必然出现"冷场"，从而分散了观众的注意力。所以，没有冲突就没有戏剧。

戏剧冲突也是揭示主题的基础和情节发展的动力。在冲突戏剧中人物的性格将被淋漓地刻画，戏剧的主题也会被深刻地揭露。因此，欣赏戏剧文学的关键是对戏剧冲突的观察和理

解。戏剧冲突在戏剧文学中有不同的表现，如《窦娥冤》主要反映了主人公窦娥和当时黑暗社会现实之间的冲突。《哈姆雷特》写了主人公哈姆雷特和篡夺王位的叔父克劳狄斯之间的冲突。《雷雨》一剧，既表现为封建家庭中主仆、夫妻、父子、母子、情人之间的矛盾，又有现代产业中劳资的矛盾，还有不同阶层的家庭、成员之间的矛盾。剧作家将如此众多的矛盾集中到周鲁两家、两代八个人物身上，集中到周家客厅、鲁家住处的有限空间中，尤其是把30多年的变故集中到由日到夜的十几个小时中，形成了高度集中、十分尖锐的戏剧冲突。

2. 欣赏组织严密的戏剧结构

戏剧结构也称"布局"，是指剧作从全剧出发，对戏剧冲突、戏剧动作在有限的舞台时空中所作的组织和安排。剧作要在有限的空间和时间内最大限度地展示出尽可能丰富的内容，它必须严密、紧凑且具有力度。戏剧的人物、时间、地点、情节都必须高度集中，这就使戏剧情境中的具体环境、事件和特定的人际关系等也显得非常集中。因为戏剧文学必须考虑到舞台演出的时间、空间、表演方式的限制和吸引观众的需要，在人物、情节、篇幅等方面都有所要求：戏剧容量不能过大，篇幅不能过长，人物不宜过多，情节不宜过于复杂，场景变换不能太频繁等。

从中外戏剧创作实践来看，基本的戏剧结构主要有三种：开放式结构、人像展览式结构和锁闭式结构。

开放式结构的剧情总是按照事情发生、发展、高潮、结局的自然时间顺序展开，极少回叙成分，能够让观众非常方便地从头至尾原原本本地了解剧情的自然发展过程。开放式结构一般包括序幕、开端、发展、高潮、结局、尾声等几个部分，中国古代戏剧大都是开放式结构，如《西厢记》。人像展览式结构是近代戏剧的产物，以展览社会风貌和人物形象为主要目的。它是一种以刻画人物群像为主，通过人物群像的刻画来展示社会风貌的戏剧结构方式。这一结构方式主要是将众多类似人物速写的戏剧片断巧妙组合，形成丰富、完整的社会风俗画，由此展示时代的变迁和历史的发展。曹禺的《日出》、夏衍的《上海屋檐下》、老舍的《茶馆》等都采用了人像展览式结构。锁闭式结构，指剧本的内容截取事件发展过程中高潮就要到来的一段，采用这种结构方式的剧本总是从危机出现的那一刻开场，运用回顾的方法，将开场前发生的事件和当前的戏剧动作融会在一起，用因为过去事件被揭示造成的"危机"，来显示人物关系和人物命运的巨大变化，并迅速将剧情推向高潮。《雷雨》是采用这种结构方式的典型。

3. 欣赏个性化、动作化、富于潜台词的戏剧语言

剧本中，放在括号里的舞台指示语虽然也可以是描述性的，但它不能被看成小说中的叙述人语言，因为它不承担故事的叙述，而只是戏剧演出时关于舞台场景或戏剧人物动作的一种提示和说明。构成戏剧文学主体的戏剧人物语言，包括对白、独白、旁白及唱词等，则已经成为一种展示人物性格和推动剧情发展的言语动作，它本身就是戏剧动作的主要组成部分。戏剧文学所表现的全部内容，诸如刻画人物性格、展示故事情节、交代各种关系等，完全依靠人物的语言即台词来表现。

欣赏戏剧语言的典型特征，可以从个性化、动作化和富有潜台词等角度入手。

戏剧文学通过人物的动作和台词来表达他对生活的全部认识与感受。个性化是戏剧语言的一个基本要求，它要求人物的独白、人物间的对话要符合人物的年龄、身份、经历和气质，要符合某种特定的环境、场合和气氛。更重要的是，人物的语言要能反映人物的思想感

情和个性特征，看到这个人物的语言，就应该大致知道这个人物是个什么样的人。

戏剧文学语言的动作化是指人物的对话、独白既与人物的动作姿态结合起来，又对他人产生影响，推动剧情的发展，表现人物的思想感情。戏剧人物之间的关系，戏剧事件的进展，主要就是依靠动作化的语言来完成的，离开了动作化的语言，戏剧就会显得呆板。富于动作性的戏剧语言才适于演出，才耐看。

戏剧文学语言的潜台词是指人物的语言要有言外之意。戏剧文学的语言必须让演员说来便于"上口"，让观众听来易于"入耳"，通俗易懂；但又不可和盘托出，一览无余，要在有限有声的台词后面，潜藏无限无声的台词，这就是所谓的潜台词。这种潜台词，使戏剧语言除了字面意义外，还有更多更深的意义没有说出来，它寓含着深刻的生活内容和思想感情，能给观众和读者留下充分的想象余地，达到"言有尽而意无穷"的效果。

扩展阅读书目

1. 《中国历代文学作品选》（朱东润主编）
2. 《中国古代文学》（郭兴良、周建忠主编）
3. 《中国文学史》（袁行霈主编）
4. 《中国文学史》（章培恒、骆玉明主编）
5. 《外国文学简编》（朱维之著）
6. 《外国文学史》（郑克鲁主编）
7. 《新编外国文学史：外国文学史名著批评经典》（梁坤著）
8. 《中国现代文学史》（朱栋霖等主编）
9. 《二十世纪中国文学史》（严家炎主编）
10. 《文学欣赏导引》（王先霈、王耀辉主编）
11. 《1989—1994文学回忆录》（木心讲述）

第十单元　佳作选评

导读：写作进阶之道

听、说、读、写四种基本语言能力中，最难的莫过于"写"了。很多人害怕写作，往往是一提起笔，头脑一片空白，不知如何下手。但是，无论在学习、生活还是工作中，具有一定写作能力是必要的。那么，如何提高写作能力呢？综合各种写作经验，其共识是，写作水平的提高不可能一蹴而就，而是一个长期积累的过程，因此，提高写作能力，还是在于多实践。

多读。古人云："读书破万卷，下笔如有神。"广泛阅读文章，可以弥补我们体验生活的不足，使我们间接地获得许多生活材料及对生活的感受；另外，可以使我们博采众长，多角度地学习别人的写作方法和技巧。广泛阅读也要泛读和精读相结合，既要"广"又要"深"。阅读中还要注意积累写作素材，遇到好的词汇、句子、篇章可以记下来，日积月累，语言材料越来越丰富，可以为写好文章奠定基础。

多写。谚云："读十篇不如做一篇。"写作是一种技能，技能的提高要靠实践。立足于多写多练，这是提高写作能力最有效的途径。如果只读不写或少写，那就会眼高手低，所学到的知识，将无用武之地，写作水平也就止步不前。只有勤学苦练，坚持不懈，才会熟能生巧，运笔自如。

多改。多修改自己的文章也是提高写作能力的一个重要环节。文章写出来之后，静置一段时间，再去读读，或者请人家看看，找出不足之处，然后进行仔细的修改。大到主题立意，小到标点、错字，作一次认真的修改，就增加了一份写作的体验。文章反复推敲，精思细改，逐步接近完善，写作能力也在修改过程中不断得到提高。

多思。下笔如神，文思敏捷，在于作者有较高的思维品质。"学而不思则罔，思而不学则殆"，在平时的阅读和写作中，都要注意锻炼思维能力，有意去领会别人的文章如何立意、谋篇、行文。文章贵在立意新颖、深刻，而立意求"新"求"深"，就要跳出原有的心理定式进行立意构思，以独到的视角写别人所未写。确立的主题不能停留在人所共知的肤浅表面，而要思考现象后的本质，挖掘出更深层的意蕴，才能使文章立意深刻。

本单元选择了大学生在平时作文练习中的佳作十余篇，有读书笔记，有影评文章，有感悟短文，内容丰富多样，贴近大学生活，读来想必是备觉亲切的。在每篇文章后面附有一段点评，以帮助读者更好地把握文章，对自己的写作起到借鉴指导作用。

读书，可以怡情养性，作文，可以抒情达意。读书写字，有了一定的基础，就不会畏难回避，反而是乐在其中了。

活着的解释
——《搏击俱乐部》影评

陆丹妮

  时光总是旧得快。初看《搏击俱乐部》还是在初三毕业后的暑假，用大量的影视映像来填补对未来未知的情绪是年少时唯一的办法。脚步渐渐逼近高三，真正进入传说中的黑暗却感知不清，最常被我们提起的无非是整日的考试、漫无边界的练习和有人欢喜有人愁的考试排名，足够对站在青春的风口浪尖过度脆弱的年轻人形成巨大的挑战。

  影片里，面容有天生倦意的诺顿恰如其分地饰演了小白领杰克，一个充满中年危机的工薪阶层，家里摆着的是从宜家买来的精妙的阴阳茶几，布局别致的碗柜沙发，可他有严重的失眠症，所以常常辗转于各种癌症咨询会来打发生命，接触那些因为病痛而显得更加真实的人群以向内心证明自己仍然是社会的一分子。

  我从来没有细细想过那些进入社会机器的人们刚开始说的所谓将自己的梦想暂且放下，先完成自己作为一个"社会人"的责任——拼命工作赚钱、如履薄冰地处理人际关系，他们最终到底有没有在某个阶段重新拾起自己的梦想践行不得而知。飞屋里的老人卡尔带着他的热气球和小男孩儿罗素完成了少年时对情人的许诺，我们却可能一辈子都没有勇气和决心去找一只能驮着我们的梦想带我们去远方看看那些未曾实现的诺言到底在未来得到了枝繁叶茂还是早已干枯入泥的气球。

  《搏击俱乐部》前半段，我平心静气地看着杰克的生活，心中波澜不惊。杰克，最常见的美国人的名字，干着最常见的美国人的工作，有着最常见的公寓住宅，不错也死板的工作，不高也不低的薪水，一切都没有任何不妥，直到影片后半段当他遇见泰勒，剧情才急速转弯，杰克的生活注入了最流氓的元素，"他们"成立了离经叛道的《搏击俱乐部》，并且规模迅速扩大，所有观者为杰克的转变而感到讶异和不解，直到影片末尾揭示泰勒实为杰克分裂出来的虚拟形象，一切才迎刃而解，整个城市也随之毁灭。

  可是我不以为这作为结局的毁灭是消极意义的。相反，那也许是一种新生，杰克找到了自己活着的解释，因为有足够的能量重新构建新的世界，才会淡然地看旧日的生活被自己毁于一旦。

  青春里我们没有信仰，成长的过程中我们的价值观也在日新月异，时光的滚滚大浪下我们找不到一只浮木可以救我们重回生活的彼岸，唯一有的只有我们自己，却连躁动不安的灵魂也无法安置稳妥。

  我们来到不好不坏的大学，我们充斥着刚从重压下解脱的无处释放的精力与能量，可渐趋懒惰的灵魂慢慢剥夺了我们思考的勇气和能力。迷茫如我，失却了抱着吉他苦练的耐心，也失却了当初对专业的热切渴求。一切过得如此慢，又如此快。看着公告栏上的各种证书宣传海报，犹豫着自己要不要也去考一个会计师证或者教师资格证好混口饭吃。于是我们成了杰克，我们的消费观念被广告主宰，信仰逐渐被嫁接在各种包装过度的生活上。我终于理解我观影前半段的波澜不惊为何，原是自己早已被这种生活标准催眠。直到一天结束，倒在睡眠里，回想过去，却只有一阵阵空虚，积重难返，总把改变的希望寄托在下一周，下一个月，下一个学期，下一年，却马上就要在不断的循环里从大学被抛入社会。

生活不是电影，我们也都只是生活在重压下却裂变不出另一个离经叛道的自己以来宣泄的平凡人，我们没有机会制造整个社会的混乱，自然也没有像杰克（泰勒）那样苦于收拾烂摊子的虞虑，可我们的苦难也没有丝毫的不深重。

有歌手弹唱着："我们生来就是孤独，我们生来就是孤单。"的确，每个人都是孤独的存在，没有别人能替我们自己寻找到我们活着的解释，我们参加的各种聚会、各种派对，我们在其中笑闹，和各式各样的人说俏皮话，活像社交达人。却只有自己知道真正无助的时候转了手机里整个的联系人名单也只能找到一两个人甚至没有来寻求救助。

《搏击俱乐部》末尾，杰克平静地看着高楼大厦瞬间崩塌，仿佛享用下午茶般惬意平和。我尚且不知道自己何时能找到一个确切的活着的解释，甚至还需要很久才能摸清生活真正的节奏，也需要极大的定力去追逐落跑的灵魂，可我也希望自己能够在寻求的漫漫长途中保留自我，泅于时间的荒冥海洋时也能紧紧攥住自己的心灵，因为我们来自山川湖海，纵使囿于昼夜，也定能回还。

【评语】

《搏击俱乐部》是西式的故事，起源于失眠症的难以克服而走上的寻找自我的道路，本难在古老的中国大地找到切实的对照。勤劳勇敢的中国人要面对的往往首先是艰难的生存，而非更高质量的生活。不过，这不妨碍我们这些龙的传人从中读到励志的种种，比如丹妮，她读出了活着的解释。尽管年轻，但思考并不必然轻飘；尽管行文也偶有粗糙生硬，但总体流畅地解析了当下青年学子的真实的生活与心理，不矫情，不伪饰，时有耐人寻味之处，比如对影片结局的解读："可是我不以为这作为结局的毁灭是消极意义的。相反，那许是一种新生，杰克找到了自己活着的解释，因为有足够的能量重新构建新的世界，才会淡然地看旧日的生活被自己毁于一旦。"或许，正是在这里，我们看到了中西的普适之处：凤凰涅槃，浴火重生！

感悟《孤星血泪》

许昊昶

从小读过的名著不是很多，依稀还记得《孤星血泪》，或许当初是自身的性格原因，对文字意蕴的唯美无动于衷。时过境迁，稚嫩的思绪随着童年那段金色的岁月散去，而留下了这个赤裸裸的现世给了我们每个人，每个蜕变后的灵魂。正因为时光的逝去，使得曾经的一切都变得有了独特的意义，那些年幼时读来乏而无味的文字，在我看来，也许是给我一次迟来的品读机会……

一个时代，被一个词衬出它的美好，也许并不容易，但被一个词突出它的丑恶之面……只要你想吐露，它便是一览无余的。

人生的种种，蕴含于文字的彼岸，做一个摆渡的人？恐怕自己没那份闲心。但我幻想过自己是小说中的皮普，孤儿有着与我们不一样的童年，或是回忆，或是在走进郝维辛女士房间所目睹的那一幕"静止的时空"吸引着我。为了了解得更深，我愿做那庭院中的一抹青苔，来呼吸小说中的空气。

正如那个黄昏的寂静，那样橙灿的光，或许在现实中，根本没有出现过。埃斯黛拉小姐的美艳与高贵，对皮普的嘲笑及冷讽，在如今的时代，一切都显得那么正常，用一个现代流行的词来形容那时的皮普，"屌丝"，恰到好处还是该说这是历史与现实的相同规律所在？记得前几天在新浪微博上看到冯小刚发布的一条评论，是对这个词的厌恶，以及对那些以"屌丝"自嘲之人的无奈，媒体竟然能毫不避讳地使用这个词语，来取悦大众，而没有考虑那些身份恰被形容的人们的心情。每当想起这一词语的时候，反而感觉，狄更斯的讽刺略显低级的味道。

自然科学和人文精神的发展不仅仅是出现分歧那么简单，高物质生活的环境中，人们的精神却在被时代的潮流所碾压，碾压至形变，至扭曲，说得太耸人听闻了，也不想做个"愤青"。若是狄更斯看到了如今的社会，恐怕他是难以提笔来讽刺什么，是金钱的污染，是权力的诱惑，还是仇恨的积累？刚刚欢天喜地脱出学校大门的学子们，是否有思考过人生的精神状态，满怀自信与实力踏上这个社会的同时，是否来得及给自己的灵魂建造一个避风的港湾，还是顺着自己的打拼之势，没入时代的洪流中？

那停滞在墙上的钟表，停滞在心灵的悲伤，尘灰包围着的烛台，酸朽的婚礼蛋糕，给了我一个深刻的记忆，给了人们抹不去的回忆，而应运而生的美艳，成了更恶毒的报复，显得比任何事都要来得美好，却永远求之不得。停滞于此刻，一场人生的大起大落没来得及你准备，可能已经结束，它让人悔恨，让人不敢相信，显得那样的可悲，并且警醒世人。而那样的一幕，仅仅留存于小说中，因为现实中人们的贪婪和欲望，让这一幕变得那样普通，甚至已经不足一提。没有那么单纯的人生让任何人去挥霍，没有那么简单的悲伤让任何人去体会。

一个原本注定铁匠的命运，被一份意外之财所篡改，大城市的浮华喧嚣，都历历在目，美好与痛苦并肩同行着，浮华背后，有励志成功的传奇，有难言过往的阴霾；有泯灭的良知，有闪耀的正能量；就如同黑夜与白昼的交替。当皮普摆脱铁匠命运的那一刻，就踏上了一条不归的旅途，埃斯黛拉是他的女神，给了他动力，给了他欲望，给了他目标，给了他踏上旅途的理由，而没有一个真正的理由或是归宿。成为一个高修养的人，成为一个高贵的人，而灵魂上依然是个铁匠，一个褴褛的铁匠。是埃斯黛拉太过美好，还是社会太过丑恶？激励与进取渐变成贪婪和恐惧，改变了他的人生，向往，嫉妒，得知真相，逃窜，被捕，诠释了那个社会给皮普精神上带来的痛苦挣扎。

漫长的辛酸苦辣，想说，却又咽回心底，不知如何去开口。有多少再见会再见，不剩下怀念？比起小说中漫长的岁月中，这个快节奏的年代，是否更应该受到文学上的讽刺？浮华的尘世，犹如一个酒杯，盛着人们的欲望，美好的意愿并非遥不可及。而往往是触手可得的，却又仅似一层鎏金镀于废铁之上。在喧嚣中，繁忙，奔波，思考，追溯，人们好似是在命运中挣扎自己的出路，而并非为了美好的明天而奋斗拼搏。在这一路远大的旅途上，对于这以黄金岁月这样高昂的代价所换来的命运，对于我们大学生来说，是否做好了充分的准备，来利用好这一段人生的时光？

或许平时不会在意生活中的点点滴滴。在大学中，往往存在着形形色色的诱惑，使人迷惘。正如同月黑风高的夜，谁人拥有着勇气拨开阴霾，深吸一口苦楚，来欣赏月之皎洁，哪怕那雾霾中，深藏着致命的毒瘤，扩散着恐惧、贪婪、绝望、暴怒……挣开穿皮勒骨的铁锁，以自己精神血肉的绽放，来警醒自己的意识免于沉沦、泯灭。

当往事已再不被提起，疲乏的身心躯体，被儿时的记忆拉扯回了原点，光阴荏苒，再回首，已是百年之身，唯有那最初的感觉，体会生命最初的浓度，最后的感动。埃斯黛拉已失去了当年的绝世倾城，而皮普，也从一个风流倜傥的伦敦绅士变成原来本应属于自己的卑微地位。也许尾声是伤感的旋律在做伴奏，但又如当初那样的美好。虽是郝维辛女士的一个恶毒陷阱，让这对人经历了一生的波折与分离，还是泯灭不了最初的美好或是回忆。当时间定格在末尾，两人相互背倚着彼此时，那一轮皎洁的圆月是一个美好的结局。在年轻时，我们也许还来不及回眸往事，而那段金色的时沙依然在心底里流淌，不断地轮回，直到生命的尽头。这一抹残片会随风洒满心中的田野，洒满心间的沧桑苦痛，让这雾霾逝去，让夜莺为这月色深深吟唱。

【评语】

与经典名著的相遇，一次显然不够，最初的偶然，或许是一生的必然……作者带着对原著历久弥新的珍贵感受，进入对于当下生活的切己沉思，再返回作品涵咏冥想，如此回环跳跃，使阅读成为了一种创造，心之世界的开拓历险。作为一篇名著的读后感，同时也是一篇自我但不自恋的心情散文，优雅而有深度，散发出迷惘而诱人的气息。作者无疑是理想的阅读者，介入作品中人物的命运，甚至幻想自己就是其中一员，被命运所摆布，深深体验，沉醉其间；又是个观察者，冷眼命运的残忍无常；也是个思想者，文中随处闪现的灵光与火花，或许是这篇读后感中最耐人寻味之处了。语言富有哲理与诗意，流畅隽永，虽有时不免失于随意。

如果阅读是对生活的重新发现，它本身也是一种生活，那其中叠映着不同时代的影子，过去、现在和未来，别人的和自己的，虚构与真实……如此，我们在这个世界上就活了不止一次。

探寻生之意义
——观《死亡诗社》有感

朱王赟曌

我步入丛林，因为我希望生活得有意义。我希望活得深刻，吸取生命中所有的精华，把非生命的一切都击溃，以免当我生命终结时，发现自己从来没有活过。

——梭罗

什么是四根支柱？传统，荣誉，纪律，卓越，这是名校威尔顿预备学院的校训，尽管这所学校历史悠久，进驻常青藤名校的升学率傲人，可是都无法改变学生们把它叫做"鬼门关"的命运，但是这刻板肃穆的气氛随着基丁老师的到来改变了。

基丁老师与众不同，第一节课不是传统的自我介绍或者是谈论本学期的教学任务，他带领学生们去参观校史。虽然同学们都不是第一次参观，可是又有多少人细细留心过照片中的前辈，泛黄的照片不仅记录的是学校悠久的历史、优秀的学生，更多的是他们年轻时的意气风发，还有给后人的忠告："抓住今天！"他的不走寻常路，这只是第一步而已。

他向学生诠释：我们读诗、写诗并不是因为它们好玩，而是因为我们是人类的一分子，而人类是充满激情的。没错，医学、法律、商业、工程，这些都是崇高的追求，足以支撑人的一生，但诗歌、美丽、浪漫、爱情，这些才是我们活着的意义。正因为如此，《英语诗歌五百年》才不需要序言，美妙的语言，不需要拘泥于它的格调、韵律、修辞等，这些无疑会将艺术品弄得支离破碎，所以他要求撕掉序言，撕掉那个糟蹋艺术的刽子手，告诉大家不要盲从于权威，那些陈腔滥调最好的去处只是垃圾桶。

他跳上讲台，望着他的学生们说："你们知道吗？站在这里看一切，一切都不同了！大多数的人活在静默的绝望之中。而你们要去寻找自己的声音！因为你在静默中等待得越久，你就越不可能再寻找得到……"他的学生们已经习惯了站在地上，正如他们习惯了组成学习小组讨论化学，解数学题，被这个学校的校规校训、被父母的殷切期望所束缚，被动到已经麻木，是基丁告诉了他们站在桌子上从另一个角度欣赏自己所处的世界，不要做个任人摆布的木偶。

他没有一味地教导学生谋生的技巧，更多的他教会了他们如何真正地生活，如何眺望自己想要的真正的生活。

尼尔，或许是第一个了解自己的人。他是新"死亡诗社"的组织发起者，是对自己的理想有着最执著追求的人。一个把父亲称为"先生"的年轻人，循规蹈矩地过着他父亲希望的人生：因为浪费时间不做校史年鉴的助理编辑，上哈佛当一名出色的医生，或许没有基丁的出现，这就是他的人生，被父亲规划好的人生，自己只需如同机器人般接受命令完成指令。可是，他找到了自己真正想要做的事情——演戏，而且他颇具天分，众人都为他喝彩，可这中间不包括他独断专制的父亲，他用自己所希望的那把手术刀结束了尼尔短暂的生命。

严冬的深夜，他脱去外衣，打开窗户，屋外雪花飞扬，他郑重地戴上了他人生中第一次也是最后一次演出中的桂冠，赤裸地不受束缚地离开了这个世界。《麦田里的守望者》说：当年轻时，可以为崇高的理想而选择光荣的死，当年长时，可以为崇高的理想而选择卑贱的活。在平庸地活着或是无悔地死去之间，尼尔选择了后者，他因为梦想而伟大，他会到达天堂，在那儿继续守望着自己的"仲夏夜之梦"。

听到响声闻讯而来的尼尔的父亲，得到的只是儿子已经离开的事实，此时的哭泣，他是否会懊悔自己的决定？为人父母，以自己的经验为自己的孩子做出某些选择无可厚非，但是有时却无形中扼杀了孩子的理想。阿姆斯特朗对妈妈说："妈妈，我要跳到月球上去。"妈妈只说了一句："好啊，只是你别忘了从月球上跳回来，回家吃晚饭！"最后，阿姆斯特朗儿时的梦想变成了现实，这与他有这样一位智慧的母亲是分不开的。

生命诚可贵，爱情价更高，若为自由故，二者皆可抛。自由是如此美妙的词语，让每个人都为它欣然向往，可是又有多少人得到了真正的解脱？生活在威尔顿学院中的学生，被严苛的校纪束缚成了笼中的小鸟，但即便是小鸟也有着一颗冲向蓝天自由飞翔的心，他们会偷偷地抽烟，摆弄无线电，在印第安山洞里聚会朗诵诗歌燃烧着生命……可这些无疑被认为是叛逆之举，可是谁给了他们开启追寻自由之旅的钥匙？是基丁，因此作为校园领导的眼中钉，尼尔自杀事件是最好的契机，他们将基丁老师开除了，诗社的成员都遭到严重警告，看似一切将以悲剧结尾。

最后一课，教授依旧循规蹈矩地命令学生朗读前言，可那些一切不复存在，愤怒的教授唯有让学生读自己的教科书。这时基丁老师进入班级做最后的整理，当他离开时，那个最羞涩的男孩，那个一直活在天才哥哥光环笼罩下自卑的男孩，那个受基丁老师引导能够在众人面前大声讲出心中诗作的男孩——陶德跳上了课桌，大声喊："船长，我的船长！"即使在教授歇斯底里的警告声中，一个又一个的学生跳上了课桌高喊："船长，我的船长！"基丁成功了，他解开了学生们身上的枷锁，他们现在已经张开丰满的羽翼，向着自由而充满梦想的未来翱翔，他笑了，胜利的微笑。

在梦想和现实的冲击中，尼尔付出了血的代价，基丁老师也以被学校开除而告终，"传统，荣誉，纪律，卓越"教育出了一批批可以进入常青藤的"优秀"行尸走肉，"诗歌、美丽、浪漫、爱情"却教育出了一个个能够有理想地活着的血肉之躯。

船长，我的船长！总有一天，我们也会找寻到生命的意义。

【评语】

所谓好作品，应当是能引起别人的共鸣或抗争的。碰巧，这回是一部电影，一部美式的励志片，拍得精致，不乏令人感动之处、引人回味和思考，而感动则是对作品中意义的一种体悟和认同，因人而异却感同身受，因地而别也超越时空。文章尽管对电影的介绍和复述占了较多的篇幅，但字里行间还是流畅、真挚地表达出了对影片的由衷喜爱，那感同身受的共鸣和抗争；还有就是基于年轻的感觉，影片和观后感，都散发出一种年轻向上的气息，尽管其中有难免的沉重和残酷，但正是这种年轻的共振力量，让人甚至忽略了所谓国情的不同、文化背景的差异，才有了超越性的认同与共鸣。当然，如果文章再多一点理性分析，多一点忍耐和怀疑精神，它的内涵会更深刻。

《穆斯林的葬礼》——文本与电影

臧菁

文本和电影，这两种表现方式往往给人不一样的内心感受，一个描写细腻、令人遐想，一个场面直观、一目了然，但情感上终究是殊途同归，《穆斯林的葬礼》亦是如此。从文本到电影，一种肃穆在两种环境下呈现，这是命运的交响。《穆斯林的葬礼》，一部奇美之作。

先来谈谈结构之奇美。

相比于大多数作品从始到末的娓娓道来，《穆斯林的葬礼》从结构上就已经有了某种超越。小说以"月"和"玉"两条线索贯穿始终，既是时间轴，也是感情线。一个穆斯林家族六十年的兴衰、三代人命运的沉浮、两个发生在不同时代有着不同内容却又交错扭结的爱情悲剧，在这两条轴上留下了深至骨髓的痕迹。

电影中同样有这样的两条线，但在两块镜头之间的切换过程中，又增加了梁冰玉从伦敦回北京这条"航线"，随着她在旅程中对往事的点滴回忆来渐渐展开影片。电影作为一个整体的、无法割裂的呈现，不能做到文本中章节与章节之间既独立又紧密联系、层次既清晰又特别的结构方法，它必须出现一个明显的分隔标志来串联文本中的两条线，这就是电影中的梁冰玉的旅途。

"散"的结构实为"合"的审美，其奇美可见一斑。

再来说说情节之奇美。

生活本来就是由一个个偶然拼接成的必然，文学作品作为"高于生活"的艺术，在"偶然性"的处理上更加出奇。年轻的易卜拉欣跟着吐罗耶定云游，偶然走进梁亦清的奇珍斋，从此迷上玉石，开始了韩子奇的传奇人生；"姑妈"在寻夫寻子的路上偶然撞进韩子奇的博雅宅，从此与这一家人的命运息息相关，直至生命的尽头；而韩新月的出生与死亡更是偶然，父母在异国他乡的战乱中结合，自己又在看似美好的生活里死去。但这些偶然的境遇之间，谁说不是必然的人生？玉石天才韩子奇因为走进梁家大门，隐忍求全也好，叱咤风云也好，愁肠百结也好，都是这个具有矛盾性格的人物必然的选择。"姑妈"作为穆斯林善良圣洁的代表，她的母性某种程度上成全了韩新月的成长，也成全了博雅宅"家"的人情味。韩新月的短暂人生更是必然的，出色的相貌和才气、令人称羡的家境及刻骨铭心的爱情，完美的韩新月最终在花样年华憾然离世，也在我们意料之中，因为人生本来就得负重前行。但美好的东西即使被撕破了、被毁灭了，也是值得感恩的，希望仍是存在的。她是"戏中人"的

希望,也是"戏外人"的希望。

偶然的相遇为了必然发生的故事,悲剧也有刺痛灵魂的美丽。

最后谈谈情感张力之奇美。

作品名为《穆斯林的葬礼》,写了几代人的"死",梁亦清的猝死悲壮淋漓、"姑妈"的老死积郁满腹,而韩子奇的死又是恓恓惶惶、战战栗栗的,他们的葬礼轻描淡写,甚至因为容量的因素在影片中并没有涉及。但韩新月的死,在整部作品引起的訇响,是空前绝后的,而这一部分,也是作品最不能令人释怀的地方。新月的葬礼,从出殡前爸爸妈妈、哥哥嫂嫂、爱人及同学的告别,到最后被抬进坟墓,文本中用得最多的是感叹号。一个个感叹号在这样的环境下很有震撼力,像重重地打在读者胸口的拳头一样,让人有一种歇斯底里的、捶胸顿足的冲动。告别这个纯洁、幽静又柔美的灵魂的时候,作者和读者的情感都是毫不掩饰的叹息又无法释放出来的压抑、克制,说不出的情感只在这锥子一般的"!"中得到最大限度的释放。

电影的情感表达,靠的是恣意泪流时的默默无语,靠的是哀乐声起时的庄重肃穆,靠的是爱人心灰意冷时的魔性怔怔。无论是画面的单独呈现,还是视听的双管齐下,这些直击心灵的沉重元素,都在观影人的心中,竖起了一面不倒的、崇高美的大旗,虽然这是种多么表象的、直白的残忍。

除了影像和音响,你永远都不可能估量文字的力量。

【评语】

本文作者有着极强的审读能力与文章驾构能力,在有限的篇幅内,将同一作品的文本与电影这两种不同的表现形式整合评论,具有相当的难度,但是却评述得极好。《穆斯林的葬礼》是一部宏大的著作,本文作者准确地抓住了作品的核心内容及亮点,实为有感而发,缘感而作。文章结构清晰,逻辑严密,分别从结构、情节及情感张力三个极具代表性的方面来论述,表明了审读者有着极好的文学感悟能力与文学表达能力,语言优美,表达准确。尤其值得赞许的是,本文作者在每一层次的结尾部分再次用简洁的语言来点评,又使得评价再次上升到一个新的层面。另外,作者对文字艺术及电影艺术的理解、评价也很到位。不足之处是本文作者始终站在一个局外人的角度来看待原著,而将自己的身心融入到原著中的感受表现得还欠缺。

奔跑的童年
——观电影《小鞋子》有感

王新铱

第一次接触《小鞋子》这部伊朗影片,是在高三的一个暖洋洋的午后。记得老师放电影的初衷是为了调节我们绷紧了一周的神经,因而起初并未带着多少欣喜。然而随着影片的渐渐深入,我的情感也悄然发生了改变。

这是一部由温暖与感动拼接而成的影像。电影里没有华丽的场景,没有花哨的装扮,只有朴素、细腻与真实化的镜头。或许这就是二十世纪九十年代的真实映像,生活在底层的劳动人民唯有用双手去争取自己的幸福。

影片一开始就紧扣着片名。一双苍老黝黑的手熟练地缝补着一只美丽的小鞋子。这只鞋子的主人,正是男主人公阿里的妹妹——莎拉。

第十单元 佳作选评

阿里帮妹妹去取修好的鞋子，随即又去了阿巴的店买菜，阿巴却不允许他碰架上那些大个儿土豆，只因他们家在阿巴那儿已经赊了好大一笔账。看到这里，我们就大致明白，这是一个十分贫困的家庭。一双鞋缝补过多少次，就是不舍得买换，更甚至，他们已经连日常的生活开销也负担不起了。阿里的童年，是贫困的。

而就在阿里捡着地上小而干瘪的土豆时，一个拾荒者阴错阳差地把阿里放在店外的鞋子带走了。莎拉在家里边哄尚在襁褓中的宝宝，边等着阿里的归来。在看见他回到家的那一刻，莎拉的眼里充满了欣喜和期待。她问："你有没有去取我的鞋？"阿里随即的一句"嗯哼"让她瞬间喜笑颜开，那就是一种满足感，对于贫穷的孩子来说，满足是一件奢侈而又容易的事。

然而当莎拉得知鞋子不慎丢失的时候，她眼里的满足开始褪去，取而代之的是哭泣和担忧：唯一的鞋子丢了，明天不知该怎么上学。阿里奔跑着出去寻找，然而终究一无所获。

阿里是个懂事的孩子，他与莎拉许了一个约定。早上莎拉穿着阿里的球鞋上学，中午放学后阿里在巷子中穿着拖鞋等她，然后去上学。这似乎并不是一个好办法，然而贫穷的家境却不允许他们生出"再买一双鞋"的念想。从此莎拉和阿里便开始了奔跑放学与奔跑上学的生活。奔跑的生活，细致而真实，或许我们每个人都曾有过奔跑上学的经历，然而这却是不同的。这是属于他们之间的童年心事，是我们大多数人无法感知的。他们每次的奔跑都仿似带动了周围的空气，温暖的阳光从角落中穿过洒在他们身上，这样奔跑而过的日子，就连沉闷的小巷都变得欢快了起来。

然而莎拉毕竟还是个小女孩，哥哥的球鞋穿在她脚上就像一个调皮的孩子偷穿妈妈的高跟鞋一般，怎么也不合脚。终于有一天放学，阿里的鞋子在莎拉的奔跑中，掉进了小水沟里，她抱着树干哭得十分伤心，而阿里则因为迟到被抓住。

一直记得那天阿里回来后两人一起洗鞋子的情景。空气中飞舞的泡沫，两个孩子灿如霞的笑容，配上那渐显欢快、似珠玉敲响般的背景音乐，我们谁都不能说他们是不快乐的，他们的童年虽然贫穷，但是他们懂事，他们满足，那样的幸福是富人家寂寞的孩子所无法体会的。

父亲的园丁生活似乎是一个小插曲。他盘算着要用挣来的钱给阿里和莎拉买东西，阿里说要给妹妹买双新鞋。然而这样一个小小的愿望却以父亲的受伤而终结。生活，终究是现实的。

然而，现实中也存在着奇迹。阿里争取到了五公里的长跑比赛名额。季军的奖品是一双球鞋。

我知道比赛不会一帆风顺，虽然那些奔跑的日子早已带起了他的速度。事实上也的确如此。当阿里奔跑在狭长的跑道上时，他的喘气声变得无比清晰，四周再没别的声音。当他奋力跑在第三的位置时，却被后面紧跟的男孩一把推倒。我的心顿时一悸。没有丝毫停顿，他立刻爬起。只是短短几秒的镜头，在我看来却仿似一眼万年。他拼尽力气向前奔跑，缓慢悠长的背景音乐渐渐响起，伴着他越来越浓重的喘息声，他终于跑向了终点。他就这样坐在地上，问："我是季军吗？"老师告诉他："你是冠军。"

这一刻空气似乎凝结了。老师欣喜地将他托起，然而他却怎么也高兴不起来。他就这样带着第一名的失望回到了家里。那双自责的眼眸似乎没有得到妹妹的谅解。庭院中，他独自一人。

将磨破了底的鞋脱下，他把脚放入水池里，池子里的金鱼纷纷游过来亲吻他满是脓包的双脚。他的失意在这时浓浓地散开,那种无声的落寞,立刻传达入我们的心底。影片的结尾充满了温馨。父亲赚了钱,给阿里和莎拉各买了一双新鞋。鞋子包在纸袋里,看着露出来的鞋带与鞋底,我们不禁露出了淡淡的笑容。这就是满足。

这部电影没有惊人的大手笔制作,但它胜在真实,胜在纯粹。它带给我们的震撼与感动是那些高成本的特技电影无法相比的。很多时候,我们失去了感动,失去了品味,并不是因为世上没有单纯的美好,而是有太多美好被虚无覆盖,有太多纯粹被沙砾掩埋。电影也是如此,华而不实的画面或许在第一眼能让人惊艳,但是看多了也容易让人心生反感,反而是这些朴素的影像更能让人记忆深刻,浮想联翩。

【评语】

电影《小鞋子》,又名《天堂的孩子》,是伊朗优秀电影人马基·麦基迪获奖无数的代表作品,也是在宗教禁忌之中怒放的伊朗儿童电影中的经典。文章以对这部影片的观影体验为线索,细腻而深入地描述了故事的经过及其带给观者的感动,其平实流畅的行文与电影自身朴实自然的影像风格高度契合,表现出作者对电影和文字优秀的领悟能力。文章将《小鞋子》与高成本的华美电影相比较,凸显其朴素、细腻而真实的电影特征。对电影中主人公生活艰辛却懂事满足,用自己的双手追求幸福的独立与担当的感动,也体现出作者对电影的准确理解。但文章对电影故事的介绍过多,有感而发的思想评论较少,缺乏点睛之笔的精练评价,对电影艺术的分析也相对不足,有待深入。

原本情深,奈何缘浅
——读《半生缘》有感

焦缘

"你在那儿想些什么?"世钧道:"我啊……我在那儿想我这一辈子。"他这一辈子只对一个女人感兴趣,只专情于一个女人,只和这个女人谈了一场一辈子的恋爱。这个女人是谁,是让他牵挂了十四年的曼桢啊。

十四年前的那个雪夜,世钧第一次对一个他觉得很好的姑娘表示他爱她,他所爱的人刚巧也爱他。他相信他和曼桢的事情跟别人的都不一样,他们会很幸福。曼桢对他的好,世钧能在点滴之间感受得到。曼桢本来是个性情高傲的人,有时候却又显得那样天真、羞涩。明明想给世钧织件毛衣却拿叔惠当挡箭牌;明明想为世钧饯行,却打着"怕他们饿着肚子上车站"的借口带着早点来叔惠家帮世钧整理箱子;明明恨不得和世钧长相厮守,可是一而再,再而三地拒婚,是不爱他吗?不,恰恰是因为太爱了。结婚意味着男方要同时负担两个家庭,世钧事业刚起步,负担两个家庭简直就是把他的前途毁了。同样,世钧也爱着曼桢,从冒着雨寻回曼桢丢失的红手套,到坦白心迹后握着曼桢的手在小巷里走着,离别时却忘了放掉她的手,小细节中蕴含着大情意。他想用戒指定下曼桢的一生,看见曼桢手上的红宝石戒指在阳光中闪烁着,心里觉得很安慰;他知道曼桢把他的事业看得那样重,可他不得不辞职接手父亲的家业,因为结婚后,女婿接济接济丈人家算不了什么,全部都是因为他想尽快和心爱的女人结婚啊。他患得患失,怕婚期遥遥无期。

但那时的世钧不知道,他和曼桢最快乐的一段光阴将在期望中度过。猜疑,强暴,结婚,再聚,永别,如此便错过了他这辈子最爱的人。该说造化弄人吗?曼桢被囚禁时,他从

楼窗下经过，曼桢在楼上听见脚步声却喊不出救命，只能任脚步声越来越近，渐渐地又由近而远；从曼璐手里接过戒指，要是他再仔细看看，就能发现渗透进绒线的红褐色血迹，可是他却气愤地丢进道旁的野地……但是否又意味着如果世钧阻止了这一切的发生，将曼桢救了出来，他们就能幸福甜蜜地地老天荒。不尽然，也许曼桢说得对，有时候不能不拿点勇气出来，世钧缺的就是勇气。当面对豫瑾追求曼桢时，如果他能多一点点勇气去说服自己信任曼桢，即使曼桢变心了，他也会想尽一切办法去抢回她；如果面对家庭质疑，他能多一点点勇气坦荡地说出当舞女的曼璐——他要娶的女人曼桢的姐姐已经结婚的实情，想必也不会叫曼桢灰心。曼桢，一个骨子里带着倔强的女人，她摆脱不了姐姐曾是舞女的事实，她不怕别人的眼光，只在意世钧是否介意，是否真心待自己。那次关于姐姐的争吵后，世钧把戒指丢进了纸篓里，曼桢便知道他的人已经走远了，她付出全部真心对待的男人，再也不回来了。

如此这般，两个相爱的人擦肩而过，浮生流年，情深缘浅。迷失的人迷失，相逢的人会再相逢。蓦然回首，十四年，他和曼桢都在跟时间挣扎，挣不脱的又何止是命运的捉弄，更是心里面对彼此的深情。寂寞惯了的人，即使回不到从前那般模样，即使只能远远相望对方，大概也是会把这份深情妥帖地放在生命的某个角落，珍惜一生的吧。

【评语】

张爱玲的《半生缘》中写了不止一个爱情悲剧，此文作者集中笔力写了两位主人公的爱情悲剧。爱情的核心内容无非就是"情"、"缘"两字，此文"原本情深，奈何缘浅"的题目抓住了爱情悲剧的核心，概括准确而且形式精致，像是《诗经》中"所谓伊人，在水一方"的四言诗句，更像是"苦海无边，回头是岸"一类的四字佛教偈语，这样标题就具有了一种隽永、深刻的哲理意味。文章分为四个段落，运用的是"起承转合"的传统结构章法：开头引出两个人物，接着描述他们的"情深"，下一段分析他们的"缘浅"，最后写了这个爱情悲剧升华出来的意义。文章最后一句，运用的是"大概也是……的吧"的不确定语气，是明显的文艺腔调，也是年纪尚轻的作者不能彻悟爱情的一种猜测和心愿吧。

心弦上痴情的景致
——写给纳兰公子

郭芸

你吟着"瘦尽灯花又一宵"，站在夜合树旁：一袭白衣，似雪胜寒，亦幻亦真。

灯火中，你憔悴的面容，忧伤的眼眸分外使人怜惜。那眼眸里藏不住的便是分明的寂寞，翻阅书卷终于找到了答案。

原来是她，多年以来她都是你的安慰，是你避风的港湾，是你心底最后退守的城堡，给你充足的温暖和安全感。只是那情浓如血入骨的深恋，却最终情深缘浅，只落得蝶梦一场，纵使千里断肠也枉然。

曾经她与你灯下添香写尽红笺，却最终一缕幽幽香魂随风散，徒留你流尽相思泪，独自辗转生死孤单。然而，令你无法忘怀的是那些醉酒而春睡不起、赌书而笑对喷茶的点点滴滴平凡的快乐。你仍然记得，在那座长满夜合花的庭院里，你推开雕着蝴蝶和百合花的桃心木窗时所看到的情景：她着一身大红金线滚边旗装，站在一丛灿若明星的栀子花旁，望向那大雾还未散去的方向。

你永远忘不了她回头的那一瞬。

而她，许是听到了楼上的声音，急急回头来确认，两人的眼神相遇。她并没有避开，她看向你的样子像在阅读一首古老且不朽的诗，一个字一个字，读得认真而坚定。相看无言，时间在两人之间默默地流淌，沉淀着世上所有的声音。突然一笑，面如桃花。

原来是你。

这四个字被风拉得很细很长，曲曲折折地钻进你的耳朵里，就像被粗糙的沙尘和同样粗粝的岁月掩埋的小小边城千百年来响起第一串敲门声，整个城突然苏醒了。

她是你所有幸福的源泉。她不美，也无盖世才华，于世人，她不过是无关紧要的路人甲；于你，她是你幸福的海角天涯。在你们的世界里，她是万古不竭的沧海水，你便是温柔缱绻的巫山云。

只是，幸福的花朵太过于短暂，等不到盛开便已凋谢。"当时只道是寻常"，一个人的一生千万不要悟得了这个道理。或许上天是公平的，此前赋予了你一切令所有人艳羡不已的幸福，原来只是为了使你伤得更痛。和她曾经的种种，再也不敢想起，却永远不愿忘记，只能任凭它成为内心深处悲伤的伏笔。

只是我总是不懂远征塞北，你在逃避什么？逃避府里处处流走的回忆，还是空气中满满欲溢的思念？倚西风，夜色已黄昏，你坐在灯前，嘴角隐着一丝苦笑，"一生一代一双人，争教两处销魂。相思相忘不相亲，天为谁春"？

"无语问添衣，桐阴月已西"，再也没有那样一个人可以包容你的全部。她爱你的俊朗、你的潇洒、你的才华，更爱你的无助、你的寂寞、你的惆怅。你需要她，这是你最质朴的给予。作为你的妻子，她可以不要金玉雕琢的诗词曲赋，可以不要深情款款的甜言蜜语、旦旦信约，而你孩子般的依赖可换取她全部的温柔与眷念。

无眠的夜里，你习惯了饮酒，心清醒时总被心痛所折磨，不如一醉，醉了才能如此真切地看清那个魂梦萦绕的身影，然后执子之手，细诉深情。梦里亡人的容颜一如昨日，眼中的爱怜、嘴角的浅笑是那么熟悉，却也难寻了。你与她来生携手，将她当作你的唯一，与她在一个叫家的地方相守终老。最怕骤然梦醒，发现哪里有什么亡人，窗外月朗星稀，手中持半盏残酒，独对西风而立。

只是这情路亦远，随滚滚红尘化蝶，丝丝缠绵飞雪，穿越隔世离空。

【评语】

读郭芸《心弦上痴情的景致》，很容易想起卞之琳的《断章》："你站在桥上看风景，看风景的人在楼上看你。明月装饰了你的窗子，你装饰了别人的梦。"纳兰的词是一道婉约清幽的古典景致，而郭芸之读，不期然又成为亦古典亦现代的别样风景。游走在全文中的来自纳兰词的美丽意象，从作者的笔下流出，似乎纳兰重生，亦真亦幻。倘若纳兰真的再生，是否会认作隔代知音？然而，一切只有假设。我们并不知道，纳兰与妻，是否真的是彼此的唯一；我们也不知道，这样温情体贴的文字，能否启开纳兰的心扉。也许，这就是文学之魅！时空遁为无形，在文字的世界里，你我近在咫尺；只是，当神会意通而至心痛隐隐时，是不是又想抽身而去？不过，不必后悔，不必怨嗟，滚滚红尘，纵使是心造的凄美童话，也是我们灵魂最后的守望之地！

第十单元 佳作选评

走进《挪威的森林》

陈一鸣

村上春树说他早就想以现实主义笔法写一部"足以让全国少男少女流干红泪的百分之百的恋爱小说"。于是《挪威的森林》诞生了。

读罢,掩卷,整颗心沉浸在一片苍凉之中,感觉湿漉漉的。又像浸泡在无边的冰水里,又好像感受着暴风骤雨呼啸而过后的沉寂,大醉初醒后的虚脱……

闭上眼睛回想,又回到最初的时刻,直子紧抿的嘴唇,用发卡固定在耳后的发,秀美的脸颊,不停地奔走,一系列的场景,像一列开往远方的车从我面前从容地驶过。

我最倾心于他那字字珠玑的文字,其次是文字所传达的感情,再次就是故事情节和人物。

他的文字是优美的、干净的、洗练的;是洗尽铅华、玲珑剔透、爽快利落的;是异彩纷呈、曲径成文的。小说行文犹如山间清亮亮的小溪淙淙流过心田,不时溅起晶莹的浪花。"而我,仿佛依然置身于那片草地之中,呼吸着草的芬芳,感受着风的轻柔,谛听着鸟的鸣啭:那是一九六九年的秋天,我快满二十岁的时候,她朝我转过脸,甜甜地一笑,轻轻地启齿,定定地看着我的双眼,仿佛在一泓清澈的泉水里寻觅稍纵即逝的小鱼的行踪。"这本书的文字读起来优美清丽,一泻而下,抒情传神,自然流畅,有一种御风而行的生理上的快感。

它的语言是幽默而苦涩的,时而像细雨绵绵而下,时而像微风荡漾心头。时而似乌云爬满天空的压抑,时而又似爱人的鼻息吹在颈上,痒痒的。幽默里裹挟着凄苦与悲凉:我的房间却干净的如同太平间;太阳旗俨然元老院议员长袍的下摆,垂头丧气地裹在旗杆上一动不动;中断的话茬儿像被拂掉的什么物体浮在空中,直子微微张开嘴唇,茫然若失的看着我的眼睛,仿佛一架被突然拔掉电源的机器。俏皮里夹杂着诙谐与温馨:"喜欢我到什么程度?"绿子问。"整个世界森林里的老虎全都融化成黄油。"绿子在电话另一头默默不语,如同全世界所有的细雨落在全世界所有的草坪上一般的沉默在持续。这样优美的语句全书俯拾皆是。

说到情感,让我真的很难表述那引起我心灵震颤的是什么,就像《挪威的森林》第九章中关于初美的那一段:渡边用出租车送初美回宿舍的途中,与初美的接触让他强烈感受到她身上有一股尽管柔弱却能打动人心的作用力,便一直"思索她在我心中激起的感情震颤究竟是什么"。而直到十二三年后才在异国圣菲城那气势逼人的暮色中,恍然领悟到"她给我带来的心灵震颤究竟是什么东西——它类似一种少年时代的憧憬。这种直欲燃烧般的天真烂漫的憧憬,我在很早以前就已遗忘在什么地方了,甚至在很长时间里我连它曾在我心中存在过都记不起了。初美所摇撼的恰恰就是我身上长眠未醒的'我自身的一部分',当我恍然大悟时,一时悲怆至极,几欲涕零"。

我在一本书上看到说《挪威的森林》之所以能同时吸引住恐怕并不年轻的读者,奥妙之一大概就是因为它的田园情怀。作为年轻的我们在书中读到的却是无可救药的孤独、无可排遣的空虚、无可言喻的无奈和怅惘。即使是肉体的满足也填补不了灵魂的空洞。正如书中的主人公虽不是什么怪人却难得有知音,也正如春风得意、所向披靡的永泽,也同样背负着他人生的十字架在阴暗的泥沼中孤独的挣扎。小说中的年轻的生命的终结,木月和直子,无非就是由于他们"就像在无人岛上长大的光屁股的孩子"无法同日益变化的外界世界相沟通、

相适应。而主人公渡边,心里更是始终怀抱着巨大的空洞匍匐在人生的途中。

这本书中的两个青春美丽的女孩:直子和绿子,都是主人公渡边爱着的人。直子娴熟典雅,多愁善感,小鸟依人,美丽而又丰腴,具有田园之美的气息。绿子生机勃勃,神采飞扬,完全一副不无野味和挑逗性而又不失清纯的现代女郎。她"简直就像迎着春天的晨光蹦跳到世界上来的一条小鹿"。直子的精神世界又是脆弱的,而绿子却很坚强,她照顾书店,照顾躺在医院完全不能自理的父亲。但我却对脆弱的直子有着强烈的偏爱,也许这样的女性忍不住让人想给予更多的同情。在我看来渡边也更倾心于直子,他一直爱着她多年,她的每一封信都叫他颤抖,她是他性幻想的对象,她也是他的精神支柱和希望。直子的死这个噩耗让他无法接受,失魂落魄地四处徒步旅行。然而时间会让一切的伤口得到抚慰,虽然十八年后他在飞往汉堡的波音七四七上,从舱内广播中重新听到直子生前最爱的歌曲——甲壳虫乐队的《挪威的森林》时一时情感难以自抑,悲伤地沉浸在对往事的回忆里……

【评语】

文章从语言文字、感情和故事人物等方面对《挪威的森林》进行了评述,感性真诚的描述中间以生动的比喻,传神地写出了作者对小说的激赏与陶醉。其中对村上在该书中文字和叙述风格的把握是较为准确的,对小说孤独主题和人物形象的分析也还不错,但作为一篇读后感,这种面面俱到而蜻蜓点水式的分析会让文章缺少中心,难以深入,部分辞藻的堆砌也造成前后的矛盾,如"洗尽铅华"与"异彩纷呈",行文流畅但不够严谨。

《活着》的活法

张乐然

马提亚尔说:"回忆过去的生活,无异于再活一次。"

——题记

一位枯柴老人,一头年迈的老牛,哪怕背后的景致再好、再美,也让人心生怜惜。也许一部作品着实能够演绎一种人生,或喜或悲,跌宕起伏,让人捉摸不透。然而,等到世事都看透,世事都经历了一番以后,或许一切幸与不幸在最后的最后,看开了,看淡了,便成为一部长篇小说,一篇耐人寻味的故事。也许,那些藤椅上年过花甲的老人安详平静地吐露的那些故事或许便是他们自己的故事吧。

每次重温《活着》便会失神,脑中千丝万缕,未谙世事的我纯真地为福贵悲惨的命运而难过。一个富家子弟赌博赔光了自己的家产,父亲、母亲相继去世,被强制去拉大炮,两年后归来却又遭遇儿子的事故死亡,紧接着女儿难产死去,妻子重病也撒手人寰,最后女婿又遭横祸死亡,仅剩的孙子也因豆子噎死,一位骨瘦如岣的老人与一头年迈的老牛相伴过日,默默等待死亡的日子。然而,出乎意料竟是好久好久一个人的一生将尽未尽。如果一切自有天命,福贵的天命也着实令人叹惋,也甚觉命运的残忍。难道只是因为败家子这种罪名就让其不断失去亲人,让他一次又一次经受心灵上的打击与摧残不是太过了吗?我一直固执地认为,一个人穷其一生度过的日子演绎的人生最有资格评判的便是气数将尽前的自己,任何外人都没有资格随便评判一个人一生的好坏。贺拉斯说:"人的幸福要等到最后,在他生前和葬礼前,无人有权说他幸福。"因此,在我自认为福贵命运悲惨并对其毫不掩饰自己的怜悯同情之心的同时,又会觉得自己思想的不妥,一个不会表现自己苦命的人,一个无论经历多大伤痛心灵却依旧完整而又温热的人,值得的是尊敬而非怜悯,福贵的命运不需要怜悯,甚至失当的怜悯是对他生命的亵渎。

其实，死是很简单的事情，部分人对死亡也是毫不畏惧的。我知道，福贵定是一个不怕死的人，许久的时间里，我对他充满了疑惑，遭遇了身边亲人一个个离去的打击与悲痛，仅仅幸存下自己一个人的孤独。我说过，死是很简单的事情，一切的悲痛与孤独似乎只有死亡可以让人彻底得到解脱，但是，他偏偏选择了活下去，一日又一日等待死亡的降临。本想描述他等待死亡来临的日子里度日如年，然而又发觉自己的错误，不禁笑话起自己来。我的第一印象中，福贵是很苦命的，于是自然想到其"不知其可"活下去的煎熬，然而《活着》一书，抛却福贵讲述的故事，就他的叙述与言谈中竟丝毫没有苦痛之意，或许有丝无奈，却更多的是一切过后，放下一切之后的轻松与淡然。余华在书中说过："活着的力量不是来自叫喊，也不是来自进攻，而是忍受，忍受生命赋予人的责任。"人到中年虽没有人到老年后看开看淡一切只余人生留作回味，但或许中年便是生命的分水岭，不只回味还有不断的感悟与斟酌，无怪乎孔子曰"三十而立，四十而不惑，五十而知天命"。于是余华便感受到了生命的忍受，这也就自然地解释了我之前的疑惑。福贵经历一切以后不求死，不拒生，任凭时光的消逝，默默地等待着，默默地忍受着。然而我正值青年，刚在"二"字的年龄段上立足，也许是少年不识愁滋味，年轻气盛，才对福贵的忍受拥有太多的不解，甚至不满。一个人可以沉默寡言，但思想的火花必须时刻地迸进，不可有丝毫的停息。一个人不应该一味地忍受，或呐喊，或进攻，哪怕遍体鳞伤也在所不惜。

福贵的忍受是无奈的，尽管我不主张一味地忍受，但又丝毫想象不出福贵倘若不忍受会是什么样子。在龙二变相骗取到家产时反抗？在被拉去拉大炮时反抗？在被要求全家去炼钢铁时反抗？在唯一的儿子因县长夫人急需血源而被抽干血时反抗？如果一个个事件的进程都发生逆转，由忍受而转为反抗，结局是什么呢？死亡。如果反抗，结局无怪乎只是找死。一个人可以不畏死，一个人可以默默地等待死，但是找死则成了懦弱。很显然，福贵不是个懦弱的人，这足以让我对他拥有敬佩之心。

我读《活着》已有三遍，电影《活着》也观看过一次，第一次的从怜悯到伤痛，第二次的从伤痛到流泪，第三次的感叹，第四次的淡然。一个人的一生就这样记述完了，尽管生命没有终结，但是人却可以至此画上一个句号，没有了弯路，没有了波涛汹涌，遗留下来的空白生命里，只是一个又一个省略号，它淡化了一生的功勋与疮痍，人生经历完一切，生命适时而结，也便是此生无憾了。

【评语】

余华的长篇小说《活着》描写了一位历经时代变迁和世事沧桑的老农民——福贵对往事的回忆，小说保持着他独特的叙述风格：冷静平淡地叙述苦难。此文作为一篇读后感，不止看到贯穿在小说中的苦难和死亡，还看到了福贵这个"苦命的人""无论经历多大伤痛心灵却依旧完整而又温热"的一面，对其表达了"尊敬而非怜悯"，体现出作者对小说深刻的把握和感悟能力。也许老农民福贵对自己苦难的一生没有一个深刻的认识，对"活着"也讲不出一句哲理的名言。作者在读后感里，调用了余华的叙述来分析"活着的力量"来自"忍受"，接着把年轻气盛的自己放到文章中，试图去理解"福贵的忍受"，这便是读后感写作的真正意义，阅读目的的实现在于自己的心灵受到震动。此文接着笔锋一转，写到了"不忍受"的"活着"又会是什么样子，得出了"反抗就是死亡，找死则成了懦弱"的结论，这样的思考是深刻的。读《活着》，悟"人生"，"活着"的意义变得更加明了。

一个像夏天，一个像秋天

刘皓蕾

如果不是你，我不会相信，朋友比恋人还死心塌地。就算我忙恋爱，把你冷冻结冰，你也不会恨我，只是骂我几句。

那一年，在青春的尾巴上，你我相遇，便注定碰撞出颜色艳丽的火花。你只身从千里万里之外来 A 市求学。在推开宿舍门的一刹那，你我四目相视，微微一笑，仿佛老友重逢。那时，我便知晓，我们会是最要好的朋友。即使刚开学，忙着与旧同学联络，你也会在我回宿舍的时候向我述说你今天在班级里发生的事情。叽叽喳喳，却又那么温馨。圣诞夜，我们在 KTV 嗨歌到天明，第二天走出包间，看见一地白雪，你我在冷风中笑着。顿时我觉得冬天变成了夏天。因为有你陪我疯陪我笑，走在这青春的道路上，而青春就是火热的年华。

如果不是你，我不会确定，朋友比情人更懂得倾听。我的弦外之音，我的有口无心，我离不开 darling，更离不开你。

年少的我们精力旺盛，夜夜熬到十二点才肯去见周公，卧谈会变成了睡前必做的一件事。夜里，在看不见彼此的床上，说着我们心底最真挚的话语，你是我最忠诚的倾听者，听着我每天的絮絮叨叨入睡，有时我也会听着你的故事进入梦乡。在这样的夜里，我们把自己的心交换，成为了掏心掏肺的朋友。年少的我们总有些小忧伤、小悲愤，你能安慰我，能陪我一起骂那些有口无心的话。虽然我们平时也有小打小闹，但吵架过后，我们都知道，那些只不过是我们友情的增稠剂。相视一笑便泯恩仇了！

遇见一个人，然后生命全改变，原来不是恋爱才有的情节。

今天，你一手托着饭碗，一手拿着筷子，向我说着你学业和将来就业上的忧虑。你说："真不知道大老远从贵州跑过来念书有什么意思，在哪儿念都一样。"我和你不同专业，我没有插上话，你接了下去："哦，是有些意思的，那就是遇上了你。"我被一口辣椒呛到，一股热辣的气流滑到心尖，呛出了眼泪。我想说是感动的眼泪，其实，你也是主赐给我的礼物。

【评语】

一两句精炼的歌词，一段生动的叙述，串联起一个像夏天般绚烂，一个像秋叶般静美的女生之间的纯美故事，曾经一起的疯狂，夜夜掏心的卧谈，常常能将寒冬变成暖春。时日流转，原来朋友更懂得倾听，原来朋友更懂得包容，原来朋友也可以改变自己的生命，原来友谊和爱情有这么不一样的美。文章将经典的歌词用委婉而抒情的笔调演绎成一段温暖的MV，逼真地还原了歌词所表达的女性情谊的微妙悠长的韵味，完成了一个音乐与文字的跨界的握手，显示了作者对于音乐与文字都算不错的领悟。作者只摘取了歌词的部分加以演绎，若能将歌词本身所蕴涵的丰富的美充分挖掘出来，更融入对音乐的分析，文章将更为丰满。

第十单元 佳作选评

五 线 谱

崔曦雯

生命如歌，每个人在这首歌中都从一个个小小的音符慢慢成长，终有一天，会谱成一首曲，唱响自己走过的岁月。

成长并不是一定要经过年龄的增长，一件小事也能让你成长。就拿今天的体育课来说。老师让我们跑两千米，无论是什么速度，只要坚持跑完五圈就好。我们从始点开始起步，迈着同样的步伐前进，一圈下来，我的体力明显不行了，步子也越来越小，开始慢慢掉队。第二圈跑完，口干舌燥，汗流浃背，起初与我同跑的人已经超了我二百多米，我还在坚持，继续跑第三圈。看着身边不断跑过的人，开始慢慢倦怠。这时，心里有个声音响起：停下来吧，停下来吧，休息一会再跑……于是，我开始步行，走了半圈，发觉小腿肌肉僵硬，走都走不动了，仍然继续着，第四圈走完，别人已经跑完了。老师问我是不是脚崴了，让我别跑了，休息一下。起初有股侥幸心理，但是看到同学们一个个都坚持跑完了，突然觉得自己是个失败者。以前的我，从来不怕跑步，虽然体胖，但相信自己不输给别人，每次跑步，心里总是坚定一句话：坚持就是胜利。如今的我，怎么了？怎么就懈怠不前了？只是一场跑步，突然感觉到自己不如从前了，这也是一种成长，至少可以让自己重新去寻找以前不服输的我！下周的两千米测试，我不做懦夫，不停地奔跑才会让奔跑更完美。

来到学校三个月有余，认识了许许多多形形色色的人。就拿我们的宿舍510来讲。我们四人像四朵漂泊的蒲公英，流浪，流浪……终于在510停驻，是种缘分让我们相遇、相识。

起初大家都很陌生，所以彼此之间很客气。第一个月，对学校的不适应，使我们的坏情绪开始泛滥，结果争吵不断。那时候，由于自己竞选班委失利，开始厌恶学校，厌恶同学，对自己付出的努力和热情感到寒心，于是一个人吃饭，一个人走路，一个人独处。开始疏远舍友们，不时地发脾气，闹情绪，爱哭，爱沉默。看到她们的嬉戏感觉到烦，然后吵架。我素来不记仇，吵过了就忘，但却忘记了，别人不是这样的。渐渐地，我把自己隔离了。两个月后，走过了低谷，走过了落差，那个爱哭、爱吵、爱笑、热情的我又回来了，可是却发现已经晚了。再一次争吵，然后舍友们一起敞开心扉，互诉对方的缺点，然后"破镜重圆"了。我们开始一起吃饭，一起走路，真正地一起生活。"宿舍文化节"，我需要做一份PPT，欣然地开始，即使占用睡眠时间、吃饭时间，我依然不停歇。因为我们是一个集体，爱510。

大学生活可以是枯燥的，也可以是丰富多彩的。我不愿做前者，不愿庸碌下去，想在这剩下的时光中，充实自己，在一次次挫折中慢慢长大。

蒲公英易被风吹散，但既然我会漂泊，那我就要有能力在此成长，向阳生长，长出灿烂的花朵。

我想若干年后，脑海中会浮现一句话：风吹起如花的流年，而你成为最美的点缀。

【评语】

文章小处见大，实处落笔，从体育课长跑和宿舍生活两个事例来写大学生活，事情虽小却很有生活味，以点带面地反映出当代女大学生的真实生活和内心动态，给人以真实、亲切之感。唯其真所以能动人，唯其实所以能给人以感。文章以顺叙的方式，娓娓道来，叙述了一名女大学生的成长历程,篇幅虽小却很丰满。文章的结尾采用展望的方式,使有限的篇幅无形中具有了某种张力,也给人以希望。文章的用词丰富生动,多具比喻色彩、象征意蕴。整体文风朴实而纯净。不足之处是文章的标题是"五线谱"却未能在文章的某个位置进行深入点评,使得文章少了点文学感染力。

泡芙般的初恋

叶京京

又是一个阳光明媚的下午,我仰仰头,伸了个大大的懒腰,嘴里不时发出舒服的感慨:"啊!好舒畅啊!"不料,脑袋突得遭受一顿"暴栗",我微怒地斜了一眼手握成拳头的好友敏,继续享受我的日光浴。

不知怎地,心情大好的我瞥见了床头吃了一半的泡芙,舔了舔湿润的唇瓣,我开始向泡芙"进攻"。不料自己的一个闪神,一抹白色的靓影抢走了我心爱的泡芙。我大喊一声:"大胆狂徒!拿命来!"无奈,敏终于被我的死缠烂打折服。她像老者般叹了口长气:"唉!照你这般吃法,哪个男生敢要你!"我满不在乎地白了敏一眼,像呵护宝贝般抱着泡芙乐颠乐颠地吃了起来。

一边享受阳光,一边吃着美味的泡芙,感受泡芙里的奶酪丝滑香甜的美味,真是一大乐事。我拿起一个泡芙在阳光下转了转,笑着对敏说:"我的男朋友一定知道我最喜欢吃泡芙……"不理会敏的一脸茫然,我陶醉在自己美好的回忆里。

"同学,你的东西。"一个来自远方清亮的声音拉住了我狂奔的步伐。我扭头向后望去,只见一个颀长的黑影小跑过来,待我看清楚时,他早就背对着我了,匆匆说了声"再见"便头也不回地跑向教室,我抓着泡芙,像失了魂一样愣在原地,看看泡芙又看看远方,嘴角边不禁勾了小小的弧度,可能连我自己都没有察觉到。

紧张的期末考试来临,我一边吃着泡芙一边在图书馆机房里复习功课,感觉脖间传来轻微的凉意,我反射性地扭头,不料竟看到一张放大的俊脸冲我暖暖地微笑:"又遇到你了。"只是轻轻地一句话,我的心便"咯噔"一下,我吓得连连后退,连泡芙都洒落在地。圆滚滚的泡芙一路滑到他白色球鞋的鞋尖。"我可怜的泡芙啊!"在心里呐喊一声,想捡起来,但又碍于面子,小脸涨得通红,而他则淡淡地对我笑笑,弯下腰把泡芙都小心翼翼地捡起来放到手心里,冲我眨眨眼:"还要吃么?"我一愣,对上他调皮搞怪的眸子,心里一阵慌乱,暗自吐吐舌头,他好像知道我的心思般,无奈地摇摇头……

就是这样,泡芙牵引着我和他开始了一段甜蜜的恋爱。这就是泡芙的初恋。

当我从回忆里睁开眼睛,泡芙已经被阳光晒得更鼓了,白色的奶油溢满指头,我用舌头舔了舔,一旁被冷落已久的敏大叫:"喂!你个死京京,在想什么呢?"

我神秘地笑笑,看着手心里的泡芙,说:"泡芙的初恋。"

留下又是一头雾水的敏,我又仰面享受起了日光浴,泡芙的甜美依旧在心里荡漾……

【评语】

本文以倒叙手法回忆了甜美的初恋,全篇洋溢着阳光般的青春气息,宛如一条清澈的小溪,叮咚而去,令人读来怦然心动。本文以"泡芙"贯穿全篇,"泡芙"既是承前启后的明晰线索,也具有象征意味,它是少男少女纯情初恋的美妙象征。作者擅长细节描写,将她和男友从初识到邂逅描述得委婉动人,心理描写、神态描写、语言描写并置,虽然只是聊聊数

笔，却云淡风轻地将女孩子的初恋心理刻画得细腻逼真，不失为一篇佳作。

恋 家

王媛媛

我想，支撑着每个学子从残酷的高考中走出来的希望与坚持中，一定缺少不了对外面世界的深切渴望。我的家在浩浩荡荡的长江中的一座小岛上，已经长到近二十岁的我在来到这座城市上大学之前甚至都没出过几次远门。是的，我对外面的世界充满渴望，我迫不及待地想通过高考志愿表这张薄薄的纸把我送到一个我所不曾到达过的城市。那里一定有小岛上没有的大型游乐场；或者一定有岛上没有的小桥流水，古道曲巷；或者一定有小岛上没有的茫茫草原，风吹草低现牛羊。也许正是因为从未远离、真正离开，所以不会明白其实自己的内心，对这片平凡的土地，对这座平凡的小岛已经有着无法割舍的依恋。

我来到这座城市已经有大半年了，除了最初的新鲜感，我对她始终无法再产生更多的情感，或许因为一些人、一些事让我更加觉得深切的孤独，我是真的不属于这里。犹记得一个开学不久的晚上，我和同学同去看画展，回来的时候公交很忙，成群结队的人站在那里寻着同一路公交，拥挤不堪的车门前，我顿时感到了自己的无力和渺小。算了，再等下一班吧。坐在站台上，寒风阵阵，呆呆地看着过往的行人。他们有的背着书包，有的手拎着菜，有的刚刚购物回来，他们步履匆匆，却都有着一个同样的目的地——家。所以即使外面寒风再冷，回家的公交车再拥挤，但至少回到家的那一刻是温暖的。至少这座城市真正有那么一块地是属于他们的。公交车仍然没有来，我抬起头来，马路对面的楼很高很高，远看上去被隔成一个一个的窗口，有的窗口没有灯，有的窗口透着橘黄色的灯光，彼此间隔。我瞬间感到温馨。我对同学说："要是我家也在那里该多好啊！"那里一定有我的妈妈，也开着黄色的暖暖的灯等着我，等着我一点一点吃完她做的丰盛的一桌菜……

是的，我越来越恋家了，我抓住每个可以回家的机会，回到家，回到小岛，回到真正属于我的地方，满心欢喜地让一家人围着我转。让我感受亲情的温暖，家的温馨，短暂的停留后又再次离开……

【评语】

只要是固守的地方，就会在某一天让我们觉得是围城，迫切地想要出去；而或长或短、或悲或喜的流浪之后，我们又苦苦地想要回归。正因如此，我们读出了王媛媛《恋家》中那种足以引起我们共鸣的、我们可能都会油然而生的普遍性心态。本文文字当然算不得优美动人，结构安排上也远未尽善尽美，开头一段中精心组织的排比句，也略略有一丝造作，但是，因为有亲切家园、亲近大地的底色，读来依旧朴质动人。没有衣锦还乡的宏大心愿，也不必是父母年迈苍老的沉重牵挂，只是一点微小心愿：满心欢喜，家人围绕。其实在这样苍茫的大地上，在人头攒动的繁华街市中，有那么一个远离尘嚣的小岛，有那么相依相守的一家人，有被家人紧紧注视的自己……这是不是，让我们怦然心动、无限神往的一幅画面？

鱼

张雪莲

  雨后初晴的天气，是最让我着迷的。太阳还没完全从风琴似的图书馆后面走出来，整个世界便已明亮起来了。夏天的晴朗像一只伸着懒腰的猫，总是给人一种慵懒的感觉，而此时，却像一条白色的金鱼在清澈的水中徜徉，它游动的路径是流畅的曲线……

  走在葱郁的树下，什么树我也叫不上名来。光线交错，折叠，一层一层地印在我们的脸上，还有我即将踏上的路上。没想到，我真的要去兼职了。这回已经是第二次了，但还是会有一种如梦未醒的感觉。想想这不久后的一天，我将捧着自己的"血汗钱"向妈妈炫耀时，心里便涌起一阵阵的得意之情。早晨的一切都是美好的。校园里零零落落的散布着几个将要去图书馆或者即将出去的学生，顿时，我觉得，原来，世界还有这么宽敞的时候。在我工作时，身后是一架摆满饰品的柜子，眼前是穿梭的人影。有时，我又觉得这个世界就像是一个大鱼缸。早晨的时候，只有我在澄明的水中摇头摆尾。突然在某一个时刻，一群鱼涌到我眼前。这条穿着黑纱裙，她身后是头发发亮的紫色的金鱼，还有好多好多，各种各样。他们吐着泡泡相互交流着，和我交流着，走了一批又来一群，简直络绎不绝。这个时候，我也不知道自己冒了多少泡泡，送走了，迎来了多少美丽的、大方的、帅气的、滑稽的鱼。原来就是这样呀！

  幸好我现在还在路上，幸好我的全身还披满明媚的阳光，还在享受着早晨微微的风，偷听树上鸟儿梦中的呓语。究竟怎样才算长大？来学校的那天，妈妈冒了许多泡泡，上面嵌着几个字：你长大了，学会照顾自己。可是现在，还没真正开始的工作，我在这个如水的世界里已经不敢前行了。唉……鱼啊鱼，为什么要活在水里？水里不是每天都有阳光，也不是每天都可以看到树……

【评语】

  作者想象力丰富且奇特，以"鱼"象征纷繁复杂的现实生活，在即将踏入社会的在校大学生眼中，"鱼"的世界是五彩缤纷的，亦是充满了种种不确定性、无奈而感伤的世界，主人公无力去把握它，却又不得不学着在"水"中独立长大成人。全文有许多奇妙精彩的比喻，如"夏天的晴朗像一只伸着懒腰的猫，总是给人一种慵懒的感觉"，从中可以窥见作者的匠心独运。她的心灵感受丰富而细腻，有一种青春的唯美与感伤滋味渗透在字里行间，美文美哉！

拔　节

王婷

  你有过这种感受吗？像是向阳植物的生长一样，在初中的某个时期感到骨骼生长的酸痛，然后欣喜地发现自己又在夜晚的睡眠里长高了点。课间短暂的十分钟里，黑板上的粉笔痕迹还未擦去，白炽灯散发着令人昏睡的光。各种各样的高钙牛奶开始在课桌抽屉里偷偷泛滥，为的只是在夏天生长高峰来临前的一次拔节。

  教师办公室的窗外，每到夏天就会盛开如雾如云的白色花絮，花瓣被潮湿的雨季浸泡得湿润，与之相对应的是办公室门外冗长的队伍。薄皮的练习簿被两根手指轻轻地拈着，学生们的眼睛里全然都是睡意。教师用的透明笔杆的红笔在陌生的纸页上画下一个个对号或叉号，这个场景就是期末考试之前的一次拔节。小升初，中考，决定性的高考，研究生或者更高的学历；不及格，及格，良好以至优秀；ABC或者是难得的good，我们将许多日子花在与他们的纠缠上面。每一次考试就像是一次压缩，把那些鲜活的日子压缩成一张薄薄的纸。中考结束时下了一场小雨，空气凉飕飕的，充满了寒意。我忽然觉得，这三年的时光像是被完全遗忘掉似的，就像考试前通宵背题为的只是把答案誊在考卷上一样，转眼就忘得干净，但是仍有一种感觉留存在骨节里，鲜明直白地告诉我这三年曾经经历过什么。就像雨季过后，蜗居于地下的笋迅速地拔节，在一夜间长成清瘦却挺拔的竹。

很早就听过一些流言，如果是关于自己的会十分在意，甚至暗暗伤心好几天。但后来听到关于他人的诋毁、诬赖、嘲讽或是污辱，却产生了一点同情的感觉。明明知道这种伤害加在任何人身上都会砸出一个不小的坑，渐渐地我开始问自己，你究竟怎么了？你的同情，你的悲悯呢？你的心呢？可我得不出答案来，锐利的物质世界投射下来的巨大阴影，笼罩了校园的每一个角落，有些人在赞美和油然而生的自信当中度过幸福的每一天，但更多的人是被彼此的恶语相向所中伤，需要一个漫长的疗养过程。恶意的行为或语言拨开心灵自我防护的层层厚茧，把血肉之躯暴露在外面。有个十分文艺的词叫作"蜕变"，可我更愿意叫它"拔节"。

也曾有过这样的事，当A壮起胆进入北京最高级的商场时，穿着批发来的连一百六十元都不到的衣服，脚踩着一双几十元的板鞋，看见橱窗里陈列的晶莹剔透的水晶连店门都不敢进，有时候总觉得那些至美至善的商品上面是不是多加了几个零。想仔细欣赏的时候又觉得隔着玻璃售货小姐轻轻地翻了一个白眼，他飞似的跑了，觉得受到了莫大的污辱。从此就对这家店很忌讳，看见时总会躲开。心中想着有什么大不了，等我赚了钱就怎么样怎么样。

我们永远活在一个过程当中，一个天上，一个地下，如果能不被锋利的世界挫伤，该有多好，可是我们还是要不断地成长啊。就像竹子一样，朝天的方向拔节，可当风暴摧残时，或许又会怀念自己以笋的形态卧在地下的好。

或许一切都是伪装。

【评语】

所谓拔节，本是指一些农作物发育到一定阶段时，主茎各节长得很快。文中作者将其喻为生命的拔节，写出了个体成长过程中的独特感悟，富有哲理。作者选取的都是生活中常见的场景：考试、流言、逛高级商场……这让我们在回忆自己成长过程的同时也深悟所谓生命的拔节。大大小小的考试，或许我们已经忘却，但总有一种"感觉留存在骨节里"，它暗示了我们的成长；面对着各式的流言，我们自己暗自伤心或是对他人施以同情，但总避免不了它所带来的伤害；站在鲜亮的高级商场前，强烈的自尊却掩盖不住内在的卑怯与窘迫。作者用朴实的语言传达出了每个场景中的真实心态，更展现了个体生命成长过程中无法避免的外在世界的挫伤。在生命拔节的过程中，坚强或退却总会伴随，所以成长的困惑与无奈也不由自主地流淌在字里行间。

扩展阅读书目

1. 《大学文学写作》（施晓宇著）
2. 《基础写作教程》（尉天骄主编）
3. 《文学写作教程》（刘海涛主编）
4. 《现代写作教程》（董小玉主编）
5. 《普通写作例文选》（路德庆主编）
6. 《中国古代文学作品选》（郁贤皓主编）
7. 《二十世纪中国文学作品选》（严家炎主编）
8. 《世界文学名著选读》（陶德臻、马家骏主编）
9. 《文笔训练》（王朝彦主编）
10. 《文学创作论》（孙绍振主编）